Das Handbuch der Beratung

Band 3: Neue Beratungswelten: Fortschritte und Kontroversen

Nestmann/Engel/Sickendiek (Hrsg.)

dgvt Verlag

Das Handbuch der Beratung

Band 3: Neue Beratungswelten: Fortschritte und Kontroversen

herausgegeben von

Frank Nestmann, Frank Engel & Ursel Sickendiek

dgvt Verlag
Tübingen
2013

Anschriften der Herausgeber:

Prof. Dr. Frank Nestmann
Technische Universität Dresden
Fakultät Erziehungswissenschaften
Institut für Sozialpädagogik, Sozialarbeit und Wohlfahrtswissenschaftenn
D-01062 Dresden

E-Mail: Frank.Nestmann@tu-dresden.de

Frank Engel
Institut für Beratungsforschung und -weiterbildung
Breite Straße 37
D-33602 Bielefeld

E-Mail: frank.w.engel@t-online.de

Ursel Sickendiek
Universität Bielefeld
ZSB-Zentrale Studienberatung
Universitätsstr. 25
D-33501 Bielefeld

E-Mail: ursel.sickendiek@uni-bielefeld.de

Bibliografische Information der Deutschen Nationalbibliothek
Die Deutsche Nationalbibliothek verzeichnet diese Publikation in der Deutschen Nationalbibliografie; detaillierte bibliografische Daten sind im Internet über http://dnb.d-nb.de abrufbar.

Im Sudhaus
Hechinger Straße 203
72072 Tübingen

E-Mail: dgvt-Verlag@dgvt.de
Internet: www.dgvt-Verlag.de

Gestaltung & Satz: Die Kavallerie GmbH, Tübingen
Umschlaggestaltung: Frank Engel, Bielefeld
Belichtung: KOPP – desktopmedia, Nufringen
Druck: Druckerei Deile GmbH, Tübingen
Bindung: Lachenmaier GmbH, Reutlingen

ISBN 978-3-87159-247-8

Inhaltsverzeichnis

Band 3: Neue Beratungswelten: Fortschritte und Kontroversen

Lesehinweis
In den Beiträgen des Handbuches sind längere Zitate kleiner gesetzt und mit Anführungszeichen gekennzeichnet.

In ebenfalls klein gesetzten Textteilen ohne Anführungszeichen finden sich Textpassagen, in denen ausgewählte Forschungs- oder Handlungsbereiche detailliert dargestellt werden sowie Beispiele (kursiviert).

Inhaltsverzeichnis

Band 1: Disziplinen und Zugänge

Inhaltsverzeichnis

Band 2: Ansätze, Methoden und Felder

XIII Vorwort und Einleitung

Vorwort

Ein Handbuch zu edieren, erweckt immer den Eindruck, ein Fachgebiet in all seinen Dimensionen und Fassetten komplett, erschöpfend und sozusagen „ein für alle Mal" abschließend zu bearbeiten und damit das „Schlusswort" für ein Thema für sich zu reklamieren. *„Das Handbuch der Beratung Band 1 und 2"* mag, bei unerwartet großer Resonanz, diese Anmutung bei einigen kritischen Leserinnen und Lesern auch aufkommen lassen, obwohl wir als HerausgeberInnen unser Selbstverständnis einer aktuellen und für weitere Entwicklungen offenen Bestandsaufnahme der Beratung deutlich formuliert haben.

Mit dem nun vorliegenden Band 3 *„Fortschritte und Kontroversen"* unterstreichen wir diese Absicht.

Beratung ist ein Praxisfeld, eine Handlungsorientierung und eine Wissenschaft in ständiger Bewegung und was nun als Band 3 vorliegt, ist noch weniger allumfassende Zustandsbeschreibung und Analyse dessen, was Beratung hier und heute ist und ausmacht. Es ist vielmehr ein Panorama wichtiger Beratungstendenzen in Theorie und Praxis, das Aufgreifen neuer und „alter/neuer" kritischer Diskurse zu spezifischen Beratungsverständnissen, -formen und -funktionen und vor allem auch eine Suche nach neuen Beratungsperspektiven, die unserer Welt und Zeit angemessen scheinen.

Beratung 2013ff. stellt oft mehr Fragen, als sie zu beantworten, nimmt keine Repräsentativität und Vollständigkeit für sich in Anspruch, kann nicht alle Beratungsneuerungen (insbesondere der Praxis) aufgreifen, will aber auf zentrale Beratungsfragen – theorie- wie anwendungsbezogen – aufmerksam machen, die kritisch reflexiver Beachtung und klärender Auseinandersetzung bedürfen.

Dazu haben wir wieder zahlreiche Kollegen und Kolleginnen aus Wissenschaft und Praxis eingeladen und gewinnen können, die ihre Sichtweisen und Interpretationen von Beratungsgegenwart und -zukunft zur Diskussion stellen. *„Fortschritte und Kontroversen"* basiert auf Band 1 und 2 des Handbuches der Beratung, baut darauf auf und blickt über die dort markierten Bestände hinaus. Über Jahrzehnte gewonnene Einsichten, bewährte Konzepte, etablierte Formate und Verfahren, gesicherte und wichtige Routinen der Beratung schaffen Kontinuität und verdienen Würdigung. Aber sie brauchen in neuen historischen, kulturellen und gesellschaftlichen Kontexten auch Erweiterung, Ergänzung, Renovierung, Erneuerung und Alternativen.

Beratungsentwicklung professionell, konzeptionell und praktisch kann nicht unkommentiert bleiben, vor allem dort, wo innovative Entwürfe nicht immer in den angestrebten Zielen münden oder nur mit unkalkulierbaren Begleiteffekten realisiert werden konnten und können. Neben neuen kritischen Reflexionen gegenwärtiger Tendenzen haben deshalb auch „alte“, schon lange und immer wieder vorgetragene Argumentationen und Problematisierungen ihre Berechtigung und finden Platz.

Nach einem einführenden Beitrag, in dem die HerausgeberInnen versuchen, ein Panorama prominenter und aktueller Beratungsthemen und -entwicklungen kurz und knapp in ihren Spannungsfeldern, Ambiguitäten und Paradoxien zu skizzieren, liegt der erste Schwerpunkt des Handbuches 3 auf neueren und eher ungewohnten konzeptionellen Perspektiven der Beratungswissenschaften. Sie werden bewährte Beratungsthemen und -modelle nicht ablösen und ersetzen, sondern sie erweitern, ergänzen und neu rahmen.

Mit dem Fortschritt in der Beratung haben sich insbesondere auch die zentralen Settings und Räume verändert, in denen sie stattfindet. Diese immer schon wichtigen wie unterbelichteten Beratungsdimensionen werden hier aufgegriffen. Insbesondere die Entwicklung von neuen Medien, Kommunikationstechnologien, virtuellen Beziehungen etc. fordern Beratung und BeraterInnen heraus – theoretisch wie praktisch. Kein Beratungsbuch kann heute erscheinen, ohne sich diesen Entwicklungen, die unser Leben insgesamt durchziehen und Beratung ganz zentral tangieren, aktiv und offensiv zuzuwenden.

Schließlich wollen wir die Gelegenheit eines dreibändigen Handbuchs auch nutzen, um alte und neue Widersprüche der Beratung in einer kritischen Analyse zu würdigen – hinsichtlich konzeptioneller, anwendungsorientierter und politisch ökonomischer Bedeutung.

Zum guten Schluss finden die Leserinnen und Leser noch die „Zweite Frankfurter Erklärung zur Beratung“ (2012) des Forums Beratung in der DGVT als ein Dokument aus der sich stetig weiterentwickelnden Fachpolitik der Beratung.

Wir als HerausgeberInnen danken allen Mitstreitern und Mitstreiterinnen aus Beratungstheorie und Beratungspraxis für ihre Beiträge zu den *„Fortschritten und Kontroversen“*. Wir freuen uns auf Leser und Leserinnen, die bereit sind, sich so fassettenreich und divers auf Beratung einzulassen und mit Beratung auseinanderzusetzen, wie dieses Feld selbst auch ist.

Wir danken dem Lektorat des dgvt-Verlags, Sabine Oswalt, für ihre ebenso kompetente wie kooperative Betreuung dieses Bandes sowie Susan Günther für die redaktionelle Unterstützung und insbesondere danken wir Dipl.-Soz. Romy Simon, ohne deren formale und thematische Textbearbeitung über lange Zeit wir dieses Vorhaben nicht hätten erfolgreich bewältigen und abschließen können.

Frank Nestmann, Frank Engel & Ursel Sickendiek

Beratung: Zwischen „old school" und „new style"

Frank Nestmann, Frank Engel & Ursel Sickendiek

Im Hip-Hop unterscheidet man zwei verschiedene Formen musikalisch tänzerischer Gestaltung: die „old school" und den „new style". Der Begriff der „old school" – der z. B. im Sport, Handwerk oder Design Verwendung findet – verweist auf die Hip-Hop-Kultur der 1970er- und 1980er-Jahre mit ihren disco-nahen Stilelementen. „New style" hingegen ist eine neuere individuelle, variantenreiche Form tänzerischer Interpretation, die verschiedenste Stilelemente zulässt.

Den Begriff der „Schule" kennen wir in der Beratung ebenfalls. Er hatte seine bedeutsamste Zeit ebenfalls in den 1970er- und 1980er-Jahren, als man zwischen unterschiedlichen Beratungsschulen differenzierte. Bedeutsame beratungstheoretische, beratungskonzeptionelle und beratungspraktische Grundlagen wurden damals formuliert. Fast 40 Jahre später wird Beratung aber auch zunehmend neu interpretiert. Hierbei handelt es sich allerdings nicht nur um modische Stilformen, sondern um die Notwendigkeit, den Begriff Beratung immer wieder den jeweiligen kulturellen Gegebenheiten anzupassen und ihn mit aktuellen Inhalten zu versehen. Verfügt also Beratung heutzutage auch über einen „new style" – und welchen Stellenwert hat die „old school" der Beratung noch?

Es gibt im deutschsprachigen Raum einen über Jahrzehnte währenden vielfältigen Diskurs um Theorien, Konzepte, Institutionen und Handlungspraxen von Beratung. Versucht man einen Blick auf die neuere Geschichte, dann ist festzuhalten, dass neben den 1920er-Jahren des vergangenen Jahrhunderts insbesondere die Beratungsdebatten der 1970er- und frühen 1980er-Jahre von großem Einfluss waren. Selbst wenn es nicht oft erwähnt wird: Beratung in Theorie und Praxis ist und wird nur verständlich durch den Bezug auf diese „Gründerphase", denn zu nahezu allem, was wir heutzutage in Beratungszusammenhängen erörtern, wurde der Grundstein in eben jener Zeit gelegt: Lebensweltorientierung, Alltagsnähe, psychosoziale, systemische Ausrichtungen, Ressourcen- und Netzwerkperspektiven, Prävention, Empowerment etc. Es ist nicht übertrieben zu behaupten, dass das gesamte gegenwärtig benutzte und relevante Vokabular der Beratung seinen Ursprung in den konzept- und theorieorientierten Debatten eben jener Zeit hat – und noch immer benutzen wir diese Fachtermini routiniert und mit großer Selbstverständlichkeit. Auch haben sie nichts von ihrer beratungstheoretischen Kraft und Bedeutung verloren, denn sie liefern weiterhin die Begrifflichkeiten, mit denen man sich über Beratung verständigt, mit denen man die unterschiedlichen Beratungspraxen betrachtet, beratungswissenschaftlich forscht oder beratungspolitische Eckpunkte formuliert. Somit lohnt auch weiterhin ein Blick in die Literatur der beratungskonzeptionellen Gründerphase, nicht nur um heutige Beratungsdiskurse verstehen, sondern auch um weiterhin orientierende Maximen der Beratung formulieren zu können. Denn verbreitet und immer wieder unterliegt die Praxis der Beratung z. B. sozialpolitischen und fiskalischen Zwängen, die nicht selten auch die Konzepte der 1970er-Jahre ad absurdum führen; etwa dann, wenn die Freiwilligkeit von Beratung fraglich oder Beratung mit Sanktionsmaßnahmen gekoppelt wird.

Auch in der aktuellen Beratungspraxis dominieren Institutionen, deren Entwicklung in dieser „Gründerphase" der 1970er-Jahre begann. Sie konnten sich mit neuen Konzepten in einer sich damals herausbildenden „Beratungslandschaft" entwickeln und etablieren (u. a. Familienberatung, Frauenberatung, Studienberatung, Drogenberatung sowie die vielfältigen Beratungsangebote in den sozialberuflichen und psychosozialen Arbeitsfeldern). Heute bilden sie in ihrer Gesamtheit das Rückgrat institutionalisierter Beratung und tragen aufgrund ihrer zumeist öffentlichen Verankerung und Ausrichtung tagtäglich dazu bei, dass Beratung im deutschsprachigen Raum einen hohen Stellenwert hat. Selbstverständlich musste sich die Beratung immer wieder neuen Bedingungen anpassen, neue Klientele, Anliegen und Themen kamen dazu, andere fielen weg und Beratung hatte – wie von uns schon häufig formuliert – immer an den Problemen und kulturellen Debatten ihrer Zeit teil. Der hohe reflexive Grad der Entwicklung von Beratungspraxis ist zum einen den qualitativ anspruchsvollen Theorie- und Konzeptdebatten geschuldet, aber zum anderen auch immer der institutionalisierten Praxis, die in diese Prozesse integriert war. Somit lassen sich die Institutionalisierung von Beratung in Form wissenschaftsbasierter Diskurse und Ausbildungen an Fachhochschulen und Universitäten sowie die öffentlich-institutionalisierte Praxis als die zwei zentralen Eckpfeiler der heutigen Qualität von Beratung benennen.

Die letzten vierzig Jahre haben eine lebendige Beratungsdiskussion hervorgebracht, die Beratung als eigenständiges theoretisches, konzeptionelles und praxisbezogenes Feld definiert. Dies ist eine Entwicklung, die in der Rückschau zwar selbstverständlich erscheint, es aber keinesfalls ist, wenn man sich beispielsweise die Beratungsentwicklungen im angloamerikanischen Raum ansieht. Counseling ist z. B. in den USA eine etablierte wissenschaftliche Disziplin und Ausbildungsrichtung. Dass es dort zwar beratungsnahe Theoriepotentiale gab und gibt, die sehr befruchtend für deutschsprachige Entwicklungen waren und sind, steht außer Zweifel. Dass sich dort aber eine vollkommen andere Institutionalisierung des Counseling vollzog und vollzieht, ist ebenso deutlich. Es gab eben nicht nur diese aus einer kritischen Bewegung der 1970er-Jahre entstandene breite gesellschaftlich und sozialpolitisch unterfütterte Institutionalisierung von Beratung, sondern z. B. eine weitaus stärkere ökonomische Einbindung und eine weit größere Bedeutung kostenpflichtiger Angebote in privaten Counseling-Praxen. Auch die Online-Beratung konnte im US-amerikanischen Raum nicht auf öffentlich etablierte Institutionen zurückgreifen. Colin Feltham entwickelt hierzu in seinem Handbuchbeitrag ein kritisches Szenario des Verhältnisses von Counselling und psychischem Leid in Großbritannien.

Was aber ist an Beratung heutzutage anders als vor 40 Jahren?

Beratung hat in den letzten 40 Jahren ein hohes Maß an theoretisch-konzeptioneller Eigenständigkeit gewonnen. Die Breite, in der wir Beratung heute diskutieren und anwenden können, war noch nie so groß – auch nicht in den 1970er-Jahren. Zwar mag derjenige, der klare Strukturen und eindeutige Definitionen erwartet, bemängeln, dass es zu vielen Lesarten der Beratung gekommen ist, aber diese Pluralität ihrer Formen – vom Alltag bis zum Professionellen, von den in andere berufliche Tätigkeiten eingebetteten Beratungsformen als „Querschnittsmethode" bis zu den hoch formalisierten Abläufen in institutionalisierten Beratungsstellen – hat sich sehr positiv auf ihre theoretisch-konzeptionelle Gestaltung ausgewirkt. Zudem kennt Beratung unterschiedlichste Settings. *Settingpluralität,* eingebunden in verschiedene Alltagskulturen, bleibt eines der zentralen Merkmale. Damit ist Beratung weiterhin durch die vielfältige und diverse Praxis unterschiedlichster Beratungs- und Lebenswelten bestimmt. Sie ist professionelles Handeln innerhalb sich stetig verändernder Kulturen.

Selbst wenn in Beratung Situationen und Räume geschaffen werden, die als Orte der Reflexion und Nachdenklichkeit dem belastenden Alltag mit seinen Zwängen und Notwendigkeiten zu ggf. schnellen Entscheidungen entrückt sind, bleiben sie immer alltags- und kultureingebunden – nicht nur aufgrund der räumlichen Nähe, sondern auch aufgrund der Frage- und Problemstellungen. Denn die Probleme, die durch Ratsuchenden an Beraterinnen und Berater herangetragen werden, sind die erlebten Probleme, die sich aus unterschiedlichen Alltagen mit all ihrer Unübersehbarkeit, Komplexität, Enttäuschung und vermeintlich fehlenden Alternativen ergeben.

Es mögen individuell erlebte Ungewissheiten, Unsicherheiten, Ängste und Fragen sein, sie alle haben kulturelle Implikationen. Sie sind neben dem subjektiv Erlebten auch Teil der jeweiligen Alltagskultur und der in ihr erfahrenen und erfahrbaren Belastungen. So ist Beratung Teil unterschiedlichster Alltagskulturen. Sie verfügt über unterschiedliche Herstellungspraxen und ist in ein nicht leicht zu fassendes komplexes alltagskulturelles Geschehen eingebunden.

Internet und Online-Beratung, Ökonomisierungstendenzen, alte und neue Ungewissheiten, ethisch-philosophische Perspektiven – all das sind neue Themen, die über ursprüngliche Betrachtungsweisen von Beratung mit großer Selbstverständlichkeit hinausgehen. Es sind nicht nur neue Beschreibungsformen der Beratung, sie liefern neue Modelle, die Praxis von Beratung zu hinterfragen und neu zu planen. So kann Beratung nicht nur ein *neues erweitertes Vokabular* erhalten, sondern auch eine zunehmend in der jeweiligen Alltagskultur begründete Evidenz. Diese Evidenz ergibt sich nicht aus der Metaanalyse einer Vielzahl empirischer Studien. Sie gründet vielmehr in der Vielzahl unterschiedlicher Handlungspraxen. Deren Relevanz lässt sich daran messen, inwiefern Personen mit Hilfe verschiedener Beratungsformen – professioneller wie alltäglicher – wieder zu aktiv gestaltenden Subjekten ihres Alltags werden.

Jede Disziplin und jeder Diskurs konstruiert ein Geflecht von inhaltlichen Bezügen und ist darin eingebunden – so auch Beratung. Gewohnte Relationen sind psychosoziale und sozialberufliche ebenso wie psychologische, pädagogische und soziologische. In ihrer Gesamtheit bilden sie das Themengeflecht, in dem sich Beratung entwickelt hat und weiterentwickelt (wie umfangreich dieses Geflecht ist, konnten wir mit den ersten beiden Handbüchern zur Beratung aufzeigen). Mit dem Akzent auf neue Sichtweisen und aktuelle Kontexte beschreiten wir den Weg, neue – und nicht nur kulturelle – Relationen zum Thema herzustellen. Dass dadurch Beratung nicht einfacher, sondern eher komplexer wird, ist uns mehr als vertraut und wir nehmen es gerne in Kauf. Beratung – schon immer ein Phänomen, das nur disziplinübergreifend zu fassen war und niemals oder nur um den Preis realitätsferner Reduktion in psychologischem oder pädagogischem Wissen allein verortet werden konnte – ist zunehmend inter- und transdisziplinär geworden. Zwar finden sich noch immer und immer wieder eng disziplinspezifische Fassungen von Beratung. Sie sind aber mehr denn je in ihren begrenzten Horizonten gefangen und können bestenfalls *eine* Lesart unter vielen sein. Dass und wie Beratung kulturell thematisierbar ist, zeigen viele der im Handbuch vertretenen Beiträge. Hier werden ungewohnte Vokabulare, alternative Begrifflichkeiten und neue Handlungspraxen vorgestellt, die Beratung in jeder Form erweitern und an kulturelle Veränderungen anpassen. Da Beratung immer kulturelle Implikationen hat und diese auch produktiv aufgreifen kann, sind diese neuen Bezüge von größter Bedeutung. Sie schaffen in ihrer Gesamtheit ein neues Bedingungsgefüge, in dem sich Beratung konzeptionell und handlungsorientiert weiterentwickelt.

Beratung zwischen kultureller Einbindung und „alten Schulen“

Im Zuge der „Kulturalisierung“ von Beratung haben aktuelle Beratungskonzeptionen ihre ursprünglich engen schulenspezifischen Orientierungen der 1970er und 1980er weit hinter sich gelassen. Damals wurde Beratungstheorie häufig aus klinisch-psychotherapeutischer Perspektive (u. a. tiefenpsychologisch, verhaltenstherapeutisch, humanistisch) formuliert. Man grenzte sich ab und fokussierte die eigene theoretische Grundlegung – eine Perspektive die heutzutage eher „altbacken“ und antiquiert anmutet und bestenfalls beratungsgeschichtlich bedeutsam bleibt. Beratung als kulturelle Praxis ist im Jahre 2013 Praxis innerhalb einer sich schnell, lebendig, aber auch riskant verändernden lebensweltlichen Kultur und Gesellschaft. Gab es in den 1980er-Jahren mit Blick auf theoretische Beratungsbegründungen eine oft eklektische Praxis, so kann man heute wohl von einer *poly-eklektischen Praxis* sprechen, die mehr oder weniger pragmatisch unterschiedlichste Konzepte zu verschiedenen Handlungsmodellen bündelt. Nicht zuletzt ist diese Praxis auch der Ausweitung der Tätigkeitsfelder und Aufgaben von Beratung geschuldet. Unter einer solchen Perspektive verändert sich der Blick auf die „alten Schulen“. John McLeod schlägt in einem Handbuchbeitrag die entsprechende narrative Metaperspektive vor: Wir müssen und sollten die „alten“ schulenspezifischen Beratungsvorstellungen nicht grundlegend verdammen, sondern ihnen den Ort zuweisen, der ihnen gebührt, nämlich als theoriebezogene Narrationen, entstanden aus Diskursen und Konzepten einer bestimmten Zeit – nicht mehr und nicht weniger. Und auch die hier vorgelegte kulturelle Perspektive der Beratung bleibt eine Narration, eine zeitgemäße und reflektierte Erzählung über Beratung, so wie sie eben 2013 mit Blick auf unterschiedliche Disziplinen und aktuelle Diskurse in Psychologie, Pädagogik, Soziologie und Philosophie – um einige der zentralen Referenzwissenschaften zu nennen – möglich ist und begründbar erscheint.

Kulturelle Betrachtungen formulieren lediglich einen Thematisierungsrahmen. Nie lassen sie nur eine lineare kausale Beschreibungsreduktion zu, denn Kultur ist immer beweglich und lässt den jeweiligen Akteuren Gestaltungsräume, die diese auch unvorhersehbar und überraschend nutzen können. In Kulturen wird „sozial konstruiert" – so der Grundgedanke des sozialen Konstruktionismus, wie er von Kenneth Gergen formuliert wird. Machen wir uns diese Perspektiven zu eigen, dann ist Beratung eine sozial konstruierte kulturelle Praxis, die sich in unterschiedlichen Narrationen fassen lässt. In ihrem kommunikativen Kern wird sie gemeinsam von Beratern wie Beraterinnen und dem jeweiligen Klientel – im wahrsten Sinne des Wortes – sozial „konstruiert".

Beratungskommunikation und auch Beratungsbeziehung sind somit dialogische, interpretative Formen der Verständigung und Interaktion, die an verschiedensten Beratungsorten tagtäglich gemeinsam neu geschaffen und gestaltet werden. Sie unterliegen immer wieder neuen Einflüssen, reagieren auf Veränderungen und gewinnen erst durch hohe kulturelle Sensibilität ihre Qualität. Hierbei ist es kein Widerspruch zur alltagskulturellen Vielfalt, wenn Beratung auch über verallgemeinerbare strukturelle Merkmale verfügt (Ablaufroutinen, Klärung von Beratungsaufträgen, diagnostische Prozesse etc.), denn erst aus der Mischung von beratungs-strukturellen Schemata einerseits und beratungs-dialogisch konstruierter Vielfalt andererseits ergibt sich Beratung als abgrenzbare und beschreibbare alltagskulturelle Praxis: sei es im Rahmen formaler und institutionalisierter Beratungsangebote oder innerhalb alltagsnaher Beratungsgespräche zwischen Tür und Angel. In neuen Beratungswelten bewegen sich Beratungstheorie und Beratungspraxis so in verschiedensten Spannungsfeldern.

Beratung zwischen Kausalität und Pragmatik

Noch in den 1970er-Jahren ließen sich Beratungsorientierungen primär entlang ihrer Kausalannahmen zu Problemen fassen – und stellenweise gilt das auch heute noch für die spezifischen Praxen der Beratung. Retrospektiv ließen sich Ursachen für bestimmte problematische Verhaltensweisen, etwa in der Kindheit, vermuten, biografische Lernerfahrungen welcher Art auch immer wurden identifiziert. Die Aufarbeitung dieser Erfahrungen war zentraler Gegenstand von Beratung.

Heute dominieren bei unterschiedlicher theoretischer Akzentuierung eher im weitesten Sinne „lösungsorientierte" Vorgehensweisen. Die Retrospektive findet nicht mehr oder nur noch sehr reduziert statt und an die Stelle mühevoller biographisch individueller Aufarbeitung tritt von Beginn der Beratung an eine pragmatische Planungsperspektive: zukunftsorientiert und wo möglich beratungsökonomisch, im

Sinne der Konzentration handlungsorientiert auf das „Wesentliche". Diese Entwicklungen müssen nicht „per se" schlecht sein, so sie schnell greifen. Sie dürfen nur nicht einer pragmatischen, unreflexiven Beschleunigung Vorschub leisten, die auf Kosten von Beratungsqualität stattfindet.

Die Entwicklung verdeutlicht, dass ehemals psychosoziale und schulenorientierte Debatten der Vergangenheit angehören. Beratung sucht heute vornehmlich – selbst wenn in dieser Form nicht ein elaboriertes theoretisches Modell vorliegt – eine effektzentriert-lösungsorientierte Ausrichtung. Berater wie Beraterinnen arbeiten vor Ort mit ihrer Klientel problemorientiert am raschen Ermöglichen gelingenderer Alltage. Zumeist sind feste Zeitrahmen der Zusammenarbeit vorgegeben, nicht selten auch enge formale Bedingungen. All das hat nicht zwingend zur Verschlechterung von Beratung beigetragen, sondern ihr vielerorts sogar ein unkompliziertes, barrierefreies, zielfokussierendes und wirkungszentriertes Profil verschafft. Man weiß: So man sich an eine Beratungseinrichtung wendet oder ein Beratungsangebot wahrnimmt, kann man mit konkreter und kurzzeitiger Hilfe rechnen. Im Allgemeinen werden keine langfristigen „Durcharbeitensprozesse" favorisiert, die sich ziel- und zeitverloren in den Biographien der Ratsuchenden eher verstricken, statt lösungsorientiert nach vorne zu schauen, um eine schnelle für alle Beteiligten tragbare Lösung zu finden. Die Kehrseite bleibt das Risiko blinder Effizienz, die Ruhe, Entwicklungszeit, Gelassenheit, Verharren, Nachdenken und Reflexivität – das, was Beratung auch ausmacht – auf dem Altar möglichst schneller Störungsbehebung und Problembereinigung opfert. Widerständigkeit wird hier insbesondere nötig, wo diese Orientierungen nicht den Anliegen der Ratsuchenden gerecht werden, sondern ökonomischen und institutionsdefinierten Vorgaben geschuldet sind, die in eine effizienztotalisierte Zeit passen.

Beratung zwischen Beschleunigung und Verlangsamung

Beratungsangebote werden öffentlich finanziert, unter anderem um Ratsuchende beim Bewältigen von Problemen und beim Treffen von Entscheidungen mit Fachkenntnissen und Reflexionsperspektiven zu unterstützen. Hiermit ist oft die Erwartung verbunden, dass schneller oder kurzfristig Entscheidungen getroffen werden und Ratsuchende sich in die Lage versetzt sehen, nun rasch und entschlossen zu handeln. Lange hinausgezögerte Entscheidungen erschweren in vielen Fällen den Alltag, wenn der Handlungsdruck steigt. Sie werden von den Betroffenen selbst als quälend empfunden und aus dem sozialen Umfeld mehren sich Appelle, „endlich" zu handeln und nicht mehr länger zu zögern. Das gilt ebenso in der psychosozialen Beratung mit Einzelpersonen, Paaren oder Familien wie auch in der Beratung von Organisationen, die in schwierigen Entscheidungssituationen Hilfe in Anspruch nehmen. Entschlusskraft, die Übernahme von mit Entscheidungen verbundener Verantwortung für sich selbst und andere davon tangierte Personen ebenso wie Beflissenheit im Umsetzen getroffener Beschlüsse sind gesellschaftlich positiv bewertet und Beratung soll und kann diese Orientierungen fördern.

Das ist unter anderem dann der Fall,

- wenn in der Beratung Alternativen und Rahmenbedingungen sowie kurzfristige Konsequenzen, Risiken und Spätfolgen systematischer als zuvor erörtert und abgewogen werden,
- wenn Berater oder Beraterin ihr Fachwissen ebenso wie ihr prozess- und handlungsbezogenes Wissen in angemessener Weise einbringen und Ratsuchende so besser informiert und vorbereitet vorankommen
- und wenn Klienten im Beratungsprozess Gedanken, Wünsche, Hoffnungen und Befürchtungen gezielter und genauer ordnen, prüfen oder bewerten können als allein oder eine gewisse Distanz oder Nüchternheit gewinnen und gemeinsam mit ihrem Berater oder Beraterin Gründe für ein Zögern und Abwarten ausräumen.

Die Tatsache, dass professionelle Berater und Beraterinnen über Expertise und Erfahrung verfügen und diese oft schnell und pragmatisch anbieten können, trägt zur Beschleunigung bei, ebenso wie das Anleiten eines strukturierten Klärungsprozesses.

Beratung kann aber auch im Dienste einer Entschleunigung auftreten. Alle als Beitrag zur schnelleren Entscheidung genannten Faktoren können im Einzelfall in die entgegengesetzte Richtung wirken:

- Das systematischere Vorgehen beim Erörtern von Alternativen und ihren möglichen Folgen kann, z. B. bei ähnlich bewerteten Optionen, eine Entscheidung weiter verzögern.
- Mehr und fundierte Informationen können der Entschlossenheit auch entgegenstehen, z. B. weil mit zunehmendem Wissen Folgen eher noch schwerer abschätzbar erscheinen oder Ratsuchende deutlicher vor Augen haben, was sie nicht wissen oder was nicht prognostizierbar ist.
- In der Beratung Raum zu finden, wichtigen Gedanken, Wünschen, Hoffnungen und Befürchtungen stärker als zuvor nach und auf den Grund zu gehen, kann neue Fragen aufwerfen und Aspekte von anstehenden Entscheidungen oder geforderten Handlungen zum Vorschein bringen, denen man zuvor ausgewichen ist.

Beratung braucht Zeit, „kostet" Zeit und muss sich Zeit nehmen und Zeit haben, will sie ihren Qualitätsansprüchen und den berechtigten Ansprüchen ihrer Nutzer und Nutzerinnen gerecht werden, auch dann, wenn sie sich wie immer bemüht, möglichst schnell und effektiv zu helfen.

Beratung zwischen Individualität und Sozialität

Beratung ist und bleibt eine hoch personalisierte Interventionsform. Der individuelle Einzelfall in seinen einzigartigen Fassetten und Dimensionen steht weiterhin im Mittelpunkt des Interesses. Berater und Beraterinnen bemühen sich um ein intensives Verständnis des individuellen Gegenübers und seiner oder ihrer subjektiven persönlichen Welt. Beratungsprozess, Beratungsmethode und insbesondere Beratungsbeziehung gestalten sich individuumzentriert auf die spezifischen Ratsuchenden und ihre Anliegen und Bedürfnisse hin. Andererseits bezieht sich Beratung in ihrer vornehmlichen Konzentration auf statistisch und zeitlich normative Lebensereignisse sowie deren Bewältigung auf Anlässe und Probleme, die viele Menschen im Laufe oder in bestimmten Phasen ihres Lebens treffen. Beratung bearbeitet insofern ebenfalls „überindividuelle" Herausforderungen und Lebenslagen einer bestimmten Zeit, Kultur und Gesellschaft, die sich in jeweils individuellen Einzelfällen konkretisieren. Nicht selten deckt Beratung in der Bearbeitung der individuellen und einzigartigen Problem- und Krisensituationen auch die „generellen" und allgemeinen sozialen Dimensionen einer Belastung und Betroffenheit auf, bemüht sich, individualisierende und damit auch vereinzelnde Perspektiven auf kritische Lebensereignisse, ihre Ursachen und Folgen zu „sozialisieren". Sie verankert individuelle Erfahrungen von Desorientierung, Entscheidungsunfähigkeit, Leid etc. wieder in den herrschenden sozialen Strukturen und Kontexten. Beratung ist in sich ein sozialer Prozess der Hilfe und Unterstützung zwischen Berater oder Beraterin und Klienten. Sie ist sozial eingebettet in Beratungssettings und -institutionen und zudem sozial gerahmt durch „außertherapeutische" Einflüsse und Hilfeanstrengungen vieler Netzwerkmitglieder von Ratsuchenden. Professionelle Beratung ist nicht nur selbst als „nichtdirektive" oder „direktive" soziale Einflussnahme auf Individuen, die Rat suchen, interpretierbar, sie kann auch als Unterstützung von einzelnen Menschen verstanden werden, die in ihrer Lebensführung und Lebensbewältigung Rückhalt in und Rückbindung an soziale Unterstützungsressourcen ihrer Lebenswelt verloren haben. Beratung als ein sozialer Prozess versucht Individuen wieder anschlussfähig zu machen an die sozialen Verhandlungen und informellen gegenseitigen Unterstützungen in den jeweiligen Alltagen und Lebensräumen. Vor allem in psychosozialen, gemeindepsychologischen und gemeinwesen- oder sozialraumorientierten Beratungsformen wird die beraterische Prävention und Intervention im Einzelfall neben der individuellen Ressourcenentwicklung (durch Entwicklung und Veränderung der Ratsuchenden) immer auch eine soziale Ressourcenentwicklung (über Entwicklung und Veränderung von sozialen Netzwerken und sozialen Lebensräumen) aktivieren und verfolgen. So kann Beratung in soziale Kontexte eingreifen – ein Potential, das trotz aller Tendenz zur Orientierung am Einzelfall oder gar der kontextverleugnenden Logik von Fallpauschalen zum Abrechnen öffentlicher Gelder keinesfalls vergessen werden darf. Denn gerade diese konzeptionelle Verortung zwischen Individualität und kontextueller Sozialität war und ist profilbildend und nicht nur ein Alleinstellungsmerkmal beraterischer Professionalität. Sie hält immer wieder ein reflexives Verhältnis von Individuum und Lebenszusammenhängen aufrecht. Beratung fördert Autonomie und Bezogenheit, persönliche Gestaltungs- und Verfügungsmacht über sich und die eigene Welt wie die sozialen Beziehungen, die diese Selbstbestimmung einbetten.

Beratung zwischen kommunikativer Anschlussfähigkeit und Expertenwissen

Kommunikative Anschlussfähigkeit gepaart mit Expertenwissen bleiben zwei konstitutive Markierungen von Beratung, wobei Erstere in besonderer Weise beratungstypisch ist. Über Expertenwissen verfügen alle Professionen und auch Berater und Beraterinnen müssen Experten und Expertinnen in ihren jeweiligen Beratungsfeldern sein. Es ist aber eine Besonderheit beraterischer Professionalität, dieses Wissen auch kommunikativ in unterschiedlichen Alltagskulturen an unterschiedliche Klientele anschlussfähig machen zu können. Anschlussfähigkeit bedeutet dabei nicht nur und nicht immer in der „Sprache" der jeweiligen Klientele sprechen zu können, sondern über die dialogischen Fähigkeiten zu verfügen, mit denen die Ratsuchenden erreicht werden. Das kann selbstverständlich auch die „Sprache" der Ratsuchenden sein, muss es aber nicht. Bedeutsam ist vielmehr, eine *kulturelle Empathie* als Basis für eben diese Anschlussfähigkeit zu entwickeln. Kulturelle Empathie kann als ein Verstehensversuch gefasst werden: ebenso selbst-reflexiv wie kulturell-reflexiv, im Wissen darum, dass ein „Verstehen" letztlich unmöglich ist, dennoch aber eine gemeinsame Sprache gesprochen wird, aus der heraus sich gemeinsam konstruierte Lösungsprozesse oder Problembewältigungen ergeben. In diesem Sinne kommunikativ anschlussfähig sind beispielsweise Peers, die Gleichaltrige „online" in problematischen Lebenssituationen begleiten. Kommunikativ anschlussfähig ist aber auch die Sozialberaterin im Betrieb, die mit verschiedenen Mitgliedern dieser spezifischen Firmenkultur beratend kommuniziert. Beratung verfügt schon immer über unterschiedlichste alltagskulturelle Formen der Anschlussfähigkeit. Bei einer stetigen Zunahme vielfältiger Lebenswelten einerseits und einer Zunahme an ebenso diversen Informationen und Wissensbeständen andererseits wird deutlich, dass die kommunikative Anschlussfähigkeit von Beratung gerade heute vor großen Herausforderungen steht – online wie offline. Kommunikative Anschlussfähigkeit ist und bleibt eine professionelle Herstellungsleistung, die vom Berater oder der Beraterin ausgeht, und zu der Ratsuchende einen – wenn auch kleineren – Beitrag leisten, damit ein hilfreicher Beratungsdialog entstehen kann. Notwendig wird ein kulturelles Wissen, das das Faktenwissen von Beratern oder Beraterinnen nicht nur „ergänzt", sondern das gleichrangig, wenn nicht vorrangig vor thematischer Expertise ist. Der Begriff der „Doppelverortung" von Beratung verweist auf diesen Zusammenhang, denn erst im prozeduralen Wissen um beratungskulturelle Phänomene gepaart mit deklarativem und analytischem Faktenwissen liegt die Basis für eine gelingende Beratung.

Beratung zwischen Vertrauen und Missbrauch

Beratung ist attraktiv – denn mit und durch Beratung lassen sich Fragen klären, Orientierungen vermitteln, Probleme lösen, Ungewissheiten bearbeiten, Sicherheiten herstellen, Planungen vornehmen, Entscheidungen fällen. Diese positiven Konnotationen eines alltäglichen Beratungsbegriffes wirken auch in die professionellen Beratungsbereiche hinein. Beratung hat eine im Alltagsverständnis verwurzelte grundlegend unterstützende und helfende Funktion und sie in Anspruch zu nehmen, ist nicht stigmatisierend, sondern eher Ausdruck einer realistisch-pragmatischer Selbsteinschätzung innerhalb oft überfordernder komplexer gesellschaftlicher und kultureller Verhältnisse.

Diese Bedeutungs-Attraktivität lässt sich allerdings leicht missbrauchen, basiert sie doch auf fragilen sozialen Übereinkünften aller Beteiligten. Gerade unter der Prämisse ihrer sozialen Konstruiertheit ist Beratung anfällig für versteckt missbräuchliche Wendungen. Wichtig ist Vertrauen, denn Beratung ohne Vertrauen ist undenkbar. Vertrauen aber muss hergestellt werden, es ist nicht einfach gegeben. Im Bereich sozialberuflicher und psychosozialer Beratung verfügen schon allein die Beratungsinstitutionen über ein institutionelles „Vor-Vertrauen". Sie garantieren aufgrund ihrer öffentlich-staatlichen oder gemeinnützigen Einbindung in der überwiegenden Mehrzahl fachliche Qualität und damit auch einen gewissen „Vertrauensvorschuss". Dieser Vertrauensvorschuss liefert neben der Wissensasymmetrie von Helfer und Klient die Eingangsvoraussetzung für das Zustandekommen von Beratung. Letztlich muss das institutionelle Vertrauen in ein persönliches auf den Berater und die Beraterin bezogenes Vertrauen transferiert werden. Erst dann kann Beratung ihre positiven Wirkkräfte entfalten. Dieses Vertrauen muss allerdings seitens des Beraters oder der Beraterin wie seitens der Ratsuchenden bewusst und immer wieder neu hergestellt werden. Nur so kann eine Hilfe- und Unterstützungsbeziehung entstehen und erhalten bleiben.

Wenn Beratung aber Vertrauen, Verlässlichkeit und Hilfsbereitschaft lediglich simuliert, anstatt sie wirklich im Sinne der jeweiligen Klienten oder Klientinnen zu realisieren, dann verkehrt sie sich in ihr Gegenteil. Sie wird zum Risiko und zur Gefahr. Riskant und gefährlich wird, dass dann ein Klient dem (vermeintlichen) Mehrwissen des Beraters ausgeliefert ist und dessen Expertise in ihrer Richtigkeit und Bedeutung für die eigene Lage nicht adäquat einschätzen kann.

Wenn sich hierzu noch beratungsfremde – z. B. ökonomische – Interessen der beratenden Personen oder Einrichtungen addieren, degeneriert Beratung vollends zu einem ganz anderen kommunikativen Geschehen: Das, was Beratung genannt wird, ist nun Verkaufen, Überreden oder Manipulieren. Nicht nur im Hinblick auf die Beratung von Banken und Finanzdienstleistern im Rahmen der Bankenkrise, sondern auch bezogen auf die Geschäftspraktiken von Unternehmen, die ihre Angebote kundenwirksam Beratung nennen, aber ihr Personal nach Akquise-Raten bezahlen, verkommt der Begriff Beratung zu einem billigen Euphemismus.

Auch die Attraktivität von Beratung in Politik und Wirtschaft scheint ungebrochen. Es existiert eine unüberschaubare Anzahl beratender Kommissionen, die politikunterstützende Expertise vermitteln sollen. Firmen greifen aus vielfältigen Gründen auf Unternehmensberatung zurück. Nicht selten entstehen Probleme dadurch, dass unter dem semantisch dehnbaren Label „Beratung" auch hier etwas vollkommen anderes stattfindet als Beratung. So können Beratungskommissionen zwar zweifellos notwendige Expertise liefern, aber eben auch wählerberuhigende Funktion erfüllen, lediglich notwendige Entscheidungen und möglicherweise nötiges Handeln hinauszögern etc. Unternehmensberatungen können ebenfalls höchst sinnvoll sein, aber eben auch eingesetzt werden, um unpopuläre Management-Entscheidungen – etwa Entlassungen – durchzusetzen. Hier steht der Begriff Beratung schon heute in Gefahr, sich abzunutzen und zu dem zu werden, was die Linguistik eine Pejoration nennt: einen Bedeutungswandel hin zu einem Begriff mit zunehmend negativem Beiklang. Nicht nur dort, wo Zwangs- oder gar Sanktionsformen mit beratungsnahen Begriffen geschönt werden, ist diese Gefahr immer wieder gegeben.

Werden die ethischen Prämissen von Beratung außer Kraft gesetzt und erkennt Beratung Freiwilligkeit, Vertrauen, Transparenz und die Bereitschaft zur Hilfe nicht mehr als Maximen an, wird sie für Ratsuchende zu einer Gefahr. Die Asymmetrie, die im beraterischen Beziehungsverhältnis grundsätzlich enthalten ist, muss deshalb entlang ethischer Vorgaben ausgewogen bleiben. Nur noch wenige Beratungsbereiche sind heute durch eine dezidierte Parteilichkeit und advokatorische Haltungen für die Klienten und Klientinnen geprägt (Frauenberatung, Männerberatung, Beratung gegen Gewalt und Missbrauch). Eine Wiederentdeckung von Maximen sozialer Gerechtigkeit und reflektierter Parteinahme in der Beratung steht auf der (internationalen) Tagesordnung.

Beratung zwischen Freiwilligkeit und Zwang

Beratung, (einst) Prototyp der undirigierten Intervention und der Freiheit von Zwang, Garant für Wahlmöglichkeit und Entscheidungsfreiheit, findet sich immer häufiger wieder in Konstellationen von Verpflichtung und Zwängen. Jenseits immer schon existierenden anliegenbedingten „inneren“, informellen und kontextuellen Drucks, Beratung in Anspruch zu nehmen, mehren sich die Felder und Anlässe, in denen Menschen mehr oder weniger massiv dazu verpflichtet werden. Eine bisher immer mit dem „Halo“ von Freiwilligkeit, alternativer Wahl und selbstbestimmter und selbstkontrollierter Entscheidung und persönlicher Entwicklung versehene Unterstützungsform droht vielerorts als kaschierte und begriffsverwirrte Lenkungsmaßnahme und außengesteuerte Zwangssituation zu verkommen. Dies ist überall dort der Fall, wo unter dem Beratungslabel Menschen aufgefordert und verpflichtet werden, sich gegen ihren Willen einer Beratung zu unterziehen, sich einem Beratungsprozess auszusetzen und einer Beratungsmethodik zu unterwerfen, ein gesetztes Beratungsziel zu akzeptieren oder ggf. eine bestimmte Beratungskonsequenz zu ziehen oder zu gewärtigen.

In Gesundheits-, Genetik- und Schwangerschaftsberatung, Drogenberatung, Beratung in Bildung und Beruf, Studierendenberatung und psychosozialer Beratung mehren sich diese Anlässe und es mehren sich zu Recht auch die Diskussionen, ob und wenn ja wann und in welcher Form Beratung und Verpflichtung (Zwang) überhaupt kompatibel sein können. Die Frage ist, ob trotz (oder bei bestimmten „Nichtnutzern“ nur bei) verpflichtendem Zugang zur Beratung überhaupt gelingende hilfreiche Beratungsbeziehungen und förderliche Beratungskooperationen entstehen können und unter welchen Bedingungen das der Fall ist. Gefragt wird, ob auch bei außengesteuerten Beratungszielen Klienten und ihr persönliches Umfeld von Beratung profitieren können. Dies ist und wird heiß umstritten. Beratungspraktiker und -praktikerinnen sehen sich vermehrt genötigt, Beratungsleistungen zu erbringen, obwohl ihre Klienten und Klientinnen diese nicht nachsuchen, sich diesen sogar verweigern. Beratung selbst wird sich diesem Trend der (bewussten!) Vereinnahmung für vorgeschriebene und verschriebene nicht freiwillige Prävention und Intervention nicht entziehen können – sie kann es schon heute nicht. Beratungstheorie und Beratungspraxis, Beratungswissenschaftler und -wissenschaftlerinnen wie Berater und Beraterinnen sind allerdings immer gefordert, Klarheit herzustellen und Positionen zu beziehen – im kritischen fachlichen Diskurs wie in ihrer konkreten Arbeit mit Klienten und Klientinnen, die Beratung nicht aus eigenem Antrieb aufsuchen und die keine Beratung wollen. Wann und bis wohin kann noch von Beratung gesprochen werden und wann wird das Label zur Lüge? Wie lassen sich welche Optionen für eine hilfreiche Beziehung und unterstützende Maßnahmen schaffen, erhalten und nutzbar machen, trotz Fehlen von Freiwilligkeit und (Veränderungs-) Motivation? Welche institutionellen Rahmungen, professionellen Orientierungen, methodischen Haltungen, Arbeitsstrategien, Kooperationsformen und Regeln des Umgangs machen Beratung unter Zwang ethisch verantwortbar und für alle Beteiligten – Klienten wie Berater – möglich und aushaltbar? Wo sind die Grenzen, wo alle Beteiligten – insbesondere aber diejenigen, die Beratung lehren, dazu forschen und sie praktizieren – die Indienstnahme des Begriffs Beratung für Zwangsintervention strikt zurückweisen und bekämpfen müssen? Zwangsinterventionen mögen sich in manchen Zusammenhängen als notwendig erweisen, z. B. wenn sie zum Schutz Dritter erforderlich sind – es gibt jedoch meist keinen zwingenden und ehrenwerten Grund, sie als „Beratung“ zu bezeichnen.

Beratung zwischen Wissen und Nichtwissen

Moderne Gesellschaften werden als „Wissensgesellschaften“ beschrieben und Wissenszuwachs stellt eine zentrale Ressource gesellschaftlich-kultureller Entwicklung dar. Mit jedem Wissenszuwachs wird vorheriges Nichtwissen in Wissen transferiert. Das geschieht vielerorts – und nicht nur in der Beratung. Dennoch gibt es nur wenige Begrifflichkeiten, die besser die Grundlegung einer jeden Beratung beschreiben als Wissen und Nichtwissen. Wir können davon ausgehen, dass unser Wissen – oder das, was wir dafür halten – immer begrenzt ist, selbst wenn wir auf bestimmten Gebieten über immense Kenntnisse verfügen mögen. Und auch Beratung ist so etwas wie *ein sozial konstruierter dialogischer Umgang mit Wissen und Nichtwissen.* Dass hierbei Beraterin und Klientin über unterschiedlich Formen und Inhalte von Wissen und Nichtwissen verfügen, ist augenscheinlich, ebenso dass diese unterschiedlichen Formen und Inhalte im Prozess der Beratung kommunikativ und dialogisch anschlussfähig gemacht werden müssen. Denn nur dann können sie zu neuem, sozial konstruiertem Wissen werden und dem Beratungsprozess die notwendige Fundierung geben.

Faktenwissen, Alltagswissen, Wissenschaftswissen, Prozesswissen, Routinewissen, intuitives Wissen, Halbwissen, Handlungswissen und selbstverständlich auch das Nichtwissen sind in Beratungsprozessen präsent. Jenseits aller Wissenstypologien bleibt es aber wichtig, ein lebensweltrelevantes Handlungswissen, das Orientierungen, Planungen, Entscheidungen und auch Handlungen begründen kann, zu entwickeln – und das vor dem Hintergrund eines immer auch vorhandenen Nichtwissens-Horizonts. Beratung, die allein auf dem Wissen basiert und damit das eigene Nichtwissen ausblendend, wäre deshalb eine „saturierte“ Beratung, erschöpfend selbstgefällig wie starr. Gerade der jeweilige Gegenstand der Beratung, der in seinen alltäglichen

Handlungspraxen ja immer wieder von Unsicherheit durchzogen ist, der immer wieder mit Unplanbarkeit konfrontiert und von Zufall überrascht wird, braucht Wissen, muss sich aber auch dem Nichtwissen stellen. Erst in der produktiven Auseinandersetzung mit dem, was Berater und Klient wissen und was sie nicht wissen, lässt sich Beratung als das fassen, was sie ist: eine immer wieder zu suchende Wissensbalance in und mit Widersprüchlichkeiten, Gegensätzen, Unsicherheiten und Zufällen. Damit wird für Beratung eine Perspektive wichtig, die man ähnlich dem Begriff der „positiven Nichtsicherheit" als *„positives Nichtwissen"* bezeichnen kann.

Beratung zwischen vorübergehenden Gewissheiten und grundlegenden Ungewissheiten

Selbst wenn immer wieder konstatiert wird, dass unsere gegenwärtigen Alltage zunehmend von Ungewissheiten durchzogen sind, ist das nur bedingt richtig. Das Leben war in jeder kulturellen Epoche der Menschheitsgeschichte eine immense Ansammlung von Ungewissheiten. Und immer gab es die verschiedensten kulturellen und gesellschaftlichen Versuche, Gewissheiten zu erzeugen (z. B. Wissenschaften). Ungewissheit war und ist somit ein grundlegendes Strukturmerkmal des Lebens. Dennoch verlagern sich die Themen erlebter Ungewissheit, und das nicht selten bis hin zu Formen prekärer – und damit besonders ungewisser – Lebensverhältnisse. Heutzutage scheinen somit Ungewissheit und Unsicherheit mehr denn je Thema und Anlass von Beratung.

Beratung stellt aber auch strukturell eine vielfältige Form des Umgangs mit Ungewissheit dar. Ganz trivial beginnt jede Beratung mit einer Fragestellung, der grundsätzlich Ungewissheit innewohnt. Das gesamte Prozedere einer Beratung ist immer wieder von Ungewissheiten durchzogen, denn es wäre absurd anzunehmen, Berater oder Klienten würden nur unter Bedingungen von Gewissheiten handeln. Die Alltage, die Reaktionsweisen eines Umfeldes, die eigene Befindlichkeit, all das ist grundlegend von Ungewissheiten geprägt. Orientierungs-, Entscheidungs- und Planungsungewissheit, Beziehungsungewissheit, Reaktionsungewissheit – eine Gewissheit vorab gibt es hier nicht.

Beratung agiert in Möglichkeiten, Wahrscheinlichkeiten, Chancen, Unsicherheiten, Versuchen, vorübergehenden Gültigkeiten. Sie ist meist zukunftsorientiert, auch wenn Vergangenes reflektiert und Gegenwärtiges erörtert wird. D. h., es geht um etwas, das auch in der Zukunft liegt – zumeist eine Entscheidung oder die Vergewisserung einer Nicht-Entscheidung. Und Zukunft lässt sich nicht in Sicherheiten oder Gewissheiten fassen, sondern nur in Möglichkeiten und Wahrscheinlichkeiten abwägen.

Nicht Gewissheit ist das Ziel, sondern „Weiterwissen" – und handeln zu können in vorübergehender Gewissheit. Letztlich bilden Ungewissheit wie auch Nichtwissen immer den Horizont, vor dem nur vorübergehend Inseln der Sicherheit – von Berater oder Beraterin und Klienten gemeinsam – konstruiert werden können. Entscheidend bleibt, dass professionelles und erfolgreiches beraterisches Handeln in den beratungskonstitutiven Bedingungen der Ungewissheit möglich ist. Und es ist ein Ausdruck beraterischer Unprofessionalität, Ungewissheit zu negieren und sie als Störfaktor zu betrachten, ein Betrug an den Ratsuchenden, ihnen Gewissheit vorzugaukeln. Somit gilt für Beratung strukturell das Gleiche wie für die Beratungsklienten und -klientinnen: Es ist notwendig, mit Ungewissheit positiv umgehen zu lernen und sie nicht nur als Bedrohung erleben zu können, sondern auch als potentielle Ressource.

Beratung zwischen Vergangenheit und Zukunft

Viele psychotherapeutische Strömungen beziehen sich vornehmlich auf Vergangenheit, biographisch Erlebtes und Gewordenes, die Suche nach frühen Erfahrungen, Verletzungen und Traumata (insbesondere die tiefenpsychologischen/psychodynamischen). Andere fokussieren ganz die Zukunft, thematisieren, was kommen wird, kommen kann oder kommen soll, suchen nach Lösungen und Wegen der Veränderung (insbesondere die kognitiv-behavioralen, lösungsorientierten). Und wieder andere konzentrieren sich auf das Hier und Jetzt, das Erleben und auf Erfahrungen im Moment, auf die Gegenwart und die gegenwärtigen Gefühle, Gedanken und Handlungen der Ratsuchenden (insbesondere die humanistischen, kreativ-erlebnisorientierten).

Eine exklusive Fokussierung auf eine Zeitphase allein ist für Beratung nicht stilbildend. Beratung flankiert Übergänge aus der Vergangenheit in die Gegenwart und in die Zukunft in all ihren Praxisfeldern: in Bildung, Beruf und Beschäftigung (vom Kindergarten in die Schule, in verschiedene Schulstufen, von der Schule ins Studium oder in die Lehre, in den Beruf, in berufliche Übergänge und Wechsel, in Arbeitslosigkeit und Beschäftigungsmaßnahmen, in den Ruhestand etc.), in Partnerschaft, Ehe, Familie und Erziehung (im Aufbau von Beziehungen und in den Auflösungen von Beziehungen, im Übergang zum gemeinsamen Leben oder Alleinleben, in Trennung und Scheidung, in Konflikten, in Schwangerschaft, bei Geburt und im Übergang in Elternschaft, im Aufwachsen und Erwachsenwerden und im Wechsel von Identitäten und Rollen, über den gesamten Lebenslauf bis zum Sterben und zur Trauer), in Gesundheit und Krankheit, der Patientenrolle, bei chronischen Belastungen und Störungen wie in der Rehabilitation und der Rückgewinnung von Normalität, im Übergang zu anderen Lebenswelten und Wohnformen – lokal und in Übergängen der Migration und Flucht auch global. Beratung in normativen („üblichen") und nicht normativen (meist unerwarteten) Lebensübergängen verbindet in ihren vier Grundpfeilern der Information und des Wissenstransfers, der Prävention und Vorsorge, der Bewältigungshilfe und Rehabilitationsunterstützung wie der Entwicklungsförderung und Ressourcenstärkung alle Kräfte, die Wandel von Früherem zu Aktuellem und Zukünftigem besser gelingen lassen.

Durch neue Informationen sowie Wissenserweiterung und Reflexion die Vergangenheit einzuschätzen, die Gegenwart zu verstehen und die Zukunft so weit möglich zu antizipieren, bestimmt die informative Funktion von Beratung. Beratung bemüht sich primär um ein möglichst frühes rationales, aber vor allem auch emotionales, intuitives und handlungsbezogenes Vorbereiten auf das, was kommt, und sie rekurriert dabei auf in der Vergangenheit gewonnene Erfahrungen und das Erleben im aktuellen Moment. Beratung hilft Geschehenes und Erlittenes zu bewältigen, sich in unübersichtlichen und bedrohlichen neuen Situationen wieder orientieren zu können, Gefahren und Optionen im Hier und Jetzt zu erkennen und neue Handlungsfähigkeit für das Morgen zu entwickeln. Sie hilft auch, sich zu arrangieren und anzupassen, wo Veränderungsoptionen nur noch auf Einstellungsänderungen reduziert sind. Vor allem aber entdeckt sie gemeinsame Entwicklungspotentiale und Ressourcen in und aus der persönlichen Vergangenheit, der sozialen Gegenwart und für die Zukunft. Übergangschancen neben Übergangsrisiken sind Beratungsperspektiven, die positive Erregung, Spannung auf Neues, Erkunden von Gelegenheiten, Motivation zur Veränderung und Hoffnung auf Bewältigung im Wandel stärken lassen. Ressourcenorientiert die Vergangenheit zu rekonstruieren, die Gegenwart zu analysieren und die Zukunft zu entwerfen, kann über emotionale, rationale und praktisch-anwendungsbezogene Beratungsarbeit aktiviert und unterstützt werden. In einer Zeit, in der gesellschaftliche, ökonomische und ökologische Übergänge Menschen immer und überall vor neue und immer größere Anforderungen und Probleme stellen, wächst die Bedeutung von Beratung als eine Form der Unterstützung in individuellen, sozialen und kulturellen Transitionen.

Beratung zwischen Rationalität und Emotion

Eine in ihren Ursprüngen eher „ganzheitliche" Beratung, die sich den Anliegen ihrer Klienten reflexiv kognitiv, emotional bzw. affektiv und handlungs- und praxisbezogen annimmt, ist mit der Differenzierung und Diversifizierung ihrer Tätigkeitsfelder über die Jahrzehnte ihrer Entwicklung oft einseitig und unausgewogen geworden. Die typischen Beispiele sind Beratung in Bildung, Beruf und Beschäftigung einerseits und psychosoziale Beratung in Ehe, Partnerschaft, Familie und Erziehung andererseits. Entwickelte sich in der Bildungs-, Berufs- und Laufbahnberatung insbesondere die Theorie und Praxis einer vornehmlichen informations- und wissensbasierten, kognitiv-rationalen und entscheidungsorientierten Beratung, so entfalteten sich im psychosozialen Feld personenzentrierte, emotional fokussierte und erlebnissensible Beratungsansätze und Beratungsverfahren. Gerieten in der Beratung von Klienten und Klientinnen mit Anliegen in Ausbildung, Arbeit und Beruf persönliche, Gefühls- und soziale Beziehungsdimensionen der Problemstellungen wie ihrer möglichen Bewältigung ins theoretische und praktische Hintertreffen, so klammerte andererseits psychosoziale Beratung häufig Informations- und Wissensreflexion, Umgang mit Nichtsicherheit und Entscheidungsprozessen aus ihren Bemühungen um Unterstützung von Ratsuchenden aus. So wurden sich die Arbeits-, Berufs- und Bildungswelt auf der einen und Privatheit, persönliche Beziehungen in Familie und Freundschaft auf der anderen Seite in der Beratung fremd. Kulturell und gesellschaftlich lange Zeit „männlich" dominierte Lebensbereiche wie die Arbeits- und Berufswelt, assoziiert mit Rationalität, Problemzentrierung, Pragmatik und Effizienz, und „weiblich" dominierte wie Partnerschaft, Ehe, Familie, Erziehung und Gesundheit, assoziiert mit Emotionalität, Gefühlszentrierung, Beziehung und Bindung, haben in die Beratung projiziert – hier die „gefühlskalte" und „beziehungslose" Entscheidungs- und Handlungslogik in den Vordergrund gerückt, dort die „gefühlstotalisierte", informations-, wissens- und reflexionsfreie Wachstumsperspektive befördert. Erst in den letzten Jahren wird konzeptionell, methodisch und in der praktischen Arbeit eine Reintegration von „Kopf und Herz" in allen Beratungsfeldern gefordert. Beratung kann nicht mehr berufliche und Beschäftigungskontexte aus der Bearbeitung persönlicher und „psychologischer" Schwierigkeiten ausgrenzen oder andererseits so tun, als spielten bei Fragen der Gestaltung und Entwicklung von Bildungs- und Berufslaufbahnen und im Arbeitsleben eigene Gefühle, das emotionale und körperliche Erleben und die sozialen Rahmungen und Beziehungszusammenhänge keine Rolle.

Beratung ist in allen ihren Anwendungsfeldern angehalten, trotz einzelfall- und bedürfnisbezogener sowie feldspezifischer Prioritätensetzung, Denken, Fühlen und Handeln der Klienten aufzugreifen. Sie muss jeweils die sozialen Beziehungseinbindungen dieser kognitiven, emotionalen und konativen Anteile der Bewältigungsanstrengungen in den unterschiedlichen Analyse- und Interventionskontexten berücksichtigen. Nur so hat sie eine Chance, den nahezu immer multidimensionalen und komplexen Anforderungen einer modernen Welt an ihre Menschen gerecht zu werden.

Beratung zwischen Macht und Ohnmacht

Beratung wirkt – auch wenn die Wirkmächtigkeit bis heute empirisch eher für psychotherapeutisches Handeln gut nachgewiesen ist –, wo sich einzelne Ansätze meist kaum in ihren Effektstärken unterscheiden („Dodo verdict"), aber generell signifikant größere Wirkungen als bei Nichtintervention gefunden werden. Ein weiterer Beleg für die „Macht" von Beratung, gewünschte Einflüsse zu befördern und Veränderungsziele zu erreichen, liefert die vergleichende Wirkungsforschung von Laien- und ehrenamtlicher Hilfe, die in ihrer helfenden Wirkung oft einer professionellen Behandlung kaum nachstehen. Auch die soziale Unterstützungsforschung, die für alltäglichen Rückhalt wie für gegenseitige informelle Hilfe ein riesiges Spektrum an generell gesundheitsförderlichen wie stressabpuffernden und gesunderhaltenden kurativen und rehabilitativen Effekten nachweisen kann, verweist auf „wirksame" Beratung, ist sie ihr doch strukturell, prozessual wie dimensional recht ähnlich. Diese Wirkungen zeigen sich für beide Geschlechter, in allen Altersgruppen, für unterschiedliche Kulturen und in allen vorstellbaren Belastungs-, Krankheits-, Beeinträchtigungs-, Herausforderungs- und Krisensituationen unseres Lebens. Insofern hat Beratung „Macht" – Einfluss- und Hilfemacht.

Nicht umsonst erleben wir Beratung seit Langem als flankierendes Bewältigungsangebot in alten und bekannten wie neu aufbrechenden und als Folge gesellschaftlicher Veränderungen wachsenden Anforderungs- und Problemsphären, die unser Leben durchziehen. Wäre sie nicht „wirkmächtig", hätte sie diese Karriere allgegenwärtiger und allzeitlicher Präsenz in Bildung, Beruf und Beschäftigung, in Freizeit und Privatheit, in Erziehung, Partnerschaft und Familie, Medien, Öffentlichkeit und Politik, Wirtschaft, Wissenschaft und Kultur etc. nicht gemacht. Ein reines Wirkungsversprechen alleine hätte wohl nicht gereicht, um immer und überall als offene niedrigschwellige und freiwillige Unterstützungsform professionalisiert und institutionalisiert zu werden – neben ihren immer schon existierenden alltäglichen Formen und Konstellationen – und zunehmend auch als verbindliche, vorgeschriebene und erzwungene Interventionsform in immer mehr Lebensbereichen (§ 218/Arbeitslosengeld II/Studienberatung etc.) verankert zu werden. Nur „halb-mächtig" ist und bleibt Beratung eher dort, wo sie bestenfalls Belastungen und Belastungsfolgen mildern und für Betroffene erträglich machen kann. „Ohnmächtig" wird sie dort, wo eine Hilfe dazu, sich „besser zu arrangieren" mit behindernden und beeinträchtigenden Lebenslagen, zum Zurechtkommen in „übermächtigen" ökonomischen, ökologischen und sozialen Kontexten die Beratungsziele und Beratungsangebote „bescheiden" werden lässt. Ohnmächtig ist sie hier gegenüber größeren gesellschaftlichen Mächten und Strukturen, wenn es ihr nicht gelingt, als ein Ausgangspunkt für ebenfalls größere gesellschaftliche Bewegungen und Widerstände zu werden (wie dies etwa mit Community Counselling und in Empowerment-Programmen angestrebt wird). Beratung besinnt sich heute auf ihre fachöffentliche und fachpolitische Tradition, die „soziale Gerechtigkeit (social justice)" und deren Förderung (auch in der Arbeit mit Individuen) immer als prominente Hintergrundfolie mitgedacht hat. Ohnmächtig ist sie nie in ihrer Arbeit mit Individuen, mit Gruppen, die sich, ihr Leben, ihre Probleme wie die Bedingungen ihres Lebens und ihrer Probleme verändern wollen und dabei Unterstützung suchen – reflexiv, emotional und praktisch.

Macht und Ohnmacht sind auch in der Beratung selbst unterschiedlich verteilt. Die meisten professionellen Beratungsformen und -ansätze sind – im Gegensatz zu anderen Interventionsformen – darauf aus, Macht in der Beziehung und im Prozess eher zu egalisieren, als ein professionelles Machtgefälle zwischen Berater oder Beraterin und Klient oder Klientin zu betonen und es über Vorgaben der Beziehungsgestaltung und Methodik zu verstärken oder festzuschreiben. Faktische „Expertenmacht", „Zuständigkeitsmacht" und institutionell verliehene Macht werden im besten Fall transparent und reflexiv bearbeitbar gehalten. Faktische Klienten- und Klientinnen-Macht, sich der Beratung, der Beziehung, der Methode, der Veränderungswege, der erarbeiteten Entscheidung etc. zu verweigern oder zu entziehen, wird selbst in Zwangs-, Sanktions- und Weisungskonstellationen im besten Fall kommunizierbar, bearbeitbar und konstruktiv nutzbar gemacht. Die Beratungsbeziehung selbst bleibt wirkmächtig, wenn Berater, Beraterin und Ratsuchende eine transparente Machtbalance von gegenseitigem Einfluss und Beeinflussbarkeit herstellen, die eine gelungene Arbeitsallianz und einen konstruktiven gemeinsamen Beratungsprozess ermöglicht.

Beratung zwischen Ressourcen und Defiziten

Neben Information, Prävention und Entwicklungsförderung ist die Hilfe bei Problembewältigung der vierte identitätsstiftende Eckpfeiler von Beratung. Das konstruktive und selbstgesteuerte Annehmen von Anforderungen und Herausforderungen sowie das Bearbeiten von Belastungen und bereits daraus entstandenen Schwierigkeiten bis hin zu schwerwiegenderen Krisen sind Beratungsgeschäft und rücken

Beratung in die Nähe von Therapie. Beratung ist hier zwangsläufig mit Mängeln, Defiziten und Problemen befasst – mit Schwächen und Fehlern, die sowohl in Personen, ihren Einstellungen, ihrem Verhalten, ihren Fähigkeiten, Kompetenzen und Potenzialen liegen können wie auch und oft gleichermaßen in ihren sozialen, ökonomischen und ökologischen Interaktionskontexten und Lebenswelten. Keine Beratung kann von belastenden Anlässen und Hintergründen absehen, die dazu führen, sie in Anspruch zu nehmen, obwohl die Maxime einer Ressourcen- und Stärkenorientierung Beratungstheorie und Beratungspraxis seit ihren Anfängen prägt. Anders als traditionelle psychotherapeutische Orientierungen in ihrer Verankerung in „klinischen" Handlungszusammenhängen formt die Perspektive auf Lebensführungs- und -bewältigungsressourcen von Menschen und Lebenswelten Beratungskonzepte und beraterische Intervention seit eh und je mit. Dieses Selbstverständnis fand und findet eine grundlegende Aufwertung und einen immensen Anschub in der Entwicklung und Verbreitung der „Positiven Psychologie".

„Stärke und Kraft" – „strength and power" – selbst und mit Hilfe von Beratung zu erkennen, zu erfahren und zu entwickeln, statt Schwächen und Defizite zu diagnostizieren und zu kompensieren, wurde und wird seit zwei Jahrzehnten zum Credo, empirisch unterstützt über die (Meta-)Analysen beraterisch-therapeutischer Einflussfaktoren, die eine Ressourcenaktivierung als zentrale Wirkungsdimension ausweisen.

„Psychologisch" konzentriert sich diese Ressourcenorientierung primär auf Personen, weniger auf Kontexte und Person-Umfeld-Interaktionen – die aber stehen ebenso im Zentrum von Beratungsidentität. Ohne diese kontextuelle Einbindung gerät eine „positive" und stärkenkonzentrierte Haltung leicht zur Ideologie eines „Alles ist gut" und „Jeder ist seines Glückes Schmied". Parolen wie „Think positive" dubioser Heilslehren und „Es geht, wenn du nur willst und auf dich vertraust" sind die Degeneration einer wichtigen positiven Wende früher defizitzentrierter klinisch-psychologischer Theorie und Praxis. Sie werden zur Pervertierung einer immer auch kritisch reflexiven Beratungshaltung, die persönliche und kontextuelle Ressourcenbestände wie Ressourcendefizite in ihren Ursachen und Wirkungen ernst nimmt.

Beratung hilft Einzelnen, Gruppen und bzw. oder formellen (Organisationen) wie informellen (Netzwerken) Systemen, ressourcensensibel persönliche, soziale und lebensweltbezogene, ökonomische und ökologische Kräfte und Potenziale wahrzunehmen, zu entwickeln oder wiederzuentdecken, um Einschränkungen, Behinderungen, Belastungen und Beeinträchtigungen eigenständig und gemeinsam besser zu bewältigen. Sie anerkennt, analysiert und bearbeitet dabei immer die Unterschiedlichkeit und Diversität persönlicher, sozialer und materieller Ausgangslagen, in denen es Beratungsnutzer mehr oder weniger gut, leicht und schnell schaffen, ein gelingenderes Leben zu führen.

Beratung zwischen Prävention und Empowerment

Beratung definiert neben Information und Entscheidungsmanagement, Problembewältigungshilfe und Entwicklungs- und Entfaltungsförderung vor allem die

Prävention als Grundpfeiler ihrer professionellen Identität. In einer Absetzung von rein kurativen Interventionen versteht sich Beratung seit ihren Anfängen als eine Hilfe dabei,

- „primär präventiv" ein generell und ohne Belastungsbezug gelingenderes Lebens zu führen, Aufgaben und Anforderungen anzugehen und zu bewältigen, bevor sie zu „Problemen" werden, riskante Situationen und Lebenszusammenhänge sowie kritische Ereignisse so weit möglich zu antizipieren und sich auf deren Bearbeitung vorzubereiten,
- „sekundär präventiv" eine Belastung und Beeinträchtigung möglichst früh und vor einer Zuspitzung zur Krise in den Griff zu bekommen und zum Problem gewordene Schwierigkeiten zu lösen sowie
- „tertiär präventiv" in einer Chronifizierung von Schäden und Behinderungen zur „Re-Normalisierung" und bzw. oder zum besseren Arrangement mit Unveränderbarem beizutragen.

Diese Orientierung macht Beratung zu einer wichtigen Vorbeugung, Flankierung, Bewältigungshilfe und Rehabilitation unserer Zeit, erfüllt sie doch lange geforderte aktive (und nicht nur reaktive) Unterstützungsfunktionen einer öffentlichen Versorgung. Prävention durch Beratung – personenbezogen wie kontextbezogen – war und ist ein großer Fortschritt gegenüber reaktiver „Wiederherstellung", „Wiedergutmachung" und Kompensation.

Der präventive Blick trägt andererseits immer die Gefahren von Defizit- und Risikofixierung (auf Personen und Gruppen), einer Aufmerksamkeit für Abweichungen und Anderssein, einer Fokussierung von möglichst schneller Reintegration und Wiederanpassung in sich. Präventive Beratung kann leicht ins Fahrwasser umstandsloser Früherkennung und Frühintervention geraten, orientiert an Idealen einer sich verbreitenden totalisierten Gesundheits-, Wellness-, Fitnessideologie, die sucht, Verletzung, Leid, Beeinträchtigung, Behinderung, Krankheit etc. aus menschlichem Leben zu verbannen. Präventive Beratung kann „paternalistisch" verschreibende, „maternalistisch" überversorgende oder expertokratisch entmündigende Formen annehmen, die Hilflose noch hilfloser macht, statt sie in ihrer Ressourcenverfügung zu fördern. Empowerment zielt auf diese Selbstbemächtigung, in der Menschen aktiv unterstützt werden, (wieder) Kontrolle über sich und ihre Angelegenheiten zu gewinnen – individuell wie in sozialer Integration. Empowerment durch Beratung rückt die partizipativen Anliegen und Rechte der Klienten und Klientinnen neben ihren individuellen Bedürfnissen in den Vordergrund und setzt auf die Entwicklung, (Re-)Aktivierung, Stärkung und (Wieder-)Erlangung der persönlichen, sozialen, institutionellen, kulturellen und gesellschaftlichen Ressourcen in den Lebenswelten. Beratung als Empowerment-Förderung kann dazu verhelfen, stärkeren Einfluss und Verfügungsgewalt auf die Systeme, Organisationen und Personen zu gewinnen, die das eigene Leben beeinflussen. So ermöglicht sie auch eine weitergehende verhältnisbezogene (statt bloß verhaltensbezogene) Prävention. Beratung kann zu persönlichem, sozialem und politischem Empowerment beitragen und in dessen Rahmen ihre präventiven Ambitionen im Widerspruch zwischen der Förderung von Autonomie und Anpassung einlösen.

Beratung lokal – Beratung global

Die Entwicklung professioneller Beratung war lange durch Perspektiven „mittlerer Reichweite" bestimmt – theoretisch und konzeptionell über eine Orientierung an (west)europäischen und nordamerikanischen Auffassungen von Persönlichkeit, den Ursachen und Folgen persönlicher Schwierigkeiten und Probleme sowie entsprechenden Hilfe- und Beratungsorientierungen. Praktisch entsprach dieser Haltung eine örtliche (meist implizite) Zuständigkeit für Personen, die die institutionalisierten Angebote in erreichbarer Entfernung hatten.

Zwei gegenläufige und doch gleichzeitige Trends haben diese meist weder reflektierten noch diskutierten Selbstverständlichkeiten aufgebrochen.

Insbesondere mit dem Konzept der lebensweltorientierten Beratung der Sozialpädagogik und dem gemeindepsychologischen „Community Counseling" rückten lokale Verhältnisse und lokale Unterstützungsformen ins Zentrum des professionellen Selbstverständnisses von Beratern und Beraterinnen. Menschen in ihren auch aus lokalen und regionalen Lebenskontexten resultierenden Anforderungen und Problemen „vor Ort" hilfreich zu sein, die Belastungs- wie Ressourcenqualitäten von alltäglichen Lebensräumen, Settings oder Milieus im diagnostischen wie interventiven Handeln zu berücksichtigen, kurz Ratsuchende nicht aus ihren lokalen Lebenskontexten zu isolieren, sondern sie in ihrer Integration wahrzunehmen und zu unterstützen, wurde eine neue Beratungsperspektive. Erweitert wird sie heute durch Beratungsvorstellungen, die noch stärker als bisher nicht nur lokale (soziale, raumzeitliche, ökonomische und ökologische) Problem- wie Bewältigungsanteile in Rechnung stellen und aktiv im Beratungsprozess aufgreifen, sondern zudem davon ausgehen, dass in lokalen und regionalen Lebensräumen und Lebensformen immer auch spezifische und traditionelle „naive" und „indigene" Umgangs-, Bewältigungs- und Lösungskonzepte und -strategien entwickelt werden und aufgehoben sind, die es weit stärker als bisher zu entwickeln, zu identifizieren und hilfreich zu nutzen gilt. Beratung erhält auf diese Weise einerseits eine stärkere lokale Einbettung – über die bloße Verortung der Beratungseinrichtungen in lokale Strukturen hinaus.

Andererseits wird Beratung „globaler" und überschreitet die klassische Orientierung auf mittlere Reichweite auch in die andere Richtung. Weltweite und in ganz anderen Regionen der Erde entstehende Krisen und Problemursachen betreffen Menschen weit weg. Eine Firmenentscheidung in Asien trifft die Beschäftigten in einem kleinen Ort in Ostdeutschland, die daraufhin Beratung suchen. Globalisierte Katastrophen und Unfälle beeinflussen Menschen über ihre Entstehungsorte hinaus und führen zu Beratungsnachfragen weltweit etc. Die weiter zunehmende internationale Migration und entstehende multikulturelle Gesellschaften führen zwangsläufig zu Konfrontationen mit „Fremdem" und „Anderem" auch in der Beratung – bezüglich der Lebensführung und Lebensbewältigung, in der Interpretation von Normalität und Abweichung, in der Wahrnehmung von Anforderungen und Problemen sowie den Vorstellungen von beratender Hilfe und Unterstützung. Westliche geprägte Beratungsmodelle und -praxen sehen sich global und interkulturell herausgefordert und im besten Falle bereichert und befruchtet durch „Anderes" und „Fremdes" sowie diverses Beratungshandeln anderer entfernter Kulturen.

Vor allem die zunehmende Medialisierung von Beratung über das Internet und das Entstehen neuer Beratungsmöglichkeiten und Beratungsformen jenseits eines gemeinsam geteilten Ortes und Raumes für die Beziehung von Berater und Beraterin und Klienten schaffen neue Horizonte. E-Counseling, Counseling Networks und Chats treiben eine Globalisierung von Beratung weltweit voran. Beratung muss und wird ihre Stellung zwischen lokaler Verortung und globaler Öffnung finden – es wird ihr nichts anderes übrig bleiben.

Beratung zwischen Online- und persönlicher Beziehung

In den letzten Jahrzehnten hat sich basierend auf den technischen und kommunikativen Bedingungen des Internets die Online-Beratung entwickelt. Online-Beratung ist nicht nur innerhalb kürzester Zeit zu einer Selbstverständlichkeit geworden. Sie wird auch variantenreich angeboten, von vielen genutzt, hat sich an markanten Stellen des Internets etabliert und umfangreich professionalisiert. Sie entfaltet sich dabei nicht nur zu einem eigenständigen vielfältigen Angebot unterschiedlicher Beratungspraxen und -felder, sondern auch zu einem ebenso eigenständigen Theorie- und Konzeptdiskurs.

Persönliche Beratung wird weiterhin konzeptionell und theoretisch bedeutsam bleiben, aber sie kann nicht mehr mit der bisher geltenden Selbstverständlichkeit das gesamte Beratungsfeld abbilden. Zu groß sind die Unterschiede zur Online-Beratung, trotz konzeptioneller Familienähnlichkeit. Es sind zwei eng miteinander verbundene Formen der Beratung, deren Relationen aufgrund ihrer unterschiedlichen Einbindung in Medien nicht – wie in den Anfängen der Online-Beratung fälschlicherweise behauptet – defizitär, sondern different sind. Online-Beratung als Teil der im Internet stattfinden Kommunikation ist damit auch in eben deren Diskurse und Forschungen eingebunden Als ein spezieller Teil der computervermittelten Kommunikation gelten für sie ganz eigene Gesetzmäßigkeiten. Die markantesten beratungsrelevanten Effekte dieser Kommunikationsform sind Anonymität und Schriftlichkeit. Zudem gibt es mittlerweile die unterschiedlichsten Mischformen beider Beratungsvarianten. Markant werden die Unterschiede aber dann, wenn Anonymität und Schriftlichkeit zu bedeutsamen Beratungsvariablen werden. Die Anonymität, auch wenn sie online unter einer informationstechnischen Perspektive nicht wirklich gegeben ist, die seitens der Nutzer und Nutzerinnen in Pseudonymen gefasst wird, schafft Ausgangsbedingungen für neue Settings, die es so in der Beratung zuvor nicht gab. Die sogenannte Pseudonymität liefert dabei Schutz und ermöglicht offeneres, direkteres und ggf. auch enthemmtes Kommunizieren – in all seinen positiven wie negativen (z. B. Cyberbashing, Cybermobbing) Varianten für das Beratungsgeschehen. Auch werden Personengruppen erreicht, die nicht ohne Weiteres ein persönliches Gespräch suchen würden. Man betrachte nur die Erfolge von Beratungsseiten, die sich an Jugendliche mit Drogenproblemen oder in suizidalen Gefährdungen wenden. Hier werden Kommunikationen – nicht selten auch von Peers – angeboten und gesucht, für die es keinen vergleichbaren Face-to-Face-Ort geben kann oder gibt.

Vorwort und Einleitung
Innovative Zugänge
Beratungs-settings und -räume
Medien und Beratung
Kritik der Beratung
Register
Anhang

Auch die Schriftlichkeit bleibt eine zentrale beratungskulturelle Markierung im Unterschied zur persönlichen Beratung. Ein Text, insbesondere in Form eines überarbeiteten und durchdachten Textes, ist ein erster reflektierender und problemlösender Dialog mit sich selbst. E-Mail-Beratungen sind somit skriptive, also texteingebundene Beratungen, die durchaus auch „therapeutisch" wirken, dafür gibt es eine ganze Reihe wissenschaftlicher Beweise. Es existieren elaborierte Programme, in denen traumatisierte Personen ihre Probleme online kommunizieren können und dadurch wieder die aktive Autorenschaft in ihren Geschichten zurückgewinnen. Dies ist ein erster und bedeutsamer Schritt, auch das eigene Leben wieder aktiv gestalten zu können.

Jenseits der Unterschiede von Mündlichkeit und Schriftlichkeit müssen aber auch Berater und Beraterinnen online eine Beziehungen aufbauen, Nähe und Distanz gestalten, Ressourcen aktivieren, Lösungsmöglichkeiten aufzeigen. Beratung im Internet wird zwar nicht neu erfunden, sie entwickelt aber andere inhaltliche Formen, definiert neue Beratungssettings und formuliert damit neue und andere Anforderungsprofile an Berater und Beraterinnen. So bedarf es beispielweise hoher beraterischer Kompetenz innerhalb eines Beratungs-Chats kompetent zu agieren – eine Fähigkeit, die sich nicht zwangsläufig aus beraterischen Offline-Kompetenzen und ohne Ausbildung und Übung ergibt.

Bedeutsam geworden sind in den letzten Jahren soziale Netzwerke. Insbesondere Facebook liefert eine einfache, fast spielerische Form der Vernetzung mit zuvor nie gekannter, fast viraler Dimension. Auf einfache Art und Weise werden Online-Realitäten geschaffen und verändert. Dass Facebook zu einem medialen Raum auch online-basierter Alltagsberatung geworden ist, ist somit nicht zu bezweifeln. Ebenso selbstverständlich ist aber auch, dass Facebook kein Ort professioneller Beratung ist. Allein technisch sind die Grundlagen einer vertrauensbasierten Kommunikation nicht gegeben. Es gibt zudem keine Kontrolle über die verdeckte Nutzung der Daten seitens des Anbieters. Beratungsnahe Angebote rücken heute Mobilmedien, insbesondere Smartphones und Tablet-PCs, ins Zentrum und warten mit entsprechenden Applikationen auf. Angeboten werden beispielsweise Nutzungen, die programmierte Rückmeldung zu unterschiedlichen Fragestellungen und Problemen liefern. Auch die weitere kommunikative Vernetzung über Mobilmedien in der Beratung oder insbesondere in der „Nachsorge" ist längst eine Selbstverständlichkeit. Beratung in neuen und über neue Online-Medien wird sich so rasant entwickeln wie diese Medien selbst.

Beratung: Next generation?

Mit dem Generationen-Begriff lassen sich gemeinsame alltagskulturelle Erlebnisse beschreiben, die es so und nur so zu einer bestimmten Zeit gab und die prägend und stilbildend für eine Generation sind. Die heute älteren Berater und Beraterinnen und diejenigen, die sich seit den 1970er-Jahren wissenschaftlich mit Beratung beschäftigen, gehören einer Beratungsgeneration an, die den „Beratungsboom" dieser Epoche getragen hat. Sie kennen die Entwicklungen in ihren Berufsfeldern seither. In Analogie zur Unterscheidung zwischen denjenigen, die mit dem Internet „groß geworden" sind, also den „digital natives", und denjenigen, die erst „später" dazukamen, den „digital immigrants", wagen wir hier von

„Beratungs-Natives" zu sprechen. Die Erfahrungen dieser Generation prägten die deutschsprachigen Beratungsdebatten – und prägen sie bis heute. Sie halten damit auch in Theorie wie Praxis die Thematisierungstraditionen der Beratung aufrecht, die aus den 1970er- und 1980er-Jahren stammen. In dieser sozialpolitisch gewollten und von vielen Selbsthilfe-, ehrenamtlichen und professionellen Beratungsinitiativen getragenen bedeutsamen Entwicklungsphase wurden die Grundausrichtungen für viele heute noch dominante Beratungskonzepte und -praxen gelegt. Ebenso deutlich ist jedoch auch ein Generationenwechsel zu konstatieren. Für die Generation der heute 30-Jährigen sind die 1970er- und 1980er-Jahre Beratungsgeschichte, die man höchstens aus der Literatur oder aus den Erzählungen älterer Praktiker und Praktikerinnen kennt. Diese junge Beratergeneration wird Beratung gleich, ähnlich und anders konstruieren. Sie hat damit begonnen und sie wird ihre eigenen Praxiserfahrungen und ihre eigenen wissenschaftlichen Haltungen und Orientierungen aus ihrer Zeit und Welt einfließen lassen und Beratung weiterentwickeln. Wenn der dritte Handbuchband sich aktuellen Kontexten und neuen Sichtweisen widmet, dann ist das auch ein erster vorsichtiger Blick auf diese Übergangsphase der Beratung. Wie dann „old school" und „new style" aussehen werden, wird die Zukunft zeigen.

Prof. Dr. Frank Nestmann ist Diplom-Psychologe und befasst sich seit 1976 theoretisch und empirisch mit unterschiedlichen Beratungsthemen. Seit 1993 ist er Inhaber des Lehrstuhls für Beratung und Rehabilitation am Institut für Sozialpädagogik, Sozialarbeit und Wohlfahrtswissenschaften der TU Dresden. Interessen und Publikationsschwerpunkte liegen in den Bereichen Beratung, soziale Netzwerke und soziale Unterstützung, informelle Hilfe, Gemeindepsychologie, Sozialpädagogik und Psychiatrie. Er koordiniert das Forum Beratung der DGVT und ist gemeinsam mit Hans Thiersch Herausgeber der Beratungsreihe im dgvt-Verlag.

Anschrift:
Technische Universität Dresden
Fakultät Erziehungswissenschaften
Institut für Sozialpädagogik, Sozialarbeit und Wohlfahrtswissenschaften
D-01062 Dresden
E-Mail: Frank.Nestmann@tu-dresden.de

Frank Engel ist freiberuflich in Beratungsforschung und Beratungsausbildung tätig. Sein wissenschaftliches Interesse gilt neben der Onlineberatung der gesellschaftlichen und kulturellen Entwicklung von Beratung.

Anschrift:
Institut für Beratungsforschung und -weiterbildung
Breite Straße 37
D-33602 Bielefeld
E-Mail: frank.w.engel@t-online.de

Ursel Sickendiek ist Diplom-Pädagogin, arbeitet als Studienberaterin in der Zentralen Studienberatung der Universität Bielefeld und beschäftigt sich vor allem mit allgemeinen Beratungstheorien, mit Laufbahnberatung und Diversität in der Beratung.

Anschrift:
ZSB-Zentrale Studienberatung
Universität Bielefeld
Postfach 100 131
D-33501 Bielefeld
E-Mail: ursel.sickendiek@uni-bielefeld.de

XIV Innovative Zugänge: Neue und weiterentwickelte Konzepte des Beratens

Übersicht

Systemisch-sozialökologische Beratung

Franz-Christian Schubert

Da der Beitrag von John McLeod von grundlegend beratungstheoretischer Bedeutung ist und kaum auf die Counselling-Praxis in Großbritannien eingeht, haben wir für den englischen Begriff ‚Counselling' trotz seiner engen Verknüpfung mit psychotherapeutischen Sichtweisen hier die deutsche Übersetzung ‚Beratung' gewählt. (Anmerkung der HerausgeberInnen)

Beratung als narrative Praxis*

John McLeod

Wer sich mit der narrativen Perspektive in der Beratung beschäftigt, kann zunächst einmal feststellen, dass wir Menschen „Geschichten erzählende Tiere" sind (Polkinghorne, 1988). Mit dem Vermögen zum Erzählen von Geschichten besitzen wir evolutionäre Vorteile – eine Geschichte ist eine Schilderung davon, wie sich etwas Gutes (z.B. wo sich Nahrung fand) oder auch Schlechtes (z.B. wie jemand von einem Raubtier angegriffen wurde) zugetragen hat. Geschichten besitzen eine hoch entwickelte linguistische Struktur mit Informationen darüber, wo und wann sich etwas ereignet hat, wer daran beteiligt gewesen ist, wie sich bestimmte Interaktionen abgespielt haben; sie bieten zudem oftmals eine Bewertung dessen, was geschah. Jerome Bruner (2004), der sehr wesentlich zur narrativen Theorie beigetragen hat, beschreibt Geschichten als Landkarten des Handelns wie auch des Bewusstseins. Geschichten erzählen und verstehen zu können, ist eine so grundlegende menschliche Kompetenz, dass sie schon früh im Lebenslauf erworben wird.

In unseren sozialen Bezügen sind wir alle in ein Gewebe von Geschichten eingebunden, die wir erfahren und selbst erzählen oder weitererzählen: Man denke nur flüchtig einmal darüber nach, wie viele Geschichten man im Verlauf der letzten 24 Stunden gehört hat – von Personen, denen wir persönlich begegnet sind, aber auch durch Zeitungen, das Fernsehen oder das Internet, durch Romane oder Filme. Dieses narrative Gewebe zeigt uns unter anderem, dass viele Geschichten nicht nur individueller oder zwischenmenschlicher Natur sind, sondern oft auch gesellschaftliche und kulturelle Dimensionen besitzen. Mythen und Geschichten religiöser Schriften dienen der Illustration fundamentaler Vorstellungen über Moral und Werte, wie wir sie in unserer kulturellen Gemeinschaft teilen. Die in einer Kultur verbreiteten Geschichten – wie Märchen oder bekannte Romanstoffe – kommunizieren immer auch Bilder persönlicher Identität und liefern Muster dafür, was Persönlichkeit ausmacht.

* Aus dem Englischen übersetzt von Dr. Barthold Pelzer, Berlin

Narrative Perspektiven haben spürbare Auswirkungen auf die theoretische und praxisorientierte Fundierung von Beratung und das Konzipieren von Beratungsangeboten. Jeder Form von Beratung liegt zugrunde, dass eine Person ihre Geschichte erzählt – für gewöhnlich eine Geschichte mit Schwierigkeiten – und eine andere Person zuhört. Im Laufe der Zeit kommt dieses Gespräch an einen Punkt, an dem eine andere, neue Version der bisherigen Geschichte erzählt werden kann. Ohne Frage existieren viele unterschiedliche Modelle über die Praxis der Beratung – so z. B. kognitiv-behaviorale, psychodynamische oder humanistische. Die Theorie des Narrativen bietet eine Meta-Perspektive auf all diese Modelle, die als unterschiedliche Wege interpretiert werden können, das Erzählen von Geschichten – entlang des jeweiligen theoretischen Modells – zu organisieren. Deshalb sind narrative Perspektiven besonders hilfreich, wenn Berater und Beraterinnen für ihre Arbeit einen flexiblen Ansatz entwickeln möchten, der sich auf verschiedene Therapie- und Counselling-Traditionen stützt.

Narrative Ansätze wurden mittlerweile in verschiedenen auf psychotherapeutischen Konzepten basierenden Beratungsmodellen aufgegriffen: Eine Einführung zu den damit verbundenen, sich teils widersprechenden Positionen findet sich bei McLeod (1997). Als weitere Beiträge zu narrativ ausgerichteten Vorstellungen und Methoden sind Angus und Greenberg (2011), Angus und McLeod (2004), Dwivedi (1997), Krippner, Bova und Gray (2007), Lieblich, McAdams und Josselson (2004) sowie Papadopoulos und Byng-Hall (1997) zu empfehlen.

Im Folgenden wird nicht abstrakt diskutiert, wie Narrativität und Geschichtenerzählen sich im Hinblick auf konkurrierende theoretische Perspektiven deuten lassen, sondern praxisbezogen gefragt: Wie lässt sich eine narrative Perspektive für die konkrete Arbeit mit Klienten nutzen? Wer sich an einen Berater oder eine Beraterin wendet, hat in der Regel zwei sehr unterschiedliche und doch miteinander verknüpfte Ziele: Ratsuchende möchten zum Ersten dem, was sich in ihrem Leben zuträgt, einen gewissen Sinn zuschreiben, und sie wollen zum Zweiten etwas in ihrem Leben verändern bzw. Fortschritte machen. Parallel zu anderen Formen der Intervention kann eine narrative Perspektive beides sehr gut unterstützen.

1 Sinn finden: Die persönliche Identität als Erzählung

In Beratungsprozessen kann es immer wieder vorkommen, dass Klienten darum ringen, bestimmte wiederkehrende Muster in ihrem Leben oder besondere Ereignisse als sinnvoll erleben zu können. Drei Beispiele für solche Anlässe: Eine Frau, deren Partner ihr Gewalt antut, äußert den Gedanken: „Weshalb suche ich mir immer Männer, die mich missbrauchen?“ Ein Heranwachsender mit Schwierigkeiten in der Schule fragt sich: „Warum fällt allen Lehrern immer nur Negatives an mir auf?“ Ein Mann, bei dem eine Krebserkrankung diagnostiziert wurde, martert sich mit der Frage, was die Zukunft ihm bringen werde. In jedem dieser Fälle kann eine narrativ ausgerichtete Perspektive wertvoll für die Kommunikation in der Beratung sein und dazu beitragen, Sinn und ein tieferes Verständnis für die eigene Person oder Situation hervorzubringen. Die narrative Grundvorstellung, Identitäten oder

Erfahrungen des Selbst als Erzählungen aufzufassen, lässt sich im Gespräch in zahlreichen Richtungen „erkunden“, wobei sich für unterschiedliche Klienten in unterschiedlichen Phasen der Beratung verschiedene Perspektiven als hilfreich erweisen können (eine Übersicht über unterschiedliche narrative Perspektiven auf Modelle vom Selbst und von persönlicher Identität findet sich bei Polkinghorne, 1991).

Relevante kulturelle Erzählungen identifizieren

In der Beratung kann ein nützlicher Prozess darin bestehen zu erkennen, wie die eigene individuelle Geschichte ein allgemeines Lebensmuster widerspiegelt, das von vielen Menschen geteilt wird. Wer unter schmerzhaften Gefühlen, selbstzerstörerischen Gedanken oder unbefriedigenden Beziehungen leidet, wird wahrscheinlich nach Möglichkeiten suchen, als Einzelperson die individuelle Situation verbessern zu können. Die Erfahrung, dass es sich bei bestimmten persönlichen Schwierigkeiten mitnichten um völlig individuelle handelt, sondern dass viele andere Menschen auch davon betroffen sind, z. B. weil sie auch jung oder alt, weiblich oder männlich (oder welche soziale Kategorie auch immer im jeweiligen Kontext die fragliche sein mag) und in einer bestimmten Lebenssituation in der gegenwärtigen Gesellschaft sind, ist eine Erleichterung für viele Klienten.

Ein Beispiel: Andy suchte die Beratung auf, weil er durch seinen Alkoholmissbrauch seine Ehefrau und seine Arbeit zu verlieren drohte. Er beschuldigte sich selbst für das, was ihm widerfuhr. In der Beratung explorierte er viele unterschiedliche Aspekte seiner Situation. Sein Berater wies ihn darauf hin, dass sein Verhalten in vielerlei Hinsicht der herrschenden kulturellen Erzählung davon entspräche, wie „echte“ Männer mit schmerzhaften Gefühlen umzugehen hätten – eben indem sie diese Emotionen entweder ignorieren, sie ins Lächerliche ziehen oder zum Alkohol greifen, um sich zu betäuben. Wie jede kulturelle Erzählung wird auch die dominante Geschichte davon, wie ein echter Mann zu sein habe, eben dadurch aufrechterhalten, wie die betreffenden Individuen, in diesem Fall Männer, sich im Alltag verhalten. Aber sie ist auch verknüpft mit „Gegen-Erzählungen“ von Personen oder Gruppen, die die jeweils dominante Erzählung verwerfen und sich ihr widersetzen. Indem Andy mit Unterstützung des Beraters diese vielfältigen Facetten seiner kulturellen Erzählung reflektierte, konnte er Menschen und Orte in seinem Leben identifizieren, die diese Erzählung (und ebenso eigene Denkmuster) bestärkten. Im Anschluss daran gelang es ihm, sich von deren Einfluss freizumachen. Zudem begann er, mehr Zeit mit einem seiner Onkel zu verbringen, dem einzigen Mann in seiner Familie ohne Alkoholprobleme. Weitere Beispiele dafür, wie kulturelle Diskurse sich in der Beratung einsetzen lassen, um ein gemeinsames Verständnis für Probleme zu entwickeln, finden sich bei Davis und Crocket (2010) sowie bei Knudson, Adame und Finocan (2006).

Die eigene Lebensgeschichte als eine Gesamtheit auffassen

Es existieren viele kulturelle Beispiele für Ansätze, Lebensverläufe in ihrer Gesamtheit zusammenzufassen, etwa in Biographien, Autobiographien und Nachrufen. Auch fiktionale Darstellungen von Lebensgeschichten in Romanen, Filmen und Theaterstücken liefern gut geeignete Beispiele. In der Beratung kann die Aufforde-

Vorwort und Einleitung
Innovative Zugänge
Beratungs-settings und -räume
Medien und Beratung
Kritik der Beratung
Register
Anhang

rung an Klienten, sich mit dem eigenen Leben (von Geburt an bis zum eines künftigen Tages eintretenden Tod) insgesamt auseinanderzusetzen, sehr bedeutsam sein, um eine breitere Perspektive auf gegenwärtige persönliche Probleme einnehmen zu können.

Besonders wertvolle Vorschläge, um auf dieser Grundlage mit Ratsuchenden zu arbeiten, finden sich in den Schriften von Berne (1975). In der Tradition des psychoanalytischen Denkens stehend, umfasst sein Ansatz beispielsweise den Vorschlag, Klienten sollten sich ihre Lebensführung gemäß den Anweisungen eines Drehbuchs oder Skripts vorstellen. Dieses Skript sei für sie in ihrer Kindheit vor allem von ihren Eltern und anderen Erwachsenen verfasst worden, wiewohl aber auch eigene Entscheidungen und Reaktionen mit aufgenommen worden seien. Das Modell des „Skripts" ermöglicht die Vorstellung, die Person habe wie der Protagonist eines Dramas gehandelt und eine bestimmte Rolle gespielt, während andere Menschen die ergänzenden Parts übernommen hätten. Dieses Modell bringt die implizite Auffassung mit sich, die Erzählhandlung lasse sich verändern: Jeder Mensch ist mehr als sein Drehbuch und kann eine bisher nicht vorgesehene Rolle übernehmen oder sich auch für ein anderes Ende entscheiden.

Weitere Hinweise dafür, wie in der Beratung Versuche angestoßen werden können, den Sinn einer ganzen Lebensgeschichte zu erschließen, bieten die Forschungsarbeiten und theoretischen Schriften von Dan McAdams und seinen Kollegen (McAdams, 1985, 1993; Adler & McAdams, 2007).

Wie Alltagsgeschichten eine zugrunde liegende Erzählung widerspiegeln

Akzeptiert man die Vorstellung, ein Drehbuch existiere, das sich in bestimmten Mustern des Lebens einer Person zeigt, ergibt sich daraus als mögliche Sichtweise auch, dieses Drehbuch werde fortwährend in spezifischen Szenen nachgespielt. Das Interesse an der Struktur und der Funktion von Erzählungen über solche Szenen des Alltagslebens gehört somit grundlegend zu jeder Form von Beratung. Typischerweise teilen Ratsuchende viele Informationen darüber, was ihnen Probleme bereitet, über das Erzählen von Episoden oder Ereignissen mit, die ihnen unlängst widerfahren sind. Möglicherweise lassen sich in diesen Erzählungen wiederkehrende Themen oder „Mikro-Narrative" ausmachen, um gemeinsam ein Bezugssystem zu errichten, in dem die geschilderten Probleme besser nachvollziehbar werden. Eine hierbei möglicherweise wertvolle Perspektive bietet das Modell des Core Conflictual Relationship Theme (CCRT; deutsch: zentrales Beziehungskonfliktthema, ZBKT, Anm. d. Hrsg.), das von Luborsky und Crits-Christoph (1990) entwickelt wurde. Es hat seine Ursprünge in der psychoanalytischen Theorie und argumentiert, Geschichten von Alltagsbegebenheiten folgten in der Regel einer bestimmten Struktur: Laut diesem Modell legt die erzählende Person oftmals zuerst einen eigenen Wunsch dar, daraufhin wird geschildert, wie andere Menschen darauf reagiert haben, und schließlich wird die individuelle Verarbeitung dieser Reaktionen erzählt.

Das folgende Beispiel kann diese Sequenz (Wunsch, Reaktion der Anderen, Reaktion des Individuums) erläutern: In vielen Begebenheiten, die Betty, eine junge unter Depressionen leidende Frau in der Beratung erzählte, zeigte sich das erwähnte Muster. So berichtete sie beispielsweise, wie sie ihre Mutter um Hilfe bat, von dieser jedoch missverstanden sowie zurückgewiesen wurde, und dann enttäuscht und mit

Weinen reagierte. Ähnlich schilderte sie Beziehungen am Arbeitsplatz, die allesamt vergleichbar verlaufen seien: Sie fühlte sich überlastet, war jedoch nicht gewillt, ihren Vorgesetzten um Unterstützung zu bitten, empfand sich von diesem missverstanden und zurückgewiesen und weinte dann zu Hause. In der Beratung wurde Betty nun aufgefordert, ihre Art und Weise, sich anderen gegenüber zu verhalten, genauer zu betrachten. Ausführlich zum Thema wurde, wie sie ihre Bedürfnisse anderen kommunizierte und wie ihre vielfältigen Emotionen (Ärger, Verluste, Ängste) stets mit Tränen einhergingen.

Ein anderes Modell der Erzählstruktur, das sich für die Auseinandersetzung mit Beziehungsmustern eignet, wurde von Brigitte Boothe und ihren Kollegen entwickelt (Boothe, von Wyl & Wepfer, 1999; Boothe & von Wyl, 2004). Dieser Ansatz deutet die Erzählung von Ratsuchenden als ein Drama, sowohl im Hinblick auf die unterschiedlichen Rollen der darin auftretenden Figuren wie auch auf die emotionale Qualität der jeweiligen dramaturgischen Höhepunkte. Im Fall von Betty waren die meisten Geschichten als ein Drama angelegt, das sich auf zwei Personen konzentrierte und dessen Höhepunkt darin bestand, dass sie, Betty, sich am Ende einsam und wertlos fühlte. Diese identifizierte Dramaturgie konnte Betty veranlassen, über mögliche komplexere und vielfältigere Beziehungsmuster im Leben nachzudenken, so dass mehr Rollen für andere Menschen in der Dramaturgie ihres Lebens verfügbar wurden.

Bedeutsame Lebensereignisse als narrative Wendepunkte

Viele Menschen suchen Unterstützung und Hilfe durch Beratung in Krisensituationen, etwa infolge einer schweren Krankheit, eines Umzugs oder nach dem Verlust der Erwerbsarbeit, einer Beziehung oder einer nahen Person durch Tod. Eine narrativ ausgerichtete Perspektive kann wertvoll dafür sein, einem derartig bedeutsamen und einflussreichen Lebensereignis „Sinn zu geben" (Williams, 1984). Aus narrativer Sicht entwerfen wir Geschichten darüber, wer wir sind und welche Richtung unser Leben einnimmt und teilen sie anderen mit. Ein einschneidendes Ereignis nun ist imstande, diese Erzählung zu unterbrechen.

Zwei Beispiele: Ein junger Mann kann seine Lebenserzählung, die sich um Fußball als Leistungssport dreht, nicht länger aufrechterhalten, wenn er durch eine Rückenmarksverletzung infolge eines Autounfalls querschnittsgelähmt wird. Eine Frau, die sich ihren Ruhestand immer an der Seite ihres Mannes ausgemalt hat, ist ihrer Erzählung beraubt, wenn dieser unerwartet einem Herzinfarkt erliegt. Arthur Frank (1995, 1998) und andere Autoren aus der Gesundheitssoziologie haben dokumentiert, wie derartige Ereignisse Menschen in chaotische Zustände bringen, in der die kohärente Lebensgeschichte verloren wurde und die Betroffenen noch nicht wieder imstande sind, eine neue Erzählung zu konstruieren. Bei solchen neuen Erzählungen könnte es sich um Geschichten der *Wiederherstellung* („Ich werde alles in meinen Kräften Stehende tun, um wieder derjenige zu werden, der ich vorher war.") oder des *Strebens* handeln („Ich habe entschieden, dass diese Erfahrung mich bei meiner Suche nach einer neuen Bedeutung für mein Leben inspirieren soll."). Eine am Narrativen ausgerichtete Perspektive ermöglicht es dem Klienten, Ereignisse in dieser Übergangsphase mit Sinn zu versehen.

Die bis hierher vorgestellten Ansätze beschäftigen sich damit, gemeinsame Grundlagen für das Bearbeiten der Probleme von Ratsuchenden zu entwickeln. Die narrative Perspektive generiert diverse Möglichkeiten für das „Stiften von Bedeutungen", denn im Prozess des Erzählens einer Geschichte finden die Erzählenden oft Sinn in alltäglichen Begebenheiten; Ratsuchende werden damit in ihren eigenen Versuchen unterstützt, Sinn und Bedeutungen sehen oder zuschreiben zu können. Zudem kann der Berater die Rolle des Herausgebers oder z. B. eines Kommentators der Erzählung des Klienten einnehmen, z. B. indem er auf wiederkehrende Themen oder auf Zusammenhänge zwischen den einzelnen „Kapiteln" der Lebensgeschichte des Klienten hinweist.

2 Fortschritte machen: Eine andere Geschichte erzählen können

Ratsuchende wünschen sich im Allgemeinen nicht nur, die Schwierigkeiten im eigenen Leben besser verstehen zu können, sondern auch, dass sich Dinge ändern. Der Begriff der „Veränderung" besitzt eine sehr spezifische Bedeutung im Kontext eines narrativen Ansatzes der Therapie und auch der Beratung. In anderen therapeutischen Modellen kann der Veränderungsprozess des Klienten an kognitive Einsicht, an Verringerung von Symptomen oder an den Erwerb neuer Verhaltensmuster geknüpft sein. Im Gegensatz dazu stehen in narrativer Perspektive *die Geschichten* von Klienten im Fokus der erwünschten Veränderung. Dabei gelten kognitive Einsicht, Verringerung von Symptomen oder der Erwerb neuer Verhaltensmuster allesamt als Aspekte des Konstruierens einer neuen Geschichte. Einige Möglichkeiten von Prozessen narrativer Veränderung werden im Folgenden vorgestellt.

Eine Geschichte zum ersten Mal erzählen

Vermutlich der einfachste, doch auch der eindrücklichste Weg, auf dem ein narrativer Ansatz der Beratung hilfreich sein kann, besteht darin, Klienten überhaupt erst die Möglichkeit zu verschaffen, ihre Geschichte erzählen zu können. Vielleicht haben vorher andere Menschen die Versionen des Klienten über bestimmte Ereignisse oder Verläufe nicht hören wollen oder der Klient hat sich bisher zu sehr geschämt oder war zu ängstlich, um die Geschichte erzählen zu können. Zuweilen tragen Menschen ihre Erinnerungen an sehr schmerzliche Erfahrungen über viele Jahre hinweg mit sich herum, bevor sie die Gelegenheit erhalten, jemand anderem wirklich etwas davon mitzuteilen. Üblicherweise bewahren Personen Geheimnisse, weil sie überzeugt sind, etwas sei mit ihnen selbst nicht in Ordnung, was womöglich noch mit Krankheit oder moralischer Verwerflichkeit verbunden sei. Wenn diese Geschichte in der Beratung endlich mit jemandem geteilt wird, befindet sich der Berater in der Rolle eines empathischen Zeugen (Kleinman, 1988), fast wie ein sorgsamer „Repräsentant der Menschheit", der auch diesen Anteil des Individuums wieder in die Gemeinschaft aufnimmt.

Geschichten mit persönlichen Stärken konstruieren

Für gewöhnlich können Menschen, die eine Beratung aufsuchen, viele Geschichten darüber erzählen, wie sie in ihrem Leben gescheitert sind. Für die meisten Klienten gilt in einem solchen Fall jedoch, dass ihre hierbei erzählten Geschichten recht selektiv ihre bisherigen Erfahrungen repräsentieren. Zwar mögen diese Erzählungen des persönlichen Versagens einige Begebenheiten ihres Lebens widerspiegeln, doch wahrscheinlich existieren auch andere Ereignisse und Situationen, in denen sie voller Mut und Erfindungsreichtum handelten. Die Tradition der *narrativen Therapie*, von Michael White und David Epston (Monk, Winslade, Crocket & Epston, 1996; Morgan, 2000) entwickelt, verwendet extensiv die therapeutische Strategie, Klienten aufzufordern, sich mit denjenigen erfolgreichen und „glanzvollen Momenten" zu identifizieren, in denen sie sich beispielsweise frei von Depressionen fühlten oder sich nicht ihrer Panik ergaben. Der Berater hilft dann dem Klienten, diese auf persönlichen Stärken basierende alternative Selbst-Erzählung zu intensivieren und zu lernen, eben diese positiven Fertigkeiten und Qualitäten aktiv einzusetzen. Genau diese Erfahrungen dienen dann als Grundlage für den weiteren Umgang mit vergleichbaren Problemen. Eine weitere beraterische wie therapeutische Strategie, die zur Ergänzung dieses Ansatzes sich verwenden lässt, besteht darin, Klienten, die von einem Problem erzählen, einzuladen, über die „abwesenden, aber impliziten" Stärken und Fähigkeiten nachzudenken, die dennoch auch in diesen Begebenheiten offenkundig waren (Carey, Walther & Russell, 2009). Letztlich bietet jedwede Beratung immer die Gelegenheit, persönliche Errungenschaften und Stärken hervorzuheben. So kann etwa in der psychodynamischen oder personzentrierten Beratung ein Klient an einen Punkt gelangen, ein neues Gefühl oder eine eben gewonnene Einsicht zu artikulieren. Oder in der kognitiven Verhaltenstherapie vermag ein Klient ein Verhaltens-„experiment" erfolgreich bewältigen – also etwa jemand mit ausgeprägten Redeängsten gelingt es, vor einer großen Zuhörerschaft ein Referat zu halten. In einer narrativen Perspektive besitzen derartige Ereignisse das Potential, als Elemente einer neuen Geschichte zu fungieren, welche die Person dann über sich erzählen kann.

Die Einladung, unterschiedliche Subjektpositionen gegenüber der erzählten Geschichte einzunehmen

Das Konzept der diskursiven Positionierung wurde von Rom Harre, einem Philosophen aus Oxford, und seinen Kollegen entwickelt (eine Sammlung der Schlüsselaufsätze findet sich in Harre & Van Langenhove, 1999) und es wird zunehmend von Sozialpsychologen als Instrument verwendet, um das Verhältnis zwischen dem Individuum und der Gesellschaft zu erforschen (Drewery, 2005). Beispiele dafür, wie die Theorie der Positionierung sich auf die Beratung anwenden lässt, finden sich in McLeod (2004), Monk und Sinclair (2004), Percy (2007) und Winslade (2005).

Die Aufmerksamkeit gegenüber Positionierungen kann wertvoll sein, da sie in der Beratung es ermöglicht, Klienten dabei zu unterstützen, neue Wege zu finden, über ein Problem zu sprechen. Der Einsatz des Modells der Positionierung ermöglicht in der Beratungspraxis zwei Wege zu beschreiten: Zum einen kann ein Berater seinen Klienten einladen, ausführlicher die Position zu erläutern und zu erkunden, die er im bisherigen Beratungsgeschehen vertreten hat. Das kann insofern hilfreich sein, da der Klient womöglich niemals oder allenfalls selten bisher ausdrücklich darüber nachgedacht hat, in welcher Form er sich bisher einem bestimmten Gegenstand gegenüber positioniert hat. Und so mag er infolgedessen entdecken, dass die in diesem Fall eingenommene Position keinesfalls mit solchen vereinbar ist, die er in anderen Lebensbereichen befürwortet. Zum anderen kann der Berater in einem Gespräch andere Positionen anbieten, die es dem Klienten gestatten, neue Blickwinkel auf bestimmte Lebensbereiche auszuprobieren. Grundsätzlich lädt der Berater seinen Klienten ein zu testen, welche Wirkungen andere Gesprächseinstellungen hervorbringen können. Ein sehr konkretes Beispiel für diese Methode der Beratung lässt sich erfahrungsgemäß in den Diskursen über Aktivität vs. Passivität in der Beratung finden. Wenn ein Klient ein Ereignis distanziert in einer objektivierenden Weise schildert und also etwa berichtet: „Er sagte mir, ich sei nutzlos und ich solle den Job an den Nagel hängen.“, dann würden viele Berater die Klienten auffordern, diese Begebenheit ein weiteres Mal aus der Ich-Perspektive zu erzählen: „Als er mich kritisierte, empfand ich erst Angst und dann Wut ... Ich wollte antworten, aber ich bremste mich, weil ich dachte, das werde alles nur verschlimmern.“ Wenn eine problematische Geschichte nochmals aus der Ich-Perspektive erzählt wird, erhält die Person die Gelegenheit, eigene Stärken und Kenntnisse zu erkennen, die sich in einer künftigen vergleichbaren Situation einsetzen lassen. Eine wichtige Technik der „Re-Positionierung“, die innerhalb der narrativen Therapie entwickelt wurde, ist das Verfahren der *Externalisierung* des Problems (Morgan, 2000). Diese Strategie lädt die Person ein, über das eigene Problem als eine Größe zu sprechen, die außerhalb von ihr liegt, statt es als eine innere Schwäche zu behandeln. So mag sich ein Klient womöglich als „depressiv“ und deshalb als macht- und wertlos betrachten. Eine Verschiebung, hierüber externalisiert zu sprechen, könnte die „Depression“ als etwas Äußerliches und von der Person Getrenntes behandeln, das zu gewissen Gelegenheiten dieses Individuum besucht. Dieser Akt der Re-Positionierung gestattet der Person, einerseits darüber nachzudenken, welche „Depression“ dann in ihrem Leben bestimmend ist und welche Wirkung das auf sie hat (der Einfluss des Problems auf die Person), und andererseits auch Gelegenheiten zu identifizieren, bei denen es ihr gelang, der Depression zu widerstehen (der Einfluss der Person auf das Problem).

Das Neu-Erzählen und Dokumentieren der Geschichte

Ein wertvoller Aspekt der Beratung besteht darin, dem Klienten die Gelegenheit zu verschaffen, nicht nur seine Geschichte einer interessierten und einfühlsamen anderen Person mitzuteilen, sondern darüber hinaus die Geschichte bei unterschiedlichen Gelegenheiten *wieder zu erzählen*. Der Prozess, dieselbe Erfahrung oder Erfahrungsmuster erneut aufzusuchen, gestattet der Person, in Zusammenarbeit mit dem Berater oder der Beraterin sowohl eine vollständigere Erklärung der Geschehnisse zu entwickeln als auch in diesem Verlauf ein größeres Maß an emotionaler Akzeptanz ihnen gegenüber einzunehmen. Es gibt verschiedene Wege, auf denen narrativ orientierte Berater und Beraterinnen diesen Prozess verstärken können. Viele verwenden eine von Empathie getragene Widerspiegelung, um ihren Klienten Verständnis zu signalisieren und den Genauigkeitsgrad dieses Verständnisses zu überprüfen. Omer (1997) beschreibt eine Erweiterung dieser Kernfertigkeit der Beratung, die er als *narrative Empathie* bezeichnet. Er betont, dass es oftmals sehr produktiv sei, wenn an Schlüsselpunkten der Sitzungen der Berater den Klienten fragt, ob es helfen könne, wenn er sein Verständnis der gesamten Geschichte des Klienten diesem mitteile. Der Berater erzählt dann in einigen Minuten seine Auffassung der Gedankengänge, Gefühle und Handlungen, die das Problem des Klienten ausmachen. Es ist sinnvoll, bei dieser narrativen Schilderung langsam vorzugehen, von zahlreichen Pausen unterbrochen, so dass der Klient Gelegenheit erhält, Details hinzuzufügen oder berichtigend einzugreifen. Omer (1997) berichtet, dass Klienten typischerweise überrascht sind, aber auch anerkennen, wie gut ihr Berater oder ihre Beraterin ihre Situation erfasst hat. Narrative Empathie kann deshalb eine wichtige Rolle bei dem Errichten einer guten therapeutischen Beziehung spielen. Darüber hinaus hat sie jedoch auch die Wirkung, den Klienten eine straffere und stärker kohärente Version ihrer eigenen Geschichte zu präsentieren – eine zudem, in der Verbindungen hergestellt und Wertpositionen benannt werden und in der Wahlmöglichkeiten klar herausgearbeitet sich zeigen. Eine weitere Strategie für das Wiedererzählen der Geschichte, die sich insbesondere als wertvoll erwiesen hat, wenn ein Klient ein traumatisierendes Ereignis bewältigen muss, besteht für den Berater oder die Beraterin darin, den Klienten auf einige der möglichen Leerstellen und Auslassungen in seiner narrativen Schilderung dieser Erfahrung hinzuweisen und ihn einzuladen, eben diese zu füllen (Wigren, 1994). Wahrscheinlich spiegeln diese bisher unerzählten Elemente einer möglicherweise traumatisierenden Geschichte genau die Aspekte der ursprünglichen Geschichte wider, die weiterhin furchterweckend oder mit Scham besetzt sind oder auf andere Weise sich nur schwer in die Weltsicht oder die Selbst-Erzählung der Person einfügen lassen wollen. Dem Klienten dann die Möglichkeit zu verschaffen, auch diese Elemente in die gesamte Geschichte zu integrieren, die er von dem traumatisierenden Ereignis erzählt, können dazu beitragen, dass er die Geschehnisse akzeptiert und wieder aktiv handeln kann. Selbstverständlich muss dieser Ansatz immer voll Respekt und in einem dem Vermögen des Klienten angemessenen Tempo verwendet werden. Auch viele Therapietechniken, die für die Behandlung von unter der Posttraumatischen Belastungsstörung (PTBS) leidenden Klienten entwickelt wurden, beispielsweise innerhalb der kognitiven Verhaltenstherapie, lassen sich als Strategien innerhalb einer narrativen Perspektive auffassen. Briefe und E-Mails, die ein Berater oder eine Beraterin an Klienten richtet, sind ebenso weitere Möglichkeiten, die das Erzählen einer persönlichen Geschichte im Rahmen von Beratungen vereinfachen (Hamill, Reid & Reynolds, 2008; White & Epston, 1990). Der Akt des Schreibens seitens des Beraters oder der Beraterin kann in mehrerlei Hinsicht die Dinge erleichtern: Zum einen ist es ein Ausdruck des Anteilnehmens. Des Weiteren kann der Berater auf diesem Weg seinem Klienten eine bestimmte Version von dessen Geschichte vorstellen – eine zudem, welche die Stärken und Fähigkeiten des Klienten hervorhebt. Und schließlich, und das ist hierbei am bedeutendsten, erhält der Klient auf diesem Weg ein Dokument, das als eine dauerhafte Bestandsaufnahme fungiert und zu diesem Zweck künftig hervorgeholt und erneut gelesen werden kann.

Eine Zuhörerschaft für neue Erzählungen finden

Eines der gewöhnlichsten Missverständnisse im Zusammenhang der narrativen Beratung lautet, dass das Konzentrieren auf Narrativität von vornherein einen substantiell kognitiven oder sprachorientierten Ansatz impliziere. Das ist eine falsche Ansicht. Emotionen werden in Geschichten eingebettet (Angus & Greenberg, 2011) und das Erzählen einer Geschichte dient oftmals als Mittel, sich Zugang zu Gefühlen zu verschaffen, und zwar in einer Form, die es dem Zuhörer ermöglicht, die Bedeutung der hierbei artikulierten Gefühle zu würdigen (Sarbin, 1989). Zudem eröffnet die narrativ ausgerichtete Beratung dem Klienten viele Möglichkeiten, wie er oder sie aktiv handeln und Beziehungen aufbauen kann; alles Aktivitäten, die dem Ziel dienen, im eigenen Leben Fortschritte zu machen. Schließlich muss Beratung Klienten dabei helfen, nicht allein eine neue Erzählung im abgegrenzten Bereich des Beratungszimmers zu entwickeln, sondern gemäß genau dieser Erzählung anschließend ebenso in seinem oder ihrem Alltagsmilieu handeln zu können. Für viele Menschen, die Beratung aufsuchen, liegt das Problem nicht allein in den sie selbst einschränkenden Erzählungen, die sie ständig in ihrem Bewusstsein einüben, sondern auch in ihren negativen Geschichten über sich selbst, die sie anderen aktiv vortragen, oder welche die anderen von ihnen kennen und weiter verbreiten. Innerhalb der Tradition der narrativen Therapie wurden mehrere Strategien entwickelt, um Klienten eine neue Zuhörerschaft zu erschließen oder einer aus Freunden und Angehörigen schon existierenden eine neue Geschichte vorzutragen (White & Epston, 1990; Morgan, 2000).

Die eigene Problemgeschichte und auch die Geschichten vom erfolgreichen Umgang mit Problemen mit anderen zu teilen, das bleibt die innerhalb der narrativen Tradition entstandene zentrale Perspektive. Durch diese Strategie wird die Beratung selbst sozusagen „dezentriert" – fort vom Einfluss des Beraters (oder auch Therapeuten) in eine Richtung, wo die „Weisheit" und das „Insiderwissen" derjenigen anerkannt werden, die gewisse Probleme aus erster Hand kennen. Ein allgemein bekanntes Beispiel dieser Art von Arbeit ist die „Anti-Anorexia-Liga" (Maisel, Epston & Borden, 2004). In ihr organisieren sich Menschen, um ihre Geschichten des Widerstands gegen die dominanten kulturellen Erzählungen einander mitteilen zu können, die um Essen, Körperform und Perfektionismus angelegt sind. Eine narrative Perspektive hat sich auch bewährt in der Arbeit mit Gruppen oder Gemeinschaften (Denborough, 2008; Seikkula & Arnkil, 2006). Hierbei wurden Dialoge, Gleichnisse, Vorstellungsbilder und Lieder verwendet, um miteinander Geschichten über das Überleben und die unterstützenden Netzwerke zu errichten, die das Potential besitzen, nicht nur diejenigen zu ermächtigen und zu inspirieren, die sie generiert haben, sondern auch jene, die dann davon hören.

3 Ein Fazit

Beratung ist eine Aktivität, die überwiegend nah an Problemen und in Problemkontexte eingebunden angeboten und praktiziert wird. In solchen Kontexten ist es enorm wichtig, dass Berater und Beraterinnen flexibel auf die Bedürfnisse der Klienten reagieren können. Idealerweise geschieht dies, indem einerseits auf die Vorlieben der Klienten – was ihres Erachtens ihnen am besten selbst helfen werde – eingegangen wird und andererseits die Stärken und kulturellen Ressourcen der jeweiligen Klienten berücksichtigt werden (Cooper & McLeod, 2011). Ein narrativer Ansatz stellt somit eine zuverlässige Basis für diese Art der Arbeit bereit. Narrative Ideen und Methoden bilden einen Verbindungspunkt zwischen zahlreichen unterschiedlichen beratungsorientierten und therapeutischen Ansätzen und das Konzept des Narrativen lädt dazu ein, kreativ die Relevanz von sozialen, kulturellen und historischen Dimensionen derjenigen Geschichten zu berücksichtigen, die von den Individuen erzählt werden. Das Narrative ist zudem, in seinem Inneren, ein Mittel, durch welches Menschen miteinander kommunizieren und Erfahrungen teilen. Ein narrativer Ansatz eignet sich deshalb gut für jede Art von Beratung, die Klienten dabei unterstützen will, mit anderen in Kontakt zu treten. Schließlich verschafft eine am Narrativen geschulte Sensibilität für Sprache und Gespräch Beratern und Beraterinnen eine Basis, auf welcher sie wirksam sich für Menschen mit unterschiedlichem kulturellem Hintergrund engagieren können.

Literatur

Adler, J.M. & McAdams, D.P. (2007). Telling stories about therapy: ego development, well-being, and the therapeutic relationship. In R. Josselson, A. Lieblich & D.P. McAdams (Eds.), *The meaning of others: narrative studies of relationships* (pp. 213–236). Washington, DC: American Psychological Association.

Anderson, H. & Gehart, D. (Eds.). (2007). *Collaborative Therapy: Relationships and Conversations that Make a Difference.* New York: Routledge.

Angus, L.E. & Greenberg, L.S. (2011). *Working with Narrative in Emotion-Focused Therapy: Changing Stories, Healing Lives.* Washington, DC: American Psychological Association.

Angus, L.E. & McLeod, J. (Eds.). (2004). *The handbook of narrative and psychotherapy: practice, theory, and research.* Thousand Oaks, CA: Sage.

Berne, E. (1975). *What do you say after you say hello?* London: Corgi.

Boothe, B. & von Wyl, A. (2004). Story dramatology and personal conflict: JAKOB – a tool for narrative understanding and psychotherapy practice. In L.E. Angus & J. McLeod (Eds.), *The handbook of narrative and psychotherapy: practice, theory, and research* (pp. 283–296). Thousand Oaks, CA: Sage.

Boothe, B., von Wyl, A. & Wepfer, R. (1999). Narrative dynamics and psychodynamics. *Psychotherapy Research, 9,* 258–273.

Bruner, J. (2004). Life as Narrative. *Social Research: An International Quarterly, 71,* 691–710.

Carey, M., Walther, S. & Russell, S. (2009). The absent but implicit: a map to support therapeutic enquiry. *Family Process, 48,* 319–331.

Cooper, M. & McLeod, J. (2011). *Pluralistic counselling and psychotherapy.* London: Sage.

Davis, E. & Crocket, K. (2010). What does it mean to be a man? Effects of outsider witnessing practices. *New Zealand Journal of Counselling, 30,* 15–33.

Denborough, D. (2008). *Collective narrative practice. Responding to individuals, groups and communities who have experienced trauma.* Adelaide, Australia: Dulwich Centre.

Drewery, W. (2005). Why we should watch what we say: position calls, everyday speech and the production of relational subjectivity. *Theory and Psychology, 15,* 305–324.

Dwivedi, K.N. (Ed.). (1997). *The therapeutic use of stories.* London: Routledge.

Frank, A.W. (1995). *The wounded storyteller: body, illness, and ethics.* Chicago: University of Chicago Press.

Frank, A.W. (1998). Just listening: narrative and deep illness. *Families, Systems and Health, 16,* 197–212.

Hamill, M., Reid, M. & Reynolds, S. (2008). Letters in cognitive analytic therapy: The patient's experience. *Psychotherapy Research, 18,* 573–583.

Harre, R. & Van Langenhove, L. (Eds.). (1999). *Positioning theory*. Oxford: Blackwell.

Kleinman, A. (1988). *The Illness Narratives: Suffering, Healing and the Human Condition.* New York: Basic Books.

Knudson, R.M., Adame, A.L. & Finocan, G.M. (2006). Significant dreams: repositioning the self narrative. *Dreaming, 16,* 215–222.

Krippner, S., Bova, M. & Gray, L. (Eds.). (2007). *Healing Stories: The Use of Narrative in Counseling and Psychotherapy*. Charlottesville, VA: Puente Publications.

Lieblich, A., McAdams, D. & Josselson, R. (Eds.). (2004). *Healing plots: the narrative basis of psychotherapy*. Washington, DC: American Psychological Association.

Luborsky, L. & Crits-Christoph, P. (Eds.). (1990). *Understanding Transference: the CCRT Method.* New York: Basic Books.

Maisel, R., Epston, D. & Borden, A. (2004). *Biting the Hand that Starves you: Inspiring Resistance to Anorexia/Bulimia*. New York: Norton.

McAdams, D.P. (1985). *Power, Intimacy, and the Life Story: Personological Inquiries into Identity*. New York: Guilford Press.

McAdams, D.P. (1993). *The Stories We Live By: Personal Myths and the Making of the Self.* New York: William Murrow.

McLeod, J. (1997). *Narrative and psychotherapy.* London: Sage.

McLeod, J. (2004). The significance of narrative and storytelling in postpsychological counselling and psychotherapy. In A. Lieblich, D. McAdams & R. Josselson (Eds.), *Healing plots: the narrative basis of psychotherapy* (pp. 11–27). Washington, DC: American Psychological Association.

McLeod, J. (2005). Counselling and psychotherapy as cultural work. In L..T. Hoshmand (Ed.), *Culture, psychotherapy and counseling: critical and integrative perspectives* (pp. 47–64). Thousand Oaks, CA: Sage.

Monk, G. & Sinclair, S.L. (2004). What's love got to do with it? Managing discursive positions and mediating conflict within a heterosexual love relationship. In T. Strong & D. Pare (Eds.), *Furthering talk: advances in the discursive therapies* (pp. 163–179). New York: Kluwer.

Monk, G., Winslade, J., Crocket, K. & Epston, D. (Eds.). (1996). *Narrative Therapy in Practice: The Archeology of Hope.* San Francisco: Jossey-Bass.

Morgan, A. (2000). *What is Narrative Therapy? An easy to read introduction*. Adelaide, South Australia: Dulwich Centre.

Omer, H. (1997). Narrative Empathy. *Psychotherapy, 34,* 19–27.

Papadopoulos, R.K. & Byng-Hall, J. (Eds.). (1997). *Multiple Voices: Narrative in Systemic Family Psychotherapy.* London: Karnac Books.

Percy, I. (2007). Composing our lives together: narrative therapy with couples. In E. Shaw & J. Crawley (Eds.) *Couple therapy in Australia: issues emerging from practice* (pp. 139–158). Victoria, Australia: PsychOz Publications.

Polkinghorne, D.E. (1988). *Narrative knowing and the human sciences*. Albany, NY: SUNY Press.

Polkinghorne, D.E. (1991). Narrative and self-concept. *Journal of Narrative and Life History, 1,* 135–153.

Sarbin, T.R. (1989). Emotions as narrative emplotments. In M. Packer & R.B. Addison (Eds.), *Entering the Circle: Hermeneutic Investigation in Psychology* (pp. 185–201). Albany, NY: State University of New York Press.

Seikkula, J. & Arnkil, T.E. (2006). *Dialogical Meetings in Social Networks*. London: Karnac.

White, M. & Epston, D. (1990). *Narrative means to therapeutic ends*. New York: WW Norton.

Wigren, J. (1994). Narrative completion in the treatment of trauma. *Psychotherapy, 31*, 415–423.

Williams, G. (1984). The genesis of chronic illness: narrative re-construction. *Sociology of Health and Illness, 6*, 175–200.

Winslade, J.M. (2005). Utilising discursive positioning in counselling. *British Journal of Guidance and Counselling, 33*, 351–364.

Prof. Dr. John McLeod ist Professor of Counselling an der Universität Abertay, Schottland, und Professor an der psychologischen Fakultät der Universität Oslo, Norwegen. Sein wissenschaftliches Engagement gilt neben narrativen Counselling-Ansätzen den lebensweltnahen pluralen Counselling-Konzepten und -Theorien sowie der praxisrelevanten Counselling-Forschung.

Anschrift:
School of Social and Health Sciences
University of Abertay
Dundee DD1 1 HG, Scotland
E-Mail: j.mcleod@abertay.ac.uk

Beratung poststrukturalistisch: Von sich erzählen

Melanie Plößer

1 Einführung

Beratung kann als soziale Handlungsform verstanden werden, die durch ein kommunikatives Vorgehen ein Verstehen des Selbst anregen, auf Veränderungen abzielen und zur Anerkennung von Subjekten und der Erweiterung ihrer Ressourcen und Handlungsoptionen beitragen will (vgl. McLeod, 2004, S. 31). Was aber, wenn das Selbst des Subjekts, das es im Beratungsprozess zu entdecken und verstehen gilt, immer auch erst mit der Beratung hergestellt wird? Was, wenn Anerkennen als unmöglich und mehr noch als ein normatives Vorgehen verstanden wird? Und was, wenn sich Beratung insgesamt als Teil einer die Subjekte disziplinierenden Diskursmacht entpuppt?

Der Beitrag will diesen „poststrukturalistischen" Einwänden mit Rückgriff auf die Arbeiten des französischen Philosophen Michel Foucault und der US-amerikanischen Sprachphilosophin Judith Butler nachgehen. Poststrukturalistische Ansätze[1]

[1] Ging es im Strukturalismus darum, den eigentlichen Sinn gesellschaftlicher oder symbolischer Strukturen durch die Analyse einzelner Strukturelemente offenzulegen, wird ein solcher nachweisbarer allgemeingültiger Sinn im poststrukturalistischen Denken angezweifelt und stattdessen auf die Veränderlichkeit, die Kontingenz und Begrenztheit von Sinnstrukturen verwiesen (vgl. Münker & Roesler, 2000, S. 20). Unter dem Label „poststrukturalistisch" firmieren deshalb Ansätze, die als kritisch-reflexive Antworten auf die strukturalistischen Arbeiten von z. B. Claude Lévi-Strauss (Anthropologie), Louis Althusser (Marxismus), Jacques Lacan (Psychoanalyse) und Roland Barthes (Literatur) verstanden werden können. Die poststrukturalistische Kritik äußert sich insbesondere als Infragestellung eines sich als wahr und allgemeingültig verstehenden Wissens, einer sich als rational und aufgeklärt inszenierenden Moderne und der damit einhergehenden Vorstellung eines autonomen Subjekts. Zugleich geht es diesen Ansätzen immer auch um Aufdeckung von Ausgrenzungen und Ausschlüssen und damit verbunden um ein Eintreten für Differenz, Vielfalt und Andersheit.

eint die Einsicht in die Machtförmigkeit von Sprache und die damit verknüpfte Abhängigkeit der Subjekte von vorgängigen sprachlichen Ordnungen. Vor diesem Hintergrund setzen sich poststrukturalistisch informierte Beratungsansätze mit der Frage auseinander, was passiert, wenn das Subjekt von sich erzählt, und rücken dabei die machtvollen Aspekte von Beratung in den Fokus.

2 Diskurs, Macht, Subjektivierung

Eine zentrale Grundlage der Arbeiten des französischen Philosophen Michel Foucault stellt die Auffassung von Macht als ein ebenso produktives wie auch das Denken und Handeln der Subjekte regulierendes Prinzip dar. Für Foucault (1978, 1987) ist Macht keine Eigenschaft, die von Personen besessen oder von diesen ausgeübt wird – vielmehr erweist sich diese als ein Kräftefeld, das bestimmte Praxen und Positionen der Subjekte in der Gesellschaft hervorbringt. Diese produktive Kraft der Macht zeigt sich in Form von Diskursen. Unter Diskursen versteht Foucault eine Regelmäßigkeit von sprachlichen wie nicht-sprachlichen Elementen in einem jeweiligen Wissensfeld. So äußert sich beispielsweise der aktuelle Körper-Diskurs in sprachlicher Form, etwa durch Fernsehberichte oder wissenschaftliche Artikel zu den Gefahren von bspw. „Fettleibigkeit", aber auch in nicht-sprachlichen Praxen, wie etwa der Einführung von Lightprodukten. Durch die Regulierungen dessen, was gesagt wird bzw. dessen, was als sagbar bzw. nicht sagbar gilt, verbindet der Diskurs Macht und Wissen auf produktive Weise (vgl. Foucault, 1994). Der Diskurs produziert und kontrolliert ein bestimmtes gesellschaftlich anerkanntes Wissen (z. B. über die Gefahren des Übergewichts) und übt damit gleichzeitig gesellschaftliche Macht aus, indem bestimmt wird, was wahr und sagbar ist und was ausgeschlossen wird und als nicht wahr gilt. Das heißt, Diskurse bringen bestimmte Bedeutungen und Wahrheiten hervor. Sie stecken damit aber auch gleichzeitig einen Bereich des Denk-, Sag- und Verstehbaren ab:

> „Wir denken und spüren in biologischen, medizinischen, psychologischen oder kapitalistischen Kategorien, womit gewisse Phänomene der Welt in eben diesen Weisen bedeutet werden: Die >Risikoschwangerschaft<, die durch den medizinischen Diskurs >geschaffen< wird, die Chromosomen als Definition einzelner Lebewesen (biologischer Diskurs), die Gesundheit hauptsächlich als Fähigkeit zum Arbeiten im kapitalistischen Wirtschaftssystem (Diskurs Kapitalismus), die Magenschmerzen als Ausdruck einer stressigen Lebensführung (psychologischer Diskurs). Was Diskursen eigen ist – und was sie überaus mächtig macht –, ist ihre Fähigkeit, alternative Bedeutungen zunächst geradezu unmöglich zu machen." (Villa, 2003, S. 23)

Der Diskurs ist damit ein produktiver „privilegierter Ort der Konstruktion sozialer Wirklichkeit" (ebd., S. 18). Diese Produktivität erklärt sich darüber, dass ein Diskurs nicht einfach nur verbietend und repressiv wirkt, sondern immer auch dazu auffordert, bestimmte Praktiken auszuüben. Das heißt, der Diskurs bietet bestimmte Positionierungen und Identifizierungen an und in der Übernahme dieser diskursiv vermittelten Positionen wird das Individuum zum Subjekt.

Das Subjekt erweist sich damit nicht einfach als von machtvollen Diskursen einseitig geprägt. Vielmehr wird es durch die diskursive Eingebundenheit dazu veranlasst, sich aktiv als Subjekt zu konstituieren. Die Unterwerfung unter einen machtvollen Diskurs ist damit paradoxerweise zugleich der Prozess, in dem ein Individuum zum handlungsfähigen Subjekt wird (vgl. Foucault, 1987). Für Foucault ist das Subjekt also als Effekt eines Macht-Wissen-Komplexes zu verstehen, insofern das mit dem Diskurs transportierte Wissen und die Identitäts(an-)gebote aktiv vom Subjekt angeeignet und – im Sinne einer Selbstdisziplinierung – verinnerlicht werden. Das Selbstverständnis des Subjekts von sich selbst als „schlank", aber auch bestimmte Selbstpraxen wie der Besuch eines Fitness-Studios sind im poststrukturalistischen Verständnis nicht Ausdrucksformen eines wahren Selbst, sondern ganz im Gegenteil Effekte einer den Subjekten vorgängigen diskursiven Macht, die dann von den Individuen verkörpert wird und bestimmte Subjektpositionen, Gegenstandsbereiche und Wahrheitsrituale (Foucault, 1983) hervorbringt.

Diese Formen der Machtausübung, mittels derer die Handlungen der Subjekte, ihre Positionierungen und Selbstverständnisse geregelt, geordnet und damit wahrscheinlicher gemacht werden, bezeichnet Foucault als Regierung. Genauer: Durch Regierungsweisen wird eine Wirkung auf das Subjekt ausgeübt, so dass es sich auf eine bestimmte Art und Weise selber führt (Foucault, 1987). Das heißt, der Diskurs um das Thema „Übergewicht" kann als eine Form der Regierung verstanden werden, mittels derer auf das Feld der Handlungen und Selbstpositionierungen der Subjekte eingewirkt wird – und zwar so, dass das Subjekt seine eigene Führung gestaltet, mithin ein Fitness-Studio aufsucht, eine Diät macht oder zu einer Ernährungsberatung geht.

Beratung als machtvolle Subjektivierung?

Was hat nun dieses Foucault'sche Verständnis von Subjekt und den es immer auch erst hervorbringenden machtvollen Diskursen mit Beratung zu tun? Foucault (1978, 1983) selber hat in seinen Schriften mit Blick auf Psychotherapie wiederholt darauf hingewiesen, dass er die Psychoanalyse gerade nicht als „Befreiung", sondern als eine Form der machtvollen Regierung verstehe, mittels derer die Subjekte diszipliniert und einem Geständniszwang unterworfen würden. Ähnlich wie die Pastoralmacht, die durch die Praxis der Beichte ausgeübt werde, erzwinge die Psychoanalyse ein Kategorisieren und ein Kontrollieren der Wünsche und Bedürfnisse der Subjekte und unterwerfe und diszipliniere sie dadurch. Im Zuge einer an den Arbeiten von Michel Foucault orientierten Auseinandersetzung sind nun Fragen nach der Bedeutung des Diskurs-Macht-Konzepts für Beratung und Therapie weiter ausgearbeitet worden. Dabei ist u. a. die These aufgestellt worden, dass durch die vom Beratungs- und Therapiediskurs vermittelte Verpflichtung des Subjekts zur Selbsterkenntnis (mithin dazu, Worte und Aussagen zu produzieren, die einer vermeintlichen Innerlichkeit entsprechen) eine Subjektivierung der Ratsuchenden erfolge.

So stellen für den britischen Sozialtheoretiker Nikolas S. Rose (1998a, 1998b, 1999) Praxen wie Beratung und Therapie mit Rückgriff auf Foucault bestimmte Regierungsformen dar, mittels derer auf die Art und Weise, wie die Subjekte handeln, wie sie sich selber und Andere verstehen, welche Worte und Begriffe sie für sich haben, machtvoll eingewirkt werde:

> "So when I use these words, trauma, stress, neurosis, self esteem, it is not simply a matter of words and meanings. It is not just that I am telling myself stories in a certain vocabulary about my experience and in so doing coding it and classifying it in particular ways and giving aspects various kinds of positive and negative valuations. I am also activating a whole 'regime of truth', an array of authorities who stand behind this language and guarantee it, a complex of practices and procedures." (Rose, 1998b, o. S.)

Das heißt, die Prozedur des Erzählens von sich erzeuge – so Rose – eine Unterwerfung unter die jeweiligen Diskursregeln, und zwar nicht nur in religiösen, sondern gerade auch in therapeutischen oder beraterischen Kontexten. Als Beispiel für ein solches aktuelles Wahrheitsregime nennt Rose (1998b) das Themenfeld Arbeit, das zentraler Gegenstand von Beratung geworden sei und in den unterschiedlichsten Beratungskontexten eine spezifische Subjektivierungsmacht entfalte. Beratung und Therapie erweisen sich deshalb für ihn als Schaltstellen, in die gesellschaftliche „Wahrheitsregime" (Foucault) einfließen, und die dadurch als Regierung der Subjekte fungieren. Sie entpuppen sich in dieser Lesart als Regierungsweisen, die das Verständnis und das Wissen der Subjekte von sich machtvoll formen, auf die Entscheidungen der Ratsuchenden einwirken und bestimmte Handlungsweisen evozieren. Von Stefanie Duttweiler werden dabei zwei zentrale Bestandteile von Beratung genannt, durch die sich „die Techniken der Herrschaft mit denjenigen der Selbstführung der Individuen" (2007, S. 263) verbinden und durch die Beratung zur Regierungsmacht wird: die Produktion von Wissen und das Verantwortlichmachen der Beratungsklientel. So weist Duttweiler zum einen darauf hin, dass in der Beratung mittels kommunikativer Strategien wie Aufklärung der Ratsuchenden (z. B. durch die Vermittlung von Informationen), durch Normalisierungen von Verhaltensweisen (z. B. indem individuelle Erfragungen als kollektiv gedeutet werden) oder durch die Sensibilisierung für die Prinzipien der eigenen Lebensführung ein zumeist psychologisches Wissen über das Selbst erzeugt werde (ebd., S. 265). Dadurch werde zum anderen dem Subjekt „ein Gesetz der Wahrheit auferlegt, das es anerkennen muss und das andere in ihm anerkennen müssen" (Foucault, 1987, S. 246, zitiert nach Duttweiler, 2007, S. 273).

Das im Beratungsprozess verhandelte Wissen erweise sich nun genau deshalb als so machtvoll, weil Beratung gerade nicht auf dessen technische Übertragung abziele, sondern dieses Wissen im Rahmen einer auf Konsens orientierten Verhandlungspraxis zur Disposition stelle. Weil es also „von den Klienten mitproduziert und mitgetragen wird und weil es spezifische evidente Wirkungen zeitigt, ist das Wissen, das im Beratungsprozess erzeugt wird, zu Nötigungen und Anreizen fähig" (Duttweiler, 2007, S. 269). Wird also beispielsweise im Rahmen eines Beratungsgesprächs ein Konsens darüber hergestellt, dass ein von der Klientin artikuliertes Gefühl Ausdruck eines „Kulturkonfliktes" sei, wird damit ein Wissen produziert, das sich an psychologischen oder soziokulturellen Wissensordnungen orientiert. Die Klientin, die sich dieses Wissen selber aneignet, entwickelt nun genau durch diese eigentätige Aneignung eine spezifische Wahrheit von sich selbst als einem „Subjekt mit einem Kulturkonflikt". Zugleich bringt dieses Wissen ein je spezifisches Handeln in Bezug auf den Umgang mit dieser Deutung hervor. Mit Foucault lassen sich diese Effekte von Beratung – das heißt die Identifikation des Subjekts mit einem ihm zunächst äußerlichen Wissen wie auch die daraus resultierenden Identitätsverständnisse und Handlungspraxen – als Formen der Selbstdisziplinierung beschreiben.

Weiterhin bewirke insbesondere die Handlungsorientiertheit von Beratung, dass die KlientInnen für ihr zukünftiges wie auch vergangenes Verhalten verantwortlich gemacht würden (ebd., S. 270f.). Indem Beratung davon ausgeht, dass durch sie Effekte und Veränderungen erzielt werden können, würden KlientInnen als Subjekte konstruiert, die ihre Probleme eigenverantwortlich lösen und verändernd auf ihre Umwelt einwirken können (vgl. dazu auch Illouz, 2009). Zugleich werde die Vergangenheit der Klientinnen als kontingent betrachtet: Hätte das Subjekt sich anders entschieden oder sich anders verhalten, wäre es jetzt nicht in ebendieser Lage (Duttweiler, 2007, S. 270f.). Durch diese Responsibilisierungseffekte laufe Beratung deshalb auch Gefahr, die aktuellen neoliberalen Forderungen nach einer Aktivierung der KlientInnen, nach Selbst-Optimierung und einem Abbau staatlicher Verantwortung zu bedienen bzw. sich als Teil eben genau diesen Diskurses zu erweisen (vgl. Duttweiler, 2004). Beratung wird hier als Praxis verstanden, bei der durch die Betonung der Selbstbestimmung eine Selbstführung und Eigenverantwortlichkeit der Subjekte eingefordert wird, während gesellschaftliche Strukturen und Benachteiligungen ausgeblendet zu werden drohen.

Es ist der Verdienst dieser vom foucaultschen Machtverständnis inspirierten Beratungsansätze dafür zu sensibilisieren, dass und in welcher Weise Beratung Teil einer Subjektivierungsmacht ist. Beratungsverständnisse, die sich an Foucault orientieren, machen mithin deutlich, dass Beratung

- durch die Prozedur des „Erzählens von sich", das heißt durch die implizite oder explizite Aufforderung an die KlientInnen, Selbstkenntnis zu erlangen, zur Subjektivierung von Individuen beiträgt;
- ihren KlientInnen mit einem spezifischen, gesellschaftlich und historisch geprägten Wissen begegnet, das von diesen dann angeeignet und für die Beschreibung des Selbst wie auch für die Entwicklung von Handlungen eingesetzt wird;
- durch das nicht überstülpende Vorgehen, die Handlungsorientierung und die Betonung der Eigenverantwortlichkeit eine Selbst-Disziplinierung der Subjekte einfordert.

Allerdings stellt sich die Frage, ob Beratung per se als Regierung und Selbstdisziplinierung der Subjekte entlang eines dominanten Wissens verstanden werden muss oder ob Beratung nicht auch widerständiges Wissen hervorbringen kann – ein Wissen, das gerade nicht Formen der Responsibilisierung folgt, sondern ganz im Gegenteil von Selbst-Verantwortungen entlastet, eine Beratung, die die Beschreibungen und das Wissen der Subjekte ernst zu nehmen und zu unterstützen sucht. Dieser Frage wird im Folgenden mit Rückgriff auf das Performativitätskonzept der US-amerikanischen Philosophin und Poststrukturalistin Judith Butler nachgegangen. Mit dem Ansatz der Performativität gelingt es Butler zum einen, die Normen und Ausschlüsse, die durch die Diskursmacht erzeugt werden, genauer herauszuarbeiten. Zum anderen zeigt sie aber auch auf, wie das Subjekt trotz seiner Konstituierung durch normative Diskurse (widerständig) handeln kann. Beratung ist vor dem

Vorwort und Einleitung
Innovative Zugänge
Beratungs-settings und -räume
Medien und Beratung
Kritik der Beratung
Register
Anhang

Hintergrund des Butler'schen Subjektmodells damit immer beides: eine Praxis der Unterwerfung unter machtvolle Normen, aber auch ein Ort, an dem Subjekte sich mit diesen Normen auseinandersetzen und eine alternative Erzählung von sich aufbauen können.

3 Performativität

Hat Michel Foucault in seinen Arbeiten deutlich gemacht, dass Individuen durch diskursive Machtformationen – und so eben auch durch Beratung – als Subjekte hervorgebracht werden, geht es Judith Butler in ihren Arbeiten darum, Foucaults eher allgemein gehaltene Thesen zur diskursiven Erzeugung von Subjekten zu konkretisieren. Das von ihr dazu genutzte Konzept der „Performativität" greift auf den Sprachphilosophen John L. Austin zurück. Dieser hatte im Rahmen seiner Vorlesungsreihe *"How to Do Things with Words"* (dt. *„Zur Theorie der Sprechakte"*, 1972) erstmalig auf die soziale Wirksamkeit sprachlicher Handlungen und Diskurse, das heißt auf deren Fähigkeit, soziale Bedeutungen erzeugen zu können, hingewiesen. Performativität bezeichnet somit ein Sprechen, das das herstellt, was es bezeichnet, so dass das Gesprochene zur sozialen Tatsache wird. Judith Butler (1997, S. 29) verdeutlicht die performative Wirkmacht von Sprache in ihren Arbeiten am Beispiel der Erzeugung von Geschlechtsidentitäten. Mit dem Ausruf der Hebamme „Es ist ein Mädchen!" bei der Geburt eines Kindes setze ein performativer Prozess der Erzeugung einer Geschlechtsidentität ein, im Zuge derer das Kind zum Mädchen wird. Der Ausruf ist mithin nicht einfach eine Feststellung, sondern er besitzt für das Subjekt einen normativen Aufforderungscharakter: „Werde ein Mädchen." Die performative Äußerung ist deshalb für Butler „*ein* Bereich, in dem die Macht *als* Diskurs agiert" (ebd., S. 309). Um aber wirken zu können, kann die Äußerung nicht als einzelne und einmalige Sprechhandlung auftreten, sondern muss sich als wiederholende Praxis erweisen. Erst durch die Wiederholung verdichten sich die zitierten Bedeutungen zu sozialen Normen, die in der Anrufung widerhallen und so deren Wirkmacht verstärken (Butler, 1993, S. 124). Das heißt, dass die Bezeichnung als „Mädchen" auch deshalb wirkungsvoll ist, weil mit dieser eine Kette von Wiederholungen mobilisiert wird, die sich zu gesellschaftlichen Normen (z.B. darüber was ein Mädchen ist) verdichtet haben. Diese Normen wirken in den sprachlichen Äußerungen und sie führen dazu, dass sich die Subjekte entlang dieser Normen positionieren müssen, um (an-)erkennbar zu werden.

Indem also die machtvolle Erzeugung von Subjekten entlang vorgängiger Normen stattfindet, werden diese z.B. als Männer und Frauen, Homo- oder Heterosexuelle, Gesunde oder Behinderte angesprochen und genau durch diese Ansprachen geordnet, diszipliniert, sozialisiert – eben überhaupt erst als Subjekte, als Frauen oder Männer, Homo- oder Heterosexuelle, Gesunde oder Behinderte hervorgebracht. Diese Form der Erzeugung von Subjektpositionen bezeichnet Butler (1998, 2001) in Anlehnung an Louis Althusser als „Anrufungen". Subjekte werden mittels Identitätskategorien als „Jungen", „Lesben", „KlientInnen" oder auch „BeraterInnen" angerufen und so aufgefordert, eine Identität anzunehmen.

Die Anrufung erweist sich damit zugleich als produktiv und nützlich (indem die Individuen als Subjekte an-erkennbar werden) wie auch als totalisierend und ausschließend. Totalisierend deshalb, weil durch die Anrufung eine Identität festgelegt und andere Teile der Identität ausgeblendet werden, und ausschließend, weil die Anrufung in einer hierarchischen Entweder-oder-Ordnung erfolgt, einer Ordnung, in der das Subjekt z. B. entweder hetero- oder homosexuell, gesund oder behindert sein muss und in der die eine Identität als anerkannte, normale Position gilt und die andere das „Nicht-Normale", „Andere" darstellt. Über die Anrufungen von Subjekten werden mithin auch gleichzeitig Anerkennbarkeiten und Normalitäten geregelt, wird (re-)produziert, was als normal und was eben als anders gilt (vgl. Butler, 2001).

Dass die Subjekte den sprachlichen Anrufungen – die als solche natürlich auch in der Beratung erfolgen – aber nicht hilflos ausgeliefert sind, zeigt Butler mit ihrem Modell performativer Handlungsfähigkeit. Ihre These: Wenn Subjekte durch performative Praxen hervorgebracht werden, dann stellen diese Praxen auch den Ort dar, an dem Handlungsfähigkeit möglich ist. Da die Normen und Gesetze nämlich auf die Wiederholung durch die Subjekte angewiesen sind, eröffnet sich genau hier die Möglichkeit einer alternativen oder auch widerständigen Wiederholung.

> „Von Sprache konstituiert zu sein, heißt hervorgebracht werden, und zwar innerhalb eines gegebenen Macht- und Diskursgeflechtes, das für Umdeutung, Wiederentfaltung und subversive Zitate von innen und für Unterbrechungen und unerwartete Übereinstimmungen mit anderen Netzwerken offen ist. Die ‚Fähigkeit' der Handlung befindet sich genau an solchen Schnittpunkten, wo der Diskurs sich erneuert." (Butler, 1993, S. 125)

Der performative Prozess der Subjektkonstitution bietet also neben der Unterwerfung von Subjekten – dadurch, dass diese gezwungen sind, die diskursiven Normen zu wiederholen – zugleich den notwendigen Spielraum, in dem der Diskurs verändert werden kann, und zwar indem die Bedeutungen und Normen anders wiederholt werden.

Ansätze, die von der performativen Erzeugung von Subjekten ausgehen, stellen die Vorstellung eines autonomen, intentional agierenden Subjekts in Frage. Denn sie heben hervor, dass das Subjekt und seine Identitätspositionen (wie z. B. „Mädchen", „Klientin" oder „Migrant") Effekte sprachlicher Anrufungen sind, das heißt Resultate eines unablässigen Zitierens. Für das Verständnis von Beratung resultieren aus dieser Prämisse zwei bedeutsame Einsichten. Zum einen wird dadurch die Annahme einer durch Beratung ermöglichten *Selbsterkenntnis* widerlegt. Zum anderen wird deutlich, dass auch jeder *anerkennende Bezug* auf das Subjekt in der Beratung zum Scheitern verurteilt ist.

Die Unmöglichkeit von Selbst-Erkenntnis und Anerkennung in der Beratung

Beratung wird vielfach als eine Praxis verstanden, die „dazu eingesetzt wird, Individualismus bzw. das Gefühl eines Menschen, ganzheitlich und autonom zu sein, zu fördern und aufrecht zu erhalten" (McLeod, 2004, S. 33). Vor dem Hintergrund performativer Erklärungsansätze erweist sich ein solches Beratungsziel – mithin durch die Beratung zu Selbsterkenntnis zu gelangen – als nie einlösbar. Von sich selbst zu sagen „man liebe jemanden“ oder „man sei gestresst“ oder „habe eine Identitätskrise“ – all diese Äußerungen erweisen sich nicht als Erkenntnisse und Ausdrucksformen eines wahren Selbst, sondern als Bestandteile einer Zitationspraxis, im Zuge derer eine Kette vorgängiger Gebrauchsweisen der jeweiligen Begriffe und Äußerungen (z.B. aus Hollywoodfilmen, Alltagsgesprächen, wissenschaftlichen Diskursen usw.) mitklingt. Das heißt nicht, dass es die Empfindungen oder Erfahrungen nicht gibt, wohl aber dass der Zugriff auf diese nur über vorgängige sprachliche Muster und damit als Zitat erfolgen kann (vgl. Villa, 2003, S. 32). Dieser Aspekt des im Rahmen einer Selbst-Reflexion notwendigen Rückgriffs auf kulturelle und vorgängige Sprachordnungen und Begriffe wird auch innerhalb der narrativen Beratungsansätzen betont. So gehen VertreterInnen sozial-konstruktivistischer narrativer Therapie und Beratung davon aus, dass Menschen in eine schon vorstrukturierte Welt der Narrationen und Bilder hineingeboren werden, so dass sich die Konstruktionen der eigenen Identität immer auch nach schon bestehenden Geschichten auszurichten haben (vgl. Parry & Doan, 1994; White & Epston, 1990; vgl. dazu auch Engel & Sickendiek, i.Bd.2). Auch hier wird sich von der Vorstellung eines wahren Selbst oder einer inneren Realität, die es im Beratungsprozess zu entdecken gelte, verabschiedet. Vielmehr wird deutlich, dass das Subjekt der Beratung nur von sich, seinen Erfahrungen, Bedürfnissen oder Problemen erzählen kann, „wenn es bereit ist seine Erzählung durch eine Äußerlichkeit hindurchzuführen und sich so im Erzählen zu desorientieren.“ (Butler, 2003, S. 67)

In der Beratung von sich zu erzählen, heißt damit zugleich von den Ordnungen und Normen zu erzählen, die das Subjekt immer auch konstituieren und die es als Subjekt erkennbar und anerkennbar machen bzw. die die Erkenn- und Anerkennbarkeit verhindern. Schildert z.B. eine Jugendliche einer Beraterin von ihren Gefühlen für ein anderes Mädchen und ihrer Angst „nun eine Lesbe zu sein“, werden die Empfindungen – für das erzählende Subjekt wie auch für die Beraterin – nur verstehbar und erkennbar vor dem Hintergrund einer vorgängigen heteronormativen Entweder-oder-Ordnung, innerhalb derer zwischen hetero- und homosexuellem Begehren unterschieden wird. In der Äußerung der jungen Frau wird auf diese hierarchische und ausschließende Ordnung Bezug genommen und zugleich werden damit die Normen (und Stigmatisierungen), die mit dem Begriff „lesbisch“ einhergehen, mobilisiert.

Vor diesem Hintergrund wird nun auch der machtvolle Doppelcharakter von Sprache deutlich: Durch den Bezug auf eine Norm wird einerseits Erkennen und Anerkennen möglich. Das Subjekt kann sich als lesbisch, als Frau, als Migrant erkennen, seine Probleme als Ausdruck geschlechtlicher, sexueller oder kultureller geprägter Vorlieben, Dispositionen und Bedürfnisse deuten und eine Anerkennung derselben fordern. Auf der anderen Seite wird nun aber genau dadurch auch eine Reproduktion derjenigen ausschließenden und hierarchischen Normen geleistet, die den Subjekten und ihrer Anerkennung vorgestellt ist, so z.B. die Norm der Zweigeschlechtlichkeit, der Heterosexualität, der Gesundheit usw. (vgl. Plößer, 2010). Für eine poststrukturalistische Beratung ist die Norm deshalb „ein wesentlicher Punkt. (...) Will sich das Subjekt mit sich selber auseinandersetzen, kommt es nicht an der Norm vorbei, da sie es zu dem macht, was es ist." (Distelhorst, 2009, S. 80f.)

Darüber hinaus wird Beratung auch als Handlungsform beschrieben, durch die Subjekte Anerkennung erfahren können und sollen. Angesichts einer Individualisierung und Pluralisierung von Lebensformen, des Wegfalls sozialer Beziehungen und Werte sowie fehlender Orientierungen biete Beratung „den Menschen die Möglichkeit, anerkannt und angehört zu werden" (McLeod, 2004, S. 33). Beratung und Therapie würden damit Funktionen der Anerkennung, die vormals von Religion oder sozialen Gemeinschaften erbracht worden seien, übernehmen (ebd.). Nun erfolgt aber – so die poststrukturalistische These – nicht nur die Selbsterkenntnis des Subjekts, sondern gerade auch die Anerkennung durch Andere, notwendigerweise entlang vorgängiger Normen. Deuten also BeraterInnen ein gezeigtes Problem als Ausdruck eines Kulturkonfliktes, führen sie eine bestimmte Problemstellung darauf zurück, dass die Klientin eine Frau „ist", oder wird einer Jugendlichen versucht zu vermitteln, „dass Lesbisch-Sein doch nichts Schlimmes sei", so wird mit diesen Deutungen und den Versuchen einer Anerkennung des Subjekts (als einer Kultur zugehörig, als Frau oder als Lesbe) immer auch auf vorgängige Identitätsordnungen Bezug genommen und werden Normen performativ (re-)produziert. Das heißt genau dadurch, dass die anzuerkennenden, zu aktualisierenden oder zu entdeckenden Facetten des Selbst in eine Dominanzkultur (Rommelspacher, 1995) eingelassen sind, reproduzieren sich in der (An-)Erkennung derselben wiederum Strukturen von Macht und Ungleichheit.

Beratung kann vor dem Hintergrund performativ argumentierender poststrukturalistischer Ansätze als normative Praxis verstanden werden, innerhalb derer auch in einem anerkennenden Bezug auf die Klientinnen vorgängige Normen bestätigt werden.

Beratung als Ermöglichung einer anderen Erzählung von sich

Ebenso wie der „späte Foucault" sieht auch Butler (2009, S. 263f.) in dem Erzählen von sich nicht nur eine Form der Disziplinierung und Unterwerfung unter die Normen, sondern auch ein sprachliches Bemühen, durch die sich das Subjekt in Anwesenheit eines Anderen anders hervorbringen und eine Praxis der „Selbst-Sorge" (Foucault, 1984) betreiben kann. Dadurch, dass die Beratung ein Ort ist, an dem gerade nicht „wahre" Bedeutungen und Identitäten hervorgehoben, sondern diese erst performativ erzeugt und wiederholt werden, ergeben sich auch die Möglichkeiten, anders zu wiederholen und andere, nicht den hegemonialen Ordnungen entsprechende Selbstverständnisse von sich zu entfalten (vgl. Butler & Byrne, 2008, S. 101; Engel, 1997; Hodges, 2008). Beratung kann damit auch ein Ort sein, an dem Formen der Diskriminierung, der Nicht-Anerkennung oder Ausgrenzung und der verletzenden Anrufungen des Selbst be- und umgearbeitet werden können (vgl. Butler, 1998). Damit aber diese Umdeutungen stattfinden können, damit ein durch dominante Diskurse zugedecktes Wissen offengelegt, hegemoniale Deutungen hinterfragt sowie andere Subjektpositionen anerkennbar werden können, sei es für Beratung und soziale Praxis notwendig, so Tilsen und Nylund (2010, S. 99), die Frage zu stellen: "How can we use language and discourse in ways that invite a proliferation of possible identity conclusions and performaces rather than discourses that mandate and regulate identities?"

Zu untersuchen ist also, wie durch diskursive Konstruktionen von „Wahrheiten" (über die Frauen, die Arbeitslosen, die Migrantinnen usw.) und die Reproduktion normativer Ordnungen Macht ausgeübt wird. Beratung kann dazu den Blick sowohl auf gesellschaftliche (ökonomische, rechtliche, symbolische, pädagogische usw.) Diskurse als auch auf institutionelle Strukturen und Normen richten, die die Intelligibilität und Anerkennbarkeit der Subjekte regulieren – mit dem Ziel, diese Normen kritisch zu hinterfragen, zu erweitern und zu verändern. Insbesondere in Beratungsfeldern, die in einem engen Zusammenhang mit sozialen Bewegungen entstanden sind, stellen diese Forderungen nach einer kritischen Hinterfragung gesellschaftlicher und institutioneller Strukturen wie auch nach einer Stärkung alternativer Deutungen und Selbstpositionierungen seit jeher zentrale Maximen des beraterischen Selbstverständnisses dar. So geht es im Rahmen feministischer Beratungspraxis, im Zuge von Beratungen zu HIV und Aids oder auch bei Beratungen im Kontext von Migration oder von rassistischer oder sexualisierter Gewalt immer auch um eine machtkritische Auseinandersetzung mit solchen Strukturen, die die Probleme der Ratsuchenden hervorbringen und zu Ausschlüssen oder Diskriminierungen führen (vgl. Reutlinger, i.Bd.2; Schütte-Bäumner, 2007; Sickendiek, i.Bd.2; Mecheril, i.Bd.1).

Aufgabe einer machtkritischen Beratung ist es demnach für Bedingungen einzutreten, die den AdressatInnen helfen, Erfahrungen und Bedürfnisse zur Geltung bringen zu können, Anerkennung zu erfahren oder aber Erfahrungen von Nicht-Anerkennung zu kommunizieren bzw. zu skandalisieren. Dabei gilt es darauf zu achten, ob den Individuen überhaupt Ressourcen für den Aufbau einer Erzählung zur Verfügung stehen (Großmaß, 1999, S. 218). Und insofern Partizipations- und Gestaltungsmöglichkeiten ungleich verteilt sind, kann Beratung dazu beitragen, Ressourcen und „Artikulationsräume" (Engel, 1997, S. 201) zugänglich zu machen, um dem Subjekt überhaupt eine Erzählung von sich zu ermöglichen. Beratung wird hier explizit als politische Praxis verstanden, bei der es gerade nicht um die Veränderung psychischer Strukturen oder die Responsibilisierung der Klientel, sondern im Gegenteil um Empowerment und den Abbau gesellschaftlicher Ungleichheiten geht.

In poststrukturalistisch informierten Beratungsansätzen wie auch in sich aktuell entwickelnden queeren[2] Beratungskonzepten (vgl. Moon, 2008, 2010; Schütte-Bäumner, 2007) wird dann allerdings nicht erst die Benachteiligung und Diskriminierung von Subjekten als problematisch betrachtet, sondern bereits solche Diskurse (über Arbeitslosigkeit, Körperbilder etc.) und hegemoniale Ordnungen, die im Zuge der Subjektivierung wirksam werden und bereits dadurch schon zu Ausschließungen, Stigmatisierungen und verletzenden Anrufungen führen können (vgl. Hodges, 2008, S. 19f.; Butler & Byrne, 2008; Butler, 1997, S. 310ff.).

---

[2] Hinter dem Begriff „Queer" verbergen sich solche Ansätze, die sich kritisch mit den normativen Ordnungen – hier insbesondere mit heteronormativen und geschlechtlichen Differenzordnungen – auseinandersetzen, auf die durch sie produzierten Ausschlüsse hinweisen und sich den hierarchischen und binären Logiken widersetzen wollen (vgl. dazu näher Jagose, 2001). Queere Ansätze werden sowohl in unterschiedlichsten wissenschaftlichen Disziplinen verfolgt als auch zunehmend als Handlungsperspektive für die soziale Praxis diskutiert.

4 Resümee

Poststrukturalistische Ansätze sensibilisieren für die machtvollen Voraussetzungen und Effekte von Beratung. Sie machen darauf aufmerksam, dass Beratung Bestandteil einer diskursiven Regierung der Subjekte sein kann. Und sie erinnern daran, dass in dem Beratungsprozess selber auf normative und hierarchische Ordnungen Bezug genommen wird und damit weder eine Selbst-Erkenntnis der Klientinnen möglich ist, noch eine Anerkennung der Subjekte erreicht werden kann. Und poststrukturalistische Beratung eröffnet Perspektiven für die Gestaltung einer machtkritischen Beratung, durch die die Subjekte „nicht dermaßen (...) regiert werden" (Foucault, 1992, S. 12).

Eine poststrukturalistische Beratung ist damit eine Beratung, die

- die Eingebundenheiten und Funktionen von Beratung im Kontext allgemeiner Regierungsweisen hinterfragt *(Inwiefern trägt Beratung zur Selbst-Disziplinierung und Responsibilisierung der Subjekte bei?),*
- die Diskurse und Normen, die die Anerkennbarkeit der Subjekte auf gesellschaftlicher, aber auch institutioneller und konzeptueller Ebene regulieren, kritisch zu reflektieren und auch zu verändern sucht *(Welche dominanten Diskurse wirken auf die Subjektivierung der Individuen ein? Inwiefern erweisen sich unsere Konzepte, unsere Deutungen und Methoden als von diesen Diskursen und damit von normativen Vorannahmen beeinflusst?),*
- den Subjekten Ressourcen und Räume für Erzählungen eröffnet, in denen hegemoniale Deutungen nicht einfach bestätigt, sondern in Frage gestellt und erweitert werden können,
- eine anerkennende Adressierung ermöglicht, im Zuge derer die Grenzen von Anerkennung ebenso akzeptiert werden wie die Unmöglichkeit des erzählenden Subjekts, je von sich sagen zu können, wer es „ist".

„Von sich zu erzählen" bedeutet also gleichermaßen anerkannt und verkannt werden zu können, bedeutet diszipliniert zu werden wie auch Disziplinierungsprozesse kritisch hinterfragen zu können. Es ist der Verdienst poststrukturalistischer Perspektiven auf diese unhintergehbaren Ambivalenzen von Beratung aufmerksam zu machen – mit dem Ziel, die Machtwirkungen von Beratung zu schwächen und ihre befähigenden, kritischen Funktionen zu stärken.

Literatur

Austin, J.L. (1972). *Zur Theorie der Sprechakte (How to Do Things with Words)*. Stuttgart: Reclam.

Butler, C. & Byrne, A. (2008). Queer in practice: Therapy and queer theory. In L. Moon (Ed.), *Feeling queer or queer feeling. Radical approaches to counselling sex, sexualities and genders* (pp. 89–105). London/New York: Routledge.

Butler, J. (1993). Für ein sorgfältiges Lesen. In S. Benhabib, J. Butler, D. Cornell & N. Fraser (Hrsg.), *Der Streit um Differenz. Feminismus und Postmoderne in der Gegenwart* (S. 122–132). Frankfurt a. M.: Fischer.

Butler, J. (1997). *Körper von Gewicht*. Frankfurt a. M.: Suhrkamp.

Butler, J. (1998). *Haß spricht. Zur Politik des Performativen*. Berlin: Berlin Verlag.

Butler, J. (2001). *Psyche der Macht. Das Subjekt der Unterwerfung*. Frankfurt a. M.: Suhrkamp.

Butler, J. (2003). *Kritik der ethischen Gewalt*. Frankfurt a. M.: Suhrkamp.

Butler, J. (2009). *Die Macht der Geschlechternormen*. Frankfurt a. M.: Suhrkamp.

Distelhorst, L. (2009). *Judith Butler*. Paderborn: W. Fink/UTB.

Duttweiler, S. (2004). Beratung. In U. Bröckling, S. Krasmann & T. Lemke (Hrsg.), *Glossar der Gegenwart* (S. 23–29). Frankfurt a. M.: Suhrkamp.

Duttweiler, S. (2007). Beratung als Ort neoliberaler Subjektivierung. In R. Anhorn, F. Bettinger & J. Stehr (Hrsg.), *Foucaults Machtanalytik und Soziale Arbeit: Eine kritische Einführung und Bestandsaufnahme* (S. 261–275). Wiesbaden: VS-Verlag.

Engel, F. (1997). Dacapo – oder moderne Beratung im Themenpark der Postmoderne. In F. Nestmann (Hrsg.), *Beratung. Bausteine für eine interdisziplinäre Wissenschaft und Praxis* (S. 179–216). Tübingen: dgvt-Verlag.

Foucault, M. (1978). *Dispositive der Macht*. Berlin: Merve.

Foucault, M. (1983). *Der Wille zum Wissen. Sexualität und Wahrheit 1*. Frankfurt a. M.: Suhrkamp.

Foucault, M. (1984). *Die Sorge um Sich. Sexualität und Wahrheit 3*. Frankfurt a. M.: Suhrkamp.

Foucault, M. (1987). Das Subjekt und die Macht. In: H. L. Dreyfus & P. Rabinow (Hrsg.), *Michel Foucault. Jenseits von Strukturalismus und Hermeneutik* (S. 243–261). Weinheim: Beltz.

Foucault, M. (1992). *Was ist Kritik?* Berlin: Merve Verlag.

Foucault, M. (1994, dt. Erstausgabe 1977). *Überwachen und Strafen. Die Geburt des Gefängnisses*. Frankfurt a. M.: Suhrkamp.

Großmaß, R. (1999). Wer sind wir eigentlich? Weibliche Identität zwischen Rollenvielfalt und dem Wunsch nach einem eigenen Ort. In C. Brügge & Wildwasser Bielefeld e. V. (Hrsg.), *Frauen in ver-rückten Lebenswelten. Ein Lesebuch zu Frauen und Psychiatrie* (S. 195–219). Bern: Efef.

Hodges, I. (2008). Queer dilemmas. The problem of power in psychotherapeutic and counselling practice. In L. Moon (Ed.), *Feeling queer or queer feeling. Radical approaches to conselling sex, sexualities and genders* (pp. 7–22). London/New York: Routledge.

Illouz, E. (2009). *Die Errettung der modernen Seele. Therapien, Gefühle und die Kultur der Selbsthilfe*. Frankfurt a. M.: Suhrkamp.

Jagose, A. (2001). *Queer Theory. Eine Einführung*. Berlin: Querverlag.

McLeod, J. (2004). *Counselling – eine Einführung in Beratung*. Tübingen: dgvt-Verlag.

Moon, L. (Ed.). (2008). *Feeling queer or queer feeling. Radical appoaches to counselling sex, sexualities and genders*. London/New York: Routledge.

Moon. L.(Ed.). (2010). *Counselling ideologies. Queer challenges to heteronormativity*. Farnham: Ashgate Publishing.

Münker, S. & Roesler, A. (2000). *Poststrukturalismus*. Stuttgart: Metzler.

Parry, A. & Doan, R.E. (1994). *Story re-visions. Narrative therapy in the postmodern world*. New York/London: The Guildford Press.

Plößer, M. (2010). Differenz performativ gedacht. Dekonstruktive Perspektiven auf und für den Umgang mit Differenzen. In F. Kessl & M. Plößer (Hrsg.), *Differenzierung,*

Normalisierung, Andersheit. Soziale Arbeit als Umgang mit den Anderen (S. 218–232). Wiesbaden: VS-Verlag.

Rommelspacher, B. (1995). *Dominanzkultur. Texte zu Fremdheit und Macht*. Berlin: Orlanda.

Rose, N.S. (1998a). *Inventing our selves. Psychology, power and personhood*. Cambridge: Cambridge University Press.

Rose, N.S.(1998b). *Power in therapy: Techne and ethos*. Verfügbar unter: http://www.academyanalyticarts.org/rose2.htm [29.08.2010].

Rose, N.S. (1999). *Governing the soul. The shaping of the private self*. London/New York: Routledge.

Schütte-Bäumner, C. (2007). *Que(e)r durch die Soziale Arbeit. Professionelle Praxis in den Aids-Hilfen*. Bielefeld: transcript.

Tilsen, J. & Nylund, D. (2010). Heteronormativity and queer youth resistance: Reversing the discourse. In L. Moon (Ed.), *Counselling ideologies. Queer challenges to heteronormativity* (pp. 93–104). Farnham: Ashgate Publishing.

Villa, P.-I. (2003). *Judith Butler*. Frankfurt a. M.: Campus.

White, M. & Epston, D. (1990). *Narrative means to therapeutic ends*. New York: Norton.

Prof. Dr. Melanie Plößer ist Professorin am Fachbereich Sozialwesen der Fachhochschule Bielefeld. Ihre Lehr- und Forschungsschwerpunkte sind Differenzverhältnisse und Soziale Arbeit, Gender und Queer Studies, Theorien der Sozialen Arbeit.

Anschrift:
Fachhochschule Bielefeld
Fachbereich Sozialwesen
Kurt-Schumacher-Str. 6
D-33615 Bielefeld
E-Mail: melanie.ploesser@fh-bielefeld.de

SocioDynamic Counselling: Vance Peavys konstruktivistischer Beratungsansatz

Annett Kupfer, Romy Simon & Frank Nestmann

1 Einleitung

Konstruktivistische Weltbilder und -theorien prägen die wissenschaftlichen Entwürfe und Diskurse unterschiedlicher Disziplinen in den letzten beiden Jahrzehnten entscheidend mit. Die Vorstellung, dass in einer gegebenen äußeren Realität Menschen – Individuen in ihren persönlichen und sozialen Bezügen – ihre Welt und sich in dieser Welt konstruieren, dass die Realität als „symbolische Realität" von jeder und jedem von uns wahrgenommen und erlebt, aber vor allem aktiv gedeutet und interpretiert wird, steht im Mittelpunkt konstruktivistischer Modellvorstellungen (vgl. Plößer, i. d. Bd.). Von frühester Kindheit bis ins hohe Alter stellen Menschen Bedeutungen her. Sie sind als Einzelne aber – eingebettet in die Interpretationen und Rückmeldungen ihrer Mitmenschen – lebenslang die Deuter ihrer Erfahrungen. Unauflösbar verknüpft und interdependent entwickeln sich Denken, Fühlen und Handeln in den subjektiven persönlichen Bildern und Geschichten der Welt und der eigenen Person (des Selbst) in dieser Welt. Konstruktivistische Forschung ist insbesondere daran interessiert, wie Menschen auf dem Hintergrund ihrer lebenslangen Erfahrungen und den daraus verdichteten Selbstdeutungen und persönlichen Geschichten neue Erfahrungen, Einflüsse und Erlebnisse verarbeiten, um sich neuen Anforderungen, Bedingungen und Lebenssituationen anzupassen, und wie und welchen „Sinn", welche Bedeutung sie aus diesen Erfahrungen konstruieren. Das gilt für Menschen in allen Lebenssituationen und Lebenslagen. Insofern ist es nicht verwunderlich, dass gerade auch Beratung und Beratungswissenschaften sich seit den 90er-Jahren des letzten Jahrhunderts vermehrt und intensiv konstruktivistischen Ideen und Leitkonzepten zugewandt haben. Auch Ratsuchende und Klienten interpretieren ihre Erfahrungen und die ihrer Mitmenschen, auch sie stellen Bedeutungen her und entwickeln Bilder, Vorstellungen, Geschichten von sich, von anderen und von ihrem Leben und ihrer Lebenswelt. Konstruktivistisch orientierte Beratung bemüht sich, die grundlegenden, tief verwurzelten und wirkmächtigen Kernannahmen von Individuen zu sich und zu ihrer Welt auch in ihren ursprünglichen Hintergründen und Kontexten möglichst differenziert zu rekonstruieren. Das gilt generell und mit der Perspektive einer konstruktivistischen Weiterentwicklung der Selbst- und Weltauffassungen insbesondere auch dann, wenn die gewonnenen Bedeutungen und Geschichten persönliche Entfaltung und Wachstum beengen oder verhindern. Ziel wird dann in Beratungsprozessen, jeweilige Schlüsselschemata persönlicher Identität und des Selbst sowie behindernde Deutungsmuster der Welt einer aktiven Veränderung und selbstgeleiteten Reorganisation zugänglich zu machen. Der Entwicklungsprozess neuer Sinnfindung und Sinnkonstruktion rückt in das Zentrum von Beratung. Hierbei wird der Klient zum eigentlichen Experten, nicht der professionelle Helfer. Der Berater arbeitet mit dem Klienten und versucht ihn zu ermutigen und zu befähigen, seine zentralen Schlüsselannahmen über Geschichten, Metaphern und direkte Konfrontation in Frage zu stellen. Der Veränderungsprozess ist darauf gerichtet, alternative Wahlen, Ergebnisse und Entscheidungen für möglich zu halten. Der Ratsuchende soll eigene Ziele entdecken, Zielvorstellungen entwickeln, um vor allem seine eigene Stimme zu erkennen und diese erheben zu können. Dazu wird es auch nötig, Risiken auf sich zu nehmen, Entscheidungskonsequenzen zu kalkulieren und zu gewärtigen und eigene Ressourcen und Potentiale für Veränderungen wahrzunehmen und zur Geltung zu bringen. Eine gemeinsame Dekonstruktion beeinträchtigender und belastender Annahmen, Gedanken-, Gefühls- und Handlungskorsetts und eine parallele Entwicklung und Kreation von neuen, befreienden und hoffnungsvollen Bedeutungs- und Sinnkonstruktionen wird in einer konzentrierten und zugewandten, kollaborativen und empathischen Hilfebeziehung zur wichtigsten Beratungsfunktion und -aufgabe. Ziel ist, dem Klienten eine erfolgreiche, aktive Teilhabe am sozialen Leben und eine Kontrolle seiner persönlichen Angelegenheiten in sozialer Einbindung zu ermöglichen sowie ihm geeignete Orientierungsinstrumente für seinen weiteren Weg an die Hand zu geben.

Vance Peavy (1929–2002) war einer der ersten Beratungstheoretiker und -praktiker, der schon in den späten 1990er-Jahren ein konstruktivistisches Paradigma der Beratung ausformuliert und konsequent bis in die Methodik praktischer Beratungsarbeit (vornehmlich in Bildung und Beruf) hinein konkretisiert hat. Mit seinen Arbeiten – insbesondere mit seinem im angloamerikanischen Sprachraum viel rezipierten Buch *"SocioDynamic Counselling"* (1998a) – hat er eines der weltweit weit entwickeltsten und fortschrittlichsten Systeme der lebenslangen Bildungsberatung in Kanada theorie- wie praxisbezogen maßgeblich beeinflusst. Seine Arbeiten verdienen auch heute größere Aufmerksamkeit.

2 Eine Welt im Wandel

Die Welt hat sich schon immer verändert und sie verändert sich immer noch – wie die Menschen, die in ihr leben. Was die Veränderungen der Postmoderne und „Postpostmoderne" von diesem ewigen Wandel unterscheidet, ist ihre Radikalität in Schnelligkeit und Abfolge, in Menge und Vielfalt, in allgegenwärtiger Breite und grundsätzlicher Tiefe. Von feststehenden Erkenntnissen und Sicherheiten, „unumstürzbarem" Wissen und statischen Erklärungen, die in der Vergangenheit Gewissheit vermittelten, geraten die Menschen immer mehr in eine Welt, in der ihre Kenntnisse, Kompetenzen und Wissensbestände unsicher und unbeständig werden. Alte Sicherheiten werden aufgebrochen und zerfallen und verschiedenste Sichtweisen auf ein und dieselbe Angelegenheit werden möglich. Dabei sind nicht die Veränderungen selbst, sondern vor allem die Geschwindigkeiten, mit der sie vor sich gehen, das wirklich Neue und Beeindruckende. Geprägt durch mikroelektronische Entwicklungen wie das Internet schrumpfen beispielsweise geografische Entfernungen und die Wahrnehmung von Zeit. Radikale Veränderungen werden sowohl bewusst wahrgenommen und reflektiert als auch oft unbewusst er- und gelebt, und sie führen in eine Gesellschaft der scheinbar schier unbegrenzten Möglichkeiten und des „Do-it-yourself", in der die Individuen primär auf sich gestellt agieren (Beck, 1995). Viele von uns empfinden in vielen Lebensbereichen eine Entscheidungs- und Wahlfreiheit, auch wenn wir uns dabei nicht als Experten auf Lebenszeit sehen – weder in bestimmten Expertisefeldern und noch weniger in allen Angelegenheiten, die uns tagtäglich tangieren. Menschen müssen lernen, angesichts unübersehbaren und unvorhersagbaren Situationen und unter nicht prognostizierbaren Bedingungen zu handeln. Jede Veränderung auf makrosozialer gesellschaftlicher Ebene hat dabei ihre direkten und signifikanten, positiven wie negativen Auswirkungen auf das alltägliche Leben der Menschen, ebenso wie viele mikrosoziale Entwicklungen und Wandlungsprozesse verknüpft und verdichtet über intermediäre Vernetzungen Einfluss nehmen auf ebendiese sozialen Strukturen (Giddens, 1988).

Sehr direkt tangieren viele Menschen diese Auswirkungen in der Arbeitswelt und im sozialen Zusammenleben. Strukturelle Veränderungen im Management von Organisationen zum Beispiel, die für das ökonomische Überleben von Unternehmen nötig erscheinen, reduzieren und vernichten hingegen die Möglichkeiten der einzelnen Arbeitnehmer zu sozialer Partizipation und Teilhabe dann, wenn ein totalisiertes Berufsleben aufgrund wachsender existenzieller Ängste vor Arbeitsplatzverlust zu Lasten des sozialen Lebens außerhalb des Berufes geht. Unbestimmtheit, Unvorhersagbarkeit und Wahlfreiheit stellen heute Konzepte geradliniger beruflicher Entwicklungen in Frage und verunsichern viele Menschen. Paradoxerweise fokussieren andererseits am Anfang des 21. Jahrhunderts die meisten Modelle Sozialer Ordnungen weiterhin und verstärkt eine Rationalität, in der Kalkulierbarkeit, Voraussagbarkeit, Kontrolle und Effizienz die zentralen Maximen – auch des sozialen Lebens – werden (Ritzer, 1998, bezeichnet dies als „McDonaldisierung"): das Universum als ein mechanistisches System, in dem ein maschinengleicher Mensch in ständigem Konkurrenzkampf durch sein rational-analytisch ausgerichtetes Handeln Entwicklungen planmäßig vorantreibt und ökonomisches und technologisches Wachstum schafft. Konterkariert wird ein solches mechanisch-rationales Paradigma vereinzelt durch „neue" Bilder menschlichen sozialen Lebens, die eine quasi unauflösbare Verbindung und Interaktion mit seiner natürlichen Umgebung postulieren (z. B. „deep ecology" von Naess, 1993). Eine schier unaufhörliche, oft sinnlose, gehetzte Aktivität, die Berufs- wie soziales Leben erfasst hat, wird hier aufgebrochen, der Druck ständig zu wachsen und zu gewinnen und die anhaltende Forderung nach Selbst- und Kontextkontrolle werden reduziert.

Menschen erfahren allenthalben, dass ihr Leben oft chaotisch und ungeordnet ist, auch wenn gleichzeitig die treibenden gesellschaftlichen Kräfte eine öffentliche Illusion rationaler Ordnung, Entwicklung und Effizienz propagieren und aufrechterhalten (Peavy, 1998a). Wo traditionelle Orientierungsmuster und richtungsweisende Instanzen wie Familie, Schule, Kirche und Gemeinde in Entscheidungs- und Identitätsentwicklungsprozessen immer mehr an Bedeutung verloren haben (Giddens, 1991), werden sie oft ersetzt durch neue elektronisch vermittelte Einflussquellen, wie Internet oder Fernsehen.

Der Druck auf den Einzelnen, eine eigene Identität und persönliche Lebensentwürfe zu entwickeln, fordert zwingend Risikobereitschaft, Mut zum Ausprobieren und die Gegenwart in vorgestellte Zukunftswelten zu projizieren. Viele Menschen fühlen sich angesichts dieser Anforderungen allerdings desorientiert, als löse sich ihre Lebensgrundlage auf, und damit überfordert. Sie haben Angst und sind verwirrt mit Blick auf die Unklarheiten der eigenen Zukunft, da niemand mehr auf längere Zeit vorherzusagen vermag, wie diese Zukunft aussehen wird, welche Entscheidungen welche Folgen nach sich ziehen werden und welche neuen – z. B. ökonomischen oder politischen – Veränderungen entscheidend dafür sein könnten.

3 Probleme von Beratungsklienten und Reaktionsmöglichkeiten von Beratung allgemein und im SocioDynamic Counselling

Menschen bemühen sich in allen wechselhaften Lebensfeldern, die Sicht auf sich selbst, ihre Arbeit, ihre Beziehungen zu anderen und die sie umgebende Welt neu zu fassen (Peavy, 1998a). Berater begegnen somit häufig Klienten, die z. B. angesichts ihrer beruflichen Entwicklungen, abnehmender ökonomischer Kraft, kleiner werdender sozialer Netzwerke und ansteigender Geschwindigkeiten alltäglicher Lebensführung und -bewältigung verunsichert sind. Die Beratungspraxis ist konfrontiert mit Klienten, die mit Sorgen über ihre Jobperspektive, aufgrund von Schlafproblemen, langen Arbeitszeiten und fehlender Freizeit, unausgeglichener Berufs- und Privatheitsbedürfnisse, mit der Frage, was sich nach dem Schul- und Universitätsabschluss bildungsbezogen und beruflich einmal anschließen wird, oder mit dem Gefühl, ständig unter Belastung und Stress zu leben, Hilfe suchen. Diese individuellen Belastungen spiegeln die Rückwirkungen gesellschaftlicher Widersprüche und Problemlagen auf das Individuum. Viele Menschen – verhaftet in ihren alltäglichen Zwängen und Routinen, die für ihr (Über-)Leben einerseits wichtig sind, andererseits ein Gefängnis werden können – sehen für sich keine Wahlmöglichkeiten. Sie erleben sich als machtlos und ohne Kontrolle angesichts des „flux of contemporary social life" (Peavy, 1998a, S. 53).

Beratung kann dabei helfen, so etwas wie „Fluchtwege" oder „Leitern" aufzuspüren und zu schaffen, die aus machtlosen Situationen herausführen und die eine Beteiligung am sozialen Leben ermöglichen können. Schon alleine neue und wegweisende Informationen können für manche Klienten wichtig sein, weil sie Möglichkeiten eröffnen, die dem Einzelnen bisher unbekannt waren. Meist reicht aber nicht die bloße Mitteilung, sondern die Informationen müssen dem Klienten auch kognitiv und emotional zugänglich gemacht, „eröffnet" werden, d.h. vom Status des schlichten Faktums müssen sie übergehen in nutzbares Wissen (von Glasersfeld, 1985). Insbesondere dann, wenn Menschen über ihr persönliches Schicksal und ihre Lebensentscheidungen nachdenken, muss Beratung und insbesondere auch Berufsberatung heute etwas anderes sein als bloßer Zugang zu Informationen (Nestmann, Sickendiek & Engel, 2007). Die Einsicht ist möglicherweise vielmehr, dass die einzige echte „Karriere" die des Lebens und nicht die einer beruflichen Laufbahn ist. So mag im Zentrum heutiger Beratung nicht mehr eine nur pragmatische erste Problembewältigung stehen, sondern die Aufgabe, Individuen dazu zu befähigen, aus hilflosen Opferrollen herauszutreten, ihr Leben wieder in die Hand zu nehmen und zukunftsfähige Gefüge und Beziehungen im alltäglichen wie beruflichen Leben zu entwickeln.

Es bedarf einer konzeptionellen Erneuerung von Beratung, um den heutigen Bedürfnissen der Ratsuchenden zu begegnen. Um eine neue Stellung in einer post(post)modernen Welt zu erhalten, muss auch Beratung realisieren, dass sich das soziale Leben und soziale Kulturen ständig verändern, in ihrem neuen Wissen und kulturellen Know-how. Herkömmliche, individualistische und funktionszentrierte Beratungskonzepte, die sich allzu oft unkritisch in tayloristische Perspektiven von Effizienz und Aneignung von Fähigkeiten gefügt haben, müssen durch solche Konzepte ergänzt, überformt, ersetzt werden, die sich an der Gesamtheit des Lebens generell orientieren und nicht nur auf Beruf und Karriere konzentrieren.

Das von Vance Peavy entwickelte Modell des „SocioDynamic Counselling" stärkt zum einen die Perspektive der sozialen Gemeinschaft. „Sozio" steht hier für eine Beratungsrichtung, die sich selbst als eine soziale Form der Hilfe begreift und sich darüber auch von personenzentrierten Beratungsorientierungen abhebt. Der Mensch wird holistisch, als Teil eines sozialen Netzwerks aus kulturabhängigen Beziehungen betrachtet, menschliches Leben gilt als wesentlich sozial konstruiert. Dabei verändern sich die Menschen wie ihre Lebenskontexte, in die sie eingebettet sind, von der Geburt bis zum Tod ständig. So fordert Peavys Modell über den Begriff „Dynamic" zum anderen eine Perspektive, die Leben als grundsätzlich und immer in Bewegung begreift. Nichtlinearität, Unvorhersagbarkeit und sich verändernde Bedeutungen werden zu Schlüsselbegriffen seiner soziodynamischen Perspektive auf das soziale Leben (Peavy, 1998a). Berater werden Menschen nicht nur bei der Bewältigung ihrer alltäglichen Probleme unterstützen und Unsicherheiten zu reduzieren helfen, sondern vor allem auch Ermutigung und Hoffnung vermitteln sowie kognitive und emotionale Klärung ebenso wie eine aktive soziale Beteiligung und Partizipation fördern. Beratungsarbeit war, ist und bleibt – in der Zukunft noch mehr als in Vergangenheit und Gegenwart – Hilfe zur Selbsthilfe (Peavy, 1993). Das Individuum selbst muss in einem sich ständig verändernden, unsicheren Kontext lernen, eine (und sei es auch nur vorläufige) Richtung für die Entwicklung seines Lebens zu suchen und zu bestimmen. Beratung kann hierbei die Möglichkeit bieten "to examine the implications of her life as she is living and thereby give consideration to alternative paths as she might live it in the future" (Peavy, 1998a, S. 19). Beratung wird zur allgemeinen Form der Lebensplanung im Sinne der Konstruktion persönlicher, kultureller Entwicklungspfade – auch wenn diese unkonventionell sind oder Außenstehenden irritierend erscheinen (ebd.).

Gute Beratung stellt dabei einen persönlich sicheren Raum auch für Zweifel zur Verfügung. Unsicherheiten, Geheimnisse, Hoffnungen und Ängste gehören immer zu Lebensplanungen. Das kann Beratung vermitteln und darüber Ängste nehmen, z. B. „anders" zu sein als andere, die diese Ängste und Zweifel nur scheinbar nicht haben.

Oft stehen Klienten der Beratung auch skeptisch gegenüber und lassen sich nur schwer auf offene Reflexionen mit dem Berater ein, widersetzen sich der Beratungsarbeit sogar. Das ist nicht per se als „Abwehr" zu deuten und schon gar nicht als „Beratungsresistenz", wie alltags- und lebensweltferne Beratungsangebote suggerieren und eine verwaltungsbestimmte Beratungslogik unterstellt, die Thiersch (1989) unter dem Begriff des „homo consultabilis" kritisiert hat. Viel häufiger scheint ein Ratsuchender noch nicht bereit, sich zu öffnen, hat andere Hilfeerwartungen oder es fehlen die nötigen Erfahrungen, sich auf diese neuen professionellen Hilfesituationen einzulassen. Hier muss Beratung zunächst diese mangelnde Bereitschaft des Klienten thematisieren und ihn dabei begleiten, die für Beratung notwendigen Kommunikationsfähigkeiten und Motivationen zu entwickeln (Peavy, 1998a).

Jeder angemessene Versuch, Menschen im Alltag wie in professioneller Hilfe zu verstehen, muss insbesondere die persönliche Bedeutung und den Zweck einer Haltung und Handlung für die jeweilige Person reflektieren. Auch diese Bedeutungen und Intentionen sind aber sozial gerahmt. Anlässe, die in der Beratung bearbeitet werden, entstehen nicht isoliert von Lebenszusammenhängen – nicht abgeschottet intraindividuell. Die weitaus meisten Anliegen und Probleme haben vielmehr im sozialen Leben und Interaktionen mit anderen und in der Auseinandersetzung mit einer persönlichen Lebenswelt ihren Ausgang. Menschen finden oft dann in professionelle Beratung und werden zu Klienten, wenn und weil sie akut orientierungslos und verwirrt Klärung, Antworten und Richtung suchen, die sie in ihrer sozialen Alltagswelt nicht mehr finden. Die Unvorhersehbarkeit von Ereignissen kann dann sogar zur Beratungsressource und zur Stärkung eines Hilfeprozesses werden, wenn sie als Offenheit für Neues und bisher Ungedachtes, Ungefühltes, Ungetanes genutzt wird (ebd.).

4 Konstruktivistische Prinzipien der Beratung

Einen zentralen Stellenwert in konstruktivistischen Beratungsperspektiven haben persönliche „Darstellungen" der erfahrenen Realität, die sich in den erzählten Geschichten/Narrationen der Klienten niederschlagen. Geschichten werden in der Beratung oft „ähnlich" erzählt – und Menschen leben ihre persönlichen wie auch die geschriebenen Geschichten ihrer Kultur und Sozialität. Geschichten und ihre Fassungen in Sprache sind jedoch nicht nur repräsentativ für die individuelle Erfahrung der Einzelnen, vielmehr *schaffen* sie persönliche Realitäten. Diese Kreationen und Konstruktionen eigener Realitäten sind grundlegender Ausgangspunkt von

Peavys Beratungstheorie[1]. In den Traditionen des (kritischen) Konstruktivismus[2] wird davon ausgegangen, dass es neben einer objektiven Wirklichkeit viele perzeptive und interpretative Wirklichkeiten gibt. Die Welt, wie wir sie wahrnehmen und interpretieren, ist das Resultat unserer Beobachtungen (weniger ihre Ursache) und unser Wissen ist damit auch immer ein perspektivisches Wissen – gerahmt und geprägt durch unsere spezifischen Blickwinkel und Deutungsmuster (vgl. auch Watzlawick, 1985). Jeder Mensch entwickelt seinen eigenen „Verständnisrahmen", "using [his] own mental lens to interpret whatever it is that we see" (Peavy, 1998a, S. 33). Dieses Wahrnehmen, Interpretieren, Konstruieren und Gestalten von Realität geschieht aber nicht allein persönlich individuell, sondern immer in Austauschprozessen und Interaktionen mit anderen ebenso wie in Beziehungen zur physikalischen raumzeitlichen Umgebung. Was für uns real ist, wie unsere Welt aussieht, wie wir z. B. private oder berufliche Entscheidungen treffen, ergibt sich primär über die Einbindung in persönliche Beziehungen, soziale Netzwerke und die uns umgebende kulturelle Welt. Menschen werden beeinflusst durch solche Beziehungen und soziale Räume, wenn z. B. bestimmte Ziele und Anstrengungen als durchführbar oder eben nicht durchführbar erscheinen, wenn ihnen Grenzen aufgezeigt oder aber im Gegenteil Möglichkeiten und Chancen geboten werden (vgl. Peavy, 1996a, 1998a).

Der Autor bindet diese Erkenntnis in konstruktivistische Prinzipien (1998a, S. 39ff.) multipler Realitäten ein. Es wird davon ausgegangen, dass die menschliche Welt sozial konstruiert ist und durch Interaktion, Kommunikation und zwischenmenschliche Beziehungen strukturiert wird (vgl. auch Berger & Luckmann, 1987). Auch kulturelle Traditionen, Familien- und Gruppennormen und Gesetze wie Institutionen sind Konstruktionen und sie werden durch diejenigen, die sie befolgen, immer wieder reifiziert und ko-konstruiert. Die Sprache als „set of tools for getting things done" (Peavy, 1998a, S. 253) gewinnt hierbei eine zentrale Bedeutung. Durch Sprache können konstruierte und ko-konstruierte persönliche und soziale Realitäten auch *de*konstruiert werden. Dadurch, dass beispielsweise auch Probleme sprachlich ausgedrückt und formuliert werden, gewinnen sie erst an Bedeutung. Wird das gleiche Problem unterschiedlich sprachlich gefasst, die gleiche Geschichte anders erzählt, kommen durch sie andere Thematiken und Rahmungen zum Vorschein.[3] In der Beratung ist es somit primär wichtig, mit und an den Erzählungen und Geschichten der ratsuchenden Personen zu arbeiten. Der Hauptfokus liegt auf den persönlichen Bedeutungen, die in den Narrationen aufscheinen (Engel & Sickendiek, i. Bd. 2), den erzählten Handlungen, den Interaktionen des Individuums, seinen in Sprache gefassten vergangenen und gegenwärtigen Erfahrungen, die es im sozialen Leben gemacht hat und macht (Peavy, 1996a, 1998a).

Sensibilität für Sprache und Achtung auf sprachliche Ausdrucksformen ermöglichen Beratern im Beratungsprozess Sprache zu reflektieren und beispielsweise „Defizitvokabular" ebenso wie übernommene klinisch-diagnostische Klassifikationen,

1 George Kelly begann bereits 1950 die konstruktivistische Sichtweise in die Beratungstheorie einzuführen – sein „personal construct counselling and therapy" (vgl. Kelly, 1955) kam aber erst 30 Jahre später in Counsellingdiskursen zur Geltung.
2 Vertiefend hierzu auch der Sammelband von Watzlawick (1985).
3 Mehr zur Bedeutung von Sprache u. a. bei: Baecker, Borg-Laufs, Duda und Matthies (1992).

(selbst-)pathologisierende Begrifflichkeiten wie „Unfähigkeit", „Abweichung" etc. zu vermeiden und konstruktiv aktiven Begriffen wie Ressourcen und Potentialen, Handlung, Aktivität und Kompetenzen einen größeren Raum zu geben. So wird zum einen die Existenz eines „Handelnden" überhaupt erst definiert, der mit Intention, Ziel und persönlichem Sinn aktiv wird. Zum anderen wird auch sprachlich verankert, dass alle Klienten persönliche Stärken, Talente und Möglichkeiten besitzen, die helfen, Anforderungen zu meistern, Schwierigkeiten zu reduzieren und Krisen zu überwinden. Jeder Klient hat auch Ressourcen, die geöffnet und genutzt werden können – und die Arbeit mit diesen Ressourcen bietet einige Vorteile gegenüber einer defizitorientierten kurativen Orientierung. Dem Klienten wird beispielsweise bewusst, worin und womit er in der Vergangenheit erfolgreich war. In der Beratung und Therapie immer lauernde Stigmata von Störung und Krankheit, Fehlern und Mängeln, Scham und Peinlichkeit treten zurück hinter Ausblick und Hoffnung, Bewältigungsoptimismus und Veränderungsmotivation, Vertrauen in Unterstützung und Hilfe. Mit dem Blick auf persönliche und soziale Ressourcen sinkt auch die Tendenz Verantwortung zu delegieren und andere zu beschuldigen oder zu entmutigen. Das Bild des Beraters als „Mr. Fix-it" (Peavy, 1998a, S. 254), also als denjenigen, der ‚alles wieder in Ordnung bringen kann', wird zugunsten einer selbstaktiven und partizipativen Bewältigung korrigiert.

Peavy (1998b) formuliert eine Reihe entscheidender Maximen und Charakteristika für ein konstruktivistisches „SocioDynamic Counselling":

- Beratung arbeitet ganz direkt mit den Erfahrungs- und Erlebnisprozessen der Klienten und vermeidet weitestgehend abstraktes Theoretisieren.
- Beratung gründet primär auf kulturellen Annahmen und lokalem Wissen und hebt die Expertenrolle des Beraters nicht hervor.
- Beratungsbeziehungen sind demokratisch gestaltete Beziehungen, in denen Klient wie Berater wichtige Beiträge zu einer gelingenden, gleichberechtigten Arbeitsbeziehung leisten.
- Der Beratungsdiskurs nutzt positives und ermutigendes Vokabular – betont Stärken, gute Erfahrungen, Ressourcen von Menschen und vermeidet diagnostische Kategorien von Abweichung, Defizit und Pathologie.
- Beratung anerkennt die soziale Natur von Alltagsleben. Menschen entwickeln sich in Beziehungen, sozialen Netzwerken und Mitgliedschaften, in Gruppen; Beratung selbst ist eine soziale Praxis.
- Beratung nutzt die Möglichkeiten von Skizzen, grafischen Entwürfen und Kartierungen – sie erlauben es den Beteiligten besser, visuell klärende, koordinierende, vereinheitlichende, orientierende Bilder von bis dahin schlecht umrissenen diversen und amorphen Lebenslagen zu entwickeln als ein bloßes Darüber-Reden.
- Beratung ist eine nichtlineare und sinnhaltige Methode der Problemlösung, um sich guten und geeigneten Entscheidungen im Alltagsleben weiter anzunähern.
- Beratung ist kulturell zentriert und erkundet vielfältige Pfade, statt einen „richtigen" Weg (den der Dominanzkultur) vorzuschreiben. So wird Beratung zur geeigneten Methode, gerade in der Arbeit mit Marginalisierten und mit Randgruppen (Arbeitsmigranten, Flüchtlingen, Unterprivilegierten, Problemjugendlichen etc.).

- Beratung ist multidisziplinär und umspannt Soziologie, Pädagogik, Psychologie, Ökonomie, Anthropologie etc. Im Zentrum steht lokales kulturelles Wissen, aber andere Ideenquellen können in der Beratung ebenfalls fruchtbar gemacht werden. Soziodynamische Beratung begreift sich als eine offene Vorgehensweise, nicht abgeschlossen gegenüber anderen Einflüssen.
- Beratung sieht Menschen als moralische Wesen an und deshalb hat der Berater die Verantwortung der Offenheit und Sensibilität gegenüber ethischen, spirituellen und moralischen Themen und Gesprächen, so der Klient dies möchte.
- Für beide Beteiligte, Klient wie Berater, ist Beratung unmittelbar spürbar und inspirierend – allein aufgrund der Fokussierung von Alltagserleben und kultureller Sprachsensibilität, aber auch über die demokratisch-kooperative Beziehungsgestaltung in gegenseitigem Respekt und die gleichberechtigte Kommunikation wie über die kreative Schaffung von (vorläufigen) Ergebnissen, Bildern und Projekten über das reine Beratungsgespräch hinaus.
- In der Beratung entsteht durch das Anerkennen vielgestaltiger Realitäten mehr Raum für Menschen, die „anders“ sind und ihr Leben in verschiedenen kulturellen Nischen führen und bewältigen. Dies will Beratung fördern (Peavy, 1998b, S. 4).

5 Praxis und Methodik soziodynamischer Beratung

Das Konzept konstruktivistischer Beratung formuliert ein „metaphorisches Selbst“ in zentraler Stellung. Dieses „Selbst“ wird (im Gegensatz zu therapeutischen Vorstellungen des „Selbst“ in humanistischen oder tiefenpsychologischen Schulen) primär geprägt von Sprache und Geschichten. Es ist ein mehrstimmiges Selbst. Es wird davon ausgegangen, dass das „Selbst“ weder eine mechanistische psychische Struktur noch eine gegliederte Sammlung personaler Züge und Charakteristika ist, sondern vielmehr eine „Erzählung“ in sich. Erzählte Vorstellungen von sich selbst sind fluid, entwickeln sich weiter, sind in sich verschlungen und verknüpft und werden immer wieder revidiert und neu organisiert. Im Gegensatz zum ‚psychometrischen Selbst‘ der traditionellen Psychodiagnostik, in dem die Person und ihre Persönlichkeitszüge als stabil, messbar und quantifizierbar – wie ein ‚Puzzle‘ zusammengesetzt – betrachtet werden, bleibt das erzählte Selbst durch Erfahrung konturiert, aber offen für Veränderung. „Selbst“erzählungen entstehen durch Interaktionserfahrungen mit anderen und Selbstreflexionen werden – in ständiger Veränderung und Fortschreibung – sozial konstruiert (Peavy, 1993, 1998a). Im soziodynamischen Ansatz Peavys liegt nun der Fokus des „Selbst“ auf der Identität des Klienten, seiner persönlich psychischen und physischen Ausstattung im Wechselspiel mit seinen sozialen Aktivitäten und persönlichen Beziehungen bzw. seiner Stellung im sozialen Leben (vgl. McLeod, 1997).

Wie in anderen Beratungsformen auch sind die Fähigkeiten zu zwischenmenschlicher Kommunikation und Interaktion Grundvoraussetzungen soziodynamischer Beratung (Peavy, 1998a). Klient wie auch Berater sehen sich durch die konstruktivistische Perspektive ermutigt, ihren gegenseitigen Respekt, insbesondere aber ihre Kreativität und auch Innovation in die gemeinsame Arbeit einzubringen. Der Klient wird als Experte seines eigenen Lebens bestätigt und als letztlich verantwortungsvoll und verantwortlich dafür – er kennt seine Lebensgeschichte, sein soziales Umfeld, seine Stärken und Schwächen am besten.

SocioDynamic Counselling basiert auf einer multidimensionalen Unterstützungsmethodik in der gemeinsamen Arbeit mit dem Klienten. Zentral ist die Grundannahme, dass auch Beratung als ko-konstruktiver Prozess stattfindet. Zwei Personen, Berater und Klient, arbeiten gemeinsam an der Anforderungsbewältigung und der Beratungsdialog ist die wichtigste gemeinsame Aktivität in diesem Prozess. Berater und Klienten treten dazu in eine konstruktive Hilfebeziehung und Beratungsallianz ein (Peavy, 1998a, S. 24).

Das „erzählte Selbst", das „selbst geschriebene Leben" und der „Lebensraum" sind wichtige Arbeitskonzepte konstruktivistischer Beratung.

Die „Unterstützung zum Beschreiben eines autobiografischen Selbst" steht im Mittelpunkt des kooperativen Beratungsprozesses. Das Vorgehen basiert auf der Grundlage des Verfassens literarischer Biografien, in der der Autor seine Identität entwirft, sein eigenes symbolisches Selbst beschreibt. Peavy geht davon aus, dass Menschen sich so einen „inneren Kompass" aneignen können, der (an)leitet und zu selbstgesteckten Zielen führt. Berater führen in die Methoden ein (durch einfache Beispiele, Modelle etc.), zeigen die Möglichkeiten der grafischen Skizzierung und Kartierung auf, erläutern die Offenheit der Methode und der Darstellung für alle Gegenstände, Wissensbestände, Kenntnisse, Fähigkeiten etc., die dem Klienten wichtig und bedeutsam sind. Sie betonen die subjektive Relevanz, die Tatsache, dass es keine „Fehler" gibt, und die jederzeitige Korrigierbarkeit und Veränderbarkeit der zu treffenden Entscheidungen und der eingeschlagenen Wege. In einem großen Kreis zeichnet der Klient sich im Zentrum und alle bedeutungsvollen Personen, Gegenstände, Kontexte und Erfahrungen um sich herum in einem Wechselspiel von Skizze und Reflexion. So ergeben sich erste Anhaltspunkte zur Entwicklung von Plänen und Vorhaben, die weitergehend in ‚persönlichen Projekten' und Lebensraumskizzen ausgeführt und differenziert werden.

„*Persönliche Projekte* planen" wird zu einer zentralen Beratungsstrategie. Dafür wird vorausgesetzt, dass Berater und Klient gemeinsam einen grundlegenden Rahmen gegenseitigen Verstehens erarbeitet haben. Sie schaffen sich einen gemeinsamen Ausgangspunkt und bemühen sich um einen möglichst hohen gemeinsamen Wissensstand über die Lebenswelt des Klienten. Wenn deutlich wird, dass der Klient dazu bereit und motiviert ist, werden mit dem Berater gemeinsam Entwicklungsprojekte als Alternativen zur gegenwärtigen veränderungswürdigen Situation und im Hinblick auf die Bewältigung der bisherigen Schwierigkeiten entworfen und konstruiert. Der Berater hilft dem Klienten Alternativen der Orientierung abzuwägen und eigene Entscheidungen zu treffen, soweit dies möglich ist.

Gemeinsam wird analysiert und rekonstruiert,

- wie die gegenwärtige Situation sich für den Klienten darstellt (und ob es andere Deutungsmöglichkeiten gibt),
- was erreicht werden möchte (und ob andere Ziele möglich sind),
- was bedeutsam ist (und ob und wann andere Bedeutungen übersehen wurden) und

- welche persönlichen und sozialen Ressourcen vorhanden sind (auch ob Barrieren antizipiert werden),

um die Entscheidung und Projektpläne umzusetzen. Um Hemmungen zu reduzieren und Aktivitäten des Klienten den Weg zu bahnen, wird vereinbart, dass keine Entscheidung endgültig und unumkehrbar sein muss. Ist ein (auch nur vorläufiger) Weg entdeckt und gewählt worden, müssen die nächsten Schritte für den Klienten absehbar werden. Persönliche Projekte aktivieren den Klienten, ob kognitiv und mental (in Nachdenken und Reflexion), emotional (im Erleben und Durcharbeiten von Gefühlen) oder praktisch (im Lesen, Untersuchen und Tun). Projekte im Beratungsprozess fördern und festigen das „Selbst“ (Selbstbewusstsein, Selbstwirksamkeit und Selbstkontrolle) und persönliche Beziehungen, die unterstützend integriert werden.

Für das persönlichen Projekten vorausgehende *Entwerfen und Klären der Lebenswelt* entwickelt Peavy unterschiedliche Strategien. Neben einer dialogischen Unterhaltung und gezielten Fragen, die zum Beispiel zentrale Lebenserfahrungen des Klienten auch „herauskitzeln“, werden genutzte Metaphern identifiziert, thematisiert und auf ihre Bedeutungen geprüft, Alternativen und gegebenenfalls passendere Metaphern werden gesucht (Schmitt, 2002). Zudem führt SocioDynamic Counselling in die Methode der Darstellung des Lebensraums in grafisch-bildhafter Form ein, die die anderen Strategien integriert. Ausgehend davon, dass jedes Individuum sich in einem persönlichen Lebensraum bewegt, in dem andere Menschen, Erfahrungen, Ereignisse, Beziehungen und auch Gegenstände, die alle eine spezifische persönliche Bedeutung besitzen, vereint sind, soll in der sog. „Lebensraumskizze“ ein Ein- und Überblick möglich werden, wie das Individuum sich aktuell selbst verortet und in seiner Umwelt wahrnimmt (Lewin, 1953). Das Konzept des Lebensraums bezieht sich insbesondere auf den sozialen Raum, in dem alle Erfahrungen der Person in Bewusstsein, Erinnerungen und Aussichten bedeutungsvoll und plastisch werden.

Die Form der graphischen Darstellung vertieft den Erlebnisgehalt über die sprachliche Fassung hinaus, aber der flankierende und auswertende Dialog präzisiert und erweitert die Themenbereiche, wie Gegenwart und Zukunft, Hoffnung und Befürchtung, Konflikte sowie wahrgenommene Unterstützung etc. Dem Klienten wird hier deutlich, dass je nach seiner spezifischen Lebenssituation auch der Lebensraum wechselt und umgekehrt. Er erkennt seine Stellung und seine Optionen in seinen Lebenszusammenhängen als vielperspektivische und sieht den ständigen Wandel, dem er und seine Umwelt unterliegen (Peavy, 1998a, 2001).

Den Lebensraum zu skizzieren ist eine kooperative Tätigkeit, in der Beratung über ein aktives Visualisieren die Gelegenheit bietet, zu erkennen und zu verstehen, wie sich der Klient in seiner Welt wahrnimmt und sieht. Die Strukturierung der Skizze durch flankierende Kommentare des Beraters schafft Klient und Berater Einsichten in die persönlichen Deutungen, die Interpretationen von Vergangenheit, Gegenwart, Zukunft, von Beziehungen und Konflikten, von Beruf und Familie, von Ängsten und Hoffnungen, von Ressourcen und Problemen. Sie erlauben die Fokussierung und das Setzen von Prioritäten. Klienten werden aufgefordert Metaphern, Symbole und Zeichen zu entwickeln und zu nutzen sowie Kreativität und Humor großen Raum zu geben. Wesentlich für die Darstellung des Lebensraums werden Fragen des Beraters, die helfen, Informationen und Konstruktionen zu generieren. Peavy unterscheidet dazu unterschiedliche Fragearten. Beispielsweise kann der Berater „dekonstruierende" Fragen stellen, d. h. solche, die sichere Annahmen oder bisherige Überzeugungen des Klienten in Frage stellen und mit anderen Blicken konfrontieren. Eine vertiefte Auseinandersetzung mit der in Frage stehenden Thematik wird provoziert. Fragen können auch darauf abzielen, Lebensweltverbindungen herzustellen, die bisher nicht gesehen oder nicht gewagt wurden, beispielsweise „Wie könnte Ihre berufliche Erfahrung Ihre Sichtweise auf den aktuellen Familienkonflikt beeinflussen?" So werden neue und verblüffende Zusammenhänge aufgezeigt, unbekannte Bezüge entdeckt oder mögliche Zukunftsszenarien angestoßen

Abbildung 1: *Beispiele von Lebensraumskizzen*

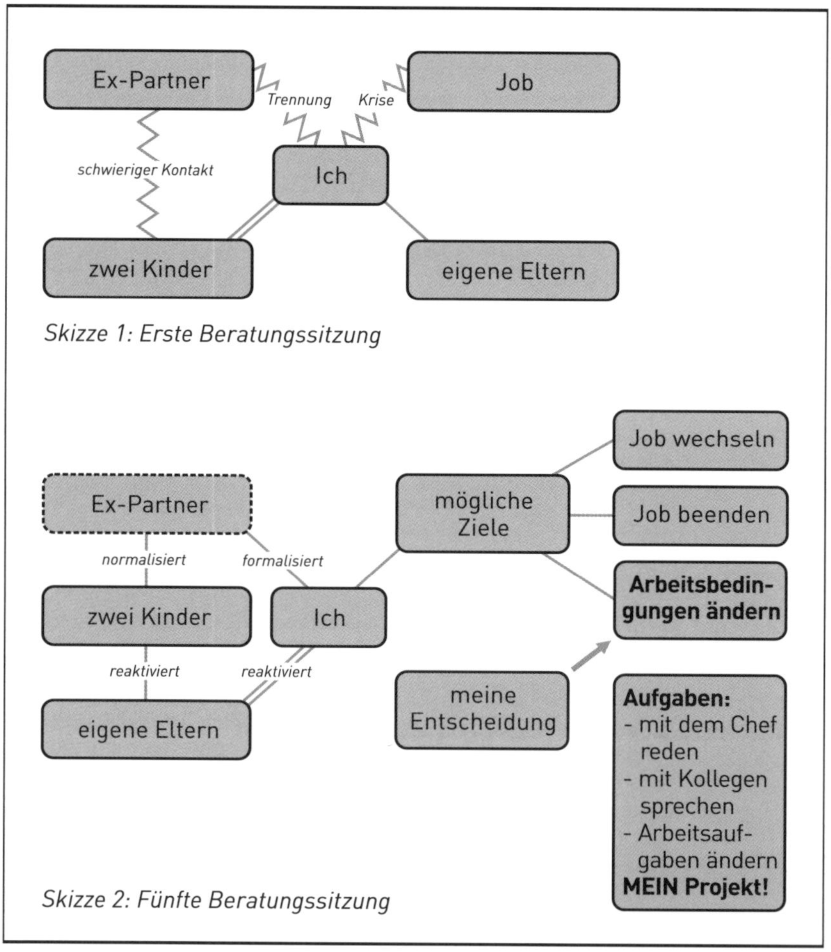

und beschrieben. "For the first time, when we did the map, I saw what the problem really is – I am amazed! Now I have some place to go and I see how I can do it." (Peavy, 1998a, S. 258)

Ein weiterer Kern der Beratungsarbeit ist die *Arbeit mit und an Geschichten*. Dabei wird davon ausgegangen, dass eine möglichst kohärente und stimmige Lebensgeschichte (Linde, 1993) psychisches, psychosoziales und gesundheitliches Wohlbefinden von Menschen fördert. Aus einer konstruktivistischen Perspektive heraus definieren einzelne Geschichten unseres Lebens, wer wir sind und wie wir sind. Sie führen uns durch unsere Kultur sowie durch unser soziales Leben und befinden sich – wie auch unser Lebensraum – in stetigem Wandel. So können Geschichten unseres Lebens nach den Vorstellungen einer multiplen Realität je nach Lebenssituation oder Lebensalter erzählt und auch interpretiert werden. Sie können darin eine immer neue Bedeutung annehmen. Durch das Erzählen und reflexive Durcharbeiten einzelner Geschichten entwickeln sich zwangsläufig unterschiedliche Perspektiven und Handlungsoptionen, auch für das Hier und Jetzt und die nahe Zukunft. Der Berater wird grundlegend Interesse am Klienten und seinen Geschichten zeigen, ihn z. B. ermutigen über Vor- sowie Nachteile der gemachten Erfahrungen und Deutungen nachzudenken. Im Geschichtenerzählen werden Individuen befähigt, durch einen fassettenreichen Perspektivenwechsel Erfahrungen und Denkweisen zu „objektivieren" und diese außer mit persönlicher Authentizität auch mit persönlicher Distanz zu besprechen. Ein Ziel ist die Klärung der vielfältigen Verflechtungen von Anforderungen und Problemen (wie ihrer Deutungen) mit interpersonalen und kontextuellen Bedingungen der Lebenswelt. In der Berater-Klient-Beziehung werden neue Interpretationskategorien und Rahmungen aktiv geschaffen, die neue Wahrnehmungen und (Selbst-)Verständnis fördern können. So kann eine erlittene Krankheit zwar schmerzhaft sein, sie kann aber auch Anlass geben, sich beruflich endlich umzuorientieren, um ein zufriedenstellenderes und gelingenderes Leben zu beginnen. Neurahmungen lassen Krisen auch als Chancen und Probleme auch als Entwicklungsanlässe und -anstöße fassen und erkennen (Peavy, 1998a).

Grundlage und Ziel der konstruktivistischen Beratungsarbeit ist es, dass der Klient den Berater als einen „Verbündeten" im Prozess der Weiterentwicklung sieht. Der Berater hat so gemäß Peavy drei Grundlagen der gemeinsamen Beratung sicherzustellen:

Zum Ersten muss er in eine *sensible und vertrauensvolle Kommunikation* mit dem Klienten eintreten, um eine Basis für die konstruktive und offene Beratungsarbeit zu schaffen.

Zum Zweiten müssen *gemeinsame Rollenverständnisse von Berater und Klient* entwickelt werden, um die Beziehung transparent und tragfähig zu erhalten, gerade dann, wenn neu erarbeitete Perspektiven auf sich und die Welt auch Abschied von Gewohntem, Bewährtem und Versicherndem bedeuten – und auch schmerzhaft sein können.

Zum Dritten wird es wichtig, *eine Basis für kleine und große Kooperationsprojekte zu entwickeln* und sicherzustellen, um den Klienten bei eigenen Entscheidungen zur Seite zu stehen und ihm die möglichst umfassende und wirkungsvolle Teilnahme am sozialen Leben – Partizipation – zu ermöglichen.

Literatur

Baecker, J., Borg-Laufs, M., Duda, L. & Matthies, E. (1992). Sozialer Konstruktivismus – eine neue Perspektive der Psychologie. In S.J. Schmidt (Hrsg.), *Kognition und Gesellschaft. Der Diskurs des radikalen Konstruktivismus 2* (S. 116–146). Frankfurt a. M.: Suhrkamp.

Beck, U. (1995). *Risikogesellschaft: auf dem Weg in eine andere Moderne.* Frankfurt a. M.: Suhrkamp.

Berger, P.L. & Luckmann, T. (1969/1987). *Die gesellschaftliche Konstruktion der Wirklichkeit. Eine Theorie der Wissenssoziologie.* Frankfurt a. M.: Fischer Taschenbuch Verlag.

Giddens, A. (1988). *Die Konstitution der Gesellschaft. Grundzüge einer Theorie der Strukturierung.* Frankfurt a. M.: Campus Verlag.

Giddens, A. (1991). *Modernity and self-identity: Self and society in the late modern age.* Stanford, CA: Stanford University Press.

Glasersfeld, E. von (1985). Einführung in den radikalen Konstruktivismus. In P. Watzlawick (Hrsg.), *Die erfundene Wirklichkeit. Wie wissen wir, was wir zu wissen glauben? Beiträge zum Konstruktivismus* (S. 111–137). München: Piper.

Kelly, G.A. (1955). *The psychology of personal constructs. Vol. I, II.* New York: Norton. (2. Auflage: 1991, London/New York: Routledge)

Lewin, K. (1953). *Die Lösung sozialer Konflikte.* Bad Nauheim: Christian.

Linde, C. (1993). *Life Stories.* New York: Oxford University Press.

McLeod, J. (1997). *Narrative psychotherapy.* London: Sage.

Naess, A. (1993). *Ecology, community and lifestyle: outline of an ecosophy.* Cambridge u. a.: Cambridge University Press.

Nestmann, F., Sickendiek, U. & Engel, F. (2007). Die Zukunft der Beratung in Bildung, Beruf und Beschäftigung. In U. Sickendiek, F. Nestmann, F. Engel & V. Bamler (Hrsg.), *Beratung in Bildung, Beruf und Beschäftigung* (S. 13–51). Tübingen: dgvt-Verlag.

Peavy, R.V. (1993). Constructivist counselling: A prospectus. *Guidance and Counselling, 9* (2), 3–8.

Peavy, R.V. (1996a). Constructivist career counselling and assessment. *Guidance and Counselling, 11* (3), 8–14.

Peavy, R.V. (1996b). *Professional Videotape: Constructivist counselling and psychotherapy: Two interviews.* Continuing studies in Education. University of Victoria.

Peavy, R.V. (1998a). *SocioDynamic Counselling, A constructivist perspective.* Victoria, BC: Trafford.

Peavy, R.V. (1998b). *SocioDynamic Counselling. Blueprint for helping others navigate post-modern conditions of social life.* Verfügbar unter: http://ccins.camosun.bc.ca/~conklin/pages/vance/constructivist/peavy(1998b).htm [20.12.2002].

Peavy, R.V. (2001). Den eigenen Lebensraum skizzieren – Beratung als partnerschaftliches Handeln. *Praxis Schule, 2*, 5–10.

Ritzer, G. (1998). *Die McDonaldisierung der Gesellschaft.* Frankfurt a. M.: Fischer Taschenbuch Verlag.

Schmitt, R. (2002). „Ein guter Tropfen maßvoll genossen und andere Glücksgefühle" – Zur Metaphorik des alltäglichen Alkoholkonsums. In F. Nestmann & F. Engel (Hrsg.), *Die Zukunft der Beratung* (S. 231–252). Tübingen: dgvt-Verlag.

Thiersch, H. (1989). Homo Consultabilis: Zur Moral institutionalisierter Beratung. In K. Böllert & H.-U. Otto (Hrsg.), *Soziale Arbeit auf der Suche nach der Zukunft. Jahrbuch für Sozialarbeit, Sozialpädagogik, Sozialpolitik* (S. 175–193). Bielefeld: KT-Verlag.

Watzlawick, P. (Hrsg.). (1985). *Die erfundene Wirklichkeit. Wie wissen wir, was wir zu wissen glauben? Beiträge zum Konstruktivismus.* München: Piper.

Annett Kupfer hat Erziehungswissenschaften studiert und arbeitet als wissenschaftliche Mitarbeiterin an der Professur für Beratung und Rehabilitation der Technischen Universität Dresden. Ihre Arbeits- und Forschungsschwerpunkte sind u. a. soziale Netzwerke und soziale Unterstützung, Beratung und Bewältigungsverhalten, Migration.

Anschrift:
Technische Universität Dresden
Fakultät Erziehungswissenschaften
Institut für Sozialpädagogik, Sozialarbeit und Wohlfahrtswissenschaften
D-01062 Dresden
E-Mail: Annett.Kupfer@tu-dresden.de

Romy Simon hat Soziologie studiert und arbeitet als wissenschaftliche Mitarbeiterin an der Professur für Beratung und Rehabilitation der Technischen Universität Dresden. Ihre Arbeits- und Forschungsschwerpunkte sind u. a. Studieren mit Kind(ern), Familie im Wandel und soziale Netzwerke.

Anschrift:
Fakultät Erziehungswissenschaften
Institut für Sozialpädagogik, Sozialarbeit und Wohlfahrtswissenschaften
Technische Universität Dresden
D-01062 Dresden
E-Mail: Romy.Simon@tu-dresden.de

Prof. Dr. Frank Nestmann ist Diplom-Psychologe und befasst sich seit 1976 theoretisch und empirisch mit unterschiedlichen Beratungsthemen. Seit 1993 ist er Inhaber des Lehrstuhls für Beratung und Rehabilitation am Institut für Sozialpädagogik, Sozialarbeit und Wohlfahrtswissenschaften der TU Dresden. Interessen und Publikationsschwerpunkte liegen in den Bereichen Beratung, soziale Netzwerke und soziale Unterstützung, informelle Hilfe, Gemeindepsychologie, Sozialpädagogik und Psychiatrie. Er koordiniert das Forum Beratung der DGVT und ist gemeinsam mit Hans Thiersch Herausgeber der Beratungsreihe im dgvt-Verlag.

Anschrift:
Technische Universität Dresden
Fakultät Erziehungswissenschaften
Institut für Sozialpädagogik, Sozialarbeit und Wohlfahrtswissenschaften
D-01062 Dresden
E-Mail: Frank.Nestmann@tu-dresden.de

Ein soziales Modell von Beratung – John McLeods Vorschlag, Beratung als einen „sozialen Prozess" zu verstehen

Frank Nestmann

1 Psychologische Beratungskonzepte

Beratung ist seit ihrer Entstehung primär durch *psychologische* Modellvorstellungen geprägt. Das gilt, obwohl auch andere – nichtpsychologische – Disziplinen wie vornehmlich die Pädagogik, die Sozialpädagogik und Soziale Arbeit oder auch die Soziologie sich aus ihren Perspektiven mit Beratung befassen.

Es gilt auch mehr oder weniger für alle gesellschaftlichen Felder und Lebensbereiche, in denen Beratung seither angeboten wird. Insbesondere trifft es selbstverständlich dort zu, wo eine „psychologische" Beratung im Mittelpunkt des Interesses steht. Aber auch in Zusammenhängen (z.B. in Bildung, Beruf und Beschäftigung), wo Information und primär sachliche Entscheidungshilfe gesucht werden, wo institutionelle und ökonomische Reflexionen und Planungen anstehen (wie in der Beratung bei Organisationsentwicklung oder im institutionellen und politischen Wandel) oder wo Fach- und Faktenwissen des jeweiligen Kontextes im Zentrum der Aufmerksamkeit stehen (wie in der Ernährungsberatung, Energieberatung etc.), führt die „Doppelverortung" von Beratung (Engel, Nestmann & Sickendiek, i.Bd.1) – d.h. ihre fachliche Verankerung und Fundierung *sowohl* im jeweiligen spezifischen Themenkontext (von Arbeit, Erziehung, Pflege etc.) *wie auch* im Regelwissen genereller beraterischer Methodik, Beziehungsgestaltung und Prozesshaftigkeit – nahezu zwangsläufig zu einer hohen Relevanz „psychologischer" Beratungsanteile.

Explizites und reproduzierbares Theorie- und Wissenschaftswissen – über den Berater transformiert in anwendungsbezogenes und alltagsrelevantes deklaratives

Vorwort und Einleitung
Innovative Zugänge
Beratungs-settings und -räume
Medien und Beratung
Kritik der Beratung
Register
Anhang

Faktenwissen – wird erst mit analytischen, methodischen, relationalen und prozeduralen Beratungskompetenzen verbunden zu einer „professionellen Beratung". Und dieses Beratungswissen – explizit wie implizit – ist primär „psychologisch" bestimmt.[1]

Obwohl Beratung in einer eigenständigen professionellen Identität als Informations- und Entscheidungsmanagement, als Prävention, als Entwicklungsförderung und als Problembewältigungshilfe (Nestmann, Sickendiek & Engel, i.Bd.1) sich von einer psychologisch-therapeutischen Beratungslogik deutlich absetzt, bleibt doch die Psychologie eine, wenn nicht die zentrale Leitdisziplin der Beratungswissenschaften. Das hat dazu geführt, dass Beratung meist als ein *psychologischer* Prozess konzipiert wurde und wird.

Zunächst waren es zwar Beratungsaufgaben in Bildung und Beruf jenseits von therapeutischen Funktionen, in denen persönliche Merkmale und Fähigkeiten – über eine möglichst ausgefeilte projektive und/oder psychometrische Psychodiagnostik erhoben und mit informationszentrierter Fachexpertise vermittelt – als Grundlage für eine eher direktive, rationalistische Entscheidungsempfehlung für Bildungslaufbahn und Berufskarriere zu erfüllen waren. Dieser „trait-and-factor"-Ansatz der Beratung (auch in modernisierten Varianten des person-environment-fit in diesem Feld noch heute existent) speiste sich aus psychologischer Diagnostik und angewandter Psychologie.

Vor allem im Feld der psychosozialen Beratung und in allen Beratungsfeldern von Ehe und Familie, Erziehung und Gesundheit etc. wurde diese Orientierung in den 1950er-/1960er-Jahren verdrängt und abgelöst über Beratungsvorstellungen, die sich weniger auf Selektion, Klassifikation und Zuweisung von Ratsuchenden zu bestimmten Bildungsgängen und Berufen fokussierten, als vermehrt auf Veränderung und „Behandlung" von Klienten konzentrierten. Beratung geriet „ins Schlepptau" der aufkommenden und später „boomenden" Therapieschulen und damit stark ins Fahrwasser klinischer Psychologie und Psychotherapie (Schröder, i.Bd.1; Großmaß, i.Bd.1, S. 89–102; Sickendiek, Engel & Nestmann, 2008).

Dieser psychologische Beratungsprozess identifiziert einen Klienten mit einem persönlichen Problem, einer spezifischen individuellen Störung auf der Suche nach psychologischer Hilfe, sei es durch klärende und reinigende Einsicht in eigene Gefühle und Gedanken sowie ihre Ursachen, durch die Erfahrung und Erkenntnis innerer Inkongruenzen und Spannungen, durch die Analyse „abweichender" Verhaltensweisen und den Aufbau und das Training alternativer und passenderer Handlungen, durch das Erkennen falscher Interpretationen und behindernder Einstellungen und Glaubenssätze etc. Nahezu alle großen und kleinen psychotherapeutischen Schulen (Psychoanalyse, Individualpsychologie, Verhaltenstherapie,

---

[1] Interessant ist, dass heute deklaratives Faktenwissen überall (in Gesundheit und Ernährung, bezüglich gesetzlicher Grundlagen von Beruf und Beschäftigung, hinsichtlich Bildungssystemen etc.) einem immer schnelleren Verfall und Erneuerungsdruck ausgesetzt ist; analytische, methodische, prozedurale Wissensbestände und Kompetenzen hingegen weisen eine deutlich höhere Halbwertszeit auf (Wissen um methodisches Handeln, um den Aufbau einer Beratungsallianz zwischen Berater und Klient sowie über Abläufe und Entwicklungen im Beratungsprozess bleibt dagegen erhalten).

Psychodrama, Logotherapie, Gestalttherapie etc.) wie auch später dyadische und systemische (familientherapeutische) Konzepte entwickelten Beratungsableger. Insbesondere Carl Rogers klientzentrierte (heute personzentrierte) Psychotherapie wurde international zu *der* generellen grundlegenden Beratungsorientierung oder zumindest zu einer zentralen Säule professioneller beraterischer Haltung und Beziehung (vgl. McLeod, 2004).

Beratung ist mit dieser Entwicklung verbreitet und weitgehend zu einer „quasitherapeutischen" Hilfeform geworden – ausgerichtet an (medizinnahen) psychologischen Modellen der Behandlung und Heilung persönlicher Probleme und Störungen. Professionelle Berater generell und psychologische Berater im Besonderen gelten und galten als professionelle Helfer, die im Stande sind, Wissensbestände, Erkenntnisse, Theorien und Modelle, Prinzipien und Maximen der (klinisch) psychologischen Wissenschaft auf den spezifischen Beratungsfall anzuwenden und psychologische Behandlungsmethoden in einem hilfreichen Behandlungssetting zur Geltung zu bringen.

2 Sozialpädagogische Modellvorstellungen

Alternative und praxisrelevante[2] Entwicklungen eines genuin pädagogischen Beratungsverständnisses mit dem Fokus auf dialogischer Reflexivität, Aufklärung, Lernen und Bildung in und durch Beratung (vgl. Engel, i.Bd.1) konnten sich nicht durchsetzen, blieben kurzlebig, randständig in Beratungsdiskursen, mehr noch in der Beratungspraxis.

Eine im Zuge der Abwehr einer drohenden Therapeutisierung der Sozialen Arbeit ab den 1970er-Jahren entwickelte interaktionistische „sozialpädagogische", später „soziale" Beratung von Hans Thiersch und Mitarbeitern erhielt hingegen deutlich mehr theoretische und praktische Aufmerksamkeit. Sie rückt Alltag und Lebenswelten von Betroffenen als theoretische wie praktische Voraussetzungen und Rahmungen individueller und kollektiver Bewältigungsprozesse in den Mittelpunkt der Beratung.

Sie analysiert gesellschaftlich-institutionelle, ökonomisch-materielle und kulturelle Lebensbedingungen und -räume wie persönliche und soziale Defizite in ihrer Wechselwirkung ebenso wie die erhalten gebliebenen und rehabilitierbaren Bewältigungs- und Entwicklungspotenziale, Hilfestrategien und Ressourcen der Betroffenen. Und sie sucht über die generelle Förderung von Partizipation, sozialer Aufklärung und Aktion sowie Empowerment der Einzelnen und ihrer Netzwerke mehr als nur kurzfristige Krisenbehebung und Problemlinderung, insbesondere für ein für die Sozialarbeit spezifisches, unterprivilegiertes Klientel.

Nahe an einem gemeindepsychologischen Beratungsmodell (community counselling, vgl. Werner & Bamler, i.d.Bd.) sind in diesem Beratungskonzept zahlreiche

---

[2] Interessante Ansätze eines soziologischen, philosophischen, theologischen etc. Beratungsverständnisses (vgl. *„Das Handbuch der Beratung, Band 1 und 2"*, 2007) blieben praktisch folgenlos und bestenfalls Nischenerscheinungen der aktuellen Beratungslandschaft.

soziale Dimensionen aufgegriffen, die ein herrschendes psychologisches Modell der Beratung erweitern (Nestmann, 2008; Nestmann & Sickendiek, 2011).

Hans Thiersch hat in seinen richtungweisenden Beiträgen zur lebensweltorientierten Sozialen Arbeit und Beratung über mehr als drei Jahrzehnte ein differenziertes Bild sozialer Beratung entwickelt (i.Bd.1, i.Bd.2), das sich als vielseitig anschlussfähig an den folgenden Vorschlag J. McLeods erweist, Beratung als sozialen Prozess zu konzipieren.

3 Beratung als sozialer Prozess

J. McLeod – prominenter britischer Beratungstheoretiker – hat, beeinflusst von den sozialkonstruktivistischen Arbeiten Kenneth Gergens (1985, 1994), den Vorschlag gemacht, Beratung (counselling) als einen grundlegend *sozialen* Prozess zu konstituieren (2001). Er entwirft damit ein, wie er es nennt, „postpsychologisches" Bild von Beratung:

In einer modernen Welt, in der immer weniger Traditionen, eingefahrene Regeln und Rituale, rigide und starre Ordnungen oder vorgegebene Wege das Tun, Denken und Fühlen der Menschen anleiten oder bestimmen und in der auch die gesellschaftlich Einfluss nehmenden Mächte und Kräfte, direkte Autoritäten und einfache Hierarchien, die das Leben der Einzelnen und der Gemeinschaft beeinflussen und prägen, sich eher diffus multiplizieren, wächst zwangsläufig die Anforderung, verschiedene entstehende Möglichkeiten und Chancen wie auch Restriktionen und Behinderungen persönlicher Entwicklung und Entfaltung selbst zu „balancieren". Menschen sind gefordert, in ihrem Leben in einer modernen Gesellschaft eigene Wege zu wählen, selbstgesteuert auf Wandel und Veränderung zu reagieren, eigene Identitäten zu entwickeln und eigene Profile zu schärfen, dort wo all das nicht mehr einfach gegeben ist. Ein Mensch der Moderne zu sein, schafft heute sowohl die Gelegenheit als auch den Zwang vor allem, aktiv an einer Kultur – oft bereits an verschiedenen Kulturen – teilzuhaben, die meist und für viele (wenn auch nicht immer und für alle) unterschiedliche und fassettenreiche Angebote und Optionen bereithalten. Es bedeutet allerdings auch, mit immer neuen Risiken und Gefahren der eigenen Lebensplanung und Lebensführung umgehen zu müssen, möglichst so, dass sie gar nicht erst auftreten oder umgangen werden können und – sollten sie sich zum Problem entwickeln – möglichst konstruktiv bewältigt werden können.

Allein die mit den neuen Medien und mit dem Internet zugänglichen und allgegenwärtigen Informationen und Präsentationen führen zu sehr viel häufigeren, schnelleren und komplexeren Vorgaben und Angeboten für die Nutzer, wie sie ihr Leben kurz-, mittel- oder langfristig gestalten könnten. Damit vervielfachen sich die kulturell und gesellschaftlich bereitgestellten unterschiedlichen Vorstellungen, was es bedeutet, hier und heute oder in Zukunft als Mitglied einer sozialen Gemeinschaft sein Leben zu führen. Die Angebote zur persönlichen Identitätsfindung kommen von überall her, von der Schule und Bildung bis hin zur Werbung, von Presse, Fernsehen und den Medien bis zur Religion und Politik. Aber die Identitätsfindung oder -wiederherstellung selbst – ein nie abgeschlossener Prozess angesichts kontinuierlicher persönlicher wie gesellschaftlicher Veränderungen – erfordert dauerhaft geistige und emotionale, psychische und physische Anstrengung von den Einzelnen, diese Anforderungen zu bewältigen, um zurechtzukommen. Der moderne Mensch wird zum Planungsbüro seines Lebens und hat in seiner Identitätsfindung und -sicherung die kulturellen und gesellschaftlichen Identitätsangebote möglichst konsistent zu verarbeiten (Keupp, 2002, i.Bd.1; Peavy, 1998).

McLeod (2001) schlägt nun vor, Beratung als eine der vielen Formen anzusehen, in denen kulturelle Bilder, Werte und Normen einer Gesellschaft bestätigt werden, und er versteht ihre Funktion als Hilfe für die Ratsuchenden, ihre persönliche Haltung und Beziehung zu diesen kulturellen Angeboten zu bestimmen und danach zu handeln. Beratung trägt präventiv als Orientierungsangebot und angesichts aktueller Herausforderungen oder in krisenhaften Ausnahmesituationen zur Identitätsfindung und zur Wiederherstellung von Identität bei.

Aus all diesen Anlässen heraus versuchen Menschen zunächst eine individuelle Ressourcenaktivierung. Sie helfen sich selbst, suchen Orientierung, versuchen zu planen, wägen ab, probieren aus, denken nach und handeln, wenn es geht. Wenn nicht, greifen die meisten recht bald auf Ressourcen ihrer sozialen Umwelt zurück. Andere Menschen, oft im sozialen Nahraum, zu denen engere Bindungen und persönliche Beziehungen existieren, aber auch Netzwerkmitglieder mit nur lockeren Kontakten, beteiligen sich an der Interpretation und Deutung von Ereignissen und Erfahrungen, an der Be- und Verarbeitung von Erlebtem, an der Sicherung und Förderung von Selbstwert angesichts von Verunsicherung, an der emotionalen, informativen, praktisch-materiellen Problembewältigung und an der Wiedergewinnung von Gleichgewicht (Nestmann, i.Bd.1, 2010). „Normalerweise" helfen uns alltägliche HelferInnen, wenn wir sie brauchen, und wir selbst werden „natural helpers" für unsere Mitmenschen, wenn diese uns brauchen (Nestmann, 1988). Das gilt im „normalen Alltag" und in unserer alltäglichen Lebensführung, in anstehenden Übergängen und Zyklen des Lebenslaufs und dort auftauchenden (statistisch wie zeitlich) normativen oder auch bei nicht normativen (kritischen) Lebensereignissen und in Krisensituationen. Menschen leben und bewältigen meist „sozial" – eingebettet in die Orientierungs-, Interpretations-, Denk- und Handlungsmuster ihrer sozialen Umwelt und ihrer sozialen Netzwerke.

Eine professionelle Beratung in Anspruch zu nehmen – die Schranke einer Institution formeller Hilfe zu überschreiten –, ist oft erst der Erfahrung geschuldet, diese alltäglichen und problembezogenen Unterstützungen und diesen sozialen Rückhalt nicht, nicht angemessen oder nicht ausreichend zu erhalten. Dabei erleben die Betroffenen von der Alltagsdiskussion um Ereignisse und Erlebnisse oder um ein spezifisches Problemgeschehen „abgeschnitten" zu sein. Sie geraten oder stehen außerhalb einer einbettenden und hilfreichen Gemeinschaft und sozialen Unterstützungsbeziehung, die helfen könnte, Nichtverstandenes einzuordnen, Verwirrendes zu durchschauen, Zwiespältiges zu bewerten, andere (Aus-)Wege zu suchen, neue Lösungen zu finden. Sie verlieren Anschluss an stützende und fördernde alltägliche soziale Orientierungs-, Planungs-, Entscheidungs- und Bewältigungskontexte und -prozesse. Vor allem dann entstehen und wachsen Desorientierung und Gefühle von Kontrollverlust, von Aussichts-, Macht- und Hoffnungslosigkeit. Die Menschen bekommen Angst, erleben nicht dazuzugehören und empfinden „anders" zu sein als die anderen oder auch Scham und Peinlichkeit. Diese Gefühle führen zu noch größeren sozialen Entfremdungs- und Isolationserfahrungen.

McLeod (2001) sieht hier eine zentrale Rolle und Funktion des Beraters/der Beraterin als die einer „Brücke" zurück zur Teilnahme und Teilhabe an der sozialen Kommunikation. Berater helfen bei der Suche und dem Finden von Wegen zurück zu den Anderen. Sie ebnen Rückwege in die persönliche soziale Welt und zu deren sozialen Ressourcen.

Er geht davon aus, in der Suche nach professioneller Hilfe befinde sich ein Mensch bereits außerhalb des sozialen Alltagslebens. Diese Auffassung scheint allerdings fraglich angesichts der empirischen Erkenntnisse, wie stark und vielfältig sowohl die informellen alltagsweltlichen Beratungseinflüsse selbst als auch schon die Suche nach und der Zugang zu (sowie Verlauf und Beendigung von) professioneller Beratung und Therapie mit parallelen Einfluss- und Hilfeversuchen sozialer Netzwerkmitglieder verknüpft und verbunden sind (vgl. Kupfer, Nestmann & Weinhold, i.d.Bd.).

Doch gibt es meist Fassetten und Anteile persönlicher Problem- und Krisengeschichten, die Ratsuchende nicht mehr mit anderen sozial nahen Menschen teilen können (oder wollen). Dem professionellen Berater/der professionellen Beraterin fällt dann die Aufgabe zu, Hilfesuchende wieder zu befähigen, sozialen Austausch und soziale Unterstützung in alltäglichen Bewältigungskontexten zu suchen und zu finden.

4 Berater als „Grenzgänger" – Beratung als „Brücke"

In Anlehnung an den Anthropologen Turner (1964) werden die gesellschaftlich ausgewiesenen und legitimierten Helfer dabei als so etwas wie „Grenzgänger" („liminal figures") definiert, die am Rande von sozialen und gesellschaftlichen Systemen agieren und fungieren. Sie sind den Betroffenen dabei behilflich, in ihre soziale Alltäglichkeit zurückzufinden. Insbesondere dort, wo Klienten „Schwellenerfahrungen" machen – z.B. in den immer vielfältigeren Übergängen des modernen Lebens, wie in den Zwischenräumen von Heimat und kultureller Einbettung zu Fremde und Fremdheit in der Migration, von Beschäftigung zu Arbeitslosigkeit oder von Wohlbefinden und Gesundheit zu Leiden und Krankheit –, können solche professionellen „Grenzgänger" helfen, auftretende Verunsicherungen und Ambiguitäten auszuhalten und sie konstruktiv zu verarbeiten. Professionelle Beratung überbrückt, so McLeod, dann die Kluft zwischen „Gewöhnlichem", „Bekanntem" und „Außergewöhnlichem", „Unbekanntem" durch die Fähigkeit und Bereitschaft des Beraters/der Beraterin, auf Ungewöhnliches, schwer Nachvollziehbares, oft auch Erschreckendes oder Irrationales einzugehen und sich doch nicht darin zu verirren, nicht den Boden unter den Füßen der „Rationalität" und „Normalität" zu verlieren. Der Berater fungiert als Repräsentant einer „weiteren" Welt.

Die beratenden „Grenzgänger" können dieser Vorstellung gemäß (vgl. Frank, 1981) ihre hilfreich unterstützenden Funktionen nur dann erfüllen, wenn sie die Werte, Rollen und Normen der (Herkunfts-)Kultur und Lebenswelt kennen und beherrschen, aus der der Klient herausgetreten oder herausgefallen ist oder herausgedrängt wurde. Sie müssen aber gleichfalls im Stande sein, diese reflexiv zu transzendieren, um auf dem schmalen Grat zwischen Anpassungs- und Autonomieförderung hilfreich zu sein. Sie müssen auf und an Grenzen agieren können, was ihnen zum Teil durch die randständige Verortung ihrer herausgehobenen und gesellschaftlich legitimierten institutionellen Beratungsorganisationen und -settings eher möglich wird. Und sie müssen ganz in der Tradition humanistischer Beratungshaltungen zeigen, dass sie fähig und bereit sind, das zu verstehen und sich auf das sensibel empathisch einzulassen, was die Klienten erfahren und erlebt haben. Wenn der Klient wieder ein Gefühl entwickeln soll, dazuzugehören und gewürdigt zu werden, braucht er die feste Zuversicht, akzeptiert zu werden als Person und mit seiner Geschichte, die er hier erzählen kann. McLeod betont dabei, wie wichtig es ist, dass sich Berater moralischer Urteile enthalten und den Klienten das Gefühl vermitteln können, eine gewürdigte und Interesse auslösende, der „Mühe" lohnenswerte Person zu sein.

Berater und Beraterinnen – das hat R. Großmaß am Beispiel der Studierenden- und Studienberatung differenziert nachgewiesen (Großmaß, 2000, i.Bd.1, S. 487–496) – arbeiten selbst oft „am Rande" eines sozialen Systems, zu dem sie gehören, also nicht im eigentlichen Kern. In zum Teil abgesetzten Settings und nach innen und außen geschützten Räumen wird das erörterbar, was nicht zum offiziellen Systemdiskurs gehört (in der Drogenberatung, Erziehungsberatung, Schulberatung etc.), mit dem letztendlichen Ziel, die „randständigen" und auf der Schwelle balancierenden oder schon „abgestürzten" Nutzer und Klienten wieder zu befähigen, in das System zurückzufinden.

McLeod betont, diese Funktion sei keinesfalls eine zwangsläufige (Wieder-) Anpassung an ein soziales System. Der Effekt einer reflexiven, emotionalen Auseinandersetzung in der Beratung könne durchaus auch sein, bewusst auszutreten und ein soziales System gezielt zu verlassen, neue soziale Lebenswelten, Kommunikationskreise zu suchen, die sensibler und offener für persönliche Anliegen sind, und dort eine neue Identität zu entwickeln. Eine gewisse Konformität mit herrschenden Normen und Werten einer bestimmten Lebenswelt ist unabdingbar für ein Integriertsein. Sie wird ausbalanciert durch die persönliche Freiheit, solche Lebensräume und Nischen zu suchen, zu finden und zu wählen, die Menschen erlauben, so zu sein, wie sie sind (ein zentrales Empowermentprinzip, vgl. Stark, 1996). Auf „dem Weg zurück" in die soziale Welt, so McLeod, gibt es immer neue Erfahrungen und es öffnen sich häufig neue Perspektiven auf das Alltagsleben, die neue Integrations- und Entwicklungschancen bieten. Der Klient kommt „an anderer Stelle" zurück als dort, wo er diese Welt verlassen hat.

Gerade in einer Zeit wachsender Diversität eröffnen sich neue, unbekannte soziale Räume und andere soziale Beziehungen, die besser geeignet sein mögen, persönliche Ressourcen zu entfalten und sein eigenes Leben nach eigenen Vorstellungen zu leben.

Eine soziale Definition professioneller Beratung definiert ihre Aufgaben vornehmlich in der Ermöglichung von Teilhabe, Partizipation, Zugehörigkeit und Mitgliedschaft in einer sozialen Lebenswelt gerade dann, wenn Menschen aus dieser herauszufallen drohen oder bereits herausgefallen sind.

Die Brücke zurück schafft, so McLeod (2001), zunächst das Zuhören und der empathische Dialog, das Sich-Aussprechen-Können bei einem aufmerksamen und interessierten Zuhörer – den viele Klienten für ihr Anliegen im Alltag nicht (mehr) gefunden haben und finden. Vielen hat keiner (mehr) „ernsthaft" zugehört, viele haben nicht mehr geredet, die Angelegenheit für sich behalten, mit sich herumgetragen und alleine „gebrütet", sind gedanklich darum gekreiselt. Er geht davon aus, dass vor allem auch „Opfer" oft keine Zuhörer finden und mit ihrer Angst und Scham allein bleiben. Viele dieser besonders „ausgeschlossenen" und aktiv wie passiv isolierten Klienten scheinen „ruhig gestellt" durch Angst vor den Tätern oder durch die Erfahrung, Dritte reagieren misstrauisch oder ungläubig.

Die Barriere zur professionellen Beratung, die diese Themen zulässt, zu überwinden, ist meist auch das erste Realisieren und Einsehen, dass Reden nötig ist, weil es nicht mehr hilft, sich individuell Gedanken zu machen oder einfach nur abzuwarten. McLeod sieht im Eintritt des Beraters/der Beraterin in den Beratungsdialog ein „Sich-Öffnen" der Personen- und Problemgeschichte des Klienten. Berater vermitteln in konstruktivistischer Perspektive (vgl. Plößer, i.d.Bd.), dass eine von Klienten erzählte Geschichte nicht die einzige mögliche Version ist – dass es viele andere und alternative Fassungen gibt zum gleichen Thema, Anliegen und Problem. Sie eröffnen im Beratungsdialog neue Verknüpfungsmöglichkeiten für die Elemente der Erzählungen, unterstützen mit klärenden Metaphern und alternativen Lösungen, konfrontieren negative und selbstverletzende Darstellungen und Deutungen mit Uminterpretationen und mit neuen Rahmungen, mit konstruktiveren und Selbstwert stärkenden Interpretationen, provozieren das Phantasieren und Erproben neuer Entwicklungswege und neuer Enden der Geschichten. Wenn die vermiedenen Themen zum Gegenstand des Beratungsgesprächs werden, beginnen sie auch ihre ängstigende und unterdrückende Macht zu verlieren. Wenn Menschen im Beratungsdialog und in der hilfreichen Beziehung Fuß fassen, so McLeod, gelingt es ihnen langsam und schrittweise, auch wieder in den Alltagsbeziehungen und Alltagsdialogen mit den vertrauten Menschen und/oder bei denjenigen, die mit neuer Stärke und neuem Mut kennen gelernt werden, Anschluss zu finden. Aus dieser Perspektive einer nicht primär an der Veränderung und Modifikation von Denken, Fühlen und Handeln eines Klienten interessierten Beratung als *sozialen* Prozess wird es ein Ziel, den Ratsuchenden für hilfreiche Alltagsdiskurse zu stärken und ihm zu ermöglichen, Gespräche zu den Themen, die ihn beschäftigen, wieder oder auch neu aufzunehmen. Eine ressourcen- und netzwerkbezogene Beratung (Pearson, 1997; Nestmann, 2010) wird mit einem reichen Spektrum an Ansatzpunkten und Hilfestrategien zudem versuchen, auch existierende und potentielle neue persönliche und soziale Beziehungen für diese Diskurse aufzuschließen – in direkter Arbeit mit signifikanten Netzwerkmitgliedern, Schlüsselpersonen, potenziell hilfreichen natürlichen (z.B. verwandtschafts- oder freundschaftsbezogenen) Gemeinschaften und geschaffenen Gruppen (Gleichbetroffene/Selbsthilfegruppen) oder auch indirekt über die Motivierung und Förderung der Klienten, alte und neue soziale Beziehungen aufzubauen und für ihre Anliegen nutzen zu lernen.

Hierbei wird der Berater stärker als in psychologisch-therapeutischen Beratungsorientierungen zum „sozialen Akteur". Er repräsentiert die spezifischen Sichtweisen und Diskurse einer bestimmten Kultur und Zeit – was J. McLeod (2001, 2004) an den historischen Entwicklungen der Therapieansätze verdeutlicht. Der Berater kann diese Sichtweisen und Diskurse verstehen und nachvollziehen, sie handhaben, aber als ein kompetenter „Gratwanderer" sie auch kritisch reflexiv und kontrolliert überschreiten – in den Versuchen, die Randständigen, Abgedrifteten, Ausgewichenen, Ab- und Ausgegrenzten, Isolierten wieder heranzuholen und ihre alten und neuen sozialen Anknüpfungspunkte, Anlegeplätze und Lebensräume wieder zugänglich zu machen. Er bietet den Klienten Chancen, ihre Geschichten so zu erzählen, dass sie in die Zeit, an den Ort und in die Kultur passen, in der sie sich bewegen, und er eröffnet ihnen Gelegenheiten, abweichende, verschüttete, verbotene und verdrängte Geschichten zu Gehör zu bringen, um sie retrospektiv, aber auch prospektiv neu erzählen und verändern zu können. Damit binden Berater Klienten in die herrschenden kulturellen und sozialen Diskurse wieder ein und ermöglichen Partizipation am sozialen Leben, sozialer Kommunikation, sozialen Beziehungen und letztlich am gemeinsamen Bemühen um soziale Inklusion und Gerechtigkeit „im Kleinen" wie „im Großen".

5 Beratung ist sozial!

Beratung ist durch und durch sozial:

- Beratung ist eine persönliche und soziale Interaktionskonstellation.
- Beratung findet informell in alltäglichen sozialen Lebenszusammenhängen statt.
- Soziale Einflüsse prägen auch professionelle Beratung vom Zugang über den Prozess bis hin zum Ende und in ihrer Wirkung.
- Beratung bezieht sich vorrangig auf Anlässe und Problemursachen, -bedingungen, -inhalte und -lösungen im Sozialen (sie ist stärker „Außenpolitik" im Verhältnis von Klienten zu ihrer Lebenswelt als „Innenpolitik" im Verhältnis einer Person zu sich selbst wie in der Psychotherapie).
- Beratung ist sozial organisiert und institutionalisiert.
- Beratung ist eingebunden und geprägt durch soziale Settings und Räume.
- Beratung flankiert persönliche wie gesellschaftliche soziale Übergänge und Veränderungen.
- Beratung hat Funktionen sozialer Inklusion und Integration, sozialer Partizipation und sozialer Unterstützung sowie sozialen Empowerments – für Individuen wie für Gruppen.

Kein Berater und keine Beraterin, kein Klient und keine Klientin, keine Beratungseinrichtung, kein Beratungssetting und kein Beratungsangebot, keine Beratungsbeziehung, keine Beratungsmethode und kein Beratungsprozess, kein Beratungserfolg und kein Beratungsmisserfolg ist aus diesen sozialen Kontexten isolierbar.

J. McLeods Vorstellung, Beratung als einen sozialen Prozess zu konzipieren, ergänzt und vervollständigt eine Perspektive, in der auch die vielfältigen und markanten psychologischen Beratungsanteile sozial „ummantelt", durchdrungen und „sozialisiert" werden.

Literatur

Frank, J.D. (1981). *Die Heiler. Wirkungsweisen therapeutischer Beeinflussung.* Stuttgart: Klett-Cotta.

Gergen, K.J. (1985). The social constructionist movement in modern psychology. *American Psychologist, 40,* 266–275.

Gergen, K.J. (1994). *Toward Tranformation in Social Knowledge* (2. Auflage). London: Sage.

Großmaß, R. (2000). *Psychische Krisen und sozialer Raum. Eine Sozialphänomenologie psychosozialer Beratung.* Tübingen: dgvt-Verlag.

Keupp, H. (2002). Identitätsarbeit als Lebenskunst – Eine Perspektive für die psychosoziale Beratung. In F. Nestmann, & F. Engel (Hrsg.), *Die Zukunft der Beratung* (S. 51–78). Tübingen: dgvt-Verlag.

McLeod, J. (2001). Counselling as a Social Process. In P. Milner & S. Palmer (Eds.), *Counselling. The BACP Counselling Reader. Volume 2* (pp. 589–598). London, Thousand Oaks & New Delhi: Sage.

McLeod, J. (2004). *Counselling – eine Einführung in Beratung.* Tübingen: dgvt-Verlag.

Nestmann, F. (1988). *Die alltäglichen Helfer.* Berlin, New York: de Gruyter.

Nestmann, F. (2008). Die Zukunft der Beratung in der sozialen Arbeit. Beratung Aktuell. *Zeitschrift für Theorie und Praxis der Beratung, 9* (2), 72–97.

Nestmann, F. (2010). Soziale Unterstützung – Social Support. In W. Schroer & C. Schweppe, *Enzyklopädie Erziehungswissenschaft Online (EEO), Fachgebiet Soziale Arbeit.* Weinheim und München (www.erzwissonline.de DOI 10.3262/EEO14100113). Verfügbar unter: http://www.erzwissonline.de/fachgebiete/soziale_arbeit/beitraege/14100113.htm. [22.11.2011].

Nestmann, F.& Sickendiek, U. (2011). Beratung. In H.-U. Otto & H. Thiersch (Hrsg.), *Handbuch Soziale Arbeit. Grundlagen der Sozialarbeit und Sozialpädagogik* (4., völlig neu bearbeitete Auflage) (S. 109–119). München: Reinhardt.

Nestmann, F., Sickendiek, U. & Engel, F. (2007). Die Zukunft der Beratung in Bildung, Beruf und Beschäftigung. In U. Sickendiek, F. Nestmann, F. Engel & V. Bamler (Hrsg.), *Beratung in Bildung, Beruf und Beschäftigung* (S. 13–51). Tübingen: dgvt-Verlag.

Pearson, R.E. (1997). *Beratung und soziale Netzwerke. Eine Lern- und Praxisanleitung zur Förderung sozialer Unterstützung.* Weinheim, Basel: Beltz.

Peavy, R.V. (1998). *SocioDynamic Counselling. A Constructivist Perspective.* Victoria: Trafford.

Sickendiek, U., Engel, F. & Nestmann, F. (2008). *Beratung. Eine Einführung in sozialpädagogische und psychosoziale Beratungsansätze.* Weinheim, München: Juventa.

Stark, W. (1996). *Empowerment. Neue Handlungskompetenzen in der psychosozialen Praxis.* Freiburg im Breisgau: Lambertus.

Turner, V. (1964). A Ndembu doctor in practice. In A. Kiev (Ed.), *Magic, Faith and Healing: Studies in Primitive Psychiatry Today* (pp. 359–393). New York: Free Press.

Prof. Dr. Frank Nestmann ist Diplom-Psychologe und befasst sich seit 1976 theoretisch und empirisch mit unterschiedlichen Beratungsthemen. Seit 1993 ist er Inhaber des Lehrstuhls für Beratung und Rehabilitation am Institut für Sozialpädagogik, Sozialarbeit und Wohlfahrtswissenschaften der TU Dresden. Interessen und Publikationsschwerpunkte liegen in den Bereichen Beratung, soziale Netzwerke und soziale Unterstützung, informelle Hilfe, Gemeindepsychologie, Sozialpädagogik und Psychiatrie. Er koordiniert das Forum Beratung der DGVT und ist gemeinsam mit Hans Thiersch Herausgeber der Beratungsreihe im dgvt-Verlag.

Anschrift:
Technische Universität Dresden
Fakultät Erziehungswissenschaften
Institut für Sozialpädagogik, Sozialarbeit und Wohlfahrtswissenschaften
D-01062 Dresden
E-Mail: Frank.Nestmann@tu-dresden.de

Vorwort und Einleitung
Innovative Zugänge
Beratungs-settings und -räume
Medien und Beratung
Kritik der Beratung
Register
Anhang

Beratung als soziales Isolat? Die übersehene Rolle persönlicher Beziehungen und Netzwerke

Annett Kupfer, Frank Nestmann & Kathy Weinhold

Beratung (counselling) und Psychotherapie (psychotherapy) sind „egozentrische" professionelle Interventionsformen. Das heißt, sie kreisen in ihren Theorien und Methoden wie auch in ihrer Forschung und Praxis meist um sich selbst. Sie beobachten, reflektieren und thematisieren sich – wie abgeschlossene und verkapselte soziale Einheiten – selbstbezogen und selbstverliebt. Bestenfalls verstehen sich Beratung und Psychotherapie als institutionell gerahmte und „soziale" Konstellationen „in sich", insofern als zumindest zwei oder mehr Personen mit Helfer- und Hilfeempfängerrollen in einer potenziell hilfreichen sozialen Beziehung eingebunden sind. Selbst dann bleiben ihr Blick und ihre Aufmerksamkeit aber zumeist doch auf das eigene soziale „Innenleben" konzentriert.

Im Zentrum ihrer Theorieentwicklung standen und stehen bestimmte (z.B. humanistische, tiefenpsychologische, kognitiv-behavioristische) Menschen- und Persönlichkeitsbilder, spezifische Vorstellungen vom Denken, Fühlen und Handeln in ihrer Entwicklung, Normalität und Abweichung. Entworfen werden Konzepte zum Erkennen und Diagnostizieren von Störungen und damit verknüpft Strategien und Verfahren der Hilfe und Unterstützung zu deren Veränderung und Bewältigung. Die Praxis der Beratung und Psychotherapie (und somit auch die Ausbildung von Beratern und Psychotherapeuten) konzentrierte sich lange Zeit primär auf die Anwendung von Behandlungs- und Beratungsmethoden in einem professionellen Hilfeprozess und in einer professionellen Hilfebeziehung. Erst später rückten genau diese beiden Dimensionen – Prozess und Beziehung – in einigen Ansätzen in den Mittelpunkt der Aufmerksamkeit. Nicht zuletzt fokussieren die empirische Psychotherapieforschung und eine erst schwach entwickelte Beratungsforschung (vgl. McLeod, 2002) als Klienten-, Therapeuten-, Prozess- und insbesondere als Wirkungsforschung hauptsächlich die „internen" Bedingungen, Abläufe und Effekte von Beratung und Therapie.

Dabei werden inzwischen durchaus institutionelle und settingbezogene Zusammenhänge der Hilfeleistungen berücksichtigt – sowohl theoretisch als auch empirisch und praktisch. Mit einer „systemischen" Sicht, die die Therapie- und Beratungslandschaft der letzten Jahrzehnte bereichert, wird nun zweifellos ein Stück sozialer Beziehungsgeflechte in den Beratungs- und Therapieprozess hineingeholt: Der Blick wird vom Individuum im Zentrum auf das System Familie und die Gruppe geweitet und wichtige Andere werden als direkte Prozessbeteiligte primär in ihren Rollen in der Problemkonstellation, aber auch als Ressourcen in der Bewältigungsunterstützung des einzelnen Klienten und des gesamten Systems interessant. Ebenso fordern nicht-therapeutische Beratungsansätze aus Sozialarbeit und Sozialpädagogik (zum Teil schon vor der systemischen Wende) den Blick über den individualistischen Tellerrand hinaus auf soziale Problembedingungen und soziale Unterstützungsbeziehungen in Familie und Nahraum.

Trotz dieser Öffnung tangieren Einflüsse außerhalb der „eigentlichen" Einzel-, Paar-, Familien- oder Gruppenarbeit in Beratung und Therapie die Wissenschaft, Forschung und Praxis von Beratung nur wenig. Einzig in der sozialpädagogischen Beratung (Thiersch, 1992) werden explizit die alltäglichen sozialen Bewältigungsvorstellungen und -strategien der Menschen jenseits eines professionellen Hilfeverständnisses in ihren Potenzialen und Stärken gewürdigt. Die Einsicht in die Relevanz meist naher Mitmenschen für Problemursachen, für die Probleme selbst, für ihre Folgen und ihre Bewältigung fördert Bestrebungen einer „Funktionalisierung" von Angehörigen zu „Hilfstherapeuten", die im Sinne eben dieser professionellen Hilfevorstellungen Beratungs- und Therapieeffekte begünstigen, verstärken und in die Alltagsrealität transferieren und dort stabilisieren sollen.

Ganz anders erscheint die Wahrnehmung und Würdigung wichtiger Anderer in einer Art „Konkurrenzwirkungsforschung", die mit dem Aufkommen der Laien- und Selbsthilfebewegung begann, die Überlegenheit professioneller Therapie und Beratung gegenüber einer informellen Hilfeleistung durch ehrenamtliche und semiprofessionelle Helfer sowie in Selbsthilfebezügen Gleichbetroffener in Frage zu stellen. Mit großer Aufmerksamkeit und nicht verwunderlicher großer Aufregung wurden die mehr oder weniger überzeugenden empirischen Nachweise guter, ebenso guter oder sogar besserer Wirkungen und Erfolge von Laien- und Selbsthilfe verglichen mit professioneller Beratung und Therapie rezipiert und kontrovers diskutiert (u. a. Durlak, 1981; Röhrle & Laireiter, 2009).

Die Betrachtungen und Thematisierungen der Bedeutung informeller Helfer für die Bewältigung gesundheitlicher, psychischer und psychosozialer Probleme haben allerdings bis auf wenige Ausnahmen weder dazu geführt, ihre Bedeutung für professionelle Hilfeleistungen selbst genauer in den Blick zu nehmen, noch diese Einflüsse in Beratungs- und Therapiekonzepte zu integrieren, noch sie in der praktischen Beratungsarbeit und Psychotherapie systematisch zu berücksichtigen.

Vielmehr bleiben Psychotherapie und Beratung weiterhin seltsam kontextentrückt. So als gäbe es keine direkten und indirekten sozialen Zusammenhänge, in denen Menschen auch als „Klienten" professioneller Hilfe gelebt haben, leben und leben werden. Und so als gäbe es keine Einflüsse aus eben diesen alltäglichen sozialen Zusammenhängen. Mag das bei einer eher alltagsfernen Psychotherapie, die sich bewusst als herausgehobene Sondersituation einer konzentrierten Behandlung wohl definierter (psychischer) Schlüsselprobleme im geschützten Setting begreift, noch nachvollziehbar sein, so verwundert es doch bezüglich der Beratung. Eine psychosoziale und sozialpädagogische Interventionsform, die doch (gerade in ihren nicht-klinischen Ansätzen) Wert legt auf die „Alltagsnähe", „Lebensweltorientierung" und soziale Kontextualisierung ihrer Diagnosen, Bearbeitungsformen, Unterstützungsprozesse und Hilfesettings, vernachlässigt ebenfalls soziale Zusammenhänge, in die sie selbst untrennbar eingebunden ist – vor allem dann, wenn diese Zusammenhänge auf Klienten und deren Probleme wie Bewältigungsleistungen Einfluss nehmen.

Obwohl klinisch-therapeutische Beratungsmodelle – abgeleitet aus den großen Schulen der Psychotherapie – eigentlich alle die Bedeutung und Mitverantwortlichkeit Anderer (Partner, Väter, Mütter, Geschwister etc.) für die zur Bearbeitung anstehenden Probleme (mal mehr, mal weniger) annehmen, bleiben alltägliche soziale Einflüsse doch randständig in einer in sich geschlossenen und selbstbezogenen Beratungs- und Therapietheorie und -praxis. Und auch die breite integrative Bewegung zur Weiterentwicklung von Beratung und Psychotherapie durch die Überwindung orthodoxer Schulen und Schulengrenzen macht Halt vor einer Berücksichtigung der Erkenntnisse alltäglicher sozialer Unterstützungsforschung in der existierenden Beratungs- und Therapieforschung sowie vor der systematischen Berücksichtigung informeller sozialer Einflüsse in der professionellen Beratungs- und Therapiepraxis. Persönliche Beziehungen und soziale Einbindungen von Beratungs- und Therapieklienten werden weder erforscht noch praktisch berücksichtigt und genutzt.

1 Vernachlässigte soziale Einflussfaktoren

Soziale Einflüsse auf das Zustandekommen, den Verlauf und die Wirkung professioneller sozialpädagogischer und psychosozialer Beratungsprozesse bleiben somit bis heute kaum untersucht – obwohl mögliche Einflüsse unterschiedlicher Faktoren außerhalb von Beratung und Therapie (sog. *„extratherapeutische"* Faktoren) seit Langem vermutet und für wichtig gehalten werden. In der Beratungs- und Therapieforschung bleibt es weitgehend bei – aus der professionellen Praxis gespeisten – Erfahrungen, die darauf verweisen, dass neben verschiedenen Klienten- und Helfervariablen, neben der professionellen Interventionsbeziehung, dem Interventionssetting und den Interventionsstrategien insbesondere soziale Einflüsse aus den Klientennetzwerken Zugang, Prozess und Effekte von beraterischen und therapeutischen Hilfen entscheidend moderieren können. Eine systematische empirische Untersuchung dieser immer wieder gemachten Erfahrungen fehlt ebenso wie eine Berücksichtigung ihrer Relevanz in Beratungstheorie und Beratungspraxis.

Dies ist umso verwunderlicher, gibt es doch aus anderen Forschungsfeldern wie der Bewältigungs-, der Selbsthilfe- oder der sozialen Unterstützungsforschung eine Vielzahl von Anhaltspunkten und Indizien dafür:

- dass die einer professionellen Beratung und Therapie meist vorausgehenden Selbsthilfeanstrengungen oft relativ schnell in eine Bewältigungsbeteiligung sozialer Netzwerkmitglieder eingebunden sind,
- dass soziale Unterstützungs- und Regulierungsanstrengungen Anderer bzw. deren generelle Einflussversuche nicht aufhören, wenn ein professioneller Hilfeprozess beginnt und abläuft, sondern
- dass sie vielmehr parallel (z. B. flankierend, verstärkend oder störend) weiter stattfinden,
- dass sie den professionellen Hilfeverlauf und seine Beendigung tangieren
- und dass sie damit auch Einfluss auf professionelle Beratungs- und Therapieeffekte und das Erreichen oder Nichterreichen von Beratungs- und Therapiezielen haben können.

Stärker noch als im Rahmen psychotherapeutischer Behandlung, die sich hinsichtlich ihrer abgegrenzten Settings, hinsichtlich der Intimität und Geschlossenheit der Therapeut-Klient-Beziehung und hinsichtlich der tendenziell engeren Fokussierung des Behandlungsgegenstands auf persönliche Schlüsselprobleme als eher alltagsfern und entkontextualisiert erweist, ist bei einer mehr um eine Integration in den sozialen Alltag und die soziale Lebenswelt der Klienten bemühten sozialpädagogischen und psychosozialen Beratung davon auszugehen, dass „alltägliche" und „nichtprofessionelle" Einflussquellen vor, während und nach einer professionellen Hilfeleistung wirken – in welcher Form und in welcher Richtung auch immer.

Bereits Winefield (1987) befindet, dass es für Forschung wie Praxis von entscheidender Wichtigkeit sei, Hilferezipienten eingehend zu befragen, in welcher Häufigkeit und Qualität unterschiedliche Einflüsse alltäglicher Netzwerkressourcen von ihnen mit welchen Konsequenzen erfahren werden. Um endlich auch die Bedeutung informeller Hilfen auf die Beratungsverläufe und -ergebnisse klären und verstehen zu können, fordern Barker und Pistrang (2002) deshalb eine Integration sozialer Unterstützungsforschung in die Wirkungsstudien der Beratungs- und Therapieforschung.

2 Generelle Wirkfaktoren von Beratung und Therapie

Eine explizite empirische Beratungswirkungsforschung wird sowohl international als auch in Deutschland kaum betrieben (vgl. Engel, Nestmann & Sickendiek, i. Bd. 2). Vielmehr werden unter dem Titel *Beratungs*forschung oft *Therapie*forschungsergebnisse vorgestellt und unter Untersuchungen zur Therapieforschung Beratungskonstellationen subsumiert. Dies ist auch Ausdruck bisher weitgehend unfruchtbarer Diskussionen zu einer trennscharfen Abgrenzung von Beratung und Therapie in Theorie und Praxis (vgl. Großmaß, i.Bd.1, S. 89–102). Keines der fokussierten Abgrenzungskriterien (Tiefe der Wirkung, Symptomreduktion oder Persönlichkeitsveränderung, Dauer, Intensität und Häufigkeit von Sitzungen, Berücksichtigung von Übertragungsdimensionen, Ausbildungsstandards der Helfer etc.) erwies sich als eindeutig und reliabel. Oft bleiben lediglich versorgungsstrukturell-institutionelle und professionspolitische Differenzierungsanliegen als Hintergrund der Abgrenzungsdiskussion erkennbar (McFadzean, 2005). Die Gemeinsamkeiten sind weit signifikanter und werden unterstützt durch die eher gleichartigen Ergebnisse der Wirkungsforschung in Beratungs- und Therapiekonstellationen (Hubble, Duncan & Miller, 1999a).

Eine in den letzten 20 Jahren quantitativ wie qualitativ beeindruckend entwickelte Wirkungsforschung lässt heute keine Zweifel mehr daran:

1. Psychotherapie wirkt generell – und zwar in der aktuellen Symptomreduzierung wie in der weitergehenden Förderung zukünftiger Bewältigungskompetenzen.
2. Unterschiedliche Therapieformen führen zu nahezu gleichen Ergebnissen, d. h. dass entweder die unterschiedlichen Vorgehensweisen gleiche Ziele auf gleichen Wegen erreichen oder dass nicht die spezifischen Techniken und Methoden, sondern eher generelle und allgemeine Wirkfaktoren die beraterischen und therapeutischen Effekte erklären lassen.
3. Die Beziehung zwischen Therapeut/Berater und Klient gilt dabei in allen Studien als ein entscheidender Wirkfaktor. Insbesondere die Wahrnehmung und Beurteilung des Klienten bezüglich der Beziehungsqualitäten (von Wärme, Empathie, Echtheit, Respekt, Transparenz etc.) sowie die Klarheit und Übereinkunft in Zielen und Wegen der Zielerreichung in der therapeutisch-beraterischen Allianz scheinen bedeutsam.
4. *Klientenressourcen* sind nach dem Stand der heutigen Forschung wichtiger als alle anderen Wirkvariablen, auch weil sie die genannten Wirkungsdimensionen mit beeinflussen, tangieren und durchdringen. Klientenressourcen beziehen sich sowohl auf *persönliche* als auch auf *soziale Potentiale* einer Person, die Bewältigung fördern und ermöglichen. Diese Faktoren – beispielsweise die persönlichen Stärken und Widerstandskräfte, die Tendenz, Hilfe von Anderen zu suchen und zu bekommen oder die Fähigkeit, soziale Beziehungen und soziale Netzwerke zur Unterstützung zu mobilisieren – sind so bedeutend, dass es der Wirkungsforschung oft schwerfällt, überhaupt auszumachen, was Effekt einer professionellen Intervention und ihrer Veränderungstechniken wie Beziehungsqualitäten ist und was Effekt individueller und sozialer Selbsthilfe der Betroffenen (vgl. u. a. Lambert & Bergin, 1994; Hubble, Duncan & Miller, 1999a; Orlinsky, Grave & Parks, 1994).

Zahlreiche Autoren (u. a. Lambert, 1992; Lambert & Bergin, 1994; McFadzean, 2005) weisen darauf hin, dass für das Gelingen einer beraterischen Intervention bzw. therapeutischen Behandlung nicht an erster Stelle der Berater bzw. der Therapeut und die von ihm eingesetzten Methoden und Techniken verantwortlich sind, sondern dass der Erfolg professioneller Hilfemaßnahmen ganz überwiegend von sog. *extratherapeutischen Faktoren* beeinflusst wird. So wird der Klient als der zentrale Veränderungsagent, als „Motor der Veränderung" im Therapie-/Beratungsverlauf betrachtet und z. B. der Qualität der Klientenpartizipation eine zentrale Bedeutung beigemessen (Orlinsky et al., 1994).

Eine heute weithin geteilte Auffassung darüber, welche Faktoren für therapeutisch-beraterische Wirkungen verantwortlich sind, geht aufbauend auf umfassenden sekundäranalytischen Forschungsreviews von Lambert (1992) sowie Lambert und Bergin (1994) davon aus, dass Wirkungsursachen zu

- 15 % im Bereich der *therapeutisch-beraterischen Methodik* (spezifische Strategien und Techniken einer bestimmten Richtung der Beratung oder Therapie),
- 15 % im Bereich von *Placebo-Effekten* (der Schaffung von Hoffnung, positiver Erwartung und Zuversicht),
- 30 % im Bereich der *Beziehung zwischen Therapeut/Berater und Klient* (Qualitäten der Beziehung, der therapeutischen Allianz und des Arbeitsbündnisses) und
- 40 % im Bereich der *extratherapeutischen Faktoren* (einmal im Klienten: u. a. Persönlichkeitsmerkmale, Veränderungswunsch, Beteiligung; zum anderen im Kontext: u. a. sozialer Rückhalt, soziale Hilfe und Unterstützung) zu veranschlagen sind. Tallman und Bohart (2001) zufolge lassen sich sogar bis zu 70 % eines Therapieerfolges auf diese Einflüsse außerhalb der eigentlichen Beratungs- und Therapieprozesse zurückführen.

Trotz ihrer offenbar größeren Effektanteile bleiben die außertherapeutischen Wirkfaktoren in der klassischen Wirkungsforschung bisher jedoch weitgehend unberücksichtigt – im Gegensatz zu den in den vergangenen Jahrzehnten umfassend untersuchten Bereichen der therapeutischen Methoden und Techniken, der Therapeut-Klient-Beziehung sowie der Placebo-Effekte (Lambert & Barley, 2001; McFadzean, 2005). Wenn überhaupt extratherapeutische Einflussfaktoren analysiert werden, dann handelt es sich dabei vor allem um *individuelle* Klientenmerkmale wie beispielsweise um Intelligenz, Bewältigungsoptimismus, Kontrollüberzeugungen oder Motivation (vgl. Garfield, 1994). *Soziale extratherapeutische*, d. h. insbesondere *Kontexteinflüsse* – seien sie nun direkt auf das Zustandekommen des Prozesses und das Ergebnis therapeutisch beraterischer Interventionen bezogen oder indirekt über die Person des Klienten vermittelt – waren demgegenüber bisher kaum Gegenstand ausführlicher Untersuchungen (McFadzean, 2005). Dabei gibt es eine Vielzahl von Gründen, gerade diese sozialkontextuellen und interaktiven Einflussfaktoren auf Beratung und Therapie in ihrer Wirkung genauer zu studieren und in der Beratungspraxis nachhaltiger zu berücksichtigen.

3 Professionelle Hilfe und alltägliche Unterstützung

Unterschiedliche Forschungsdisziplinen (z. B. Hilfe- und Selbsthilfeforschung, Netzwerk- und Supportforschung, sozialepidemiologische Gesundheitsforschung) haben darauf verwiesen, dass Menschen in Stress- und Krisensituationen versuchen, sich der neuen belastenden Situation anzupassen bzw. diese zu bewältigen, indem sie zunächst eigene individuelle wie (oft später) soziale Ressourcen mobilisieren und nutzen. Dies geschieht erst einmal ohne die Inanspruchnahme professioneller, d. h. formeller Beratung oder Therapie.

Cowen (1982) vermutet aufgrund eigener Untersuchungen verschiedener Gruppen „natürlicher Helfer“ (natural helpers), dass 95 % aller psychosozialen Hilfeinteraktionen außerhalb professioneller Hilfeeinrichtungen stattfinden. So wenden sich Menschen während oder nach versuchter individueller Selbsthilfe an private Unterstützungssysteme wie Partner, Verwandte, Bekannte, Freunde, Nachbarn, freiwillige Helfer und sogar Fremde und werden von diesen unterstützt, beraten oder ganz allgemein in ihrer Problembewältigung beeinflusst (Nestmann, 1988). Gleichzeitig sind diese sozialen Unterstützungssysteme offenbar auch die entscheidenden Überweisungsinstanzen in das formelle Hilfe- und Versorgungssystem (Röhrle & Sommer, 1998).

Zwei Drittel bis drei Viertel aller persönlichen Befindlichkeitsstörungen, psychosozialen Problemsituationen und gesundheitlichen Beeinträchtigungen unterschiedlichen Ausmaßes werden im Alltag unter der Zuhilfenahme persönlicher und sozialer Bewältigungsressourcen bearbeitet und offenbar auch irgendwie bewältigt – ohne die Beteiligung professioneller Helfer und Helferinnen. Weniger als ein Viertel der als psychisch gestört diagnostizierten Personen und weniger als ein Zehntel der Personen mit leichten bis schwerwiegenden psychosozialen Problemen suchen professionelle Beratung oder Therapie (Nestmann & Weinhold, 2008).

Insgesamt ist das Klientenaufkommen in institutionellen Beratungs- und Therapieeinrichtungen also keineswegs repräsentativ für die Problembewältigungsanstrengungen und Problembewältigungs-„Erfolge“ der Gesamtbevölkerung (U.S. Department of Health and Human Services, 1999). Vielmehr nutzen Menschen in unterschiedlichen Belastungssituationen neben eigenen persönlichen Copingpotenzialen eine Vielzahl informeller und auch formeller Hilfequellen. Dabei scheint es, als „schneiderten“ sich Klienten ihre Behandlung – die informelle und die formelle – selbst, besonders hinsichtlich der gezielten Inanspruchnahme verschiedener Hilfe- und Unterstützungsquellen. Demzufolge handelt es sich bei diesen psychosozialen Bewältigungsprozessen nicht um passive Compliance, sondern um eine aktive, akute und für eine eigene Auswahl und Entscheidung offene Abstimmung (Hubble, Duncan & Miller, 1999b), ebenso wie um unterschiedliche helfende, aber auch regulierende und kontrollierende Einflussversuche und Einflussnahmen alltäglicher und professioneller Hilfequellen.

Auch diejenigen Menschen, die schließlich professionelle Beratung und Therapie in Anspruch nehmen, tun dies oft nur für wenige Sitzungen. Dabei geht die Mehrzahl der Klienten, die nach dem ersten Termin nicht mehr wiederkommen, davon aus, bereits genügend Hilfe erhalten zu haben. Howard, Kopta und Krause (1986) schätzen, dass ungefähr 15 % aller Klienten in Therapie- und Beratungseinrichtungen bereits *vor* Behandlungsbeginn eine Besserung ihrer Situation erfahren, wobei diese Besserung oft auch als Ergebnis von Hilfe und Unterstützung aus dem sozialen Netzwerk interpretiert wird. Einige Autoren vermuten sogar, dass es bis zu zwei Drittel aller Klienten sind, die eine Verbesserung ihres Zustandes schon vor der ersten Sitzung erleben. Immerhin 40 % der Klienten auf Wartelisten sagen den Beratungs- oder Therapiebeginn mit der Begründung ab, aufgrund einer Verbesserung keine professionelle Hilfe mehr zu benötigen (Tallman & Bohart, 1999). Etwa die Hälfte aller Beratungs- und Therapienutzer berichten davon, parallel auch Rat und Beistand in den eigenen alltäglichen sozialen Beziehungssystemen zu suchen bzw. auch andere Hilfen zu erhalten (vgl. Tallman & Bohart, 1999). Die Ergebnisse einer Wirkungsvergleichsstudie von Cross, Sheehan und Khan (1980) zeigen, dass alle Studienteilnehmer – in den Behandlungs- ebenso wie in den Kontrollgruppen – auch alternative, andere Beratungs- und Unterstützungsmöglichkeiten gesucht und genutzt haben. Die Quote der informellen Hilfesuche war zudem bei den Therapiegruppen größer – was auch eine neue Perspektive auf die ermittelten Wirkungsbelege zulässt. Allerdings weiß man bislang immer noch relativ wenig darüber, welche Formen von Hilfe dabei mit welchen Netzwerkpersonen ausgetauscht werden und welche Auswirkungen dieser Austausch auf den professionellen Interventionsprozess hat (vgl. Röhrle & Laireiter, 2009).

4 Soziale Einflüsse auf Hilfesuche und -inanspruchnahme

Die soziale Netzwerk- und Unterstützungsforschung hat neben ihren umfassenden Analysen der facettenreichen Konstellationen, Formen, Quellen, Verläufe und Effekte informeller Hilfen bisher als einzige die sozialen Einflüsse auf die Inanspruchnahme professioneller Beratung und Therapie und auf das *Zustandekommen* professioneller therapeutischer und beraterischer Hilfekonstellationen in den Blick genommen – weniger die den weitergehenden Therapieprozess begleitenden und beeinflussenden Interaktionen.

Entsprechend einem sog. *„Defizitmodell"* – das Herrle und Angermeyer (1997) von einem sog. *„Kompetenzmodell"* unterscheiden – kann davon ausgegangen werden, dass professionelle Hilfeangebote insbesondere defizitäre soziale Netzwerke und fehlende soziale Unterstützungsressourcen kompensieren. Menschen versuchen, zunächst Hilfe aus ihrer unmittelbaren sozialen Lebenswelt zu erhalten und nehmen professionelle Versorgungsangebote erst dann in Anspruch, wenn diese Hilfe fehlt, nicht ausreicht oder versagt bleibt bzw. wenn die Schwere einer Belastung die Leistungsgrenzen des informellen Hilfesystems überschreitet (Wade, Howell & Wells, 1994). In einem schrittweisen selbst gesteuerten Zugang in öffentliche Versorgung gehen die Betroffenen zuerst einmal von den nahe liegenden zu den weiter entfernten informellen Unterstützungsquellen und erst danach ins professionelle Hilfesystem über (Haaga, 2000). So scheint die Inanspruchnahme psychologischer Hilfeangebote bei geringeren familiären Ressourcen, aber auch bei geringer Angemessenheit der Unterstützung und bei Unzufriedenheit mit dem sozialen Umfeld eher zu steigen (Ingham & Miller, 1986). Außerdem erleben Personen, die professionelle Beratung und Therapie aufsuchen, die eigenen sozialen Unterstützungsnetze häufig als weniger verfügbar und weniger zufriedenstellend und die Unterstützungsinteraktionen als zu einseitig und einförmig (Oritt, Paul & Behrman, 1985). Sowohl eine generelle Unterstützung als auch spezifische Hilfen in persönlichen Belastungssituationen werden von diesen Klientengruppen eher vermisst (Greenley, Mechanic & Cleary, 1987). Sind insbesondere emotionale und instrumentelle Unterstützungsleistungen nicht vorhanden und wird dies als Belastung empfunden, steigt die

Wahrscheinlichkeit der Inanspruchnahme professioneller Hilfe bis um das Vierfache. Geringe emotionale Unterstützung, das Fehlen einer Vertrauensperson und geringe Zufriedenheit mit sozialer Unterstützung sagen ein objektives Behandlungsbedürfnis und den subjektiven Wunsch nach Beratung und Psychotherapie voraus. Fehlende praktische Unterstützung, Mangel an sozialer Integration und Unzufriedenheit mit dem Familienleben hingegen erhöhen die *tatsächliche* Inanspruchnahme (Vriends, Lajtman, Becker & Margraf, 2009).

Demgegenüber geht die gute Integration in ein familiales Netzwerk sowie das Vorliegen ausreichender, kompetenter und effektiver Unterstützung einher mit einer geringeren Inanspruchnahme von Psychotherapie (Franz, 1994; Laireiter, Saller & Sieker, 2009). Mit zunehmender sozialer Unterstützung sinkt sogar die Zahl der Arztbesuche, wie Untersuchungsergebnisse aus der sozialepidemiologischen Gesundheitsforschung belegen (vgl. Broadhead, Gehlbach, DeGruy & Kaplan, 1989).

Andererseits scheinen Menschen, die in ihren sozialen Netzwerken Hilfe austauschen und deren positive Wirkungen sowie gegenseitigen sozialen Rückhalt und soziale Unterstützung erfahren, eher bereit zu sein, professionelle Hilfe in Beratungs- und Therapieeinrichtungen zu suchen – insbesondere dann, wenn sie in dieser Haltung von ihren Netzwerkmitgliedern bestärkt und gefördert werden (Saunders, 1993). Dabei gelten Personen, die als generell beziehungskompetent betrachtet werden, auch als „kompetent" im Hinblick auf eine Nutzung von professioneller Beratung und Therapie (*„Kompetenzmodell"*).

Bei der Inanspruchnahme professioneller Hilfe spielen demnach bestimmte Beziehungstypen wie Freunde, Verwandte und Menschen mit eigenen Beratungserfahrungen wie auch deren Einstellung zu Beratung und die Struktur des jeweiligen persönlichen Netzwerks eine Rolle (Hass & Petzold, 1999). Entferntere Bezugspersonen, wie z.B. Freunde und gut bekannte Nachbarn, die stärker problembezogene, emotionale und Selbstwertunterstützung bieten, sind nach Laireiter et al. (2009) die primären Vermittler und Überweiser in das professionelle System. Aber auch enge Netzwerkmitglieder, wie beispielsweise Partner, Eltern, Kinder und Verwandte, ebnen durch Vorschläge, Ratschläge und motivationale Unterstützung den Weg zur professionellen Hilfe (ebd.). Gleiches gilt für die Nutzung medizinischer Angebote (z.B. Hartwig & Waller, 2006). Eine Inanspruchnahme professioneller Beratungs- und Therapieangebote scheint also nicht automatisch auf einen Mangel an nahen und vertrauensvollen persönlichen Beziehungen zu verweisen (Bankoff, 1994).

Sehr kleine ebenso wie größere, weniger dichte und nach außen hin offene Freundschaftsnetzwerke fördern den Zugang zu professioneller Hilfe (Granovetter, 1973; Vriends et al., 2009), während sehr dichte und geschlossene Netzwerke ihn eher verhindern (vgl. Herrle & Angermeyer, 1997). Menschen in offenen Netzwerken haben eher die Gelegenheit und die Wahl, mit Anderen über ihre persönlichen Gefühle sowie insbesondere über ihre Probleme zu sprechen und differenzierte Meinungen zu erfragen, was sich wiederum positiv auf die Bereitschaft zur Inanspruchnahme professioneller Beratung und Therapie auswirken kann (Saunders, 1993). So suchen Personen mit einem weniger dichten Verwandtschaftsnetz und offeneren Freundschaftsbeziehungen nicht nur aufgrund geringfügigerer Probleme professionelle Hilfe, sondern auch nach kürzerer Zeit (Horwitz, 1977).

Gleichzeitig sinkt durch die geringere soziale Kontrolle in weniger dichten Netzwerken die Gefahr einer nicht selbstbestimmten „Einweisung" in professionelle Hilfesysteme (Perrucci & Targ, 1982). Das Aufnehmen einer Beratung bzw. Therapie scheint durch den „Katalysator" eines integrierenden und unterstützenden sozialen Netzwerks einschließlich der dort gemachten positiven sozialen Erfahrungen und erworbenen kommunikativen Kompetenzen gefördert zu werden (Herrle & Angermeyer, 1997). Vieles spricht zudem dafür, dass Klienten mit einer „vortherapeutischen" Kompetenz zwischenmenschlicher Beziehungsgestaltung und -nutzung diejenigen sind, die auch am stärksten von Beratung und Therapie profitieren können (vgl. Winefield, 1987). Wird Beratung dagegen als Konkurrenz zu den vorhandenen Unterstützungsressourcen empfunden, kann in eng verknüpften, emotional intensiven Netzwerken (oft größtenteils aus Familienmitgliedern bestehend) mit ihrer hohen Kontrollfunktion die Kontaktaufnahme zu professionellen Helfern verhindert oder hinausgezögert werden (Laireiter et al., 2009).

5 Soziale Einflüsse und der Beratungsprozess

Mit dem Eintritt in ein professionelles Hilfesystem, also mit dem Beginn einer Beratung oder Therapie, endet der Einfluss des sozialen Netzwerks aber keinesfalls, vielmehr interagieren informelle und formelle Interventionen im *Beratungsprozess* miteinander. Beispielsweise werden über persönliche Bindungen vermittelte Erfahrungen und Einstellungen in die Beratung/Therapie getragen. Zudem beeinflussen signifikante Andere selbstverständlich den Alltag zwischen den Sitzungen (Herrle, 1998). Soziale Beziehungen moderieren als sog. *„therapy managing group"* (Pescosolido, 1992) die Entscheidung, ob eine einmal begonnene Beratung bzw. therapeutische Behandlung aufrechterhalten oder abgebrochen wird. Bleibt beispielsweise im Beratungsprozess ein (von den Netzwerkmitgliedern) erwarteter Erfolg aus, richtet sich eine Veränderung gegen die Erwartungen und Interessen der Bezugspersonen des Betroffenen oder entstehen aufgrund der im Beratungsprozess erarbeiteten Lösungen Konflikte im sozialen Netzwerk, so ist mit einer negativen Reaktion und Einflussnahme der Netzwerkangehörigen auf die Fortführung der professionellen Intervention zu rechnen (Rook, 1990). Häufig scheinen Partnerschaft oder ein mit einer Beziehung verbundenes soziales Konfliktpotenzial Beratungskontinuität eher zu stören als zu fördern (vgl. Herrle, 1998). Klauer und Schneider (2004) fanden in einer Analyse der Therapieverläufe stationär behandelter Patienten eine doppelt so hohe Abbruchquote bei denjenigen, die in Partnerschaften lebten, als bei denen ohne Partner.

Wenn Klienten dagegen in ihren Veränderungen und Bewältigungen sozial unterstützt werden, kann dies als eine *„Unterstützung in der Patientenrolle"* (Bankoff, 1994, 1996) die Fortdauer der Behandlung erleichtern bzw. fördern. Franz (1994) beobachtete häufigere Abbrüche ambulanter Gruppentherapie bei Ledigen als bei Verheirateten. Beutler, Clarkin und Bongar (2000) berichten, dass Patienten mit guter sozialer Unterstützung während eines Beratungsprozesses einen geringeren Bedarf an therapeutischen Hilfen haben. Ähnliche Ergebnisse sind aus der Compliance-Forschung bekannt, die zeigen, dass der fehlende Support durch den Partner, die Familie, Freunde etc. – neben belastungsbezogenen Faktoren (z. B. Dauer einer Krankheit) oder personenbezogenen Faktoren (z. B. Gesundheitsbewusstsein) – einen wesentlichen Risikofaktor für das Befolgen professioneller medizinischer, therapeutischer etc. Anweisungen darstellt (Campen & van Sluijs, 1989).

Darüber hinaus tangieren Partner, Verwandte und Freunde etc. auch die Gestaltung der Beziehung zwischen Berater/Therapeut und Klient, indem sie Einfluss auf die Einstellungen, Gefühle und Handlungen der Klienten haben und damit das Verhalten gegenüber dem Berater oder Therapeuten mitbestimmen (Herrle, 1998; Horvath & Luborsky, 1993). Wiederum kann die therapeutische Beziehung auch aktivierend auf die Wahrnehmung sozialer Unterstützung wirken (Deu, Heimbrock & Röhrle, 2009).

Dennoch fehlen auch hier spezifische Studien zu extratherapeutischen Einwirkungen und zu ihrer Bedeutung für den Beratungsverlauf. Unbedingt notwendig scheint allerdings der Einbezug informeller sozialer Beziehungen in den Beratungs- und Therapieprozess, der unter professionellen Helfern immer noch viel zu wenig verbreitet ist. Unterstützende Netzwerkangehörige können etwa als wichtige externe Unterstützungsressourcen mitwirken und ihr Einfluss kann synergetisch genutzt werden (Hermer, 2009).

6 Soziale Einflüsse und die Wirkung von Beratung und Psychotherapie

Im Hinblick auf die Effektivität und *Wirksamkeit* von Beratung bzw. Therapie ist ebenfalls mit vielfältigen Außeneinflüssen zu rechnen – und zwar während des eigentlichen Behandlungsprozesses wie auch danach. Möglich scheint z. B. eine parallele Inanspruchnahme informeller Hilfe, die entweder „synergetische" oder „antagonistische" Effekte mit professioneller Intervention entwickeln kann. Ebenso ist eine „Entlastung" der informellen Unterstützungsbezüge durch professionelle Hilfeprozesse nicht auszuschließen. Die Netzwerkinterventionsstrategie der „Unterstützung informeller Unterstützer" (Nestmann, 2010) greift systematisch diese Entlastungsressourcen professioneller Hilfeleistungen für soziale Netzwerke und insbesondere für die zentralen Helferinnen und Helfer in diesen Systemen (z. B. Frauen und Mütter) auf. Bankoff (1996) fand positive Unterstützungseffekte des sozialen Netzwerks sowohl auf die therapeutische Beziehung als auch (im Therapieverlauf allerdings eher abnehmend) auf die Therapiefortschritte.

Dass sich soziale Unterstützung generell eher positiv auf den Verlauf und den Erfolg von Beratung und Therapie auswirken kann, konnten Billings und Moos (1984) für depressive Patienten nachweisen. Bei diesen waren die soziale Einbindung und der soziale Rückhalt vergleichsweise (z. B. mit der Therapiedauer) am besten geeignet, Veränderungen von Symptomstärken im Therapieverlauf zu prognostizieren. Auch Mallinckrodt (1996) konnte eine Verbindung zwischen sozialer Unterstützung und der Abnahme von Symptomen in der Behandlung feststellen – insbesondere bei Support durch „natürliche" Netzwerkmitglieder.

7 Das Verhältnis von informeller Hilfe und professioneller Hilfe

Unter einer sozialpsychologischen Perspektive scheinen informelle Hilfe und soziale Unterstützung in mehrfacher Hinsicht zumindest ebenso bedeutsam wie professionelle Hilfe – vor allem in ihren vielfältigen Verflechtungen. Wie internationale Surveys (vgl. Barker, Pistrang, Shapiro & Shaw, 1990) belegen, wenden sich Menschen in Problemen und Krisen nicht nur früher und häufiger an informelle Helfer, sondern sie äußern auch deutliche Präferenzen für diese Hilfen – insbesondere in eher alltäglichen Belastungskonstellationen und Bewältigungsanlässen. Darüber hinaus sind die informellen Hilfen und sozialen Unterstützungsinteraktionen oft komplexer als formalisierte professionelle Hilfen, d. h. sie sind vielfältiger und offener für unterschiedliche Einflussstrategien, weniger abgegrenzt strukturiert und situations- und settingübergreifend eingebunden in lange existierende Beziehungen mit eigenen komplizierten Dynamiken (Coyne, Ellard & Smith, 1990).

Zu berücksichtigen ist dabei außerdem, dass die Zeit professioneller beraterisch therapeutischer Intervention nur etwa 1 % der Wachzeit der Klienten ausmacht. Wenn ein Klient einmal oder zweimal wöchentlich für eine Stunde eine Beratungs- bzw. Therapiesitzung aufsucht, wird diese Zeit zwar besonders signifikant, aber es heißt nicht, dass er während der restlichen Zeit die Probleme und Bewältigungsversuche nicht auch mit anderen Menschen in seiner Lebenswelt bespricht. Vielmehr können ihn die Beratungs- und Therapiegespräche sogar dafür öffnen, auch andere Personen in die Problembearbeitung einzubeziehen (Barker & Pistrang, 2002). Des Weiteren sind viele informelle Hilfen über weit längere Perioden unspezifisch und oft ohne dezidierte und bewusste Abgrenzung von anderen Interaktionen in den Alltag der Betroffenen eingebettet (Nestmann, 1988). Soziale Unterstützung passiert oft „nebenbei“ und unbemerkt.

Zudem gibt es zentrale Spezifika der Einflussnahme sozialer Netzwerke: In alltäglichen Interaktionen und Kontakten werden Abweichungen von der Normalität, Belastungen und Beeinträchtigungen von Wohlbefinden oft „gespürt“, früh erkannt und registriert. Häufig sind keine expliziten Hilfesuchen der Betroffenen notwendig, weil die Bezugspersonen von sich aus aktiv intervenieren, unterstützen, regulieren oder kontrollieren, und die Einflussnahmen erfolgen facettenreich und kontinuierlich auch aus mehreren Quellen (vgl. auch Sloane et al., 1975).

In einem komplexen generischen Psychotherapiemodell integrativer Therapie, das Orlinsky, Grave und Parks (1994) als Konsequenz ihres umfassenden Wirkungsfaktorenreviews (ca. 2.300 Studien von 1950 bis 1992) entwickelten, wird die Qualität der Partizipation des Klienten (in einer guten Therapeut-Klient-Beziehung und Arbeitsallianz, die durch Empathie, Bestätigung, Zusammenwirken und Selbstkongruenz sowie den geplanten Einsatz von wirksamen Interventionen geprägt ist) als bedeutsamste Wirkungsdeterminante herausgearbeitet. Selbst hier wird aber der nahe liegende soziale Einfluss auf eben diese Partizipation nur marginal berücksichtigt. Netzwerkeinflüsse finden lediglich in der Vorphase der Behandlung (Input) und in der Nachinterventionsphase (Output) eine gewisse Beachtung.

Nachdrücklich belegt ist auch die generelle Bedeutung informeller sozialer Gesundheitsselbsthilfe (vgl. Nestmann & Weinhold, 2008) und die Wirkung organisierter Selbsthilfe (in peer-support-groups) für eine große Bandbreite von Problemlagen und in unterschiedlichsten Modalitäten, die durchaus mit professionellen Interventionseffekten vergleichbar scheinen (Christensen & Jacobson, 1994; Lambert & Bergin, 1994; Tallman & Bohart, 1999).

Zudem scheint es, dass generelle und übergreifende Orientierungen und Pfade einer hilfreichen Einflussnahme und Veränderung inner- und außerhalb von professioneller Beratung und Therapie existieren (Prochaska, 1999). Individuen erproben und praktizieren in der alltäglichen Problembewältigung spontan sowie routinemäßig ähnliche Veränderungsstrategien, wie sie in professioneller Beratung und Therapie zu finden sind. Alltägliche Hilfe unterscheidet sich hierin also nicht grundlegend und kategorial von einer professionellen Einflussnahme (Nestmann, 1988) und Hilfeprozesse laufen relativ analog (wenn auch nicht systematisch reflektiert) ab. Vor allem treffen diese Ähnlichkeiten oft auch auf die Realisierung genereller Wirkfaktoren (gelingende Beziehung, Hoffnung schaffendes Klima, aufmerksame Zuwendung, Anteilnahme und Interesse etc.) zu, die im Alltag wie in der professionellen Intervention zur Geltung kommen. Tallman und Bohart (1999) gehen deshalb davon aus, dass professionelle Hilfe oft nichts anderes tut, als auf belastungsspezifische Erfahrungs- und Verständniszusammenhänge des Alltags zu fokussieren, diese quasi herauszudestillieren und sich darauf zu konzentrieren, Ereignis-, Erlebnis- sowie Lernbedingungen zu bieten, die eine Selbstheilung anregen und fördern. Beratung und Therapie werden sozusagen zur professionell begleiteten Selbstheilung. Bewusstseins- und Einsichtsförderung, dramatische emotionale Erleichterung, die Evaluation der Umgebung, die emotionale und kognitive Neubewertung, die Befreiung aus der Angst und Starre, sich nicht ändern zu können, das Management von Belastungen und Verstärkungen, die Kontrolle von Umweltreizen, das Ersetzen unerwünschter durch erwünschte Handlungen sind Elemente, die hier wie dort Veränderung auslösen und begünstigen (APA, 1994; Prochaska, 1999). Der Selbsthilfeprozess läuft dabei ab als eine kontinuierliche Schleife von Denken – Explorieren – Erfahren und Verhalten, in formeller ebenso wie in informeller Hilfe.

Die strukturelle Ähnlichkeit einer (vor allem dyadischen) hilfreichen *informellen* und einer hilfreichen *professionellen* Beratungskonstellation liegt hierbei auf der Hand und führt ebenfalls Autoren wie Winefield (1987) oder – aktueller – Barker und Pistrang (2002) dazu, eine deutlich stärkere Integration von Psychotherapie-/Beratungsforschung und sozialer Unterstützungsforschung in einer „allgemeinen Hilfeforschung“ einzufordern (s. o.).

Aus der Perspektive der Hilferezipienten passen beide – Beratung und Psychotherapie einerseits und alltägliche Hilfe und soziale Unterstützung andererseits – in einen generellen Rahmen von zwischenmenschlicher Hilfe. Beide implizieren die Formen praktischer (d. h. instrumenteller und materieller) wie informationsbezogener Hilfe und Problem fokussierender Beratung und emotionaler, Selbstwert fördernder Unterstützung. Diese können direkt oder indirekt (z. B. über Beispiele und Modelllernen) aus einer Vielzahl möglicher informeller (Familie, Freunde, Nachbarn, alltägliche Helfer etc.) und formeller (Berater, Therapeuten, Sozialarbeiter, Ärzte etc.) Quellen erfolgen (Winefield, 1987). Eine solche Integration könnte ohne Zweifel die unangemessene Abschottung professioneller Beratungs- und Therapieforschung,

-theorie und -praxis von alltäglichen sozialen (Hilfe-)Einflüssen, die Selbstzentriertheit professioneller Hilfe im nur scheinbar sozial losgelösten Raum überwinden helfen und zu einer analytisch, konzeptionell und anwendungsbezogen produktiveren gegenseitigen Bereicherung und Befruchtung führen, als dies bisher der Fall ist. Beratungsforschung kann viel von sozialer Unterstützungsforschung lernen und umgekehrt. Professionelle Beratung kann viel von alltäglicher sozialer Unterstützung lernen und umgekehrt. Ohne ihre Spezifika und unterschiedlicher Profile zu verlieren, ließen sich die jeweiligen Potentiale und Stärken integriert effektiver zur Geltung bringen.

Die professionelle beraterische Intervention ist nur eine in einer ganzen Reihe von verschiedenen Einflussnahmen, die Klienten aus verschiedenen potentiellen Hilfequellen erfahren. Es scheint wichtig, die spezifischen Formen und Anteile von Unterstützung zu explorieren und zu erfassen, um sie möglicherweise in Zukunft zielgerichteter nutzen zu können, statt sie zu übersehen.

Dem generell multidimensionalen Einfluss sozialer Beziehungen entsprechend sind diese informellen Einflüsse auf Klienten und professionelle Hilfeprozesse nicht per se „hilfreich". Soziale Netzwerke können den Zugang zu professioneller Hilfe ebenso verbauen und einschränken wie erleichtern und forcieren. Alltägliche soziale Unterstützung kann einen professionellen Hilfeprozess unterstützen und fördern, ihn ergänzen und in seiner Richtung verstärken, sie kann ihn aber auch boykottieren und stören, belasten und beeinträchtigen. Professionelle und informelle Interventionen können parallel nebeneinander laufen, in gleiche, verschiedene oder gar gegenläufige Richtungen führen, sich konflikthaft kreuzen oder widersprechen. Gerade deshalb steht eine tiefer gehende Analyse dieser Einflüsse und ihrer Wirkungen auf die Entstehung, den Verlauf und das Ergebnis von Beratung aus.

Dazu heißt es umzudenken und in Diagnose und Intervention nicht nur den Klienten in seinen Problemen und Bewältigungsanstrengungen zu fokussieren, sondern auch auf sein soziales Umfeld zu blicken, auf die Familie und den Partner, die Freunde und Bekannten, die Kollegen und Nachbarn und auf deren Einflussversuche und Einflussnahmen im Zugang, Verlauf und Ende des Beratungsprozesses. Dabei ist es von Interesse, wer als Ansprechpartner vor der professionellen Hilfe galt, wer hat zugehört, wenn es dem Klienten schlecht ging und er Rat gesucht hat, wer hat Trost gespendet, Ratschläge gegeben, den Betroffenen aufgemuntert oder gar zu einer anderen Sichtweise der Probleme und damit zu einem Perspektivenwechsel angeregt, welche Personen aus dem sozialen Netzwerk haben Hilfe angeboten oder auf Hilfesuche des Beratungsklienten reagiert und wie zufrieden war dieser mit den erhaltenen oder auch nur wahrgenommenen Unterstützungsleistungen? Wer wusste von der Entscheidung, Beratung in Anspruch zu nehmen, welche Reaktionen kamen dazu aus dem sozialen Umfeld und welche Auswirkungen hatten sie?

Nicht nur die Einflussnahme in der Zeit vor, sondern auch während der professionellen Intervention tragen entscheidend zum Verlauf der Beratung und zu ihren Wirkungen bei. Während des Beratungsprozesses können soziales Netzwerk und professionelle Beratung sich gegenseitig beeinflussen. Im besten Fall kommt es zu positiven Synergien, im schlechtesten Fall – gar ohne beiderseitiges Wissen – arbeiten sie gegeneinander. Deshalb gilt es auch hier, Informationen darüber zu sammeln, welche Rolle soziale Beziehungen in der Problembewältigung wie im formellen Beratungsprozess spielen. Wer unterstützt weiterhin in welcher Form und mit welchen

Folgen? Gibt es Vertrauenspersonen, mit denen ein Austausch über Beratungsinhalte und Beratungserfahrungen gesucht wird? Welche Einstellungen und Normen gegenüber Beratung und Therapie werden im Netzwerk kommuniziert? Streben die informellen und professionellen Helfer übereinstimmende Ziele auf gleichen oder verschiedenen Wegen an und verstärken sie sich in ihren Effekten? Gleicht ein System Schwächen des Anderen aus, z. B. dort wo der Berater mit ‚objektivem' Expertenblick und professioneller Distanz für den Klienten kompetenter in der Problembearbeitung scheint, informelle Helfer hingegen die erste Instanz bei emotionalen Tiefpunkten darstellen? Gibt es Ressourcen im persönlichen Netzwerk des Klienten, die aktiviert, gefördert und in einer gemeinsamen Bewältigungsanstrengung integriert werden können, oder werden persönliche Beziehungen identifiziert, die Beratung als unerwünschte Einmischung und Konkurrenz betrachten, die im Widerspruch zu ihr geraten oder in konträre Richtungen beeinflussen? Die Beteiligung des Klienten in der Beratung über Motivation, Änderungswillen, Engagement und aktive Mitarbeit, aber auch die therapeutische Beziehung und Allianz können stark von diesen Einflüssen aus dem sozialen Umfeld abhängig sein. Deshalb muss man sie kennen und einbeziehen. Soziale Beeinträchtigungen und Belastungen des professionellen Hilfeprozesses können identifiziert und reflexiv wie gegebenenfalls praktisch bearbeitet werden. Soziale Potenziale und Ressourcen für einen gelingenden Problembewältigungsprozess können gezielt genutzt werden, z. B. um Lösungsstrategien möglichst bruchlos in den Alltag zu transferieren und dort zur Stabilisierung des Klienten und neuer Bewältigungsmuster beizutragen. Persönliche Beziehungen wie soziale Netzwerke und ihre Rolle in Beratung und Therapie verdienen eine (neue) theoretische, empirische und praktische Aufmerksamkeit. Sie müssen Platz finden in den Prozessmodellen beraterischer und therapeutischer Hilfe und damit auch in der Aus- und Weiterbildung von BeraterInnen in ihrer beruflichen Praxis.

Literatur

American Psychiatric Association (APA) (1994). *Diagnostic and statistical manual of mental disorders* (4th ed.). Washington: APA.

Bankoff, E.A. (1994). The social network of the psychotherapy client. *Psychotherapy: Theory, Research, Practice, Training, 31* (3), 503–514.

Bankoff, E.A. (1996). Pre-treatment social support and effective psychotherapeutic process: a panel study. *Psychotherapy: Theory, Research, Practice, Training, 33* (1), 51–60.

Barker C. & Pistrang, N. (2002). Psychotherapy and social support: integrating research on psychological helping. *Clinical Psychological Review, 22* (3), 361–379.

Barker, C., Pistrang, N., Shapiro, D.A. & Shaw, I. (1990). Coping and help seeking in the UK adult population. *British Journal of Clinical Psychology, 29* (3), 271–285.

Beutler, L.E., Clarkin, J.F. & Bongar, B. (2000). *Guidelines for the systematic treatment of the depressed patient.* New York: Oxford University Press.

Billings, A.G. & Moos, R.H. (1984). Treatment experiences of adults with unipolar depression: The influence of patient and life context factors. *Journal of Consulting and Clinical Psychology, 52* (1), 119–131.

Broadhead, W.E., Gehlbach, S., DeGruy, F. & Kaplan, B. (1989). Functional versus structural social support and health care utilization in a family medicine outpatient practice. *Medical Care, 27* (3), 221–233.

Campen, Q. & van Sluijs, E.M. (1989). *Patient compliance: a survey of reviews (1979–1989).* Utrecht: Nivel.

Christensen, A. & Jacobson, N.S. (1994). Who (or what) can do psychotherapy: The status and challenge of non-professional therapies. *Psychological Science, 5* (1), 8–14.

Cowen, E.L. (1982). Help is where you find it. Four informal helping groups. *American Psychologist, 37* (4), 385–395.

Coyne, J.C., Ellard, J.H. & Smith, D.A.F. (1990). Social Support, interdependence, and the dilemmas of helping. In B.R. Sarason, I.G. Sarason & G.R. Pierce (Eds.), *Social Support: an interactional view* (pp. 129–149). New York: Wiley.

Cross, D.G., Sheehan, P.W. & Khan, J.A. (1980). Alternative advice and counsel in psychotherapy. *Journal of Consulting and Clinical Psychology, 48* (5), 615–625.

Deu, A., Heimbrock, F. & Röhrle, B. (2009). Der Zusammenhang zwischen Merkmalen Sozialer Netzwerke und der therapeutischen Beziehung – Eine kombinierte Prozess-Outcome-Studie. In B. Röhrle & A.-R. Laireiter (Hrsg.), *Soziale Unterstützung und Psychotherapie* (S. 227–253). Tübingen: dgvt-Verlag.

Durlak, J.A. (1981). Evaluating comparative studies of paraprofessional and professional helpers: A reply to Nietzel and Fisher. *Psychological Bulletin, 89* (3), 566–569.

Franz, M. (1994). Die Ablehnung psychotherapeutischer Hilfe – empirische Konturen eines destruktiv-narzißtischen Phänomens. *Forum der Psychoanalyse, 10* (2), 175–187.

Garfield, S.L. (1994). Research on client variables in psychotherapy. In A.E. Bergin & S.L. Garfield (Eds.), *Handbook of psychotherapy and behavior change* (4th ed.) (pp. 190–228), New York: Wiley.

Granovetter, M.S. (1973). The strength of weak ties. *The American Journal of Sociology, 78,* 1360–1380.

Greenley, J.R., Mechanic, D. & Cleary, P.D. (1987). Seeking help for psychological problems: A replication and extension. *Medical Care, 25* (12), 1113–1128.

Haaga, D.A.F. (2000). Introduction to the special section on stepped care models in psychotherapy. *Journal of Consulting and Clinical Psychology, 68* (4), 547–548.

Hartwig, J. & Waller, H. (2006). Stufen und Hürden der Teilnahme an Krebsvorsorgeuntersuchungen bei 45–60-jährigen Männern – Ergebnisse einer empirischen Untersuchung. *Gesundheitswesen, 68* (1), 357–363.

Hass, W. & Petzold, H. (1999). Die Bedeutung der Forschung über soziale Netzwerke, Netzwerktherapie und soziale Unterstützung für die Psychotherapie. In H. Petzold & M. Mertens (Hrsg.), *Wege zu effektiven Psychotherapien* (S. 193–272). Opladen: Leske und Budrich.

Hermer, M. (2009). Soziale Netzwerke und die Qualität der therapeutischen Beziehung. In B. Röhrle & A.-R. Laireiter (Hrsg.), *Soziale Unterstützung und Psychotherapie* (S. 191–225). Tübingen: dgvt-Verlag.

Herrle, J. (1998). Soziale Unterstützungsnetzwerke im Psychotherapeutischen Kontext. In B. Rörhle, G. Sommer & F. Nestmann (Hrsg.), *Netzwerkintervention* (S. 51–75). Tübingen: dgvt-Verlag.

Herrle, J. & Angermeyer, M.C. (1997). Psychotherapie anstelle sozialer Unterstützung? Die Rolle des individuellen Unterstützungsnetzwerks bei der Inanspruchnahme therapeutischer Angebote. *Zeitschrift für Klinische Psychologie, 26* (1), 58–67.

Horvath, A.O. & Luborsky, L. (1993). The role of the therapeutic alliance in psychotherapy. *Journal of Consulting and Clinical Psychology, 61* (4), 561–573.

Horwitz, A. (1977). Social networks and pathways to psychiatric treatment. *Social Forces, 56* (1), 86–105.

Howard, K.I., Kopta, S.M. & Krause, M.S. (1986). The dose-effect relationship in psychotherapy. *American Psychologist, 41* (2), 159–164.

Hubble, M.A., Duncan, B.L. & Miller, S.D. (Eds.). (1999a). *The heart and soul of change: What works in therapy?* Washington: APA.

Hubble, M.A., Duncan, B.L. & Miller, S.D. (1999b). Directing attention to what works. In M.A. Hubble, B.L. Duncan & S.D. Miller (Eds.), *The heart and soul of change: What works in therapy?* (pp. 407–447). Washington: APA.

Ingham, J.G. & Miller, P.McC. (1986). Self-referral to primary care: symptoms and social factors. *Journal of Psychosomatic Research, 30* (1), 49–56.

Klauer, T. & Schneider, W. (2004). *Soziale Unterstützung und Motivation zur Psychotherapie. Vortrag*. Leipzig: 6. Kongress für Gesundheitspsychologie.

Laireiter, A.-R., Saller, M. & Sieker, S. (2009). Soziales Netzwerk und Soziale Unterstützung in der Bewältigung psychischer Probleme und der Suche nach professioneller Hilfe. Literaturanalyse und zwei Studien. In B. Röhrle & A.-R. Laireiter (Hrsg.), *Soziale Unterstützung und Psychotherapie* (S. 317–395). Tübingen: dgvt-Verlag.

Lambert, M.J. (1992). Psychotherapy outcome research: implications for integrative and eclectic theories. In J.C. Norcross & M.R. Goldfried (Eds.), *Handbook of psychotherapy integration* (pp. 94–129). New York: Basic Books.

Lambert, M.J. & Barley, D.E. (2001). Research summary on the therapeutic relationship and psychotherapy outcome. *Psychotherapy. Theory, Research, Practice, Training, 38* (4), 357–361.

Lambert, M.J. & Bergin, A.E. (1994). The effectiveness of psychotherapy. In A.E. Bergin & S.L. Garfield (Eds.), *Handbook of psychotherapy and behaviour change* (4th ed.) (pp. 143–189). New York: Wiley.

Mallinckrodt, B.S. (1996). Change in working alliance, social support, and psychological symptoms in brief therapy. *Journal of Counseling Psychology, 43* (4), 448–455.

McFadzean, D.M. (2005). *What really matters. The foundation of effective counselling and psychotherapy*. Verfügbar unter: www.talkingcure.co.uk [13.10.2011].

McLeod, J. (2002). *Doing counselling research* (1. publ., repr.). London: Sage.

Nestmann, F. (1988). *Die alltäglichen Helfer.* Berlin, New York: De Gruyter.

Nestmann, F. (2010). Soziale Unterstützung – Social Support. In EEO Enzyklopädie Erziehungswissenschaft Online Weinheim, München: Juventa. Verfügbar unter: http://www.erzwissonline.de/ [13.10.2011].

Nestmann, F. & Weinhold, K. (2008). Gesundheitsselbsthilfe im Alltag. In T. Bals, A. Hanses & W. Melzer (Hrsg.), *Gesundheitsförderung in verschiedenen Settings* (S. 279–297). Weinheim, München: Juventa.

Oritt, E.J., Paul, S.C. & Behrman, J.A. (1985). The perceived support network inventory. *American Journal of Community Psychology, 13* (5), 565–581.

Orlinsky, D.E., Grave, K. & Parks, B.K. (1994). Process and outcome in psychotherapy. In A.E. Bergin & S.L. Garfield (Eds.), *Handbook of psychotherapy and behavior change* (4th ed.) (pp. 270–376). New York: Wiley.

Perrucci, R. & Targ, D.B. (1982). *Mental patients and social networks.* Boston: Auburn House.

Pescosolido, B.A. (1992). Beyond rational choice: the social dynamics of how people seek help. *American Journal of Sociology, 97* (4), 1096–1122.

Prochaska, J.O. (1999). How do people change, and how can we change to help many more people? In M.A. Hubble, B.L. Duncan & S.D. Miller (Eds.), *The heart and soul of change* (pp. 227–255). Washington: APA.

Röhrle, B. & Laireiter A.-R. (Hrsg.). (2009). *Soziale Unterstützung und Psychotherapie.* Tübingen: dgvt-Verlag.

Röhrle, B. & Sommer, G. (1998). Zur Effektivität netzwerkorientierter Interventionen. In B. Röhrle, G. Sommer & F. Nestmann (Hrsg.), *Netzwerkinterventionen* (S. 13–47). Tübingen: dgvt-Verlag.

Rook, K.S. (1990). Parallels in the study of social support and social strain. *Journal of Social and Clinical Psychology, 52* (9), 118–132.

Saunders, S.M. (1993). Applicants' experience of the process of seeking therapy. *Psychotherapy: Theory, Research, Practice, Training, 30* (4), 554–564.

Sloane, R.B., Staples, F.R., Cristol, A.H., Yorkston, N.J. & Whipple, K. (1975). *Short-term analytically oriented psychotherapy vs. behavior therapy.* Cambridge: Harvard University Press.

Tallman, K. & Bohart, A.C. (1999). The client as a common factor: clients and self-healers. In M.A. Hubble, B.L. Duncan & S.D. Miller (Eds.), *The heart and soul of change* (pp. 91–132). Washington: APA.

Tallman, K. & Bohart, A.C. (2001). Gemeinsamer Faktor KlientIn: SelbstheilerIn. In M.A. Hubble, B.L. Duncan & S.D. Mills (Hrsg.), *So wirkt Psychotherapie. Empirische Ergebnisse und praktische Folgerungen* (S. 85–136). Dortmund: Verlag Modernes Lernen.

Thiersch, H. (1992). *Lebensweltorientierte Beratung.* Weinheim, München: Juventa.

U.S. Departement of Health and Human Services (1999). *Mental Health: A report of the Surgeon General.* Washington.

Vriends, N., Lajtman, M., Becker, E.S. & Margraf, J. (2009). Die Rolle der Sozialen Unterstützung im Prozess der Inanspruchnahme von Psychotherapie: Ergebnisse einer epidemiologischen prospektiven Studie. In B. Röhrle & A.-R. Laireiter (Hrsg.), *Soziale Unterstützung und Psychotherapie* (S. 297–316). Tübingen: dgvt-Verlag.

Wade, C.K., Howell, F.M. & Wells, J.G. (1994). Turning to friends, families, or others: A model of social network usage during stressful events. *Sociological Spectrum, 14* (4), 385–407.

Winefield, H.R. (1987). Psychotherapy and social support: Parallels and differences in the helping process. *Clinical Psychology Review, 7* (6), 631–644.

Annett Kupfer hat Erziehungswissenschaften studiert und arbeitet als wissenschaftliche Mitarbeiterin an der Professur für Beratung und Rehabilitation der Technischen Universität Dresden. Ihre Arbeits- und Forschungsschwerpunkte sind u. a. soziale Netzwerke und soziale Unterstützung, Beratung und Bewältigungsverhalten, Migration.

Anschrift:
Technische Universität Dresden
Fakultät Erziehungswissenschaften

Institut für Sozialpädagogik, Sozialarbeit und Wohlfahrtswissenschaften
D-01062 Dresden
E-Mail: Annett.Kupfer@tu-dresden.de

Prof. Dr. Frank Nestmann ist Diplom-Psychologe und befasst sich seit 1976 theoretisch und empirisch mit unterschiedlichen Beratungsthemen. Seit 1993 ist er Inhaber des Lehrstuhls für Beratung und Rehabilitation am Institut für Sozialpädagogik, Sozialarbeit und Wohlfahrtswissenschaften der TU Dresden. Interessen und Publikationsschwerpunkte liegen in den Bereichen Beratung, soziale Netzwerke und soziale Unterstützung, informelle Hilfe, Gemeindepsychologie, Sozialpädagogik und Psychiatrie. Er koordiniert das Forum Beratung der DGVT und ist gemeinsam mit Hans Thiersch Herausgeber der Beratungsreihe im dgvt-Verlag.

Anschrift:
Technische Universität Dresden
Fakultät Erziehungswissenschaften
Institut für Sozialpädagogik, Sozialarbeit und Wohlfahrtswissenschaften
D-01062 Dresden
E-Mail: Frank.Nestmann@tu-dresden.de

Dr. phil. Kathy Weinhold ist wissenschaftliche Mitarbeiterin an der Professur für Beratung und Rehabilitation des Instituts für Sozialpädagogik, Sozialarbeit und Wohlfahrtswissenschaften der Technischen Universität Dresden. Ihre Arbeitsschwerpunkte sind: informelle Hilfe, soziale Netzwerke und soziale Unterstützung sowie soziale Einflüsse auf Beratung.

Anschrift:
Technische Universität Dresden
Fakultät Erziehungswissenschaften
Institut für Sozialpädagogik, Sozialarbeit und Wohlfahrtswissenschaften
D-01062 Dresden
E-Mail: Kathy.Weinhold@tu-dresden.de

Diversität in der Beratung: Unterschiedlichen Lebenswelten gerecht werden

Ursel Sickendiek

In so gut wie allen zeitgemäßen Grundsatz-Chartas, in Dokumenten zu professionellen Standards ebenso wie in Ethikcodices zu Beratung und Counselling weltweit sind die Achtung von Diversität und das Bemühen um einen diskriminierungsfreien Umgang mit unterschiedlichen Ratsuchenden seit langen Jahren festgeschrieben – oft seit Beginn der 1990er – und gleichermaßen als Maxime für Praxis, Theorie und Forschung. Die American Counseling Association (ACA) formulierte im Jahr 2010 bspw. eine neue Definition von Beratung als: "Counseling is a professional relationship that empowers *diverse* individuals, families, and groups to accomplish mental health, wellness, education, and career goals." (ACA, 2010, o. S., Hervorheb. d. Autorin)

Wenn Diversität eine anerkannte Selbstverständlichkeit ist und mittlerweile selbst die deutsche Bundeskanzlerin in ihren Ansprachen vertritt, dass Diversität ein wertzuschätzendes und unterstützenswertes Gut sei, stellt sich für Beratung in sozialen, psychosozialen und benachbarten Arbeitsfeldern die Frage, weshalb Diversität noch eigens postuliert werden muss. Handelt es sich bei Beratung nicht um eine Disziplin und eine besondere professionelle Hilfeform, die sich ohnehin hochgradig auf die individuellen Eigenheiten bzw. Eigenschaften und jeweiligen sozialen Kontexte und Lebensbedingungen ihrer Ratsuchenden einstellt? Und ist Beratung nicht dadurch, dass sie frei von Kontrollfunktionen ist, auf Freiwilligkeit beruht, dass sie Vorgehensweisen mit den Ratsuchenden abstimmt, keine Themen aufdrängt, vor allem keine Lösungen vorgibt und sich als „Minimalintervention" versteht, im

Grunde schon immer auf die Inklusion diverser Personen und Gruppen orientiert? Kurz: Hat Beratung das Betonen von Diversität nötig?

Psychosoziale Beratung bzw. Counselling sind ursprünglich Produkte der Moderne in westlichen Gesellschaften Europas und Nordamerikas bzw. derjenigen Länder der Welt, in denen ein starker westlicher Einfluss besteht. Die vielfach konstatierte Normalisierung von Beratung hat dazu beigetragen, dass es für viele Mitglieder dieser Gesellschaften naheliegend und vernünftig erscheint, sich persönlich oder virtuell an eine Beratungsstelle zu wenden, wenn sie bei einem wichtigen Problem nicht mehr allein weiterwissen oder die Hilfe ihres sozialen Umfeldes nicht mehr ausreicht.

Für andere BewohnerInnen der Erde mag die Vorstellung, mit einer persönlichen Schwierigkeit sich zu einem verabredeten Termin zu einer fremden Person in einem büroähnlichen Setting zu begeben und dort, oftmals in einem vorab limitierten Zeitraum, durch pures Sprechen eine Lösung oder Entlastung zu suchen, eher absurd erscheinen. Sie wenden sich mit ihrer Frage vielleicht an eine ältere Person in der Familie, gehen zu einem Priester oder bringen eine Opfergabe in einem Tempel dar. Dort erhalten sie z. B. einen Sinnspruch, den sie sodann für ihr Anliegen zu interpretieren haben. Aber auch hierzulande sind die Formen der Suche nach Hilfe „divers“: Wenngleich die allermeisten Beratungsangebote auf große Nachfrage treffen, nehmen manche Menschen lieber Rat aus ihrer Religionsgemeinschaft in Anspruch oder sie nutzen skurrile Offerten der Lebenshilfe wie Geistheilung, Astrologie, Tarot, NLP, Familienaufstellungen etc. (vgl. Goldner, i.d.Bd.), manchmal mit beträchtlichen Kosten verbunden. Das zeigt, dass für Teile der Bevölkerung seriöse, von öffentlichen Stellen geleistete und kostenlose Beratungsangebote nicht die Adressen der Wahl sind, wenn schwierige Entscheidungen zu treffen, Krisen zu bewältigen oder Konflikte zu meistern sind. Oder sie haben möglicherweise bereits Erfahrungen in Beratungsstellen gemacht, die ihnen wenig hilfreich waren – vielleicht gerade weil diese Institutionen nicht ausreichend auf vielfältige Ratsuchende eingestellt sind.

Unter der Perspektive von Diversität kann somit auch ein kritischer Blick auf Institutionalisierungsformen von Beratung geworfen werden, die Ratsuchenden Anpassung und Wohlverhalten gegenüber bürokratischen, streng formalen oder nicht transparenten Strukturen abverlangen, z. B.:

- pünktlich und angemeldet zu kommen oder sich der Reihe nach aufrufen zu lassen,
- nach einer zugeteilten Zeit wieder zu gehen, auch wenn zunächst keine Lösung oder Abhilfe in Sicht ist,
- zumeist keine praktische Hilfe, sondern nur Information und Gespräch zu erwarten,
- sich oftmals einer Verkürzung auf psychische bzw. im individuellen Handeln liegende Aspekte von Problemen zu fügen,
- komplexe und im Alltag mit vielen Fassetten verbundene Anliegen auf die Themen zu verkürzen, die in der Beratungsstelle aufgenommen werden können,
- ggf. noch andere in Einzelfragen zuständige Stellen aufsuchen zu müssen,
- Verantwortung nicht abgeben zu können, sondern weiterhin selbst entscheiden und handeln sowie die Folgen tragen zu müssen etc.

Hans Thiersch hat in seinen Beiträgen zur „geheimen Moral der Beratung" bereits vor mehr als 20 Jahren gezeigt, wie institutionalisierte und professionelle Beratung ein ganzes Spektrum nicht expliziter Anforderungen an ihre KlientInnen stellt (Thiersch, 1990). Damit geht ein unausgesprochener Ausschluss solcher AdressatInnen einher, die sich diesen Voraussetzungen nicht fügen können oder wollen oder schlicht nicht in die vorgegebenen Beratungsstrukturen passen: Beratung ist somit immer nur sehr begrenzt offen für Diversität oder genauer gesagt, für verschiedene KlientInnen.

1 Diversität als politisches Konzept

Mit dem Begriff der Diversität verbindet sich ursprünglich ein *politisches* Konzept. Die Auseinandersetzung mit „diversity" geht in Nordamerika vor allem auf die Civil Rights Movements der 1960er-Jahre in den USA zurück. Der Kampf von Frauen, von Farbigen und später auch von Schwulen und Lesben um die volle Gewährleistung von Bürgerrechten in Bildung, Beruf, Gesundheitsversorgung und politischer Partizipation wurde auch im Bereich der psychosozialen Versorgung aufgenommen, verbunden mit der Frage nach diskriminierenden Behandlungs- und Beratungspraktiken: Wie stark basieren Therapie- und Beratungskonzepte auf den hegemonialen Inhalten weißer, westlicher, akademisch gebildeter patriarchaler Kultur? Sind z. B. Vorstellungen über Normalität, Gesundheit und erstrebenswerte Lebensführung nicht außerordentlich kulturabhängig und geschlechtsgebunden? In Nordamerika oder bspw. Großbritannien hat das Thema Diversität heute seinen festen Platz in der theoretischen und konzeptionellen Diskussion um Beratung sowie in der Ausbildung von BeraterInnen. Dabei stehen zumeist die Dimensionen Lebensalter, Geschlecht, sexuelle Orientierung, Hautfarbe, kulturelle und weltanschauliche Zugehörigkeit sowie physische und psychische Fähigkeiten (Gesundheit oder Behinderung) im Zentrum.

Die UNESCO legte im Jahr 2001 eine Erklärung zu Diversität vor, in der unter anderem das Recht auf kulturelle Teilhabe und Wahrung kultureller Identität dargelegt wird. Alle Menschen sollen unabhängig von ihrer kulturellen Zugehörigkeit gleichen Zugang zu öffentlichen Ressourcen erhalten und die Regierungen der Staaten ihre Politik entsprechend gestalten. Mit der Richtlinie zum „Aktionsprogramm der Gemeinschaft zur Bekämpfung von Diskriminierungen" schreibt auch die Kommission der Europäischen Union seit 1999 Gleichbehandlung vor und verbietet diskriminierende Praktiken, die Menschen aufgrund ihres Geschlechts, ihrer Religion oder Weltanschauung, ggf. aufgrund einer Behinderung, aufgrund des Lebensalters oder der sexuellen Ausrichtung ausschließen. Mit Vorgaben für den Dienstleistungssektor beansprucht das Programm auch für Beratungsdienstleistungen Gültigkeit.

2 Diversität als mehrdimensionaler Ansatz

Unter Diversität wird die Vielfalt sozialer, kultureller, physischer und umweltbezogener Unterschiede zwischen Menschen verstanden, die ihre Art zu denken, ihr

Handeln und ihre Lebensführung beeinflussen (Harvey & Allard, 2002). In der Literatur finden sich dabei Ansätze, die von Geschlecht bzw. Gender und Diversität als zwei parallelen Dimensionen ausgehen. Das Geschlecht wird hier als primäres gesellschaftliches Strukturierungsmerkmal herausgestellt, das vor anderen Unterschieden Menschen in zwei Kategorien einteilt und somit auch in der Beratung an erster Stelle zu berücksichtigen ist. In der Regel subsumieren Beiträge zu Diversität das Geschlecht jedoch als eine Dimension unter anderen.

Mit dem Paradigma der Diversität verbindet sich keine wissenschaftliche Theorie im engeren Sinne; es liefert doch aber verschiedene Ideenentwürfe sowie Schlussfolgerungen aus empirischen Studien zu Diversität und Beratung bzw. Psychotherapie, vor allem aus Nordamerika. Zwei zentrale Ideen bestimmen das Konzept „diversity“:

Zum Ersten besteht das Anti-Diskriminierungs-Postulat, *Verschiedenheit explizit positiv zu besetzen und wertzuschätzen*, also die Ressourcen anzuerkennen, die in der Heterogenität des Zusammenlebens und -arbeitens für die Gemeinschaft liegen. Diversität soll implementiert werden über das Vermeiden von Abwertung und Ausgrenzung, über Aufklärung und Information, Vorbilder, das Ermöglichen von positiven Erfahrungen mit Heterogenität sowie über Sanktionen von Diskriminierungstatbeständen. Zudem wird die aktive Förderung der rechtlichen und vor allem sozialen Gleichstellung und Integration von bislang Benachteiligten im sozialen, kulturellen und beruflichen Leben betrieben. Hierbei spielen institutionelle Regelungen, z. B. Quotierungen, eine Rolle, besonders aber das Empowerment der betroffenen Gruppen, Unterstützung von Selbsthilfeinitiativen etc.

Zum Zweiten handelt es sich um einen *gruppenübergreifenden, zumeist als „horizontal“ bezeichneten Ansatz*, der davon ausgeht, dass Strukturen von Feindseligkeit und Benachteiligung über Variablen wie Geschlecht, Hautfarbe, Lebensalter oder sexuelle Orientierung (also Sexismus, Rassismus, altersbezogene Diskriminierung – im englischen „ageism“ – und Homophobie) Parallelen aufweisen und oftmals gepaart auftreten. Viele Menschen werden z. B. aufgrund ihrer Hautfarbe *und* ihres Geschlechts *sowie* ihres Lebensalters diskriminiert und Diskriminierung kumuliert. Ausschluss und Benachteiligung aufgrund der genannten Variablen finden zugleich auf gesellschaftlich-struktureller, auf institutioneller und auf individueller Ebene im alltäglichen Umgang statt. Indem man gezielt die Augen offen hält für parallele Diskriminierungsprozesse (z. B. aufgrund höheren Lebensalters und des weiblichen Geschlechts), können diese leichter erkannt und – so die Prämisse – eher Gegenstand präventiver Maßnahmen werden. Der horizontale Ansatz wendet sich gegen das Hierarchisieren von Diskriminierung (eine Diskriminierungsvariable als wichtiger zu deklarieren als eine andere) und strebt an, in der Präventionsarbeit die Kräfte so zu bündeln, dass Diskriminierung aufgrund von persönlichen Merkmalen insgesamt ausbleibt.

Wie Paul Mecheril und Melanie Plößer (2011) ausführen, verbinden sich mit diesen gut gemeinten Auffassungen von Diversität in der Sozialen Arbeit – und diese Einschätzung lässt sich auch auf Beratung übertragen – Ambivalenzen und Risiken: Eine soziale Praxis, die Diversität explizit achten will, kann zum einen dem Ausschluss gesellschaftlich diskriminierter Gruppen entgegenwirken. Damit kann aber zum anderen eine „Festlegung und Annexion von Differenzen/Identitäten“

einhergehen (S. 285), die in klischeehaften und naiven Zuschreibungen von Eigenheiten mündet und echter Offenheit gegenüber denjenigen, die beraten werden oder beraten werden sollen, im Wege steht. So mag Beratung, vielleicht nicht in einem Maße wie Soziale Arbeit insgesamt, aber doch in Teilen dazu beitragen, in öffentlichen oder fachöffentlichen Debatten abweichende Gruppen zu konstituieren und diese zu klientelisieren. Marion Gemende, Chantal Munsch und Steffi Weber-Unger Rotino (2007) legen deshalb auch dar, dass eine diversitätsorientierte soziale Praxis Differenz im konkreten Umgang miteinander *gleichzeitig vergessen muss wie nicht vergessen darf:* Diese Ambivalenz ist nicht aufzulösen, sondern ist im Paradigma diversitätsorientierten Handelns angelegt als Gleichbehandlung im Sinne von Gerechtigkeit zum einen und Anerkennen von Unterschiedlichkeit mit möglichen besonderen Erfordernissen zum anderen.

3 Inter- und multikulturelle Beratung, „cross-cultural counseling" oder Beratung in diversen Lebenswelten?

Die internationale Diskussion um Beratung ist bis heute wesentlich von wissenschaftlichen Beiträgen aus den USA, aus Kanada, Australien und Großbritannien dominiert. „Diversity" nimmt einen vergleichsweise breiten Raum in wissenschaftlichen Beiträgen und in Praxisstudien ein und dabei steht neben Geschlecht bzw. Gender vor allem *kulturelle Diversität* im Mittelpunkt.

Beiträge aus Nordamerika und anderen englischsprachigen Ländern

In den internationalen Beiträgen, vor allem aus Nordamerika, aber auch in spanischsprachigen Publikationen laufen seit Mitte der 1980er-Jahre die beiden Begriffe des „intercultural" und „multicultural counseling" oder des „cross-cultural counseling" parallel und erst seit Ende der 1990er-Jahre setzt sich verstärkt der Begriff der Diversität durch („counselling the culturally diverse", vgl. Arredondo et al., 2005). Bis Ende der 1990er-Jahre sind vor allem Bewältigungsstrategien, Inanspruchnahme von Beratung sowie die Einschätzung der Beratung und der BeraterInnen durch KlientInnen unterschiedlicher kultureller Herkunft (d.h. Angehörigen von Minoritäten) Themen der empirischen Studien. Zahlreiche Beiträge fordern „cross-cultural" oder multikulturelle Beratungskompetenzen. Als drei zentrale Dimensionen multikultureller Kompetenzen in der Beratung wurden dabei bspw. in einem bis heute vielzitierten und grundlegenden Beitrag definiert

(1) “Understanding the worldviews of the culturally different client”, d.h. offene und akzeptierende Haltungen und Einstellungen der BeraterInnen zu Angehörigen anderer kultureller Gruppen, aber auch Faktenwissen um die Unterschiedlichkeit von Kulturen und Milieus,
(2) “Counselors awareness of own assumptions, values, and biases”, d.h. Selbstreflexivität in Bezug auf die eigene Weltanschauung, Erfahrungswelt und Lebenshaltung im Unterschied zu den Weltanschauungen anderer Kulturen sowie ein geschärftes Bewusstsein dafür, wie diese in die Beratung einfließen,

(3) und "Developing appropriate intervention strategies and techniques" (Sue, Arredondo & McDavis, 1992). Gemeint sind die methodischen und konzeptionellen Fähigkeiten und Kenntnisse, um eine angemessene Beratungskommunikation mit Personen anderer kultureller Herkunft führen zu können, angemessene Beratungssettings herzustellen und auf die Personen zugeschnittene Interventionen planen zu können.

Inzwischen gibt es auch Stimmen, die sich gegen die Forderung nach besonderen interkulturellen Beratungskompetenzen wenden. Sowohl Aufgeschlossenheit gegenüber anderen Selbst- und Weltbildern wie auch die methodischen Fähigkeiten für hilfreiche Beratungskommunikation mit KlientInnen aus unterschiedlichen „Kommunikationskulturen" sind – so das Argument – Basiskompetenzen jeglicher Beratung. Diese Position hat durchaus etwas für sich, denn BeraterInnen sind nie ganz davor gefeit, vorschnell zu typisieren, die Geschichten von KlientInnen in vertraute „Schubladen" zu stecken und vielleicht gerade bei KlientInnen aus persönlich vertrauten Milieus betriebsblind zu werden für das Wahrnehmen von Unbekanntem.

So kommt z. T. aus der personzentrierten Beratung und Psychotherapie massive Kritik daran, dass multikulturelle oder interkulturelle Kompetenzen als gesonderte Fähigkeiten gefordert werden (Patterson, 2004). Hier werden zwei Argumente vorgebracht: Zum einen werde mit dem Fordern und Definieren multikultureller Kompetenzen die Relevanz von „Wissen, Information, Fertigkeiten und Techniken" in der Beratung weit überzeichnet. Wenn gute Beratung primär über die hilfreiche Beziehung (den Rapport) zwischen BeraterIn und KlientIn verläuft, umfasst dieses laut Patterson die offene und akzeptierende Haltung gegenüber KlientInnen jeglicher Herkunft und jeglicher persönlicher Eigenschaften. Die zweite falsche Grundannahme sei, dass „Klientenunterschiede wichtiger seien als Klientenähnlichkeiten" (ebd., S. 68, Übers. d. Autorin). Patterson bezweifelt, dass es nutzbringend und erstrebenswert sei, KlientInnen in gesonderte Gruppen zu klassifizieren, die jeweils gesonderte Beratungsverfahren benötigten. Zwar mögen manche Gruppen andere Kommunikationsgewohnheiten haben als andere, aber ein guter Berater oder eine gute Beraterin müsse stets in der Lage sein, diesen mit Sensibilität und einem personzentrierten Vorgehen zu entsprechen: Ein *universelles Modell* der (klient- oder personzentrierten) Beratung basiert neben den Grundhaltungen der Personzentrierung noch auf der offenen Strukturierung der Beratungssituation und auf dem Schaffen von Transparenz in Bezug auf das eigene Handeln im Beratungsverlauf.

Eine andere, daran anschlussfähige Kritik kreidet der Debatte um multikulturelle Beratungskompetenzen an, dass die ethnische Herkunft von Menschen weit überbetont werde (Weinrach & Thomas, 2004). Zumeist werden – unbeabsichtigt – mit Referenz auf die Mehrheitsbevölkerung der USA bestimmte Eigenschaften von Minderheitengruppen bei der Inanspruchnahme von Beratung festgestellt, die letztlich als Defizite erscheinen mögen (z. B. Tabuisierung bestimmter Themen, Misstrauen gegenüber der Beratungsstelle, Skepsis gegenüber dem offenen Aussprechen negativer Gefühle). Diese Position hat deutliche Parallelen zur wohlbegründeten Kritik an einer Essentialisierung von „Kultur" in der deutschen Auseinandersetzung (s. u.). Und in der Durchsicht der zahlreichen empirischen Studien zur Beratung mit Minderheiten (IndianerInnen bzw. UreinwohnerInnen, koreanische

StudentInnen, mexikanische ZuwandererInnen, Abkömmlinge arabischer EinwandererInnen etc.) entsteht tatsächlich der Eindruck einer gewissen Ethnisierung der Debatte. Es handelt sich überwiegend um Vergleichsstudien mit der westlichen, weißen Bevölkerung, die diese als Norm setzen und die Abweichung der jeweils anderen erheben.

Beiträge aus der deutschsprachigen Diskussion

Die deutschsprachige Diskussion war seit Mitte der 1980er-Jahre wesentlich durch die Begriffe der interkulturellen bzw. transkulturellen Beratung bestimmt. Im Kontext von psychosozialer und sozialpädagogischer Arbeit war es zunächst die Frauenprojekteszene, in der interkulturelle und auf die sexuelle Orientierung bezogene Fragestellungen der Differenz zwischen Frauen virulent wurden. Hierbei spielte zum einen eine Rolle, dass sich zugewanderte Feministinnen u. a. muslimischen Glaubens in Frauenprojekten von eurozentristischen Haltungen ihrer Mitstreiterinnen oder lesbische Sozialarbeiterinnen von heterosexuellen dominiert sahen und ihr Recht auf abweichende feministische Perspektiven einklagten. Zum anderen trugen in den feministischen Referenzwissenschaften Kontroversen zwischen unterschiedlichen weltanschaulichen Feminismen (grob gesagt zwischen bürgerlichen versus linken bzw. marxistischen Auffassungen von Frauenrechten und Emanzipation) mit zur erkenntnistheoretischen Ausdifferenzierung von Ideen und Konzepten bei (vgl. Schmerl & Großmaß, 1989). Die Debatte um die Differenz unter Frauen mündete u. a. im Standpunktansatz – d. h. in der Forderung – als Wissenschaftlerin die eigene Perspektive auf die Realität vom jeweiligen persönlichen Standpunkt aus zu explizieren (Harding, 1994).

Paul Mecheril und Maria do Mar Castro Varela (2000) unterscheiden zwischen „interkultureller Beratung" im Fall von Auseinandersetzung über Fragen, die kulturelle Unterschiede betreffen, und der „interkulturellen Dimension von Beratung" im Zusammentreffen von Angehörigen unterschiedlicher Kulturen zu einem x-beliebigen Thema. Die wissenschaftlichen Beiträge zu interkultureller Beratung setzen sich zudem bereits seit mehreren Jahren mit der sozialen Konstruiertheit kultureller Differenz auseinander. Kritisiert wird vor allem, ganz ähnlich wie in der Geschlechterdebatte, die Tendenz zur Essentialisierung von Kultur, d. h. einer wesenhaften und fast „natürlichen" Vorstellung kultureller Zugehörigkeit oder Andersartigkeit. Die Veränderlichkeit kultureller Praxis, die öffentlichen Diskurse des Definierens (vermeintlich) kultureller Gruppen gegenüber Individuen und Gruppen, die sich oftmals ganz und gar nicht als ein kulturelles Gemeinwesen auffassen, oder Bemühungen von Einzelnen, sich von der ihnen attribuierten „Kultur" abzugrenzen und andere Zugehörigkeiten in „Zwischenwelten" aufzubauen, werden dabei oft vergessen (Gemende, 2002). Übersehen wird vor allem die Diversität *in* den Minderheiten, die sich über Bildungsniveau und Beruf, über Geschlecht und sexuelle Orientierung, über Lebensalter etc. ergibt. Der aus dieser Kritik resultierenden Forderung, Kultur nur als eine Dimension der Verschiedenheit von Personen oder Gruppen neben anderen, vielleicht ebenso bedeutsamen oder bedeutenderen Dimensionen zu fassen, entspricht das mehrdimensionale Konzept der Diversität heute eher.

Bei allem Nutzen, den das Konzept der Diversität für psychosoziale Arbeit allgemein und für Beratung im Besonderen bringt, birgt es jedoch auch Fallstricke

Vorwort und Einleitung
Innovative Zugänge
Beratungs-settings und -räume
Medien und Beratung
Kritik der Beratung
Register
Anhang

und Risiken. So wie die Forderung nach einer Öffnung von Institutionen und Angeboten für „Diversität“ in der Praxis manchmal gestellt wird, ist der eine oder andere Zweifel in Bezug auf die Umsetzung und ihre Konsequenzen angebracht, der die bereits oben aufgeführten Probleme des Konzepts noch vergrößert kann.

Zum einen besteht die Gefahr, dass eine Orientierung an Diversität und – schlicht gesagt – daran, „dass die Menschen nun mal verschieden sind“, zu einer *Relativierung von Problemen* führt. Sobald mit Bezugnahme auf Diversität im professionellen Umgang mit Einzelnen, Familien oder Gruppen Rechtsverletzungen akzeptiert werden (z. B. von Gewalt gegen Frauen oder in Familien), Nachteile unhinterfragt hingenommen werden (z. B. von Bildungsnachteilen der Kinder sogenannter „bildungsferner Familien“), gerät man in die Falle des Relativismus. Beratung hat auch den Auftrag der Parteinahme für Schwächere oder Benachteiligte und der gesellschaftlichen Anwaltschaft für die AdressatInnen. Dieses ist eine grundlegende Frage professioneller Ethik, die durch das Bemühen um die Anerkennung von Diversität nicht unterlaufen werden darf.

Zum anderen kann das Leitbild der Diversität zur Vereinfachung und *Individualisierung von Sachverhalten* beitragen, indem Belastungen und Schwierigkeiten von KlientInnen, aber auch ihre (vielleicht eher ungünstigen) Handlungsweisen oder Umgangsformen mit diesen Belastungen verkürzend auf eine bestimmte Eigenheit zurückgeführt werden, zumeist auf ihre Kultur oder Geschlecht. Im Hinblick auf psychosoziale Probleme laufen Prozesse der Ethnisierung und der Kulturalisierung von Ursachenzuschreibungen (vgl. Gemende, 2002), ebenso wie in Bezug auf die Geschlechterperspektive immer wieder „Wesensauffassungen“ und Essentialisierungen herangezogen werden (Schmerl & Großmaß, 1989; Harding, 1994). Essentialisierung bedeutet nichts anderes, als dass Personen bestimmte über Sozialisation und milieuspezifisch oder kulturell erworbene Eigenschaften als naturhaft und ihrem Wesen inhärent zugeschrieben werden (z. B. Frauen über die Mutterschaft eine besondere Neigung zu Pflege oder Emotionalität).

Verkürzung und unangemessene Individualisierung finden auch statt, wenn in der Deutung von Verhalten und Handlungsweisen wesentlich auf Personenmerkmale zugegriffen wird und soziale Situationen außer Acht gelassen werden: Die andere Person habe dieses oder jenes Problem oder handele bzw. denke und fühle in dieser oder jener besonderen Weise, weil sie anders sexuell orientiert ist, weil sie aus einer anderen Kultur kommt etc. Wenn dieses Attribuieren in der alltäglichen informellen Interaktion geschieht, mag das zu Missverständnissen führen oder nicht. Professionelle Beratungskontexte können jedoch komplett fehlschlagen, wenn BeraterInnen (auch mit der besten Absicht, sich nicht von Vorurteilen bzw. Stereotypen leiten zu lassen) vernachlässigen, dass Verhalten und Handlungsweisen auch immer (und manchmal vornehmlich) situativ begründet sind (z. B. wenn jemand in einer Beratung zunächst bestimmte wichtige Punkte nicht anspricht, nicht weil diese in der jeweiligen Kultur mit Tabus belegt sind, sondern weil er oder sie zunächst schlicht Vertrauen zum Gegenüber fassen möchte).

Paul Mecheril und Gabriele Rosenstreich (2005) kritisieren in diesem Sinne u. a., dass das Konzept Diversität sich zum Teil gutheißend auf gerade solche Differenzverhältnisse bezieht, die Produkt historischer Entwicklungen und gesellschaftlicher Herrschaftsdiskurse sind (z. B. in der Differenz der Geschlechter oder des gängigen

Begriffs von Ethnie). Zudem beziehen sich öffentliche Reden von Diversität und die Praxis sogenannter „Diversity Trainings" oftmals lediglich auf ethnische oder nationalitätsbezogene Abweichungen von hier geborenen weißen Deutschen und nicht auf ein mehrdimensionales Verständnis von Unterschieden. Dieses trägt bei zur Exotisierung und Konstruktion des „Anderen".

In der Konsequenz ist deshalb festzuhalten, dass es im praktischen Umsetzen von Diversität einer sehr hohen Aufmerksamkeit für soziale Zuschreibungsprozesse und für das Risiko essentialisierender, aktuell vor allem kulturalisierender Auffassungen von Unterschieden bedarf. Dieses Risiko ist umso größer, wenn Angehörige der Minderheiten von der Konzept- und Programmentwicklung ausgeschlossen sind, primär Objekte der Programme bleiben und als Subjekte nicht vorkommen.

Zudem wird „Kultur" in der Diskussion um den „Umgang mit MigrantInnen" oftmals so gebraucht, als hätten nur die anderen, die Zugewanderten und ihre Nachkommen, eine Kultur, die es zu berücksichtigen gelte, und als sei dieses zwischen hierzulande aufgewachsenen Deutschen nicht erforderlich. Dabei wird oft vergessen, dass BeraterInnen mit ihrem vielleicht typischen Mittelschichthintergrund und ihren in ihrer Ausbildung – hoffentlich – reflektierten weltanschaulichen oder religiösen Überzeugungen auch mit gebürtigen deutschen KlientInnen manchmal deutliche Differenzerfahrungen machen. Solche Differenzerfahrungen beziehen sich z. B. auf Klasse oder Schicht und damit verbundene Orientierungen, auf religiöse Glaubensmuster oder esoterische Weltbilder.

Trotz dieser begrifflichen und konzeptionellen Probleme bleiben die basalen Anliegen der Orientierung an Diversität für soziale und psychosoziale Arbeit und für Beratung, die einen Beitrag zu sozialer Gerechtigkeit leisten will, jedoch bestehen. David Corson (1998) sah das Konzept der Diversität als postmodernes Gegenmodell zur sich globalisierenden kapitalistischen Ideologie, die – auf den zweiten Blick – in gewisser Weise homogenisierend wirke. Zum einen ist gesellschaftlich eine Öffnung für Differenz und Vielfalt festzustellen und in vielen Ländern melden sich Gruppen zu Wort, die vormals ungehört blieben und nun ihr Recht auf Lebensführung abseits vom Mainstream einklagen. Zum anderen ist das Denken und Handeln von mehr und mehr Menschen von Marktförmigkeit und Business-Begriffen bestimmt, die nicht nur das berufliche, sondern auch das private und soziale Leben durchdringen; der Kapitalismus besitzt eine hohe Assimilationskraft, die die Menschen zur Anpassung an marktlogisches Denken bringt. Damit entsteht die paradoxe Situation, dass Vielfalt erlaubt ist und sich ausprägen darf, während gleichzeitig deviante oder exzentrische Identitäten auf dem Markt wenig Wert haben und zahlreiche Menschen sich ausgeschlossen sehen. Dieses Paradox bestimmt immer mehr auch die wohlfahrtsstaatlichen Sektoren der Gesellschaften. Viele fühlen sich mit ihren Anliegen im z. B. Bildungswesen oder im Gesundheitswesen nicht (mehr) repräsentiert oder finden keinen Ort, um ihre Fähigkeiten einzubringen. Beratung soll dann wiederum dort vermitteln, wo die Versorgungssysteme nicht zu den diversen Anliegen von BürgerInnen passen oder Systeme für Einzelne unüberschaubar werden. Vor allem die Wertschätzung von Verschiedenheit spielt deshalb eine wichtige Rolle für psychosoziale Arbeit, wenn diese sich auch sozialer Gerechtigkeit verpflichtet fühlt (s. u.).

4 Anerkennung, Lebenswelten und soziale Gerechtigkeit

In der Beratung geht es immer auch um Anerkennung von verschiedenen Erfahrungen, von verschiedenen Lebenspraxen und Bewältigungsweisen, die die AdressatInnen im Umgang mit ihren Schwierigkeiten entwickeln. Ein Verständnis von „Beratung als Anerkennungshandeln" (Mecheril, i.Bd.1) konstatiert zunächst, dass KlientInnen, die aus der Norm fallen und sich in deutlicher (oft sichtlicher) Differenz zur Mehrheit befinden, oftmals gesellschaftlich wie auch in konkreten täglichen Erfahrungen massiven Abwertungen und Ausgrenzungen ausgesetzt sind. Dazu zählt auch, dass sie sich in ihrem Kontakt mit Behörden, Einrichtungen und Instanzen des öffentlichen Lebens zumeist auf ihr abweichendes Merkmal reduziert sehen und kaum Gehör für ihre Erzählungen und Erzählweisen finden. In der Beratung Raum und Gelegenheit hierfür zu bieten und den Personen mit ihren Besonderheiten, aber auch den Merkmalen, die vielleicht nichts mit dieser Besonderheit zu tun haben, Aufmerksamkeit und Achtung entgegenzubringen, ist ein wesentliches Prinzip einer diversitätsreflexiven Beratung.

Die Auseinandersetzung mit Unterschiedlichkeit birgt – wie bereits erwähnt – das Risiko, in erster Linie auf Defizite von diversen, nicht der Norm entsprechenden Ratsuchenden zu blicken: Diejenigen Gruppen, von denen die Rede ist, haben oft vielfältige Probleme, sprechen manchmal nicht oder unzulänglich die deutsche Sprache, sind vielleicht in ihrer Kommunikationsfähigkeit eingeschränkt, verfügen über wenig oder nicht passende Bildung, kommen mit Antragsformularen nicht zurecht, halten sich nicht an Termine, erweisen sich als misstrauisch oder anderes mehr, was in der Tat das Beraten immens verkomplizieren kann. Wenn die Beratungssituation mit durch diese Erschwernisse bestimmt ist, mag es nicht immer leichtfallen, auf Fähigkeiten, Kenntnisse und andere Ressourcen zu blicken und diese in die Suche nach Lösungen und Handlungsmöglichkeiten einzubeziehen. Andererseits zeigt sich im Beratungsprozess mit dem Kennenlernen der Ratsuchenden und ihrer Erzählungen zumeist, dass diese gerade weil „sie es schwerer haben im Leben" und Anforderungen bewältigen müssen, gegen die viele andere Beratungsanliegen als veritable „Luxusprobleme" erscheinen, über beachtliche Ressourcen verfügen. Wenn mit dem Anerkennen von Verschiedenheit in der Beratung auch eine Ressourcenperspektive auf die Handlungs- und Entwicklungsmöglichkeiten einhergeht, die KlientInnen in der Unterschiedlichkeit ihrer Alltage und Lebenswelten mitbringen, schließt sich der Ansatz der Diversität leicht an Beratungs- und Hilfekonzepte an, wie sie seit Jahren als Ressourcenorientierung und Lebensweltsensibilität vertreten und praktiziert werden (vgl. Nestmann, i.Bd.2, S. 725–736; Thiersch, i.Bd.1).

Ebenso nutzbringend wie der Begriff Kultur erscheinen die für Beratung bereits vielfach diskutierten Begriffe der Lebenslage und Lebenswelt. *Lebenslage* bezeichnet als sozioökonomische Kategorie die objektiven harten Fakten einer Lebenssituation wie Schicht, Familienstand, Erwerbsstatus, finanzielle Lage, Wohnsituation, bei EinwandererInnen Aufenthaltsstatus etc. Die Lebenslage mag durchaus eine Dimension in einem mehrdimensionalen Verständnis von Diversität bilden. Milieu und Lebenswelt sind soziologisch als Vermittlungskategorien zwischen Lebenslage und sozialen Gruppen definiert. Die *Lebenswelt* ist mit ihren sozialen Bezügen und subjektiven Wirklichkeiten, mit ihren Alltagstheorien, pragmatischen Handlungsorientierungen, Typisierungen und Routinen der Ort, an dem sich Anforderungen, Brüche, Konflikte und Widersprüche entwickeln und konkret werden, an denen sich aber auch „gelingende oder misslingende Bewältigung“ (Grunwald & Thiersch, 2004b) abspielen. Lebenswelt und Milieu als alltagsweltliche Bewältigungskontexte sind als Fokus für das Mikrosetting der Beratung vielleicht wesentlich geeigneter als ein schwammiges Konzept von Kultur, noch dazu, wenn dieses primär auf ethnische Zugehörigkeit oder nationale Herkunft rekurriert.

Das Verknüpfen von Diversität mit Lebenswelt bietet für die Beratung einen recht greifbaren Bezugsrahmen. In den kleinen Welten, in denen wir leben, sind die Bedingungen der Lebensführung für die Geschlechter, für Alt und Jung, für Gesunde und Behinderte, für gebürtige Deutsche und ZuwandererInnen unterschiedlich. In der Regel bestimmen sich Hierarchien und Machtverhältnisse in diesen Welten über eben diese Dimensionen. Hiermit sind Probleme und Belastungen verbunden, die z. B. als Beziehungsprobleme, Unterdrückung und Gewalt zum Anlass von Beratung werden.

Verbinden lässt sich die Perspektive der lebensweltorientierten Beratung mit dem von John McLeod konzipierten „post-psychologischen“ *sozialen Modell*, das Beratung als Brücke zu sozialer und gesellschaftlicher Partizipation bzw. als Weg hin oder zurück zu einer Zugehörigkeit in soziale Bezüge sieht (vgl. Nestmann, 2008). Beratung kann dabei aufgefasst werden als ein Angebot an jedwede(n), der oder die sich nicht ohne Weiteres einfügt oder in den Alltagsstrukturen der Mehrheit nicht ohne Weiteres die Chance zur Teilhabe bekommt, die eigene Position zur dominanten Kultur zu reflektieren und sie neu oder wieder so zu gestalten zu versuchen, wie es im Einzelfall lebbar und praktikabel erscheint. Das erfordert von BeraterInnen wie von Beratungsstellen, auf der Schwelle zwischen den gesellschaftlichen und kulturellen Denkweisen und Praxen der Mehrheitskultur und den Erfahrungen der „Anderen“, Abweichenden, Sich-Unterscheidenden oder der subkulturellen Gruppen zu stehen (vgl. Nestmann zu McLeod, i.d.Bd.). Damit können im Beratungsprozess kleine, aber bedeutsame Brücken geschlagen werden, die auch dann tragfähig sind, wenn jemand sich nicht einseitig anpassen will oder kann und seine oder ihre Rechte auf Diversität und Teilhabe in Anspruch nimmt, egal, ob es um sexuelle Orientierung, physische oder psychische Einschränkungen, kulturelle Herkunft, Bildungsniveaus geht. BeraterInnen beherrschen neben ihrem psychosozialen Fachwissen im Allgemeinen auch die Spielregeln, Normen und Werte sowie die alltäglichen Abläufe der Mehrheitsgesellschaft und können als VermittlerInnen fungieren: Sie können Ratsuchende dabei unterstützen, „wieder anschlussfähig zu werden und gewürdigtes und partizipierendes Mitglied einer sozialen Welt, seiner Lebenswelt oder eines anderen Milieus zu werden.“ (Nestmann, 2008, S. 16)

Damit Beratung all dieses leisten kann, sind jedoch nicht nur gute Qualifikation und Professionalität der einzelnen Beraterinnen und Berater gefordert. Relevant ist auch ein leicht zugängliches und für diverse AdressatInnen geeignetes Setting der Beratungsstellen: Das betrifft z. B. Ort, Öffnungszeiten, telefonische und Online-Erreichbarkeit, Außendarstellung und Beteiligung in lokalen Strukturen, die für das Beratungsfeld von Bedeutung sind. Allzu häufig dreht sich die professionelle und beratungspolitische Diskussion um Diversität in allererster Linie um die Qualifikation der BeraterInnen. Von BeraterInnen im psychosozialen und sozialpädagogischen Sektor „Genderkompetenz" zu verlangen, interkulturelle Kompetenz, Kompetenz zum diskriminierungsfreien Umgang mit behinderten Ratsuchenden etc. ist richtig und notwendig. Dieses reduziert das Thema allerdings oft auf die individuellen Kontakte zwischen BeraterInnen und Ratsuchenden und überfrachtet sie. Ob diverse Ratsuchende, einzeln, als Familie oder als Gruppe, Beratungsstellen aufsuchen oder deren Online-Angebote nutzen, hängt wesentlich davon ab, wie das Angebot den AdressatInnen gegenübertritt, ob sie überhaupt davon erfahren und wie sie aufgenommen werden, wenn sie sich an die Stelle wenden. Noch so gute Aus- und Fortbildungen der BeraterInnen in „Diversitätskompetenz" nutzen wenig, wenn diverse Ratsuchende sich nicht angesprochen fühlen, das Angebot nicht nutzen oder erreichen können oder das Format des „Sitzens und Sprechens" bzw. online des „Sitzens und Schreibens" nicht als mögliche Hilfe erscheint. Heutzutage ist Beratung weitgehend auf diese beiden Formate beschränkt. Die Formen der Ansprache der AdressatInnen, das öffentliche Auftreten, Orte, Zeiten und Erreichbarkeit, Vertraulichkeit etc. sind jedoch unter einer Perspektive von Diversität veränderbar. Teilweise sind dafür zusätzliche Ressourcen an Geld und Personal erforderlich, teilweise aber auch eine Abkehr von Routinen und die Bereitschaft zum Umdenken darüber, was sich in Beratungsstellen über Jahre und Jahrzehnte als Normalität eingeschliffen hat. Zahlreiche Erfahrungen aus Projekten lebensweltorientierter Sozialer Arbeit können Anhaltspunkte hierfür bieten (Grunwald & Thiersch, 2004a).

Mit der Vorstellung von Verschiedenheit verknüpft sich zudem oft eine eher naive Perspektive, bei der übersehen wird, dass mit Diversität vielfach Ungleichheit und Diskriminierung einhergehen. Ein Teil der Probleme, mit denen Ratsuchende in die Beratung kommen, ist aber auch Resultat von sozialer, rechtlicher oder finanzieller Benachteiligung und somit – um diesen Aspekt noch einmal aufzugreifen – eine Frage von Gerechtigkeit. Soziale Gerechtigkeit betrifft die Verteilung von materiellen und immateriellen Gütern und Lasten wie auch von Chancen, Rechten und Pflichten in einem Gemeinwesen; dabei sind es in wesentlichem Maße gesellschaftliche Institutionen und Systeme, die deren Zuweisung und somit Chancen und Teilhabemöglichkeiten regulieren (Liebig & May, 2009). Beratung wiederum kann Zugang zu ebendiesen Systemen vermitteln oder erleichtern, dabei durchaus eine kritische Haltung einnehmen und diese auch öffentlich kundtun.

„Teilhabegerechtigkeit" ist nach Stefan Liebig und Meike May heute eine zentrale Dimension sozialer Gerechtigkeitsauffassungen, die der Tatsache Rechnung trägt, dass die Mitglieder einer Gesellschaft unterschiedliche Ziele verwirklichen und ihrer Individualität gemäß leben wollen (ebd.). Soziale Gerechtigkeit als politisches Projekt in der Beratung versteht sich entsprechend zum einen personenbezogen dahingehend, einzelne Ratsuchende in ihrem legitimen Bemühen um gerechte und faire Lebenschancen in aller Diversität zu unterstützen. Zum anderen ist damit ein Verständnis von Beratungsarbeit als gesellschaftliche Partizipation und als Engagement für mehr Gerechtigkeit im lokalen Gemeinwesen verbunden.

Die American Counseling Association (ACA) formulierte 2003 eine Reihe von anwaltschaftlichen Beratungsprinzipien mit dem Ziel sozialer Gerechtigkeit, die sich zwischen Mikro- und Makroebene der Intervention und zwischen „acting with" und „acting on behalf" bewegen:

- Client Empowerment – Acting with, Hilfe zur Selbsthilfe im unmittelbaren Beratungsprozess (z. B. Identifizieren personaler Ressourcen; Identifizieren sozialer, ökonomischer oder kultureller Entwicklungsbarrieren und Suche nach Wegen, diese zu verringern),
- Client Advocacy – Acting on behalf, d. h. Anwaltschaft für einzelne KlientInnen, die nicht in der Lage sind, sich selbst zu vertreten (z. B. durch stellvertretenden Einsatz bei Behörden; Erschließen von Zugängen zu finanziellen Hilfen),
- Community Collaboration – Acting with, z. B. in und mit Organisationen und Gruppen, die sich für die Anliegen der KlientInnen einsetzen,
- Systems Advocacy – Acting on behalf, als politisches Handeln im Gemeinwesen, z. B. mit dem Erstellen von Daten über die Benachteiligung bestimmter Gruppen, mit dem Gewinnen einflussreicher Unterstützer etc.,
- Public Information – Acting with, z. B. mit Öffentlichkeitsarbeit in Bezug auf Prozesse von Diskriminierung der KlientInnen, Zusammenarbeit mit anderen Professionen, die zum jeweiligen Thema hilfreich sein können,
- Social/Political Advocacy – Acting on behalf, d. h. Übernahme der Rolle der "change agents" in den Settings, in denen die KlientInnen direkt und deutlich von Diskriminierung betroffen sind; Fokussierung auf die Belange, bei denen am ehesten Aussicht auf Verbesserungen besteht; Mitarbeit in politischen Kampagnen etc. (vgl. Ratts & Hutchins, 2009)

Im Hinblick auf Inklusion diverser Bevölkerungsgruppen wird hier für die USA konstatiert, dass Beratung/Counseling sich oft weit von politischem Handeln entfernt hat und die Rolle öffentlicher Anwaltschaft, wie sie z. B. zu Hochzeiten des Feminismus oder multikultureller Bewegungen bestand, zugunsten rein individuumzentrierten Vorgehens aufgegeben habe (Ratts & Hutchins, 2009). Dies trifft auch auf Teile der deutschen Beratungslandschaft zu, vor allem dann, wenn Beratung sich stark an psychotherapeutischen Modellen der Fallbehandlung orientiert.

5 Individualistische und kollektivistische Selbst- und Weltbilder

Was BeraterInnen über die Verschiedenheit von Menschen denken und wissen, bestimmt wesentlich die Fragen, die sie in der Beratung stellen oder nicht stellen, die Interpretationen, die sie vornehmen, und die Anregungen und Informationen, die sie geben oder nicht geben. (Beratungs-)Wissen ist lebensweltlich wie kulturell verortet. Auch professionelles, akademisch gelerntes Wissen wird durch eigene Erfahrungen und durch den eigenen kulturellen Standpunkt geprägt und gefiltert (Harding, 1994). So entstehen bewusste oder unbewusste Vorannahmen, Sensibilität und erhöhte Aufmerksamkeit oder auch Voreingenommenheit und blinde Flecken in der Wahrnehmung von BeraterInnen, die sich immer darin niederschlagen, wie sie den Beratungsprozess lenken (Henning-Stout & Meyers, 2000). Hays (1996) zufolge sind mit kulturellen Unterschieden verbundene Stereotype und Vorannahmen in der Beratung besonders aufmerksam zu betrachten, wenn sich mit ihnen Machtdifferenzen, Dominanz und Unterordnung verbinden. In psychosozialer Beratung oder Psychotherapie kann zwar oft von reflektierten und aufgeschlossenen BeraterInnen und einer gewissen Sensibilität für andere Lebenslagen ausgegangen werden. Von einer systematischen Integration anderer kultureller Perspektiven in Beratungsmodelle, -ansätze, -methoden und Ausbildung kann aber noch keine Rede sein.

In den internationalen, zumeist nordamerikanischen Journals und Sammelbänden zu Beratung und Counseling finden sich zahlreiche empirische Studien, die die Wahrnehmung der verbreiteten Beratungsangebote durch AdressatInnen aus Minderheiten untersuchen, die Beratungserfahrungen von KlientInnen aus ebendiesen Minderheiten mit denen der Mehrheit vergleichen. Einige sind aus der Sicht von BeraterInnen und BeratungswissenschaftlerInnen geschrieben, die selbst einer der Minderheiten angehören. Ebenso zahlreich sind Beiträge zu konzeptionellen und notwendigen Veränderungen der Beratungslandschaft und der Weltsichten von BeraterInnen, wenn Beratungsangebote Ratsuchende aus Minderheiten besser erreichen wollen, wenn die Wirksamkeit von Beratung erhöht und die Abbruchraten gesenkt werden sollen. Die empirischen Studien beziehen sich oftmals auf psychosoziale Studien- und Studentenberatung oder auf Laufbahnberatungsdienste und akademische Career Services, die TeilnehmerInnen sind StudentInnen oder AkademikerInnen aus verschiedenen Herkunftskulturen (z.B. Yeh & Wang, 2000). Andere Studien und theoriebezogene Beiträge gehen jedoch auch von Community Mental Health-Zentren und allgemeinen psychosozialen und Familienberatungsstellen aus (z.B. Nassar-McMillan & Hakim-Larson, 2003).

Durch die Studien zu „cross-cultural“-Aspekten in der Beratung zieht sich *als zentrales Paradigma der Unterschied zwischen einer individualistisch-westlichen und einer kollektivistisch-östlichen Weltsicht*, verbunden mit der Auffassung einer autonomen und selbstbestimmten Persönlichkeit im Unterschied zur sozial eng eingebundenen und durch gemeinschaftliche Werte bestimmten Persönlichkeit (vgl. auch McLeod, 2004; Sickendiek, 2007).

Nahezu einhellige Auffassung ist, dass das traditionelle und vertraute Modell der Beratung und Psychotherapie fundamental auf der Annahme eines Individuums fußt, das sich zwar im sozialen Kontext von Familie und Gesellschaft, aber doch wesentlich auch aus sich selbst heraus zu einer singulären, unverwechselbaren Identität entwickelt. Ein individueller Charakter, Unabhängigkeit, Eigenständigkeit und Selbstbestimmtheit sind demnach wesentliche Werte der westlichen Gesellschaften. Psychologische wie auch sozialpädagogische Beratungskonzepte orientieren sich zumeist an diesem Menschenbild. BeraterInnen und PsychotherapeutInnen sind davon überzeugt, dass ihre KlientInnen individuell und mit aktivem Handeln oder mit bewusster Umstrukturierung von Denken und Gefühlen etwas an ihren Problemen umzugestalten vermögen (Kuo, 2004). Selbst das systemische Konzept der Beratung und Therapie, das psychische Prozesse als Konstrukt sozialer Interaktion und sprachlicher Transaktionen auffasst, zielt aus „kollektivistischer Sicht“ immer noch auf eine unabhängige Individuation der Familienmitglieder (oder Mitglieder einer Organisation etc.) und eine Selbstbehauptung des oder der Einzelnen im Zusammenleben.

Das in den internationalen Studien als „östlich“ bezeichnete Denken basiert auf dem Bild eines in das Kollektiv aus Familie, Clan und lokaler Gemeinschaft eingebundenen Individuums, dessen Persönlichkeit sich wesentlich relational zu anderen gestaltet. Wohlergehen und psychische Gesundheit sind eng mit dem Wohlbefinden der Gemeinschaft verknüpft (McLeod, 2004). Im kollektivistischen Modell sind Abhängigkeit und Verbundenheit positive Dimensionen der Lebensführung; das Lösen von Problemen und das Bewältigen von Krisen geschehen primär im Austausch mit der Familie, den FreundInnen und weiteren Bezugsgruppen. Im kollektivistischen Weltbild wird den Interessen und dem Wohlergehen der sozialen Gruppe Vorrang vor den Bedürfnissen und Zielen des Individuums eingeräumt. Das kollektivistische Selbst wird als "shifting self" beschrieben (Yeh & Wang, 2000), das flexibel reagiert und sich verändert je nach Bedingungen und Einflüssen der sozialen Situation und Umwelt. Bei der Suche nach Hilfe wird, egal ob die Person sich an ein älteres Familienmitglied, an FreundInnen oder z. B. an einen religiösen Funktionsträger wendet, das Wohlergehen der sozialen Gruppe in den Vordergrund gestellt. Diese Auffassung ist nur schwer in Einklang zu bringen mit den Menschenbildern, die die Beratung, Soziale Arbeit und Psychotherapie im 20. Jahrhundert wesentlich bestimmt haben und die als Ziel primär Autonomiegewinn – wenn auch sozial eingebettet – und Selbstverwirklichung bzw. Selbstaktualisierung verfolgen.

6 In Diversität beraten: Drei Konzepte und ein Gestaltungsprinzip

Der Umgang mit Unterschiedlichkeit kann gut gelingen, wenn die Beratung sich vor allem

1. *lebensweltorientiert,*
2. *ressourcenorientiert* und
3. *an sozialer Gerechtigkeit orientiert*

versteht und das Beratungssetting *transparent* arrangiert ist.

Lebenswelt- und alltagsorientierte Beratung richtet den Blick auf die Subjektivität und Identität der einzelnen KlientInnen in ihren diversen Alltagsstrukturen, Werthaltungen und Alltagstheorien, ihren Grenzen und Beschränkungen, ihren Belastungen und Ressourcen. Sie kontextualisiert Problemlagen und Schwierigkeiten ebenso wie Bewältigungsmöglichkeiten und Lösungswege. Die von Klaus Grunwald und Hans Thiersch (2004b) formulierten Handlungsprinzipien lebensweltorientierter sozialer Arbeit bestätigen das Konzept von Diversität, so wie es in der psychologisch geprägten internationalen Counselling-Diskussion vorlegt wird: Prinzipielles Misstrauen gegenüber Institutionen, Respekt vor gegebenen Alltagsstrukturen bei gleichzeitigem Infragestellen des Alltags sowie *das Prinzip sozialer Gerechtigkeit* sind Bestandteile dessen, was im Sinne der Diversität umzusetzen ist. Das alles kann im „Medium von Verhandlungen" (ebd. S. 24f.) zwischen BeraterInnen und KlientInnen als gleichwertigen, gleichberechtigten und unterschiedlichen PartnerInnen geschehen. Lebensweltorientierte Beratung konstituiert sich dabei Hans Thiersch (i.Bd.1) zufolge im unterschiedlichen „Arrangieren von Gelegenheiten und Orten": Was neben dem guten und professionell richtigem Anwenden von Methoden der Gesprächsführung in der Beratungstheorie oft viel zu kurz kommt, ist die Frage des Beratungssettings, das besonders in Bezug zu Diversität ungleich wichtiger sein mag als die Formen des Sprechens. Mehr Offenheit in Raum, Zeit und Situation für „diverse Settings" zu schaffen, ist allerdings für viele Beratungsangebote auch immens anspruchsvoll und in aller Regel nicht ohne Mehraufwand an Personal zu verwirklichen.

Ressourcenorientierung ist ein weiteres und mit Lebensweltorientierung verbundenes Konzept, das eine gute Perspektive für Beratung in Diversität bietet. KlientInnen mit ihren diversen Bewältigungsbemühungen anzuerkennen, auch wenn diese vielleicht im ersten Moment fremd oder unvernünftig erscheinen, ist dabei relevant. Ebenso wichtig ist das Einbeziehen ihrer sozialen Bezüge, sofern diese nicht repressiv oder destruktiv sind, auch wenn in diesen Bezugssystemen vielleicht in einer Weise Unterstützung geleistet wird, die sich den BeraterInnen zunächst als ungewöhnlich darstellt. Beratung will sich, wie die meisten sozialen Hilfen, auf den Einzelfall bezogen prinzipiell wieder überflüssig machen und Ratsuchende in ihrer Selbsthilfefähigkeit stärken – dazu rechnen gerade die informellen Unterstützungsquellen, die die Ratsuchenden in ihrem sozialen Umfeld vorfinden und die zumeist wesentlich durch die Lebenswelt- und Alltagsstrukturen geprägt sind. So finden KlientInnen aus „fremden" Milieus vielleicht gerade in der offenen Aussprache über die Besonderheiten von Unterstützung und Hilfe in ihren Netzwerken Lösungswege und Perspektiven für ihre Anliegen. Für viele KlientInnen, die sich selbst subkulturell einer Minderheit oder besonderen „Szene" zugehörig fühlen, sind bspw. heute virtuelle Netze und Kontakte eine tief im Alltag verankerte Ressource zum Austausch bei Schwierigkeiten, zum wechselseitigen Ratgeben etc. Darüber in der Beratung zu sprechen, ermöglicht auch, Ratsuchende bei einem angemessenen Umgang mit virtuellen Netzen zu unterstützen oder auf einschränkende, belastende und gefährdende Kontakte aufmerksam zu werden. Und: Ressourcenorientierung kann auch bedeuten, im Sinne *sozialer Gerechtigkeit* KlientInnen auf der Suche nach neuen Ressourcen zu begleiten. Das mag ein Antrag auf finanzielle Hilfen, der Zugang zu einer Ausbildung oder das Vermitteln praktischer Hilfen sein.

In der konkreten Beratungspraxis sollte in erster Linie auf einer Metaebene *Transparenz geschaffen* werden: Das erfordert ein Kommunizieren über das anfangs skizzierte westliche, mittelschichtgeprägte, mit akademisch ausgebildetem Personal besetzte Beratungsmodell des ruhigen, aus dem Alltag herausgehobenen und methodischen Gesprächs in einer terminierten Zeitspanne. Ob Beratung in Diversität gelingen kann, hängt oftmals davon ab, dass Unterschiede und Irritationen ebenso wie nur vermeintliche Selbstverständlichkeiten „verhandelt" werden können: Das explizite Ansprechen von unterschiedlichen Haltungen, Wahrnehmungen, Werten etc. ebenso wie das Kommunizieren über das Beratungssetting kann die Beratungssituation wesentlich erleichtern, gleichermaßen im persönlichen Gespräch wie telefonisch oder online. Als BeraterIn z. B. taktvoll nachzufragen, wo man nur diffuse Vermutungen über „eine Kultur" oder über bestimmte Regeln in einem fremden Milieu hat, signalisiert Interesse und die Bereitschaft, Anderes anzuerkennen und zuzulassen. Nachzufragen, ob Form und Setting des Beratens für die ratsuchende

Person adäquat erscheinen, oder zu erklären, weshalb die Beratung in einer bestimmten Art und Weise gestaltet ist, schafft Transparenz und eröffnet diversen Ratsuchenden einen Zugang zur sozialen Partizipation und zum Bewältigen von Schwierigkeiten, die möglicherweise mit ihrer Unterschiedlichkeit zusammenhängen, vielleicht aber auch nichts damit zu tun haben.

Literatur

American Counseling Association (ACA) (2010). Verfügbar unter: http://www.counseling.org/Resources/ [17.10.2011].

Arredondo, P., Rosen, D.C., Rice, T., Perez, P. & Tovar-Gamero, Z.G. (2005). Multicultural counseling: A 10-year content analysis of the Journal of Counseling & Development. *Journal of Counseling & Development, 83* (2), 155–161.

Corson, D. (1998). *Changing education for diversity.* Maidenhead: Open University Press.

Gemende, M. (2002). *Interkulturelle Zwischenwelten. Bewältigungsmuster des Migrationsprozesses bei MigrantInnen in den neuen Bundesländern.* Weinheim: Juventa.

Gemende, M., Munsch, C. & Weber-Unger Rotino, S. (2007). Migration und Geschlecht – zwischen Zuschreibung, Ausgrenzung und Lebensbewältigung. Eine Einführung. In dies. (Hrsg.), *Eva ist emanzipiert, Mehmet ist ein Macho* (S. 7–48). Weinhein: Juventa.

Grunwald, K. & Thiersch, H. (Hrsg.). (2004a). *Praxis Lebensweltorientierter Sozialer Arbeit.* Weinheim: Juventa.

Grunwald, K. & Thiersch, H. (2004b). Das Konzept Lebensweltorientierte Soziale Arbeit – einleitende Bemerkungen. In dies. (Hrsg.), *Praxis Lebensweltorientierter Sozialer Arbeit* (S. 13–40). Weinheim: Juventa.

Harding, S. (1994). *Das Geschlecht des Wissens.* Frankfurt a. M.: Campus.

Harvey, C. & Allard, M.J. (Eds.). (2002). *Understanding and Managing Diversity.* Upper Saddle River: Prentice Hall.

Hays, P. (1996). Adressing the Complexities of Culture and Gender in Counseling. *Journal of Counseling and Development, 74* (4), 332–339.

Henning-Stout, M. & Meyers, J. (2000). Consultation and Human Diversity: First things first. *School Psychology Review, 29* (3), 419–426.

Kuo, B.C.H. (2004). Interdependent and relational tendencies among Asian clients: Infusing collectivistic strategies into counselling. *Guidance and Counselling, 19* (4), 158–162.

Liebig, S. & May, M. (2009). Dimensionen sozialer Gerechtigkeit. Bundeszentrale für Politische Bildung. *Aus Politik und Zeitgeschichte, 47,* 3–8. Verfügbar unter: http://www.bpb.de/apuz/31602/dimensionen-sozialer-gerechtigkeit?p=all [26.05.2012].

McLeod, J. (2004). *Counselling. Eine Einführung in Beratung.* Tübingen: dgvt-Verlag.

Mecheril, P. & Castro Varela, M.d.M. (2000). *Die interkulturelle Dimension psychosozialer Beratung.* Studienbrief Fernuniversität Hagen.

Mecheril, P. & Plößer, M. (2011). Diversity und Soziale Arbeit. In H.-U. Otto & H. Thiersch (Hrsg.), *Handbuch Soziale Arbeit* (S. 278–287). München: Ernst-Reinhardt-Verlag.

Mecheril, P. & Rosenstreich, G. (2005). 'Diversity' als soziale Praxis. Programmatische Ansprüche und ihre Instrumentalisierung. *ALICE, Magazin der Alice-Salomon-Fachhochschule, 10,* 18–20.

Nassar-McMillan, S.C. & Hakim-Larson, J. (2003). Counseling considerations among arab americans. *Journal of Counseling & Development, 81* (2), 150–158.

Nestmann, F. (2008). Die Zukunft der Beratung in der sozialen Arbeit. *Beratung aktuell, 9* (2), 72–97. Verfügbar unter: http://www.beratung-aktuell.de/Zukunft%20der%20Beratung.pdf [16.10.2011].

Patterson, C.H. (2004). Do we need multicultural counseling competencies? *Journal of Mental Health Counseling, 26* (1), 67–73.

Ratts, M.J. & Hutchins, A.M. (2009). ACA Advocacy Competencies: Social justice advocacy at the client/student level. *Journal of Counseling & Development, 87*, 269–275.

Schmerl, C. & Großmaß, R. (1989). „Nur im Streit wird die Wahrheit geboren ..." Gedanken zu einer prozeßbezogenen feministischen Methodologie. In dies. (Hrsg.), *Feministischer Kompaß, patriarchales Gepäck* (S. 247–285). Frankfurt a. M.: Campus.

Sickendiek, U. (2007). Von der Diversität zur Lebenswelt. Möglichkeiten und Grenzen des diversity-Ansatzes in der Beratung. In C. Munsch, M. Gemende & S. Weber-Unger Rotino (Hrsg.), *Eva ist emanzipiert, Mehmet ist ein Macho* (S. 207–227). Weinheim: Juventa.

Sue, D.W., Arredondo, P. & McDavis, R.J. (1992). Multicultural counseling competencies and standards: A call to the profession. *Journal of Counseling & Development, 70* (2), 477–486.

Thiersch, H. (1990). Zur geheimen Moral der Beratung. In E.J. Brunner & W. Schönig (Hrsg.), *Theorie und Praxis von Beratung* (S. 129–151). Freiburg i. B.: Lambertus.

Weinrach, S.G. & Thomas, K.R. (2004). The AMCD multicultural counseling competencies: A critically flawed initiative. *Journal of Mental Health Counseling, 26* (1), 20–35.

Yeh, C.J. & Wang, Y.W. (2000). Asian american coping attitudes, sources, and practices: Implications for indigenous counseling strategies. *Journal of College Student Development, 41* (1), 94–103.

Ursel Sickendiek ist Diplom-Pädagogin, arbeitet als Studienberaterin in der Zentralen Studienberatung der Universität Bielefeld und beschäftigt sich vor allem mit allgemeinen Beratungstheorien, mit Laufbahnberatung und Diversität in der Beratung.

Anschrift:
Universität Bielefeld
ZSB-Zentrale Studienberatung
Postfach 100 131
D-33501 Bielefeld
E-Mail: ursel.sickendiek@uni-bielefeld.de

Wenn etwas sicher ist, dann die Unsicherheit: Ungewissheit, Nichtsicherheit und Zufall in der Beratung

Frank Nestmann & Ursel Sickendiek

Es gibt kaum etwas, was heute noch sicher erscheint. Von dramatischen makrosystemischen ökonomischen, ökologischen und gesellschaftlich-kulturellen Veränderungen über den Wandel von formellen und informellen Mesosystemen (private und öffentliche Organisationen und Betriebe) sowie sozialen Gemeinschaften und Netzwerken bis hin zu wechselnden und neuen Mikrostrukturen unseres alltäglichen individuellen Lebens und sozialen Zusammenlebens in Partnerschaft und Familie – alles scheint im Fluss. Der Wandel hat sich hierbei selbst verändert und scheint unvorhersehbarer, schneller und komplexer geworden zu sein. Plötzliche und rasche Wechsel am laufenden Band, Brüche und Diskontinuitäten in sozialen Entwicklungsprozessen, ungeahnte und überraschende Transformationen sind die Normalität unserer Zeit.

Dieses Phänomen durchzieht alle Lebensbereiche, von Privatheit und Öffentlichkeit, Freizeit und Beruf, Erziehung, Ausbildung und Studium, sozialer Versorgung und Gesundheit, Kultur und Kunst, wie auch alle Lebensphasen von der frühen Kindheit bis ins hohe Alter. Dass der ständige Wandel wie der abrupte Wechsel dabei höchste Anforderungen an den einzelnen Menschen und an seine kleinen und großen sozialen Organisationen und Systeme stellt, ist eine ebenso schlichte Beobachtung, wie dass in diesen Veränderungen immer sowohl Chancen und Gelegenheiten als auch Risiken und Gefahren liegen. Individuen, Gruppen, Organisationen, Gesellschaften und Kulturen können zu „Veränderungsgewinnern" oder „Veränderungsverlierern" werden – die einen mehr, die anderen weniger, die einen diesmal, die anderen beim nächsten Mal. Die stetige und allgegenwärtige Zunahme statistisch wie zeitlich vor allem nicht normativer Veränderungen – d. h. solcher Veränderungen, mit denen nicht gerechnet werden kann weder generell noch zu einem bestimmten Zeitpunkt – schafft Verunsicherung bis hin zu Sorgen und Angst. Das ist das dominante Lebensgefühl vieler Menschen hier und heute: Wenn etwas sicher ist, dann die Unsicherheit. Wo faktisch oder subjektiv erlebt Kontrolle über Gegenwart und Zukunft verlorengeht, sinken mutige Entwicklungshoffnungen und positive Spannung auf das Neue und Andere, was kommen mag. Immer wieder propagierte und avisierte neue Optionen, größere Spielräume und wachsende Entfaltungschancen im Wandel werden für viele konterkariert durch ihr Gegenteil – durch schwindende und überforderte Ressourcen, immer eingeschränktere Möglichkeiten und das Empfinden, alle Kräfte für die bloße Erhaltung von Existenz und gegen Abwärtsspiralen des Versagens aufbieten zu müssen und schließlich „nicht mehr zu können".

Wo bereits die nähere Zukunft nicht mehr prognostizierbar ist, wächst allenthalben Desorientierung, mehren sich Ängste davor, was geschehen wird. Das geschieht vor allem in Kulturen und Gesellschaften, die von ihren Mitgliedern eigentlich Voraussicht und rationale Planung, ein Sich-Einstellen auf Neues und die aktive und erfolgreiche Bewältigung bisher unbekannter Konstellationen und Verhältnisse erwarten und einfordern.

1 Beratung angesichts von Ungewissheit und Informationsflut

Öffentliche Beratungsangebote leisten traditionell Flankierung und Unterstützung für solche Übergänge und Umbrüche, vor allem dann, wenn es darum geht, praktische, kognitive und emotionale Unsicherheit zu reduzieren, Orientierung zu finden, Planungsschritte zu entwickeln, Entscheidungen reflektiert treffen zu können und letztlich Handlungsfähigkeit zu gewinnen und gezielt zu handeln. Das gilt für die Beratung in Bildung, Beruf und Beschäftigung, in Gesundheitsfragen und psychosozialen Konflikt- oder Problemkonstellationen, in partnerschaftlichen, familialen und Erziehungsfragen und allen anderen Praxisfeldern. Mit generell wachsender Unsicherheit nehmen auch Beratungsbedürfnisse und Beratungsbedarfe vieler Menschen zu.

Wer Beratung in Anspruch nimmt, sucht daher in vielen Fällen mehr Sicherheit im eigenen Handeln, mehr Klarheit in Bezug auf eine Entscheidung oder mehr Kontrolle und Gewissheit im Hinblick auf zukünftige Entwicklungen im Leben. Manchmal steht schlicht der Wunsch nach zuverlässigen Informationen im Vordergrund und Ratsuchende erhoffen sich, dass BeraterInnen auf Grund ihres professionellen Wissens gute und zutreffende Prognosen über mögliche Folgen dieser oder jener Entscheidung und Handlung stellen können und damit ein sichereres Planen möglich wird. Damit versteht sich Beratung auch traditionell als Beistand in fraglich gewordenen Lebenssituationen. Die klassische Definition von Beratung als Orientierungs-, Entscheidungs-, Planungs- und Handlungsunterstützung (Sickendiek, Engel & Nestmann, 2007) scheint unumstritten. So wird in der Beratungspraxis oft sehr ausgiebig am Planen der Zukunft gearbeitet – direkt oder indirekt –, wenn Ratsuchende etwas in ihrem Leben verändern möchten. Zunächst erscheint es auch unmittelbar plausibel, Pläne für Veränderungen zu schmieden und Ziele zu identifizieren (mehr Zeit für die Familie zu haben, eine gute Arbeitsstelle und am neuen Wohnort Freunde zu finden etc.). Darauf folgt deren Präzisierung, das stringente Untergliedern in Teilziele und das rationale Entwickeln von Handlungsschritten möglichst mit einem Zeitplan und vielleicht einer Liste, wer wozu um Unterstützung gebeten werden könnte – solche gemeinsamen Planungen bieten BeraterInnen wie KlientInnen oft eine praktische Struktur für das Beratungsgespräch. Dies mag auch in vielen Fällen eine sinnvolle Vorgehensweise sein, wenn KlientInnen ratlos vor neuen Herausforderungen stehen und sie eine anstehende Veränderung mit sachkundiger Expertenhilfe besser in Angriff nehmen können, vor allem dann, wenn sie sich alleine überfordert fühlen. Wünschenswertes bzw. Realistisches für ihre Zukunft zu benennen und nächste Schritte auf dem Weg dahin zu entwerfen, ist oft Kern der Beratung in unterschiedlichsten Praxisfeldern.

Häufig geschieht es aber auch, dass Ratsuchende sich – aus welchen Gründen auch immer – nicht an vereinbarte Schritte und eingeschlagene Wege halten können oder möchten, weil sich schon wieder vieles geändert hat und die äußeren Entscheidungsbedingungen oder die inneren Entscheidungsgrundlagen sich doch nicht mehr so darstellen wie in der Beratung. Die beratene Person verlässt vielleicht mit einem guten Eindruck die professionelle Beratung, weil sie „jetzt einen Plan hat". Im Verlauf der nächsten Zeit mag sich jedoch immer deutlicher erweisen, „dass nicht planbar ist, was das Lebens bringt" oder dass es ihr aus welchen Gründen auch immer widerstrebt, sich an Geplantes zu halten. Neue und andere Informationen mögen die getroffene Entscheidung und den entwickelten Plan im neuen Lichte erscheinen lassen oder ganz andere Überlegungen und Lösungssuche nötig machen. Eine Flut vielfältiger und auch widersprüchlicher Information aus unterschiedlichsten Quellen ist zu bewältigen, will man trotzdem handlungsfähig bleiben. Bei einer alternativlosen Informations-, Entscheidungs- und Planungsorientierung gerät leicht außer Acht, dass vieles schlicht nicht planbar ist oder dass selbst der beste Plan mit beigefügtem Alternativplan („Plan B") durch neue Informationen und Erkenntnisse, durch unerwartete schwer oder gar nicht absehbare Ereignisse immer wieder durchkreuzt werden kann. Je schneller und häufiger immer neue Veränderungen die gerade bewältigten ablösen, desto eher werden Pläne obsolet – seien sie zu ihrem jeweiligen Zeitpunkt noch so gut.

Beratung im Umgang mit Information

Nun stehen Berater und Beraterinnen in der heutigen Zeit allerdings prinzipiell vor dem gleichen Problem wie ihre Klienten und Klientinnen, teilen sie doch eine gemeinsame Welt. Auch für sie ist in ihrem Feld der Expertise Unsicherheit allgegenwärtig. Schnelle Veränderungen, rapider Wandel, Informationsfluten, zunehmende Paradoxien und Widersprüche, Ambiguitäten und Inkonsistenzen prägen auch ihr berufliches Leben. Vor allem dort, wo die Informationszentrierung von Beratung hoch ist und wo Planung und Entscheidung im Mittelpunkt des Beratungsprozesses stehen, geraten primär rationale kognitive Orientierungs-, Planungs- und Entscheidungshilfen mit anschließender konsequenter Handlungsempfehlung an ihre Grenzen. Heute prägen zwei „Revolutionen" unsere Zeit (so Gelatt & Gelatt, 2003): Das Internet liefert unendliche Informationen und verstärkt gleichzeitig das Bedürfnis

Vorwort und Einleitung
Innovative Zugänge
Beratungs-settings und -räume
Medien und Beratung
Kritik der Beratung
Register
Anhang

nach mehr Informationen, und ein „Innernet" symbolisiert den Blick nach innen, d. h. das gleichzeitige Bedürfnis vieler Menschen nach Einhalt und Reflexion sowie nach kreativer Imagination als einer wichtigen Form der Selbstvergewisserung.

Freilich brauchen und bekommen einerseits gerade informationsarme Zielgruppen Information, Entscheidungshilfe und Planungsunterstützung, die Beraterinnen und Berater bereitstellen (bspw. Bildungs- und Berufs- oder auch Gesundheitsinformation). Aber andererseits gibt es bei sehr vielen Klienten und Klientinnen heute eher das Problem einer nicht mehr zu bewältigenden Informationsflut, von Informationswirrwarr und -widersprüchlichkeit, die manche Entscheidung und Planung erschweren. Da die Menge der oft disparaten Informationen nicht zwingend zu besserer Informiertheit führt, hat Beratung heute mehr zu leisten als bloße Informationsweitergabe und -vermittlung. Informationen finden sich vor allem in neuen Medien zur Genüge oder bis zum Überfluss und sie lassen allzu oft die Nutzer und Nutzerinnen eher noch desorientierter und unsicherer zurück. Beratung hat heute und in Zukunft die Aufgabe, Informationen in ihrer Vielfalt, Unstrukturiertheit oder gar Widersprüchlichkeit und Paradoxie zu organisieren. Sie muss bei der persönlichen Ordnung, Gewichtung und Wertung von Informationen helfen und vor allem auch neue Informationen anschlussfähig machen an die bei Ratsuchenden existierenden Wissensbestände, an vorhandene Einsichten und damit verbundene Gefühle. Es ist also eine erweiterte kognitive und zunehmend emotionale und handlungsbezogene Informationsbalance, die Beratung anstreben muss – und das geht weit über bloßes Informieren hinaus und macht Beratung zu einem anspruchsvollen Unterfangen.

Oft muss dabei komplexe Fachinformation und kompliziertes Expertenwissen in ein für die Person nachvollziehbares und praktikables Handlungswissen transformiert werden. Theoriewissen und Alltagswissen müssen kognitiv und emotional kompatibel gemacht werden. Denn sonst perlen die Informationen der Berater und Beraterinnen an den Alltagserfahrungen und Alltagstheorien, den Einstellungen und Haltungen der Nutzer und Nutzerinnen geradezu ab. Eine zentrale Problematik, die ein neues Informationsverständnis in der Beratungstheorie fordert, ist die verlorene Eindeutigkeit, vor allem aber auch die nicht mehr langfristige Sicherheit von Informationen und Wissensbeständen, die ja nicht nur die Ratsuchenden, sondern auch die Beraterinnen und Berater betrifft. Der Umgang mit Ambiguität, Unsicherheit und Sicherheiten auf Zeit vor allem in Entscheidungs- und Planungsprozessen ist die zentrale neue Anforderung an alle. Es ist auf einem schmalen Grat zu balancieren von nachgefragter Expertenunterstützung bei Orientierungsaufgaben und der Begrenztheit der eigenen Beratersicherheit gerade, wenn es um immer unsicherere Prognosen geht. Beraterinnen und Berater müssen damit umgehen, dass sich Wissen z. B. über Strukturen, Regeln, Prozesse, dass sich Informationen zu Bildungsabschlüssen, Karrieremöglichkeiten und Chancen, aber auch in Erziehungs-, persönlichen Konflikt- und Gesundheitsfragen rasch ändert – dass heute schon riskant oder falsch sein mag, was gestern noch empfehlenswert, unbedenklich oder richtig war. Das heißt: Konzeptionell braucht Beratung heute Orientierungen, die diese Gratwanderung zwischen gewünschter Klarheit und Orientierung bei nur sehr begrenzter Prognostizierbarkeit oder zeitlich nur kurzer Sicherheit gewährleisten. Es gilt Menschen bewältigungsoptimistisch, reflektions- und handlungsfähig zu erhalten, trotz oder gerade bei verlorener langfristiger Eindeutigkeit und bei schneller Veränderung und wachsender Vieldeutigkeit.

Hier werden alte linear und kognitiv zentrierte Informations-, Entscheidungs- und Planungsmodelle von Beratung nicht überflüssig, aber sie reichen alleine nicht mehr aus und brauchen eine sehr flexible, insbesondere subjektive und auch intuitive Kreativität und eine soziale Rahmung bei der Orientierung und Entscheidung im lebenslangen Lernen, in Bildung, Studium und Beruf, in Gesundheit und psychosozialem Wohlbefinden, in Ehe, Partnerschaft und Erziehung etc. (Nestmann, 2011).

Die Ungewissheit der Zukunft und die Fraglichkeit von Zielen in Bildung und Beruf

Soziologische Diagnosen der letzten zwei Dekaden und der Gegenwart beziehen sich unter der Frage der Planbarkeit von Zukunft zum einem auf gesellschaftliche Verhältnisse, die zunehmend mehr Risiken, Unsicherheiten und Ungewissheit mit sich bringen, und zum anderen auf die als „postmodern" beschriebenen Lebensführungsmuster, die langfristige Lebensziele an sich heute fragwürdig erscheinen lassen. Der Soziologe Zygmunt Bauman schreibt beispielsweise 2008:

> „Ich selbst gehöre zur älteren Generation. Als junger Mann habe ich mich wie die meisten meiner Zeitgenossen an Jean-Paul Sartres Vorstellung eines *projet de la vie* orientiert. Die erste und wichtigste, alles weitere bestimmende Entscheidung war demnach die für einen ‚Lebensplan'. (…) Die jungen Leute von heute (…) hätten für den Rat, ihren Lebensweg durchzuplanen, wohl nur ein müdes Lächeln übrig. ‚Woher soll ich denn wissen, was nächsten Monat und nächstes Jahr ist?' würden sie sagen. ‚Ich weiß nur eins mit Sicherheit, nämlich dass dann alles anders sein wird als jetzt. (…) Was man mir heute dringend rät, kann schon morgen als furchtbarer Irrtum gelten.'" (S. 108f.)
>
> „Einen Akt seines Lebens (geschweige denn das ganze) vorauszuplanen, bedeutet unweigerlich, auf viele (und niemand kann wissen *wie viele*) Chancen zu verzichten, die aktueller modischer und deshalb erfolgversprechender sind. Schließlich tun sich ständig überall neue Gelegenheiten auf – man weiß nur nie wo und wie." (S. 110, Hervorhebungen i. O.)

Deutlich wird hier, wie sehr sich nicht nur gesellschaftliche Bedingungen einer Planbarkeit der allernächsten Zukunft gewandelt haben, sondern wie sich auch der soziale Rahmen dafür geändert hat, sich individuell festzulegen auf eine bestimmte Form der Lebensführung, auf eine spezifische Arbeit und einen Beruf oder auch auf eine Paarbeziehung und Freundschaft, einen Lebens- und Wohnort etc. Ziele ergeben sich offenbar heute häufig erst im Nachhinein oder völlig unvorhersehbar. In erzählten Gegenwartsgeschichten zeigt sich, wie Menschen ihre Ziele oft erst im Rückblick konstruieren. Auch die Rekonstruktion getroffener Entscheidungen zeigt, wie häufig anscheinend strikt rational entwickelte persönliche Ziele und Wege nur scheinbar „vernünftig" zu Stande kommen. Sozial erwünscht legitimieren Menschen erst im Nachhinein ein eigentlich primär emotionales und beziehungsgesteuertes Verhalten als kognitiv rational fundiert. Sie deuten ihre Entscheidungen rückblickend als rationale Entschlüsse um, weil dies als kulturell angemessener gilt (Bubany, Krishok, Black & McKay, 2008; Greenbank & Hepworth, 2008; Nestmann, 2011).

Das Handeln selbst scheint aber eher durch ein höchst flexibles Umgehen mit wechselhaften Gegebenheiten und ein aktives Bewältigen immer neuer Anforderungen geprägt. Ein konzentriertes Hinarbeiten auf bestimmte früh gesetzte Ziele und ein unbeeinflusstes Festhalten an einem eindeutigen Plan sind zwar heute im Einzelfall immer noch zu beobachten und imponieren dann auch oft, passen aber kaum noch in die Zeit. Auch im Zeichen gesellschaftlich propagierter Forderung nach Flexibilität, Adaptation, Mobilität etc. erscheint dies eher als Anachronismus, sofern es sich nicht um ganz übergreifende Ambitionen wie „Erfolg haben", „engagiert sein" oder „gesund bleiben" handelt.

Das einzige Beratungsfeld, in dessen internationalen wissenschaftlichen Diskursen sich diese Erfahrungen spiegeln, ist bisher die Laufbahnberatung. In den internationalen Publikationen um Career Counselling sind Ungewissheit, Nichtsicherheit und ungeplante Ereignisse Phänomene, mit denen sich empirische Beiträge der Laufbahnforschung ebenso befassen wie innovative Konzepte der Beratung. Sie basieren auf einem grundlegenden konzeptionellen Wandel der Theorie der Laufbahnberatung. Als postmoderne Perspektiven und deutlich dynamischere Modellvorstellungen (Amundson & Thrift, 2008) haben sie in die deutschsprachige Bildungs- und Berufsberatung bisher allerdings keinen Eingang gefunden. Diese bleibt weitgehend durch deterministische, auf Eignungs-Neigungs-Diagnostik und rationale Planung fußende Konzepte geprägt. Beratung jenseits von Bildung, Beruf und Beschäftigung und die generelle Counselling-Diskussion haben sich allgegenwärtiger Ungewissheit und Nichtsicherheit sowie der Bedeutung unerwarteter Ereignisse, Zufälle und nicht prognostizierbarer Veränderungen bislang bis auf wenige Ausnahmen (Engel, 2002) überhaupt nicht gewidmet.

Praktische Laufbahnberatung sieht sich in vielen Fällen damit konfrontiert, dass Ratsuchende ihre Zukünfte nur sehr bedingt planen können, dass sie aber durch die Strukturen des Berufs- und Bildungswesens nahezu ständig zur Planung aufgefordert oder gezwungen werden. Gerade Jugendlichen mit Fragen zu Ausbildung und Studium fällt es z. B. oftmals schwer, weittragende Entscheidungen zu treffen, die ihr gesamtes zukünftiges Berufs- und Erwerbsleben mitbestimmen werden. Auch wenn heute manche Bildungs- und Berufswege keine Einbahnstraßen mehr sind, eingeschlagene Richtungen revidierbar bleiben, zweite und dritte Ausbildungen möglich werden und Versäumtes später nachgeholt werden kann, hält sich prinzipiell ein Planungs- und Entscheidungsdruck und an Jugendliche wird herangetragen, vorausschauend zu handeln und „wissen zu müssen, was sie wollen". Das Jugendalter ist jedoch geprägt durch eine hohe Gegenwartsorientierung, eine starke Peergroup-Orientierung und oft sehr ambivalente von heute auf morgen wechselnde Haltungen und Einstellungen. Es gibt ein Widerstreben gegenüber elterlichen Ratschlägen bei gleichzeitiger Besorgnis, ob diese sich nicht später doch als „richtig" erweisen könnten. Die mit dem Jugendalter einhergehende Ausprägung einer Geschlechtsidentität, die Ablösung vom Elternhaus und Selbstwertprobleme etc. können Selbstreflexionen so weit dominieren, dass es sich hier gerade um keine einfache Phase für stringente und rationale Bildungs- und Berufsentscheidungen handelt (Oechsle, Knauf, Maschetzke & Rosowski, 2009). In dieser Zeit Entschlüsse mit Blick auf 45 Jahre berufliche Zukunft treffen zu müssen, wird umso schwieriger und herausfordernder, je unabsehbarer und ungewisser die Bedingungen des Erwerbslebens sind und sein werden und je vielförmiger und widersprüchlicher die Informationen erscheinen, die man sich sucht oder die allenthalben über persönliche Netzwerke, über Schule, über Medien etc. ungefragt auf die individuelle Wahrnehmung einströmen.

Auch im Erwachsenenalter fällt es immer wieder schwer, berufliche Anforderungen und Veränderungen zu prognostizieren, gezielt zu planen und sie dann entschlossen in Angriff zu nehmen. In jedem Lebensalter treffen persönliche, familiäre oder z. B. gesundheitliche Schwierigkeiten mit beruflichen Veränderungen und Krisen, unkontrollierbaren Ereignissen, biografischen Brüchen, kurzfristig zu ergreifenden Chancen, Misserfolgen etc. zusammen, die die gesamte Lebenssituation aus den Angeln heben können. Und nicht nur in Bildung und Beruf, sondern auch im Privatleben sind mit laufenden Modernisierungsprozessen Unsicherheiten gewachsen und ist Planbarkeit abhanden gekommen.

Ungewissheit in sozialen Beziehungen und im gesundheitlichen Bereich

In einer Welt wachsender vertikaler (Status-) und horizontaler (Orts-)Mobilität, offener, lockerer und eher fluider Beziehungsstrukturen in vielen sozialen Netzwerken sowie häufiger Umbrüche selbst in Partnerschaft, Ehe und Familie steigen auch hier Ungewissheit und Planungsunsicherheit auf lange Sicht. Zunehmende Zahlen von Single-Haushalten, hohe Scheidungsraten (selbst in höherem Alter), immer mehr unterschiedliche Partnerschaftskonstellationen, Distanzbeziehungen über größere Entfernung und längere Zeiträume, Patchwork-Familien in verschiedensten Eltern-, Kinder-, Großeltern- und Enkelkombinationen (vgl. auch Lenz & Nestmann, 2009) sind Ausgangspunkte und Erfahrungsfelder für neue individuelle Freiheiten und soziale Gestaltungsmöglichkeiten. Aber sie bringen eben immer auch größere Risiken für die soziale Einbindung der Individuen mit sich. Auch hier haben langfristige Bindungen für viele ihre Beständigkeit eher eingebüßt, prägen Ab- und Umbrüche sowie immer wieder von Neuem notwendige Beziehungsaufnahme, -gestaltung und -erhaltung das persönliche soziale Leben.

In Bezug auf Gesundheit und Wohlbefinden haben normative wie nicht normative kritische Lebensereignisse schon immer und für alle Menschen von der Geburt bis zum Tod Leben mitbestimmt. Sie tun dies auch heute – bei einem (in den hoch entwickelten Ländern) generellen guten Gesundheitszustand und steigender Lebenserwartung der Bevölkerung im Allgemeinen. Mit der Entwicklung der Schul- und Apparatemedizin besonders im diagnostischen Bereich wurden einerseits Interventionen möglich, die alles bisher Dagewesene übertreffen. Hinzu kommen medial globalisierte Präventionskampagnen für gesunde Lebensführung sowie Informationen zu Hilfe- und Heilungsritualen anderer Kulturen und Völker, die allen zugänglich werden. Angesichts zunehmenden Stresses und hoher Umweltbelastung wachsen aber auch Risiken der Beeinträchtigung von Wohlbefinden und der Erkrankung für viele (vornehmlich unterprivilegierte) Bevölkerungsgruppen. Mit der medialen Überflutung durch ärztliche, psychologische, soziale Selbsthilfe- und Behandlungsbotschaften, mit der steigenden Marktkonkurrenz unterschiedlicher Heiler-, Versorger- und Pflegeprofessionen und -gruppen vermehren sich die Anforderung an den Einzelnen, mit unterschiedlichen wie auch zum Teil konträren Handlungsempfehlungen umzugehen und sich auf die verschiedensten Verhaltensrichtlinien und Behandlungskuren einzulassen oder nicht einzulassen. Der medial vermittelten

Ernährungs- und Ertüchtigungsvorgaben, körperlichen, mentalen, seelischen, spirituellen Wellness- und Heilungsangebote sind Myriaden – sie sind nicht mehr überblickbar für den Einzelnen und damit kaum noch reflexiv wählbar. Gerade im Bereich von Prävention, Intervention und Rehabilitation von Gesundheit und Wohlbefinden ist die Welt unüberschaubarer denn je.

Was heute noch als empfehlenswert und „gesund" angesehen wird, gilt (oft auf Grund neuerer Studien) morgen schon als fragwürdig, riskant und nicht mehr ratsam. Was den einen als „Nonplusultra" der Vorbeugung von Krankheit, der Heilung und Wiederherstellung von Gesundheit erscheint, ist für die anderen der sichere Weg ins Elend. Viele Menschen sehen sich heute zurückgelassen mit der Befürchtung, bei gesundheitsbezogenen Entscheidungen etwas falsch zu machen, und ohne eindeutige Antworten auf Fragen nach gesundheitszuträglicher Lebensführung und angemessenen professionellen und informellen Hilfen dabei. Auch hier wächst also Unsicherheit, nehmen damit verbundene Ängste zu – und das oftmals, ohne dass sich Beratungsorientierungen auf diese veränderten Bedingungen eingestellt hätten oder entsprechende beratende Instanzen (ÄrztInnen wie Beratungsstellen zu gesundheitlichen Fragen) über differenzierte Ansätze zur Unterstützung von Ratsuchenden in diesen Situationen verfügen.

Der Bedarf nach alternativen Beratungskonzepten

So bleibt als Resümee, dass wir alle mit Schwierigkeiten der Orientierung zu kämpfen haben, während das Verfügen über mehr Informationen das Entscheiden nicht unbedingt erleichtert, sondern manchmal eher noch erschwert. Gleichzeitig ziehen sich die vor wenigen Jahrzehnten erst aufgebauten öffentlichen sozialstaatlichen Sicherungssysteme und -instanzen wieder zurück und viele riskante Orientierungs-, Planungs- und Entscheidungsaufgaben werden erneut an die Individuen delegiert. Zahlreiche Beratungsangebote sollen zwar die Einzelnen in allen Lebensbereichen unterstützen – wo Ratsuchende sich jedoch verstärkt ambivalenten und paradoxen Anforderungen gegenübersehen und Prognosen nur noch auf kurze Sicht möglich sind, geraten einige der herkömmlichen Beratungskonzepte an ihre Grenzen: Das gilt vor allem für individuenzentrierte, rationalistische Beratungsvorstellungen in vermeintlich „sachlichen" Feldern (wie beruflicher Beratung, Patientenberatung, Organisationsberatung etc.), die eine eher nüchterne und autonome Entscheidungs- und Planungskompetenz auf Seiten der Ratsuchenden voraussetzen. Diese bedürfen einer grundlegenden Revision und die Beratungswissenschaften sind herausgefordert, neue und alternative theoretische Ansätze und Praxismodelle zu erarbeiten (vgl. Forum Beratung, Zweite Frankfurter Erklärung, 2012, i.d.Bd.):

> „Benötigt werden Konzepte, die zum einen Identität in sozialer Integration sichern helfen sowie persönliche und soziale Empowermentprozesse unterstützen und die zum anderen einen positiven Umgang mit Ungewissheit und Nichtsicherheit fördern. (…) Beratung kann und muss Intuition und Emotion neben Rationalität aufgreifen und Kohärenzsinn wie Bewältigungsoptimismus auch in ambivalenten und widersprüchlichen Anforderungen stärken." (http://www.forum-beratung-dgvt.de)

Dabei bieten zum einen sozialkonstruktionistische Ansätze und Beratungsmodelle neue theoretische und praktische Perspektiven (vgl. Gerstenmaier & Günther, i. Bd.2;

Engel & Sickendiek, i.Bd.2): Das sozialkonstruktionistische Paradigma der Beratung fasst Ratsuchende als potentiell selbstwirksam handelnde Akteure in ihrer Lebenswelt auf und zielt darauf, sie zu unterstützen, kohärente Identitäten in ihren sozialen Kontexten zu entwickeln, ihre Lebensgeschichten selbstbewusst und aktiv (mit) zu gestalten – auch im Hinblick auf eine Zukunft, die nur sehr bedingt berechenbar und planbar ist. Zum anderen lohnt sich, wie erwähnt, ein Blick auf Konzepte aus der nordamerikanischen Career-Counselling-Diskussion.

2 Der Nichtsicherheit eine positive Seite abgewinnen – Gelatts „positive uncertainty"

H.B. Gelatt, ein prominenter, in den 1960er-Jahren noch „rational" orientierter Entscheidungstheoretiker, hat schon in den frühen 1990er-Jahren realisiert, dass neue „unsichere" Lebenswelten auch neuer Beratungsorientierungen bedürfen. Mit konzeptionellem Anspruch und doch in typisch us-amerikanischer Counseling-Tradition auch stark pragmatisch anwendungsorientiert, entwickelt er die Vorstellung einer „Positiven Nichtsicherheit" (positive uncertainty).

Im Konzept der Positiven Nichtsicherheit werden Menschen (insbesondere in Entscheidungssituationen ihres Lebens) dazu angeleitet, Gedanken zu wagen, die nicht „durch und durch" rational sind. Neben Rationalität werden auch unrealistische Vorstellungen als wichtige Entscheidungsgrundlagen erachtet. Positive Nichtsicherheit wird als eine „Philosophie" der kreativen Entscheidungsfindung angesehen, in der Menschen (wie Beratungsklientinnen und -klienten) Nichtwissen auch positiv empfinden und sich selbst als ebenso veränderbar erleben wie ihre Lebenskontexte und Lebenswelten (Gelatt & Gelatt, 2003, S. IV). Es wird davon ausgegangen, dass ein paradoxes positives Gefühl gegenüber Unsicherheit/Nichtsicherheit dann möglich wird, wenn man erkennt, dass damit Optionen und Möglichkeiten wachsen. Sicherheit lässt tendenziell nur „das Sichere" denken und anstreben. Nichtsicherheit hingegen lädt ein, „Neues" zu denken und zu erproben. So wird einer immer nur begrenzten Rationalität eine quasi grenzenlose Kreativität an die Seite gestellt (Gelatt & Gelatt, 2003, S. V).

Die Grundannahme des Konzepts ist, dass die bisherigen linearen kognitiven und rational-planerischen Entscheidungsmodelle, die einer Beratungsunterstützung häufig zu Grunde liegen, zwar nicht obsolet geworden sind – sie allerdings für eine Lebensplanung heute, vor allem in Bildung und Beruf, aber auch generell in anderen Lebensbereichen, nicht mehr hinreichend sind. Subjektivität, Flexibilität, Intuition und Kreativität, ja selbst ein Stück Irrationalität sind ihnen an die Seite zu stellen. Gelatt formuliert diese Hypothese, weil:

1. Informationen mittlerweile immer mehr, vielfältiger und schneller verfügbar sind, sie damit aber ebenfalls schneller wieder überholt, falsch und nutzlos werden;
2. der Informationsverarbeitungsprozess als nicht nur oder vorwiegend stringent, rational, emotionslos und beziehungsfrei betrachtet werden kann, sondern er-

wiesenermaßen als subjektiv und personengebunden, getragen und gespeist durch Emotionen und gerahmt durch direkte und vermittelte soziale Einflüsse zu sehen ist, sowie

3. die resultierenden Entscheidungen, Wahlen und Handlungsorientierungen immer auch kreative und intuitive Anteile, situationsspezifische Flexibilität und zwangsläufig inkonsistente Elemente von Bewältigungsstrategien beinhalten und zulassen müssen, um eine erfolgreiche Adaptation zu ermöglichen.

Wie ist damit umzugehen, Entscheidungen treffen zu sollen, wenn niemand zuverlässig sagen kann, wie die Zukunft aussehen wird? Wie bleibt Zielorientierung möglich, ohne sich durch Zielfixierungen einzuschränken, und wie wird es möglich, bei veränderten Bedingungen neue Ziele entdecken zu können? Wie lassen sich angesichts wachsender widersprüchlicher Anforderungen im Leben (im Beruf, in der Gesundheit etc.) zunehmende Unvereinbarkeiten, Widersprüchlichkeiten, Hin- und Hergerissensein durch die Entwicklung von Ambiguitätstoleranz, Flexibilität und Offenheit, Kontrollbewusstsein und Selbstwirksamkeit aushalten und bewältigen? Wie können Menschen in ihrem Bewältigungsoptimismus, ihrer Reflexivität und Handlungsfähigkeit gestärkt und gefördert werden, trotz der verlorenen langfristigen Eindeutigkeiten und Prognostizierbarkeiten? Letztlich: Wie ist mit dem Paradox umzugehen, angesichts allgegenwärtiger Vielfalt, Widersprüchlichkeit und zunehmendem Zweifel eine positive, d. h. angenehme und durch (Selbst-)Vertrauen fundierte Haltung zur Welt und zu ihren Herausforderungen entwickeln zu müssen, und wie kann Beratung dazu beitragen?

Schon 1989 entwirft Gelatt drei grundlegende Leitlinien, die in späteren Arbeiten (s. u.) weiterentwickelt und (auch praktisch) elaboriert werden: Eine *Informationsleitlinie* fordert dazu auf: „Behandle deine ‚Fakten' mit Einfallsreichtum und Fantasie – aber fantasiere sie nicht!"

Informationen werden in unserem Leben immer wichtiger, aber auch kurzlebiger – heute wesentlich, morgen wertlos. Kaum werden wir alle relevanten Daten zur Verfügung haben, wenn wir vor einer Entscheidung stehen. Die Informationsmenge wächst, überfordert unsere Aufnahmekapazität und reicht trotzdem nicht aus. Viele Wahrheiten von gestern sind heute bereits zweifelhaft und schon morgen unwahr. Je mehr wir wissen, desto mehr wissen wir auch, was wir nicht wissen. Es gibt zudem keine neutrale Information. Alle Fakten werden durch Sender und Empfänger in ihrer Aufnahme, Verarbeitung und Wiedergabe subjektiv überformt.

Gelatt formuliert an Beratung den Anspruch, Menschen zu vermitteln, dass ihr Wissen nur die „Spitze eines Eisbergs" an Faktenwissen ist. Er weist darauf hin, dass vieles, was wir wissen, vieldeutig und widersprüchlich ist und dass dieses Wissen kein objektives, sondern ein subjektiv eingebundenes Wissen ist und dies auch sein muss. Beratern und Beraterinnen fällt hier z. B. die Aufgabe zu, Ratsuchende zu befähigen, Informationen und Wissen einerseits vorsichtiger, andererseits kreativer zu nutzen. Menschen müssen lernen, Information umzuwerten und neu zu rahmen, sich vor Informationsüberlast zu schützen und sich der Begrenztheit ihrer Information immer klar zu sein.

Eine *Prozessleitlinie* ermahnt: „Wisse, was du möchtest und glaubst, aber sei dir nicht sicher!"

Menschen sollen ihre Informationen, Kenntnisse und Wissensbestände würdigen, aber Entscheidungsprozesse trotzdem eher als Entdeckungsprozesse verstehen und erleben. Andere oder neue Ziele zu entdecken und für möglich zu halten, wird der Annäherung an gesteckte Ziele zur Seite gestellt. Neue Bedürfnisse, Wünsche, Ideen zuzulassen, statt einmal fixierte Ziele „auf Teufel komm raus" über das Leben hin erreichen zu müssen, scheint für viele angemessener. Gegen bisher geforderten absoluten Rationalismus und losgelöste Objektivität einer vergangenen Epoche werden eine Beziehungs-Objektivität zu Personen und Ereignissen und reflexiv-sensitive Subjektivität in Entscheidungsprozessen angestrebt. Gelatt verweist auch darauf, dass ein Ableugnen (von Fakten), dass Illusionen (nur vorgestellte Rationalität) und dass auch Lebenslügen in manchen Situationen durchaus Bewältigung fördern können (vgl. Thiersch, i.d.Bd.).

In ihrer Reduktion auf Rationalität verschütten Menschen auch Entwicklungspotenziale, und Beratung hat die Aufgabe, Balancen zwischen Reflexion, Imagination und Kreativität (wieder-)herzustellen – im Umgang mit Wissensbeständen, Einstellungen und Haltungen der Klienten und Klientinnen.

Eine *Wahlleitlinie* besagt: „Sei rational – es sei denn, es gibt einen guten Grund, es nicht zu sein!"

Die entscheidenden und planenden Personen selbst sind immer prominente und untrennbare Faktoren in getroffenen Entscheidungen und entwickelten Plänen und in gewissem Maße unberechenbar, was in rein rationalitätsorientierten Planungs- und Entscheidungstheorien oft vernachlässigt wird. Die Vorstellung völlig rationalen Entscheidens war immer ein Trugbild. Beratung ist heute eher dazu aufgefordert, diese Täuschung zu überwinden. Sie hilft zu erzählen, sich zu erinnern, sich etwas vorzustellen, die Vergangenheit und die Zukunft zu reflektieren und individuelle wie soziale Zukunftsperspektiven zu imaginieren oder auch zu erfinden, in veränderten Verhältnissen neue persönliche Standorte, Haltungen und Ziele zu antizipieren. Damit reagiert sie auf Wandel und fördert Wandel gleichzeitig. Diese dynamischen Prozesse gemeinsamer, rationaler und intuitiver Reflexion werden immer auch neue Inkonsistenzen und Paradoxien zutage fördern und produzieren. Sie werden selbst zu entscheidenden Ausgangspunkten der Weiterentwicklung. Beratung, die traditionell in allen ihren Feldern Ratsuchende dabei unterstützt hat, sich wohl begründete Meinungen und Haltungen zu etwas zu bilden, ist heute immer stärker damit befasst, Meinungen und Haltungen offen, flexibel und veränderbar zu halten: "The best final decision may actually be a definite maybe." (Gelatt, 1989, S. 256)

In ihrem Übungsbuch *"Creative Decisionmaking – Using Positive Uncertainty"* zeichnen Gelatt und Gelatt (2003) nachhaltige persönliche Veränderungswege vor und geben praktische Reflexions- und Trainingsbeispiele, die auch Beratungsprozesse unter heutigen Unsicherheitsbedingungen bereichern. In vier modernen Paradoxien – menschlichen Wünschens, Wissens, Glaubens und Tuns – werden die von Gelatt 1989 formulierten Maximen differenziert und anwendungsorientiert weiterentwickelt.

Paradox 1 erfordert, gleichermaßen fokussiert wie flexibel hinsichtlich der eigenen Wünsche zu sein.

Die Strategie, klare identifizierbare Ziele zu suchen und diese dann ausschließlich zu fokussieren, scheint unvollständig und auch nicht ungefährlich, denn es besteht das Risiko, andere vielleicht günstigere Möglichkeiten zu übersehen und Umwege sowie Seitenwege mit anderen Optionen gar nicht erst wahrzunehmen. Damit nimmt man sich die Chance, etwas anderes sehr Wünschenswertes zu finden, was man eigentlich gar nicht gesucht hat.

Gleichermaßen fokussiert wie flexibel zu sein kann in der Praxis bedeuten,

- Barrieren zu identifizieren, die daran hindern, zu wissen, was man wissen möchte;
- sich von Zielen leiten, aber nicht beherrschen zu lassen (das eröffnet auch die Chance auf "serendipity" – eine glückliche Zufallsentdeckung, s. u.);
- den Blick vom Ziel hin auf die Reise zu wenden und sich für andere Ziele zu öffnen;
- Ziele nur als Hypothesen (dass etwas möglicherweise so sein wird, wie man es wünscht) zu behandeln, nicht als Festlegung;
- Zukunftsängste zu entdecken, die möglicherweise Exploration verhindern;
- die Bestände an Zielen aus der eigenen Vergangenheit zu resümieren und Zukunftsereignisse zu antizipieren, die sich differenziert auf eine „gewünschte" Zukunft, eine „mögliche" Zukunft und eine „wahrscheinliche" Zukunft beziehen;
- eine „kleine Liste großer Dinge" (z. B. wichtiger Lebensthemen) und eine „große Liste kleiner Dinge" (z. B. alltäglicher Anliegen) aufzustellen, die man erreichen möchte.

Paradox 2 postuliert, sich über das eigene Wissen klar, aber sich dessen nicht sicher zu sein.

- Das persönliche Wissen ist nur die „Spitze des Eisbergs".
- Die Gültigkeit von erhaltener Information bleibt immer zu prüfen (denn oft sammelt man eher diejenige Information, die passt und gefällt, statt diejenige, die nicht passt und nicht gefällt).
- Mehr Information kann zu mehr Unsicherheit führen – weniger Information zu mehr Sicherheit. Manches nicht zu wissen, kann durchaus auch Ermutigung und Empowerment bewirken.
- Vor grassierender „Info-Manie", d. h. vor der Idealisierung von (möglichst viel) Informationen und ihrer Verfügbarkeit, sollte man sich hüten. Das eigene Bewusstsein für neues Wissen offenzuhalten, ist jedoch bedeutsam.
- Andere Möglichkeiten verdienen es bei Entschlüssen stets, auch bedacht zu werden.

Paradox 3 verlangt Realismus wie auch Optimismus hinsichtlich eigener Meinungen, Einstellungen und Glaubenssätze und formuliert sehr konkret:

- Sei realistisch in der Art und Weise, wie du die Welt siehst! Füge Optimismus hinzu, denn dieser macht resilient und widerstandsfähig!
- Hüte dich vor deinen eigenen Dogmen (nichts ist gefährlicher, als wenn jemand nur *eine* Idee hat) und nimm das, woran du glaubst, heuristisch statt dogmatisch! Versuche, dich deiner fixierten und festgefahrenen Perspektiven, auch deiner blinden Flecken, bewusst zu werden!

- Behandle das, was du glaubst, als Prophezeiung (positive Illusionen und sich selbst erfüllende Prophezeiungen können vieles ändern)!
- Tagträume möglichst konkret, damit du deine Zukunft in einem positiven Sinne konstruieren kannst!
- Nutze Metaphern, um dir deiner Anschauungen und Einstellungen gewahr zu werden, wie auch anschauliches und erlebnisaktivierendes Imaginieren in deiner Entscheidungsfindung!

Paradox 4 fordert dazu auf, pragmatisch-praktisch und gleichzeitig „magisch"-kreativ im Handeln zu werden.

- Rational und praktisch wie gleichzeitig kreativ und intuitiv zu denken und zu handeln ist ein Entwicklungsziel.
- Intuition wie Intelligenz sind nutzbar, wobei vor allem emotionale Intelligenz (die Selbstbewusstsein, Selbstvertrauen und psychologische Einsicht, Perspektiven, Motivationen und Optimismus sowie Wandel akzeptieren und initiieren lässt) im Mittelpunkt steht.
- Persönliche Entscheidungsstrategien sollen bewusst werden (z. B. eigene rationale, intuitive, kulturelle oder auch schicksalhafte Vorstellungen).
- Es gilt eine „umgekehrte Paranoia" aufzugeben (dort wo du glaubst, jemandem folgen zu müssen, der dich führt).
- Man muss „lernen zu planen" und „planen zu lernen" (jedes allein reicht nicht) und mit dem Paradox von Entdecken und Gestalten umgehen (d. h. im Gestalten entdecken und im Entdecken gestalten lernen).

Gelatt und Gelatt (2003) gehen mit ihren Überlegungen über die verbreitete Maxime „Es ist besser, etwas versucht und möglicherweise gefehlt zu haben, statt nie etwas zu versuchen" hinaus und postulieren weitergehend: „Es ist besser, etwas versucht und gefehlt zu haben, statt nie Fehler zu machen."

Eine Reihe der von Gelatt und Gelatt formulierten Ideen und Desiderate weisen Parallelen zur Methode des „Positiven Denkens" auf, wie sie seit Jahren auch in HeilerInnen- und Esoterik-Szenen grassiert. Hilfe- und ratsuchende Menschen werden mit der Idee in die Irre geführt, der feste Glaube an eine positive Entwicklung oder das fortgesetzte Repetieren selbstbekräftigender Sätze allein könne Abhilfe bei allen Lebensschwierigkeiten bringen. Gelatt und Gelatt propagieren keine autosuggestive Macht guter Gedanken, sondern wenden sich gegen zu kurz greifende Vorstellungen und die „Totalisierung" vermeintlich rationalen Entscheidens, Planens und Handelns.

Die Forderung nach kreativem und metaphorischem Vorgehen ist gut anschlussfähig an sozial-konstruktionistische und narrative oder auch lösungsorientierte Konzepte der Beratung, in denen mit Ratsuchenden die soziale Konstruiertheit unserer Realität zum Thema gemacht wird. Damit werden Perspektiven darauf eröffnet, dass manches auch anders sein könnte oder werden kann. Der Einsatz von Metaphern gerade im Reflektieren über bisherige Haltungen zu Problemen ist auch theoretisch ausgearbeitet. Und die lösungsorientierte Beratung arbeitet, wie in Gelatts und Gelatts Vorschlag des Tagträumens, mit möglichst konkreten Schilderungen einer besseren Zukunft, z. B. indem Ratsuchende aufgefordert werden, den

Beginn eines Tages präzise und kontextbezogen zu „erzählen“, an dem das zur Debatte stehende Problem nicht mehr oder nur noch in geringerem Ausmaße besteht. Ebenso erweist sich das Einbeziehen von Intuition in der Beratung als hilfreich, wenn man unter Intuition eher ein kognitives sehr rasches und punktuelles Zusammenziehen von langjähriger Lebenserfahrung versteht als ein „übersinnlich“ verklärtes „Bauchgefühl“ (Gigerenzer, 2007).

Relevant scheinen zudem die von Gelatt und Gelatt präsentierten Überlegungen im Hinblick auf das Umgehen mit Informationen wie auch die offene Haltung (Lebens-)Zielen gegenüber, die bei Entscheidungsprozessen immer eine Rolle spielen. Bei Bildungs- oder beruflichen Entscheidungen oder auch bei gesundheitsbezogenen Fragen (z. B. zu unterschiedlichen Behandlungsweisen einer schweren Erkrankung) kann es in der Beratung von großem Nutzen sein, mit Ratsuchenden abzustecken, wie sie sich informieren können und sollten, wie sie „blinde Flecken“ vermeiden und ihre Informationssuche gleichzeitig begrenzen können – in dem Wissen, immer nur einen Bruchteil möglicher Informationen in Erfahrung zu bringen.

Wenn Gelatt und Gelatt dafür plädieren, Ziele eher als Vermutungen darüber, was erstrebenswert sein *könnte*, zu betrachten und sich nicht von Zielen wie von Dogmen einengen zu lassen, impliziert dies eine zentrale Grundhaltung von Beraterinnen und Berater: Beratung sollte *nicht* Entscheidungsdruck erhöhen und unentschiedene Ratsuchende mit der Aufforderung, Ziele zu definieren und Planungsschritte aufzustellen, zu Festlegungen auffordern. Positive Nichtsicherheit – angesichts ungewisser Zukunft wie auch ungewisser persönlicher Ziele – bedeutet, Klientinnen und Klienten den Raum zu lassen oder sie vielleicht sogar darin zu bestärken, eine Zeit lang keine Entscheidung zu treffen, Dinge offenzuhalten und abzuwarten, was sich weiterhin entwickelt. Damit wehrt sich professionelle Beratung gegen einen Entscheidungsdruck, der oftmals vom sozialen Umfeld ausgeübt und in Institutionen, die die biografischen Statuspassagen von Menschen begleiten, vermittelt wird (ob in Bildungs- und beruflichen Fragen, in Paarbeziehungs- und Familienangelegenheiten oder bei anderen Themen der persönlichen Lebensführung).

3 Zufälle und ungeplante Ereignisse – eine unkonventionelle Perspektive auf berufliche Laufbahnen und Lebensläufe

Dass Zufälle und unerwartete Ereignisse in allen menschlichen Lebensbereichen eine zentrale Rolle spielen, liegt auf der Hand: Welche Personen trifft man in seinem Leben, die den eigenen Lebensweg maßgeblich beeinflussen? Welche Krankheit ereilt einen und welche professionelle (z. B. medizinische oder psychotherapeutische) Hilfe erhält man, um wieder gesund zu werden? Welche künstlerischen Neigungen und Talente werden gefördert oder nicht? In welches Milieu wird man hineingeboren und welche Gelegenheiten eröffnen sich, das eigene Leben dort zu gestalten oder in andere Milieus zu wechseln etc.? In ihrer Bedeutung für Beratung werden Zufall und ungeplante Ereignisse aber bisher nur in der Laufbahnberatung thematisiert.

In der rationalen Planungseuphorie vieler Beratungsansätze geht tendenziell der Blick dafür verloren, dass Zufall, Glück und Pech folgenschwerer sein mögen als angenommen. Jemand bekommt einen Ausbildungsplatz trotz mäßiger Zeugnisse, weil eine andere Bewerberin kurzfristig abgesprungen ist. Jemand trifft per Zufall eine Jugendfreundin wieder und trennt sich in der Folge aus einer Paarbeziehung, in der er trotz häufiger Konflikte vielleicht geblieben wäre, und wechselt auch noch Wohnort und Arbeitsplatz, um mit der neuen Frau zusammenzuleben. Ein Unfall durchkreuzt alle Lebenspläne oder eine unverhoffte Schwangerschaft verändert die berufliche Lebensplanung völlig. Zufälle hier wie diese oder Zufälle in anderen Bereichen zeigen, dass unser Leben sehr viel stärker von glücklichen oder unglücklichen Ereignissen beeinflusst wird, als bisher in Beratungskontexten realisiert oder reflektiert wird.

Empirie zu Zufällen in beruflichen Laufbahnen

Eine ganze Reihe internationaler empirischer Befunde verweist bereits auf die Bedeutung zufälliger und unerwarteter Ereignisse in beruflichen Laufbahnen und unterstützt die Notwendigkeit der Integration dieser Erkenntnisse in die Entwicklung neuer Beratungsmodelle. So identifizierten z. B. Deborah Betsworth und Jo-Ida Hansen (1996) in den USA in ihrer Studie mit 237 befragten Frauen und Männern im Alter von 52 bis 88 Jahren (nach Nennungshäufigkeit geordnet) elf Kategorien unerwarteter und unvorhergesehener Ereignisse oder Entwicklungen in beruflichen Laufbahnen:

1. Kontakte zu anderen Personen im persönlichen oder beruflichen Bekanntenkreis, über die man eine neue Arbeitsstelle erhielt oder die zu einer neuen ausbildungsbezogenen oder beruflichen Orientierung führten.
2. Unerwartetes Vorankommen zu einer attraktiveren beruflichen Position, z. B. dadurch, dass eine andere Person plötzlich ausfiel und man selbst deren Stellung einnehmen konnte oder sollte.
3. Die Tatsache „zur richtigen Zeit am richtigen Ort gewesen zu sein", als gerade jemand von einer freien Arbeitsstelle erzählte oder man auf etwas aufmerksam wurde, worauf man zu einer anderen Zeit wahrscheinlich nicht geachtet hätte.
4. Ereignisse in Paarbeziehungen und Familie, z. B. Tod von Angehörigen oder Trennung und die Erfordernis persönlicher Umorientierung, Heirat oder Umzug, notwendiger Ortswechsel von Angehörigen etc.
5. Eine im passenden Moment erfolgte Ermutigung durch andere Personen, z. B. eine andere Ausbildung zu beginnen oder sich auf eine einträglichere Stelle zu bewerben (vor allem auch durch KollegInnen, FreundInnen und Verwandte).
6. Frühere berufliche, ehrenamtliche oder aus einem Hobby resultierende Erfahrungen, die beim Erlangen einer Stelle unerwartet relevant wurden.
7. Berufliche Situationen, in denen Kenntnisse (z. B. aus dem Militärdienst) unverhofft von Nutzen waren.
8. Das Verbleiben in einer beruflichen Position, die zunächst nur vorübergehend sein sollte oder nebenbei ausgeübt wurde.
9. Finanzielle, gesundheitliche, strukturelle oder auf Diskriminierung basierende Hindernisse, die die geplante oder erhoffte Laufbahn durchkreuzten.

10. Historische und gesellschaftliche Ereignisse, die zu Veränderungen im Lebenslauf oder in einem beruflichen Feld führten und dann unerwartete Chancen oder Hürden mit sich brachten.
11. Unerwartete berufliche oder persönliche Erfahrungen in einem völlig neuen Feld, für das man plötzlich Interesse bekam (z. B. auch durch negative Lebenserfahrungen wie Krankheiten).

Auch Elisabeth Williams und ihre Kolleginnen (1998) betonen, dass in herkömmlichen Laufbahntheorien bis in die 1990er-Jahre Zufall oder unerwartete Ereignisse vor allem im Hinblick auf Berufswahl eher als eine „Fehlerquelle" oder ein „störender Faktor" in der Berufsbiografie betrachtet wurden (vgl. auch Bright, Pryor & Harpham, 2005). Die Autorinnen gehen der Frage nach, wie die Bereitschaft (readiness) von Personen auf unerwartete und zufällig eintretende Situation zu reagieren, konzeptionell gefasst werden kann. In einer qualitativen Interviewstudie mit Beratungspsychologinnen wurde untersucht, in welcher Weise die persönlichen beruflichen Laufbahnen durch zufällige Ereignisse mitbestimmt wurden und welches wichtige Faktoren waren, die die Bereitschaft zur Reaktion auf diese Zufälle förderten. Auf die Frage, wodurch sich zufällige Ereignisse auszeichnen, erwähnten die meisten Teilnehmerinnen neben dem „Unerwarteten", dass die Wahrnehmung der Ereignisse mit dem Gefühl einherging, *jetzt* zum Handeln aufgefordert zu sein. Zudem veränderten die zufälligen Vorkommnisse oft, wie man über die persönliche Zukunft dachte, sowohl im Sinne neu auftauchender Möglichkeiten wie auch im Sinne plötzlich sichtbarer Hindernisse für bisher geplante Berufswege. So ergaben sich im Schnitt drei signifikante zufällige Ereignisse in einer Berufslaufbahn. Von Bedeutung waren hierbei vor allem laufbahnbezogenes Eingreifen anderer Personen (z. B. Angesprochenwerden für eine Arbeitsstelle oder von einer Sitznachbarin im Flugzeug den Vorschlag für ein Studienfach zu bekommen) oder „völlig zufällige Ereignisse", wie zu einer beliebigen Vorlesung an der Universität zu gehen, weil im gewünschten Hörsaal keine Plätze mehr frei waren und die Vorlesung gerade auf dem Wege lag, was dann zu einem Studienwechsel führte. Ob ein Ereignis als bedeutsam wahrgenommen wurde und zum Aktivwerden veranlasste, war gebunden an:

- den *Zeitpunkt des Ereignisses in der beruflichen Biografie* (Wie fraglich ist der bisher eingeschlagene Weg aktuell? Ist man gerade auf der Suche? Verspürt man einen Druck zum Wechsel?),
- an *persönliche* Bereitschaftsfaktoren, wie generelle Risikofreude, ein grundsätzliches berufliches wie auch allgemeines Selbstvertrauen, eine gewisse Spontaneität oder das Empfinden, sich persönlich und emotional stark genug für etwas Neues zu fühlen,
- sowie *externale* „Bereitschaftsfaktoren", zu denen vor allem ein gutes Unterstützungssystem (unter KollegInnen, Vorgesetzten, FreundInnen, LebenspartnerInnen und Familie) gehört, aber auch gesellschaftliche bzw. „kulturelle" Einflüsse (wie z. B. durch die Frauenbewegung) oder das Fehlen externer Hindernisse zählen (wie z. B. keine finanzielle Verantwortung für eine Familie oder sonstige Versorgungspflichten zu haben).

Andreas Hirschi (2010) befragte in zwei Wellen 16- bis 20-Jährige und 13- bis 17-Jährige in der Schweiz (insgesamt 423 TeilnehmerInnen) zu Übergängen in der Schullaufbahn bzw. von der Schule in eine Ausbildung oder ein Studium. 64 % der Befragten antworteten, dass Zufälle einen gewissen oder großen Einfluss dabei hatten. Auch hier kam bei den älteren Befragten der Ermutigung bzw. dem Zuspruch durch andere Personen sowie persönlichen oder aus der Bildungslaufbahn resultierenden Beziehungen die größte Bedeutung zu. Die jüngeren Schülerinnen und Schüler bzw. Auszubildenden berichteten ebenfalls an erster Stelle von Ermutigungserfahrungen durch andere und davon, „zur richtigen Zeit am richtigen Ort gewesen zu sein".

Einen wichtigen Stellenwert hat hier der Begriff der *serendipity*, übersetzbar als Spürsinn, glücklicher Zufall oder zufällige Entdeckung. Serendipity – so das Online-Lexikon Beolingus (2010) – erlebt man, „wenn man eine Nadel im Heuhaufen sucht und dabei die Tochter des Bauern findet." Webster Cavanee, Mediziner und Krebsforscher an der Universität of California, beschreibt seine Erfahrungen demgemäß:

> "Previous articles in the series have emphasized the importance of observation, consideration and training as crucial elements of a successful career in scientific research. While I wholeheartedly agree that these are important components, I would like to discuss here another element that has been vital for my career: serendipity. I have repeatedly found blind luck (this is often referred to by competitors as "just being in the right place at the right time") to be a superior asset, especially when coupled to breadth of training (this is often referred to by grant reviewers as "being unfocussed") and outstanding colleagues. I hope that this article describing my experiences will make a prima facie case for preparing for serendipity." (Cavanee, 2003, S. 213)

In der deutschsprachigen Literatur zu Bildungs- und beruflichen Laufbahnen wird dem Zufall so gut wie keine Aufmerksamkeit gewidmet – weder werden bei Befragungen in nennenswertem Maße Zufälle identifiziert oder als Antwortkategorie vorgegeben noch ist das Thema Zufall bei sozialstatistischen Datenanalysen Gegenstand der Forschung. Gleiches gilt für die Literatur zu Laufbahnberatung, in der das Umgehen mit Zufall bislang kaum als Anliegen oder Problemstellung aufgegriffen wird.

Geplanter Zufall – das Konzept von Krumboltz, Levin und Mitchell

Die Bedeutung zufälliger und ungeplanter Ereignisse kann soziologisch im Rahmen von *„Gelegenheitsstrukturen"* gefasst werden. Hierunter werden ökonomische, räumliche und sonstige physische, soziale, kulturelle Rahmenbedingungen verstanden, die ein bestimmtes Handeln, eine Entscheidung für oder gegen etwas, das Lernen von Neuem etc. zulassen, ermöglichen, naheliegender oder unwahrscheinlicher machen oder gar verhindern. Gelegenheitsstrukturen sind auch Bedingungen und Faktoren, die Aufmerksamkeit erregen und Orientierungsreaktionen auslösen, z. B. den Blick in eine bestimmte Richtung lenken. Inwieweit jemand diese Optionen nutzt oder nicht nutzt, hängt dann von individuellen Wünschen, Interessen und darauf folgenden Handlungsentscheidungen ab. Wichtig sind hier z. B. auch soziale Kontakte und das Aufsuchen von Orten, die Gelegenheiten zur gezielten Aktivität und zur Teilhabe, zum Ergreifen einer Chance bieten. Als zwei wesentliche Kategorien von Zufällen erweisen sich in allen Studien Kontakte zu anderen Personen und die bereits erwähnte Tatsache, zur richtigen Zeit am richtigen Ort zu sein. Sie sind sozusagen der Bedingungskontext, in dem eine Person selbst gefordert ist, die sich bietenden Gelegenheiten „beim Schopf“ zu ergreifen. Eine Frage in der Beratung lautet dabei: Werden Gelegenheiten als solche wahrgenommen und erkannt, fällt die (rationale, oft aber auch spontane und intuitive) Entscheidung, sie zu nutzen, und ist man dazu auch im Stande?

Es erweist sich zudem, dass neue Kontakte und bestehende soziale Beziehungen ebenso wichtig sind wie das Eingebundensein in breitere soziale Kontexte, aus denen sich neue Möglichkeiten ergeben können (z. B. seine Kenntnisse zu zeigen oder beim Ausfallen einer anderen Person eine Chance zu bekommen). Für die Beratung folgt daraus, Ratsuchende dabei zu unterstützen, in sozialen Kontakten und beruflichen Kontexten sensibel und aufmerksam zu werden für sich bietende Gelegenheiten und diese dann zu nutzen. Oft ist es aber zunächst einmal notwendig, in der Beratung ins Gespräch darüber zu kommen, wie jemand überhaupt Zugang zu entsprechenden Kontexten erlangen bzw. lernen kann, sich darin zu bewegen.

Das *Planned-happenstance-Modell* der Laufbahnentwicklung und -beratung von John Krumboltz und Kollegen (Mitchell, Levin & Krumboltz, 1999; Krumboltz & Levin, 2004) rückt gegenüber einer rationalen Laufbahnplanung bisher vernachlässigte und unvorhergesehene Ereignisse, die Entwicklungschancen und -möglichkeit eröffnen, in den Mittelpunkt der Aufmerksamkeit. Aus eigener Empirie, die zeigt, dass nur die wenigsten Menschen sich in Berufslaufbahnen und -positionen wiederfinden, die sie nach rationaler Abstimmung persönlicher Interessen und Fähigkeiten mit existierenden Berufs- und Arbeitsplatzprofilen für sich geplant und gewählt haben, kommen die Autoren zu dem Schluss, dass vielmehr lange Ketten ungeplanter Ereignisse und Chancen die Bildungs- und Berufslaufbahnentwicklung der Menschen hier und heute prägen. Der Happenstance-Ansatz geht deshalb davon aus, dass es wichtiger wird, Menschen zu befähigen, diese ungeplanten Ereignisse und Chancen sensibel wahrzunehmen und dann nutzen zu lernen, statt die persönliche wie gesellschaftliche Erosion längerfristiger Vorausplanung nur zu beklagen. Auch hier heißt das keinesfalls, selbstreflexive, rationale Planungsunterstützung in der Beratung zu negieren. Beraterinnen und Berater wie Ratsuchende müssen aber auch lernen, dass Pläne, obwohl sie beruhigen und Sicherheit geben, in dramatischen Veränderungszeiten oft nicht realisiert werden.

Eine konstruktivere Form der Beratung muss daher eher zu offenen Haltungen und Handlungskompetenzen beitragen, wie sie auch in Gelatts Modell der Positiven Nichtsicherheit (s. o.) skizziert werden. Nach Mitchell et al. (1999) gehören hierzu insbesondere auch Fragen wie: Wie initiiert man Aktivitäten, die günstige ungeplante Ereignisse schaffen, wie erkennt man diese und wie zieht man Nutzen aus ihnen, wenn sie sich dann ergeben? Das Modell verwandelt Unentschiedenheit hinsichtlich verschiedener Ziele und Entwicklungsperspektiven zu einer potenziellen Stärke in einer unsicheren Zukunft. Ungeplante Ereignisse prägen das Leben und nahezu jede berufliche Laufbahn, sie sind normativer wie notwendiger Teil davon und bestenfalls die sehr nahe Zukunft erlaubt noch zielsichere Prognosen.

Ihren Praxiserfahrungen und empirischen Studien zur beruflichen Laufbahn zufolge verändern sich nach John Krumboltz und Al Levin (2004) Vorstellungen davon, was Menschen gerne lernen und tun möchten und was sie beruflich über ihr gesamtes Leben hin als befriedigend empfinden. Genauso wie sich während des Jugendalters Ideen von Berufswünschen wandeln, können sich auch im Erwachsenenalter berufliche Aspirationen verlagern. Zudem resultieren Bildungs- und berufliche Entscheidungen – falls die Bedingungen überhaupt ein selbstbestimmtes Entscheiden erlauben – oftmals nicht in den Positionen oder Verläufen, die man ursprünglich anvisiert hat. So manche berufliche Situation ergibt sich allem Planen entgegen anders als gedacht und damit kann sich berufliche Zufriedenheit einstellen oder auch nicht. Insgesamt spielen *ungeplante* ebenso wie *unplanbare* Ergebnisse also eine sehr wesentliche Rolle. "Unexpected events are happening all the time – some of them because the actions you are taking. Some of them can give a big impact on your career." (Krumboltz & Levin, 2004, S. 17).

Krumboltz und Levin (2004) formulieren auf dieser Erkenntnisbasis zentrale Leitlinien der Laufbahnorientierung, die in Beratungsprozessen vermittelbar sind:

- Arbeite eher auf das Ziel hin, ein befriedigendes Leben zu führen, als daraufhin, langfristige Entscheidungen zu treffen!
- Nutze Diagnosen (z. B. professionelle Diagnosen deiner Interessen und Fertigkeiten) für neue Lernprozesse, nicht aber als Grundlage dafür, deine „Persönlichkeitsmerkmale und -fähigkeiten mit einem bestimmten Berufsprofil in Passung zu bringen" (wie dies im Trait-and-factor-Modell der Beratung traditionell versucht wird)!
- Lasse dich zu Erkundungen und explorativen Aktionen ermutigen, um dich dort zu engagieren, wo es interessant ist und du neue Erfahrungen machen kannst!
- Würdige deine eventuelle Unentschiedenheit als ein wichtiges Offensein für Anderes und Neues!
- Versuche Nutzen aus unerwarteten und ungeplanten Ereignissen für dich zu ziehen und deine Handlungsmöglichkeiten zu maximieren!
- Begreife diese Prozesse immer als eine lebenslange Entwicklung und als ein lebenslanges Weiterlernen!

Die Entwicklung eines aktiven persönlichen und sozialen Lebensstils – so die grundlegende Hypothese der Autoren – ist die beste Voraussetzung, die Wahrscheinlichkeit für das Eintreten chancenreicher und hilfreicher Situationen und Ereignisse zu erhöhen. Dann ergeben sich nutzbare Zufälle. Klienten und Klientinnen werden dabei unterstützt, ihre Laufbahnoptionen offenzuhalten und sich als kontinuierlich Lernende zu betrachten. In der Beratung werden sie dazu angeregt, ihre bisherige Lebensgeschichte auf solche ungeplanten Ereignisse und ihre positiven Erfahrungen hin zu analysieren, um deren Bedeutung erkennen zu können. Sie werden so motiviert und unterstützt, auch in Zukunft Gelegenheiten aufzuspüren und Chancen nicht ungenutzt verstreichen zu lassen. Fehler hingegen werden als gute Lernmöglichkeiten erachtet, nicht als Versagen oder als Katastrophe. Dies ist eine wichtige Perspektive der Neubewertung von Erfahrungen und Haltungen. Besonders gefördert wird die Motivation der Klienten und Klientinnen, solche Beschäftigungen aufzunehmen, die ihnen möglichst viele Entwicklungs- und Lernmöglichkeiten bieten.

Sowohl das Modell der „Positiven Nichtsicherheit" wie das des „geplanten Zufalls" stellen alternative Beratungsansätze im Umgang mit Informationen und Entscheidungen, mit Orientierung und Planung im Feld von Bildung, Beruf und Beschäftigung dar und zeigen neue Wege auf, Ratsuchende in ihrer Laufbahnentwicklung unserer Zeit angemessen zu fördern. Auch scheinen sie wichtige Anregungen für eine allgemeine psychosoziale und Gesundheitsberatung, für Beratung in Ehe, Familie und Erziehung etc. zu bieten – Felder, in denen diese Themen bis heute weitgehend nicht zur Kenntnis genommen werden. Besonders aber wenn es um eine notwendige Integration von beruflicher und allgemeiner psychosozialer Beratung geht und Ratsuchende in der Laufbahnberatung auch „private" Themen ihrer sozialen Beziehungen, ihrer Gesundheit etc. thematisieren und umgekehrt, wenn in psychosozialer Beratung auch Bildungs- und Berufsfragen angesprochen werden, erweisen sich die genannten Konzepte als hilfreich und heutigen Lebensläufen angemessen.

Literatur:

Amundson, N. & Thrift, E. (2008). The Emergence of More Dynamic Counselling Methods. In J.A. Athanasou & R. van Esbroeck (Eds.), *International Handbook of Career Guidance* (pp. 325–339). New York: Springer.

Bauman, Z. (2008). *Wir Lebenskünstler.* Frankfurt a. M.: Suhrkamp Verlag.

Betsworth, D.B. & Hansen, J.-I. (1996). The Categorization of Serendipitous Career Development Events. *Journal of Career Assessment, 4* (1), 91–98.

Bright, J.E.H., Pryor, R.G.L. & Harpham, L. (2005). The Role of Chance Events in Career Decision Making. *Journal of Vocational Behavior*, *66,* 561–576.

Bubany, S.T., Krishok, T.S., Black, M.D. & McKay, R.A. (2008). College Students' perspectives on their career decision making. *Journal of Career Assessment, 16* (2), 177–192.

Cavanee, W.K. (2003). Preparing for serendipity. *Cancer Biology & Therapy*, *2* (2), 213–215.

Engel, F. (2002). Beratung im Zeitalter ihrer technischen Reproduzierbarkeit. In F. Nestmann. & F. Engel (Hrsg.), *Die Zukunft der Beratung* (S. 135–154).Tübingen: dgvt-Verlag.

Forum Beratung in der dgvt (2012). *Zweite Frankfurter Erklärung zur Beratung.* Verfügbar unter: http://www.forum-beratung-dgvt.de/ [10.04.2012].

Gelatt, H.B. (1989). Positive Uncertainty: A new decision-making framework for counseling. *Journal of Counseling Psychology, 36,* 252–256.

Gelatt, H.B. & Gelatt, C. (2003). *Creative decision making. Using positive uncertainty.* Boston, Mass.: Thomson Place.

Gigerenzer, G. (2007). *Bauchentscheidungen. Die Intelligenz des Unbewussten und die Macht der Intuition.* München: C. Bertelsmann.

Greenbank, P. & Hepworth, S. (2008). *Working class students and the career decision making process: A qualitative study.* Manchester: HECSU.

Hirschi, A. (2010). The Role of Chance Events in the School-to-Work Transition. The Influence of Demographic, Personality and Career Development Variables. *Journal of Vocational Behavior, 77,* 39–49.

Krumboltz, J.D. & Levin, A.S. (2004). *Luck is no accident: Making the most of happenstance in your life and career.* Atascadero, Calif.: Impact Publ.

Lenz, K. & Nestmann, F. (2009). *Handbuch Persönliche Beziehungen*. Weinheim: Juventa.

Mitchell, K.E., Levin, A.S. & Krumboltz, J.D (1999). Planned Happenstance: Constructing Unexpected Career Opportunities. *Journal of Counseling and Development*, *77* (2), 115–124.

Nestmann, F. (2011). Anforderungen an eine nachhaltige Beratung in Bildung und Beruf – Ein Plädoyer für die Wiedervereinigung von "Counselling" und "Guidance". In M. Hammerer, E. Kanelutti & I. Melter (Hrsg.), *Zukunftsfeld Bildungs- und Berufsberatung* (S. 59–79). Bielefeld: W. Bertelsmann-Verlag.

Oechsle, M., Knauf, H., Maschetzke, C. & Rosowski, E. (2009). *Abitur und was dann? Berufsorientierung und Lebensplanung junger Frauen und Männer und der Einfluss von Schule und Eltern*. Wiesbaden: Verlag für Sozialwissenschaften.

Sickendiek, U., Engel, F. & Nestmann, F. (2007). *Beratung. Eine Einführung in sozialpädagogische und psychosoziale Beratungsansätze.* Weinheim: Juventa.

Williams, E.N., Soeprapto, E., Like, K., Touradji, P., Hess, S. & Hill, C.E. (1998). Perceptions of Serendipity. Career Paths of Prominent Academic Women in Counseling Psychology. *Journal of Counseling Psychology*, *45* (4), 379–389.

Prof. Dr. Frank Nestmann ist Diplom-Psychologe und befasst sich seit 1976 theoretisch und empirisch mit unterschiedlichen Beratungsthemen. Seit 1993 ist er Inhaber des Lehrstuhls für Beratung und Rehabilitation am Institut für Sozialpädagogik, Sozialarbeit und Wohlfahrtswissenschaften der TU Dresden. Interessen und Publikationsschwerpunkte liegen in den Bereichen Beratung, soziale Netzwerke und soziale Unterstützung, informelle Hilfe, Gemeindepsychologie, Sozialpädagogik und Psychiatrie. Er koordiniert das Forum Beratung der DGVT und ist gemeinsam mit Hans Thiersch Herausgeber der Beratungsreihe im dgvt-Verlag.

Anschrift:
Technische Universität Dresden
Fakultät Erziehungswissenschaften
Institut für Sozialpädagogik, Sozialarbeit und Wohlfahrtswissenschaften
D-01062 Dresden
E-Mail: Frank.Nestmann@tu-dresden.de

Ursel Sickendiek ist Diplom-Pädagogin, arbeitet als Studienberaterin in der Zentralen Studienberatung der Universität Bielefeld und beschäftigt sich vor allem mit allgemeinen Beratungstheorien, mit Laufbahnberatung und Diversität in der Beratung.

Anschrift:
Universität Bielefeld
ZSB-Zentrale Studienberatung
Postfach 100 131
D-33501 Bielefeld
E-Mail: ursel.sickendiek@uni-bielefeld.de

Vorwort und Einleitung
Innovative Zugänge
Beratungs-settings und -räume
Medien und Beratung
Kritik der Beratung
Register
Anhang

Fertigkeits- und funktionsorientierte Beratung sowie Psychoedukation

Ilse Kryspin-Exner

Psychische Probleme und Störungen nehmen von Jahr zu Jahr zu, nach einer Erhebung der WHO im Jahr 2010 hat beinahe ein Drittel der europäischen Bevölkerung zwischen 18 und 65 Jahren im vorangegangenen Jahr eine psychische Störung aufgewiesen (WHO, 2010). Ebenso kommt es zu einem vermehrten Auftreten von somatischen Erkrankungen im Sinne der Multimorbidität aufgrund des immer höher werdenden Lebensalters. Betroffene Personen sind verstärkt daran interessiert, Psychotherapie und auch psychologische Beratung in Anspruch zu nehmen, gleichzeitig wird jedoch die finanzielle Unterstützung für derartige Interventionen aufgrund der Finanzkrise, gehäufter Problemstellungen und steigender Nachfrage immer geringer. Diese Ausgangslage führt dazu, dass vermehrt zeit- und kostenökonomischere Vorgehensweisen konzipiert werden. Die fertigkeits- und funktionsorientierte Beratung ist ein solcher Ansatz, der interaktiv und mit möglichst wenig professioneller Unterstützung die Eigeninitiative der Klienten zum Aufbau oder zur Änderung von Verhaltensweisen und Einstellungen fördern bzw. präventiv durch ein Einwirken auf maladaptive Verhaltensweisen der Entwicklung psychischer Störungen zuvorkommen sowie ein besseres Umgehen mit körperlichen Krankheiten ermöglichen soll. Gelingt es, das Potential der Klienten zur Selbsthilfe anhand konkret eingeleiteter Übungseinheiten im Netz oder mithilfe sogenannter virtueller Realitäten zu stärken, so wäre dies ein vielversprechender Weg, um eine größere Anzahl von Ratsuchenden mit geringerem personellen und damit kleinerem finanziellen Aufwand zu erreichen und zu versorgen. Denn auch Angehörige oder „significant others", also für den Klienten bedeutsame Personen, ergreifen häufig die Initiative, Beratung aufzusuchen.

Die fertigkeits- und funktionsorientierte Beratung kann zum einen als eine eigenständige Vorgehensweise und zum anderen als Bestandteil eines umfangreicheren

Hilfe- und Behandlungssettings fungieren. Letzteres – die Integration der fertigkeits- und funktionsorientierten Beratung in ein breiteres Interventionsprogramm – wird häufig als Psychoedukation bezeichnet (dazu mehr weiter unten). Als eigenständige Hilfemaßnahme hingegen ist eine fertigkeits- und funktionsorientierte Beratung immer dort angezeigt, wo sich konkrete Verhaltensdefizite manifestieren oder ein Handlungsüberschuss offenkundig wird. Diese beeinträchtigten oder fehlenden Funktionen und Fertigkeiten (sogenannte *skills*) werden in der Beratungssituation unter aktiver Mitarbeit des Klienten identifiziert und es werden Möglichkeiten erarbeitet, diese zu erwerben bzw. zu verbessern. Dies betrifft sowohl kognitive Funktionen (z. B. Lernen, Gedächtnisleistung, Denkprozesse, Problemlösen, Motivation) als auch emotionale Kompetenzen (z. B. Emotionswahrnehmung, Emotionsregulation, angemessenes Ausdrücken von Emotionen, Selbstunterstützung in emotional belastenden Situationen) sowie soziale Fertigkeiten (z. B. Auftreten, Redefähigkeit, Gesprächsführung, Durchsetzungsvermögen, Äußern von Forderungen und Wünschen, Selbstsicherheit). Auch körperliche und motorische Fähigkeiten oder alltagspraktische Fertigkeiten (z. B. Zeiteinteilung, Prioritäten setzen oder Pläne erstellen) können Ansatzpunkte für eine fertigkeits- und funktionsorientierte Beratung sein.[1] Das erfolgreiche Einsetzen oben genannter Bausteine kann bereits eine ausreichende Unterstützung für den Klienten bedeuten, es kann jedoch auch die Einleitung zu einer weiterführenden Behandlung konstituieren oder den Beginn einer umfassenderen Psychotherapie darstellen. Da viele Menschen eine Beratung aufsuchen, um konkrete Hinweise und Hilfestellungen zu erhalten, eignet sich ein vorsichtig initiiertes Fertigkeits- und Funktionstraining oft hervorragend dazu, entweder tatsächliche bzw. vermeintliche Defizite zu beseitigen oder dem Klienten aufzuzeigen, dass seine Probleme weitreichender sind und andere Behandlungsmöglichkeiten angebracht wären. Bezüglich letzterem kann Beratung auch insofern hilfreich sein, indem sie den Klienten dabei unterstützt, die verfügbaren Informationen zu ordnen und auf das Wesentlichste zu reduzieren. Angesichts der Fülle an schriftlichen Ratgebern in Folder- oder Buchform oder Inhalten im Internet fällt es den Klienten meist schwer einzuschätzen, ob es sich dabei um qualitätsgeprüfte Inhalte handelt. Häufig verwirren widersprüchliche und mangelhafte Informationen den Klienten, oder sie führen dazu, dass Laienkonzepte aufgrund falscher Annahmen entwickelt werden und daraus fehlangepasste Verhaltensweisen resultieren.

In der Beratung können Ansprüche, Missverständnisse oder auch fehlerhafte Vorstellungen professionell beurteilt und zum Anlass genommen werden, Einstellungs- und Verhaltensänderungen zu fördern oder unrealistische Zielvorstellungen gleichermaßen für Betroffene selbst wie für deren Angehörige zu hinterfragen. Ferner kann Beratung den Klienten theoriegeleitet dabei unterstützen zu erkennen, welche konkreten Fertigkeiten oder Funktionen mit welchen fachlich orientierten Maßnahmen wie am besten geändert, auf- oder abgebaut bzw. gegebenenfalls neu etabliert werden können. In jeden Fall ist es wichtig, im Rahmen der Beratung die Motivation des Klienten insofern zu fördern, dass er bereit ist, Trainings zu absol-

[1] Es werden bewusst keine konkreten Programme angeführt, da diese zielgruppenspezifisch zusammengestellt den Rahmen dieses Artikels sprengen würden.

vieren und sich mit den angestrebten Absichten und deren Verwirklichung zu befassen. Dies setzt einerseits einen weitgehend kompetenten Klienten mit Eigeninitiative voraus, der über Ressourcen verfügt, die ihm genügend Energie geben, Defizite zu erkennen sowie auszugleichen; andererseits muss das Beratungsangebot individuell auf den Klienten zugeschnitten und adaptiv, d.h. dessen Möglichkeiten einbeziehend, sein.

Die Aufgabe des professionellen Beraters besteht also darin, bei Trainings und Übungen zum Aufbau beeinträchtigter bzw. fehlender Fertigkeiten eine aktiv motivierende und instruierende Rolle einzunehmen und den Klienten bei der Planung der Verhaltensänderung sowie beim gesamten Prozess der Einführung neuer Verhaltensweisen in den Alltag zu begleiten. Die Trainingseinheiten, Übungen oder Durchführung der Aufgaben übernimmt der Klient selbst, häufig wird er dabei jedoch durch technische Hilfsmittel – wie bspw. Übungs-CDs, Videos, Material, das im World Wide Web (WWW) abzurufen ist, oder mittels Settings in virtueller Realität – unterstützt (mehr dazu siehe weiter unten).

Bevor im Folgenden Beispiele konkreter Anwendung für die fertigkeits- und funktionsorientierte Beratung angeführt werden, soll an dieser Stelle noch erwähnt sein, dass bisher ein eklatanter Mangel an methodisch ausreichend gestützten Ergebnissen zur Wirksamkeit von gut gesetzten, initiierenden Schritten vorherrscht. Bislang ist mehr Augenmerk auf Misserfolge gelegt worden als auf die Effekte professionell eingeleiteter Veränderungsschritte, die für den Klienten bereits den gewünschten Erfolg bringen bzw. die er dann eigenständig fortsetzt.

Fertigkeits- und funktionsorientierte Beratung wird vor allem im Hinblick auf Alltagsbewältigung bzw. zum Ausgleich von Beeinträchtigung kognitiver, emotionaler oder sozialer Kompetenzen eingesetzt, hier einige Beispiele:

- In der Form der Beratung bei akuten und chronischen medizinischen Krankheiten, darunter die Förderung von Bewältigung (Coping), der Aufbau von Fertigkeiten zum Umgang mit und zur Vorbeugung von Schmerz, Schlafstörungen, sexuellen Dysfunktionen (diesbezüglich haben sehr viele Ratsuchende meist vor Beginn der Beratung bereits umfangreiche Internet-Recherchen durchgeführt!) und die Verbesserung der Compliance (Einhaltung von Behandlungsmaßnahmen).
- In der Form der Beratung bei psychischen Problemen oder psychischen Störungen (Aufbau von Fertigkeiten zur Reduktion von Angstreaktionen, Schüchternheit, Zwängen, problematischem Suchtmittelgebrauch, Partnerschaftsproblematiken u.a.). Selbstverständlich stehen einige Funktionen und Fertigkeiten bei bestimmten Störungen im Vordergrund und sind daher immer im Kontext des gesammelten störungsspezifischen Wissens zu betrachten. Als Baustein findet sich funktions- und fertigkeitsorientiertes Training auch bei der Schizophrenie (z.B. Roder et al., 2001, siehe dazu auch Kapitel 1 *Psychoedukation*).
- In der Form der Beratung bei organisch bedingten Beeinträchtigungen psychischer Funktionen: Vor allem im Bereich der neuropsychologischen Rehabilitation ist ein Fertigkeits- sowie Funktionstraining vielversprechend (z.B. Gedächtnistraining, Aufmerksamkeits- und Konzentrationstraining).
- Zunehmend gibt es Programme zur Behandlung von Lern- und Leistungsstörungen bei Kindern sowie insbesondere auch von Leistungsängsten, die im

Rahmen von Beratung (z. B. Vermittlung von Memotechniken und Lernstrategien, Förderung des Selbstwertgefühls) eingeleitet werden können (M. Bachmann, C. Bachmann, Rief & Mattejat, 2008). In geschickt gewählten Behandlungsgruppen, manchmal unter dem Mitwirken motivierter (aber nicht überambitionierter) Eltern, lässt sich somit eine „Extra"-Behandlung, die das Kind unter Umständen stigmatisieren könnte, vermeiden. Aktuell werden dazu Computerspiele konzipiert (siehe z. B. Brezinka, 2009) und immer häufiger unter dem Etikett der sogenannten „serious games" im Kontext der fertigkeits- und funktionsorientierten Beratung angewandt.

- Ein Paradebeispiel für fertigkeits- und funktionsorientierte Beratung konstituiert die Geriatrie: Hier kommen vor allem das Gedächtnistraining, die Förderung von skills zur Alltagsbewältigung, eine Anregung und Schulung zum Gebrauch von E-Mental Health sowie der Einsatz moderner Technologien zum Tragen (Kryspin-Exner, Oppenauer, Preschl & Maercker, 2009).
- Anleitung zur fertigkeits- und funktionsorientierten Betreuung ist häufig für Angehörige von chronisch kranken und pflegebedürftigen älteren Menschen von großer Relevanz. Auch hier findet diese selbstverständlich in einem Setting statt, in dessen Rahmen das Sprechen über Schuldgefühle oder Anregungen zur Entlastung der Angehörigen ihren Platz haben müssen (Kryspin-Exner & Günther, 1997; Kryspin-Exner & Stetina, 2003).
- Schließlich ist bei psychosozialen Krisen häufig unmittelbarer Handlungsbedarf gegeben. Betroffene kontaktieren zumeist in Krisensituationen Beratungsstellen oder Telefonhotlines, über welche ihnen ein erstes entlastendes Gespräch angeboten wird. Darüber hinaus erweist es sich jedoch auch in diesen Situationen als günstig, auf bestimmte hinderliche sowie auf gut funktionierende, kompensierende Fertigkeiten und Funktionen speziell einzugehen, kleine Anreize oder Anleitung zum Umgang mit diesen zu geben und um Rückmeldung zu bitten, was eine gewisse Fortsetzung des Prozesses in Aussicht stellt oder ermöglicht und zudem einen Behandlungsoptimismus fördert.

Für alle oben genannten Anwendungsbereiche ist die Prävention, d. h. vorbeugende Maßnahmen wie beispielsweise Stressbewältigungstrainings, Zeitmanagementtrainings, Entspannungsverfahren oder die Förderung der Problemlösefähigkeit, von weitreichender Bedeutung (Hurrelmann, Klotz & Haisch, 2010). Bei der Planung des Settings und der Dauer von Interventionen ist des Weiteren das Funktionsniveau des jeweiligen Klienten zu beachten, zumal beispielsweise ein Klient bei einer Beeinträchtigung kognitiver Funktionen (wie Konzentration oder Gedächtnis) nur von kurzen Einheiten und kleinsten Übungsschritten einen Nutzen haben wird. Da das Realisieren von Änderungsschritten vielfach daran scheitert, dass das Übungs- und Arbeitspensum zu umfangreich gewählt oder die Ziele zu hoch gesteckt bzw. rascher als möglich zu erreichen versucht werden, gilt es in der Beratung die Ansprüche des Klienten an sich selbst zu thematisieren. Um zu vermeiden, dass aus Enttäuschung darüber, nicht den erwünschten Effekt im vorgenommenen Zeitraum erreicht zu haben, das Behandlungsprogramm abgebrochen wird, benötigt der Berater daher ein gut fundiertes diesbezügliches Wissen. Ferner darf die Beratungsleistung nicht nur im Nennen oder Aufzählen von Möglichkeiten bestehen, sondern muss konkrete

Übungs- und Trainingsbeispiele enthalten und in weiteren Sitzungen deren Eignung überprüfen. Eine wesentliche Aufgabe der beratenden Person ist somit – wie bereits erwähnt – die Förderung der Motivation des Klienten zur eigenständigen Durchführung von Übungen oder Trainings.

Ein Begriff, der bereits weiter oben eine Erwähnung gefunden hat, jedoch in diesem Zusammenhang ausführlicher diskutiert werden soll, ist die *Psychoedukation*.

1 Psychoedukation

Psychoedukation ist die systematische und strukturierte Vermittlung wissenschaftlich fundierter gesundheits- und/oder störungsrelevanter Informationen und Kompetenzen mit psychologischen Methoden (Mühlig & Jacobi, 2006). Ganz allgemein geht es dabei um die Vermittlung von Kenntnissen und Fertigkeiten für einen gesundheitsfördernden Lebensstil.

Psychoedukative Ansätze wurzeln in einem lerntheoretisch-kognitiven Modell und enthalten gesprächspsychotherapeutische Elemente. Sie können als systematische didaktische Maßnahmen zusammengefasst werden, die dazu geeignet sind, Patienten und ihre Angehörigen über die Krankheit – sei es eine psychische Störung oder eine somatische Erkrankung – und ihre Behandlung zu informieren, das Krankheitsverständnis und den selbstverantwortlichen Umgang mit der Krankheit zu fördern und sie bei der Krankheitsbewältigung zu unterstützen (Bäuml et al., 2005). Auch sollen Klienten ihre eigenen Ressourcen und Möglichkeiten kennen lernen, um mögliche Rückfälle zu vermeiden und selbst langfristig zur eigenen Gesundheit beizutragen. Da es den Patienten und ihren Angehörigen oft schwerfällt, die Diagnose „psychische Störungen" zu akzeptieren, hat die Psychoedukation auch die Funktion, zur Entstigmatisierung psychischer Störungen beizutragen und Barrieren zum Aufsuchen einer Behandlung abzubauen (Behrendt & Schaub, 2005).

Zuweilen wird im Deutschen anstatt des Begriffes der Psychoedukation jener der „Patientenschulung" verwendet. Faller und Petermann (2005) verstehen darunter einen zentralen Bestandteil der rehabilitativen Versorgung von chronischen Erkrankungen im Sinne der tertiären Prävention. Synonym mit dem Begriff Patientenschulung verwenden die Autoren den Begriff der psychoedukativen Intervention und assoziieren damit die Bereiche der Gesundheitsförderung und des Empowerment. In der angloamerikanischen Literatur wird der Begriff der Psychoedukation ähnlich der deutschsprachigen Definition verwendet (Virtual Medical Center, 2010):

> "Psychoeducation, as the name suggests, is education about a certain situation or condition that causes psychological stress. This is not necessarily psychotherapy as it does not exclusively deal with psychological or mental illness but rather any condition you or a relative or a friend is experiencing (…)."

Als Beispiel für den Einsatz der Psychoedukation werden auf der Webseite des Virtual Medical Center der Umgang mit der Diagnose und das Bewältigen von Brustkrebs angeführt.

Sowohl in der angloamerikanischen als auch in der deutschsprachigen Literatur fungieren folgende Elemente als konstitutive Bausteine der Psychoedukation:

- Informationsvermittlung (Bereitstellen von Information über Symptomatik, Ursachen, mögliche Behandlungskonzepte etc.)
- emotionale Entlastung (z.B. Fördern des Verständnisses für die Erkrankung, Austausch mit anderen Betroffenen)
- Unterstützung einer medikamentösen oder psychotherapeutischen Behandlung durch Förderung der Patient-Behandler-Beziehung und der Compliance
- „Hilfe zur Selbsthilfe" (z.B. Erkennen von Krisensituationen und Rückfallvermeidung).

Psychoedukation spielt ebenso im Rahmen von Patientenschulungen bei der Behandlung körperlicher Erkrankungen eine Rolle. Ziel ist, die Krankheit besser zu verstehen und besser mit ihr umgehen zu können. Auch sollen eigene Ressourcen und Möglichkeiten kennen gelernt werden, um mögliche Rückfälle zu vermeiden und selbst langfristig zur eigenen Gesundheit beizutragen.

Elaboriert und weitestgehend etabliert ist die Psychoedukation im Rahmen der Behandlung von Schizophrenie und Abhängigkeiten (Behrendt, 2001; Wessel & Westermann, 2002; D'Amelio, Behrendt & Wobrock, 2006) sowie im Zusammenhang mit einer Pharmakotherapie (Hornung, 1998) oder als psychoedukative Familienintervention (Berger, Friedrich & Gunia, 2004). Eine Fülle an Weblinks (z.B. http://www.psychoedukation.net; www.neurologen-und-psychiater-im-netz.de [Josef Bäuml und Gabi Pitschel-Walz, 2005]; www.dgpe.de – Deutsche Gesellschaft zur Psychoedukation e.V.; www.psychiatrie.de) weist auf deren weite Verbreitung hin. In einem diesbezüglichen Review von Pekkala und Merinder (2000) kommen die Autoren zu dem Schluss, dass Psychoedukation einen nützlichen Bestandteil der Behandlungsprogramme für Schizophrenie konstituiert. Die Tatsache, dass diese Interventionen preisgünstig und kurzfristig sind, spricht des Weiteren für deren Einsatz, jedoch muss eingeräumt werden, dass es derzeit noch nicht genügend systematische, randomisierte Studien zu deren Wirksamkeit gibt.

Weitere Anhaltspunkte zu den Anwendungsbereichen der Psychoedukation sind auf der Webseite der Deutschen Gesellschaft für Psychoedukation e.V. (DGPE, 2010) verfügbar. Eine Informationsseite der Deutschen Gesellschaft für Bipolare Störungen e.V. (DGBS, 2010) gibt ferner Hinweise zur Psychoedukation als Baustein neben anderen Therapieformen und enthält zahlreiche weiterführende Literaturhinweise. International finden sich beispielsweise Internetseiten aus Australien, darunter Mental Health Matters (2010). Darüber hinaus stellt ein sogenanntes „Family Psychoeducation Implementation Resource Kit" der SAMHSA (2010, The Substance Abuse and Mental Health Services Administration) PDF-Files zur Verfügung, in welchen zielgruppenspezifisch praktische Informationen dargestellt werden. Anliegen dieses Projektes ist es, Behandlungsmaßnahmen zu propagieren, die sich bei der Unterstützung der Genesung von Personen mit schweren psychischen Störungen als effektiv erwiesen haben. In der Gale Encyclopedia of Mental Disorders findet sich des Weiteren unter dem Stichwort „Family Psychoeducation" ein Eintrag von Irene S. Levine (2003), der neben einer kurzen Definition und Beschreibung der Methode der Psychoedukation Resultate von Wirksamkeitsstudien enthält. Laut Autorin habe sich jedoch die Psychoedukation in der klinischen Praxis und unter Einbezug des Familienumfeldes trotz dieser überzeugenden Ergebnisse und Meta-Analysen zur Wirksamkeit noch nicht ausreichend durchgesetzt.

2 Internetbasierte fertigkeits- und funktionsorientierte Beratung

Heutzutage gehören gesundheitsbezogene Webseiten zu den meist genutzten Seiten im World Wide Web (WWW) und die Suche nach Gesundheitsinformationen ist einer der am häufigsten genannten Gründe, dieses Medium heranzuziehen. Sowohl in den USA als auch in Europa suchen mehr als die Hälfte aller Erwachsenen und ca. 80 % aller Internetnutzer online nach Gesundheitsinformationen (Stetina & Kryspin-Exner, 2009). Im Netz steht so viel Information zur Verfügung, dass das die Informationssuchenden häufig mehr verwirrt, als es ihnen weiterhilft. Auch die Pfade der Suche sind größtenteils willkürlich gewählt oder sie folgen bestimmten Intentionen bzw. bereits vorgefassten Meinungen, sodass die Ergebnisse der Suche zumeist wenig zuverlässig sind. Weiterhin gefährden „Verführungen" durch besonders animierend gestaltete Webseiten oder darauf enthaltene, unbegründete Erfolgsversprechungen die Stichhaltigkeit der Suchergebnisse. Wesentliche Aufgaben der Beratung sind daher in diesem Kontext unter anderem die Einholung der Suchstrategien, die Diskussion der Vor- und Nachteile, das WWW heranzuziehen, sowie das Vermitteln von Information zum „state of the art" bei einem gesundheitlichen Problem. Das setzt beim Berater ein hohes Maß an Vertrautheit mit dem Thema „Gesundheit und Internet" voraus wie auch die Bereitschaft, sich unter Umständen mit Themen auseinanderzusetzen bzw. diesen im Netz nachzugehen, wenn sie im Gedankengebäude des Klienten einen wichtigen Stellenwert haben – hier ist es häufig nötig, dem Ratsuchenden mitzuteilen, dass man sich auch als Berater gewisser Ansichten oder Fragen (im WWW) erst kundig machen muss, um diese nachvollziehen zu können.

Kennzeichen von Online-Interventionen, worunter auch die internetbasierte fertigkeits- und funktionsorientierte Beratung subsumiert werden kann, sind die Anonymität, die Zeit- und Ortsunabhängigkeit, ihre Niederschwelligkeit sowie die Distanz zwischen Berater und Ratsuchendem (kein Face-to-Face Kontakt, dazu siehe die Beiträge zur Online-Beratung in diesem Buch). Es wird kein Anspruch auf Ausschließlichkeit erhoben, Online-Interventionen können auch Bausteine herkömmlicher Formen von Beratung und Behandlung sein. Nach Allemann (2002) wenden sich bis zu 65 % der Klienten, die mit einer Online-Intervention begonnen haben, später an einen professionellen Helfer im Offline-Setting. Bei internetgestützter Behandlung besteht die Möglichkeit des Einsatzes von virtueller Realität, was sich z. B. insbesondere bei sozialen Kompetenztrainings des Öfteren als eine hilfreiche Ergänzung erwiesen hat (Stetina & Kryspin-Exner, 2009).

Die Besonderheiten des Mediums Internet eröffnen neue Möglichkeiten der Anwendung spezifischer fertigkeits- und funktionsorientierter Maßnahmen, die in der Beratung angeregt werden können: Beispielsweise können im Rahmen eines Trainings sozialer Kompetenzen Chat-Foren oder sogenannte MMORPGS (Massively Multiplayer Online Role Playing Games) zur Übung des Sozialverhaltens genutzt werden. Einleitend können in der Beratung etwa gemeinsam mit dem Klienten öffentliche Chat-Channels besucht werden, um das Sozialverhalten des Klienten dort zu beobachten und ihn bei der Erprobung neuer Verhaltensweisen zu unterstützen. Im Vergleich zu einer Realsituation besteht hier für den Klienten die Möglichkeit, während des Interagierens mit anderen Teilnehmern gleichzeitig mit dem Berater über einen „privaten" Weg zu kommunizieren und sich über die Interpretation und Bewältigung der Situation auszutauschen (Stetina, Kothgassner, Lehenbauer & Kryspin-Exner, 2011).

Als ein weiteres Argument für die Verwendung des Internets bei der Beratung nennen Cuijpers, van Straten und Andersson (2007) Zeitersparnis sowie die damit einhergehende Reduktion von Wartelisten und Verringerung von Fahrzeit/-kosten. Diese Form der Hilfe ist außerdem für Personen zugänglich, die unter anderen Umständen – bspw. aufgrund eines abgelegenen Wohnorts – keine professionelle Unterstützung in Anspruch nehmen könnten bzw. würden. Weiterhin wird die Stigmatisierung reduziert und die Isolation mancher Benutzer verringert. Durch das selbstständige Aufsuchen dieser Interventionsmaßnahmen erhalten die Personen zudem eine größere Eigenständigkeit und Kontrolle über die Intervention (Griffiths et al., 2006). Über Rückmeldungen können auch der Trainingserfolg quantifiziert, das Vorgehen adaptiert und mögliche Barrieren oder Hindernisse ebenfalls via Webplattform thematisiert werden (für ein Beispiel zur Gewichtsreduktion siehe Wottawa, Hueber, Prenner & Aspalter, 2009, sowie KiloCoach, 2010). Nicht zuletzt aufgrund der oben genannten Vorteile ist anzunehmen, dass das Internet in Zukunft eine zusehends größere Rolle bei psychologischen bzw. psychotherapeutischen Interventionen spielen wird.

Eine Internetrecherche zur Stichwortgruppe „Beratung, Fertigkeiten, Funktionen" (deutsch) Anfang Oktober 2010 brachte 30.500 Ergebnisse zu Fertigkeits- und Funktionsorientierung im Zusammenhang mit Beratung. Viele der gefundenen Hinweise betreffen umschriebene Entwicklungsstörungen (z. B. Aufmerksamkeits-Defizit-Syndrom, Teilleistungsstörungen, schulische Probleme), Physiotherapie und Ergotherapie sowie logopädische Maßnahmen, aber auch Studenten-, Bildungs- und Berufs- sowie Arbeitsberatung. Die am häufigsten im Bereich der Online-Interventionen angewandten Techniken stammen aus dem Spektrum der kognitiv-behavioralen Ansätze, implizieren also eine Fertigkeits- und Funktionsorientierung. Obwohl sich Publikationen zu Online-Interventionen vorwiegend mit konzeptuellen Fragen beschäftigen, liegen derzeit auch schon mehrere Studien im klinischen Bereich zu Wirksamkeit von störungsspezifischen internetbasierten Interventionen vor. Aktuelle Studienergebnisse weisen auf die Wirksamkeit von Online-Interventionen insbesondere bei folgenden Störungen hin: Angststörungen (darunter Panikstörung, Sozialphobie, Posttraumatische Belastungsstörung), substanzbezogene Störungen, Essstörungen, Zwangsstörungen und Depression sowie psychische Probleme aufgrund körperlicher Störungen, wie z. B. chronische Schmerzen oder Reizdarmsyndrom (Ott, 2003). Eine Studie zur Behandlungseffektivität einer kognitiv-behavioralen bzw. einer Online-Problemlösungstherapie bei Depressionen wies einen bedeutsamen Effekt beider Therapieformen auf die depressive Symptomatik auf, darunter die Verbesserung dysfunktionaler Einstellungen oder negativer Problemorientierung (Warmerdam et al., 2010). Weitere Untersuchungen belegen ebenso die Wirksamkeit diverser internetbasierter Behandlungsformen bei leicht- bis mittelgradig Depressiven (vgl. Meyer et al., 2009; Ruwaard et al., 2009).

3 Virtuelle Realität

Im Rahmen computerunterstützter klinisch-psychologischer Interventionen besteht die Möglichkeit, Virtual-Reality-Systeme in Fertigkeits- und Funktionstrainings zu integrieren (Lehenbauer & Stetina, 2009). Virtuelle Realität (VR) wurde in klinisch-psychologischer Behandlung bisher meistens im Offline-Setting eingesetzt (obwohl auch im Internet einige virtuelle Szenarien zugänglich sind, wie beispielsweise das Selbstsicherheitstrainingsprogramm für lernbehinderte Kinder unter www.do2learn.org). In den letzten Jahren wurden verschiedene VR-Applikationen zum Einsatz in klinisch-psychologischer Behandlung entwickelt, hauptsächlich im Bereich der Konfrontationsverfahren bei Angststörungen. Mittels VR können behandlungsrelevante, jedoch in vivo nur schwer bzw. gar nicht herstellbare Situationen in kontrollierter Weise vorgegeben werden. Beispiele für den bisherigen Einsatz von VR-Interventionen sind unter anderem die kognitiv-behaviorale Behandlung von spezifischen Phobien (z. B. García-Palacios, Botella, Hoffman & Fabregat, 2007; Walshe et al., 2003; Wiederhold & Wiederhold, 2003), von Panikstörungen mit Agoraphobie (z. B. Moore, B.K. Wiederhold, M.D. Wiederhold & Riva, 2002; Pérez-Ara et al., 2010), Sozialphobie (z. B. Roy et al., 2003) und von posttraumatischen Belastungsstörungen (z. B. Maercker & Lange, 2004; Rizzo et al., 2009; Simms, O'Donnell & Molyneaux, 2009). Weitere Anwendungsbereiche von VR-Applikationen sind beispielsweise die Förderung der Lernleistung bei Kindern mit Aufmerksamkeits- bzw. Hyperaktivitätsstörung (Anton et al., 2009), neuropsychologische Rehabilitation bei Beeinträchtigung kognitiver Funktionen nach Schädel-Hirn-Traumata (Rose, Attree, Brooks & Andrews, 2001), Training sozialer Kompetenzen bei Personen mit Schizophrenie (Ku et al., 2007) sowie Behandlung von Essstörungen (Riva et al., 2008) oder Alkoholabhängigkeit (Lee et al., 2009). Vorläufige Ergebnisse zeigen, dass eine Behandlung unter dem Einsatz von VR mit dem Erfolg herkömmlicher Behandlungsformen vergleichbar ist. Zwar liegen – ähnlich wie bei den oben dargestellten Interventionsformen – auch über diese Herangehensweise bisher nur wenige kontrollierte Wirksamkeitsstudien mit genügend großen Stichproben vor, es ist jedoch nur noch eine Frage der Zeit, bis derartige Szenarien mit Behandlungsanleitungen im Netz zu finden sein werden. Dies bietet wiederum innovative Elemente für die Beratung, wenn ausreichend auf die Vor- und Nachteile, Wirkungen und mögliche Nebenwirkungen hingewiesen wird (Stetina, Maihofer & Kryspin-Exner, 2009).

4 Resümee

Die Einbeziehung neuer Technologien in die herkömmliche fertigkeits- und funktionsorientierte Beratung ist ein neuer Ansatz, der interaktiv und mit möglichst wenig professioneller Unterstützung die Eigeninitiative des Betroffenen zum Aufbau oder zur Änderung von Verhaltensweisen und Einstellungen fördern soll. Mithilfe konkret eingeleiteter Übungseinheiten im Netz und virtueller Realitäten soll eine größere Zahl von Klienten mit geringerem personellen und damit kleinerem finanziellen Aufwand erreicht werden. Erste Ergebnisse zur Wirksamkeit dieser neuen Interventionsformen sind vielversprechend, wobei derzeit vorwiegend der Outcome traditioneller Settings („Therapiestudien") mit reinen Online-Studien verglichen wird. Zu klären wäre jedoch neben der Wirksamkeit die Frage, welche Anteile beispielsweise von fertigkeits- und funktionsorientierten Behandlungsprogrammen über den Weg der persönlichen Beratung eingeleitet werden könnten, wo Hilfestellungen durch die klassische Mensch-zu-Mensch-Begegnung gegeben werden sollten und welche Behandlungsbausteine ausschließlich in Form von individuell adaptierbaren, netzbasierten Trainingseinheiten oder anhand von Szenarien der virtuellen Realität durchgeführt werden können.

Literatur

Allemann, J.R. (2002). Online counseling: the Internet and mental health treatment. *Psychotherapy: Theory, Research, Practice, Training, 39*, 199–209.

Anton, R., Opris, D., Dobrean, A., David, D. & Rizzo, A. (2009). Virtual Reality in Rehabilitation of Attention Deficit Hyperactivity Disorder. Instrument Construction Principles. *Journal of cognitive and behavioural psychotherapies, 9* (2), 235–246.

Bachmann, M., Bachmann, C., Rief, W. & Mattejat, F. (2008). Wirksamkeit psychiatrischer und psychotherapeutischer Behandlungen bei psychischen Störungen von Kindern und Jugendlichen. *Zeitschrift für Kinder- und Jugendpsychiatrie und Psychotherapie, 36,* 309–320.

Bäuml, J., Pitschel-Walz, G., Berger, H., Gunia, H., Heinz, A. & Juckel, G. (2005). *Arbeitsbuch Psychoedukation bei Schizophrenie (APES). Mit Manual für die Gruppenleitung.* Stuttgart: Schattauer.

Behrendt, B. (2001). *Meine persönlichen Warnsignale. Ein psychoedukatives Therapieprogramm zur Vorbeugung von Rückfällen bei schizophrener oder schizoaffektiver Erkrankung.* Tübingen: dgvt-Verlag.

Behrendt, B. & Schaub, A. (2005). *Handbuch Psychoedukation & Selbstmanagement. Verhaltenstherapeutische Ansätze für die klinische Praxis.* Tübingen: dgvt-Verlag.

Berger, H., Friedrich, J. & Gunia, H. (2004). *Psychoedukative Familienintervention. Manual zu Grundlagen und Praxis.* Stuttgart: Schattauer.

Brezinka, V. (2009). Kindertherapie im digitalen Zeitalter – vom Psycho- zum Digitherapeuten? Kindertherapie mit digitalen Medien. *Verhaltenstherapie und Verhaltensmedizin, 30* (3), 302–310.

Cuijpers, P., van Straten, A. & Andersson, G. (2007). Internet-administered cognitive behavior therapy for health problems: a systematic review. *Journal of Behavioural Medicine, 31,* 169–177.

D'Amelio, R., Behrendt, B. & Wobrock, T. (2006). *Psychoedukation Schizophrenie und Sucht. Manual zur Leitung von Patienten- und Angehörigengruppen.* München: Urban & Fischer Elsevier.

DGBS (2010). *Deutsche Gesellschaft für Bipolare Störungen e. V. Psychotherapie, Psychoedukation.* Verfügbar unter: http://www.dgbs.de/psychotherapie_psychoedukation.php [19.10.2010].

DGPE (2010). *Deutsche Gesellschaft für Psychoedukation e. V.* Verfügbar unter: http://www.dgpe.de/ [19.10.2010].

Faller, H. & Petermann, F. (2005). Patientenschulung. In F. Petermann & H. Reinecker (Hrsg.), *Handbuch der Klinischen Psychologie und Psychotherapie* (S. 412–418). Göttingen: Hogrefe.

García-Palacios, A., Botella, C., Hoffman, H. & Fabregat, S. (2007). Comparing acceptance and refusal rates of virtual reality exposure vs. in vivo exposure by patients with specific phobias. *Cyberpsychology and Behavior, 10,* 722–724.

Griffiths, F., Lindenmeyer, A., Powell, J., Lowe, P. & Thorogood, M. (2006). Why Are Health Care Interventions Delivered Over the Internet? A Systematic Review of the Published Literature. *Journal of Medical Internet Research, 8* (2), e10.

Hornung, W.P. (1998). *Psychoedukation und Psychopharmakotherapie. Zur Kooperation schizophrener Patienten.* Stuttgart: Schattauer.

Hurrelmann, K., Klotz, Th. & Haisch, J. (2010). *Lehrbuch der Prävention und Gesundheitsförderung* (3., vollständig überarbeitete und erweiterte Auflage). Bern: Huber.

KiloCoach (2010). *Erfolgreich abnehmen. Sie schaffen es auch!* Verfügbar unter: http://kilocoach.kurier.at/ [19.10.2010].

Kryspin-Exner, I. & Günther, V. (1997). Förderung der Selbständigkeit im Alter: Information, Beratung, Schulung und Unterstützung von Angehörigen und Pflegepersonal. In S. Weis & G. Weber (Hrsg.), *Handbuch Morbus Alzheimer* (S. 1253–1292). Weinheim: Beltz-Verlag.

Kryspin-Exner, I., Oppenauer, C., Preschl, B. & Maercker, A. (2009). E-Mental Health und klinisch-therapeutische Intervention für Ältere. *Verhaltenstherapie & Verhaltensmedizin, 3,* 311–323.

Kryspin, I. & Stetina, B.U. (2003). Gesundheitsförderung bei Angehörigen von Alzheimer-Patienten. In J. Wancata, U. Meise & J. Marksteiner (Hrsg.), *Die Versorgung älterer psychisch kranker Menschen* (S. 159–177). Innsbruck: Verlag Integrative Psychiatrie.

Ku, J., Han, K., Lee, H.R., Jang, H.J., Kim, K.U., Park, S.H., Kim, J.J., Kim, C.H., Kim, I.Y. & Kim, S.I. (2007). VR-based conversation training program for patients with schizophrenia: A preliminary clinical trial. *Cyberpsychology and Behavior, 10,* 567–574.

Lee, S.H., Han, D.H., Oh, S., Lyoo, I.K., Lee, Y.S., Renshaw, P.F. & Lukas, S.E. (2009). Quantitative electroencephalographic (qEEG) correlates of craving during virtual reality therapy in alcohol-dependent patients. *Pharmacology Biochemistry and Behavior, 91,* 393–397.

Lehenbauer, M. & Stetina, B.U. (2009). Virtuelle Simulationen, virtuelle Realitäten: Neue Medien in der Behandlung. *Verhaltenstherapie und Verhaltensmedizin, 30* (3), 368–383.

Levine, I.S. (2003). *Family psychoeducation.* Verfügbar unter: http://www.encyclopedia.com/doc/1G2-3405700153.html [19.10.2010].

Maercker, A. & Lange, A. (2004). Psychotherapy in the Internet – Internet-psychotherapy. *Verhaltenstherapie & Verhaltensmedizin, 14* (3), 173.

Mental Health Matters (2010). *What is psychoeducation?* Verfügbar unter: http://www.mental-health-matters.com/index.php?option=com_content&view=article&id=1078 [19.10.2010].

Meyer, B., Berger, T., Caspar, F., Beevers, C.G., Andersson, G. & Weiss, M. (2009). Effectiveness of a novel integrative online treatment for depression (Deprexis): Randomized controlled trial. *Journal of Medical Internet Research, 11* (2), e15.

Moore, K., Wiederhold, B.K., Wiederhold, M.D. & Riva, G. (2002). Panic and agoraphobia in a virtual world. *Cyberpsychology & Behavior, 5* (3), 197–202.

Mühlig, S. & Jacobi, F. (2006). Psychoedukation. In H.-U. Wittchen & J. Hoyer (Hrsg.), *Klinische Psychologie und Psychotherapie* (S. 543–550). Berlin: Springer.

Ott, R. (2003). Klinisch-psychologische Intervention und Psychotherapie im Internet: Ein Review zu empirischen Befunden. In R. Ott & C. Eichenberg (Hrsg.), *Klinische Psychologie und Internet. Potentiale für klinische Praxis, Intervention, Psychotherapie und Forschung* (S. 128–147). Göttingen: Hogrefe.

Pekkala E. & Merinder L. (2000). Psychoeducation for schizophrenia. Verfügbar unter: http://www.ncbi.nlm.nih.gov/pubmed/12076455 [19.10.2010].

Pérez-Ara, M.A., Quero, S., Botella, C., Baños, R., Andreu-Mateu, S., García-Palacios, A. & Bretón-López, J. (2010). Virtual reality interoceptive exposure for the treatment of panic disorder and agoraphobia. *Studies in Health Technology and Informatics, 154*, 77–81.

Riva, G., Manzoni, M., Villani, D., Gaggioli, A. & Molinari, E. (2008). Why you really eat? Virtual reality in the treatment of obese emotional eaters. *Studies in health technology and informatics, 132*, 417–419.

Rizzo, A.A., Difede, J., Rothbaum, B.O., Johnston, S., McLay, R.N., Reger, G., Gahm, G., Parsons, T., Graap, K. & Pair, J. (2009). VR PTSD exposure therapy results with active duty OIF/OEF combatants. *Studies in Health Technology and Informatics, 142*, 277–282.

Roder, V., Brenner, H.D., Mueller, D., Reisch, T., Laechler, M., Zorn, P., Guggenbuehl, R., Schroeder, S., Christen, C., Schmidl, F. & Jenull, B. (2001). Effekte neuer kognitiv-behavioraler Therapieprogramme zur Verbesserung spezifischer sozialer Fertigkeiten bei schizophren Erkrankten. Eine kontrollierte Studie. *Der Nervenarzt, 72* (9), 709–716.

Rose, F.D., Attree, E.A., Brooks, B.M. & Andrews, D.K. (2001). Learning and memory in virtual environments – a role in neurorehabilitation? Questions (and occasional answers) from UEL. *Presence-Teleoperators and Virtual Environment, 10*, 345–358.

Roy, S., Klinger, E., Légeron, P., Lauer, F., Chemin, I. & Nugues, P. (2003). Definition of a VR-based protocol to treat social phobia. *Cyberpsychology and Behavior, 6*, 411–420.

Ruwaard, J., Schrieken, B., Schrijver, M., Broeksteeg, J., Dekker, J., Vermeulen, H. & Lange, A. (2009). Standardized Web-Based Cognitive Behavioural Therapy of Mild to Moderate Depression: A Randomized Controlled Trial with a Long-Term Follow-Up. *Cognitive Behaviour Therapy, 38*, 206–221.

SAMHSA (2010). *Family Psychoeducation implementation resource kit.* Verfügbar unter: http://mentalhealth.samhsa.gov/cmhs/CommunitySupport/toolkits/family/ [19.10.2010].

Simms, D.C., O'Donnell, S. & Molyneaux, H. (2009). The use of virtual reality in the treatment of posttraumatic stress disorder (PTSD). *Lecture Notes in Computer Science (including subseries Lecture Notes in Artificial Intelligence and Lecture Notes in Bioinformatics), 5622 LNCS*, 615–624.

Stetina, B.U., Kothgassner, O.D., Lehenbauer, M. & Kryspin-Exner, I. (2011). Beyond the fascination of online-games: Probing addictive behavior and depression in the world of online-gaming. *Computers in Human Behavior, 27* (1), 473–479.

Stetina, B.U. & Kryspin-Exner, I. (2009). *Gesundheit und Neue Medien. Psychologische Aspekte der Interaktion mit Informations- und Kommunikationstechnologien*. Wien: Springer.

Stetina, B.U., Maihofer, E.I.J. & Kryspin-Exner, I. (2009). Die dunkle Seite des Cyberspace: Nebenwirkungen und Schattenseiten. *Verhaltenstherapie & Verhaltensmedizin, 3*, 280–301.

Virtual Medical Center (2010). *Psychoeducation*. Verfügbar unter: http://www.virtualmedicalcentre.com/Treatments.asp?sid=140 [19.10.2010].

Walshe, D.G., Lewis, E.J., Kim, S.I., O'Sullivan, K. & Wiederhold, B.K. (2003). Exploring the use of computer games and virtual reality in exposure therapy for fear of driving following a motor vehicle accident. *Cyberpsychology and Behavior, 6*, 329–334.

Warmerdam, L., van Straten, A., Jongsma, J., Twisk, J. & Cuijpers, P. (2010). Online cognitive behavioral therapy and problem-solving therapy for depressive symptoms: Exploring mechanisms of change. *Journal of Behaviour Therapy and Experimental Psychiatry, 41*, 64–70.

Wessel, T. & Westermann, H. (2002). Problematischer Alkoholkonsum – Das psychoedukative Schulungsprogramm PEGPAK. *Suchttherapie, 3* (2), 97–102.

WHO (2010). Mental health. Facts and figures. Verfügbar unter: http://www.euro.who.int/en/what-we-do/health-topics/diseases-and-conditions/mental-health/facts-and-figures [19.10.2010].

Wiederhold, B.K. & Wiederhold, M.D. (2003). Three-year follow-up for virtual reality exposure for fear of flying. *Cyberpsychology and Behavior, 6*, 441–445.

Wottawa, D., Hueber, A., Prenner, A. & Aspalter, R. (2009). KILOCOACH hoch TM – Evaluierung eines Online-Programms zur Gewichtsreduktion. *Verhaltenstherapie und Verhaltensmedizin, 30* (3), 337–351.

Univ.-Prof. Dr. Ilse Kryspin-Exner ist ordentliche Universitätsprofessorin für Klinische Psychologie an der Fakultät für Psychologie der Universität Wien; sie leitet diesen Arbeitsbereich seit 1998. Sie ist Verhaltenstherapeutin, ihre Forschungsschwerpunkte liegen im Bereich der Schnittstelle Neurowissenschaften und psychische Störungen; zuletzt befasste sie sich mit dem Thema Gesundheit & neue Technologien und im Rahmen der Gerontopsychologie speziell mit ambient assisted living (AAL).

Anschrift:
Ordinariat Klinische Psychologie
Fakultät für Psychologie der Universität Wien
Liebiggasse 5
A-1010 Wien
E-Mail: ilse.kryspin-exner@univie.ac.at

Anschrift:
Universität Wien
Institut für Klinische, Biologische und Differentielle Psychologie
Liebiggasse 5
A-1010 Wien
E-Mail: ilse.kryspin-exner@univie.ac.at

Systemisch-sozialökologische Beratung

Franz-Christian Schubert

1 **Entwicklungslinien und theoretische Grundlagen**
2 **Grundlagen sozialökologischer Handlungskonzeption**
3 **Transaktionales Belastungs-Bewältigungs-Modell**
4 **Sozialökologisches Beratungshandeln**

Sozialökologische Beratung begreift alltägliche Lebensführung als Ergebnis der kontinuierlichen Wechselbeziehungen zwischen dem Menschen und seiner Umwelt. Hierbei wird der ursprünglich naturgebundene Umweltbegriff auf technische, soziale, kulturelle, wirtschaftliche und politische Bedingungen erweitert. Nicht gemeint ist der im Alltag verankerte, einseitig mit dem bio-ökologischen Umweltbewusstsein verbundene Umweltbegriff. Die komplexen sozialökologischen Zusammenhänge werden im Sinne eines wechselseitigen Regelprozesses über die Formel „Person-in-Environment“ oder „Person-Umwelt-Beziehung“ gefasst. Person und Lebensumwelt sind als zwei Seiten ein- und desselben Lebenszusammenhanges zu verstehen. Maßnahmen zur Förderung von individueller Lebensführung bleiben somit unvollständig, solange die Eingebundenheit in die sozialökologischen Umweltbedingungen außer Acht gelassen wird. Es gibt keine Lebensführung ohne Umweltbezug.

1 Entwicklungslinien und theoretische Grundlagen

Sozialökologische Konzeptionen sind über verzweigte, teils heterogene Entwicklungslinien aus der biologischen Ökologie hervorgegangen (griech. „logos“: „Lehre“, „oikos“: „Haus“, „Haushalt“). Der Begriff wurde von Ernst Haeckel (1866) geprägt und umfasst „die gesamte Wissenschaft von den Beziehungen des Organismus zur umgebenden Außenwelt, wohin wir im weiteren Sinne alle ‚Existenz-Bedingungen‘ rechnen können“ (Bd. 2, S. 286). Mit dem Ansatz, wonach Umwelt für jede Spezies eine spezifische Merk- und Wirkumwelt darstellt, liefert Jakob von Uexküll (1909) ein Konzept von Lebenswelt, das heute noch Gültigkeit hat. Die Erfassung ökolo-

Vorwort und Einleitung
Innovative Zugänge
Beratungs-settings und -räume
Medien und Beratung
Kritik der Beratung
Register
Anhang

gischer Zusammenhänge wird in der ersten Hälfte des letzten Jahrhunderts von Vertretern der Soziologie, Psychologie und Sozialen Arbeit aufgenommen und auf die Erforschung menschlicher Lebensführung übertragen. Dabei erfolgt eine Ablösung von der biologischen Ausrichtung. Die Chicagoer Schule überträgt schon relativ bald die Vorstellungen der Ökologie in den sozialen Bereich und verbindet sie mit sozialen und soziologischen Ideen, Begriffen und Vorgehensweisen. Wesentliche Anstöße kommen von Jane Addams und den sozialen Arbeitsformen der „Settlement House Movement". Im Zuge dieser Forschungen werden die zentralen Begriffe „social ecology" (Alihan, 1938) und „human ecology" (Park, 1936) eingeführt.

In der Psychologie prägt 1944 Kurt Lewin, im Anschluss an Egon Brunswik, den Begriff „ecological psychology" und formuliert im Rahmen seiner Feldtheorie ökologisch grundlegende Aussagen (Lewin, dt. 1969). Das Verhalten von Personen oder Gruppen ist nicht durch einzelne Eigenschaften des Menschen zu erklären und zu verstehen, sondern wird durch die jeweils gegenwärtige Gesamtsituation, den Lebensraum und der darin bestehenden Struktur und Dynamik von Person und psychischer Umwelt mit ihren Wechselwirkungen bestimmt. Verhalten (V) ist eine Funktion aus Person (P) und (psychischer) Umwelt (U). Diese ist eine Umwelt, wie sie von der Person subjektiv wahrgenommen wird und hat Eigenschaften, die ihr die Person zuschreibt. Für das Erleben und Verhalten einer Person ist die psychische Repräsentation von Umwelt von größerer Bedeutung als „objektiv" feststellbare Gegebenheiten.

Roger Barker (1968), ein Schüler von Lewin, begründet eine systematische ökologische Forschungsrichtung. Im Zentrum steht die Erfassung und Analyse von Behavior Settings (Verhaltenssettings) – eine strukturelle Passung („Synomorphie") – zwischen bestimmten Umwelt-Kontexten (im Sinne eines physischen und sozialen Milieus) und typischerweise darin ablaufenden individuellen Verhaltensmustern, wie in Geschäften, Restaurants, Klassenzimmern, Theatern, Krankenhäusern u. a. Sein Konzept zur Analyse von Verhaltenssettings ist anhand neuerer soziologischer und psychologisch-kognitiver Ansätze als „Behavior-Setting-Analyse" weiterentwickelt worden (Fuhrer, 1996; Kaminski, 1996).

Uri Bronfenbrenner (1976, 1981) erweitert mit seinem Ansatz „Human Ecological Development" die ökologische Sichtweise, indem er zwischenmenschliche Beziehungen und Handlungsweisen, kulturelle Kontexte sowie gesellschaftliche Strukturen und Entwicklungen in den Umweltbegriff einbindet. Er systematisiert die sozialökologische Komplexität anhand von sozialräumlichen und zeitlichen Strukturen. *Sozialräumliche Strukturierung* unterteilt gesellschaftliche Umwelt in Mikro-, Meso-, Exo- und Makrosysteme[1] und zeigt, wie sie die menschliche Ent-

[1] *Mikrosystem*: unmittelbare konkrete Interaktions- bzw. Lebensbereiche des Individuums (z. B. Familie, Schulklasse, Arbeitsplatz). *Mesosystem*: beinhaltet die Beziehungen bzw. den Austausch zwischen den verschiedenen Lebensbereichen/Mikrosystemen, in denen ein Individuum aktiv ist. *Exosystem*: private und öffentliche Lebensbereiche, in denen Individuen nicht selbst eingebunden sind, die aber deren Verhalten und Handlungsmöglichkeiten in ihren Lebensbereichen beeinflussen (z. B. für Kinder die Berufswelt der Eltern, für Erwachsene die Führungsetage der Firma). *Makrosystem*: ökologische, kulturelle, soziale, rechtliche und politische Gegebenheiten und Ideologien, die sich auf alle Lebensbereiche/Systeme auswirken.

wicklung beeinflussen. *Zeitliche Strukturierung* erfasst die Abfolge, in der im Lebenslauf einer Person spezifische Umweltausschnitte und das daran gekoppelte Erleben und Verhalten in den Vordergrund treten. Dabei sind zwei Prozesse zu unterscheiden: (a) *Lebenslauf*, er umfasst den biographischen Einfluss aus den individuell unterschiedlichen Erfahrungen mit Lebensumwelten, mit verschiedenen Kulturen und Subkulturen und mit kontextuellen Übergängen (z. B. von Mikro- in bisherige Exosysteme). (b) Individuelle *sozio-historische Erfahrungen,* sie bilden sich aus den individuellen Auseinandersetzungen mit der Eltern- und Erziehergeneration, mit Zeitgeist und gesellschaftlichen Werten und Normen. Das Lebenslaufkonzept unterscheidet sich hierbei grundlegend von traditionellen Lebens-Zyklus-Modellen, die von relativ feststehenden, aufeinander folgenden Lebensstadien ausgehen. Umwelterfahrungen unterliegen einer stetigen kognitiv-emotionalen Verarbeitung. Umwelt wird somit keineswegs nur als äußere Realität wahrgenommen, sondern verändert ihre spezifische Bedeutung in Abhängigkeit von den individuellen Bewertungsmustern, die in den unterschiedlichen Lebensräumen und Lebensphasen, in denen sich ein Individuum befindet, herausgebildet werden (vgl. Grundmann, Fuss & Suckow, 2000).

In der professionellen Sozialen Arbeit besteht eine lange Tradition, menschliches Verhalten sowie gesundheitliche, emotionale, zwischenmenschliche und soziale Probleme im Kontext ihrer umweltlichen Lebensverhältnisse zu verstehen und darauf bezogen zu handeln (siehe z. B. bei Jane Addams, Alice Salomon). Im Rahmen der Sozialen Einzelarbeit (social casework) wurde in den USA das Person-in-Environment-Konzept in mehreren Ansätzen entwickelt. Anzuführen sind die Konzepte von Mary Richmond (1922), Gordon Hamilton (1951) und Florence Hollis (1964), die jeweils die dreifache Konfiguration Person, Umfeld und die zwischen beiden ablaufenden Interaktionen betonen. In der praktischen Umsetzung bleibt jedoch das Hauptaugenmerk auf die Person und auf Interaktionen mit ihrem sozialen Nahfeld begrenzt. Das weitere Umfeld dient eher als Reservoir für soziale und materielle Ressourcen (vgl. Cornell, 2006).

In den 70er-Jahren erstellt Carel B. Germain zusammen mit Alex Gitterman (1979, dt. 1983) das ökologische „Life Model" der menschlichen Lebensvollzüge. Der Mensch und seine Lebensumwelt sind wechselseitig wirkende Komponenten *einer* Lebenswelt. Sozialökologische Interventionen werden in den natürlichen Lebensvollzügen, in der Dynamik der Person-Umwelt-Wechselwirkungen umgesetzt. In der Neuauflage (dt. 1999) formulieren die Autoren das „Life Model" unter dem life-stressor-stress-coping-Paradigma von Lazarus und Folkman (1984) mit relevanten theoretisch-konzeptionellen und methodischen Weiterentwicklungen. Neben Entwicklungen aus dem transaktionalen Stress-Modell werden Ergebnisse der ökologischen Sozialisationsforschung und Auswirkungen der modernen gesellschaftlichen Veränderungen mit ihren neuen sozialen Problemen aufgenommen.

Im deutschsprachigen Raum entwirft Wolf Rainer Wendt eine komplexe ökosoziale Handlungstheorie auf Grundlage der Forschungen von Kurt Lewin, Germain und Gitterman, Uri Bronfenbrenner und dem Person-in-Environment-Ansatz der Sozialen Arbeit. In 25 paradigmatischen Leitsätzen formuliert Wendt (2010) die Grundannahmen und Schlüsselkonzepte seiner Theorie und entfaltet jeweils die Theorielinien und Konsequenzen für die Praxis der Sozialen Arbeit. Der ökologische

Ansatz bildet nach Wendt ein grundlegendes Paradigma für die Soziale Arbeit und für das Verständnis von Lebensführung in der Gemeinschaft – ein Paradigma, welches auch Beratung fundieren kann.

2 Grundlagen sozialökologischer Handlungskonzeption

Der sozialökologische Ansatz erfasst die lebenslang anhaltenden, komplexen Wechselwirkungsprozesse zwischen Erleben und Verhalten des Menschen und seinen gesellschaftlich-politischen, kulturellen, rechtlichen und ökonomischen sowie natürlichen und geschaffenen Umweltbedingungen und Strukturen. Er liefert einen Interpretationsrahmen zur wissenschaftlichen Erklärung der komplexen Einflüsse auf „Gelingen" oder „Misslingen" von Lebensführung und gestattet, Hypothesen zu speziellen Fragestellungen und Handlungskonzepte abzuleiten. Von besonderem Interesse ist, auf welche Weise soziale Systeme (Familie, Schule, Arbeitswelt, soziale Netzwerke, Gesundheits- und Pflegewesen, Generationenbeziehung u. a.) die individuellen Möglichkeiten zur Gestaltung der Lebensführung beeinflussen und wie auch Individuen bzw. Gruppen ihrerseits wiederum auf diese Umwelt- und Lebensbedingungen förderlich oder behindernd einwirken. Die hierbei aufscheinende Trennung von Umwelt und Person ist für eine analysierende Forschung und für spezifische Handlungsansätze – z. B. Beratung – hilfreich und z. T. auch notwendig. Sie birgt aber die Gefahr, den Blick auf den dynamischen Wechselwirkungsprozess als ein stetiges Entwicklungs- und Veränderungsgeschehen zu versperren. Sozialökologisches Denken erfolgt auf dem Hintergrund und nach den Merkmalen der allgemeinen Systemtheorie, jedoch erweitert Sozialökologie die systemische Perspektive entscheidend durch die dezidierte und sozialkritische Einbindung von gesellschaftlicher, sozioökonomischer und materieller Umwelt.

Umwelt ist über folgende Bereiche zu fassen:

- *soziale Umwelt:* Bezugspersonen (Familie, Verwandte, Freunde, Arbeitskollegen, Nachbarn u. a.), soziale und kulturelle Netzwerke und Milieus, gesellschaftliche, kulturelle, soziale und rechtsstaatliche Institutionen und Systeme, soziale und politische Strukturen;
- *wirtschaftlich-ökonomische Umwelt:* individuelle ökonomische Lage, politisch-wirtschaftliches System;
- *mentale Umwelt:* sprachlich oder medial vermittelte alltägliche oder kulturell verfestigte Erfahrungen, Handlungs- und Sinnauffassungen;
- *physische Umwelt:* bebaute Umwelt (Wohnung, Arbeitsort, Siedlung, Medien, Transportwege), gestaltete/ungestaltete Natur (vgl. Schubert, 2009).

Umwelt ist räumlich und zeitlich strukturiert:

- *a) Territorien* (auch Habitat): unterschiedliche Lebensräume und soziale Settings, wie Wohnung, Arbeitsplatz, Treffpunkte in Wohnvierteln, Parkanlagen, Plätze, Kultur- und Szenetreffs, geschlossene oder teilgeschlossene Institutionen wie Gefängnis oder Heim usw.; unterstützende Habitate bieten Gelegenheit zur Pflege und Entwicklung sozialer Beziehungen und zu persönlicher Entfaltung.

b) Nische ist der Platz sowie der Wirkungsbereich einer Person oder Gruppe im Territorium und mithin auch der funktionelle wie soziale Status in der Sozialstruktur der dort anzutreffenden Gemeinschaft. Im Konzept der Nische kommt das sozialökologische Verständnis von Kompetenzen zum Ausdruck, als Einheit aus Gelegenheiten und Fähigkeiten, die wechselseitig notwendig sind, um gelingende Lebensführung zu gestalten.

- *Sozialräumliche Struktur:* Mikro-, Meso-, Exo- und Makrosysteme (Bronfenbrenner, 1981).
- *Zeitliche Struktur:* (a) hinsichtlich historischer und biographischer Perspektiven in der Person-Umwelt-Interaktion und (b) als temporale Zeichen von Alter, Historie oder kultureller Bedeutung der bebauten und natürlichen Umwelt (Gebäude, Orte, Landschaften).

Die Begriffe *Lebensumwelt* oder *Kontext* beinhalten zumeist eine Eingrenzung auf die engere, im Alltagsleben vorgefundene Umwelt. *Lebenswelt* nach Thiersch ist charakterisiert durch einen „Horizont“ an sozial vermitteltem, lebenspraktischem Erfahrungs-, Handlungs- und Bedeutungswissen mit entsprechenden Sinngebungen, das an die Individuen einer Lebenswelt weitergegeben wird (vgl. Grunwald & Thiersch, 2004). Als *Lebensbereiche* bezeichnet Bronfenbrenner (1981) die Mikrosysteme, in denen sich Menschen alltäglich aufhalten (Familie, Kindergarten, Schulklasse, Arbeitsplatz). Das Mesosystem umfasst mehrere dieser Lebensbereiche.

Person-Umwelt-Beziehung

Im Zentrum der ökologischen Perspektive stehen die stetigen dynamischen Wechselwirkungen zwischen Person und Umwelt, nicht die Person oder Umwelt jeweils für sich. Person-Umwelt-Beziehung ist grundsätzlich intentional, sinngebend und interaktiv beschaffen (Graumann, 1996). Menschliches Erleben und Verhalten ist jeweils auf etwas gerichtet (intentional) und wird zugleich von der Umwelt ausgerichtet. Es besteht also keine einseitige Ausgerichtetheit. Wie alle Intention ist auch die Person-Umwelt-Beziehung sinnbezogen, wobei weder die Person die sinngebende Instanz ist noch die Dinge ihre eigenen Bedeutungen in sich tragen, die lediglich zu erfassen oder zu entdecken wären (ebd., S. 97). Das hat Konsequenzen für ein Beratungshandeln: Es verlangt, dass die Umwelt aus der Perspektive der in ihr handelnden Person erfasst und so grundlegend in das Beratungskonzept einbezogen wird.

Dieser wechselseitige Prozess wird sozialökologisch als Person-Umwelt-Interaktion oder (zutreffender) als Person-Umwelt-Transaktion bezeichnet. Der Begriff *Transaktion* erfasst den charakteristischen Prozess der wechselseitigen Beeinflussung,

Vorwort und Einleitung
Innovative Zugänge
Beratungs- settings und -räume
Medien und Beratung
Kritik der Beratung
Register
Anhang

Gestaltung und Veränderung treffender als der Begriff Interaktion. P-U-Transaktionen[2] verfolgen das Ziel, eine möglichst gute Passung von Handlungsoptionen und Möglichkeiten auf der einen Seite und Strukturen, Handlungsanforderungen und -spielräume auf der anderen Seite zu erreichen. Einfach formuliert geht es darum, die Diskrepanzen zwischen dem „Können und Wollen" (und dem sinngebenden Erleben) auf Seiten der Person und dem von der Umwelt vorgegebenen „Dürfen und Sollen" (und dazu entwickelten Sinngebungen) möglichst gering zu halten (Filipp & Aymanns, 2010). Im günstigen Fall führt das – im Sinne einer homöostatischen Passung – auf beiden Seiten zu Fortbestand und Entwicklung, die durch Beratung gefördert werden.

Passung und Anpassung sind nicht als Sich-Fügen und Unterordnen in Gegebenheiten und Machtstrukturen zu verstehen, sondern als aktiver, handlungs- und veränderungsorientierter Prozess, der von beiden Seiten eingesetzt wird und darauf ausgerichtet ist, in gegenseitiger *Abstimmung* ein möglichst optimales Passungspotential zu entwickeln. Eine optimale Passung liegt vor, wenn in der Lebensumwelt zur richtigen Zeit und in geeigneter Form Bedingungen, Ressourcen und Erfahrungen vorhanden oder hergestellt sind, die eine optimale Entwicklung biologischer, psychischer und sozialer Funktionen ermöglichen. Dies wird ein zentrales Beratungsziel.

„Gelingende" oder „misslingende" Lebensführung entsteht aus diesen Wechselwirkungen. Die Qualität, in der P-U-Abstimmungen gestaltet werden, bestimmt Erleben und Verhalten der Person und somit die Qualität ihrer Lebensführung. Individuelle Unzufriedenheit, Krisen, Lebensprobleme sind als Auswirkung „gestörter" Passung bzw. als „Fehlanpassung" aufzufassen und bilden oft Beratungsanlässe. Mag man den Ausgangspunkt dafür schwerpunktmäßig mehr auf Seiten der Person oder auf Seiten der Umwelt sehen, das Ergebnis wird letztlich über die Transaktionen beider entwickelt. Störungen in der P-U-Passung treten auf, wenn durch veränderte Lebensanforderungen oder kumulierende Belastungen die eingespielten Verhaltens- und Lebensweisen auf der Person- oder Umweltseite oder auf beiden Seiten behindert werden. Dadurch wird eine Neuabstimmung zwischen individuellen Bedürfnissen/Erwartungen und/oder Umweltbedingungen und -anforderungen erforderlich, die Beratung ermöglichen soll (vgl. unten und Fallbeispiel).

Bemühungen um Neuabstimmung können als assimilierende oder akkommodierende Bewältigung (Coping) erfasst werden (Rothermund & Brandtstädter, 1997). Erstere kann durch aktive Veränderungsanstrengungen der Person oder der Umwelt erfolgen, um die andere Seite (oder auch sich selbst) nach den eigenen Zielen und Plänen zu verändern. Bei der akkommodierenden Bewältigung korrigiert die Person ihre bisherigen Absichten und Lebensweisen und unternimmt Anstrengungen, um den verändert erlebten Umweltanforderungen gerecht zu werden, oder auch, indem sie ihr Anspruchsniveau senkt bzw. bisherige Ziele durch andere ersetzt. Im günstigen Fall erzielen beide Formen der Neuabstimmung eine optimierte P-U-Passung. P-U-Transaktionen kommen über spezifische kognitiv-emotionale und handlungsmäßige Auseinandersetzungen der Person mit den unterschiedlichen Bereichen und

[2] Die Bezeichnung „Person-Umwelt-…" wird im Weiteren in die Formel „P-U-…" gefasst.

Bedingungen der Umwelt zum Ausdruck. Das beinhaltet vorrangig – neben der physischen Umwelt – die Gestaltung alltäglich zugänglicher sozialer Umwelten in den Mikro- und Mesosystemen (z. B. Familie, Schule, Arbeitswelt, Generationenbeziehung) und auch bürgerschaftliche Einflussnahme auf die Gestaltung von Exosystemen (z. B. Gemeinwesen) und Makrosystemen. Transaktionale Abstimmungsprozesse finden auch in Meso-, Exo- und Makrosystemen zwischen Institutionen und Organisationen bzw. Systemen statt (vgl. Mehrebenenmodell, Bronfenbrenner, 1981). Beratung kann auf all diesen Systemebenen Veränderungsprozesse anleiten und flankieren.

Ressourcenorientierung und Haushalten in der Lebensführung

In seiner Lebensgestaltung ist der Mensch auf Ressourcen angewiesen. Sozialökologisches Denken und Handeln ist durch *Ressourcenaktivierung und Ressourcenaustausch* und den angemessenen Umgang damit gekennzeichnet. Es gilt, Ressourcen der Person in der Gemeinschaft und der Lebensumwelt zu erfassen, zu entwickeln und für eine gelingende Lebensführung gegenseitig zugänglich und nutzbar zu machen (zu Ressourcenaustausch vgl. Becker, 2006; zu Ressourcentransformation vgl. Gutscher, Hornung & Flury-Kleuber, 1998). Dafür werden z. B. psychische, verhaltensmäßige, soziale, kulturelle, institutionelle, rechtliche, ökonomische, politische und physische Potenziale herangezogen. Ressourcenorientiertes Handeln verlangt einen ökologisch bewussten und geordneten Umgang mit diesen Mitteln und Möglichkeiten. Wendt (2010) prägt hierfür den Leitsatz des ökosozialen Wirtschaftens bzw. Managements in der Lebensgestaltung. Individuelle Lebensführung bedarf z. B. der Fähigkeit, sich in den verschiedenen gesellschaftlichen Systemen zurechtzufinden (Recht, Bildung, Sicherung und Gesundheit, finanzielle Belange u. a.) und über ein ausbalanciertes Handeln zwischen Zielplanung, individuellen Kompetenzen und Nutzung von Ressourcen der alltäglichen Lebenswelt eine P-U-Passung herzustellen. Wo das individuell nicht gelingt, kann über formelle oder informelle Unterstützungsmaßnahmen Hilfe für eine einigermaßen gelingende Passung organisiert werden. Dies geschieht z. B. im Case Management oder in ressourcenorientierter Beratung.

Ohne Ressourcenaktivierung sind gelingende P-U-Abstimmungsprozesse für eine bessere Lebensführung nicht zu erwarten (Becker, 2006; Grawe & Grawe-Gerber, 1999; vgl. auch Knecht & Schubert, 2012). Gleicherweise kommt es darauf an, Ressourcenschädigungen und -beeinträchtigungen zu erfassen und zu beseitigen. Anhand seiner Ressourcenerhaltungstheorie belegt Hobfoll, dass Ressourcenverlust schneller voranschreitet als ein Neugewinn oder Wiedergewinn verlorener Ressourcen („Verlustspirale") (Hobfoll & Schumm, 2004). Zwischen Gewinn und Verlust von Ressourcen entsteht ein „Schereneffekt".

Besondere Aufmerksamkeit gilt der Entwicklung *sozialer Netze und sozialer Unterstützung*. Die Einbindung in tragfähige soziale Beziehungen ist von zentraler Bedeutung für eine gesunde Entwicklung, zur Bewältigung vielfältiger Lebensanforderungen und für eine angemessene soziale Versorgung. Mängel führen im Allgemeinen zu erheblichen Beeinträchtigungen von Gesundheit und Lebensbewältigung. Bourdieu (1985) bezeichnet soziale Netze und Beziehungen als „soziales Kapital" der Menschen.

Ethik und Bindung an Werte
Wendt (2010) stellt eine Ökologie der Lebensführung unter das Dach von Ethik und Bindung an Werte. Sie begegnet der „Ausuferung von Bedürfnissen" auf individueller wie überindividueller Ebene wie auch den „einflussnehmenden externen Besserungsabsichten" von Institutionen und deren Vertretern. Sozialökologisches Handeln hat die Aufgabe, Lebenskultur und Lebensqualität mit persönlicher Teilhabe und Entfaltungsmöglichkeiten zu aktivieren.

3 Transaktionales Belastungs-Bewältigungs-Modell

Das Person-in-Environment-Konzept hat sich als äußerst fruchtbar für weitere Forschungen und für die Ableitung von Handlungskonzepten erwiesen und findet sich auch in systemischen Konzepten. Das transaktionale Stress-Modell von Richard S. Lazarus (Lazarus & Folkman, 1984) führte zu umfangreichen Entwicklungen in der Stress-Coping- bzw. Belastungs-Bewältigungs-Forschung und in der Gesundheitsforschung. Diese in der Psychologie verankerten Forschungen haben den Blick vorrangig auf das Bewältigungsverhalten der Person ausgerichtet, Umwelt wird lediglich als psychische Repräsentation in der Person behandelt. Ausführliche Darstellungen bringen Eppelt (2007) und besonders Filipp und Aymanns (2010). Mit dem „Life Model" vollziehen Germain und Gitterman (1999) eine explizit sozialökologische Anwendung des transaktionalen Stress-Modells auf das komplexe Handlungsfeld der Sozialen Arbeit, wobei sie ausdrücklich auch die gesellschaftlich-politische, biologische und physikalische Seite von Umwelt einbeziehen.

Das transaktionale Stress-Modell vermittelt, dass weder die Gegebenheiten auf der Personseite noch die Ereignisse oder situativen Umweltgegebenheiten für sich ausreichen, um das Zustandekommen von Stress, Krisen oder Lebensprobleme incl. gesundheitlicher Gefährdungen angemessen zu erklären. Das kann erst durch das dynamische und komplexe Zusammenwirken von drei Parametern erfolgen, die gleicherweise Belastungen und Ressourcen beinhalten:

- Merkmale der Person (individuelle kognitiv-emotionale Verarbeitungsprozesse und Handlungsweisen, Persönlichkeitsmerkmale)
- Umweltmerkmale (soziale Netzwerke, soziale Unterstützung, kulturelle, gesellschafts-politische, biologische und physikalische Bedingungen)
- Merkmale des Ereignisses (Art und Beschaffenheit, z. B. Kontrollierbarkeit).

Die Wechselwirkung der Parameter hat Auswirkungen auf die individuelle wie auch soziale Wahrnehmung, Bewertung und Bewältigung von Problemen und Ressourcen und folglich auch auf die Planung und Einleitung psychosozialer Hilfemaßnahmen. Es erklärt, (a) weshalb Menschen unter vergleichbaren kontextuellen Anforderungen und Belastungen unterschiedliche Entwicklungen machen, die bei einigen zu gelingender und bei anderen zu misslingender Bewältigung führen, und (b) weshalb eine Anhäufung von Ereignis- und Umweltbelastungen (Kontextbelastungen) auch auf eine stabile individuelle Lebensführung schädigend „durchschlagen“ kann.

Auf der Basis des transaktionalen Stress-Modells hat Schubert (1999) eine diagnostisch orientierte Strukturierung der transaktionalen Wirkfaktoren vorgenommen und unter Einbeziehung von Ergebnissen aus der psychologischen Gesundheitsforschung in ein Belastungs-Bewältigungs-Modell gefasst (Schubert, 2009). P-U-Passung kann als rekursiver Abstimmungsprozess verstanden werden, der auf der einen Seite kontextuelle und individuelle bzw. kollektive Anforderungen und Belastungen (Stressoren) aufnimmt und auf der anderen Seite kontextuelle und individuelle Bewältigungspotenziale, also die individuellen und sozialen wie auch institutionellen Ressourcen und Hilfemöglichkeiten. Beide Seiten werden über komplexe individuelle oder gemeinschaftliche kognitiv-emotionale Bewertungen und Handlungsprozesse untereinander und gegenseitig abgestimmt. Störungen, Krisen oder Lebensprobleme werden erlebt, wenn lebenslaufspezifische bzw. aktuelle Anforderungen oder die Anhäufung chronischer Belastungen ein „kritisches“ Ausmaß überschreiten und das bisherige P-U-Passungsgefüge einer Person oder Personengruppe nicht nur vorübergehend beeinträchtigen oder schädigen.

Zu beachten ist, dass Störungen in der P-U-Passung und daraus resultierende Lebensprobleme und Leid vor allem auf der Personseite erlebt und zum Ausdruck gebracht werden. Das darf nicht dazu verführen, sie ausschließlich auf dieser Ebene behandeln zu wollen oder gar die Personebene mit der „Ursachenebene“ gleichzusetzen. Um eine einseitige Psychologisierung oder Pädagogisierung zu vermeiden, ist es nötig, in vielfacher Hinsicht Bescheid zu wissen, wie gesellschaftliche Bedingungen und Strukturwandel auf die Entwicklung von Lebensqualität und die Lebensbewältigung von Kindern, Jugendlichen, alten Menschen und Familien einwirken (vgl. dazu Keupp, 2012a, 2012b; Knecht, 2010). Professionelles sozialökologisches Handeln ist auch in der Beratung immer auf die Person und auf die Lebensumwelt zugleich ausgerichtet.

4 Sozialökologisches Beratungshandeln

Zusammen mit den dargestellten Grundlagen bietet das transaktionale Belastungs-Bewältigungs-Modell einen sozialökologischen Beratungsansatz, der im Sinne eines Metakonzeptes relevante Aussagen erlaubt zur

(a) Entstehung, Erfassung und Strukturierung von Problemlagen,
(b) Ableitung von Interventionszielen und konkreter Vorgehensweisen,
(c) Ethik und Wertorientierung von Beratung und Beratungshandeln.

Sozialökologische transaktionale Handlungsbereiche

Für die praktische Umsetzung sozialökologischer Handlungskonzepte ist es nötig, die komplexe ökologische Perspektive mit ihren vielfältigen Möglichkeiten zu Binnendifferenzierungen in den Bereichen Person, Umwelt und deren Wechselwirkungen in überschaubare und strukturierte Handlungsbereiche einzuteilen.

Vorwort und Einleitung
Innovative Zugänge
Beratungssettings und -räume
Medien und Beratung
Kritik der Beratung
Register
Anhang

Menschen nehmen nicht die gesamte Umwelt wahr, sondern spezifische Umweltausschnitte, in die sie über ihre alltäglichen P-U-Abstimmungsprozesse eingebunden sind. Unter dieser Perspektive lassen sich sozialökologische Handlungsbereiche und zugehörige Problembereiche konzipieren, in denen dann wiederum spezifische Handlungskonzepte als Intervention oder Prävention zum Einsatz kommen. Solche Bereiche sind

- Transaktionen von Einzelpersonen, Familien, Personengruppen innerhalb ihrer Mikro- und Mesosysteme (z. B. Konflikte und Beziehungsprobleme, kontextuelle Übergänge) und in Auseinandersetzungen mit Exosystemen (z. B. Anforderungen von Behörden und anderen Institutionen);
- Transaktionen von Personen bzw. Personengruppen im Rahmen ihrer Lebensbedingungen im Gemeinwesen (z. B. Strukturen zur sozialen Teilhabe, Integration-Desintegration, Armut, Umweltbelastungen);
- Transaktionen im Bereich Setting- und Organisationsentwicklung (z. B. Strukturplanung und Gestaltung von Jugend- und Altenheimen, Freizeitbereichen, Stadtentwicklung);
- Transaktionen im Bereich der Auswirkungen moderner gesellschaftlicher Veränderungen, politischer oder ökonomischer Machtstrukturen, Umweltbelastungen und Verarmung breiter Schichten.

Bedeutsam bleibt, dass auch bei der Arbeit in kleinen Systemen die sozialökologischen Leitlinien und Zusammenhänge nicht aus den Augen verloren werden.

Indikation und allgemeines Ziel sozialökologischer Interventionen

Interventionen sind angezeigt, wenn Belastungsbedingungen im P-U-Passungsgefüge ein „kritisches“ Ausmaß überschreiten und wenn Schädigungen auf Seiten der Person wie der Lebensumwelt und/oder schädigende transaktionale Bewältigungsmaßnahmen (Copings) abzusehen oder eingetreten sind. Übergeordnetes Interventionsziel ist in der Beratung, die wechselseitigen Prozesse zwischen Person und Lebensumwelt zu unterstützen, um eine gelingende Lebensführung (wieder) herzustellen und zu optimieren. Dazu werden die Potenziale (Ressourcen) der Person bzw. Personengruppe und der Umwelt einbezogen. Persönliches Wachstum, Beziehungsfähigkeit, stabiles Selbstwertgefühl, Gesundheit, soziale Integration sollen (wieder) geschaffen und Lebensqualität fördernde Potenziale, insbesondere der sozialen Lebensumwelt, erhalten und gefördert werden (vgl. weiter unten Abschnitt „Transaktionale Verfahren zur Verbesserung von Lebensführung und Lebensqualität“).

Problemerfassung

Wie erwähnt, treten Störungen, Krisen und Lebensprobleme typischerweise auf, wenn durch Belastungsbedingungen (Stressoren) das bisherige P-U-Passungsgefüge längerfristig gestört wird. Germain und Gitterman (1999) haben relevante Belastungsbedingungen (Stressoren) zusammengestellt, die zu erhöhten Anpassungsanforderungen und zur Entwicklung von Lebensproblemen führen und anhand von Falldarstellungen ausführlich erläutert.

Relevante Belastungsbedingungen (Stressoren) nach Germain und Gitterman (1999) sind

a) Kritische Entwicklungsübergänge im Lebenszyklus (Pubertät, Familiengründung, Alter u. a.), lebensverändernde Ereignisse (Verlust wichtiger Bezugspersonen, Scheidung, Arbeitsplatzverlust, Erkrankung, Statusveränderungen sowie neue Rollenanforderungen) und traumatische Lebensereignisse;
b) dysfunktionale Kommunikations- und Beziehungsprozesse in Ehe, Familie und Gruppen (z. B. unter Arbeitskollegen);
c) Armut, Unterdrückung, „Unaufgeschlossenheit" oder besondere Härte der materiellen (insbes. Wohnbedingungen) und sozialen Umwelt (soziale Netzwerke und Institutionen, soziokulturelle und gesellschaftspolitische Bedingungen, Arbeitsbedingungen, Ausgrenzung), akute und chronische Umweltbelastungen (Verschmutzung von Boden, Wasser, Luft, Nahrung, Materialien der unmittelbaren Wohn- und Arbeitsumwelt);
d) Missbrauch von politischer oder ökonomischer Macht, Ausgrenzung aufgrund persönlicher und kultureller Merkmale (Diskriminierung, Behinderung der Teilhabe am öffentlichen Leben und Gesundheitsversorgung);
e) gesellschaftlich und technologisch bedingte Verelendung und Machtlosigkeit (z. B. Arbeitslosigkeit durch technologischen Fortschritt), mit den Folgen fehlenden Zugangs zu Ressourcen, Beeinträchtigung von Gesundheit und sozialem Wohlbefinden, gestörte, oft destruktive P-U-Beziehung (besonders betroffen sind vulnerable Gruppen);
f) persönliche und kollektive Vulnerabilität.

Eine differenzierte diagnostische Erfassung des individuellen oder kollektiven „kritischen" Ausmaßes der Relation von Ressourcen und Belastungen und der daraus resultierenden Problemlagen kann über die drei ökologischen Dimensionen von Lebensführung – Umwelt, Person, Transaktion – erfolgen (Schubert, 2009). Die Dimensionen werden hier lediglich aus Gründen der diagnostischen Einschätzung und Analyse einzeln betrachtet.

Dimension Umwelt

Umweltbedingungen (vgl. Kasten „Umwelt") und individuelle soziale Lebenslage sowie Auswirkungen gesellschaftlicher Strukturen auf individuelle Lebensführung.

Dimension Person

(a) Lebenslauf und Lebensphase: Sozialökologische biographische und sozio-historische Erfahrungen, Lebensübergänge, aktuelle Lebensphase und Lebensereignisse (z. B. Kumulation von Stressoren/Belastungen), individuelle Auswirkungen des gesellschaftlichen Wandels.

(b) Person-Merkmale:

- kognitiv-emotionale bzw. sinngebende Bewertung von Anforderung, Ereignis, Situation und des weiteren Kontextes (incl. gesellschaftlicher Kontext),

- individuelle oder kollektive Handlungsmöglichkeiten und Erfahrungen von Wirksamkeit allgemein und in Bezug auf spezifische Belastungsereignisse,

(c) Beeinträchtigungen infolge individueller oder kollektiver Vulnerabilität[3].

Dimension transaktionale Bewältigungsmaßnahmen

- Individuelle und soziale Maßnahmen (Copings) zur Bewältigung der als gestört erlebten P-U-Passung,
- insbesondere Aktivierung personaler, sozialer und weiterer Ressourcen der Lebensumwelt (individuelle Kompetenzen, soziale Unterstützung, Hilfe- und Versorgungssysteme u. a.).

In diese Diagnosestruktur können die angeführten Stressoren nach dem „Life Model" aufgenommen werden: Die Stressoren c, d, e sind in der Dimension *Umwelt/Lebenslage*, die Stressoren a, b, f in der Dimension *Person* angesiedelt.

Transaktionale Bewältigungsmaßnahmen können Potenziale wie auch neue Belastungen enthalten. Somit gilt es, im Beratungshandeln die bisher eingesetzten gelingenden Bewältigungs- und Selbsthilfestrategien wertschätzend zu erfassen und an ihnen anzuknüpfen. Dysfunktionale Strategien führen zu neuen Belastungen und Folgeproblemen. Das ist der Fall bei Fehlauffassungen über die Wirkung von individuellen oder behördlichen Handlungsweisen, fehlendem Verständnis für transaktionale Abstimmung und fehlender Bereitschaft, sich darauf einzulassen und zudem bei dysfunktionalen individuellen Bedürfnissen, Einstellungen und Lebensweisen wie auch bei egozentrischer Vereinnahmung und Ausbeutung von Ressourcen der sozialen und materiellen Lebensumwelt.

Im Rahmen der diagnostischen Einschätzung muss bewusst sein, dass Verhalten, Erleben und Problemerleben nur im Lebenskontext erfasst und verstanden werden können. Erfahrungen sind an bestimmte Situationen und Ereignisse gebunden. Das hat zur Folge, dass Berater/innen sich an der Sichtweise der Ratsuchenden orientieren und deren Problemdefinition respektieren und dass sie zwischen den Zielen der Ratsuchenden und den eigenen Vorstellungen sowie den Vorgaben der sozialen Institution unterscheiden und anfallende Widersprüche klären.

Wegen der komplexen und vielschichtigen Datenlage und einer unterschiedlichen sprachlichen Handhabung stoßen Bemühungen um eine angemessene Klassifikation und diagnostische Erfassung der sozialökologischen Problemlagen immer wieder an Grenzen. Karls und Wandrei (1994) nehmen das Person-in-Situation-Konzept von Gordon Hamilton (1951) auf und entwickeln daraus ein System zur Fallanalyse und zur diagnostischen Einschätzung der biopsychosozialen Situation des Klienten (Person-in-Environment-System, PIE). Anhand von vier Faktoren werden Situation,

[3] Vulnerabilität: erhöhte psycho-emotionale „Störbarkeit" durch genetisch-dispositionelle oder erworbene Beeinträchtigungen. Erworben z. B. durch markante negative Lebenserfahrungen (wie Traumata), Schädigung psychologischer Grundbedürfnisse, beides mit negativen Auswirkungen auf Selbstwert und Selbststeuerung (incl. kognitiv-emotionale und verhaltensmäßige Muster). Anhaltende gesellschaftliche Ausgrenzung, Diskriminierung und soziale Verelendung disponieren für die angeführten Beeinträchtigungen (kollektive Vulnerabilität).

Ressourcen und Probleme des Klienten erfasst, die wiederum für jedes identifizierte Problem die Grundlage für eine systematische Hilfeplanung (Case Management) bilden. Zusätzlich soll das PIE Ausgang für eine gemeinsame Fachsprache werden (Adler, 1998).

Diagnosefaktoren des Person-in-Environment-Systems (PIE) nach Karls und Wandrei (1994):

Faktor I: Probleme in sozialen Funktionen und Rollen, die eine Person ausfüllt – jeweils eingeteilt in familiäre, berufliche, interpersonale Rollen und in spezifische Lebenssituationen.

Faktor II: Soziale wie physikalische Probleme der Lebensumwelt, die für die Probleme in sozialen Rollen und für Entstehung und Aufrechterhaltung von psychischer und körperlicher Erkrankung bedeutsam sein können – jeweils eingeteilt in ökonomisches und Grundversorgungssystem, Bildungs-, Gesundheits-, Sicherheits-, Sozial- und Selbstorganisationssystem (z. B. Zugehörigkeit zu Gruppen im Gemeinwesen).

Faktor III: Psychische Gesundheit, Probleme und Auffälligkeiten (entsprechen der Klassifikationen des DSM-IV der American Psychiatric Association).

Faktor IV: Körperliche Gesundheit, Erkrankungen und Probleme unter Einbeziehung psychosozial-, emotional- und belastungsbedingter Erkrankungen.

Derzeit hat der PIE-Ansatz noch wenig Verbreitung gefunden. Für umfassende diagnostische Ansprüche ist er noch zu wenig ausdifferenziert, eine breitere Differenzierung könnte hingegen seine Handhabung beeinträchtigen.

Transaktionale Verfahren zur Verbesserung von Lebensführung und Lebensqualität

Unter dem sozialökologischen Paradigma sind keine „schulenspezifischen" sozialökologischen Methoden entwickelt. Sozialökologisches Handeln erfolgt mit etablierten Verfahren unter dem integrativen Schirm systemisch-sozialökologischer Denkweise.

Die Verfahren können unter pragmatischem Aspekt mehr auf Seiten der Person (psychosoziale Interventionen) oder der Lebenswelt bzw. Arbeitswelt angesetzt werden. In beiden Fällen müssen die gegenseitigen Wechselwirkungen behandelt werden.

Anhand des sozialökologischen Handlungsmodells von Kemp, Whittaker und Tracy (1997), das einzelfallbezogene Soziale Arbeit als „person-environment practice" fasst, verdeutlicht Wendt die grundlegende Haltung und Ausrichtung ökologischer Verfahrensweise:

„Partnership: Klientel und Professionelle begegnen sich auf einem gemeinsamen Grund und als ein verbundenes Team.

Mutuality: Es wird eine Atmosphäre erzeugt, in welcher Klienten und Professionelle offen über sensible Angelegenheiten in einer Beziehung kommunizieren können, die auf gegenseitigen Respekt und auf Vertrauen beruht.

Reciprocity: Gehandelt wird nach dem Prinzip, dass Hilfe geben und Hilfe erhalten unter den Beteiligten grundsätzlich wechselseitig erfolgen.

Social Assets: Eine Abklärung von Problemen beginnt nicht damit, dass darauf geschaut wird, was bei den Klienten falsch gelaufen (defizitär) ist, sondern indem bei ihren Stärken angefangen wird.

Resilience: Faktoren und Mechanismen, welche Individuen, Familien und Gruppen in außerordentlich belastenden Lebenssituationen schützen, widerständig sein und durchhalten lassen, verdienen besondere Beachtung.

Optimization: Ziel ist stets, Bedingungen zu schaffen, unter denen jede einzelne Person und jede Familie oder Gruppe ihr Entwicklungspotenzial bestmöglich entfalten kann.

Natural Helping: Gesucht sind Ansätze des Wandels bei Klienten und Gemeinschaften selber, genährt von Ritualen, spiritueller Praxis, feierlicher Verbindung und vernünftiger Überlegung.

Social Integration: Die ‚privaten Schwierigkeiten' von Einzelnen werden von der Profession in die öffentliche Aufmerksamkeit gerückt, in die sie in Hinblick auf die Integration von Einzelnen, Familien und Gruppen in das Gemeinwesen und wegen ihrer Bedeutung für die öffentliche Ordnung und Sicherheit gehören. Die Risiken des Lebens betreffen die Individuen und die Gemeinschaft gleichermaßen und sind auf Wegen des Wandels im sozialen Umfeld anzugehen.

Coherence: In Befassung mit ihrer Problematik können Individuen, Familien und Gruppen einen Sinn über ihre Alltagsexistenz hinaus erfahren.

Hope: Die gemeinsame Sorge lässt hoffen, dass die Dinge sich zum Besseren wenden werden und dass die Kräfte dafür vorhanden sind (Kemp, Whittaker &Tracy, 1997, 4ff.)." (Wendt, 2010, S. 124f.)

Psychosoziale Interventionen

Psychosoziale Interventionen sind in den transaktionalen Handlungsbereichen der Mikro- und Mesosysteme incl. Auseinandersetzungen mit Exosystemen angesiedelt. Die Verfahren speisen sich aus dem transaktionalen Stress-Coping-Konzept und seinen Weiterentwicklungen, aus systemischen Verfahren (z. B. Arbeit mit Familien) und Verfahren zur Befähigung von Individuen und Gruppen (z. B. Empowerment). Sie setzen in drei Bereichen an, die alle auf die Entwicklung, Nutzung und Pflege von persönlichen, sozialen und physischen Ressourcen ausgerichtet sind:

- Bearbeitung von dysfunktionalen individuellen Überzeugungs- und Deutungsmustern in Bezug auf Lebensumwelt und Ereignissen wie auch in Bezug auf individuelle Kompetenzen, Lebensführung und Sinnfindung, einschließlich Regulierung belastungssteigernder Gefühle;
- Entwicklung und Handhabung von Handlungs-, Problemlösungs- und Kommunikationsfähigkeiten zur Bewältigung von unterschiedlichen Anforderungen und Konflikten (Ehe, Familie, Kollegen, Nachbarschaft, Schule, Arbeitsplatz u. a.), von Entwicklungs- und kontextuellen Übergängen (z. B. Übergang in ein Wohnheim im Alter) und von Auseinandersetzungen mit Hilfe- und Versorgungssystemen, Behörden und Institutionen;
- Ressourcenaktivierung und Ressourcenaustausch, wie z. B. Entwicklung, Handhabung und Inanspruchnahme von sozialer Unterstützung, Netzwerkentwicklung und Integration (z. B. Flückiger & Wüsten, 2008; Geiser, 2004; Nestmann, i. Bd.1, 2004; Schemmel & Schaller, 2003; Schubert, 2012; Werner & Nestmann, 2012).

Fallbeispiel

Beratung bei sozialökologischen Übergängen – biographische Lebensübergänge und zeitlich-räumliche Kontextübergänge

Sozialökologische Beratung richtet ihr Augenmerk auf das Verhältnis der Abgestimmtheit zwischen den Bedürfnissen, Erwartungen und Zielsetzungen der *Person* und den Anforderungen und Erwartungen der *Umwelt* – insbesondere in den Lebensbereichen Partnerschaft, Familie, Arbeit, soziale Gruppen, öffentliche Institutionen – und auf die Art, wie die Person oder die soziale Umwelt diskrepante Anforderungen in mehr oder weniger gelingender Weise aufeinander abstimmen und bewältigen (*P-U-Transaktion*). Der Blick ist dabei sowohl auf Anforderungen/Belastungen wie auf Erfassung und Aktivierung von Bewältigungsressourcen gerichtet.

1. Schilderung der Problemlage

Ein Ehepaar, beide Mitte 30 Jahre alt, sucht die Beratung mit der geschilderten Problemlage „Wir können nicht mehr miteinander reden und können so nicht mehr weiter zusammenleben“ auf. Im Erstgespräch ergeben sich folgende Daten: beide aufgewachsen und wohnhaft in einem ländlichen Randgebiet einer Großstadt, seit vier Jahren verheiratet, zwei Fehlgeburten, keine Kinder, beide selbstständige Berufstätigkeit im Haus. Er: Zimmermann mit eigenem Betrieb. Sie: Ausbildung als Arzthelferin, anschließend Fachschulabschluss in Graphik-Design. Übereinstimmend schildern sie als aktuelle Problemlage: Streitthemen sind häufig Tages- und Freizeitgestaltung und die Koordination mit beruflichen Anforderungen sowie eine unbefriedigende Sexualität. Gespräche eskalieren in gegenseitige, aggressiv gefärbte Vorwürfe und Drohungen, mit anschließendem Rückzug. Beide haben offen ausgesprochene Gedanken an Trennung und möchten andererseits aber ihre Ehe erhalten.

In den Beratungsgesprächen kommen personale und partnerschaftliche *Ressourcen* zum Ausdruck. Beide wirken kognitiv und emotional differenziert, sie bestätigen sich gegenseitig, positiv zu denken und eine optimistische Lebenseinstellung zu haben. Beide haben den Wunsch zusammenzubleiben, zeigen gegenseitige Wertschätzung und Aufgeschlossenheit für die Anliegen des anderen und wissen um die gegenseitige Unterstützung in der Bewältigung belastender, sozio-biographischer Erfahrungen (bei beiden belastete Beziehungserfahrung zur Mutter und beruflich engagierte, „abwesende" Väter) sowie kritischer Lebensereignisse (gut überstandene Schwererkrankungen bei beiden). Beide bestätigen, dass sie viel Aufmerksamkeit und Anerkennung durch den Partner benötigen. In den Beratungsgesprächen reagieren beide mit selbst-rechtfertigenden Antworten, wodurch die Anliegen des anderen nicht hinreichend erfasst werden; sie verlieren rasch ihre emotionale Stabilität, wenn die Zuwendung durch den anderen im erhofften Umfang ausbleibt (personale Defizite). Aus den ersten Beratungsgesprächen ergibt sich in ausgewählter und komprimierter Darstellung folgende Einschätzung zur Dimension Lebenslauf und Lebensphase:

2. Sozialökologisch-diagnostische Einschätzung[4]

2.1 Gleichzeitig ablaufende *ökologische Übergänge im Lebenslauf*[5] im Bereich partnerschaftlicher und beruflicher Entwicklungsanforderungen mit entsprechenden individuellen Bedürfnissen und Zielsetzungen führen zu kumulierenden Belastungen (subjektiv und partnerschaftlich erfahrene P-U-Störungen). Die bisher vornehmlich an der Erfüllung regressiv-symbiotischer Bedürfnisse ausgerichtete eheliche Partnerschaft steht vor Entwicklungsanforderungen mit deutlichen Auswirkungen auf das bisherige Beziehungsleben. Zum einen besteht die emotionale Auseinandersetzung mit befürchteter Kinderlosigkeit. Zum anderen erfolgt bei beiden Ehepartnern ein Entwicklungsübergang im Lebensbereich Beruf (Ausbau der beruflichen Selbstständigkeit), wobei die räumliche und strukturelle Integration in das häusliche Lebensfeld besondere Belastungen mit sich bringt (kumulierende diskrepante P-U-Anforderungen zwischen Beziehungsleben und Berufsleben, Entgrenzung von Erwerbsarbeit mit belastenden Auswirkungen auf private Lebensführung).

2.2 Belastende *ökologische Kontextübergänge* zwischen den Lebensbereichen Beruf und Ehe: Der Lebensbereich selbstständige Berufsarbeit ist strukturell und auch inhaltlich nicht hinreichend vom ehelichen Lebensbereich abgegrenzt. Ehemann: hat seit Kurzem einen Handwerksbetrieb mit Büro im Wohnhaus und Werkstatt auf dem Grundstück aufgebaut, zunehmend gute Auftragslage, inzwischen deutliche Überforderungen im organisatorischen Bereich, lange

[4] Die Falldarstellung ist im vorliegenden Rahmen sozialökologisch und nicht psychodynamisch ausgerichtet. Überlegungen zu motivationalen Beziehungsstrukturen, unzureichender Erfülltheit psychischer Grundbedürfnisse mit resultierenden kognitiv-emotionalen Schemata werden hier nicht betrachtet.

[5] vgl. unter Kap. 1 Stichwort „Human Ecological Development"

Arbeitszeiten bis in den fortgeschrittenen Abend, danach ist er erschöpft und „kann eigentlich nur noch vor dem Fernseher abschalten", zumal „sie ja oft noch am PC arbeitet". Ehefrau: Beginnende Selbstständigkeit in Kreativberuf mit zunehmend guter Auftragslage, Büro derzeit in einer Ecke des Wohnbereiches, Struktur der Arbeitszeit nach Auftragslage und kreativem Befinden, arbeitet bevorzugt bis spät in den Abend. Die Übergänge zwischen den Lebensbereichen (und zugehörigen Territorien) Ehe und Beruf mit den entsprechenden Funktionen erfolgen im Lebensraum Haus, vielfach in demselben Territorium (Wohnzimmerbereich). Sozialökologisch handelt es sich um zeitlich-räumliche Kontextkollisionen zwischen Erledigung beruflicher Anforderungen und Bedürfnis nach Privatleben und Regeneration. Die oftmals nicht klar erkennbaren Übergänge zwischen diesen Bereichen führen zu Rollen- und Funktionskonfusion mit emotional und beziehungsmäßig belastenden Auswirkungen. Das zeigt sich beispielsweise dann, wenn sie ihn oder er sie mit offenen oder unausgesprochenen Erwartungen konfrontiert, die nicht in den aktuellen Kontext des anderen passen und somit von diesem nicht unmittelbar erkennbar oder erfüllbar sind. Subjektiv erlebt wird das als fehlende Wertschätzung und Bedürfniserfüllung, woraus gegenseitige Vorwürfe und Konflikte resultieren. Die dysfunktionalen[6] Bewertungs- und Bewältigungsmuster (P-U-Transaktionen) dieser Strukturbedingungen führen zu weiteren partnerschaftlichen Belastungen und können in einer partnerschaftlichen Überforderung münden.

Beispiele dafür sind Aufforderungen von ihr, zu einem aktuellen Werkstück Stellung zu nehmen, wenn er abends „ausgepowert" nach Hause kommt, oder wenn er sie mit Überlegungen und Tagesresten aus seinen betrieblichen Abläufen konfrontiert, sie jedoch Bedarf nach privatem Austausch hat, oder er beim Fernsehen „abschalten" will, sie in ihrer Arbeitsecke aber noch an einem Auftrag arbeitet. Zudem kommen ihre Kunden, gelegentlich auch seine Kunden und Mitarbeiter, in den häuslichen Privatbereich. Besonders belastend erlebt werden die für beide eingehenden beruflichen Telefonate, wodurch die ohnehin schon angespannten privaten Abläufe und Gespräche in unvorhersehbarer Weise unterbrochen und belastet werden. Auch bietet die Unordnung im einsehbaren Arbeitsbereich des Anderen Anlass für Streit.

3. Sozialökologische Maßnahmen

Sozialökologische Beratung ist als konzeptionelles Metamodell mit einem grundlegenden Verständnis von menschlicher Lebensführung zu verstehen und hat keine „schulenspezifischen" Beratungsverfahren. Sie bedient sich diesem Grundverständnis entsprechender, methodisch gesicherter Beratungsverfahren aus verschiedenen Beratungsansätzen. Unter dieser Perspektive ergeben sich im vorliegenden Fall folgende Zielsetzung und Maßnahmen:

[6] Die Bezeichnung „funktional" oder „dysfunktional" ist immer in Bezug auf die angestrebte P-U-Anpassung (Akkommodation, Assimilation) und somit kontextbezogen zu verstehen.

3.1 Zielsetzung: (a) Ausbildung von Strukturgrenzen in den Lebensbereichen eheliche Partnerschaft und Beruf im gegebenen Lebensraum Haus, (b) Ausbildung von individuellen und partnerschaftlichen Kompetenzen zur Trennung von Rollen und Funktionen dieser Lebensbereiche im Haus und zur kommunikativen und verhaltensmäßigen Handhabung von Kontextübergängen, (c) reflexives Erkennen der Auswirkungen auf Beziehungserleben und auf (fehleingeschätzte) „fehlende Wertschätzung" durch den Partner, (d) Bearbeitung und Unterbrechung dysfunktionaler partnerschaftlicher Bewertungs- und Kommunikationsmuster. Einzubeziehen in die Beratung sind auch die Folgen gesellschaftlichen Wandels und informationstechnologischer Entwicklungen, die sich als Entgrenzung von Privat- und Berufsleben auf die Lebensführung und Partnerschaftsbeziehung belastend auswirken. Die Einsicht in diese Strukturen führt erfahrungsgemäß zu Entlastung und zur Reduzierung der Zuschreibungen von mangelnder Wertschätzung sowie persönlicher Schuld und erhöht die Solidarität unter den Partnern.

3.2 Entlastung durch Strukturverstehen: Reflexive Verdeutlichung und Bearbeitung der belastenden Lebensübergänge und der gelebten dysfunktionalen Strukturen (interagierende und kumulierende gestörte P-U-Passungen in mehreren Lebensbereichen) sowie Erkennen der destabilisierenden Auswirkungen auf emotionale Befindlichkeit und Partnerbeziehung; Erfassen der Auswirkungen der gegenseitig entwickelten Personalisierung von Strukturproblemen (auch unter Einbezug der Auswirkungen gesellschaftlicher Strukturveränderungen) und der darauf bezogenen Fehleinschätzungen als fehlende Zuneigung und Desinteresse beim Anderen (Verstehen von erlebten P-U-Diskrepanzen).

3.3 Lösung von Problemfixierung und gegenseitiger Vorwurfshaltung, Öffnung für Veränderungsmöglichkeiten, Entwicklung von Alternativen über lösungsorientierte Gesprächsführung, personelle und partnerschaftliche Ressourcennutzung (Entwicklung von P-U-Passungen). Ressourcenerfassung und Perspektivenwechsel auf Basis der Genogrammarbeit.

3.4 Erfassung und Aktivierung von Ressourcen im personalen, partnerschaftlichen und familialen Bereich über Genogramm- und Biographiearbeit (a) zu den Bereichen Befriedigung von sozio-emotionalen Grundbedürfnissen in Herkunftsfamilie und sozialen Gruppen, (b) personale bzw. gemeinschaftliche Bewältigungsstrategien, Problem- und Konfliktlösungsfähigkeiten in Herkunftsfamilie und gegenwärtiger Partnerbeziehung, instrumentelle und emotionale Unterstützungserfahrungen in Herkunftsfamilie, Freundeskreis und Partnerschaft. Darüber hinaus Erfassung von weiteren Hilfepotenzialen zur Entwicklung von P-U-Passungen für die Anforderungsbereiche der sozialökologischen Lebensübergänge, Kontextübergänge und in beruflichen Strukturentwicklungen.

3.5 Entwicklung von aufgaben- und bedürfnisgerechten P-U- Passungen in den *sozialökologischen Kontexten Partnerschaft und Beruf:* Strukturelle und räumliche

Trennung beider Lebensbereiche; Erfassung der unterschiedlichen Anforderungen und Bedürfnisse (Inhalts- und Beziehungsebene) in diesen Lebensbereichen, Entwicklung von passenden Änderungen über lösungsorientierte und ressourcenaktivierende Vorgehensweise, zusätzlich Vermittlung von organisatorischem Verständnis und Kompetenzen. Nutzung räumlicher Ressourcen und des planerischen und handwerklichen Geschicks der Eheleute zur (vorübergehenden) Umgestaltung der Wohn- und Arbeitsbereiche im Haus, Aufräumaktionen in Büro und Werkstatt, Verbesserung der Büroorganisation durch Einsatz von EDV-Programmen und stundenweise Mitarbeit seines inzwischen pensionierten Vaters mit Erfahrungen in Organisation und Vertrieb. In einem weiteren Schritt erfolgt ein Ausbau im Souterrain des Hauses als Arbeitsbereich für die Ehefrau mit Möglichkeiten zum Kundenempfang. Kompetenzentwicklungen beim Ehemann: Besuch von Schulung in Zeitmanagement, Arbeitsabläufen und (EDV-gestützter) Organisation; bei Ehefrau: Coaching in Zeitmanagement, Kundengesprächen und beruflicher Vernetzung.

3.6 Reflexive Bearbeitung des *entwicklungsmäßigen Überganges* in der Partnerschaft und der individuell unterschiedlichen Umgangsweisen mit resultierenden Verlustängsten und individueller Destabilisierung (Ehefrau: verstärktes Bedürfnis nach Aufmerksamkeit und Bindung, Ehemann: zunehmendes berufliches Engagement bei unreflektierter Hoffnung auf beständige emotionale Zuwendung durch Ehefrau) sowie anstehenden Partnerschaftsaufgaben im Rahmen einer reiferen Beziehung: gegenseitige emotionale Unterstützung im Hinblick auf nicht erfüllbar erscheinendem Kinderwunsch, Regeneration bei beruflichen Anforderungen (partnerschaftlich strukturelle und emotional-dynamische Passung) und Integration von beruflichen Zielsetzungen und Anforderungen im häuslichen Lebensfeld (lebensräumlich kontextuelle Passung).

Maßnahmen zur Förderung der Lebensumwelt

Diese werden zumeist im transaktionalen Handlungsbereich Gemeinwesen eingesetzt. Vorrangig sind Arbeitsformen der Sozialen Gruppenarbeit, des Empowerments, der Gemeinwesenarbeit und der Organisationsberatung, wobei ebenfalls Verfahren zur psychosozialen Ressourcenaktivierung/Ressourcenaustausch zum Einsatz kommen. Ausgerichtet sind die Interventionen auf die Förderung sozialer Netzwerke im alltäglichen oder arbeitsweltlichen Lebensfeld (z. B. Familien, Nachbarschaft, Interessens- und Unterstützungsgruppen im Wohnviertel und auch auf betrieblicher Ebene), Vernetzung von Netzwerken, Arbeit mit formellen und informellen Gruppen und Organisationen im Gemeinwesen, Begleitung von Bürgerinitiativen zur Beeinflussung kommunaler und gesetzgeberischer Entscheidungen, um soziale Gerechtigkeit zu erreichen (z. B. in Bezug auf sozialräumliche Vorhaben und Umweltbedingungen). Netzwerkinterventionen und Empowerment bilden wirksame Maßnahmen zur Entwicklung, Förderung und Handhabung von Person- wie Umweltressourcen und sind in umfangreicher Weise für die unterschiedlichen Einsatzfelder dargestellt (z. B. Germain & Gitterman, 1999; Herriger, 2006; Röhrle & Laireiter, 2009; Lenz, i.Bd.1; Straus, i.Bd.1, 2012).

Sozialökologische Setting- und Organisationsentwicklung

Sickendiek, Engel und Nestmann (2002) erörtern zwei klassische Konzepte sozialökologischer Organisationsberatung. Der Ansatz von Kelly (1989) zielt auf präventive Beratung, Gesundheitsförderung und Reduzierung von Diskriminierung in Gemeinwesen und Organisationen. Vermittelt werden Grundlagen und Handlungsprinzipien sozialökologischer Planungs- und Beratungsarbeit mit dem Fokus auf ressourcenaktivierende und erhaltende Maßnahmen bei den beteiligten Personen und den sozialen Kontexten (Settings, Gruppen, Organisationen).

Moos und Lemke (1983) beschäftigen sich mit der Beratung von Organisationen zur Entwicklung und Umsetzung von baulichen Strukturen, die eine sozialökologisch ausgerichtete Optimierung von Milieus (Settings) für Personal und Klienten in den Institutionen erzielen. Nach dem Ansatz der Setting-Forschung (vgl. oben) strukturieren die Autoren mit einem Verfahren zur Erfassung und Messung von Umweltfaktoren und Settings die Vielfalt und Komplexität dieser Komponenten und formulieren vier Bereiche für eine sozialökologische Planungs- und Organisationsberatung. Neben baulichen und architektonischen Eigenschaften, Strukturen und vielfältigen Nutzbarkeiten werden personale (Personal, Klienten) und suprapersonale Dimensionen (Geschlecht, Alter, sozialer Status, kulturelle Eigenschaften, soziales Klima, Zusammenhalt, Interaktionsbereitschaft u. a.) in die Erfassung und Beratung einbezogen. Derartige Verfahren können für die nachhaltige Entwicklung von sozialökologischen Wohn- und Pflegeprojekten nutzbar werden. Gerade bei funktionellen Einschränkungen kommt der Wechselwirkung zwischen Beeinträchtigung bzw. Gesundheitsproblemen der Person, der kontextuell förderlichen Lebensumwelt und den darin anzutreffenden Settings eine besondere Bedeutung zu. Der Sammelband von Kruse, Graumann und Lantermann (1996) zur Ökologischen Psychologie enthält zahlreiche Beiträge über die Wechselwirkungen zwischen Umweltnutzern und unterschiedlichen Umwelten bzw. sozialökologischen Settings (Stadt und Land, Wohnen, Familie, Arbeit, Freizeit, Klinik, Heim, Obdachlosigkeit, Kriminalität u. a.).

Gelingende Lebensführung ist das Ergebnis einer individuell wie gesellschaftlich ökologisch reflektierten Handhabung und Gestaltung der komplexen Wechselwirkungen von bio-psycho-sozialen und materiellen Bedingungen mit den darin enthaltenen Anforderungen, Belastungen, Chancen und Ressourcen. Eine sozialökologische Beratung kann diese Art der Lebensführung fördern und unterstützen.

Literatur

Adler, H. (1998). Eine gemeinsame Sprache finden. *Blätter der Wohlfahrtspflege, 9/10,* 190–192.

Alihan, M.A. (1938). *Social ecology.* New York: Columbia University Press.

Barker, R. (1968). *Ecological psychology.* Stanford: Stanford University Press.

Becker, P. (2006). *Gesundheit durch Bedürfnisbefriedigung.* Göttingen: Hogrefe.

Bourdieu, P. (1985). The forms of capital. In J.G. Richardson (Ed.), *Handbook of theory and research for the sociology of education* (pp. 241–258). New York: Greenwood.

Bronfenbrenner, U. (1976). *Ökologische Sozialisationsforschung.* Stuttgart: Klett.

Bronfenbrenner, U. (1981). *Die Ökologie der menschlichen Entwicklung.* Stuttgart: Klett-Cotta.

Cornell, K.L. (2006). Person-in-situation: history, theory, and new directions for social work practice. *Praxis, 6,* 50–57.

Eppelt, H. (2007). *Stress als Risiko und Chance. Grundlagen von Belastung, Bewältigung und Ressourcen.* Stuttgart: Kohlhammer.

Filipp, S.-H. & Aymanns, P. (2010). *Kritische Lebensereignisse und Lebenskrisen. Vom Umgang mit den Schattenseiten des Lebens.* Stuttgart: Kohlhammer.

Flückiger, C. & Wüsten, G. (2008). *Ressourcenaktivierung – Manual für die Praxis.* Bern: Huber.

Fuhrer, U. (1996). Person-Umwelt-Kongruenz. In L. Kruse, C.-F. Graumann & E.-D. Lantermann (Hrsg.), *Ökologische Psychologie. Ein Handbuch in Schlüsselbegriffen* (2. Aufl.) (S. 143–153). Weinheim: Beltz.

Geiser, K. (2004). *Problem- und Ressourcenanalyse in der Sozialen Arbeit* (2., überarb. Aufl.). Luzern: Sticher Printing.

Germain, C.B. & Gitterman, A. (1983). *Praktische Sozialarbeit. Das „Life Model" der sozialen Arbeit.* Stuttgart: Enke.

Germain, C.B. & Gitterman, A. (1999). *Praktische Sozialarbeit. Das „Life Model" der Sozialen Arbeit. Fortschritte in Theorie und Praxis* (3., völlig neu bearb. Aufl.). Stuttgart: Enke.

Graumann, C.-F. (1996). Der phänomenologische Ansatz in der ökologischen Psychologie. In L. Kruse, C.-F. Graumann & E.-D. Lantermann (Hrsg.), *Ökologische Psychologie. Ein Handbuch in Schlüsselbegriffen* (2. Aufl.) (S. 97–104). Weinheim: Beltz.

Grawe, K. & Grawe-Gerber, M. (1999). Ressourcenaktivierung. Ein primäres Wirkprinzip der Psychotherapie. *Psychotherapeut, 44,* 63–73.

Grundmann, M., Fuss, D. & Suckow, J. (2000). Sozialökologische Sozialisationsforschung: Entwicklung, Gegenstand und Anwendungsgebiete. In M. Grundmann & K. Lüscher (Hrsg.), *Sozialökologische Sozialisationsforschung* (S. 17–76). Konstanz: Universitätsverlag.

Grunwald, K. & Thiersch, H. (2004). Das Konzept Lebensweltorientierte Soziale Arbeit – einleitende Bemerkungen. In K. Grunwald & H. Thiersch (Hrsg.), *Praxis Lebensweltorientierter Sozialer Arbeit. Handlungszugänge und Methoden in unterschiedlichen Arbeitsfeldern* (S. 13–39). Weinheim: Juventa.

Gutscher, H., Hornung, R. & Flury-Kleuber, P. (1998). Das Transaktionspotenzialmodell: Eine Brücke zwischen salutogener und pathogener Sichtweise. In J. Margraf, J. Siegrist & S. Neumer (Hrsg.), *Gesundheits- oder Krankheitstheorie. Saluto- versus pathogenetischer Ansätze im Gesundheitswesen* (S. 49–72). Berlin: Springer.

Haeckel, E. (1866). *Generelle Morphologie der Organismen. Band 1: Allgemeine Anatomie der Organismen. Band 2: Allgemeine Entwicklungsgeschichte der Organismen.* Berlin: Reimer.

Hamilton, G. (1951). *Theory and practice of social case work* (2nd ed.). New York: Columbia University Press.

Herriger, N. (2006). *Empowerment in der Sozialen Arbeit. Eine Einführung* (3., erw. u. aktual. Aufl.). Stuttgart: Kohlhammer.

Hobfoll, S.E. & Schumm, J.A. (2004). Die Theorie der Ressourcenerhaltung: Anwendung auf die öffentliche Gesundheitsförderung. In P. Buchwald, C. Schwarzer & S.E. Hobfoll (Hrsg.), *Stress gemeinsam bewältigen. Ressourcenmanagement und multiaxiales Coping* (S. 92–120). Göttingen: Hogrefe.

Hollis, F. (1964). *Casework: A psychosocial therapy.* New York: Random House.

Kaminski, S. (1996). Behavior Setting-Analyse. In L. Kruse, C.-F. Graumann & E.-D. Lantermann (Hrsg.), *Ökologische Psychologie. Ein Handbuch in Schlüsselbegriffen* (2. Aufl.) (S. 154–159). Weinheim: Beltz.

Karls, J.M. & Wandrei, K.E. (1994). *PIE Manual. Person-in-Environment System. The PIE classification system for social functioning problems.* Washington, DC: NASW Press.

Kelly, J.G. (1989). Die ökologischen Grundlagen präventiver Konzepte am Beispiel präventiver Beratungsarbeit. In W. Stark (Hrsg.), *Lebensweltbezogene Prävention und Gesundheitsförderung* (S. 128–159). Freiburg: Lambertus.

Kemp, S., Whittaker, J.K. & Tracy, E.M. (1997). *Person-environment practice. The social ecology of interpersonal helping.* New York: Gruyter.

Keupp, H. (2012a). Alltägliche Lebensführung in der fluiden Gesellschaft. In S.B. Gahleitner & G. Hahn (Hrsg.), *Übergänge gestalten – Lebenskrisen begleiten* (S. 34–51). Bonn: Psychiatrie Verlag.

Keupp, H. (2012b). Verwirklichungschancen und Identitätskapital als Bedingungen und Folgen der Handlungsfähigkeit: Eine salutogenetische Perspektive. In A. Knecht & F.-C. Schubert (Hrsg.), *Ressourcen im Sozialstaat und in der Sozialen Arbeit. Zuteilung – Förderung – Aktivierung* (S. 42–60). Stuttgart: Kohlhammer.

Knecht, A. (2010). *Lebensqualität produzieren. Ressourcentheorie und Machtanalyse des Wohlfahrtsstaats.* Wiesbaden: VS-Verlag.

Knecht, A. & Schubert, F.-C. (Hrsg.). (2012). *Ressourcen im Sozialstaat und in der Sozialen Arbeit. Zuteilung – Förderung – Aktivierung.* Stuttgart: Kohlhammer.

Kruse, L., Graumann, C.-F. & Lantermann, E.-D. (Hrsg.). (1996). *Ökologische Psychologie. Ein Handbuch in Schlüsselbegriffen* (2. Aufl.). Weinheim: Beltz.

Lazarus, R.S. & Folkman, S. (1984). *Stress, appraisal, and coping.* New York: Springer.

Lewin, K. (1969). *Grundzüge der topologischen Psychologie.* Bern: Huber.

Moos, R.H. & Lemke, S. (1983). Assessing and improving social ecological settings. In E. Seidman (Ed.), *Handbook of social intervention.* Beverly Hills, CA: Sage.

Nestmann, F. (2004). Ressourcenarbeit. In K. Grunwald & H. Thiersch (Hrsg.), *Praxis Lebensweltorientierter Sozialer Arbeit* (S. 69–85). Weinheim: Juventa.

Park, R. (1936). Human ecology. *American Journal of Sociology, 41*, 1–15.

Richmond, M.E. (1922). *What is social case work? An introductionary description.* New York: Russel Sage Foundation.

Röhrle, B. & Laireiter, A.-R. (Hrsg.). (2009). *Soziale Unterstützung und Psychotherapie.* Tübingen: dgvt-Verlag.

Rothermund, K. & Brandtstädter, J. (1997). Entwicklung und Bewältigung: Festhalten und Preisgabe von Zielen als Formen der Bewältigung von Entwicklungsproblemen. In C. Tesch-Römer, C. Salewski & G. Schwarz (Hrsg.), *Psychologie der Bewältigung* (S. 120–133). Weinheim: Beltz.

Schemmel, H. & Schaller, J. (Hrsg.). (2003). *Ressourcen. Ein Hand- und Lesebuch zur therapeutischen Arbeit.* Tübingen: dgvt-Verlag.

Schubert, F.-C. (1999). Lebensweltorientierte Beratung. Ein sozialökologisches Denk- und Handlungsmodell. In L. Marschner (Hrsg.), *Beratung im Wandel* (S. 104–128). Mainz: Grünewald.

Schubert, F.-C. (2009). Lebensführung als Balance zwischen Belastung und Bewältigung – Beiträge aus der Gesundheitsforschung zu einer psychosozialen Beratung. In F.-C.

Schubert & H. Busch (Hrsg.), *Lebensorientierung und Beratung. Schriften des Fachbereiches Sozialwesen, Band 39* (2. Aufl.) (S. 137–213). Mönchengladbach: Hochschule Niederrhein.

Schubert, F.-C. (2012). Ressourcen und Ressourcenarbeit. In S.B. Gahleitner & G. Hahn (Hrsg.), *Übergänge gestalten – Lebenskrisen begleiten* (S. 112–128). Bonn: Psychiatrie Verlag.

Sickendiek, U., Engel, F. & Nestmann, F. (2002). *Beratung. Eine Einführung in sozialpädagogische und psychosoziale Beratungsansätze* (2. Aufl.). Weinheim: Juventa.

Straus, F. (2012). Netzwerkarbeit: Förderung sozialer Ressourcen. In A. Knecht & F.-C. Schubert (Hrsg.), *Ressourcen im Sozialstaat und in der Sozialen Arbeit. Zuteilung – Förderung – Aktivierung* (S. 224–237). Stuttgart: Kohlhammer.

Uexküll, J. von (1909). *Umwelt und Innenwelt der Tiere.* Berlin: Springer.

Wendt, W.R. (2010). *Das ökosoziale Prinzip. Soziale Arbeit, ökologisch verstanden.* Freiburg: Lambertus.

Werner, J. & Nestmann, F. (2012). Ressourcenorientierte Beratung. In A. Knecht & F.-C. Schubert (Hrsg.), *Ressourcen im Sozialstaat und in der Sozialen Arbeit. Zuteilung – Förderung – Aktivierung* (S. 292–305). Stuttgart: Kohlhammer.

Prof. Dr. Franz-Christian Schubert ist Diplom-Psychologe und Psychologischer Psychotherapeut und war bis zu seiner Emeritierung Lehrstuhlinhaber für „Psychosoziale Hygiene, Erziehungspsychologie, Psychotherapie" am Fachbereich Sozialwesen der Hochschule Niederrhein Krefeld-Mönchengladbach und seitdem Lehrbeauftragter mit den Schwerpunkten psychosoziale Beratung, Mediation und Gesundheitsförderung sowie Weiterbildungstätigkeit in Systemischer Therapie; zahlreiche Publikationen auf diesen Gebieten. Langjährige Tätigkeit in eigener Praxis in den Bereichen systemische Konflikt- und Krisenberatung, Psychotherapie und Supervision.

Anschrift:
Heinz-Ditgens-Str. 10
D-41063 Mönchengladbach
E-Mail: fc.schubert@t-online.de

XV Beratungssettings und -räume

Vorwort und Einleitung
Innovative Zugänge
Beratungs-settings und -räume
Medien und Beratung
Kritik der Beratung
Register
Anhang

Übersicht

Beratung und sozialer Raum

Ruth Großmaß

1 Raum- und Ortlosigkeit von Beratung

In den Themenkatalogen der Aus- und Weiterbildung sowie in vielen fachlichen Diskussionen über Beratung stehen meist Methoden der (förderlichen) Gesprächsführung sowie Konzepte des (psychologischen) Verstehens im Vordergrund. Diese Konzentrierung auf die psychologische Dimension von Beratung ist nicht nur ihrer Entstehungsgeschichte geschuldet, die gerade während der Expansionsphase in der zweiten Hälfte des 20. Jahrhunderts eine große Nähe zu den psychologischen Disziplinen aufweist. Dieser Fokus hat auch in der Sache seine Berechtigung, entspricht er doch der Tätigkeit, die bei allen Beratungsangeboten im Zentrum steht und z.B. in Weiterbildungskursen und -studiengängen zusätzlich zu bereits vorhandenen anderen Kompetenzen erlernt werden soll: Beratung ist in ihrem Kern eine Face-to-Face-Kommunikation, die sich dialogisch mit den Themen, Fragen und Orientierungsbedürfnissen der Klient_innen auseinandersetzt, mit dem Ziel, (Neu-)Orientierung zu ermöglichen und die (Wieder-)Gewinnung von Handlungsfähigkeit (agency) zu unterstützen.

Für die wissenschaftliche Auseinandersetzung mit Beratung als professioneller Form der psychosozialen/pädagogischen Intervention stellt diese Zentrierung jedoch eine Verkürzung dar; denn die institutionelle Einbindung von Beratung kommt dabei genauso wenig in den Blick wie die gesellschaftliche Funktion, die dieser Interventionsform übertragen ist, obwohl beides auf die inhaltliche Gestaltung und die Handlungsspielräume von Beratung große Auswirkungen hat (Großmaß, 2000, S. 116–151). Gerade angesichts der inzwischen sehr ausdifferenzierten Beratungs-

Vorwort und Einleitung
Innovative Zugänge
Beratungs-settings und -räume
Medien und Beratung
Kritik der Beratung
Register
Anhang

landschaft im Bereich von Bildung, Erziehung, Gesundheit und Gemeinwesen ist es erforderlich, die Perspektive zu erweitern und gesellschaftskritische Aspekte (wieder) mehr in den Vordergrund zu rücken. Denn die breite Etablierung von Beratung als Interventionsform hat nicht nur konzeptionell zu einer Diversifizierung geführt – auch ihre institutionelle Einbindung ist diversifiziert. Beratung findet nicht nur in (relativ unabhängigen) Beratungsstellen statt, sondern ist an sehr unterschiedlichen Orten und mit Bezug auf unterschiedliche gesellschaftliche Bereiche etabliert worden. Ämter, von Vereinen getragene Einrichtungen, „freie" Institute bieten Beratung an oder schließen Beratung in ihr Procedere ein. So ist Beratung im Umfeld der medizinischen Versorgung, als Teil von Sozialverwaltung und des Schulwesens, aber auch in unmittelbarer Nähe von staatlicher Administration anzutreffen. Und seit etwa zehn Jahren ist zudem zu beobachten, dass Beratung als kommerzielle Dienstleistung angeboten und praktiziert wird.

Trotz dieser Entwicklung und den damit verbundenen Veränderungen erscheint Beratung in der Selbstbeschreibung der Angebote, aber auch in vielen fachlichen Diskussionen als etwas Raum- und Ortloses, als sei die Möglichkeit eines gelingenden Beratungsgespräches ausschließlich an die individuelle Kompetenz der Berater_innen oder der Teams gebunden. Fragen des Settings und der räumlichen Umgebungen, in denen das Beratungsgespräch situiert ist (vgl. Großmaß, „Beratungsräume und Beratungssettings", i.Bd.1), werden in der beruflichen Praxis dann häufig als methodisch-technische gesehen, die in den Alltagsroutinen als selbstverständlich hingenommen oder auch einmal außer Acht gelassen werden können. Fragen der rechtlichen und institutionellen Einbindung werden als Formen der Absicherung des Beratungsangebotes verstanden und als sozialpolitische Themen behandelt, die punktuell durchaus der (manchmal auch streitbaren) Auseinandersetzung bedürfen, den einzelnen Beratungsprozess aber nicht unmittelbar berühren.

Bei einer solchen Fokussierung des fachlichen Blicks auf die interaktive und psychische Dimension von Beratung handelt es sich zum einen sicherlich um pragmatische Entscheidungen einer sich etablierenden Profession, die das Spezifikum ihres Tuns von anderen professionellen Tätigkeiten (Erziehen und Bilden im pädagogischen Handeln; Behandeln in Medizin und Psychotherapie; Verwalten in administrativen Kontexten) abgrenzend hervorhebt. Bleibt man jedoch bei dieser Zentrierung stehen, dann ist damit eine Ausblendungs- oder sogar Verleugnungsleistung hinsichtlich der Funktion verbunden, die Beratungseinrichtungen und Beratungsangebote als etablierte „personenbezogene Dienstleistungen" – dies die Kernbedeutung von „Profession" (Dewe, 2006, S. 23) – heute in den unterschiedlichen gesellschaftlichen Feldern ausfüllen. Trotz konzeptionell begründeter „Klientenzentrierung", trotz „Lebensweltorientierung" und „Empowerment" findet Beratung nicht in machtfreien Räumen statt, sondern ist in vielfältige rechtliche, institutionelle und politische Dimensionen von Macht eingebunden, die es zu berücksichtigen und in die fachliche Reflexion einzubeziehen gilt. Sozialhistorische und -kritische Theorien (Foucault, 2004; Deleuze, 1992; Butler, 2001; Illouz, 2009) haben für die Wahrnehmung der Machteffekte der Human- und Sozialwissenschaften und der mit diesen verbundenen Praktiken sensibilisiert; inzwischen liegen auch Analysen zur gesellschaftlichen Funktion von Beratung und den Effekten des Beratungshandelns vor (Rose, 1998; Großmaß, 2006; Duttweiler, 2007; Brändli, 2009)

– Anregungen und Hinweise genug, um auch die Raum- und Ortlosigkeit von Beratung daraufhin zu befragen, was sie ausblendet und in welcher Weise (soziale) Räume und (institutionelle) Orte im Fachdiskurs über Beratung zu berücksichtigen wären.

2 Verortung von Beratung

Die seit dem „spatial turn" (Döring & Thielmann, 2008) in den Kulturwissenschaften für viele Bereiche produktiv gewordene Verknüpfung des physischen Raums mit metaphorischen Verwendungen des Räumlichen kann man auch für die Analyse von Beratung nutzen. So lassen sich entlang von Sprachwendungen und Begrifflichkeiten, die auf Räumliches anspielen und im Fachdiskurs einen festen Platz haben, die verschiedenen Ebenen der Einbindung von Beratung in soziale und politische Räume gut verdeutlichen. Um ein ganz zentrales Beispiel herauszugreifen: Die Lebensweltorientierung, die seit den Arbeiten von Hans Thiersch (1992; 1997) zum Grundbestand von Beratungsdefinitionen gehört, wird gerade in der Sozialen Beratung meist als physisch vorfindbarer und beschreibbarer Sozialraum verstanden, der den Wohnort und seine Umgebung umfasst, aus individuellen und familialen Netzwerken besteht und die vor Ort befindlichen (und als Ressourcen interpretierten) Institutionen des Sozialstaates einschließt. Dieses Bild besteht, obwohl der Lebensweltbezug im Beratungsprozess selbst ja nicht als gemeinsam bewohnter oder gemeinsam begehbarer Stadtteil oder Bezirk materiell gegeben ist. Die psychosoziale Welt, die für die Klient_innen aktuell und akzentuiert durch den Beratungsanlass von Bedeutung ist, ist in der Beratungssituation keine soziale Realität. Sie wird vielmehr sprachlich beschrieben und in der Interaktion als milieuspezifische sichtbar, sie wird durch den Berater/die Beraterin interpretiert und von den Klient_innen in dieser Interpretation akzeptiert, modifiziert oder zurückgewiesen. Was wir im Fachdiskurs als „Lebenswelt" bezeichnen, ist daher nicht einfach vorhanden, Lebenswelt wird vielmehr im Beratungsprozess mit Bezug auf materiell und psychisch Gegebenes (durch Sprachhandlung und d. h.) symbolisch konstruiert *und* wenn der Beratungsprozess gelingt für die Klient_innen als Rahmen ihres Selbstverstehens und Handelns zur materiell gegebenen eigenen Welt.

Diese Art der Dopplung des Räumlichen als materiell-objektive Gegebenheit einerseits und symbolische Bedeutung/Konstruktion andererseits ist insofern für Beratungsprozesse typisch, als diese in der Regel nicht in geteilten Alltagswelten, sondern in davon abgetrennten Situationen stattfinden und gerade daraus ihre Produktivität beziehen. Der Abstand von der Alltagssituation mit ihrem Handlungsdruck und das Gespräch mit Experten, die neue Informationen und Sichtweisen zur Verfügung stellen können, erlaubt es Unsicherheiten und Fragen, auf die man keine Antwort findet, nicht nur als Defizite zu erleben, sondern als Wegweiser zu Handlungsweisen, die das eigene Leben besser gelingen lassen. Beratung ist daher auch ein besonderer (symbolischer) Ort, den als (physischen Ort) aufzusuchen man sich mit persönlicher Offenheit, aber auch mit Ängstlichkeit entschließt. Die am Beispiel von „Lebenswelt" verdeutlichte Dopplung symbolisch/physisch zieht sich durch

Vorwort und Einleitung
Innovative Zugänge
Beratungs-settings und -räume
Medien und Beratung
Kritik der Beratung
Register
Anhang

alle Ebenen der räumlichen Verortung von Beratung. Dabei gehört es zum Spezifikum von Beratung, dass die Verteilung von materiell-objektiven Gegebenheiten und symbolisch konstruierter Bedeutung nicht parallel verläuft und auch nicht auf allen Ebenen in gleicher Weise erfolgt. Nicht für alle Ebenen der Verortungen von Beratung ist das Symbolische Produkt des Beratungsprozesses – psychologisches Verstehen etwa und Gesprächsführungskompetenz werden durch die Berater in den Beratungsprozess eingebracht. Nicht immer liegt das materiell Gegebene auf der Klientelseite – die räumlichen und zeitlichen Bedingungen, unter denen ein Beratungsgespräch stattfindet, sind objektiv gesetzt und gegenständlich gewordener institutioneller Rahmen. So ist es gerade das Spannungsfeld zwischen materiellen Gegebenheiten und symbolisch gegebener oder im Beratungsprozess konstruierter Bedeutung, in dem sowohl die Produktivität des Beratungshandelns als auch dessen Einbindung in gesellschaftliche Hierarchien und die Verknüpfung mit Macht angesiedelt sind.

Diese zunächst abstrakte sozialtheoretische Einsicht gewinnt Anschaulichkeit und damit Relevanz für beratungswissenschaftliche Analysen und Beratungspraxis, wenn man sie für die verschiedenen Ebenen des „Räumlichen" konkretisiert. Alle Formen professioneller Beratung – ob als Beratungsstelle räumlich etabliert oder als Nebenfunktion anderer Tätigkeiten ausgeübt – haben auch eine räumliche Dimension. Dies gilt im Übrigen nicht nur für alle Arten der Face-to-Face-Kommunikation, sondern auch für daraus abgeleitete Beratungsformen. Die Onlineberatung etwa, die im virtuellen Raum stattfindet, ist nicht raumlos, sondern durch räumliche Besonderheiten gekennzeichnet, die man in konzeptionelle Überlegungen einbeziehen sollte: Manche Asymmetrien der Beratungssituation (durch Nicht-Kontakt der realen Personen) verschwimmen, andere aber (wie die Domain und damit verbunden eine vorhandene oder nicht-vorhandene reale Organisation) bekommen eine besondere Bedeutung.

Betrachtet man Beratung – wie hier vorgeschlagen – auch als räumliches Geschehen, dann lassen sich für die Beschreibung des Räumlichen mehrere Ebenen unterscheiden: Man kann fragen, wo die Beratung *räumlich-geografisch* stattfindet und welche Auswirkungen dieser Ort auf das Geschehen hat. Die *institutionelle Einbindung* eines Beratungsangebotes konkretisiert sich in (der dreidimensionalen Struktur) einer auffindbaren *Organisation*. Das für ein Beratungsgespräch gewählte *Setting* findet seinen Ausdruck in *räumlichen Arrangements*. Und die *dialogische Interaktion*, häufig mit den Schwierigkeiten einer Nähe-Distanz-Balance assoziiert, hat etwas mit *Sitzordnungen, Gegenüber-Sein* und Berührungstabus zu tun. All diese Ebenen des Sozial-Räumlichen sind auf dem Hintergrund des gesellschaftlichen Status zu interpretieren, den Beratung in den Gesellschaften der (zweiten oder reflexiven) Moderne einnimmt. Diese makrosoziologische Perspektive soll am Anfang der Erläuterung des Sozial-Räumlichen von Beratung stehen.

3 Beratung im gesellschaftlichen Raum der Positionen

Sobald man den beratungswissenschaftlichen Diskurs verlässt und öffentlichen Diskussionen aufmerksam zuhört, trifft man bei der Bewertung und Einschätzung von Beratung auf Ambivalenzen. Einerseits wird die Ausbreitung und Bedeutung von Beratung konstatiert – etwa in der Rede von der „beratenen Gesellschaft“ –, andererseits geschieht dies häufig verbunden mit einer „Verdachtshermeneutik“ (Illouz, 2009, S. 13), die Beratung wenig Wirksamkeit zuspricht bzw. sie als machtgebundene Technologie entlarvt. Zwischen unterschiedlichen Beratungsformen wird dabei nicht differenziert. Von der Selbsthilfegruppe über mediale Formate bis hin zur populärwissenschaftlichen Ratgeberliteratur wird in solchen Beschreibungen fast alles unter „Beratung“ gefasst. Ganz offenkundig ist es nicht die professionelle Dienstleistung, die hier verhandelt wird, sondern ein breiteres kulturelles Phänomen, zu dem Erziehungs-, Bildungs- und Sozialberatung gleichwohl hinzugezählt werden. Beratung als fachlich begründete Intervention ist – kulturwissenschaftlich gesehen – eine von vielen Praktiken, die für moderne Gesellschaften von Bedeutung sind. Hintergrund dieses kulturellen Phänomens ist eine weitgehende Psychologisierung des Alltagslebens, die im Verlauf der zweiten Hälfte des 20. Jahrhunderts in den westlichen Gesellschaften stattgefunden hat (Rose, 1998; Illouz, 2009) – ein Prozess, in dem für „zentrale Fragen der modernen Identität“ (Sexualität, Übergang von der Kindheit zum Erwachsensein und das Wesen der Elternschaft, R.G.) (Illouz, 2009, S. 51) eine psychologische Deutung und Sprache zur Verfügung gestellt worden sind. Nicht nur die wissenschaftlich begründeten Praktiken – Psychotherapie und Beratung – sind daran beteiligt, dass private Beziehungen, Arbeitsbeziehungen, aber auch das Verhältnis des Einzelnen zu sich selbst zunehmend psychologisch beschrieben und verstanden werden, in vielen Lebensbereichen mit quasi-therapeutischer Intention. Auch und vor allem mediale Umsetzungen (die Ratgeberspalten in Zeitschriften, Romane und Filme, Talkshows und seit den 1990er-Jahren Internetforen) sorgen für die Verankerung der psychologischen Deutung in der Populärkultur. Narzissmus, Depressivität, Widerstand, Selbstbewusstsein und Aggression gehören heute in ihrer psychologischen Bedeutung zum Alltagsvokabular. Seit den 1990er-Jahren wird nun auch eine kritische Sicht auf diese Phänomene formuliert. Die „Individualisierung des Risikos sozialer Entwicklungen“ ist seit der Publikation von Beck (1986) zu einem Topos kritischer Sozialwissenschaft geworden, Ähnliches gilt für die kritische Analyse von psychologischen (wie kosmetischen und chirurgischen) Selbstgestaltungsweisen als Technologien des „unternehmerischen Selbst“ (Bröckling, 2007).

Die Ambivalenz, mit der Beratung in der Öffentlichkeit verhandelt wird, wird auf diesem Hintergrund verständlich. Sie lässt sich allerdings nicht nur auf populärkulturelle Formen des Ratgebens beziehen, sondern wirft auch ein Licht auf den gesellschaftlichen Status professioneller Beratung. Die bei allen neuen Professionen (Bourdieu, 2001, S. 199ff.) stattfindende Konkurrenz um die legitime Bestimmung dessen, was die Profession in ihrem Kern ausmacht, ist für Beratung offenkundig noch nicht abgeschlossen, denn sonst wäre eine Abgrenzung von populärkulturellen Formen des Beratens nicht nur geboten, sondern auch von Seiten der Fachverbände öffentlich wirksam möglich. In dieser Unklarheit mag man ein Versagen derjenigen sehen, die Beratung als wissenschaftlich und methodisch begründete Profession ausüben und vertreten. Dies greift jedoch zu kurz. Denn die Definition dessen, was Beratung ausmachen soll, ist auch in der Sache schwieriger als für andere Professionen, denn Beratung kann nicht eindeutig einem gesellschaftlichen Feld/

Vorwort und Einleitung
Innovative Zugänge
Beratungs-settings und -räume
Medien und Beratung
Kritik der Beratung
Register
Anhang

System zugeordnet werden. An den Veränderungen, die sich in Deutschland im Bereich der Psychotherapie vollzogen haben, seit das Psychotherapeuten-Gesetz (PsychThG) in Kraft ist, lässt sich nachverfolgen, welche Bedeutung einer eindeutigen Zuordnungsmöglichkeit für die öffentliche Wahrnehmung als Profession zukommt. Was auch immer man fachlich von der Zuordnung der Psychotherapie zum medizinischen System halten mag – eine Klärung des professionellen Status ist damit ganz sicher verbunden. Für Beratung als Fachrichtung psychologischer/pädagogischer Intervention steht ein vergleichbarer Weg nicht offen, liegt ihre spezifische Kompetenz doch gerade in ihrer „Doppelverortung" (vgl. Engel, Nestmann & Sickendiek, „Beratung" – Ein Selbstverständnis in Bewegung, Bd. 1, S. 35). Nicht nur feldunspezifische Kompetenzen machen Beratung aus, sondern auch das Orientierungswissen/die Orientierungskompetenz hinsichtlich der spezifischen Anforderungen des gesellschaftlichen Bereichs (Erziehung, Bildung in Schule und Hochschule, Familie, Gesundheit, Berufsfindung und Karriere …), auf den sich das jeweilige Beratungsangebot bezieht. Was in der beratungswissenschaftlichen Sicht als Multiprofessionalität und Diversität von Beratung diskutiert wird, lässt Beratung in der öffentlichen Wahrnehmung als ubiquitär und unkonturiert erscheinen.

Auf dem Hintergrund dieser Uneindeutigkeit ist der gesellschaftliche Status von Beratung nicht einheitlich, sondern jeweils eng mit der gesellschaftlichen Bedeutung des Feldes verknüpft, auf das sie sich bezieht. Erziehung, Bildung und Berufsfindung haben gerade in den Gesellschaften der Moderne eine hohe Bedeutung – die entsprechenden Beratungsinitiativen konnten daher schon frühzeitig eigenständige Einrichtungen durchsetzen, in denen auch gut ausgebildete Berater und Beraterinnen (mehrheitlich mit Universitätsabschluss in Psychologie oder Pädagogik plus Zusatzausbildung) tätig sind. Beratungsangebote, die mit ihren Themen an die medizinische Versorgung angrenzen, sind vorwiegend aus Konfliktbereichen zwischen individueller Selbstbestimmung und strafrechtlichen Bestimmungen entstanden (Drogenberatung, Schwangerschaftskonfliktberatung, Beratung zu Pränataldiagnostik), was auf ihren Status erhebliche Auswirkungen hat. So haben Beratungsangebote in diesem Feld zwar eine (gesetzlich) abgesicherte institutionelle und ökonomische Basis. Gleichzeitig nehmen sie aber eine schwierige Position ein zwischen Klientenzentrierung und strafrechtlicher bzw. moralischer Sanktionierung. Beratungsinitiativen wiederum, die wie die Frauennotrufe, die selbsthilfenahen Angebote für HIV-positive Personen oder die Beratungsarbeit mit traumatisierten Flüchtlingen an soziale Bewegungen bzw. an „bürgerschaftliches Engagement" gebunden sind, können zwar inhaltlich relativ „frei" arbeiten, befinden sich aber in einer institutionell und finanziell unsicheren Position und der Ausbildungsgrad in den feldunspezifischen Beratungskompetenzen ist hier sehr unterschiedlich ausgeprägt. Einen völlig anderen Status haben die (z. T. auch gesetzlich abgesicherten) Beratungsformen, die in dem breiten Feld der sozialen Hilfen angesiedelt sind. Beratung findet hier in großer organisatorischer und räumlicher Nähe zu administrativen Tätigkeiten statt, die für die Betroffenen nicht selten mit positiven Sanktionen (Ressourcenzuweisung) oder negativen Sanktionen (Entzug von Ressourcen und Rechten) verbunden sind. In diesen Beratungsfeldern wird Beratung von Fachkräften aus der Sozialen Arbeit (inzwischen vorwiegend mit Hochschulabschluss) ausgeübt – als eine Handlungsmethode neben anderen.

Was sich in Ausstattung und Qualifikation der einzelnen Beratungsfelder andeutet – dass nämlich Status und vor allem Ansehen von Beratung irgendwie auch mit dem gesellschaftlichen Status der Klientel zu tun hat, von der das Angebot vorwiegend oder ausschließlich genutzt wird –, lässt sich in den letzten zehn Jahren auch als schichtspezifische Aufspaltung von Beratungsangeboten *innerhalb* einzelner Einsatzfelder von Beratung wahrnehmen: Berufsberatung im Sinne eines Career-Service z. B. hat einen vergleichsweise hohen Status und richtet sich an Schul- und Hochschulabsolventen, die eine echte Wahl haben, was ihre Berufslaufbahn betrifft. Beratung im Job-Center dagegen richtet sich an die Modernisierungsverlierer – eine Statusdifferenz, die sich auch in der Ausbildung der Berater_innen abbildet: Soziologen und Wirtschaftswissenschaftler mit Universitätsabschluss hier, Absolventen der Fachhochschule oder Mitarbeiter aus der „amts"-internen Laufbahn dort. Eine ähnliche Aufspaltung findet sich auch im Bereich der Erziehungsberatung: Die fachlich relativ autonomen Erziehungsberatungsstellen werden vorwiegend von Eltern (meist Müttern) genutzt, deren Lebensbedingungen gut oder ausreichend abgesichert sind; die Beratung erfolgt durch Psychologinnen, Pädagoginnen und Sozialpädagoginnen (in geringerer Zahl sind auch männliche Vertreter der jeweiligen Berufsgruppe zu finden). Unterschichtsangehörige bzw. Transferleistungsempfänger_innen erfahren Erziehungsberatung häufig im Rahmen der „Hilfen zur Erziehung", beraten werden sie dann von Sozialarbeiter_innen, die in der Regel volle Akteneinsicht haben. Auch in den als eher privilegiert geltenden Beratungsfeldern wie der Beratung an Hochschulen oder der das berufliche Handeln unterstützenden Beratung deutet sich insofern eine ähnliche Spaltung an, als hier kommerzielle bzw. honorarfinanzierte Angebote zunehmen, die sich an Individuen richten: Mediation, Coaching, Supervision sind heute nicht nur Beratungsformen, die öffentlich oder vom Arbeitgeber finanziert werden und damit allen zugänglich sind. Sie sind vor allem privat finanziert zu haben, was den Zugang ressourcenabhängig steuert.

Für die beratungswissenschaftliche Diskussion ergibt sich aus der skizzierten gesellschaftlichen Position von Beratung eine relativ klare Konsequenz: Beratung als professionelle Kompetenz ist (stärker als bei anderen Professionen, die sich eindeutig auf ein gesellschaftliches Feld beziehen und sich deshalb eher auf gemeinsame Organisationsstrukturen stützen können) auf eine *inhaltliche* Begründung angewiesen, die der Doppelverortung von Beratung gerecht wird – also beide Seiten ausarbeitet, die feldunspezifischen Theorien sowie Methoden *und* die feldspezifischen Rahmenbedingungen sowie das feldspezifische Orientierungswissen. Dabei gilt es auch die Unterschiedlichkeit der gesellschaftlichen Positionierung einzelner Beratungsfelder zu berücksichtigen und kritisch zu reflektieren. Beratungswissenschaftliche Beschreibungen der unterschiedlichen Fachrichtungen von Beratung können die Grundlage dafür sein, Abgrenzungen von den (jeweils feldspezifisch konkreten) populärkulturellen Beratungspraktiken vorzunehmen sowie fachlich angemessene und sozial gerechte Rahmenbedingungen und Ressourcen für professionelle Beratung einzufordern. Solche Analysen sind – so die hier verfolgte These – besonders gut entlang von sozialtheoretisch fundierten räumlichen Kategorien wie „sozialer Raum", „Position" oder „Feld" (vgl. Bourdieu & Wacquant, 1996) möglich.

4 Geografischer und sozialer Ort von Beratung

Pierre Bourdieu hat in seiner Beschreibung von „Ortseffekten" (1997) darauf hingewiesen, in welchem Ausmaß sich die soziale Struktur einer Gesellschaft auch geografisch abbildet. Wohlstand und Einfluss konzentrieren sich in bestimmten Regionen und an bestimmten (meist städtischen) Orten; Armut und Exklusion siedeln an anderen Stellen. Dies gilt für privates Wohnen, für Geschäfte, Handel und Verwaltung – und eben auch für Beratungseinrichtungen. Die unterschiedliche gesellschaftliche Positionierung einzelner Beratungsangebote wird auch an den Orten deutlich, an denen sie jeweils zu finden sind. Sozialberatung siedelt in der Nähe von Bezirksämtern und Wohnverwaltungen, Erziehungsberatungsstellen erhalten ihre soziale Einfärbung durch die soziale Schichtung des Stadtteils, in dem sie untergebracht sind. Die Berufsberatung der Job-Center unterscheidet sich örtlich von der Berufsberatung für Akademiker und Hochschüler, und auch bei den Studienberatungsstellen der Universitäten lässt sich der Status, den sie innerhalb „ihrer" Universität einnehmen, häufig an dem Ort ablesen, an dem sie untergebracht sind. Entscheidungen über die räumlich-geografische Lage eines Beratungsangebotes ergeben sich in der Regel aus einem Gemisch von Kriterien – pragmatische Vergabe von vorhandenen Räumlichkeiten, Nachdenken über die Erreichbarkeit für die jeweilige Zielgruppe, aber auch Nähe bzw. Distanz zu Administration, Leitung, Management, die Beratung im Blick behalten bzw. gerade nicht damit in Berührung kommen wollen. Nicht selten allerdings führt dieses Kriteriengemisch dazu, dass ein Beratungsangebot an einem Platz, in einem Gebäude und in Räumlichkeiten untergebracht wird, die in Ausstattung und Milieu den gesellschaftlichen Status des Angebotes atmosphärisch abbilden.

Von außen kommenden Besuchern, die eine Beratungseinrichtung mit fachlichem Blick wahrnehmen, fallen die atmosphärisch wirksamen Merkmale eines Ortes meist sofort ins Auge. Die in der jeweiligen Einrichtung Tätigen jedoch, die diesen Ort alltäglich und verbunden mit ihrer Berufsarbeit aufsuchen, entwickeln Routinen und Wahrnehmungsschemata, die es erlauben, das zu sehen und perspektivisch hervorzuheben, was mit ihren Aufgaben, ihren Kollegen und den internen räumlichen Strukturen verknüpft ist. So verlieren die Signalwirkungen des Ortes an Deutlichkeit und es entsteht eine durch die individuelle Berufsperspektive geprägte Vertrautheit mit der Umgebung der Einrichtung und mit dem Innenraum von Beratung. Berater_innen haben aus ihrer Berufsrolle heraus ein *sicheres* Verhältnis zu Stadtteil, Straße, Gebäude, benachbarten Ämtern und Einrichtungen; sie verbinden die Räume und die Ausstattung „ihrer" Stelle mit der Möglichkeit von fachlichem Handeln und der Möglichkeit, Situationen zu gestalten.

Dies alles ist für die Klient_innen anders: Wer ein Beratungsangebot aufsucht, geht auf eine unsichere Situation zu (Beratung ist eine offene Kommunikationssituation). Man begibt sich zu einem Ort, der alles andere als vertraut ist. Vielleicht wird dieser Ort zum allerersten Mal aufgesucht, vielleicht hat man hier schon einmal in anderen Angelegenheiten zu tun gehabt. Sich zu einer Beratung aufzumachen, heißt immer auch zu einem Ort, in ein Gebäude, in ein Büro zu gehen, und dieser Ort befindet sich in einer Umgebung, die fremd oder durch andere Dienste, Tätigkeiten und Bewertungen besetzt ist. Die physisch-räumlichen Gegebenheiten strahlen

Atmosphärisches aus, das sich mit der Unsicherheit des Beratungsprozesses verbindet und die mögliche Aufgeschlossenheit (mit-)bestimmt. Die sozio-kulturelle Atmosphäre, die ein Beratungsangebot umgibt, hat daher für die Professionellen und die Klientel eine völlig verschiedene Bedeutung. Vertraut für die einen, mit Unsicherheit aufgeladen – und damit die Haltung zum Beratungsprozess prägend – für die anderen. Diese symbolische Realität so zu gestalten, dass sie dem Beratungsprozess möglichst dienlich ist, erfordert die Klientelperspektive auch in diesem Punkt in konzeptionelle Überlegungen einzubeziehen.

Nun haben Berater_innen in der Regel nur einen begrenzten Einfluss auf die Wahl des Standortes ihrer Einrichtung, auch die räumliche Gestaltung von Büros und Gruppenräumen wird nicht von dem einzelnen Berater oder der einzelnen Beraterin erfunden. Die Platzierung des Beratungsangebotes mag problematisch sein, vielleicht aber ist sie auch bezogen auf das Konzept der Einrichtung ganz gelungen – von Bedeutung ist in jedem Fall, dass der geografisch-physische Ort, an dem ein Beratungsangebot besteht, Einfluss darauf hat, *wer* es leicht oder schwer findet bzw. eher vermeidet. Auch die Erwartungen und Ängstlichkeiten derjenigen, die Beratung in Anspruch nehmen, sind durch das Atmosphärische des Ortes geformt. Dabei spielen soziale Differenzierungen eine besondere Rolle: Standort und Einrichtung eines Beratungsangebotes sind – so könnte man sagen – die Schnittstelle, an der die soziale Position von Beratung mit der sozialen Position der Klientel interagiert.

Einige räumliche Aspekte des Beratungshandelns sind für dieses Interagieren von besonderer Bedeutung:

Soziale Öffnung versus Ausschluss von Beratung: Fragen gesellschaftlicher Ungleichheit werden heute (soziologisch) unter dem Begriffspaar Inklusion/Exklusion (Bude & Willisch, 2006) diskutiert. Diese räumliche Metapher hilft einige soziale Aspekte des Beratungshandelns besser zu verdeutlichen als frühere Überlegungen zur Komm- bzw. Gehstruktur sozialer Einrichtungen. Beratungsangebote sollen ja gar nicht für jedermann einladend und offen sein. Sie greifen Orientierungsprobleme hinsichtlich bestimmter Bereiche des sozialen, kulturellen oder persönlichen Lebens auf und sollen für diejenigen zugänglich sein, die mit den damit verbundenen Themen (und nicht mit anderen interessanten Fragen) beschäftigt sind. Beratung will daher bezogen auf *bestimmte Themenbereiche inkludieren* und bezogen auf alle anderen exkludieren (Großmaß, 2000, S. 88ff., 248f.). In vielen Fällen geht mit dieser themenbezogenen Zielrichtung auch das *Ansprechen bestimmter Zielgruppen* einher. Studienberatung soll für Studieninteressierte und Studierende leicht zugänglich sein, Drogenberatung für Drogenabhängige und an aufklärender Prävention Interessierte – Eltern, die eine Ernährungsberatung für ihr an Allergie leidendes Kleinkind suchen, möchte man in beiden Beratungsangeboten lieber nicht antreffen. Solche themen- und zielgruppenbezogenen Formen von Inklusion/Exklusion sind beratungstypisch und werden in der Regel durch die Konzeption des Beratungsangebotes bewusst hergestellt. Was im Gegensatz dazu einem professionellen Konzept von Beratung nicht entspricht, ist eine *soziale Schließung* des Angebotes – ein Effekt, der auftritt, wenn die Themen- und Zielgruppenspezifik des Angebotes sich so mit Milieumerkmalen und sozialpolitischen Problemgruppenbeschreibungen verbindet, dass nur noch eine bestimmte soziale Schicht/ein kulturelles Milieu sich gemeint fühlen kann. Der geografisch-physische Ort von Beratung mit seinen soziokulturellen Signalen führt häufig zu genau dieser Schließung. Schüler_innen aus „bildungsfernen Schichten", denen die Welt des Akademischen fremd ist, finden den Weg in die Studienberatung häufig nicht. Wenn auch aus anderen Gründen – ähnlich geht es Studienbewerbern, die aus der erfolgreichen akademischen Oberschicht stammen. Drogenabhängige, die bereits kriminalisiert sind, vermeiden die Drogenberatungsstelle, wenn diese in polizeilich gut kontrollierten Stadtteilen zu finden ist. Sozial gut integrierte und beruflich (noch) erfolgreiche Personen mit Abhängigkeits- (= Sucht-)Problemen werden die Drogenberatung eher nicht aufsuchen, wenn diese an einem städtischen Ort eingerichtet wurde, der alle Merkmale sozialen Ausschlusses signalisiert. Diesen durch die geografisch-räumlichen Bedingungen eines Beratungsangebotes gegebenen Ausschlusstendenzen können Berater_innen konzeptionell (=symbolisch) begegnen – durch Informationsveranstaltungen außerhalb, durch Onlineangebote oder durch Expertenpräsenz an den Orten der Ausgeschlossenen. Solche Maßnahmen machen die Relation Inklusion/Exklusion nicht unwirksam, ermöglichen aber eine (inhaltlich begründete) Verschiebung der Grenze.

Klientenzentrierung versus soziale Kontrolle durch Beratung: Die Nähe bzw. Distanz eines Beratungsangebotes zu administrativer Kontrolle ist in der Perspektive von Berater_innen in erster Linie mit Fragen der organisatorischen Unabhängigkeit bzw. dem ethisch wie fachlich gebotenen Prinzip der Schweigepflicht verbunden. Für diejenigen, die Beratung in Anspruch nehmen wollen, hat dieses Thema jedoch zunächst eine räumliche Dimension. Wie nah oder entfernt ist die Beratungssituation von Behörden oder anderen Formen der administrativen Macht? Von wem kann man beim Aufsuchen von Beratung gesehen werden? Liegt eine schulpsychologische Beratungsstelle in unmittelbarer Nähe einer Schule, dann kann das kurze Wege ermöglichen und praktisch sein; es kann jedoch auch bedeuten, dass Lehrer_innen im Vorbeigehen einen Besuch beim Schulpsychologen registrieren und diagnostisch mit dem Bild der betreffenden Schüler_in verknüpfen. Findet ein beratendes Elterngespräch in unmittelbarer Nachbarschaft des Jugendamtes oder sogar in dessen Räumlichkeiten statt, dann ist die Verbindung zu möglichen Sanktionen unmittelbar präsent. Das Vermeiden von Beratungssituationen bzw. die Einschränkung von persönlicher Veränderungsoffenheit auf Klientelseite sind unter solchen Rahmenbedingungen kein Zeichen von „Widerstand", sondern Ausdruck vernünftigen Selbstschutzes. Dem von Beraterseite zu begegnen, ist nicht gerade leicht. Das Angebot telefonischer Kontaktaufnahme mit der Option eines Anschlussgespräches (vielleicht sogar an einem anderen Ort) kann helfen. Besonders wichtig sind in solchen Umgebungen Gesten und Signale, die Beratung als *das Andere* markieren: Die explizite Abgrenzung von administrativen Abläufen – sprachlich durch Hervorhebung des Spezifikums von Beratung und Zusicherung von Vertraulichkeit, gestisch durch Schließen von Türen, atmosphärisch durch bürokratieferne Gestaltung und Aktenfreiheit des Raumes – wird zur Voraussetzung dafür, dass Beratungskommunikation eine Chance hat.

Kulturelle und religiöse Symbole – Ausschluss von Andersdenkenden: Nicht nur das viel diskutierte Kreuz in Schulen oder das Kopftuch einer weiblichen Mitarbeiterin sind Symbole, die kulturelle Räume markieren und ähnlich sozialisierten Personen ein Gefühl von Vertrautheit vermitteln, Andersdenkende aber ausschließen oder verschlossen machen. Auch andere Zeichen mit kulturellem Symbolwert – Gegenstände, die Wänden oder Regalen eine persönliche Note geben, Schmuckstücke und Kleidungsstile, Embleme auf ausliegenden Informationsschriften – haben gerade in Beratungssituationen, in denen Persönliches, manchmal Intimes verhandelt wird, vergleichbare Effekte. Auch hierbei kann das Ziel nicht sein, alle Formen von Inklusion/Exklusion vermeiden zu wollen – die puristische Symbolleere steht ja ebenso für ein kulturelles Milieu. Zudem ist ein Beratungsangebot als solches alles andere als kulturell neutral – Beratung vertritt eine individualisierte Orientierungs- und Entscheidungskultur, in der man sich von Fremden in persönlichen Angelegenheiten helfen lässt. Und: Beratungsräume und -angebote enthalten implizite Bewertungen von sozialem Verhalten. Wenn beispielsweise in der Spielkiste einer Erziehungsberatung „pädagogisch wertvolles" Spielzeug zu finden ist, stecken darin sowohl ein konzeptionell gewolltes Anregungsmoment als auch alle kulturellen Signale der pädagogisch versierten Mittelschicht. Manch einer Mutter wird beim Blick auf ihr vor diesem Angebot etwas unschlüssiges Kind die häusliche Spielkonsole einfallen … Symbolvermeidung kann daher nicht die Lösung sein. Sie ist hinsichtlich solcher Symbole gefordert, deren Ausschlusscharakter (wie bei manchen religiösen oder subkulturellen Symbolen) auf der Hand liegt. Damit aber ist das Problem nicht verschwunden; es gilt generell einen kritischen Blick für die Effekte zu etablieren, die symbolische Markierungen auf andere haben – dann kann den Ausschlusseffekten situativ begegnet werden.

5 Institutionen als Räume der Macht

„Klientenzentrierung", „Lebensweltorientierung", „Ressourcenorientierung" und „Empowerment" – diese für die fachliche Entwicklung von Beratungskonzepten zentralen Kategorien verweisen darauf, dass der Beratungsprozess vom Orientierungsbedürfnis der Klient_innen ausgehen, sich auf ihre Lebenswelt beziehen, ihre Kräfte und Handlungsfähigkeit stärken soll. Berater_innen verstehen diese Kategorien allerdings häufig so, als stünden ihr Angebot und sie selbst voll und ganz auf der Seite ihrer Klientel. Dies ist selten der Fall. Beratungseinrichtungen repräsentieren immer auch ein gesellschaftliches Interesse – es geht darum, der jeweiligen Klientel dabei zu helfen, mit den Anforderungen zurechtzukommen, die bestimmte gesellschaftliche Funktionssysteme (Schule, Familie, Beruf, Justiz, Konsum) stellen. Beratung hat also durchaus Steuerungsfunktion, allerdings in einer spezifischen, den Individualisierungsbedingungen moderner Gesellschaften entsprechenden Form. Nicht Anweisungen oder Belehrungen sollen erteilt werden, sondern Orientierungshilfen gegeben, die kompetente, den persönlichen Möglichkeiten entsprechende Individualentscheidungen zu treffen helfen. „Klientenzentrierung" (mit den genannten Implikationen) ist die konzeptionelle Antwort auf diese Anforderung.

Beratung ist daher *nicht* ganz und gar auf Seiten der Klientel, sondern in das Gefüge gesellschaftlicher Machtausübung einbezogen. Beratung gehört da, wo sie etabliert ist und öffentlich finanziert wird, zu den „modernen" Formen sozialstaatlicher Intervention und ist in die entsprechenden Organisationen (der Wohlfahrtsverbände, der Sozialverwaltung, des Gesundheits- und Bildungssystems) eingebunden. Diese Einbindung erfolgt in besonderer Weise, nicht durch einseitige, mit Weisungsbefugnis gekoppelte Abhängigkeit in der hierarchischen Struktur der jeweiligen Organisation – dies würde eine personenzentrierte Arbeit ausschließen. Beratung ist eher als Stabsstelle oder fachlich unabhängiger Dienst organisiert und auch bei Beratung, die in Nebenfunktion ausgeübt wird, ist die (für die anderen Tätigkeitsanteile häufig wirksame) Weisungsfunktion ausgesetzt bzw. sollte es sein. Die Verknüpfung von Beratung mit den Themenschwerpunkten und Steuerungsinteressen der Organisation findet in anderer Weise statt – über die Vernetzung mit anderen Einrichtungen, durch örtliche Nähe und aufgabenbezogene Finanzierungsmodelle, durch Teilhabe an organisationsspezifischem Wissen und Zugang zu wissenschaftlichen Studien, insgesamt in einer Weise, die für die konkrete Arbeit mit der Klientel ausreichende Handlungsspielräume eröffnet (Großmaß & Püschel, 2010, S. 32–35). Durch diese Vernetzung gewinnen Berater_innen einen Großteil des feldspezifischen Wissens, das sie für ihre Arbeit benötigen, und zugleich werden sie so Teil des Machtgefüges, das Foucault als „Mikrophysik der Macht" beschrieben hat.

Wie wirkt sich diese Einbeziehung der Macht in der konkreten Beratungsarbeit aus? Vor allem an drei Transferpunkten wird Macht im foucaultschen Sinne in der Beratung produktiv (Foucault, 2007, S. 95ff.): in der Verfügungsmacht über das Setting, im privilegierten Zugang zu feldspezifischem Wissen und in der dominanten Position in der (asymmetrischen) Beratungsbeziehung. Zu allen drei Punkten einige kurze Erläuterungen:

Verfügungsmacht über das Setting: Die Herstellung eines Settings für eine konkrete Beratungssituation oder -konstellation ist für Berater_innen eine selbstverständliche, methodisch begründete Handlung, sowohl in Beratungseinrichtungen, die über verschiedene räumliche und zeitliche Angebotsformen verfügen, als auch für Lehrende oder Sozialarbeiter_innen, die Beratung in Nebenfunktion ausüben. Entschieden wird, welcher Raum geeignet ist, wie viel Zeit zur Verfügung stehen soll, ob ein Einzelgespräch die beste Form der Klärung bietet oder ob bei der Beratung eines Schülers z. B. nicht eher ein Elternteil hinzugezogen werden soll bzw. eine Familienberatung angemessen ist. Bei längeren Beratungsprozessen wird meist im Team darüber entschieden, wer die Beratung durchführt (Einzel- oder Co-Beratung, weibliche oder männliche Berater_innen). Geht es um Gruppenarbeit, dann gehört auch die Auswahl der Teilnehmenden zum Setting. Diese Entscheidungen werden nach fachlichen Gesichtspunkten getroffen, sie *können* getroffen und umgesetzt werden, weil der institutionelle Zusammenhang, in dem die Beratung angeboten wird und stattfindet, nicht nur die Ressourcen dafür sichert, sondern auch *die Legitimität* dafür verleiht, das psychosoziale Wissen (= die fachlichen Überlegungen und Begründungen) in Verfahrensselbstverständlichkeiten zu verwandeln. Dass es sich dabei (nicht nur um gut begründete Arbeitsweisen, sondern auch) um Formen der Macht handelt, wird deutlich, wenn man die Perspektive der Klientel einnimmt und sich nach deren Einflussmöglichkeiten fragt. Sicher sind die Klient_innen dem Procedere nicht passiv ausgeliefert (dann könnte Beratung nicht stattfinden). Sie haben Einflussmöglichkeiten auf zeitliche und inhaltliche Abläufe, sie können Wünsche äußern hinsichtlich der Beratungskonstellation und sie können eine Beratung jederzeit abbrechen. Die durch die jeweilige Institution geprägte Grundstruktur aber, in der Beratung stattfindet, kann von Klientelseite in der Regel nicht einmal als solche wahrgenommen werden; sie erscheint als naturwüchsig-selbstverständlicher Modus, in dem Beratung zu haben ist. Die qua Institution gegebene Legitimität des Procedere birgt für die Berater_innen das Risiko, die Wahrnehmung der Abläufe als quasi-natürliche zu übernehmen. Fragen des Settings werden dann nur noch unvollständig als konzeptionelle behandelt, was die Abgrenzung des Beratungsangebotes von administrativen Handlungen z. B. unklar werden lässt.

Der privilegierte Zugang zu feldspezifischem Wissen: Um feldspezifische Beratungskompetenzen auszubilden, sind mehrere Typen von Wissen über den gesellschaftlichen Bereich erforderlich, auf den sich die Beratung bezieht. Sozialwissenschaftliche Kenntnisse müssen mit Wissen über aktuelle administrative Verfahren verbunden und auf das jeweils formulierte Beratungsanliegen bezogen werden, damit Orientierungshilfe geleistet werden kann. Die berufliche Arbeit mit diesen Wissensbeständen und die Vernetzung mit anderen Einrichtungen des Feldes führen zur Ausbildung einer für Beratung in diesem gesellschaftlichen Feld spezifischen Expertise (Großmaß & Püschel, 2010, S. 21–35). Wie mit jeder Expertise entsteht daraus auch hier eine Beziehung zur Macht – zu der Macht, die aus dem Verfügen über feldspezifisches Wissen und prozessbezogenes Erfahrungswissen entsteht und Expertentum ausbildet, und zu der Macht, die sich aus der Nähe zu anderen Einrichtungen und zu administrativer Macht speist. Berater_innen können Stellungnahmen zu aktuellen Problemen des Feldes abgeben, sie können Gutachten erstellen, wohlwollend überweisen, Zugang zu Informationspools verschaffen oder in anderer Weise die sogenannten „kurzen Wege" nutzen. Diese Formen der Macht heranzuziehen ist im Einzelfall hilfreich, für das Beratungshandeln insgesamt aber nicht unproblematisch. Die Möglichkeit institutionelle Macht zu nutzen kann für Berater_innen eine Verführung (zur Verwirklichung eigener narzisstischer Bedürfnisse) darstellen, da die Berufsrolle ansonsten nur wenige Möglichkeiten bietet, öffentlich sichtbar in Erscheinung zu treten und mit der spezifischen Beratungskompetenz erfolgreich bei der Konkurrenz um Ansehen mitzumischen. Als Experte gefragt zu sein oder als wirksamer Gutachter gehandelt zu werden, kann befriedigend sein, bedeutet aber zugleich eine größere Nähe zu administrativen Machtfunktionen, was die Zugänglichkeit eines Beratungsangebotes schmälern kann. Hier mit Hilfe von Reflexion die richtige Balance zu finden und Eigeninteressen nicht dominant werden zu lassen, gehört zu den wichtigen Themen in Supervision und Beratungsethik.

Macht in asymmetrischen Beziehungen: Von den Machtdimensionen, die über die institutionelle Einbindung in Beratungsprozesse hineinwirken, ist eine Dimension im beratungswissenschaftlichen Diskurs immer wieder diskutiert worden – unter dem Stichwort „Beziehungsmacht". Diese Form der Macht ergibt sich aus der Asymmetrie der Beziehung – Beratungsbedarf und Beratungskompetenz sind bei der professionellen Beratung (anders als in der Alltagsberatung) strukturell einseitig verteilt und es ist genau diese eindeutige Verteilung der Positionen, die professionelle Beratung leistungsfähig und effektiv macht, die es erlaubt, Beratungsexpertise auszubilden und klientenzentriert zu arbeiten. Machtvolle Wirksamkeit erhält diese Asymmetrie durch die Ausbildung der feldunspezifischen Beratungskompetenzen. Psychologisches Verstehen und professionelle Gesprächsführung sind nicht nur wichtige Instrumente, um das Anliegen der Klienten zu verstehen und eine Arbeitsbeziehung herzustellen, sie vermögen emotional zu berühren und eine situative Nähe zu schaffen, in der Persönliches von Klientelseite bereitwillig thematisiert wird. Diese Einflussmöglichkeit ist produktiv für die Unterstützung der Klient_innen, sie lässt sich aber auch für Manipulation und Grenzverletzung missbrauchen. Ethische Selbstreflexion ist bezogen auf diese Möglichkeit unerlässlich, nicht um die Machtaspekte dieser Kompetenzen aufzuheben, sondern um deren produktive Wirksamkeit zu sichern.

6 Beratungsinteraktion als Möglichkeitsraum

Die in den bisherigen Überlegungen skizzierten sozial-räumlichen Aspekte von Beratung spiegeln sehr deutlich die Doppelverortung von Beratung – einerseits ist Beratung eine psychologische und (sozial-)pädagogische Interventionsform, die auf psychologischem Verstehen und klientenzentrierter Gesprächsführung basiert, anderseits gewinnt Beratung ihre professionelle Ausgestaltung immer auch bezogen auf bestimmte Ausschnitte von Gesellschaft. Der Blick auf die räumliche Seite des Beratungshandelns zeigt, dass sich hieraus auf jeder Ebene (gesellschaftlicher Status, geografisch-sozialer Ort, institutionelle/organisatorische Einbindung) ein Spannungsverhältnis ergibt, das konzeptionell reflektiert und ausgestaltet werden muss, soll Beratung ihr Ziel erreichen, ein Angebot an Personen und Gruppen zu sein, das offene Selbstreflexion und Neuorientierung ermöglicht. Im Zentrum all dieser konzeptionellen und theoretischen Überlegungen steht die Beratungsinteraktion, die psychologisch bzw. kommunikationstheoretisch beschriebene Face-to-Face-Kommunikation. Auch hier ist eine räumliche Dimension auszumachen, wenn man Raum nicht nur als physikalischen Raum auffasst, sondern die symbolische Seite (= das, was in der Systemtheorie „Sinn" genannt wird) hinzunimmt. Einen *Raum zu schaffen für Neuorientierung* ist Ziel eines jeden Beratungsangebotes. Die räumliche Metaphorik dieser Beschreibung hebt einen Aspekt des Beratungshandelns hervor, der in Zielbeschreibungen ansonsten eher schwer zu benennen ist: die radikale Ergebnisoffenheit des Beratungsprozesses. Was ist damit gemeint? Jede Beratungseinrichtung nimmt durch die Platzierung ihres Angebotes, durch die Organisation, in deren Rahmen oder Umfeld sie tätig ist, und durch den Einsatz feldspezifischer Kompetenzen und Informationen eine Fokussierung der Themen vor, für die ihr Angebot in erster Linie gilt. In vielen Beratungsfeldern sind zudem – kulturell vermittelt – Bewertungen sozialen Verhaltens präsent. In der Beratungsinteraktion selbst werden psychologisches Verstehen und klientenzentrierte Gesprächsführung eingesetzt, um die Anliegen der Klient_innen zu verstehen und eine Arbeitsbeziehung herzustellen, die emotionale Berührbarkeit und Veränderungsbereitschaft unterstützt bzw. freisetzt. Es wird also viel Strukturierendes unternommen, damit hinsichtlich der Themen und Fragen sowie bezogen auf Informationen und Veränderungsrichtungen eine Fokussierung entsteht. Hinsichtlich des Ergebnisses jedoch soll gerade keine Fokussierung vorgenommen werden. Was diejenigen, die Beratung in Anspruch nehmen, für sich aus dem Beratungsprozess aneignen, welche Entscheidungen sie treffen, ob und wie das Neue in ihren Lebensperspektiven Bedeutung gewinnt – das liegt außerhalb der Beratungskommunikation und ist durch Beratung/Beratungseinrichtungen auch nicht zu bestimmen oder zu kontrollieren. Diese Ergebnisoffenheit macht das Spezifikum der Interventionsform Beratung aus; man könnte sagen: Alle sozial-räumlichen Inszenierungen von Beratung zielen darauf, eine Sinndimension des Möglichen zu eröffnen, die das Orientierungsbedürfnis der Klient_innen möglichst genau anspricht, sie aber in ihrem Tun nicht festlegt. Der von Masud Khan (1990) für die Psychotherapie geprägte Begriff des „Möglichkeitsraumes" trifft in diesem Sinne auch auf Beratung zu.

Literatur

Beck, U. (1986). *Risikogesellschaft – auf dem Weg in eine andere Moderne*. Frankfurt a. M.: Suhrkamp.

Bourdieu, P. (1997). Ortseffekte. In P. Bourdieu et al. (Hrsg.). *Das Elend der Welt. Zeugnisse und Diagnosen alltäglichen Leidens an der Gesellschaft* (S. 159–167). Konstanz: UVK.

Bourdieu, P. (2001). *Meditationen. Zur Kritik der scholastischen Vernunft*. Frankfurt a. M.: Suhrkamp.

Bourdieu, P. & Wacquant, L.J.D. (1996). *Reflexive Anthropologie*. Frankfurt a. M.: Suhrkamp.

Brändli, S. (2009). Die Auflösung des Falls: Psychosoziale Versorgung für Schulkinder und Fallvergegenwärtigung in den 1970er Jahren. In S. Brändli, B. Lüthi & G. Spuhler (Hrsg.), *Zum Fall machen, zum Fall werden. Wissensproduktion und Patientenerfahrung in Medizin und Psychiatrie des 19. und 20. Jahrhunderts* (S. 254–277). Frankfurt a. M.: Campus.

Bröckling, U. (2007). *Das unternehmerische Selbst. Soziologie einer Subjektivierungsform*. Frankfurt a. M.: Suhrkamp.

Bude, H. & Willisch, A. (Hrsg.). (2006). *Das Problem der Exklusion*. Hamburg: Hamburger Edition.

Butler, J. (2001). *Psyche der Macht – das Subjekt der Unterwerfung*. Frankfurt a. M.: Suhrkamp.

Deleuze, G. (1992). *Foucault*. Frankfurt a. M.: Suhrkamp.

Dewe, B. (2006). Professionsverständnisse – eine berufssoziologische Betrachtung. In J. Pundt (Hrsg.), *Professionalisierung im Gesundheitswesen* (S. 23–35). Bern: Huber.

Döring, J. & Thielmann, T. (Hrsg.). (2008). *Spatial Turn. Das Raumparadigma in den Kultur- und Sozialwissenschaften*. Bielefeld: transcript.

Duttweiler, S. (2007). Beratung als Ort neoliberaler Subjektivierung. In R. Anhorn, F. Bettinger & J. Stehr (Hrsg.), *Foucaults Machtanalytik und Soziale Arbeit. Eine kritische Einführung und Bestandsaufnahme* (S. 261–275). Wiesbaden: VS Verlag für Sozialwissenschaften.

Foucault, M. (2004). *Hermeneutik des Subjekts. Vorlesungen am Collège de France (1981/82)*. Frankfurt a. M.: Suhrkamp.

Foucault, M. (2007). Subjekt und Macht. In Ders., *Ästhetik der Existenz. Schriften zur Lebenskunst* (S. 81–104). Frankfurt a. M.: Suhrkamp.

Großmaß, R. (2000). *Psychische Krisen und sozialer Raum*. Tübingen: dgvt-Verlag.

Großmaß, R. (2006). Psychosoziale Beratung im Spiegel soziologischer Theorien. In *Zeitschrift für Soziologie, 6*, 485–505.

Großmaß, R. & Püschel, E. (2010). *Beratung in der Praxis. Konzepte und Fallbeispiele aus der Hochschulberatung.* Tübingen: dgvt-Verlag.

Illouz, E. (2009). *Die Befreiung der modernen Seele.* Frankfurt a. M.: Suhrkamp.

Khan, M.M.R. (1990). *Erfahrungen im Möglichkeitsraum. Psychoanalytische Wege zum verborgenen Selbst.* Frankfurt a. M.: Suhrkamp.

Rose, N. (1998). *Inventing ourselves. Psychology, Power, and Personhood.* Cambridge: University Press.

Thiersch, H. (1992). *Lebensweltorientierte Soziale Arbeit. Aufgaben der Praxis im sozialen Wandel.* Weinheim/München: Juventa.

Thiersch, H. (1997). Soziale Beratung. In F. Nestmann, F. Engel & U. Sickendiek (Hrsg.), *Beratung. Bausteine einer interdisziplinären Wissenschaft und Praxis* (S. 99–110). Tübingen: dgvt-Verlag.

Prof. Dr. Ruth Großmaß studierte Philosophie, Germanistik und Pädagogik. Nach langjähriger Praxis in der Hochschulberatung ist sie seit 2004 Professorin für Ethik und Sozialphilosophie an der Alice-Salomon-Hochschule Berlin. Publikationen u. a. zusammen mit Christiane Schmerl 1989 und 1996 Herausgeberin von Sammelbänden zum jeweils aktuellen Stand feministischer Theoriebildung; „Psychische Krisen und sozialer Raum“ 2000; zusammen mit Edith Püschel „Beratung in der Praxis“ (2010).

Anschrift:
Alice-Salomon-Fachhochschule Berlin
Alice-Salomon-Platz 5
D-12627 Berlin
E-Mail: grossmass@ash-berlin.eu

Beratung zwischen Tür und Angel
Professionelle Gestaltung von offenen Settings – ein Beitrag für mehr Gerechtigkeit

Maria Knab

Ein Großteil der Beratung in der Sozialen Arbeit findet in offenen, wenig formalisierten Settings statt. AdressatInnen und Professionelle praktizieren diese Beratung, auch Querschnittsberatung oder funktionale Beratung genannt, seit Langem in kreativer Vielfalt und in immer wieder neuen Konstellationen. Damit ist diese Praxis alt und innovativ zugleich. Dies gilt auch für das Anliegen, Perspektiven für eine wissenschaftliche Fundierung und fachliche Profilierung dieser Praxis zu formulieren. Beratung zwischen Tür und Angel empirisch zu erkunden, theoretisch zu fundieren und adäquate Forschungsperspektiven zu entwickeln, zielt darauf, den für viele Menschen wichtigen Bereich von Beratung zu qualifizieren. Ihn in seinen spezifischen Möglichkeiten, strukturellen Voraussetzungen, Kompetenzen der AdressatInnen und der Professionellen auszuweisen, will zu einer selbst-bewussteren Profilbildung von Beratung in der Sozialen Arbeit beitragen. Gesellschaftspolitisch ist Beratung in einem offenen Setting als ein Beitrag zu einer gerechteren Infrastruktur anzusehen, da sie für Personengruppen Wege in die Beratung, zuweilen Wege der Beratung ermöglicht, für welche ein hoch formalisiertes Beratungssetting nicht angemessen oder nicht erreichbar ist. In Praxis und Ausbildung der Sozialen Arbeit zeigt sich eine Diskrepanz zwischen einer weit verbreiteten Beratungspraxis in offenen Settings einerseits und der mangelnden Anerkennung dieser Beratungspraxis andererseits. Diese Diskrepanz verweist auf einen erheblichen Forschungsbedarf.

1 Forschungsperspektiven

Angesichts des Forschungsstandes ist eine Definition von offenen Beratungssettings noch offenzuhalten. Forschungszugänge haben die Perspektiven von AdressatInnen und PraktikerInnen in weitere Definitions- und Profilierungsschritte einzubeziehen und folgende Fragen zu stellen: Nach welchen Kriterien wird eine Gesprächssituation als Beratung definiert? Wer ist an diesem Definitionsprozess in welcher Weise beteiligt? Welche Aspekte von offenen Settings sind innerhalb des Beratungsdiskurses zu verankern und dieser damit zu erweitern? Welche Aspekte gehen – auch bei einem weiten Beratungsverständnis – darüber hinaus?

Eine Thematisierung in Praxis und Ausbildung der Sozialen Arbeit sowie die Befunde aus der Literatur weisen darauf hin, dass die Dimension der Anerkennung in Forschungszugängen zentral zu berücksichtigen ist. Hier kann an die methodologischen Überlegungen für eine Erforschung von entwerteten und verdeckten Realitäten, wie wir sie im Forschungsinstitut tifs e. V. in Praxisforschungskontexten entwickelt haben, angeschlossen werden (Tübinger Institut für frauenpolitische Sozialforschung e. V., 1998).

Unter offenen Beratungssettings sollen – vorläufig – wenig formalisierte, häufig diffuse Begegnungsräume und -gelegenheiten, die durch wenig Rollenvorgaben gesichert sind, verstanden werden. Solche Settings sind oft im wörtlichen Sinn zwischen Tür und Angel angesiedelt: Menschen sprechen Professionelle im Übergang zwischen geschlossenen Räumen oder außerhalb, im Freien, an. Neben konkreten Übergangsräumen geht es auch um Übergänge im übertragenen Sinne. Offene Beratungssettings sind häufig im Übergang zu weiteren Handlungsformen der Sozialen Arbeit wie Bildung, Begleitung, Betreuung sowie zwischen verschiedenen Sozialformen, also zwischen Einzel- und Gruppensetting, anzutreffen. Schließlich geht es auch um Übergänge zwischen professionellen und alltäglichen Hilfeformen. Professionelle sind in dieser Übergangsgestaltung mit komplexen Settingfragen konfrontiert. Die fachlichen Herausforderungen und Chancen in dieser hohen Komplexität aufzuschlüsseln ist ein Forschungsgegenstand.

Forschung sollte darauf abzielen, die Perspektive einer „egalitären Differenz“ (Young, 1990; Prengel, 1990) – analytisch weiterführend unter „Intersektionalität“[1] (Winker & Degele, 2009) gegenwärtig diskutiert – für den Beratungsdiskurs zu konkretisieren.[2] Damit kann der häufig unreflektierten Höherbewertung von formalisierteren Beratungssettings – als Ausdruck eines hegemonialen Beratungsdiskurses – begegnet werden. Dieser führt nach wie vor zu einer Entwertung von offenen Settings und festigt somit das Missverhältnis der infrastrukturellen Ausstattung von offenen im Vergleich zu formalisierteren Beratungssettings. Die Benachteiligung der in offenen Settings nachsuchenden Personengruppen bildet sich in der ungleichen Ausstattung und Anerkennung dieser Settings ab und verfestigt diese zugleich.

---

[1] Marginalisierungsprozesse sind zentral durch gesellschaftliche Platzanweiser wie z. B. Schicht/Klasse, Geschlecht, Generation sowie dem Migrationsfaktor geprägt; Benachteiligungsprozesse durch diese verschiedenen Strukturkategorien sind unter der Perspektive der Intersektionalität in ihrer wechselseitigen Überlagerung zu analysieren.

[2] Als eine übereinstimmende Aussage in verschiedenen Gerechtigkeitsdiskursen (Rawls, 1971; Young, 1990; Fraser & Honneth, 2003) lässt sich die Zielrichtung einer „egalitären Differenz“ (Prengel, 1990) ausmachen; es geht um gleichberechtigte gesellschaftliche Teilhabe in Anerkennung der Verschiedenheit von Menschen. Das Konzept der Teilhabe- oder Beteiligungsgerechtigkeit integriert zwei verschiedene Gerechtigkeitsdiskurse und -perspektiven, die der Tausch- und Befähigungsgerechtigkeit sowie der Bedarfs- und Verteilungsgerechtigkeit.

In der hier zu entwickelnden Forschungsperspektive ist zu fragen: Wen erreichen die Beratungsangebote und wen nicht? Für wen sind sie angemessen, wem werden sie gerecht und wen schließen sie aus? Die Grundthese lautet: Das Setting – d.h. die Angebotsart, Ort und Kontext sowie die Art und Weise der Verhandlung und Begegnung – trägt zu mehr oder weniger gerechter Teilhabe bei. Offene Settings bieten einen Zugang zu Beratung für Menschen, die nicht nur aus höherschwelligen Angeboten ausgeschlossen sind, sondern häufig auch insgesamt gesellschaftlich marginalisiert werden. Die Gerechtigkeitspotentiale von offenen Settings sind noch nicht ausgeschöpft. Sie gilt es zu erforschen, um sie mehr ins Zentrum einer professionellen Qualifizierung zu rücken und als spezifischen Beitrag der Sozialen Arbeit zu sozialer Gerechtigkeit auszuweisen. Handeln in offenen Settings seinen Möglichkeiten entsprechend anzuerkennen und auszustatten, bedeutet auch, den Professionellen in diesen Tätigkeitsfeldern gegenüber gerechter zu werden. Angesichts aktueller gesellschaftlicher Spaltungstendenzen ist dies dringend geboten. Die Gefahr der Spaltung wächst sowohl auf Seiten der AdressatInnen wie auf Seiten der Professionellen (vgl. Böllert, 2006).

Folgende Diskurse sind für die Entwicklung der genannten Forschungsperspektive ertragreich: Neben Theorien Sozialer Arbeit und analytischen Zugängen zu sozialer Ungleichheit sind es empirische Forschungen zu Professionalität in der Sozialen Arbeit (vgl. Heiner, 2004) sowie der Beratungsdiskurs.

Während im Ansatz der Lebensweltorientierung (Thiersch, 1989; i.Bd.1; i.Bd.2) seit Langem ein offener Beratungszugang entwickelt wird, beziehen sich Methoden- und Theoriediskussionen innerhalb des Beratungsdiskurses nach wie vor überwiegend auf formalisierte Beratung. Deshalb ist das „Verhältnis" zwischen Beratungstheorien und Theorien Sozialer Arbeit neu auszuloten. Aussagen von Theorien Sozialer Arbeit sowie aktueller Gesellschaftsanalysen sind deutlicher im Beratungsdiskurs zu verankern. Dies wird den bisherigen Beratungsdiskurs bereichern, indem die verschiedenen Dimensionen von Beratung – Beziehungsdimension, methodische Dimension, infrastrukturelle Dimension, gesellschaftspolitische Dimension etc. – in ihrer Gleichwertigkeit besser erkannt und in ihrer wechselseitigen Verweisung berücksichtigt werden.

Über die Verknüpfung des Ansatzes der Lebensweltorientierung mit dem theoretischen Konzept der Lebenslage kann die sozialpolitische Dimension von offenen Settings und ihre Verortung in der Gerechtigkeitsdebatte analytisch zugänglich gemacht werden. Damit kann Beratung in offenen Settings als Teil einer gesellschaftspolitisch notwendigen Aufgabe profiliert werden (Henke, 2008).

Dass die Entwicklung einer eigenständigen Beratungswissenschaft aktuell eher den hegemonialen Beratungsdiskurs stärkt, lassen die Ausführungen von Schrödter (2002) vermuten. Er fragt, wer die Kompetenz und damit die Verfügungsgewalt über die Konstruktion und Interpretation des Sachverhalts „angemessene Hilfe" hat. Mit der Professionalisierung von Beratung hin zu einer eigenständigen Wissenschaft werde Beratung in den letzten Jahren von berufspolitisch handelnden Verbänden definiert, was zu einer Abwertung der impliziten Rolle der BeraterInnen in der Sozialen Arbeit geführt habe. Außerdem stellt er fest, dass mit dem Blick auf organisationsbezogene Aspekte Markt-, Macht- und Kontrollmechanismen in den Fokus und auf die AdressatInnen bezogene Anliegen in der Praxis in den Hintergrund treten. Ebenfalls im Kontext des Beratungsdiskurses weist Buchinger (2008) auf das Paradoxon der Schulenbildung in der Beratung hin und plädiert dafür, „Modelle der Organisation von Beratung zu entwickeln, die weniger gefährdet sind, diesem regressiven Sog der Institutionalisierung zu erliegen." (S. 8)

Nestmann (2008) eröffnet mit seinen Hinweisen zu Inklusion und Diversität hoffnungsvolle Perspektiven: Beratung öffne sich heute den unterschiedlichsten AdressatInnen und bemühe sich um einen Abbau lange existenter, oftmals subtiler Ausgrenzungen.

„Insbesondere bisher übersehene oder explizit ausgeschlossene Nutzergruppen sollen Zugang erhalten und adäquat beraten werden. .(...) Beratung muss vielfältig für unterschiedliche Klienten attraktiv sein, im Zugang, Ablauf, in der Art und Form der Hilfe, in der Verbindlichkeit, Offenheit oder Geschlossenheit des Settings etc. 'Counselling diversity' ist kein einfaches Unterfangen." (S. 88f.)

Für dieses zugegeben nicht einfache, jedoch lohnende Unterfangen stellen die Überlegungen von Großmaß (i.Bd.1, S. 487–496) zu Raum und Beratung einen wichtigen Beitrag dar, um Beratungsräume mit ihren Ein- und Ausgrenzungsprozessen analysieren zu können.

2 Profilierungsperspektive Gerechtigkeit

Folgende Dimensionen können als Reflexionsperspektiven zur weiteren Qualifizierung und Profilierung von Beratung in offenen Settings dienen.

Zugangsgerechtigkeit

Es geht hier um Zugangsgerechtigkeit im doppelten Sinne: Zugang zu professioneller Hilfe und – je nach Ausgestaltung dieser professionellen Hilfe – um Zugang zu mehr gesellschaftlicher Teilhabe. Eine zentrale Voraussetzung dafür ist Offenheit, die Platz für die Formen der Kontaktaufnahme der AdressatInnen bietet. AdressatInnen können hier das Setting mitgestalten: Sie wählen die Situation, Person sowie Zeitpunkt, Dauer und Ort. Obendrein können sie die Intensität mitbestimmen. Im Prozess „dosieren" sie diese selbst, vielleicht um einen „Aufmerksamkeitsterror" zu vermeiden. Dieser Begriff von Trio Virilent (1996) benennt ein mögliches Erleben von formalisierteren Beratungssettings.

Ein Faktor für Offenheit ist *Bewegung*: beim gemeinsamen Gehen oder unterwegs im Auto.[3] Zuweilen geht es um Bewegung im übertragenen Sinne: Die bisherigen Bewältigungsmuster reichen nicht mehr aus, neue sind noch nicht klar in Sicht, werden jedoch gesucht. Jemand ist unterwegs, um Informationen einzuholen und zu einer Einschätzung zu kommen, z. B. auch über potentielle UnterstützerInnen. Weiter wird der Zwischenraum als Entscheidungshilfe genutzt, um sich die Dramatik einer Situation bestätigen zu lassen, sich versichern zu lassen, dass weitere Un-

[3] Beratungsübungen im Gehen stellen einen Aspekt der Entwicklung einer Ausbildungsmethodik für offene Settings dar.

terstützung benötigt wird und diese in Anspruch genommen werden darf (Huber & Knab, 1992; Knab, 2001). Die Bewegung kann ein Schritt in eine verbindlichere Form von Beratung sein, vielleicht bleibt die bewegte, offene Form aber auch die einzige. Aufgrund der Offenheit ist es möglich, sich ohne Legitimation aus dem Kontakt mit Professionellen wegbewegen zu können.

Engel (i.Bd.1) spricht von sitzender und beweglicher Beratung und dass vor allem die sitzende Beratung durch neue mediale Formen der Kommunikation Konkurrenz bekäme. Zum Glück war Beratung in der Sozialen Arbeit immer schon mehr als „sitzen zu bleiben". Zu diesem „mehr" gehört der große Bereich von aufsuchender Beratung. Sonntag (1994) bringt es auf den Punkt mit „hingehen, mitgehen, nachgehen".[4] Damit das Nachgehen nicht zu aufdringlich wird, ist die Gefahr der Kolonialisierung zu reflektieren und ein ausreichender Bewegungs- und Entscheidungsraum der AdressatInnen sicherzustellen. Die Gefahr einer Kolonialisierung gilt für die Praxis in offenen Settings in besonderer Weise, da hier wenig transparente und reflektierte Festlegungsprozesse von Seiten der Professionellen stattfinden können.

Wenn nun gerade Offenheit und Uneindeutigkeit eine wesentliche Qualität des Settings ausmachen, was heißt das dann für dessen Profilierung?[5] Eine erste Antwort hierzu: Eine Profilierung liegt gerade nicht in einer Methodisierung, sondern eher darin, Qualität und Sinn dieser Offenheit für die AdressatInnen auszuweisen sowie zu analysieren, wodurch diese Qualität entsteht und was Professionelle *und* AdressatInnen hierzu beitragen.

Zunächst können als professionelle Anforderungen das Aushalten und reflexive Umgehen mit einer hohen Rollenunsicherheit sowie ein ad hoc zu entwickelndes, der Situation angemessenes Handeln ausgewiesen werden. Dies wird u. a. im Ansatz der selbstreflexiven Sozialpädagogik als Kompetenz einer für heutige Lebensverhältnisse angemessenen Professionalität benannt (Dewe & Otto, 2002). Henke (2008) bezeichnet dies mit Bezug auf Heiner (2004) als „Aktives Warten", mit dem eine Mischung aus Beobachten, Reflektieren und Metakommunizieren gemeint ist. Weiter ist eine komplexe Integrationsleistung von räumlicher Gestaltung und interaktioneller Inszenierung erforderlich, um eine differenzierte Niedrigschwelligkeit herzustellen. Anregend für die begriffliche Präzisierung sind die von Trio Virilent (1996) herausgearbeiteten vier Dimensionen der Niedrigschwelligkeit: personale, räumliche, interaktionelle und inhaltliche Niedrigschwelligkeit.

In offenen Settings liegt ein Schwerpunkt auf der Gestaltung des Raumes, des Begegnungsortes und -rahmens, damit Möglichkeitsräume entstehen. Mit der Anforderung des situativen Arrangierens von und innerhalb von Rahmenangeboten weist Müller (2008) mit Bezug zu Meinhold (1987) darauf hin, dass sich sozialpädagogische Intervention immer wieder zu fragen habe: „Was muss ich tun und

[4] Kaczor (2010) hat in ihrer Masterarbeit „Beratung im Gehen" interessante Bewegungsbefunde aus der Praxis zusammengetragen.

[5] Baumann (1992) plädiert in seinen kulturgeschichtlichen Analysen für einen Bereich des Uneindeutigen. In den westlichen Zivilisationen habe sich ein dichotomes Denken durchgesetzt, das Eindeutigkeit einfordere. Wenn jedoch alles eindeutig zu sein habe, werde der Realität Gewalt angetan.

einrichten, damit sich überhaupt Gelegenheit zu hilfreicher Intervention bietet?" (S. 150f.) So werden z. B. pädagogisch betreute Jugendtreffs – außer als Freizeitorte – auch als Rahmenangebote oder Vorhalteleistungen gesehen, da sie Angebote der Beratung, Anregung, Herausforderung etc. machen. Ein sozialer Raum, der solche Angebote prinzipiell ermögliche, sei damit aber noch kein Angebot für je spezifische Bedarfslagen – könne es auch nicht sein, da gerade die Offenheit für wechselnde Nutzungsmöglichkeiten wichtig sei. „Eben deshalb aber müssen z. B. Jugendarbeiter Fähigkeiten haben, je konkret nach Bedarfslage spezifischere ‚Rahmen' herzustellen, in denen Angebote der ‚Beratung' etc. ‚abgeholt' werden können, ohne dass sich die Jugendlichen dadurch ‚klientifiziert' oder ‚pädagogisiert' fühlen." (ebd.)

Viele Theorien Sozialer Arbeit betonen die sozialräumliche Dimension als spezifischen Gegenstand Sozialer Arbeit. Bei einer Repolitisierung von Sozialer Arbeit, so Winkler (1988), müsse es neben der Stärkung des Subjektbegriffs vor allem auch um eine Aufwertung des Momentes des Raumes gehen, was gegenüber der personalen, interaktiven Seite des sozialpädagogischen Handelns vernachlässigt werde. Thiersch hebt im Ansatz der Lebensweltorientierung diese Aufgabe ebenfalls hervor. Dieser Ansatz bietet viel für die Rekonstruktion der Lebenswelt, um zu erfahren, wo und wie in der Lebenswelt Räume zu gestalten sind, damit sie zu Gelegenheitsstrukturen und Möglichkeitsräumen für Beratungszugänge werden (vgl. Grunwald & Thiersch, 2004).

Ist der Zugang geglückt, steht u. U. die zuweilen umfangreiche Aufgabe der Weitervermittlung in verbindlichere Beratungskontexte an. Was ist zu tun und auszu*halten*, wenn Professionelle den Eindruck haben, es bräuchte intensivere und verbindlichere Beratung, AdressatInnen jedoch „zwischen Tür und Angel bleiben wollen", sich nicht in verbindlichere Kontexte begeben wollen?

Schließlich erweist sich die Frage nach Grenzen in offenen Settings als eine grundlegende Reflexionsperspektive: Wie und warum konstellieren AdressatInnen diese und welche Lösungen entwickeln Professionelle, um selbst respektvoll Grenzen im Offenen zu setzen?

Verhandlungsgerechtigkeit oder partizipative Gerechtigkeit

Ob mit dem äußeren Zugang auch ein innerer Zugang gelingt und Anfänge eines gemeinsamen Handelns gefunden werden, hängt maßgeblich davon ab, ob und wie Verhandlungsweisen, -tempi, -orte, -kontexte der AdressatInnen eine Chance erhalten. Hierzu ein Beispiel aus der empirischen Untersuchung der Familienhilfe von Woog (1998): Einer Familie wird von der Schule Erziehungsberatung nahegelegt. In der Erziehungsberatungsstelle wird den Eltern nach einigen Beratungsgesprächen das Etikett verliehen, dass sie noch nicht erziehungsberatungsfähig seien. Im Rahmen sozialpädagogischer Familienhilfe, einem offenen in die Lebenswelt eingelassenen Setting, zeigt sich, dass die Eltern in einem ihnen und ihrer Lebenswelt angemesseneren Setting aber durchaus erziehungsberatungsfähig sind. Hier bekommen *ihre Ausdrucksformen* und *ihre Zeit*, d. h. wie und wann, auch in welchem Tempo, sie mit den Professionellen in Verhandlung treten wollen, eine Chance. Die enormen Vermittlungserfordernisse aufgrund widersprüchlicher Zeitstrukturen und -rhythmen gilt es für eine Profilierung auszuweisen. Im Spannungsfeld zwischen dem Respekt vor der Eigenzeit der AdressatInnen und dem „eigenen“ professionellen Zeitdruck wird ein permanentes Pendeln und Ausloten verschiedener Zeitzonen verlangt.[6]

Eine weitere Qualifizierungsperspektive gilt der Frage, wie in Praxis und Forschung die Partizipationsweisen der AdressatInnen (an-)erkannt werden können und wie Hinweise aus dieser Partizipation auch infrastrukturell – in der Planung und Gestaltung von Settings – berücksichtigt werden. Hierfür sind die Partizipationsformen der AdressatInnen, z. B. solche, die sich im praktischen Handeln statt in schriftlichen oder verbalen Interessensbekundungen ausdrücken, zu respektieren. Eine Mitarbeiterin einer Jugendhilfeeinrichtung berichtet, dass intensive Gespräche häufig außerhalb der Jugendhilfeeinrichtung verlaufen und sie sich dann *ausgetrickst* gefühlt habe. Das verweist auf eine Vorstellung von Professionalität, in welcher die Professionellen einseitig die Definitionsmacht über das Setting haben. Es lässt sich aber dieses „Austricksen“ auch als Form von Partizipation der AdressatInnen interpretieren. Damit soll nicht für eine einseitige Orientierung an den Bedürfnissen der AdressatInnen plädiert werden, sondern vielmehr dafür, allen Beteiligten eine Chance einzuräumen, das Setting mit gestalten zu können. Die Ermöglichung von Partizipation im konkreten Tun gilt es als ein Moment der Fachlichkeit zwischen Tür und Angel zu profilieren.

Freire (1973) hat mit seiner Analyse der „Kultur des Schweigens“ auf die bedeutsame Rolle hegemonialer Sprachen und Ausdrucksformen in Prozessen der Entmündigung hingewiesen. Neuere Forschungsdiskurse zeigen Wege auf, wie „die Stimme der Adressaten“ (Bitzan, Bolay & Thiersch, 2006) berücksichtigt werden kann. Oehlerich und Schaarschuch (2006, S. 185) weisen zurecht darauf hin, das, was in der sozialpädagogischen Theoriediskussion seit geraumer Zeit als zentrale Prämisse gilt, dass nämlich Sozialpädagogik ihren Ausgang von den Lebenslagen, den alltäglichen Lebenswelten, den Subjekten und ihren Reproduktionspraxen zu nehmen habe, in der empirisch verfahrenden Forschung der Sozialen Arbeit zumeist noch Desiderat sei. Von wenigen Ausnahmen abgesehen stehe hier eine Zentrierung auf die Professionellen, die Institutionen, die Organisationen sowie die Programme im Vordergrund. Als eine dieser Ausnahmen wäre z. B. die empirische Untersuchung zu Grundlagen der Beratung für Frauen in ländlichen Regionen zu nennen: Hier wurden Forschungszugänge entwickelt, um Verhandlungsweisen und -kontexte von Frauen empirisch zu erheben und sie danach zu fragen, in welchen Kontexten sie Beratung praktizieren und wünschen (vgl. Huber & Knab, 1992; Huber & Knab, 1993).[7]

Anerkennungsgerechtigkeit

Entscheidend sind die Kontexte der Verhandlung. Es ist ein großer Unterschied, ob sie im Bildungs- oder Beratungsbereich stattfindet. Die „Platzierung“ von Themen durch die AdressatInnen in Bildungs- und Gruppenkontexten gilt es in ihrem

[6] Das Aushalten und professionelle Umgehen mit diesen verschiedenen Zeitzonen verlangen ungeheure Anstrengungen – dass Professionelle hier zuweilen unter einem „Jetlag“ leiden, verwundert nicht!

[7] Über das Projektleitungsteam Heide Funk und Hans Thiersch war diese Untersuchung im Ansatz der Lebenslage sowie der Lebensweltorientierung begründet.

sozialpolitischen Gehalt anzuerkennen. Allzu oft wird die Platzierung ausschließlich als „Hemmung" in Bezug auf Beratung interpretiert und allzu schnell werden sie aus Gruppen- und Bildungskontexten in Richtung Einzelfallberatung moderiert. Diesen „Einzelfallreflex" gilt es zu reflektieren, z. B. inwiefern hier Hinweise von AdressatInnen auf einen Bedarf an kollektiven Verhandlungskontexten zu wenig wahr- und aufgenommen werden.[8] Die Chance von offenen Settings mit ihrer Ansiedlung im Übergang zwischen Einzel- und Gruppensetting gilt es zu nutzen, um Solidarisierungs- und Veröffentlichungsprozesse in und mit Gruppen wahrzunehmen und zu fördern. Offene Settings können dann zu einer Sozialpolitik von unten – „Politik des Sozialen" (Kunstreich, 2003) – beitragen, wenn die Anliegen von Menschen, die in formalisierteren Settings sowie in ausgewiesenen sozialpolitischen Verfahrenswegen wenig Anerkennung finden, in diesen offenen Settings nicht nur gehört werden, sondern auch in ihrem Hinweischarakter auf gesellschaftliche Konfliktlagen und Suche nach kollektiven Verhandlungskontexten anerkannt und gefördert werden. Hierzu ein Beispiel aus der oben genannten empirischen Untersuchung (vgl. Huber & Knab, 1993; Knab, 2001): In zwei Regionen Baden-Württembergs wurden Umgangsweisen mit belasteten Lebenssituationen aus der Perspektive sowohl von betroffenen Frauen als auch von Professionellen untersucht. Ein Ergebnis war: Frauen fragen in Gruppen- und Bildungskontexten viel Beratung nach. Hierbei werden auch brisante Themen und Lebenssituationen offenbart. Die Weiterverweisungsversuche der Professionellen in Richtung Beratungseinrichtungen funktionieren nur bedingt. Ein erster Interpretationsschritt war – analog zu dem vieler Professioneller – eher ein defizitorientierter: Viele Frauen trauen sich nicht, ihre Probleme offen zuzugeben und professionelle Beratung in Anspruch zu nehmen. Erst in einem zweiten Interpretationsschritt wurde dieser Befund auch als Hinweis der Frauen darauf gedeutet, wo, wie und mit wem sie ihre Probleme verhandelt und (an)erkannt haben wollen, nämlich in Bildungskontexten und in Frauengruppen, die auch Frauenöffentlichkeiten darstellen. Dies kann als Widerstand gegen eine tendenziell individualisierende Form der Problembehandlung in Beratungskontexten interpretiert werden.

Soziale Arbeit positioniert sich in Bezug auf Gerechtigkeit u. a. über die Ausrichtung in Einzel-, Gruppen- und Gemeinwesenarbeit; diese Ausrichtung entscheidet mit, ob einer Entöffentlichung von gesellschaftlichen Konflikten und Ausgrenzungsprozessen Vorschub geleistet wird. Eine ausschließlich in Richtung Einzelfallarbeit moderierende Gestaltung birgt die Gefahr, potentielle Solidarisierungsprozesse zu untergraben und eine Ausgrenzung von Problemen und den davon betroffenen Menschen aus dem Gemeinwesen zu fördern, anstatt die zugrundeliegenden gesellschaftlichen Konflikte anzuerkennen und in entsprechende Kontexte zu verweisen. Diese Gefahr ist angesichts der zunehmenden gesellschaftlichen Spaltung und des hohen Isolationsgrades vieler AdressatInnen Sozialer Arbeit von besonderer Brisanz.

[8] Ein Indiz hierfür ist das Missverhältnis von Einzel- und Gruppenberatung in der Praxis. Dies obwohl Ansätze der Gruppenberatung sowie des community counseling (Lenz, i.Bd.1) methodisch und theoretisch ausgearbeitet vorliegen. Der Bereich der Selbsthilfegruppenförderung ist ein Erfolgsbeispiel aus der Praxis der Gruppenberatung.

Welche theoretische Fundierung wird benötigt, um den sozialpolitischen Gehalt dieser Weiterverweisungsrichtungen in offenen Settings reflektieren zu können? Die Ebene der Deutungsmacht – die diskurspolitische Ebene – nimmt in allen aktuellen Theorien Sozialer Arbeit sowie in Ansätzen der Ungleichheitsforschung einen zentralen Stellenwert ein. Dass mit der Definition und dem institutionellen Kontext der Verhandlung immer auch Zensuren, d.h. gesellschaftliche Wertigkeiten und Zuschreibung, vermittelt werden, kann mit dem Ansatz einer „Politik des Sozialen" (vgl. Kunstreich, 2003) sowie dem Ansatz der Lebenslage analysiert werden. Der Ansatz der Lebenslage formuliert Dimensionen, von denen sozialpolitische Anerkennung abhängt und mit dem die gruppen- und sozialpolitische Veröffentlichungsdimension schwieriger Lebenslagen auch in diskurspolitischer Perspektive analytisch gefasst werden kann.[9] In grundlagentheoretischer Hinsicht ist eine Kombination dieser diskurspolitischen Perspektive mit dem Ansatz der Lebensweltorientierung geboten. Hier kann an Bitzan (2000) mit ihren Ausführungen zur Repolitisierung der Lebensweltorientierung durch eine Verbindung mit Ansätzen der Frauenforschung genauso angeknüpft werden wie an Bettinger (2005), der sich für die diskurspolitische Ergänzung des Ansatzes der Lebensweltorientierung auf Winkler (1988) bezieht. Für die Weiterentwicklung sozialpädagogischer Forschungsperspektiven scheint es lohnenswert, den jeweiligen analytischen Gehalt dieser verschiedenen theoretischen „Kombinationen" für die empirische Erforschung offener Settings herauszuarbeiten.

Ausstattungsgerechtigkeit

Die Theorie der Lebensweltorientierung betont mit dem Doppelgesicht der Handlungs- und Strukturmaxime, dass alltagsnahe Angebote nicht vom Handeln einzelner Professioneller abhängig sein dürfen, sondern in der Organisation und im sozialräumlichen Gefüge strukturell zu verankern sind (Grunwald & Thiersch, 2004). Eine angemessene strukturelle Ausstattung von offenen Settings bezieht sich demnach auf das innere Gefüge einer Einrichtung, das Gefüge zwischen Einrichtungen und das Gefüge im Sozialraum zwischen Einrichtungen, Gruppen und Verbänden. Zu fragen ist: Wie sind offene Settings im Leitbild, in Finanzierung, in Arbeitsplatzbeschreibungen und in Teamreflexionen verankert? Wie viel Zeit und Ressourcen stehen zur Verfügung? Wie werden innerhalb von Einrichtungen Settings mit je verschiedenen Formalisierungs- und Verbindlichkeitsgraden aufeinander abgestimmt? Werden offene Beratungssettings mit ihren je spezifischen Möglichkeiten für sich *und* in ihrer Relevanz für formalisiertere Settings (Verweisungsqualität) wertgeschätzt?[10]

Für eine weitere fachliche Profilierung ist diese komplexe Übergangsgestaltung zwischen Settings mit verschiedenen Verbindlichkeitsgraden in ihren strukturellen

---

[9] Dieser analytische Zugang wurde für die Untersuchung von Gruppenkontexten von Frauen in ländlichen Regionen entwickelt und erprobt, um ihre Netzwerke auch in ihrem sozialpolitischen Gehalt entschlüsseln zu können (vgl. Knab, 2001).

[10] Professionelle aus der Wohnungslosenhilfe berichten davon, wie über ein Eingrenzen des Beratungsverständnisses auf Beratungsstellen gerade die für die Wohnungslosenhilfe wichtigen offenen Beratungszugänge entwertet werden.

Voraussetzungen und fachlichen Kompetenzen zu belegen. Gerth (1995) weist diese zweifache Qualität von offenen Settings für die Jugendarbeit aus: in ihrer Relevanz für formalisiertere Settings und für sich allein. Er warnt zurecht davor, dass es in den unverbindlicheren Beratungskontexten nicht darum gehen kann, Jugendliche für die formalisiertere Beratung „zuzurichten". Eine sinnvolle Verankerung von Gelegenheitsstrukturen in und zwischen Einrichtungen bieten viele Mädchen- und Frauenprojekte mit Übergängen zwischen Freizeit-, Bildungs- und Beratungsangeboten sowie der Bereich der integrierten und flexiblen Erziehungshilfen (Hamberger, Köngeter & Zeller, 2004).

Eine weitergehende strukturelle Verankerung offener Beratungssettings im Sozialraum kann durch Kooperationen zwischen Professionellen und ehrenamtlich Engagierten ermöglicht werden. Es ist oft ein weiter Weg zu professioneller Hilfe, auf dem es zuweilen WegbegleiterInnen und WegbereiterInnen aus dem Gemeinwesen braucht. Ein Beitrag zur Ausstattungsgerechtigkeit mit dem Ziel, Gelegenheitsstrukturen für Beratung zu gestalten, bedeutet hier, diese „Gewährspersonen" zu begleiten und zu entlasten und hierfür Ressourcen in Einrichtungen zur Verfügung zu stellen (Huber & Knab, 1992; Knab, 2001). Dabei stellt die Kooperation keine Einbahnstraße dar: Ehrenamtliche fungieren oftmals als Gewährspersonen und verhelfen Professionellen im Gemeinwesen zu einem anerkannten Status.

Selbst-Gerechtigkeit

Von einer weiteren Profilierung offener Settings lässt sich erhoffen, dass Professionelle das Potential von diesen Settings mehr wertschätzen können. Bisherige Forschungsergebnisse deuten auf eine erhebliche Diskrepanz zwischen dem vielen kreativen Gestalten von offenen Settings, dem intuitivem Eingehen auf den Bedarf einerseits und der mangelnden Wertschätzung dieses Handelns als professionelles Handeln andererseits hin. Für einen Perspektivwechsel können hier Ansätze der Frauenforschung sowie der Diskurs um Professionalität (vgl. Henke, 2008) herangezogen werden. Beide Diskurse plädieren für ein Überschreiten von nach wie vor dominanten, jedoch veralteten Professionalitätsmaßstäben. Soziale Arbeit als noch junge Profession erfindet sich ja nicht nur als eine neue Profession, sondern entwickelt auch zeitgemäße, angemessenere Vorstellungen für Professionalität. Bereits 1986 betitelte Olk seine Veröffentlichung mit *„Abschied vom Experten. Sozialarbeit auf dem Weg zu einer alternativen Professionalität"*. Handeln in Ungewissheit war dabei ein zentrales Stichwort: der Ausweis einer Professionalität, die nicht mehr in hierarchischer Gebärde „alles besser weiß", sondern deren Expertentum darin besteht, Gestaltungsräume zu initiieren und zu begleiten, damit AdressatInnen ihr eigenes Expertentum weiterentwickeln können. Dieses eher begleitende, nicht so deutlich in Erscheinung tretende Handeln mit wenig Rollensicherheit gilt für offene Settings im besonderen Maße. In den Ausführungen zu Zugangs- und Verhandlungsgerechtigkeit wurde deutlich, wie Partizipation ermöglicht werden kann, indem eine einseitige Definitionsmacht des alten Expertenmodells über das Setting überwunden wird. Mit dem Gestalten von Aushandlungs- und Partizipationsprozessen wird ein für heutige gesellschaftliche Verhältnisse zentrales Kriterium für Expertentum entwickelt. Dewe und Otto (2002) insistieren gegenüber einem expertokratischen zweckrationalen Wissen auf ein diskursives Wissen, das es nicht nur wissenschaftlich, sondern immer auch sozialkulturell und lebenspraktisch rückzubinden gilt in die situativen Bedingungen der sozialen Handlungsvollzüge hinein.

Diese Leistungen im Kontext von offenen Settings gilt es selbstbewusst als Beitrag zu neuen Professionalitätsformen deutlich zu machen. Kleve (2001) beschreibt die sozialpädagogische Professionalität als Handlungsform des Umgangs mit Ambivalenz, die die Paradoxien und Mehrdeutigkeiten nicht wegdefiniere. Soziale Arbeit ist ein Handlungssystem, das dann gebraucht werde, wenn die Leistungsfähigkeit der „rationalen" Systeme erschöpft sei. Exemplarisch lasse sich dies an Beratung zeigen, die als sozialpädagogische gerade herausgelöst aus den „festen" Settings ihre Produktivität entfalte.

Literatur

Baumann, Z. (1992). *Moderne und Ambivalenz.* Hamburg: Junius.

Bettinger, F. (2005). Sozialer Ausschluss und kritisch-reflexive Sozialpädagogik – Konturen einer subjekt- und lebensweltorientierten Kinder- und Jugendarbeit. In R. Anhorn & F. Bettinger (Hrsg.), *Sozialer Ausschluss und Soziale Arbeit. Positionsbestimmungen einer kritischen Theorie und Praxis Sozialer Arbeit* (S. 367–395). Wiesbaden: VS Verlag für Sozialwissenschaften.

Bitzan, M. (2000). Konflikt und Eigensinn. Die Lebensweltorientierung repolitisieren. *Neue Praxis, 30,* 335–346.

Bitzan, M., Bolay, E. & Thiersch, H. (Hrsg.). (2006). *Die Stimme der Adressaten. Empirische Forschung über Erfahrungen von Mädchen und Jungen mit der Jugendhilfe.* Weinheim/München: Juventa.

Böllert, K. (2006). Die Produktivität des Sozialen – den sozialen Staat aktivieren. In K. Böllert, P. Hansbauer, B. Hasenjürgen & S. Langenohl (Hrsg.), *Die Produktivität des Sozialen – den sozialen Staat aktivieren. Sechster Bundeskongress Soziale Arbeit* (S. 15–27). Wiesbaden: VS Verlag für Sozialwissenschaften.

Buchinger, K. (2008). Ideen zur Grundlegung einer Beratungswissenschaft. *Supervision Heft 4,* 3–11.

Dewe, B. & Otto, H.U. (2002). Reflexive Sozialpädagogik. Grundstrukturen eines neuen Typs dienstleistungsorientierten Professionshandelns. In W. Thole (Hrsg.), *Grundriss Soziale Arbeit. Ein einführendes Handbuch* (S. 179–198). Opladen: VS Verlag für Sozialwissenschaften.

Fraser, N. & Honneth, A. (2003). *Umverteilung oder Anerkennung? Eine politisch-philosophische Kontroverse.* Frankfurt a. M.: Suhrkamp.

Freire, P. (1973). *pädagogik der unterdrückten. bildung als praxis der freiheit.* Reinbek bei Hamburg: Rowolth.

Gerth, U. (1995). Im Wald und an der Theke. Jugendberatung am anderen Ort. In A. Hundsalz, H.-P. Klug & H. Schilling (Hrsg.), *Beratung für Jugendliche* (S. 223–235). Weinheim/München: Juventa.

Grunwald, K. & Thiersch, H. (2004). Das Konzept Lebensweltorientierte Soziale Arbeit – einleitende Bemerkungen. In dies. (Hrsg.), *Praxis Lebensweltorientierter Sozialer*

Arbeit. Handlungszugänge und Methoden in unterschiedlichen Arbeitsfeldern (S. 13–39). Weinheim/München: Juventa.

Hamberger, M., Köngeter, S. & Zeller, M. (2004). Integrierte und flexible Erziehungshilfen. In K. Grunwald & H. Thiersch (Hrsg.), *Praxis Lebensweltorientierter Sozialer Arbeit. Handlungszugänge und Methoden in unterschiedlichen Arbeitsfeldern* (S. 347–374). Weinheim/München: Juventa.

Heiner, M. (2004). *Professionalität in der Sozialen Arbeit. Theoretische Konzepte, Modelle und empirische Perspektiven.* Stuttgart: Kohlhammer.

Henke, Ch. (2008). *Professionalisierung der Beratung in offenen Settings als ein Beitrag zur beruflichen Identität der Sozialen Arbeit. Theoretische Überlegungen und Anhaltspunkte für weiterführende empirische Untersuchungen.* Unveröffentlichte Diplomarbeit, Evangelische Fachhochschule Darmstadt.

Huber, H. & Knab, M. (1992). *Grundlagen der Beratung für Frauen in ländlichen Regionen. Teil I: Alltägliche Leistungsanforderungen und Bewältigungsformen.* Projektbericht, Tübingen.

Huber, H. & Knab, M. (1993). *Grundlagen der Beratung für Frauen in ländlichen Regionen, Teil II: Vermittlungsstrukturen und -leistungen zur Herstellung von Öffentlichkeiten in ländlichen Regionen, dargestellt am Problemkomplex ‚(Sexuelle) Gewalt gegen Frauen und Mädchen'.* Projektbericht, Tübingen.

Kaczor, M. (2010). *Beratung im Gehen. Eine Untersuchung zu einer Form Psychosozialer Beratung.* Unveröffentlichte Masterarbeit, Evangelische Fachhochschule Darmstadt.

Kleve, H. (2001). Sozialarbeit als Beruf ohne (eindeutige) Identität. Eine postmoderne Umdeutung, ihre Begründung und Auswirkung. *Forum Sozial, 3*, 15–17.

Knab, M. (2001). *Frauen und Verhältnisse. Eine sozialpolitische Netzwerkanalyse.* Herbolzheim: Centaurus Verlag.

Kunstreich, T. (2003). *Was ist eine Politik des Sozialen?* In R. Sorg (Hrsg.), *Soziale Arbeit zwischen Politik und Wissenschaft* (S. 55–74). Münster/Hamburg/London: Lit Verlag.

Meinhold, M. (1987). Hilfsangebote für Klienten der Familienfürsorge. In M.E. Karsten & H.U. Otto (Hrsg.), *Die sozialpädagogische Ordnung der Familie* (S. 197–214). Weinheim/München: Juventa.

Müller, B. (2008). *Sozialpädagogisches Können. Ein Lehrbuch zur multiperspektivischen Fallarbeit.* Freiburg i. Br.: Lambertus-Verlag.

Nestmann, F. (2008). Die Zukunft der Beratung in der sozialen Arbeit. *beratung aktuell, 9* (2), 72–97.

Oehlerich, G. & Schaarschuch, A. (2006). Zum Gebrauchswert Sozialer Arbeit. Konturen sozialpädagogischer Nutzerforschung. In M. Bitzan, E. Bolay & H. Thiersch (Hrsg.), *Die Stimme der Adressaten. Empirische Forschung über Erfahrungen von Mädchen und Jungen mit der Jugendhilfe* (S. 185–214).Weinheim/München: Juventa.

Olk, T. (1986). *Abschied vom Experten. Sozialarbeit auf dem Weg zu einer alternativen Professionalität.* Weinheim/München: Juventa.

Prengel, A. (1990). Annäherung an eine egalitäre Politik der Differenzgedanken gegen Sexismus und Rassismus. *beiträge zur feministischen theorie und praxis, 13* (27), 127–134.

Rawls, J. (1971). *Theorie der Gerechtigkeit.* Frankfurt a. M.: Suhrkamp.

Schrödter, W. (2002). Zwischen Vision(en) und Pragmatismus – Beratung und ihre neue Qualität. In F. Nestmann & F. Engel (Hrsg.), *Beratung. Bausteine für eine interdisziplinäre Wissenschaft und Praxis* (S. 79–94). Tübingen: dgvt-Verlag.

Sonntag, J. (1994). *Hingehen – mitgehen – nachgehen. Mobile Jugendarbeit als Beratungsansatz.* Stuttgart: Klett.

Thiersch, H. (1989). Homo Consultabilis: Zur Moral institutionalisierter Beratung. In K. Böllert & H.U. Otto (Hrsg.), *Soziale Arbeit auf der Suche nach der Zukunft* (S. 175–193). Bielefeld: Kleine Verlag.

Trio Virilent (1996). Kann man Männer beraten? Bedingungen männerspezifisch niedrigschwelliger psychosozialer Beratung. In BauSteineMänner (Hrsg.), *Kritische Männerforschung* (S. 249–283). Hamburg: Argument.

Tübinger Institut für frauenpolitische Sozialforschung e. V. (Hrsg.). (1998). *Den Wechsel im Blick. Methodologische Ansichten feministischer Sozialforschung.* Pfaffenweiler: Centaurus Verlag.

Winker, G. & Degele, N. (2009). *Intersektionalität. Zur Analyse sozialer Ungleichheiten.* Bielefeld: transcript.

Winkler, M. (1988). *Eine Theorie der Sozialpädagogik.* Stuttgart: Klett-Cotta.

Woog, A. (1998). *Soziale Arbeit in Familien. Theoretische und empirische Ansätze zur Entwicklung einer pädagogischen Handlungslehre.* Weinheim/München: Juventa.

Young, I.M. (1990). *Justice and the politics of difference.* Princeton, N.J.: University Press.

Prof. Dr. Maria Knab ist Sozialpädagogin, Hochschullehrerin für Theorie und Praxis der Sozialen Arbeit an der Evangelischen Hochschule Ludwigsburg und Mitarbeiterin des Forschungsinstituts tifs e. V. Ihre Arbeitsschwerpunkte sind Professionalität Sozialer Arbeit, sozialpolitische Profilbildung in Theorie und Methodik Sozialer Arbeit, Beratung und Inklusion, Geschlechterforschung, Praxisforschung.

Anschrift:
Evangelische Hochschule Ludwigsburg
Hochschule für Soziale Arbeit, Diakonie und Religionspädagogik
Paulusweg 6
D-71638 Ludwigsburg
E-Mail: m.knab@eh-ludwigsburg.de

Organisationsberatung und Beratung von Organisationen

Hans-Jürgen Seel

1 Wie kommen Beratung und Organisation zusammen?

Es hat sich eingebürgert, Beratung von Einzelnen und Familien sowie Beratung von Organisationen voneinander zu trennen. Mit dieser Unterscheidung werden in der Regel verschiedene Kontexte von Beratung assoziiert: Bei Beratung von Organisationen denkt man an den Kontext des Wirtschaftssystems (klassisch auch als Bereich der Produktion bezeichnet), bei Beratung von Familien und Einzelnen eher an psychosoziale Beratung als Unterstützung bei „persönlichen Problemen", an etwas, das mehr oder weniger nahe an der Psychotherapie anzusiedeln ist (klassisch: Bereich der Reproduktion).

Diesen Bereichen werden auch verschiedene Subkulturen mit unterschiedlichen Stilen zugeordnet (Bourdieu, 1987, spricht hier von „Habitus"): Bei der Beratung von Organisationen geht es um Umsätze, Management, Dienstwagen, Aktentasche, PC, Sakko und Krawatte; Familien dagegen bewegen sich in Jeans und T-Shirt, es geht um Heizungsabrechnungen, Kitas und Schulen sowie um evtl. pflegebedürftige Angehörige. Entsprechend treten auch die BeraterInnen auf (in Sakko und Krawatte vs. Jeans – lange galt auch das Vorurteil: im selbstgestrickten Pullover und Birkenstock-Schuhen). Manche Firmen machen darüber hinaus einen grundlegenden Unterschied zwischen Coaching (das bekommen Führungskräfte in „Sakko und Krawatte") und psychosozialer Beratung (das ist eine Unterstützung für die MitarbeiterInnen im „Blaumann"), andere (z. B. einige Bereiche von Siemens) weichen diesen Unterschied auf und weisen damit in die Zukunft. Es bestehen also einerseits deutliche subkulturelle Unterschiede, so dass es sich quasi von selbst versteht, auch unterschiedliche Beratungsverfahren und -formen zu unterstellen, ohne dass dies allerdings einer kritischen Überprüfung ausgesetzt wird. Andererseits begegnet man häufig genug PraktikerInnen, die erfolgreich in beiden Bereichen arbeiten und dabei auf dieselben Kompetenzen zurückgreifen. Nicht selten sind niedergelassene PsychotherapeutInnen auch als UnternehmensberaterInnen, u. a. im Bereich Coaching, tätig. Dies sollte Anlass genug sein, nachzufragen, was es mit der Beratung von Organisationen auf sich hat, was damit eigentlich genau gemeint ist. Dabei stößt man auf einen Begriff, der tatsächlich häufiger verwendet wird und anhand dessen verschiedene Begriffe von Beratung deutlicher eingeordnet werden können: „Organisationsberatung". Dies kann heißen:

1. Organisation ist das *Thema oder der Gegenstand* einer *Beratung in Führung und von Führungskräften*, bspw. von Unternehmen. In diesem Fall sind die Führungskräfte die KlientInnen von Beratung. In diesem Verständnis werden also nicht die AdressatInnen oder KlientInnen im Titel von Beratung genannt, sondern das Beratungsthema, ähnlich wie z. B. in der Wortverbindung Drogenberatung. Solche Beratungen können sehr verschiedene Formen annehmen: Wenn es sich um eine persönliche Beratung von Führungskräften zum Umgang mit Problemen der Organisation handelt, könnte es z. B. dem Coaching als einer speziellen Form von Beratung zugeordnet werden. Es könnte aber auch sein, dass sich die Führung eines Unternehmens von einem Berater eine Analyse der Situation des Unternehmens erwartet; möglich sind verschiedene Aspekte des Unternehmens als Beratungsthema, bspw. die betriebswirtschaftliche Situation (Position in verschiedenen Märkten, Analyse des Wertschöpfungsprozesses, Analyse der Kostenstruktur etc.) oder der Krankenstand oder ... Immer ist dabei das Ziel, Handlungsempfehlungen für die Führungsverantwortlichen zu vermitteln, die dann selbst entscheiden, ob sie sie umsetzen, z. B. in Form einer Umstrukturierung, oder ablehnen oder modifizieren. Die Umsetzung folgt hierbei einer Entscheidung der Führung und wird auf der Grundlage von Machtstrukturen realisiert, sie wird also angeordnet. Der hier verwendete Beratungsbegriff ist *transitiv*, und das heißt: jemandem einen Rat geben (Seel, 1998, vgl. auch Seel „Aufgaben und Probleme der Professionalisierung von Beratung" i.d.Bd.); entsprechende Beratungen werden von *Consulting*firmen angeboten. Die bekanntesten Protagonisten solcher Beratung sind die großen Firmen Accenture, McKinsey, Roland Berger etc. Es fallen aber auch Beratungen im Bereich von Unternehmenssoftware darunter. Fachliche Leitdisziplinen stellen dabei Betriebswirtschaft und Recht sowie Technik dar. Die MitarbeiterInnen sind hier ausschließlich *Betroffene* von Entscheidungen der Führungsebene.

2. *Beratungsklient* ist eine Organisation und das Beratungsthema ist die Organisation selbst. Streng genommen wäre nur hierfür die Bezeichnung Beratung von Organisationen zutreffend. Beratung besteht hierbei im Wesentlichen aus der Moderation und Steuerung eines reflexiven Prozesses zur Selbstklärung und zur Verbesserung der Handlungsorganisation einschließlich der Klärung der Beziehungen der Menschen in dieser Organisation (es handelt sich um *reflexive Formen der Beratung*, vgl. Seel, 1998). Ein solcher Beratungsprozess wird besser als *Counseling* im Unterschied zum Consulting bezeichnet. Er ist ganz anders anzugehen als Beratung nach dem vorigen Punkt 1. Natürlich

geben Berater auch hier einen Rat, aber dieser bezieht sich auf die Durchführung eines solchen reflexiven Prozesses und nicht auf bestimmte Ergebnisse, d. h. er ist grundsätzlich *ergebnisoffen*. Solche Beratungen zielen auf Organisationsentwicklung (vgl. Fatzer, i.Bd.1) im Unterschied zur Umstrukturierung. Hier ist die fachliche Leitdisziplin die Sozialwissenschaft, speziell die Sozialpsychologie (wobei dieser Begriff die Sozialpsychologie als Teil der Psychologie wie auch als Teil der Soziologie umfasst, was durchaus nicht immer dasselbe ist, aber in der letzten Zeit sich aufeinander zubewegt), die Arbeits- und Organisationssoziologie und -psychologie u. Ä. Die Mitarbeiter sind hierbei sowohl *Beteiligte* als auch Betroffene von der Beratung. (Es kommt immer wieder vor, dass nach der Beratung im Sinne von Punkt 1 eine Beratung im Sinne von Punkt 2 in Anspruch genommen werden muss, um mehr oder weniger verheerende Auswirkungen von Umstrukturierungen im Bereich der menschlichen Beziehungen im Unternehmen zu bearbeiten.)

„Beratung von Organisationen" kann also eigentlich nur die Beratung nach Punkt 2 meinen. Was aber heißt hier dann eigentlich „Organisation"? Ein genaueres Hinsehen zeigt, dass die Reduzierung des Begriffs auf Unternehmen und Verwaltungen, „Arbeitsorganisationen" also, zu kurz greift:

Der Begriff Organisation umfasst in unserem Sprachgebrauch zwei Bedeutungen, einmal ein soziales Gebilde mit mehr oder weniger festen Strukturen, zum anderen aber auch eine Tätigkeit, das Organisieren. Wenn Beratung beim *Organisieren* hilft, was häufig vorkommt, wäre in diesem Fall auch „Organisationsberatung" zutreffend, aber Organisationsberatung bei Weitem nicht nur von Unternehmen.

Unter Organisation in diesem Sinn der Tätigkeit des Organisierens kann man ein systematisches Aufeinander-Beziehen der Handlungen von Subjekten verstehen mit dem Ziel, gültige Regelungen für deren Handlungen in ihrer Beziehung zueinander zu etablieren (klassisch: wer übernimmt welche Rolle, welche Arbeit, welche Verantwortung etc.). Das Ergebnis einer solchen Tätigkeit des Organisierens ist dann eben eine Organisation im Sinne eines sozialen Gebildes oder Aggregats, das sich durch spezifische Eigenheiten auszeichnet, die für die Beratung ganz zentrale Themen darstellen können: Es ist häufig rational geplant, explizit und formalisiert, „kodifiziert", d. h. die Regeln des aufeinander bezogenen Handelns sind schriftlich fixiert, an einem expliziten Ziel ausgerichtet, haben eine Struktur, die wesentlich durch Machtbeziehungen bestimmt ist, und sie existieren *unabhängig vom einzelnen Mitglied*, d. h. sie zielen auf *Rollen* und *Funktionen*. Die Gültigkeit und die Einhaltung dieser Regeln können je nach *Rechtsordnung* durch eine gesellschaftliche Instanz, die Rechtsprechung, geprüft und mit den Machtmitteln des Staates durchgesetzt werden wie in den westlichen Gesellschaften. Daneben existieren auch *faktisch gültige* Regeln (die „informelle" Ebene), die ebenfalls das Handeln derselben Menschen systematisch aufeinander beziehen, die von den Beteiligten auch intendiert und zweckrational genutzt werden können – z. B. im Zusammenhang einer persönlichen Karrierestrategie –, die aber nicht schriftlich fixiert sind.

Zwar tauchten organisierte Gebilde von Rollen und Funktionen nicht auf, wenn es keine Menschen gäbe, die es tragen, aber es bleibt bestehen, wenn einzelne Individuen es verlassen und dafür andere eintreten.

Vorwort und Einleitung
Innovative Zugänge
Beratungs-settings und -räume
Medien und Beratung
Kritik der Beratung
Register
Anhang

Unter dieser Perspektive müssen wir zur Kenntnis nehmen, dass sich Menschen durchaus nicht nur zum Zweck der Erwerbsarbeit organisieren, sondern auch mit ganz anderen Zielen und in anderen Kontexten, auch in solchen, die nicht zum Bereich der Unternehmensberatung gehören, sondern – was die Subkultur betrifft – eher zum anderen, psychosozialen Bereich.[1] Systematisch aufeinander bezogen und damit „organisiert" sind z. B. auch die Handlungen in Partnerschaft und Familie (die allerdings nicht mehr identisch sind, wenn ein Mitglied ausgetauscht wird). Der Unterschied liegt also nicht auf der Ebene der Organisiertheit, sondern auf anderen Ebenen:

Zunächst ist darauf abzuheben, nach welcher *Rationalität* oder nach welchen *Prinzipien* das Aufeinander-Bezogensein von Handlungen geregelt ist. Im Falle von Unternehmen dominiert die betriebswirtschaftliche (Zweck-)Rationalität, deren Grundlage rechtliche Verträge von Individuen mit einer juristischen Person sind, z. B. die Arbeitsverträge. Die juristische Person ist im kapitalistischen Wirtschaftssystem ein Besitzer (von Produktionsmitteln) oder eine Vereinigung mehrer Besitzer/Anteilseigner oder Gesellschafter. Diese Arbeitsverträge sind wiederum eingebettet in ein komplexes Rechts- und Wirtschaftssystem, das solchen Verträgen einen Rahmen vorgibt – in unserem Fall die kapitalistische Wirtschaftsordnung und die Rechtsordnung des Bürgerlichen Gesetzbuchs beispielsweise. Zusammengeführt und zusammengehalten werden die Beteiligten dabei von ihren *Interessen.*

Im Falle der Familie sind es dagegen die emotionalen Bedürfnisse der Menschen, ihre *Motive*, die sie zusammenbringen und zusammenhalten. Auch sie sind vielfältig durch Gesetze geregelt und organisiert; Familien bilden aber keine eigenständige juristische Person.

So pointiert formuliert, fällt sofort auf, dass es auch im Unternehmen um die emotionalen Bedürfnisse der dort arbeitenden Menschen geht und in der Familie auch (und zwar immer mehr) um ökonomische Zusammenhänge. Voß und Pongratz (1998) beschreiben diese Entwicklung unter dem selbst erklärenden Stichwort der „Verbetrieblichung der Lebensführung" und meinen damit die immer stärker werdende Notwendigkeit, eine Familie mit betriebswirtschaftlichem Know-how zu managen.

Beraterisch besonders spannend (auch schwierig) sind unter diesen Gesichtspunkten Familienunternehmen als Klienten, weil sich in ihnen die verschiedenartigen Dynamiken der Beziehungen gegenseitig überlagern, so dass häufig Verwirrung über die dominierenden Beziehungsformen herrscht und welche Art von Rationalität die Beratung in den Vordergrund rücken muss (vgl. speziell dazu v. Schlippe, El Hachimi & Nischak, 2008).

[1] Streng genommen sind eigentlich sämtliche Handlungen von Menschen in irgendeiner Weise systematisch auf andere ausgerichtet, ganz einfach deshalb, weil es keine kulturfreien menschlichen Handlungen gibt. Sie sind also immer auf eine Gemeinschaft bezogen und bekommen von daher ihren Sinn. Wenn wir die Lehre von den psychischen Instanzen nach Freud betrachten, so können wir sagen, dass das Handeln eines Kindes auch dann systematisch auf das Handeln seines Vaters bezogen ist, wenn dieser abwesend oder gar tot ist, nämlich in Form des Über-Ichs.

2 Typen von Organisationen als Aggregationen von (natürlichen) Personen

Für die professionelle Beratung als Dienstleistung ist wichtig, wer diese Dienstleistung erhält und wer dafür bezahlt; wer ist also *Klient* und wer ist *Kunde* der BeraterInnen oder der Beraterorganisation und welchen Status hat er. Kunde ist per definitionem, wer die Beratungsdienstleistung bezahlt, und Klient ist, wer die Beratungsdienstleistung erhält. Kunde und Klient können konkret identisch sein, tatsächlich sind aber Kunde und Klient von Beratung vielfach nicht identisch. Das ist deshalb von Bedeutung, weil in solchen Fällen für den Berater das Problem entsteht, ob er sich an den Bedürfnissen oder Problemen des Klienten oder an den Erwartungen des Kunden („wer zahlt, schafft an") orientieren soll, was durchaus nicht immer vereinbar ist.

So ergibt sich eine Typisierung von Klienten- und Kundensubjekten, die jederzeit erweitert werden kann, wir beschränken uns hier auf einige zentrale Typen. Sie sind in irgendeiner Form organisiert bzw. organisieren sich, immer häufiger mit Hilfe von Beratung. Das liegt schlicht daran, dass jedes Zusammenarbeiten, -leben und gemeinsames Gestalten auf irgendeine Weise „organisiert" sein muss und dies zunehmend komplexer wird, so dass professionelle Unterstützung gefragt ist.

Basis: die „natürliche" Person

Basis von sämtlichen Beratungen ist immer das Individuum als „natürliche" Person, ohne dass es auch keinerlei Organisationen gäbe. Das bedeutet, dass sich jede Beratung mit den Individuen befassen muss, auch wenn ihr Thema und/oder ihr Klient eine Organisation ist. Allerdings kann das dazu verleiten, Organisationsberatung auf die Beratung von Individuen zu reduzieren, was aber zu Misserfolgen führen muss. Zur Beratung von Individuen (= „natürliche Personen") im privaten Bereich werden sowohl von diesen selbst bezahlte BeraterInnen herangezogen (in dem Fall sind Kunde und Klient identisch) als auch von anderen (z. B. von den Kommunen im Vollzug des KJHG) bezahlte professionelle BeraterInnen. Modelle der „Neuen Steuerung" in der Sozialen Arbeit sollen diesen Konflikt beseitigen.

Familie

Die Familie sollte im Falle einer Bearbeitung problematischer sozialer Dynamiken durch Beratung nicht als additive Ansammlung einzelner Individuen, sondern als Gruppe oder als Gemeinschaft betrachtet werden (dazu gibt es noch keine durchgängige Sprachregelung). Es empfiehlt sich, den Begriff der Gemeinschaft zu gebrauchen, wenn von einer Gruppierung oder Aggregation die Rede ist, deren Mitglieder gemeinsame Ziele/Interessen verfolgen, gemeinsame Werte teilen und im intensiven Austausch miteinander stehen. Solche Gemeinschaften zeichnen sich durch eine mehr oder weniger ausgeprägte *Eigendynamik* gegenüber den sie tragenden Individuen aus, weshalb hier auch gerne der *Systembegriff* verwendet wird.

Die Handlungen der Familienmitglieder sind systematisch oder regelhaft aufeinander bezogen und damit auch organisiert. Was sie von (anderen) Organisationen unterscheidet, ist, dass das Organisieren einerseits in der Regel nicht bewusst, nicht explizit und rational geplant (kodifiziert) vonstattengeht, sondern wächst, sich auch unter Krisen entwickelt und sich dabei ebenfalls verändert. Allerdings ist andererseits zu berücksichtigen, dass die Familie in ein System von gesetzlichen, also kodifizierten Regelungen eingebunden ist, so dass wir auch hier in gewissem Sinne von einer rational gesteuerten und kontrollierten Organisation sprechen können, man denke nur an das Familienrecht. In anderen Kontexten war bzw. ist die Familie durchaus auch stärker nach den Prinzipien des zweckrationalen Handelns organisiert – wie das Heiraten als Machtstrategie unter Königs- und Fürstenfamilien oder zur Vereinigung wirtschaftlicher Interessen von Kaufmannsfamilien. In den gesetzlichen Regelungen bspw. zur Gütertrennung in Ehen oder im Erbrecht finden wir auch heute noch solche nicht zu unterschätzenden Elemente. Die steigende Komplexität der in der Familie zu bewältigenden Anforderungen verlangt insgesamt zunehmend ein rationales *Management* der Familie.

Mitunter wird bspw. auch in Familienberatungen empfohlen, Beziehungen explizit zu organisieren und sogar kodifizierte Regeln einzuführen, z. B. um Missverständnisse auszuräumen und um das Aufeinander-Beziehen von Handlungen der Familienmitglieder systematisch in den Griff zu bekommen.

Netzwerke

Netzwerke können sowohl auf der Basis informeller nicht kodifizierter Regeln (z. B. als „Seilschaften" oder als Freundes-/Bekanntenkreis) wie auch auf der Grundlage kodifizierter z. B. vertraglicher Regeln organisiert sein (vgl. Straus, i.Bd.1). Organisatorische Netzwerke und besonders solche im beruflichen bzw. Arbeitsbereich suchen derzeit häufig noch nach geeigneten Rechtsformen, z. B. zwischen Gesellschaften des bürgerlichen Rechts und verschiedenen Vereinsformen. Charakteristisch ist für sie, dass verschiedene Spezialisten miteinander zusammenarbeiten, um gemeinsam eine (ganzheitliche) Leistung zu erbringen, wenn sich dies als notwendig oder sinnvoll erweist. Möglicherweise wird es in der Zukunft eine ganz neue Rechtsform für solche Netzwerke geben. Interessante Modelle finden sich in medizinischen Praxisnetzen, z. B. das Praxisnetz Nürnberg-Nord (https://www.praxisnetznuernberg.de/). Solche Netzwerke stellen ein Organisationsmodell dar, das sich bspw. gerade auch für professionelle BeraterInnen empfiehlt. Wenn BeraterInnen mit unterschiedlichen Arbeitsschwerpunkten in Netzwerken zusammenarbeiten, können sie sich gegenseitig ergänzen (vgl. Seel „Aufgaben und Probleme der Professionalisierung von Beratung" i.d.Bd.) und so der Anforderung einer ganzheitlichen Beratung von KlientInnen begegnen, ohne dass sie deshalb gleich ein durchorganisiertes Beratungsunternehmen bilden müssen.

Bürgerschaftliche und Selbsthilfegruppen, Non-Governmental Organizations (NGOs), sonstige Interessengruppen

Bürgerschaftliche und Selbsthilfegruppen und sonstige Interessengruppen sind etwas anders ausgerichtet als Netzwerke. Es handelt sich um eine spezielle Art, Menschen in vergleichbarer gesellschaftlicher Lage und mit gleichgerichteten Interessen mit einem allgemeinen Anspruch und gesellschaftlicher Zielsetzung zu Organisationen zusammenzubringen, und zwar einfach deshalb, weil auf diese Weise auch das Individuum mehr erreichen kann. Das gilt natürlich auch für die Beratung

– so steht z. B. die Deutsche Gesellschaft für Beratung (DGfB) für die Gemeinschaft der BeraterInnen und ihrer Verbände in Deutschland.

Auch solche Organisationen werden wohl für die Zukunft unserer Gesellschaft von zunehmender zentraler Bedeutung sein. Dahinter steckt nicht zuletzt die Erkenntnis, dass viele gesellschaftliche Problemlagen per individualisierten Handlungsmustern letztlich nicht bewältigbar sind. Auch ethische Motive mit verschiedenem Fokus bringen Menschen zu z. T. sehr mächtigen Organisationen zusammen, die als NGO (= Non-Governmental Organizations) durchaus schon mit Staaten an einen Tisch gebeten werden. Beispiele dafür sind Greenpeace, Amnesty International, verschiedene Organisationen humanitärer Hilfe u. Ä. Die negative Formulierung in der Bezeichnung „Non-Governmental Organizations" lässt erkennen, dass wir diese Organisationen noch nicht so richtig einordnen können als dadurch, was sie nicht sind.

Bei der Beratung von Interessengruppen sind Kunde und Klient häufig identisch, nicht so aber bei der Beratung von bürgerschaftlichen und Selbsthilfegruppen, die verbreitet auch durch die öffentliche Hand unterstützt werden, weil dies im öffentlichen Interesse liegt. Für diese stellt sich ohnehin das Problem der Finanzierung – auch von Beratungsdienstleistungen – als recht schwierig dar, was dann wieder Thema von Beratung abgeben kann. Die Bildung von oder der Anschluss an solche Gruppen kann durchaus Ergebnis individueller Beratungen sein, wenn sich herausstellt, dass viele BeratungsklientInnen sich mit demselben Problem herumschlagen. In der Konsequenz macht dann keine individualisierte, sondern eine gemeinschaftliche Problembearbeitung Sinn, die auch politisch gegen die Entstehungsbedingungen dieser Problemlagen angehen kann (vgl. Thiel, i.Bd.1). Da solche Gruppierungen oft von öffentlichen Mitteln abhängig sind, werden sie leicht zum Spielball parteipolitischer Strategien. Und das kann sich auch auf die Frage Kunde/Klient und in der Folge auf die Anforderungen an die Beratungsdienstleistung beim Organisieren auswirken. Ein Beispiel: Im Zuge eines Projekts der Stadtsanierung, das zum großen Teil aus gemischten öffentlichen (Bundes-, Landes- und kommunalen) Mitteln gefördert wurde, sollte ein Stadtteil sozial und ökologisch „entwickelt" werden. (Allein daraus lässt sich schon schließen, in welche parteipolitisch motivierten Förderprogramme dieses Projekt passt – was allerdings nicht unmittelbar und direkt gleich auf die Parteien zurückzuführen sein muss, die uns zunächst einfallen. Es kann auch sein, dass sich eine ganz andere Partei auftut, die darin eine Chance sieht, Wählerstimmen aus dem sozialökologischen Lager abzuziehen.) Die sehr vernünftige Idee der Planer dazu war, in diesen Planungsprozess die Bevölkerung dieses Stadtteils einzubeziehen, damit etwas wächst, das auch mit Leben gefüllt wird (im aktuellen Jargon: „gelebt wird"), also eine Form von Gemeinschaft entstehen kann. Aber wie setzt man diese Idee um? Man begab sich auf die Suche nach entsprechend qualifizierten und bezahlbaren BeraterInnen, fand diese auch und erteilte ihnen einen entsprechenden Auftrag, die Bevölkerung des Stadtteils irgendwie zu organisieren. Die BeraterInnen wiesen darauf hin, dass sie eigentlich Dienstleister für die Bevölkerung des Stadtteils sein müssten, diese sollte idealerweise sowohl Kunde/Auftraggeber als auch Klient ihrer Dienstleistung sein. Die vorgeschlagene Lösung: Solange es noch keine Organisation der Stadtteilbevölkerung gab, sollten die BeraterInnen der Bevölkerung (Klient) bei der Selbstorganisation helfen und dabei von der kommunalen Verwaltung (Kunde/Auftraggeber) bezahlt werden. Sobald aber eine Organisation der Bürger des Stadtteils stehen würde (z. B. ein Bürgerverein – die passende Rechtsform zu finden, ist eine, nicht ganz einfach zu bewältigende Beratungsaufgabe), sollte diese zum Auftraggeber/Kunden der BeraterInnen werden. Erleichtert wurde die Zustimmung dadurch, dass sich die kommunale Verwaltung davon auch eine Stärkung ihrer politischen Position in der Auseinandersetzung mit der Bundesverwaltung versprach. Organisationsberatung hilft also ihren KlientInnen, sich zu organisieren. Der Ausgangspunkt für solche Hilfen, sich zu organisieren, kann aber auch ganz woanders liegen: So ist es bspw. in der Individualberatung eine durchaus sinnvolle Option, die immer noch zu wenig genutzt wird, Probleme von KlientInnen dadurch einer Lösung näher zu bringen, dass ihnen geraten wird, sich zu organisieren, also nicht mehr oder nicht nur eine individuelle Problembewältigung voranzutreiben, sondern sich mit anderen zusammenzufinden und sich zu organisieren – als Selbsthilfegruppe z. B. oder als bürgerschaftliche Gruppe.

Die politischen und fachlichen Stichworte dazu sind *Ermächtigung* bzw. *Empowerment* und *Bürgergesellschaft* (vgl. Lenz, i.Bd.1). Insgesamt dürfte die gesellschaftliche Bedeutung von Netzwerken und bürgerschaftlichen und Selbsthilfegruppen (als Beispiel sei hier „Stuttgart 21" genannt) als Beratungskunden/Klienten durchaus so groß sein wie die von Arbeitsorganisationen und Unternehmen, was den in diesen Bereichen erzielten Umsätzen allerdings nicht entspricht.

Arbeitsorganisationen

Arbeitsorganisationen sind also eigentlich nur eine spezielle Form des organisierten, aufeinander bezogenen Handelns von natürlichen Personen. Ihre Besonderheit leiten sie aus einem komplexen System von kodifizerten Regeln ab, z. B. auf Grundlage des Arbeitsrechts. Sie sind durchaus nicht homogen, sondern weisen u. U. sehr große systematische Unterschiede auf. Zu ihnen gehören die staatlichen Verwaltungen auf den verschiedenen Ebenen genauso wie Dienstleistungsunternehmen einschließlich Banken und Versicherungen, produzierende Unternehmen, Hochschulen, Kirchen, Parteien, Träger sozialer Arbeit usw. usw.

Kunden sind hier die juristischen Personen (Aktiengesellschaften, GmbH, Organisationen des öffentlichen Rechts wie Gebietskörperschaften sowie Stiftungen, Vereine oder Verschachtelungen davon), sie sind aber in der Regel nicht identisch mit den KlientInnen, denn KlientInnen sind häufig diejenigen, die mit diesen juristischen Personen über Arbeitsverträge verbunden sind, also die Belegschaft eines Unternehmens oder die Beschäftigten einer Behörde usw. und deren organisierten Beziehungen untereinander. Wenn z. B. von Organisationsentwicklung die Rede ist, ist mit „Organisation" in der Regel ein soziales Aggregat gemeint, das von diesen Menschen gebildet wird (vgl. Fatzer, i.Bd.1).

Wer sich als BeraterIn in den verschiedenen Kontexten bewegt, macht die interessante Erfahrung, wie dieselbe Prozesslogik einiger zentraler Beratungsthemen in verschiedenen Kontexten konkret zwar unterschiedlich (d. h. im Sprachstil des jeweiligen Kontexts) beschrieben wird, aber dabei doch weitgehend dieselbe bleibt. Klassische Beratungsthemen sind z. B. Führung und Anleitung/Entwicklung von anvertrauten Menschen, Kommunikation und ihre Problematiken sowie Entwicklung und Veränderung der organisierten Beziehungen der Beteiligten/Betroffenen zueinander (vgl. z. B. Drucker, 2002). Ein schönes Beispiel ist das Thema der Beurteilung von anderen. Die grundlegende Logik ist überall dieselbe, sie lässt sich wissenschaftlich als relativ elaboriertes fachliches Teilgebiet der Psychologie durch die Stichworte Diagnostik und Personwahrnehmung umreißen. Als Problem einer systematischen organisatorischen Regelung ist die Beurteilung von anderen in den folgenden Kontexten häufig unter Hinzuziehung von BeraterInnen zu bewältigen: Beurteilung von SchülerInnen im Schulkontext durch LehrerInnen und Eltern mit z. T. drastischen Konsequenzen und entsprechenden Konflikten, besonders in einem Schulsystem wie dem bayerischen, das stark auf Selektion setzt;[2] sehr ähnlich stellt sich das Problem aber auch in der Personalauswahl und der Personalentwicklung bei der Einschätzung des Potentials für „höherwertige Aufgaben" durch Vorgesetzte und BeraterInnen (z. B. in Assessment-Centern) dar, als Mitarbeiterbeurteilung in Behörden, wo wegen der Dominanz von JuristInnen und des rechtlich „durchgekneteten" Beamtenrechts die Frage der „Gerichtsfestigkeit" mitunter eine ganz herausragende Rolle spielt, was aber z. B. bei der Beurteilung von Rehabilitanden in der beruflichen Umschulung weniger wichtig ist. In der Sozialen Arbeit hat die Beurteilung von Familien mit anschließender Entscheidung über die Herausnahme von Kindern im Interesse des Kindeswohls eine ganz enorme Bedeutung; auch in der Resozialisierung spielen Beurteilungen eine wichtige Rolle usw. usw. – die Liste lässt sich fast beliebig verlängern. Ähnliches lässt sich sagen über die Bearbeitung von Widerständen bei organisatorischen Entwicklungs- und Veränderungsprozessen; auch dieses Thema kommt in den verschiedenen Kontexten immer wieder vor. Es gibt also einige Themen, die gewissermaßen quer durch die Beratung in verschiedenen Kontexten gehen, zwar mit unterschiedlichen Aspekten, aber doch so weit dieselbe Prozesslogik aufweisen, dass sich ein Austausch lohnen würde.

3 Counseling: Beratung als Organisation und Management von reflexiven Projekten

Beratung bewegt sich also grundsätzlich zwischen Kunde (Auftraggeber) und Klient. Wenn es sich nicht um die Beratung von einzelnen (natürlichen) Personen handelt, sondern um Aggregate von Personen mit verschiedenen Formen des aufeinander bezogenen Handelns, muss darüber hinaus bedacht werden, wie dieses Aggregat, also z. B. die Belegschaft eines Unternehmens, konkret-praktisch zum Beratungsklienten gemacht werden kann. Man kann sich ja als BeraterIn schlecht mit den 2.000 Arbeitnehmern eines Unternehmens an einen Tisch setzen, um bspw. eine Organisationsentwicklung auf den Weg zu bringen und zu begleiten. Es muss also ein Weg gefunden werden, wie die Beratung organisiert wird; praktisch geschieht dies bspw.

[2] Häufig gibt es eine interessante Verdoppelung des Themas, weil die Beurteilung der Leistung von LehrerInnen u. a. auch beinhaltet, wie gut sie bei der Beurteilung von SchülerInnen sind. Dasselbe lässt sich von der Beurteilung von Vorgesetzten sagen, deren Leistungsbeurteilung ebenfalls ihre Leistungen bei der Mitarbeiterbeurteilung im Rahmen ihrer Personalentwicklungsaufgaben beinhaltet.

bei Organisationsentwicklungen in Form der Etablierung eines sogenannten „*Steuerkreises*". Damit wird eine (Teil-)Organisation auf Zeit, nämlich für die Dauer des Beratungsprozesses, geschaffen. Eine solche (Teil-)Organisation kann als *Projektorganisation* gesehen werden. Tatsächlich lässt sich eine bemerkenswerte Übereinstimmung zwischen dem Verständnis von Projekten, Projektmanagement und solchen organisierten Organisationsberatungen feststellen. Da die Beratung von Organisationen diese selbst oder bestimmte Teile von ihr selbst zum Gegenstand hat, kann man solche Beratungsprojekte als *reflexive Projekte* bezeichnen und entsprechend besteht die Beratung von Organisationen u. a. aus dem Management von reflexiven Projekten. Das beschreibt recht gut, was in der Praxis geschieht. Beratung hat also mit Organisation nicht nur als Beratungsthema oder als Beratungsklient zu tun, sondern beinhaltet selbst „Organisation".

Dies kommt jemandem, der Erfahrung in der Beratung von Familien hat, sicherlich bekannt vor. „Casemanagement" heißt das beraterische Management von reflexiven Projekten im Bereich der Sozialen Arbeit mit Familien (aber auch mit Einzelnen). Tatsächlich kann die Beratung von Familien nach den Standardmodellen für die Organisationsberatung strukturiert werden, wenn die „verräterischen" Vokabeln entfernt bzw. ersetzt werden, die auf die entsprechende Subkultur (s. o.) verweisen, und umgekehrt. Dabei kommt der „Hilfeplankonferenz" die Funktion zu, die im anderen Kontext der „Steuerkreis" innehat – ihn könnte man dort „Planungskonferenz" nennen. Mit anderen Worten: Die Beratung verschiedener Aggregationen von Personen folgt faktisch derselben oder zumindest einer sehr ähnlichen Prozesslogik. Eine an diesem übergreifenden Verständnis orientierte Beratung soll im Folgenden „Counseling" genannt werden.

Solche Organisationsberatung zeichnet sich dadurch aus, dass sie sich immer wieder zwischen Widersprüchen bewegen muss:

- *Positionen im Beratungskontext*: Im Zusammenhang reflexiver Projekte muss einerseits auf die bereits thematisierte Unterscheidung zwischen Kunde und Klient Rücksicht genommen werden und darüber hinaus im Beratungskontext auch auf die Unterschiede der Positionen von Beteiligten und Betroffenen systematisch berücksichtigt werden. Dabei gilt, dass das Ideal von Counseling sowohl die Identität von Kunde und Klient als auch die Identität von Beteiligten und Betroffenen beinhaltet. Wenn diese Identitäten nicht gegeben sind – und das ist in der Beratungspraxis häufig der Fall –, gestaltet sich die Beratung schwieriger: Es ist z. B. mit Widerständen zu rechnen, wenn in Beratungen mit den Beteiligten über die Köpfe der Betroffenen hinweg etwas beschlossen/in die Wege geleitet wird. Beides verweist auf die Machtrelationen im Beratungskontext, in denen die Beratung sich bewegen muss. Der Umgang mit Macht ist deshalb (nicht nur) bei der Organisationsberatung (Counseling) zentral, insbesondere wenn man bedenkt, dass eine ergebnisoffene und wahrhaftige Kommunikation, in der die Beteiligten offen sagen, was sie meinen, die also nicht durch Machtrelationen verzerrt wird, eine ganz wesentliche Voraussetzung für den Beratungserfolg darstellt.
- *Beratungsthemen* sind häufig Prozesse der Selbstklärung und Klärung der Beziehungen zwischen den Akteuren. Einerseits setzt eine Klärung der Beziehungen

zwischen den Akteuren voraus, dass diese sich schon klar darüber sind, was sie wünschen, welche „Mission" sie zu übernehmen bereit sind und wohin sie sich entwickeln wollen, andererseits findet eine Selbstklärung grundsätzlich im Austausch mit anderen statt. Das gilt für die „corporate identity" von Organisationen genauso wie für die einzelnen Untergliederungen (Abteilungen) und die Personen in diesen Organisationen wie auch für Familien. Beratung muss daher zwischen den Teilaufgaben der Selbstklärung und der Klärung (und Organisation) der Beziehungen der Akteure oszillieren. Dabei muss sie verschiedene Handlungsebenen berücksichtigen:

- *Handlungsebenen*: Beratung von Organisationen pendelt immer wieder zwischen den Handlungsebenen zweckrationaler formaler und kodifizierten Planungen („Systeme zweckrationalen Handelns" nach J. Habermas, 1988) einschließlich betriebswirtschaftlicher und rechtlicher Aspekte einerseits und der sozialpsychologischen Ebene „persönlicher" Beziehungen, subjektiver Bewertungen, Motiven, Fantasien und Emotionen (speziell Hoffnungen und Ängsten) andererseits (Ebene der „Lebenswelt" nach J. Habermas, 1988) sowie deren Interdependenzen und wechselseitigen Beeinflussungen; besonders „spannend" für die Beratung sind deshalb Familienunternehmen.

Auf diesem Hintergrund lassen sich derzeit einige aktuelle grundsätzliche Probleme der Organisationsberatung erkennen:

- Auf der theoretischen Ebene ist der Zusammenhang zwischen individuellem Handeln und sozialer Struktur noch nicht befriedigend geklärt, also u. a. die Frage, wie es zu verstehen ist, dass die soziale Struktur z. B. eines Unternehmens von den Menschen als eine ihnen äußere Realität wahrgenommen wird, obwohl sie ausschließlich in ihrem Handeln existiert. Dies betrifft ein allgemeines Problem der Sozialwissenschaften, das im Zusammenhang der Organisationsberatung jedoch praktisch konkret wird (Schwarz, 2008), ebenso wie z. B. die Frage, wie die „Kapitalsorten", insbesondere das „symbolische Kapital" nach Bourdieu (1970), psychologisch und praktisch werden kann. Auch hier stellt sich die Frage der Verbindung der Analyse von sozialen bis hin zu gesellschaftlichen Strukturen. Solche (makro-)soziologischen und psychologischen Fragestellungen werden bisher in der Regel nebeneinander und ohne Bezug zueinander theoretisch und wissenschaftlich bearbeitet, was in der Folge auch ein „Umswitchen" der Beratung nach sich zieht, die dann zwei Prozesse steuern muss.
- Beratung als Geburtshelfer einer fortschreitenden *Unterwerfung von Lebenswelten durch Systeme zweckrationalen Handelns* (Habermas, 1988) kann durch Orientierung am Kunden (zuungunsten des Klienten) die Entgrenzung (vgl. Gottschall & Voß, 2005) befördern mit der Folge von Burn-out von MitarbeiterInnen und von Organisationen: Immer häufiger sind Burn-out-Phänomene von Unternehmen durch sich und die Details der Organisation infrage stellende reflexive Projekte zu beobachten. Solche Projekte werden oft auch zur der Profilierung und als Tätigkeitsnachweis von Managern initiiert; in manchen Unternehmen und Verwaltungen gehen die MitarbeiterInnen bereits mehr und mehr dazu über, immer neue Projekte „abzuwettern", sich sozusagen „warm anzuziehen"

Vorwort und Einleitung
Innovative Zugänge
Beratungs-settings und -räume
Medien und Beratung
Kritik der Beratung
Register
Anhang

und „in Deckung zu gehen“, allenfalls noch etwas Aufmerksamkeit darauf zu richten, ob es irgendwelche Entwicklungen gibt, die persönliche Bedrohungen oder auch Chancen beinhalten könnten. Im Übrigen übernehmen sie schnell die Rhetorik des jeweils aktuellen Veränderungsprozesses und schaffen sich hinter dieser Fassade ihre Freiräume. Mitunter entsteht auch der Eindruck, dass alle Beteiligten dieses wissen, und in einem „pact of ignorance“ die Schauveranstaltung durchziehen – nicht zuletzt auch, um mögliche Nachteile zu vermeiden, die dadurch entstehen könnten, dass man sich verweigert, und um sich zu schützen vor individuellem Burn-out. Andere Unternehmen bieten in Erkenntnis dieser Sachlage, die sich u. a. in Leistungsabfall und/oder erhöhtem Krankenstand äußern kann, als Reaktion darauf z. B. im Rahmen eines betrieblichen Gesundheitsmanagements Unterstützung bei der Bewältigung der Entgrenzungsproblematik an, indem sie bspw. Sozialberatung und Weiterbildungen dazu vorhalten, wie man sich des übermächtigen und letztlich krank machenden Zugriffs der Arbeit auf sämtliche Lebensbereiche erwehren (wie z. B. der ständigen Erreichbarkeit durch die modernen Kommunikationstechnologien) und sich Freiräume erhalten kann. Hintergrund sind zunehmende Bemühungen der Unternehmen, sich die Kompetenzen und die Leistungsfähigkeit ihrer MitarbeiterInnen zu erhalten, nicht zuletzt deswegen, weil ausgebrannte MitarbeiterInnen letzten Endes das Unternehmen teuer zu stehen kommen.

- Beratung als Führungsersatz: Beratung wird instrumentalisiert zur Übernahme von Aufgaben, die eigentlich Führungsaufgaben sein sollten. Dies kann auf verschiedene Weise geschehen: So kann die Verantwortung für unangenehme Aufgaben – wie z. B. „Freistellungen“ – an Beratung abgegeben werden, sei es, dass man sich darstellt als jemand, der eigentlich etwas anderes lieber wollte (aber die BeraterInnen haben dringend empfohlen, dass …), oder sei es, dass BeraterInnen beauftragt werden, die unangenehmen Entscheidungen zu kommunizieren. Hoch problematisch ist es auch, wenn versucht wird, Entscheidungen, die bereits getroffen wurden, über einen reflexiven Beratungsprozess an die MitarbeiterInnen zu kommunizieren, indem ein ergebnisoffener Prozess vorgetäuscht wird und BeraterInnen veranlasst werden, diesen Prozess so zu steuern, dass das vom Auftraggeber (der Führung) gewünschte Ergebnis erzielt wird. So etwas lässt sich kaum verbergen und verdirbt die Kommunikationskultur in der Organisation nachhaltig. Vertrauen lässt sich sehr leicht zerstören, dann aber sehr schwer wiederherstellen.

Ganz anders sieht es aus, wenn mit reflexiven Projekten etwas angesprochen wird, das die Menschen im Unternehmen wirklich berührt, das sie als Gestaltung ihres eigenen Arbeitens und Lebens begreifen können. Dann entwickelt sich etwas gleichsam Naturwüchsiges von hoher ästhetischer und in der Folge auch funktionaler Qualität, wobei Beratung häufig unverzichtbar mitgewirkt hat, ohne dass dies aber als eine mit dröhnenden Vokabeln gespickte Veranstaltung wahrgenommen wird. Unter Marketing-Gesichtspunkten und unter der Perspektive auf die narzisstischen Bedürfnisse des Beraters/der Beraterin ist dies allerdings nicht optimal, es sei denn, unter den Teilnehmern in führender Position befindet sich jemand, der oder die über das entsprechende Gespür verfügt und den Wert einer unauffälligen Beratung als Management reflexiver Projekte zu schätzen weiß – ein Glücksfall für die BeraterInnen.

Damit erhebt sich die Frage nach der Qualitätsbewertung von Organisationsberatung (wie von Beratung überhaupt); sie erfordert wohl noch einige Diskurse. Sicher erscheint nur, dass eine Bewertung nur nach kurz- oder mittelfristigen Effizienzgesichtspunkten wohl zu kurz greifen muss. Unabhängig vom Beratungsgegenstand sind z. B. die Auswirkungen der Art, wie im reflexiven Projekt miteinander umgegangen wird, auf die Kommunikationskultur (modisches Stichwort: „Wertschätzung") und auf die Zufriedenheit im Unternehmen nicht zu unterschätzen.

Literatur

Bourdieu, P. (1970). *Zur Soziologie der symbolischen Formen.* Frankfurt a. M.: Suhrkamp.

Bourdieu, P. (1987). *Die feinen Unterschiede. Kritik der gesellschaftlichen Urteilskraft.* Frankfurt a. M.: Suhrkamp.

Drucker, P.F. (2002). *Was ist Management? Das Beste aus 50 Jahren.* München: Econ.

Gottschall, K. & Voß, G.G. (Hrsg.). (2005). *Entgrenzung von Arbeit und Leben. Zum Wandel der Beziehung von Erwerbstätigkeit und Privatsphäre im Alltag.* München/Mering: R. Hampp Verlag.

Habermas, J. (1988). *Theorie des kommunikativen Handelns* (2 Bde.). Frankfurt a. M.: Suhrkamp.

Schlippe, A. von, El Hachimi, M. & Nischak, A. (Hrsg.). (2008). *Familienunternehmen verstehen. Gründer, Gesellschafter und Generationen.* Göttingen: Vandenhoeck & Ruprecht.

Schwarz, S. (2008). *Strukturation, Organisation und Wissen. Neue Perspektiven in der Organisationsberatung.* Wiesbaden: VS-Verlag.

Seel, H.-J. (1998). Perspektiven einer Psychologie der Beratung. In H.- J. Seel & G. Zurhorst (Hrsg.), Beratung – wissenschaftlich und professionell eigenständig? *Journal für Psychologie, 6* (3), 39–53. Verfügbar unter: http://www.ssoar.info/index.php?id=139 [04.04.2011].

Voß, G. & Pongratz, H.J. (1998). Der Arbeitskraftunternehmer. Eine neue Grundform der Ware Arbeitskraft? *Kölner Zeitschrift für Soziologie und Sozialpsychologie 50* (1), 131–168.

Prof. em. Dr. Hans-Jürgen Seel ist Diplom-Psychologe und Professor im Ruhestand der Georg-Simon-Ohm-Hochschule Nürnberg sowie Mitglied des Vorstands der Deutschen Gesellschaft für Beratung (DGfB).

Anschrift:
Wilhelm-Beyer-Weg 9
D-90429 Nürnberg
E-Mail: Hans-Juergen.Seel@ohm-hochschule.de

Community Counseling: Beratung im sozialräumlichen Kontext

Vera Bamler und Jillian Werner

1 Community Counseling

In Zeiten, in denen große Teile der Bevölkerung hochentwickelter Industrie- und Wissensgesellschaften immer mehr mit den Folgen des rasanten gesellschaftlichen Wandels allein gelassen sind und Anforderungen an das individuelle Bewältigen soziokultureller Umbruchprozesse steigen, könnte die seit den 1990er-Jahren in Nordamerika unter dem Begriff Community Counseling konzipierte gemeindepsychologische und gemeinwesenorientierte Beratung auch hierzulande an Bedeutung gewinnen (vgl. Lenz, i.Bd.1). Das ist jedoch im deutschsprachigen Raum bislang kaum der Fall. Ansätze, wie sie u. a. von Hershenson, Power und Waldo schon 1996 für eine sozialräumliche, gemeindepsychologische Beratung vorgestellt wurden, sind bisher nur vereinzelt theoretisch aufgegriffen worden. Sie finden in der Praxis der Beratung oder im Kontext von Studium und Ausbildung von Beraterinnen und Beratern nur marginale Aufmerksamkeit.

Die Gesellschaft für Gemeindepsychologische Forschung und Praxis (GGFP) setzt sich für die Entwicklung und Etablierung einer Gemeindepsychologischen Wissenschaft und Praxis auch im Beratungsbereich ein.

Die Lebens- und Alltagsgestaltung der Individuen zeichnet sich heute durch eine hohe Komplexität und geringe Kalkulierbarkeit aus. Menschen wird einerseits die Fähigkeit zur permanenten Neuorientierung, Mobilität oder Flexibilität abverlangt, um sowohl das eigene Leben als auch Beziehungen, Beruf etc. selbstbestimmt gestalten und entwicklungsförderlich managen zu können. Auf der anderen Seite werden die spezifischen Individualisierungs-, Pluralisierungs- und Enttraditionalisierungsprozesse von zahlreichen Problemen und Schwierigkeiten begleitet. Lebensprobleme, -konflikte oder -krisen der Individuen entstehen aus eben diesen Widersprüchen zwischen gesellschaftlichen Anforderungen und persönlichen Bedürfnissen, vor allem dann, wenn entsprechende Bewältigungsressourcen fehlen.

An diesem Punkt setzt Community Counseling an. Gemeindebezogene Beratung basiert auf der Annahme, dass sich Menschen in Wechselbeziehung und Auseinandersetzung mit ihrer (sozialen) Umwelt entwickeln. Sie zielt daher darauf ab, Modernisierungsrisiken in dieser Umwelt zu minimieren, und unterstützt Menschen innerhalb ihrer sozialräumlichen Zusammenhänge dabei, psychosoziale Probleme zu überwinden. Beratung nimmt hier die „Community" in den Blick und bildet auf diese Weise ein kritisches Gegenüber zu den psychologischen, psychiatrischen oder psychotherapeutischen Interventionen, die ausschließlich individuumszentriert ausgerichtet sind (Engel, 2004). Probleme und ihre Entstehung sind sozial und räumlich zu verorten und entsprechend gelingt es auch nur unter Einbeziehung sozial-räumlicher Kontexte, sie angemessen zu bearbeiten und zu lösen (Sickendiek, Engel & Nestmann, 2008).

Der Begriff „Community" wird in vielfältigen Zusammenhängen verwendet und sowohl eng als auch weitergreifend definiert. So kann eine Community z. B. aus Individuen bestehen, die in bestimmten geographischen Regionen leben, in Städten, Stadtteilen bzw. ländlichen Gegenden, oder aus Menschen mit einer spezifischen kulturellen oder ethnischen Zugehörigkeit. Im Rahmen sozialer Arbeit und psychosozialer Intervention gelten „Communities" als soziale eher einheitliche und kontinuierliche Systeme, da die Mitglieder einer Community (Individuen, Gruppen, Organisationen) durch ihr Eingebundensein in spezifische Beziehungsnetzwerke voneinander abhängig sind, die ähnliche Interessen und Bedürfnisse innerhalb ihrer Alltags- und Lebenswelt haben. Communities sind z. B. Familien, Nachbarschaften, Einwohnerinnen und Einwohner bestimmter Stadtteile oder Regionen, aber auch Institutionen wie Schulen, Universitäten, Krankenhäuser, Freizeiteinrichtungen etc. Sie haben als soziokulturelle Systeme großen Einfluss auf ihre Mitglieder und deren psychosoziales Wohlbefinden. Dennoch verweisen aktuelle Netzwerkstudien aus den USA auf eine eher abnehmende Bedeutung von Nachbarschaften und Communities für die einzelnen Individuen, insbesondere im Hinblick auf soziale Unterstützung. Demgegenüber wächst die Relevanz engster familiärer und freundschaftlicher Beziehungen wie auch – gestützt über neue Medien und Internet – lockerer Verbindungen, z. T. über große räumliche Entfernungen (u. a. Mc Pherson, Smith-Lovin & Brashears, 2006). In Anbetracht der Herausforderungen postmoderner Gesellschaften scheint der Bedarf an informellen unterstützenden Beziehungen allerdings auch auf der Ebene von Communities zu wachsen. Sie sind Günther (2005, S. 427) zufolge „auf Grund physischer Nähe und leichter Erreichbarkeit ideale Unterstützungsquellen (...) in alltäglichen Problemsituationen, die bedarfsgerechte, lebensweltbezogene und unbürokratische Hilfeleistungen zeitnah erfordern." Community Counseling hat die Möglichkeit, Beziehungsformen mittlerer Reichweite zu fördern und die Entwicklung unterstützender informeller Hilfesysteme zu lancieren. Die direkten und indirekten Einflussmöglichkeiten von Mitgliedern innerhalb der Community und daraus folgende spezifische Interdependenzen werden zu einem zentralen Gegenstand gemeindenaher Beratung (J.A. Lewis, M.D. Lewis, Daniels & D'Andrea, 2003). Community Counseling findet so z. B. im Wohnumfeld eines Menschen statt, im jeweiligen Stadtteil, in der Nachbarschaft, in spezifischen (sub)kulturellen Milieus und integriert in die Beratungsarbeit die jeweilige soziale, kulturelle, ökonomische etc. Infrastruktur (Lenz, i.Bd.1).

Community Counseling kann definiert werden

> "as the application of counseling principles and practices in agency, organizational, or individual practice settings that are located in and interact with their surrounding community. In general, if one creates a continuum of practice settings from schools to colleges to agencies and organizations to individual practice, the modal setting for community counseling is agencies and organizations." (Hershenson, Power & Waldo, 1996, S. 26)

Ganz im Sinne einer psychosozialen Beratungsperspektive basiert Community Counseling auf einer dezidiert sozialökologischen Beratungshaltung, die sich in einem spezifischen Gesellschafts- und Menschenbild zeigt:

> „Psychosoziale Probleme werden nicht nur als individuelle intrapsychische Probleme gesehen, sondern primär als individuelle Lösungsversuche, die sich im Spannungsfeld zwischen subjektiven Bedürfnissen und den gesellschaftlichen Widersprüchen und Belastungen in der alltäglichen Lebenswelt ergeben. Der im deutschsprachigen missverständliche Begriff der ‚Gemeinde' konkretisiert sich hier in den alltäglichen Lebenswelten und korrespondiert mit der räumlichen Verortung der Problemursachen wie auch mit der hiermit verbundenen Perspektive, zu einer Problemlösung innerhalb eben dieser räumlich-sozialen Kontexte und Ressourcen zu gelangen." (Engel, 2004, S. 25)

Deshalb ist es Aufgabe und Ziel von Community Counseling u. a.

- die Entwicklungsperspektiven von Menschen zu fördern,
- ihre psychosoziale Gesundheit und ihr Wohlbefinden zu stärken
- sowie sie beim Aufbau, Erhalt und Nutzen hilfreicher Netzwerkbeziehungen zu unterstützen (Lewis et al., 2003).

Community Counseling ist im sozialen Umfeld der Menschen angesiedelt. Sie bezieht sich demzufolge nicht nur auf das Individuum, sondern auch auf sein Eingebundensein in (umfassende) soziale Netzwerkstrukturen und ermöglicht eine personenübergreifende Beratungsarbeit. Beratung erweitert damit den Blick auf gesellschaftliche, sozioökonomische und politische Dimensionen der komplexen Person-Umwelt-Interaktionen. Denn:

> „Erst wenn wir auch lernen, die Menschen in ihren Verhältnissen zu sehen und zu verstehen, können wir auch den Einfluss der Verhältnisse auf das Verhalten begreifen und mit ihnen ausloten, wie Verhältnisse und Verhalten ausgehalten oder verändert werden können." (Lenz, i.Bd.1, S. 436)

Dadurch ergeben sich sowohl vielfältige und spezifische Beratungszugänge für Community Counseling als auch umfassende und komplexe Anforderungen an die Kompetenzen eines Beraters bzw. einer Beraterin in diesem Feld, die Hershenson et al. (1996) anhand von sechs „Parametern" identifizieren. Community Counseling

1. findet innerhalb eines jeweils spezifischen Beratungssettings, z.B. Beratung in Einrichtungen der Kinder- und Jugendhilfe, in Schulen und Institutionen der Altenhilfe, statt;
2. fokussiert auf vielfältige Ziel- bzw. Bevölkerungsgruppen, z.B. Beratungsarbeit mit Kindern, Jugendlichen, Erwachsenen und alten Menschen;
3. wird mit unterschiedlichen Problemlagen konfrontiert, z.B. Beratung zu Arbeitslosigkeit, Suchtverhalten, Karriereplanung;
4. benötigt einen bestimmten „focus of intervention", z.B. in Form von Erziehungs- und Familienberatung;
5. verlangt eine spezifische Beratungsorientierung, z.B. eine multi- bzw. interkulturelle Beratungsorientierung, sowie
6. ein spezifisches Set an Beratungskompetenzen, z.B. Fähigkeiten im Bereich der Beratungsarbeit mit Einzelnen, Gruppen und/oder Organisationen.

Ausgehend von der Fokussierung auf das einzelne Individuum erweitert sich der gemeindepsychologische Blick auf soziale Kontexte, in denen Personen agieren. Diese veränderte Sichtweise führt konsequent zu einer Ausdehnung des Beratungsfeldes und ermöglicht psychosozialer Beratung zukünftig besser, auf postmoderne Herausforderungen zu reagieren (Röhrle, 2001). Community Counseling ist als kontextualisierte Beratungsintervention immer in die Dynamik gesellschaftlicher Veränderungsprozesse eingebunden und muss im jeweiligen Beratungsfeld passförmig sein, will sie als tatsächliches Unterstützungsangebot wahr- und angenommen werden.

In einer Zeit, in der die psychosoziale Versorgung sowohl durch einen Trend zur Einzelpsychotherapie (nach Psychotherapeutengesetz) wie vielerorts über Tendenzen einer Einzelfallabrechnung in der Beratung (z.B. über Fallpauschalen der Jugendämter) beeinflusst wird, bleiben Community-Counseling-Ansätze wichtige „antizyklische" Gegenpole einer stärker kontextbewussten Intervention.

2 Ausgewählte Beratungsfelder

Da sich Beratung im Community Counseling auf die gesamte Gemeinde bezieht, sind die Arbeitsfelder sehr vielfältig. Community Counselors arbeiten z.B. in Bildungs- und Freizeitinstitutionen, wie Schulen, Kinder- und Jugendklubs, in Gesundheits(beratungs)einrichtungen, in der Krisenintervention, im Bereich der Berufsbildung und Karriereplanung, in Suchtberatungsstellen, Familienberatungs- und -bildungsstellen.

Community Counseling in der Gesundheitsförderung

Die WHO (1986) bezeichnet mit dem Begriff „Gesundheitsförderung" Interventionen, die dazu beitragen, allen Menschen ein höheres Maß an Selbstbestimmung über ihre Gesundheit zu ermöglichen und sie auf diese Weise zur Stärkung ihrer Gesundheit zu befähigen. Community Counseling kann dabei unterstützen, „Gesundheit zu fördern und die persönlichen und sozialen Voraussetzungen dafür herzustellen" (Nestmann, 2007, S. 25). Im Zentrum der Arbeit steht die Suche und Entwicklung gesundheitsförderlicher Ressourcen, ohne die den Lebenswelten inhärenten Belastungen aus dem Blick zu verlieren. Beraterinnen und Berater arbeiten kontextbezogen und betrachten die Ratsuchenden in ihrer lebensräumlichen und sozialen Einbettung. Die Lebenswelt der Klientinnen und Klienten ist für die Gesundheitsberatung ein wesentlicher Bezugspunkt. Beratung bietet die Chance „z.B. bisher unreflektierte und unverrückbare Routinen und Gewohnheiten [zu] hinterfragen, neue Perspektiven und Handlungsformen [zu] ermöglichen, alltägliche Einschränkungen und Zwänge in ihren Ursachen [zu] klären und neue Entwicklungsräume [zu] öffnen." (ebd., S. 26)

Gesundheitsförderung innerhalb einer Community bezieht sich auf unterschiedliche Zielgruppen und beinhaltet vielfältige Vorgehensweisen und Interventionen mit dem Ziel, Menschen aufzuklären, zu informieren, ihnen Orientierung zu geben, sie bei Entscheidungsfindungen zu unterstützen, ggf. Verhaltensänderung zu bewirken etc. Ort der Gesundheitsförderung muss die Alltagswelt sein, „also der Ort, wo die Menschen leben" (Lenz, i.Bd.1, S. 439). Der Bedarf nach Unterstützung und Gesundheitsförderung innerhalb einer Gemeinde wird sichtbar, wenn z.B. Stadtteile verstärkt mit Sucht- und Drogenproblemen konfrontiert werden, verkehrsreiche Straßen das psychosoziale Wohlbefinden der Anwohnenden beeinträchtigen und Unfallrisiken steigen oder in ländlichen Regionen die gesundheitliche und soziale Versorgung alter Menschen aufgrund demographischer Entwicklungen erschwert wird. Beratung präventiv ausgerichtet fördert soziale Beziehungen und Unterstützung und trägt zu gesundheitsgerechter Gestaltung verschiedener Lebensbereiche bei (Maschewsky-Schneider, 1997). Die sozialökologische Orientierung ermöglicht der gemeindenahen Beratung damit einen erweiterten Blick auf Ratsuchende in ihren (sozialen) Lebenszusammenhängen.

Ausgehend von der Kritik am paternalistischen Medizinsystem, an tradierten medizinischen Versorgungs- und Organisationsstrukturen und gesundheitspolitischen Maßnahmen, die sich vor allem durch ökonomische Zwänge auszeichneten, gewann mit Beginn der 1970er-Jahren Laienhilfe und Gesundheitsselbsthilfe an enormer Bedeutung (Ruckstuhl, 2011). Rasant entwickelten und verbreiteten sich gemeindenahe Ansätze, Konzepte und Modelle der Laien- und Selbsthilfe, mit dem Ziel

- das bisherige Medizinsystem durch die aktive Mitbestimmung der Menschen zu verändern und zu erweitern,
- den medizinischen Expertenstatus durch Förderung von Selbsthilfe kritisch zu hinterfragen und zu minimieren,
- formelle und informelle gesundheitliche und medizinische Interventionsmaßnahmen miteinander zu verbinden und
- zukunftsfähige Konzepte zur Gesundheitsförderung und -erhaltung zu entwickeln.

Vor allem im bürgerschaftlichen Engagement wird die aktive Übernahme gesundheitlicher Selbstverantwortung und Selbstbestimmung deutlich, indem Menschen gemeinschaftlich Ideen und Angebote für eine gesunderhaltende Lebenswelt entwickeln und umsetzen. Großangelegte Projekte wie „gesunde Stadt" oder „gesunde Ernährung" sind darunter ebenso vertreten wie Maßnahmen zur gesundheitsförderlichen Schulhof- und Pausengestaltung oder Konzepte einer aufsuchenden, niedrigschwellig angelegten Gesundheitsversorgung, z. B. Hausbesuche durch psychosoziale und medizinische Fachkräfte und Angebote ehrenamtlich arbeitender Angehöriger des medizinischen Versorgungssystems.

Unter den Begriffen „Capacity Building“ und „Community Readiness” (Spicker & Lang, 2011) werden konzeptionelle Ansätze verstanden, die sowohl den Auf- und Ausbau von Kompetenzen und Strukturen als auch die Bereitschaft und das Vermögen einer Community für eine nachhaltige Gesundheitsförderung erfassen, steuern und unterstützend begleiten. Ausgehend von einem sozialökologisch ausgerichteten Gesundheitsverständnis zielen die verschiedenen gesundheitsfördernden Konzepte, Ansätze und Methoden darauf ab, individuelle Wissensbestände zu erweitern, eine entsprechende Infrastruktur zur Gesundheitsförderung in Institutionen und Organisationen zu entwickeln sowie eine tragfähige Zusammenarbeit sowohl auf regionaler und kommunaler als auch gesellschaftlicher und gesundheitspolitischer Ebene zu erreichen.

Community Counseling mit Familien

Familien können zu unterschiedlichen Zeitpunkten und in verschiedenen Situationen von Problemen betroffen werden. Eine umfassend angelegte Familienberatung zielt auf die Entwicklungsförderung des Gesamtsystems Familie ab (Haid-Loh & Lindemann, i.Bd.2). Damit sind Beratungsangebote gemeint,

> „die sich auf Probleme und Aufgaben beziehen, die Familien zu bewältigen haben. Sie ist Beratung für Personen, die Krisen, Probleme oder Entscheidungen im familiären Lebenszyklus zu bewältigen haben. Diese können jung oder alt sein, als Einzelne, Paare oder Familie bzw. Teilfamilien Hilfe, Unterstützung und Rat in Anspruch nehmen.“ (ebd., S. 989)

Das Konzept der Integrierten Familienorientierten Beratung (IFB) beinhaltet Familien- und Lebensberatung zu unterschiedlichen Problemlagen, Themen und Bereichen und einen integrativ-eklektischen Beratungszugang zur Zielgruppe (ebd.).

Bildungs- und beratungsrelevante Themen sind über die Lebensspanne verteilt und umfassen z. B. die Übernahme von (früher) Elternschaft, Bedürfnisse von Familien mit Kleinkindern, Schulkindern, pubertierenden Kindern und Jugendlichen, die Empty-Nest-Phase und familiale/generationale Unterstützungsbeziehungen (Hershenson et al., 1996). Häufige Probleme sind in diesem Zusammenhang u. a. kindliche Entwicklungsauffälligkeiten, Schulschwierigkeiten, allgemeine Erziehungs- und Familienprobleme, wie z. B. Geschwisterrivalität, familiale Gewalt oder Überforderung sowie Konflikte in der Paarbeziehung der Eltern (Schmelzer & Trips, 1995).

Community Counseling kann als präventive, selbsthilfefördernde und lebensweltlich orientierte Unterstützung einsetzen, um Familien bei der Bewältigung von Anforderungen, Problemen und Konflikten ressourcenorientiert zu unterstützen. Familie wird nicht als ein isoliertes bzw. einzelnes System betrachtet, sondern Community Counseling mit Familien findet integriert in die Systeme der Lebens- und Alltagswelt der jeweiligen Familienmitglieder statt. Es wird „gemeindenah“ gearbeitet, indem neben der Familie z. B. Kindertagesstätten, Schulen, Jugendamt und weitere Einrichtungen und Angebote der Kinder- und Jugendhilfe in die Beratungsarbeit mit einbezogen werden. Ein Schwerpunkt der Beratungsarbeit mit Familien ist dabei die soziale und kulturelle Integration marginalisierter oder benachteiligter Familien, die in Armut leben, von Arbeitslosigkeit betroffen sind, ebenso wie Alleinerziehende oder *Flüchtlinge mit prekärem Aufenthaltsstatus*. Offene formelle und informelle Anlaufstellen für Familien innerhalb der Community, wie Beratungsstellen, Familientreffpunkte, Kinderklubs und institutionelle Freizeitangebote bieten einen niedrigschwelligen Zugang für Community Counseling mit Familien. Institutionen des Gemeinwesens, wie Familien-, Mütter-, Jugend- und Begegnungszentren, stellen relevante Schnittstellen zwischen Region und Einwohnern dar und bieten Anknüpfungspunkte für eine präventiv und sozialräumlich angelegte, ressourcenorientierte Beratungsarbeit mit Familien in sozial belasteten Stadtteilen und Quartieren.

Community Counseling mit alten Menschen

Der demographische Wandel führt zu einer stetig zunehmenden Alterung der Bevölkerung in Industrieländern, der vor allem durch geringe Fertilitäts- und Mortalitätsraten bedingt ist. Damit verbunden ist ein kontinuierlicher Anstieg der Lebenserwartung von Menschen. In der Folge differenziert sich die Lebensphase Alter immer weiter aus und ist von Langlebigkeit und Hochaltrigkeit geprägt (Naegele & Tews, 1993; Staudinger & Häfner, 2008).

Der Strukturwandel des Alters (Naegele & Tews, 1993) ist zudem durch unterschiedliche Lebenslagen und Lebensformen von Frauen und Männern gekennzeichnet, die zu sozialer Ungleichheit im Alter führen (Borchert, 2008). Auf vertikaler Ebene zeigt sich diese Ungleichheit z. B. in Bezug auf Einkommen, sozialen Status, Bildungsstand etc. Horizontal werden darunter Ungleichheiten aufgrund von Geschlecht, Alter, Familienstand, ethnischer Zugehörigkeit verstanden. Vor allem für alte Frauen verbirgt sich dahinter die Gefahr eines erhöhten Altersarmutsrisikos, da Frauen älterer Kohorten im Vergleich zu Männern einen geringeren Bildungsstand und eine diskontinuierliche Berufsbiografie haben und durch biographische Brüche wie Scheidung oder Verwitwung ein geringeres materielles Vermögen besitzen. Spezifische Armutsauswirkungen zeigen sich u. a. in den Bereichen des Wohnens, der Gesundheit, hinsichtlich gesellschaftlicher Partizipation, Freizeitgestaltung oder Bildung. Prognostiziert wird in diesem Zusammenhang ein genereller Anstieg der Altersarmut in den nächsten Jahren vor allem bei Menschen, die langzeitarbeitslos waren, im Niedriglohnsektor arbeiteten, Sozialhilfe erhielten und/oder einen Migrationshintergrund haben (Borchert, 2008; Clemens & Naegele, 2004).

Aktivierende Community Counseling mit alten Menschen zeichnet sich durch eine hohe Akteurszentrierung aus: Selbstbestimmung, Partizipation und Engagement der Alten selbst stehen im Zentrum des Geschehens. Beratungsarbeit setzt daran an, gemeinsam mit alten Frauen und Männern Beteiligungsmöglichkeiten zu schaffen, zu erhalten und zu fördern, lebenswerte Lebensräume zu entwickeln, quartiersbezogene Bedürfnisse älterer Menschen zu analysieren und anhand dessen Veränderungen anzustoßen und zu unterstützen. Zudem kann Beratung für Vernetzung bestehender hilfreicher Strukturen im Quartier sorgen und helfen, Problemlagen wie Altersarmut, Pflegebedürftigkeit, Immobilität, „Vereinsamung“ durch Entwicklung niedrigschwelliger Unterstützungssysteme zu bearbeiten. Dazu gehört auch, Nachbarschaftshilfen bzw. Netzwerk- und Beziehungspflege zwischen Jung und Alt als unterstützendes Sozialgefüge zu entwickeln, für ein altersgerechtes und barrierefreies Wohnumfeld zu sorgen und Wohnmodelle mitzugestalten – ohne alte Menschen zu separieren. Beratung kann helfen, eine altersentsprechende Infrastruktur (u. a. mit Einkaufsmöglichkeiten, Grünflächen, Apotheken, Serviceeinrichtungen, öffentlichen Verkehrsmitteln) zu schaffen, um Mobilität, Selbsthilfe, Autonomie und Selbstständigkeit zu fördern, und sie kann Möglichkeiten für Treffen und Austausch etablieren helfen.

3 Maximen von Community Counseling

Community Counseling ist eine Beratungsorientierung, die spezifische Konzepte, Ansätze und Methoden in ihr Beratungsverständnis und ihre Arbeitsweise integriert. Zentral sind dabei vor allem vier Orientierungen:

- Prävention,
- Empowerment,
- Alltags- und Lebensweltorientierung und
- Ressourcenorientierung.

Prävention

Prävention als ein zentrales Leitkonzept von Community Counseling beinhaltet Interventionen, die darauf gerichtet sind, Problemen vorzubeugen und sie zu vermeiden. Das sind Maßnahmen und Strategien, die Belastungen unterschiedlicher Art im Vorfeld der Entstehung von Problemen und Krisen verhindern oder reduzieren. In diesem Kontext werden mögliche Problemursachen und -bedingungen antizipiert, die das Leben von Menschen einschränken oder gefährden können, werden Maßnahmen der Prophylaxe entwickelt und umgesetzt oder mögliche Folgen von Veränderungen (wie z. B. Baumaßnahmen) innerhalb einer Gemeinde reflektiert und in ihrer Konsequenz für die Bevölkerung diskutiert. Community Counseling setzt dort an, wo Probleme entstehen, und arbeitet mit und in den jeweiligen Lebenswelten, um vorhandene Ressourcen in den Problemlöseprozess direkt einbinden zu können.

Prävention wird in primäre, sekundäre und tertiäre Prävention differenziert (Sickendiek et al., 2008). Lewis et al. (2003, S. 14) beschreiben die verschiedenen Formen präventiver Beratung folgendermaßen:

> "Primary prevention focuses on lowering the incidence of various psychosocial problems and on promoting positive mental health among people not identified as having any special psychological difficulties at the present time. Primary prevention is distinguished from secondary prevention, which aims at the early identification and treatment of problems, and from tertiary prevention which attempts to decrease the long-term effects of more serious psychological problems. In essence, primary prevention involves activities that are designed to reduce environmental stressors and build people's competencies and life skills."

Präventionsarbeit innerhalb von Community Counseling erfolgt personen- und systembezogen (Sickendiek et al., 2008). Personenbezogene Präventionsarbeit ist auf einzelne Individuen oder Personengruppen ausgerichtet, um sie bei einer möglichst frühzeitigen Bearbeitung ihrer Probleme zu unterstützen und beeinträchtigende Bedingungen aufzuheben oder zu reduzieren. Zielgruppen sind sowohl gesunde Menschen ohne spezifische Konflikte oder Risiken als auch Angehörige sogenannter „Risikogruppen" oder Subkulturen. Systembezogene Präventionsmaßnahmen fokussieren vor allem Veränderungen in der sozialräumlichen und organisatorischen Umwelt, richten sich z. B. auf Institutionen, wie Schulen, Krankenhäuser, aus und beinhalten sozialökologische Veränderungen in Stadtteilen, wie gesundheitsfördernde Verkehrs- oder Baumaßnahmen.

Empowerment

Eine grundlegende Orientierung von Community Counseling ist Empowerment. Im Mittelpunkt stehen Selbstentfaltung und Selbstbestimmung der Individuen und sozialen Gemeinschaften (u. a. Lenz, 2011; Stark, i.Bd.1; 1996; Rappaport, 1985). Empowerment heißt „das eigene Leben in die Hand zu nehmen" und die eigenen Lebensumstände selbst zu beeinflussen (Herriger, 2006; Lenz & Stark, 2002). Stark (i.Bd.1) beschreibt in Anlehnung an Swift und Levin (1987) zwei Formen von Empowerment: psychologisches (psychological) und politisches (community) Empowerment. Psychologisches Empowerment bezieht sich dabei insbesondere auf die einzelne Person und die Erweiterung von Handlungsmöglichkeiten, während politisches Empowerment stärker auf einen kollektiven Kompetenzgewinn und den Zuwachs an Verfügungsmacht in der Auseinandersetzung mit der gesellschaftlichen Umwelt und dem öffentlichen Raum fokussiert. Empowerment will neben der Gewährleistung von Bedürfnisbefriedigung die Sicherung und Durchsetzung der Rechte von Betroffenen fördern. Community Counseling muss beide Formen in die Arbeit integrieren und den Blick auf die aktivhandelnden Menschen in ihren Alltagswelten lenken. Sie kann Ratsuchende sowohl dabei unterstützen, die Fähigkeit zu entwickeln, eigenverantwortliche Entscheidungen zu treffen und aus einer Vielzahl von Lebensoptionen zu wählen, als auch dazu motivieren, aktiv für ihre Bedürfnisse und Wünsche einzutreten und eigene Rechte und Mitwirkungsmöglichkeiten einzufordern. In der psychosozialen Arbeit bedeutet Empowerment insbesondere, Voraussetzungen dafür zu schaffen, dass Klientinnen und Klienten selbstbestimmt leben können. Es gilt persönliche wie kollektive Lebensräume zu entwickeln, in denen die Individuen und Gruppen (insbesondere auch diejenigen, die von herrschenden Normen „abweichen") „so sein können, wie sie sind" und in denen sie ihre Potentiale und Ressourcen selbstbestimmt und in sozialer Einbindung optimal zur Entfaltung bringen können – so unterschiedlich diese sein mögen (Rappaport, 1985). Ziel ist es, die Selbsthilfekräfte von Personen in sozialer Einbettung zu fördern und ihre Eigenverantwortung in der Gemeinschaft zu stärken.

Alltags- und Lebensweltorientierung

Der Bezug auf Alltags- und Lebenswelt der Individuen prägt auch gemeindeorientierte Beratung: „Wer Menschen befähigen will, ihre Möglichkeiten (den eigenen

Möglichkeitsraum) zu erweitern, muss innerhalb ihrer Lebenswelt agieren." (Lüttringhaus, 2007, S. 41)

Im Blick sind dabei unterschiedliche Akteurinnen und Akteure mit ihren spezifischen Lebenslagen, Lebensstilen und Lebensbedingungen sowie ihren Möglichkeiten und Ressourcen, Probleme, Beeinträchtigungen und Konflikte innerhalb ihrer Lebenswelt bewältigen zu können. Betrachtet werden auf der einen Seite vor allem einflussreiche gesellschaftliche und soziokulturelle Bedingungen, die auf den Alltag von Menschen wirken und diesen unter Umständen erschweren oder beeinträchtigen. Andererseits rücken die individuellen Bewältigungsstrategien, Kompetenzen, Fähigkeiten und Ressourcen der betroffenen Menschen in den Fokus. Ausgehend von gemeindepsychologischen Ansätzen ist ein wesentlicher Aspekt von Community Counseling, die Handlungsfähigkeit der Klientinnen und Klienten zu stärken – und das nicht nur bezogen auf ein Individuum, sondern auch auf das soziale Netzwerk.

Ressourcenorientierung

Eine ressourcenorientierte Perspektive und Herangehensweise ist für Community Counselors grundlegend. Sie haben in Beratungsprozessen die Aufgabe, gemeinsam mit den Klientinnen und Klienten persönliche und soziale Ressourcen zu entdecken, weiterzuentwickeln und „Ressourcenmanagement" zu fördern. Da Zugangs- und Partizipationsmöglichkeiten eng an psychologische, soziale oder ökonomische Voraussetzungen der Individuen in ihrer Lebenswelt gebunden sind, ist eine ressourcenorientierte Perspektive innerhalb der Beratung wesentlich, um Bewältigungspotentiale des Einzelnen und seiner Umwelt sichtbar und nutzbar zu machen.

Community Counseling nimmt eine gesellschaftskritische Position ein, indem sie davon ausgeht, dass die Probleme von Menschen oftmals auf einer ungerechten Verteilung von Ressourcen basieren und dass es eines gesellschaftlichen Wandels bedarf, um dieser Ungerechtigkeit entgegenzuwirken. Ressourcenorientierte Beratung setzt dort an, wo alltägliche Bewältigungsressourcen reduziert oder überfordert sind, wo individuelle Kompetenzen oder soziale Ressourcen fehlen. Beratung möchte durch Ressourcendiagnostik und -sensibilisierung Ressourcen erhalten, aufbauen und fördern (Nestmann, i.Bd.1). Wesentlich ist eine Ressourcensicherung mit dem Ziel, ein selbstbestimmtes und selbstkontrolliertes Gestalten von Alltag und Leben für die ratsuchende Person (wieder) zu ermöglichen.

Beratung fördert Widerstandsressourcen, die einen konstruktiven Umgang mit gesundheitlichen Belastungen unterstützen. Ressourcen sind im Individuum selbst (kognitive, psychische, physiologische, ökonomische bzw. materielle Ressourcen) oder im gesellschaftlichen bzw. sozialen Umfeld (politische und ökonomische Stabilität, funktionierende Sozialstrukturen etc.) zu finden. Der Ressourcenansatz impliziert eine positive Sicht auf die Person – nicht die Defizite stehen im Zentrum, sondern die personen- und kontextbezogenen Ressourcenbestände. Diese Sichtweise stellt nicht infrage, dass in der Regel eine Problemsituation Ausgangspunkt und Anlass von Community Counseling ist. Bei vielen Beratungsanlässen handelt es sich um subjektiv und objektiv problematische Situationen, die die Klientinnen und Klienten überfordern. Auch in ressourcenorientierter Beratung wird eine Problemkonstellation zunächst als solche auf- und angenommen. Allerdings wird im Beratungsverlauf immer mehr auf die vorhandenen Stärken, Wachstums- und Entwicklungspotenziale der Ratsuchenden, auf die hilfreichen Effekte sozialer Netzwerkseinbindungen und persönlicher Beziehungen sowie auf ihre Kompetenzen und Selbsthilfekräfte fokussiert. Ressourcenorientierte Beratung erfordert von Beraterinnen und Beratern eine Haltung, die von Wertschätzung und Respekt geprägt ist. Sensibilität bezogen auf die vorhandenen Ressourcen und der Glaube an das Potential der Klientele, ihr Leben nach eigenen Wünschen und Vorstellungen selbst verändern und gestalten zu können, müssen im Beratungsprozess selbstverständlich sein.

Diese Grundsätze von Community Counseling sind allerdings auch mit konzeptionellen Risiken verbunden. So besteht die Gefahr, dass individuelle und kollektive Selbsthilfeanstrengungen von Bevölkerungsgruppen für fremde Ziele instrumentalisiert werden. Betroffenenbedürfnisse verschwinden hier hinter staatlichen, Verwaltungs- oder Mehrheitsinteressen, die letztlich nicht im Sinne derjenigen sind, die sich beraten lassen. Eine zu große Nähe von Hilfe- und Beratungsinstanzen zu bestimmten Communities und das institutionelle Eindringen in Milieus können auch in einer Kolonisierung von Lebenswelten münden, die das Streben nach kultureller Autonomie und Differenz zur Mehrheitsgesellschaft (bspw. von Jugendlichen) unterlaufen. Schließlich mag auch eine gemeindebezogene Vernetzung bestehender Strukturen im negativen Fall in dysfunktionale Formalisierung und Bürokratisierung von zuvor unkomplizierter Zusammenarbeit umschlagen, die nicht mehr zur Lösung von Problemen beiträgt und Veränderungen von Lebensverhältnissen blockiert. Um nicht in diese Fallen zu tappen, muss sich Community Counseling in der Praxis daran messen lassen, ob und wie intensiv Betroffene tatsächlich aktiv und maßgeblich beteiligt sind und nicht bloße Empfänger und Zielgruppen professioneller und institutioneller „Maßnahmen" bleiben.

4 Herausforderungen für Beraterinnen und Berater

Community-Counseling-Konzepte betonen das dynamische Zusammenspiel und die Wechselwirkungen zwischen Menschen und ihrer lokalen Umwelt. Sie arbeiten in und mit dem Spannungsfeld von Individuum- und Gemeinde-Orientierung. Ausgehend davon werden Angehörige der jeweiligen Community dabei unterstützt, Bewältigungsstrategien zu entwickeln und einzusetzen, die zum einen zu individueller Entwicklung und zum anderen zur Veränderung von Lebenskontexten führen (Lewis et al., 2003). Hershenson et al.(1996) merken an:

> "A Community Counselor working with clients from a particular segment of the population or assisting clients with a particular issue may have to use skills developed by other counseling specialities (for example, gerontological counseling or career counseling) within a community counseling framework. By the same token, it would be equally appropriate for a counselor in any other speciality, working in any setting, to focus the intervention process on the client's community environment, to follow a community counseling orientation, and/or to use specialized community counseling skills. Identity as a community counselor, however, requires that one's professional center of interest is the body of knowledge that involves the integration of all four aspects of community counseling: practice setting, orientation, focus of intervention, and specialized skills." (S. 26f.)

Community Counselors beraten, unterstützen und begleiten Einzelpersonen, Gruppen und Institutionen/Organisationen in unterschiedlichen Problemlagen, sie geben ihnen Informationen, entwickeln mit ihnen hilfreiche Unterstützungsnetzwerke, arbeiten präventiv, motivierend, ressourcenorientiert und nachsorgend. Mitglieder einer Community werden als Individuen angesehen, die wachsen und sich entwickeln, die mit unterschiedlichen Ressourcen ausgestattet sind und selbstbestimmt handeln. Vor diesem Hintergrund wird mit ihnen respektvoll, wertschätzend und partizipativ gearbeitet. Individuelle Stärken werden durch Beratung erweitert und gefördert, individuelle Schwächen reduziert. Klienten und Klientinnen werden aktiv in den Beratungsprozess eingebunden und dabei unterstützt, realistische Ziele für die Problembewältigung zu definieren und vorhandene Ressourcen dafür einzusetzen bzw. wiederzuentdecken (Hershenson et al., 1996). Partizipation der Ratsuchenden im Beratungsprozess wird damit zu einer bedeutsamen Maxime. Entscheidungen oder Handlungen können in einem sicheren Rahmen erprobt und geübt werden. Ohne die fachlichen und beraterischen Kompetenzen der Professionellen infrage zu stellen, werden Klientinnen und Klienten als Expertinnen und Experten ihrer Lebenswelten betrachtet. Diesen Ansatz umzusetzen erfordert von Beraterinnen und Beratern ein hohes Maß an Reflexionsvermögen.

Community Counselors richten ihre Aufmerksamkeit dabei auf zwei Ebenen: Auf die Umwelt der Individuen, die als veränderbar und dynamisch angesehen wird, sowie auf das individuelle Wohlbefinden und die Gesundheit der Klientinnen und Klienten innerhalb ihrer Lebenskontexte. Während des Beratungsprozesses setzen sich die Beteiligten mit folgenden Fragen auseinander (Lewis et al., 2003):

1. Inwieweit können Klientinnen und Klienten ihre Probleme, Anliegen, Bedürfnisse durch persönliche Entwicklungs- und Veränderungsprozesse bewältigen bzw. befriedigen?
2. Inwieweit können die sie umgebenden Lebensbedingungen bzw. ihr Alltag hilfreich und unterstützend bei der Problembewältigung sein?
3. Inwieweit hängen Bewältigungsstrategien bzw. Problemlösungen von veränderten Umweltbedingungen ab, inwieweit von Veränderungen der jeweiligen Person?
4. Welche Möglichkeiten und Methoden können Community Counselors nutzen bzw. einsetzen, um dynamische Entwicklungs- und Veränderungsprozesse in Klientel und Umwelt auszulösen?

Lewis et al. (2003) formulieren ein sogenanntes RESPECTFUL-Modell, dessen humanistisches Menschenbild die Grundlage wertschätzender gemeindeorientierter Beratung darstellt und folgende Dimensionen des Menschseins beinhaltet: **R** ("religious/spiritual identity") für die religiöse, spirituelle Identität eines Individuums, **E** ("economic class background") für den jeweiligen ökonomischen Status, **S** ("sexual identity") für die spezifische sexuelle Identität, **P** ("level of psychological maturity") als den Grad der psychischen Reife, **E** ("ethnic/racial identity") für die jeweilige ethnische und kulturelle Zugehörigkeit, **C** ("chronological/developmental challenges") für vielfältige Entwicklungsprobleme und Herausforderungen, mit denen Menschen zu unterschiedlichen Zeitpunkten konfrontiert werden, **T** ("various forms of trauma and other threats to one's sense of well-being") für die verschiedenen Probleme, Beeinträchtigungen oder Konflikte, die das Wohlbefinden beeinflussen können, **F** ("family background and history") für familiale Hintergründe, die jeweilige Familiengeschichte und das biographische Gewordensein eines Menschen, **U** ("unique physical characteristics") für die einzigartigen physischen Eigenschaften und **L** ("location of residence and language differences") für Wohnort und sprachliche Vielfalt. Beratung setzt nach diesem Modell an den zahlreichen Facetten und Kontexten eines Individuums an und integriert diese in ihr Beratungshandeln.

Interventionen und Angebote des Community Counseling sind gemeindenah konzipiert. Zusammenfassend lässt sich festhalten, dass dies z.B. offene Beratungsarbeit, niedrigschwellige Angebote, eine verstärkte Geh-Struktur, vernetztes Arbeiten impliziert – sowohl bezogen auf die Beziehungen Ratsuchender als auch auf die Vernetzung professioneller Einrichtungen. Zudem erfordert es neben kurativen Angeboten ein verstärkt präventives Arbeiten. Ein ressourcenorientiertes Beratungshandeln bei gleichzeitigem Wissen um Probleme und Schwierigkeiten muss selbstverständlich sein. Unter entwicklungsförderlicher Perspektive betrachtet sind Menschen aktiv handelnde Individuen, deren Leben durch die soziokulturelle Community sowohl eingeschränkt als auch unterstützt werden kann. Ziel von Community Counseling ist es deshalb, Klientinnen und Klienten in ihrer Selbsthilfe und ihrem Empowerment zu unterstützen.

Literatur

Borchert, L. (2008). *Soziale Ungleichheit und Gesundheitsrisiken älterer Menschen. Eine empirische Längsschnittanalyse unter Berücksichtigung von Morbidität, Pflegebedürftigkeit und Mortalität.* Augsburg: Maro.

Clemens, W. & Naegele, G. (2004). Lebenslagen im Alter. In A. Kruse & M. Martin (Hrsg.), *Enzyklopädie der Gerontologie* (S. 387–402). Bern, Göttingen, Toronto, Seattle: Huber.

Engel, F. (2004). *Beratung – sieben Annäherungen an einen Begriff und ein professionelles Handlungsfeld.* Studienmaterial. Bielefeld.

Günther, J. (2005). Das soziale Netz der Nachbarschaft als System informeller Hilfe. *Gruppendynamik und Organisationsberatung, 36* (4), S. 427–442.

Herriger, N. (2006). *Empowerment in der Sozialen Arbeit. Eine Einführung.* Stuttgart: Kohlhammer-Verlag.

Hershenson, D.B., Power, P.W. & Waldo, M. (1996). *Community Counseling. Contemporary Theory and Practice.* Boston u.a.: Allyn and Bacon.

Lenz, A. (2011). Die Empowermentperspektive in der psychosozialen Praxis. In A. Lenz (Hrsg.): *Empowerment. Handbuch für die ressourcenorientierte Praxis* (S. 13–38). Tübingen: dgvt-Verlag.

Lenz, A. & Stark, W. (Hrsg.). (2002). *Empowerment. Neue Perspektiven für psychosoziale Praxis und Organisation.* Tübingen: dgvt-Verlag.

Lewis, J.A., Lewis, M.D., Daniels, J.A. & D'Andrea, M.J. (2003). *Community Counseling. Empowerment Strategies for a Diverse Society.* Pacific Grove: Thomson Books/Cole.

Lüttringhaus, M. (2007). Einleitung (Oelschlägel, D.: Lebenswelt oder Gemeinwesen. Anstöße zur Weiterentwicklung der Theorie-Diskussion in der Gemeinwesenarbeit, S.

41–47). In W. Hinte, M. Lüttringhaus & D. Oelschlägel (Hrsg.), *Grundlagen und Standards der Gemeinwesenarbeit. Ein Reader zu Entwicklungslinien und Perspektiven* (S. 41). Weinheim, München: Juventa.

Maschewsky-Schneider, U. (1997). *Frauen sind anders krank. Zur gesundheitlichen Lage der Frauen in Deutschland.* Weinheim, München: Juventa.

McPherson, M., Smith-Lovin, L. & Brashears, M.E. (2006). Social Isolation in America: Changes in Core Discussion Networks over Two Decades. *American Sociological Review, 71* (3), pp. 353–375.

Naegele, G. & Tews, H.P. (Hrsg.). (1993). *Lebenslagen im Strukturwandel des Alters.* Opladen: Westdeutscher Verlag.

Nestmann, F. (2007). Beratung im Gesundheitswesen – Maximen und Herausforderungen. In S. Matzick (Hrsg.), *Zukunftsaufgabe Gesundheitsberatung. Strategien für Gesundheitsberufe. Perspektiven für Patienten und Verbraucher* (S. 17–38). Lage: Jacobs-Verlag.

Rappaport, J. (1985). Ein Plädoyer für die Widersprüchlichkeit: Ein sozialpolitisches Konzept des „empowerment" anstelle präventiver Ansätze. *Verhaltenstherapie und psychosoziale Praxis, 17* (2), S. 257–278.

Röhrle, B. (2001). Gemeindepsychologische Perspektiven der Beratung. *Gemeindepsychologischer Rundbrief, 7* (1), S. 4–23.

Ruckstuhl, B. (2011). *Gesundheitsförderung. Entwicklungsgeschichte einer neuen Public-Health-Perspektive.* Weinheim, München: Juventa.

Schmelzer, D. & Trips, M. (1995). Der Selbstmanagement-Ansatz als grundlegendes Arbeitsmodell einer Erziehungsberatungsstelle. In H. Reinecker & D. Schmelzer (Hrsg.), *Verhaltenstherapie, Selbstregulation, Selbstmanagement* (S. 379–404). Göttingen: Hogrefe.

Sickendiek, U., Engel, F. & Nestmann, F. (2008). *Beratung. Eine Einführung in sozialpädagogische und psychosoziale Beratungsansätze.* Weinheim und München: Juventa.

Spicker, I. & Lang, G. (2011). *Kommunale Gesundheitsförderung mit Fokus auf ältere Menschen* (Wissen 4). Gesundheit Österreich GmbH/Geschäftsbereich Fonds Gesundes Österreich: Wien.

Stark, W. (1996). *Empowerment: Neue Handlungskompetenzen in der psychosozialen Praxis.* Freiburg: Lambertus.

Staudinger, U.M. & Häfner, H. (Hrsg.). (2008). *Was ist Alter(n)? Neue Antworten auf eine scheinbar einfache Frage.* Berlin, Heidelberg, New York: Springer.

Swift, C. & Levin, G. (1987). Empowerment. An emerging mental health technology. *Journal of Primary Prevention, 8* (1/2), pp. 71–94.

WHO (1986). *Ottawa Charter for Health Promotion. An international conference on health promotion.* Copenhagen: WHO.

Dr. Vera Bamler hat Erziehungswissenschaften und Sozialpädagogik an der Technischen Universität Dresden studiert. Ihre Arbeitsschwerpunkte sind Beratung, Lebensalter und Geschlecht.

Anschrift:
E-Mail: Vera.Bamler@tu-dresden.de

Dr. Jillian Werner hat Erziehungswissenschaften und Sozialpädagogik studiert und arbeitet als wissenschaftliche Mitarbeiterin an der Professur für Beratung und Rehabilitation der Technischen Universität Dresden. Ihre Arbeits- und Forschungsschwerpunkte sind u. a. Beratung, Gesundheit und Geschlecht sowie Methoden der Kindheitsforschung.

Anschrift:
Technische Universität Dresden
Fakultät Erziehungswissenschaften
Institut für Sozialpädagogik, Sozialarbeit und Wohlfahrtswissenschaften
D-01062 Dresden
E-Mail: Jillian.Werner@tu-dresden.de

XVI Medien und Beratung

Übersicht

Professionalisierung der Online-Beratung

Stefan Kühne & Gerhard Hintenberger

Der Lebensalltag vieler Menschen wird heute sowohl im beruflichen wie auch im privaten Kontext durch die Verfügbarkeit und Nutzbarkeit des Internets beeinflusst. Dienste, Services und eine unüberschaubare Fülle an Informationen bieten dabei unbegrenzte Möglichkeiten, sich im Internet zu informieren, darzustellen und eigene Lebensbereiche im virtuellen Raum zu gestalten.

Der Umgang mit den Möglichkeiten der internetbasierten Kommunikationsmedien ist inzwischen selbstverständlich und die jungen Generationen werden schon als die *digital natives* beschrieben, da sie ein Leben ohne Internet und Web 2.0 gar nicht kennen. Diese Entwicklungen bleiben nicht ohne Auswirkung auf die Beratungslandschaft. Klienten sind es zunehmend gewohnt, neben den Möglichkeiten der Face-to-Face-Beratung und der telefonischen Beratung, sich per Mail, Chat oder in Foren an Beratungsstellen zu wenden. Sie nutzen dabei die Möglichkeit zu weitgehender Anonymität, welche die computervermittelte Kommunikation gewährleistet, und sie emanzipieren sich zudem von Rahmenbedingungen wie z. B. der örtlichen und zeitlichen Erreichbarkeit einer Beratungsstelle.

1 Institutionalisierung der Online-Beratung

Online-Beratung ist dabei keine ganz neue Erfindung: Schon 1995 erweiterte die Deutsche Telefonseelsorge ihr Angebot um Mail- und Chatseelsorge. Damit begann im deutschsprachigen Raum die „1. Generation der Online-Beratung" (Wenzel, 2008). Basierend auf dem Institutionenmodell von Tolbert und Zucker (1996) können für die Online-Beratung verschiedene Stufen der Institutionalisiertheit nachgezeichnet werden (Kühne, 2009b).

In diesem Modell werden drei Stufen der Institutionalisierung unterschieden: Habitualisation, Objectification und Sedimentation. In der Phase der *Habitualisation* zeigen sich erste innovative Impulse, die durch *early adopters* umgesetzt werden. Diese Phase ist durch *learning by doing* gekennzeichnet und es fehlen systematische Untersuchungen sowie Problemreflexionen. Eine wissenschaftliche Theoriebildung hat zu diesem Zeitpunkt noch nicht stattgefunden. *Habitualisation* ist damit eine Vorstufe der Institutionalisierung. Mit der Verfügbarkeit des Internets für eine zunehmende Zahl an Klienten war es eine Frage der Zeit, bis dieser Kommunikationskanal für die Kontaktaufnahme mit Beratungseinrichtungen genutzt werden würde, wie es für das Telefon schon lange selbstverständlich war. Diese technische Verfügbarkeit eines Online-Kommunikationskanals ermöglichte einzelnen Beratern ein neues psychosoziales Hilfsangebot auf der Basis internetbasierter Kommunikation zu entwickeln.

Für die Entwicklung der Online-Beratung im deutschsprachigen Raum ist die Einführung des Angebotes der Mail- und Chatseelsorge der Deutschen Telefonseelsorge ein wichtiger Ausgangspunkt für die beginnende Institutionalisierung. Weitere Angebote, die in der Phase der *Habitualisation* entstehen, sind z. B. die Beratungsangebote sextra.de (D, 1996), sexbox.at (A, 1998), paarberatung.ch (CH, 1998), kids-hotline.de (D, 1999), wienXtra.at (A, 2001) und das-beratungsnetz.de (D, 2001). Zu diesem Zeitpunkt erscheinen erste theoretische Reflexionen zum Thema (z. B. Janssen, 1998) sowie wissenschaftliche Untersuchungen zur Online-Beratung (z. B. van Well, 2000). In Wien findet 2002 die erste Fachtagung zum Thema Online-Beratung in Österreich statt. Gehrmann (2010) weist zudem auf die wichtige Rolle von Selbsthilfegruppen in dieser frühen Phase für die Entstehung der Online-Beratung hin. Diese Angebote wenden sich an „spezielle Personengruppen mit zum Teil tabubesetzten Themen, die von den ‚normalen' klassischen Beratungsstellen vor Ort nur unzureichend angesprochen und erreicht wurden." (Gehrmann, 2010, S. 107) Die Angebote und Entwicklungen finden in diesem Zeitraum noch vereinzelt und ohne größeren gemeinsamen Kontext statt. Die erste Phase der *Habitualisation* der Online-Beratung im deutschsprachigen Raum kann damit für die Jahre 1995–2002 beschrieben werden.

Die zweite Phase der Institutionalisierung, die *Objectification*, ist bei Tolbert und Zucker dadurch gekennzeichnet, dass eine Zunahme an systematischer Beobachtung und Reflexion des Arbeitsgebietes festzustellen ist. Es gibt eine wachsende Fachöffentlichkeit und neben den *early adopters* finden sich nun auch immer mehr Neueinsteiger in dem Bereich, die von den Pionieren und von *best practise* Beispielen lernen können. In dieser Phase können zudem gesetzliche Reglementierungen und Selbstverpflichtungen zunehmen.

Ausgehend von einem Ende der Pionierphase der Online-Beratung rund um das Jahr 2002, finden sich zahlreiche Belege dafür, dass das Gebiet der Online-Beratung seit 2003 in die Phase der *Objectification* eingetreten ist. Einerseits entstehen immer mehr Beratungsangebote in diesem Zeitraum und es beginnt ein Diskurs zur

Theorie der Online-Beratung; Gehrmann spricht von einer „zunehmenden Dynamik seit ca. 2004“ (2009, S. 10).

Bei den Beratungsangeboten treten nun neben den bereits erwähnten Anbietern weitere große Träger in Erscheinung. 2003 startet die bke-jugendberatung.de (D) und seit 2006 ist die Caritas mit einem eigenen Online-Beratungsportal unter beratung-caritas.de (D) im Internet vertreten. Es entstehen zahlreiche Konzepte und Standards, wie z. B. das „Kompetenzprofil der psychologischen Online-BeraterInnen“ (FSP/CH, 2003), „Standards der Onlineberatung“ (check it! u. a. A, 2006), „Rahmenbedingungen für Online-Beratung“ (KBL-EFL/D, 2007) (vgl. dazu die internationale Übersicht „Qualitätsstandards der Onlineberatung“ auf www.e-beratungsjournal.net/standards.htm).

2005 wird die „Deutsche Gesellschaft für Online-Beratung (DGOB)“ gegründet, nur ein Jahr später entsteht in Wien die „Österreichische Gesellschaft für Online-Beratung (ÖGOB)“, die im Herbst 2010 wieder aufgelöst wurde.

Seit 2008 findet jährlich das „Fachforum Onlineberatung“ an der Georg-Simon-Ohm-Hochschule in Nürnberg statt, womit für den Austausch zwischen Theorie und Praxis der Online-Beratung ein wichtiges Forum installiert wurde.

Es entstehen Ausbildungslehrgänge, wie der Lehrgang „Online-Beratung“ am wienXtra-institut für freizeitpädagogik (www.ifp.at) und die Qualifizierung von Mitarbeitern innerhalb der großen Träger nimmt zu (wie z. B. interne Qualifizierung bei bke, KBK-EFL u. a.).

Im Bereich der Literatur erscheinen in dieser Phase wichtige Standardwerke, wie z. B. *„Hilfe aus dem Netz“* (Knatz & Dodier, 2003), *„E-Mental-Health“* (Bauer & Kordy, 2008), *„Handbuch Online-Beratung“* (Kühne & Hintenberger, 2009) und *„Psychosoziale Online-Beratung“* (Ploil, 2009). Seit 2005 publiziert das Open-Access-Journal *e-beratungsjournal.net* zwei Ausgaben pro Jahr und bietet damit ein Fachforum für den wissenschaftlichen Diskurs zu den Themen Online-Beratung und computervermittelte Kommunikation (www.e-beratungsjournal.net). Die genannten Beispiele sind Belege dafür, dass die Online-Beratung in die Phase der *Objectification* eingetreten ist und dass es eine breite fachliche Diskussion zum Thema gibt, die sowohl in zahlreichen Publikationen als auch in der Formulierung von Standards und der Gründung von Fachgesellschaften ihren Ausdruck findet.

Als letzte Phase auf dem Weg zur vollständigen Institutionalisiertheit gilt die *Sedimentation*. Während die Zeit davor noch von den aktiven Diskursen und dem Ringen um gemeinsame Standards für Online-Beratung geprägt ist, werden in dieser letzten Phase Standards der Online-Beratung allgemein objektiviert anerkannt sein. Dies bezieht sich sowohl auf die methodische Beratungsarbeit als auch auf die notwendige Aus- und Weiterbildung. Das Arbeitsfeld der Online-Beratung weist dann eine grundlegende theoretische Fundierung auf und wird als selbstverständlicher Bestandteil der Beratungslandschaft anerkannt. Diese Sedimentierung ist derzeit in Ansätzen vorbereitet, jedoch noch nicht eingetreten.

Die Pionierphase der Online-Beratung (*Habitualisation*) ist nach diesem Modell also abgeschlossen und die konzeptionellen Verankerungen sowie die zahlreichen Standards weisen darauf hin, dass sich die Online-Beratung in der Phase der *Objectification* befindet. Online-Beratung ist somit im Übergang von der Neuentwicklung

Vorwort und Einleitung
Innovative Zugänge
Beratungs-settings und -räume
Medien und Beratung
Kritik der Beratung
Register
Anhang

hin zur Etablierung als Beratungsmethode. Der Schritt zur *Sedimentation* steht noch aus.

2 Vorteile schriftbasierter Online-Beratung

Lange Zeit galt die direkte, personale Begegnung zwischen Klient und Berater als wichtigste Voraussetzung für das Zustandekommen eines Beratungsprozesses. In der Folge wurden für das Beratungs- und Therapiegeschehen die Bedeutung des Körpers entdeckt (Marlock & Weiss, 2006), leibphilosophische Theorien miteinbezogen (Leitner, 2010; Waibel & Jacob-Krieger, 2009) und in jüngster Zeit neurowissenschaftliche Erkenntnisse integriert (Knopf & Walther, 2010). Die Analyse körpersprachlicher Ausdrucksformen und ihre Nutzung in ausdifferenzierten Interventionsstrategien zeigen, welche große Bedeutung para- und nonverbalen Elementen im Beratungsprozess zugeschrieben wird. Selbst im sinneskanalreduzierten Setting einer telefonischen Beratung, wie zum Beispiel in der Telefonseelsorge, werden Anregungen aus der Körpertherapie mit aufgenommen (Meilwes, 2006).

Im psychosozialen Feld wird bis heute der internetbasierten Kommunikation mit einer gewissen Skepsis begegnet (Etzersdorfer, 2003). Dies ist für eine Berufsgruppe, die sich einem intersubjektiven Geschehen verschrieben hat, nicht weiter verwunderlich. Das Vorherrschen einer technischen Logik, so wird argumentiert, bewirkt eine Verarmung im kommunikativen Geschehen und kann schließlich sogar zum Verlust typisch menschlicher Begleitphänomene führen. Dieser durchaus bedenkenswerte Einwand verstellt in seiner Einseitigkeit aber auch die Möglichkeiten und Chancen, die sich durch den Einsatz computervermittelter Kommunikation ergeben. Nicht zu vergessen ist hier der Umstand, dass im Couchsetting der Psychoanalyse schon seit Langem die Vorteile assoziations- und projektionsfördernder Rahmenbedingungen genutzt werden.

Döring (2003) kategorisiert in ihrer sozialpsychologischen Abhandlung über das Internet weitere Theorien, die ein differenziertes Bild der Vor- und Nachteile computervermittelter Kommunikation beschreiben. So sind Nivellierungseffekte zu beobachten, die in erster Linie durch die Reduktion sozialer Hinweisreize entstehen. Äußere Kriterien spielen naturgemäß dabei keine so große Rolle wie im Face-to-Face-Kontakt. Es ist der Autonomie der einzelnen Personen überlassen, was sie in der pseudonymisierten Welt des Internets von sich preisgeben und welche Teilidentitäten sie stärker präsentieren oder verdecken. Dies führt zu einer der bekannten „Online-Paradoxien“: Die Freiheit, seine Persönlichkeit zu maskieren, ermöglicht eine offenere und schnellere Problemkommunikation, als dies in vielen Fällen aus der Face-to-Face-Beratung bekannt ist. Auch bei der Wahl des Nicknames ist dieses Phänomen zu beobachten. Einerseits wird der Realname verborgen, andererseits lösen Bezeichnungen wie „Tränchen“, „Rambo“, „moondancer“, „blue_orca“ oder „sehnsucht“ vielfältige Resonanzen aus, die als Initialszene in der Online-Beratung genutzt werden können. Die Reduktion visueller und akustischer Reize regt auf beiden Seiten die Vorstellungskraft und Projektionsbereitschaft an und steigert in der Folge das eigene Empfinden. Computervermittelte Kommunikation erzeugt so eine „Dialektik von körperlicher Abwesenheit und sinnlicher Präsenz, physischer Distanz und psychologischer Nähe“ (Döring, 2003, S. 367).

Ein weiterer Vorteil der Online-Beratung liegt in der Möglichkeit, E-Mails unabhängig von den Öffnungszeiten einer Beratungsstelle und aus einer sicheren Distanz heraus schreiben zu können. Die Kontaktsteuerung erfolgt selbstbestimmt und die Beratung kann jederzeit, ohne soziale Konsequenzen fürchten zu müssen, abgebrochen werden. Diese Kontrolle über Nähe und Distanz in der Beratung ist vor allem für Klienten wichtig, die aufgrund ihrer Biografie Erfahrungen von Grenzüberschreitungen und Ohnmacht erlebt haben. Zudem spielen in der Online-Beratung im Kontakt weder Aussehen, Kleidung, szenisches Erscheinen und Auftreten noch andere sozial kategorisierbare Phänomene (mit Ausnahme der geschriebenen Sprache) eine Rolle. Das eigene Selbstgefühl und im wahrsten Sinne des Wortes das eigene Gesicht können dadurch gewahrt werden (Schultze, 2007).

In der Mailberatung erfolgt die Verschriftlichung der ersten Anfrage zunächst in einem Dialog mit sich selbst. Die so angeregten selbstreflexiven Prozesse führen automatisch in eine exzentrische Position, die dem Klienten eine Problemdistanzierung, meist einen Überblick und im günstigsten Falle sogar einen Expertenblick ermöglichen (Knatz & Dodier, 2003). In der Folge wird der innere Dialog durch die Kommunikation mit einer Beraterin/einem Berater erweitert und so trianguliert. Aber auch hier sieht sich der Klient nicht einer konkreten Person, sondern einem Text gegenüber, der von einer Beraterin/einem Berater verfasst wurde. Das Lesen einer Mail erfolgt im eigenen Tempo, die Antwort kann zwischendurch weggelegt und wieder hervorgeholt werden. Diese schriftbasierte Nachhaltigkeit ermöglicht eine Vertiefung des Problemverständnisses, da der Dialog archiviert erhalten bleibt und nicht verblasst, wie dies nach einer akustikzentrierten Face-to-Face-Beratung immer wieder passiert. Da die eigenen Resonanzen auf die Beraterantwort nicht auf die direkten Reaktionen des Gegenübers treffen, wird die innere Abwehr verringert und die Offenheit gegenüber den Antworten wahrscheinlicher. Der Text fungiert sowohl in der synchronen als auch in der asynchronen Beratungskommunikation als dialektische Nähe-/Distanzbrücke mit Angst mindernder Wirkung und kann so die Veränderungsbereitschaft und Transferwahrscheinlichkeit der Beratungsinhalte in den Lebensalltag der Klienten erhöhen (Schultze, 2007). In den Worten einer Klientin klingt dies so:

> *„In letzter Zeit habe ich auch nochmal ein bisschen in den „alten Mails“ gelesen. Gelegentlich schaue ich noch mal rein und ehrlich gesagt, wenn mir auch das ein oder andere nach wie vor etwas peinlich ist, so sind sie mir doch unheimlich wichtig. Diese Mails, oder unser Dialog haben in mir ... wie soll ich sagen ein Bild erzeugt, dass ich jetzt in mir trage. Hört sich komisch an, oder? Ich versuch es mal anders. Diese ganze Beratung, oder Sie waren nur dann wirklich real, wenn Sie geschrieben haben und schon kurz nach dem lesen nicht mehr richtig greifbar. Es war dann hilfreich, dass ich auf die Mails zurück greifen konnte und gelegentlich mache ich das noch heute. Oft verstehe ich jetzt im Nachhinein mich und auch Ihre Antwort besser. ... Wenn ich die Mails durchschaue dann stelle ich immer wieder fest, dass doch vieles, was mir früher Angst machte, für mich unvorstellbar war jetzt durchaus denkbar ist und ich manchmal sogar Probleme habe nachzuvollziehen, was mir solche Angst machte.“*

Nicht zu unterschätzen ist auch die Möglichkeit, Informationen mit Hilfe von Links und hochgeladenen Dokumenten direkt verfügbar zu machen. Das Informations-

und Wissensmanagement kann dadurch effektiv und zielgerichtet gestaltet und auf Grund der digitalen Speicherung nachhaltig eingesetzt werden.

Nach Winnicott (1997) erfolgt Entwicklung in einem sogenannten „intermediären Raum", in dem sich innere und äußere Wirklichkeit überschneiden. Dort siedelt er im Rahmen der Autonomieentwicklung das Spiel sowie Übergangsobjekte und -phänomene an, die als Vermittler dieser Welten dienen. Übergangsobjekte unterstützen den Beratungsprozess während krisenhafter Verläufe, vor allem dann, wenn es dem Klienten noch nicht möglich ist, eigene positive Bilder aufzubauen und abzurufen. E-Mails, aber auch Chatprotokolle können in diesem intermediären Raum als Übergangsobjekte angesiedelt sein, indem sie mit einer besonderen Bedeutung für die Klienten versehen werden und so in kritischen Zeiten als Trostbriefe (Seneca, 1984) zur Verfügung stehen.

Auch auf Seite der Berater kommen Vorteile der schriftbasierten Kommunikation zum Tragen. Antworten können im zeitversetzten Modus abschnittweise erstellt und durch das „Vier-Augen-Prinzip" des Gegenlesens einer fachlichen Qualitätskontrolle unterzogen werden. Da der komplette Beratungsverlauf 1:1 zur Verfügung steht, bieten sich Chat- und Mailberatung in besonderer Weise für Ausbildungssituationen (Livesupervision) sowie eine konstruktiv-kritische Reflexion des Beratungsgeschehens an.

Die Frage nach den Vorteilen einer internetbasierten Beratung ist eng verknüpft mit der Frage nach der Effektivität dieser Interventionsangebote. Eichenberg und Ott (2012) kommen in ihrem Review, in dem nur kontrollierte Studien miteinbezogen wurden, auf eine für diese junge Disziplin erstaunlich hohe Anzahl von 89 Studien. Die meisten Studien fanden im anglo-amerikanischen Raum statt, wobei vorwiegend kognitiv-behaviorale, manualisierte Interventionsprogramme evaluiert wurden. Zwar konnte die grundsätzliche Wirksamkeit solcher Programme bestätigt werden, dies gilt jedoch nur mit dem Vorbehalt bekannter Forschungsverzerrungen („fail safe rate", Publikations-Bias; vgl. Eichenberg & Ott, 2012). Naturalistische Studien ohne störungsspezifische Verengung, die den Beratungsalltag im deutschsprachigen Raum am besten abbilden würden, sind hingegen noch kaum vorhanden. Die vorhandenen Ergebnisse (Eichenberg, 2007; Gehrmann & Klenke, 2008; van Well, 2000) sind jedoch ermutigend und bestätigen oben genannte Praxiserfahrungen, die sich in den Vorteilen der Online-Beratung abbilden.

3 Einschränkungen schriftbasierter Online-Beratung

Viele Phänomene computervermittelter Kommunikation verhalten sich januskköpfig. Sie sind eingebunden in einen bedeutungspluralen Kontext, der auf Seiten der Berater eine gewisse Ambiguitätstoleranz voraussetzt.

Ermöglicht die Sinneskanalreduktion einerseits eine Intensivierung des kommunikativen Geschehens, fehlen durch den Wegfall von Gestik und Mimik aber auch entscheidende Steuerungsmöglichkeiten im Beratungsprozess. Klienten können nonverbal nicht verstärkt werden. Auch ist es nicht möglich, die Körpersprache zur Einschätzung der momentanen emotionalen Stimmung zu analysieren. Vor allem in der Mailberatung, die zeitversetzt erfolgt, ist die direkte Resonanz der Klienten auf die Beraterinterventionen nicht abrufbar. Eine Beratungsantwort, die einige Tage nach der Anfrage verschickt wird, erreicht den Klienten möglicherweise in einer ganz anderen emotionalen Verfassung als beim Abfassen der E-Mail. Auf diese Gefahrenmomente muss in der Beantwortung von Mailanfragen ein besonderes Augenmerk gelegt werden, mit durchaus weitreichenden methodisch-inhaltlichen Konsequenzen.

Die Informationsmenge, die in einer Online-Beratung transportiert wird, ist meistens geringer als in der Face-to-Face-Beratung. Im Chat zum Beispiel beträgt das Verhältnis in etwa 1:6, was bei komplexen Fragestellungen und Problemkonstellationen zu Schwierigkeiten führen kann. Zudem erhöht sich in der schriftlichen Kommunikation die Wahrscheinlichkeit von Missverständnissen. Schriftbasierte Symbole als Ersatz für den Ausdruck einer meist unbewusst ablaufenden Körpersprache sind nicht differenziert genug, um die Vielfalt menschlicher Emotionen darzustellen. Sie reduzieren Effekte, die durch den Wegfall parasprachlicher Elemente entstehen, können diese jedoch nicht komplett ersetzen.

4 Mediale Ausdifferenzierung der Online-Beratung

Eine Besonderheit computervermittelter Kommunikation liegt darin, dass sie in verschiedenen medialen Erscheinungsformen stattfinden kann. Etablierte Tools wie E-Mail, Chat oder Forum werden unter der gemeinsamen Bezeichnung „Online-Beratung" eingesetzt, unterliegen allerdings unterschiedlichen Kommunikationsbedingungen. Die Ausdifferenzierung erfolgt als synchroner Online-Dienst (Chat), als asynchroner Online-Dienst (Mail, Forum, Blog) sowie in der Möglichkeit mit einer Einzelperson, einer definierten Gruppe oder einer undefinierten Großgruppe zu kommunizieren. Während in den sozialen Netzwerken des Web 2.0 (wie zum Beispiel in *Facebook*) die unterschiedlichen Varianten vielfältig miteinander kombiniert werden, stehen diese Überlegungen im Bereich der Online-Beratung erst am Anfang.

Ein großer Vorteil der Mailberatung liegt in der Zerdehnung der Zeit. Sowohl Klienten als auch Berater können im Dialog mit sich selbst ihr Anliegen und ihre Antworten verschriftlichen, angepasst an ihren eigenen Rhythmus. Der Druck direkter Reaktion entfällt und ermöglicht einen hohen Grad an Selbstoffenbarung. Eine Klientin drückt dies so aus:

> *„Ich weiß gar nicht, warum ich Ihnen das alles schreibe. Erzählen könnte ich das nie, obwohl das gesprochene Wort doch viel ungefährlicher, flüchtiger ist als das geschriebene, das auch noch nach einiger Zeit gelesen werden kann. Wenn ich schreibe denke ich gar nicht so daran, dass es jemand liest und dann nehme ich meinen ganzen Mut zusammen und schick es ab. Schon komisch, dass dies viel einfacher ist. Außerdem kann ich so Sachen sagen, die ich sonst niemals verbalisieren würde."*

Die Faszination des Chats liegt in der Intensivierung des Kontakts, dem Erleben verdichteten Zeitempfindens und der Möglichkeit virtuellen Handelns. Die Herausforderung besteht darin, dem Plaudermedium „Chat" im Kontext der Online-Beratung eine professionelle Ernsthaftigkeit zu verleihen. Voraussetzung ist hierfür, sich der Eigenheiten dieses Mediums bewusst zu werden und diese für das Beratungsgeschehen gezielt zu nutzen. Dazu gehören der konsequente und bewusste Einsatz nonverbaler Elemente sowie Symbolisierungen virtuellen Handelns (Hintenberger, 2009). Der folgende Ausschnitt aus dem Chat mit einer 22-jährigen Klientin illustriert, wie Emoticons :-), Akronyme *lol* (*laughing out loud*) und handlungskommentierende Gesprächsschritte *denkt nach* als Metabotschaft intervenierend eingesetzt werden können:

10:31:57 berater:	*wir haben ja*
10:32:09 berater:	*alle unterschiedliche innere stimmen in uns.*
10:32:15 berater:	*scheinbar übernimmt bei dir eine bestimmte stimme die oberhand, fast wie eine solostimme ;-)*
10:32:30 blueorange:	*hm, ja genau :-)*
10:32:58 berater:	*eine möglichkeit wäre es, die stimmen miteinander sprechen und verhandeln zu lassen, nach dem motto: ich mache manchmal etwas für dich und du machst manchmal etwas für mich. sie haben ja beide ihre berechtigung.*
10:33:30 blueorange:	*hm und wie soll ich das machen?*
10:33:40 berater:	**denkt kurz nach, wie er es am besten erklären kann.**
10:34:10 berater:	*welche namen würdest du denn den stimmen geben?*
10:34:20 blueorange:	*na ja, der zweifler und die sehnsucht.*
10:34:32 berater:	**denkt sich: eine männliche und eine weibliche stimme also**
10:34:40 blueorange:	**g**
10:34:47 berater:	*hast du eine idee, was die sehnsucht dem zweifler anbieten könnte?*
10:34:52 berater:	**gespanntwartet**
10:35:31 blueorange:	*ok, ich versteh schon, da muss ich mal nachdenkne.*

Eine Besonderheit der Forenberatung ist die Tatsache, dass sie im öffentlichen Raum stattfindet. Dies erfordert von den Klienten eine besondere Überwindung, da ihre Fragestellung an eine unbekannte Anzahl an Mitlesern geht, deren Reaktionen im Vorhinein nicht abschätzbar ist. Der Mehrwert liegt in der Vielfalt der zu erwartenden Antworten und dem Eingebundensein in eine virtuelle (Selbsthilfe-)Gruppe. Forenberater stehen vor der Aufgabe, dass sie sowohl auf eine individuelle Anfrage reagieren als auch gleichzeitig damit eine Gruppe von Menschen mit ähnlichen Erfahrungen ansprechen (Brunner, Engelhardt & Heider, 2009).

Darüber hinaus werden zunehmend auch mobile Medien in der Online-Beratung eingesetzt. So gibt es SMS-basierte Nachsorgeprogramme für Patienten im Anschluss an einen Klinikaufenthalt wegen *Bulimia nervosa*. Die Teilnehmer schicken nach einem bestimmten Fragesystem Informationen über ihre Symptomatik per SMS an die Klinik. Obwohl die Feedbackantworten von einem Programm erzeugt werden und dies den Patienten auch bekannt ist, können erstaunlich hohe Zufriedenheitsraten bei dieser Form der Unterstützung festgestellt werden (Bauer, Okon & Meermann, 2008).

5 Methodische Ausdifferenzierung der Online-Beratung

Interventionsstrategien in der Online-Beratung sind vorwiegend dem Face-to-Face-Kontext entlehnt. Dies führt allerdings auch zu Problemen, da schriftbasierte Internetkommunikation eigenen Gesetzen folgt, denen durch geringfügige Adaptierungen nicht Genüge getan wird.

Angebote, die stärker psychotherapeutisch orientiert sind, greifen in erster Linie auf Manuale mit einer kognitiv-behavioraler Fundierung zurück (Eichenberg & Ott, 2012). Trauma-TIPS zum Beispiel ist ein Internet-Interventionsprogramm in sechs Schritten, in dem sowohl interaktive als auch visuelle und auditive Elemente eingesetzt werden als auch kognitiv-behaviorale Techniken der Psychoedukation, der Exposition, der kognitiven Umstrukturierung sowie des Stressmanagements verwendet werden (Sijbrandij, Mouthaan & Olff, 2008). Auch im Traumabearbeitungskonzept von „Interapy“ werden auf der Grundlage kognitiv-behavioraler Techniken Elemente einer strukturierten Schreibtherapie eingesetzt (Wagner & Lange, 2008).

Im Bereich der Online-Beratung sind eigenständige, theoretisch fundierte Konzepte zur Zeit nur in Ansätzen vorhanden. Liest man die veröffentlichten Qualitätsstandards, so wird der methodischen Komponente nur ein kleiner Stellenwert zugemessen. Im deutschsprachigen Raum hat das Vier-Folien-Konzept von Knatz und Dodier (2003) die bislang größte Verbreitung gefunden. Das Konzept wurde im Umfeld der Telefonseelsorge mit einer inhaltlichen Nähe zum klientzentrierten Ansatz von Carl Rogers entwickelt. Die Mailanfragen werden unter den Aspekten unterschiedlicher Folien betrachtet und als Orientierungshilfe für die Beantwortung genutzt. Die erste Folie hilft, den eigenen Resonanzboden zu beschreiben, während in der zweiten Folie der Frage nach den Themen der Anfragemail und dem psychosozialen Hintergrund der Klienten nachgegangen wird. Diagnostische Überlegungen stehen im Mittelpunkt der dritten Folie. Erste Hypothesen können so formuliert werden und mit Hilfe der vierten Folie in konkrete Interventionen münden.

Im Bereich der Drogenberatung wird auf die „motivierende Gesprächsführung“ zurückgegriffen (Weissenböck et al., 2006). Eine eigenständige Adaptierung für schriftbasierte Online-Beratung steht allerdings bislang aus. Konzeptionelle Ansätze sind in der systematischen Metaphernanalyse (Beck, 2009), in der Online-Paarberatung (Lang, 2009; Beer & Breuer, 2004) oder in der Online-Mediation (Märker & Trénel, 2003) zu erkennen. Interventionsstrategien aus der systemischen Beratung werden von Zenner und Gielen (2009) beschrieben, stoßen aber momentan noch an die Grenzen technischer Machbarkeit. Es ist allerdings nur mehr eine Frage der Zeit, bis es möglich sein wird, eine *Timeline* grafisch abzubilden oder Aufstellungen im virtuellen Raum durchzuführen.

Ein elaboriertes und in der Zwischenzeit auch evaluiertes Konzept findet sich im Konsumreduktionsprogramm „quit the shit“ (Tensil & Strüber, 2010; Tossmann, 2007). Kognitiv-verhaltenstheoretische Kurzinterventionen werden hier mit systemisch-lösungsorientierten Ansätzen kombiniert. Nach dem Erstkontakt per Chat wird der Klient angeleitet, ein Konsumtagebuch zu führen und erhält in der Folge wöchentlich eine schriftliche Rückmeldung vom Beratungsteam. Neben Übungsvorschlägen und einer Informationsseite gibt es in einem eigenen Forum die Möglichkeit, sich mit anderen Klienten auszutauschen. Den Abschluss des 50-Tage-Programms bildet ein Chat.

Das Konzept der Oraliteralität versteht sich als Basisvariable (Hintenberger, 2010) ausdifferenzierter Interventionsstrategien. Oraliteralität, also die Kombination von Elementen gesprochener und geschriebener Sprache, ermöglicht es, emoti-

Vorwort und Einleitung
Innovative Zugänge
Beratungs-settings und -räume
Medien und Beratung
Kritik der Beratung
Register
Anhang

onale Nähe und Vertrautheit auch mit Hilfe der Schrift als Medium der Distanz herzustellen. Ziel ist es, die Vorteile der unbeeinflussten Situation des Mailschreibens mit der Unbeschwertheit und Spontaneität des mündlichen Dialogs zu verbinden. Die Reduktion komplexer grammatikalischer Strukturen, die Aneinanderreihung von selbstständigen Hauptsätzen ohne untergeordnete Nebensätze, sprachliche Wiederholungen, der Einsatz von Modalpartikel („eh", „halt", „doch", ...), die Verwendung von Verzögerungslauten („hm", „ähm", ...), Anakoluthe (Brüche im Satzbau), Elisionen (das Weglassen unbetonter Laute: „Jetzt hab ich noch etwas vergessen"), Inversionen (Umstellen der sonst üblichen Wortfolge; „Lang ist es her, dass wir uns gesehen haben"), Enklisen („gabs", „gehts", ...) u. Ä. m. simulieren schriftbasiert dialogische Mündlichkeit.

> *„Hm, ja weißt du Nina: Das ist tatsächlich nicht einfach. Der Stress in der Schule, das Problem mit dem Freund. Und dann mischt sich deine Mutter noch mit ein. Du schreibst ja selbst, am liebsten möchtest du nur weg, einfach weit weg. Ich habe da gerade ein Bild. Es ist wie in einem Film. Die Hauptfigur ist ganz verzweifelt und wird immer herumgeschickt. Sie hat das Gefühl, dass sie nichts mehr in ihrem Leben selbst bestimmen kann. Naja, im Film ist halt der Drehbuchautor und der Regisseur dafür verantwortlich, was mit der „Heldin" passiert. Und jetzt frage ich mich, also eigentlich frag ich ja dich ;-): Wenn du das Drehbuch für dein eigenes Leben schreibst, was würde dann in deinem Leben passieren, was würde sich ändern und was würde gleich bleiben?"*

6 Professionalisierung der Aus- und Weiterbildung

Ähnlich wie sich zur Institutionalisierung der Online-Beratung seit 1995 Entwicklungslinien nachzeichnen lassen, hat sich auch der Bereich der Aus- und Weiterbildung von Online-Beraterinnen und -beratern entwickelt.

Nachdem die ersten Pioniere Erfahrungen in der Beratungsarbeit per Mail und Chat gesammelt hatten, wurde deutlich, dass es bei der schriftbasierten Beratung auch auf andere Qualifikationen ankommt als in der Face-to-Face-Beratung. Das Arbeiten mit Texten, die Beratung in geschriebener Sprache sowie die zeitversetzten Bedingungen der Mail-Kommunikation (asynchrone Kommunikation) machten den Beratern bewusst, dass hier ein ganz anderes Setting vorlag, welches dementsprechend andere Methoden benötigt. Es entstand ein Bedarf nach Weiterbildungen, die auf die Gegebenheiten der Beratung im virtuellen Raum abgestimmt waren.

Während es anfangs noch so gut wie keine Weiterbildungen gab, tauchten Ende der 90er-Jahre einzelne Seminare und Workshopangebote parallel in Deutschland, Österreich und der Schweiz auf. Im Jahr 2004 wurde in Wien zum ersten Mal ein „Lehrgang Online-Beratung" durchgeführt und an dieses Curriculum angelehnt folgten auch in Deutschland vereinzelt Lehrgangsangebote (vgl. www.ifp.at/www.learnconnect.de). Der Wiener Lehrgang wurde von 2004–2009 durchgeführt und die einzelnen Module waren thematisch so definiert, dass eine methodische Grundqualifikation der Absolventen für den Arbeitsbereich der Mail-, Chat- und Forenberatung gewährleistet werden sollte. Die Themenübersicht zeigt dabei die Bandbreite, die innerhalb von 160 Unterrichtseinheiten abgedeckt wurde: Psychologie des Internets, Online-Kommunikation, Online-Beratung (E-Mail, Chat, Foren), rechtliche Voraussetzungen, technische Voraussetzungen, Projekt- und Qualitätsmanagement (Kühne, 2009a). Neben den beraterischen Methoden kamen hier Rahmenbedingungen der Online-Beratungsarbeit mit in den Lehrplan, die durch das neue Medium berücksichtigt werden mussten, wie z. B. Fragen nach rechtlichen und technischen Aspekten der Online-Beratung. Dieser Lehrgang wurde methodisch als *blended-learning*-Weiterbildung gestaltet, d. h. neben Präsenzseminaren wurden weite Teile des Curriculums über eine Lernplattform im Internet online abgehalten.

Seit 2006 liegen von der Deutschen Gesellschaft für Online-Beratung (DGOB) „Richtlinien zur Anerkennung für Online-Berater/innen (DGOB)" vor (www.dg-online-beratung.de), die in der aktuellen Fassung im November 2009 in Kraft getreten sind. Diese Richtlinien beschreiben die Voraussetzungen, die erfüllt sein müssen, um von der DGOB anerkannt zu werden. Die Richtlinien gliedern sich in eine Übersicht der Kompetenzen, in formale Kriterien der Mitgliedschaft sowie in die Kriterien des Anerkennungsverfahrens und die Verpflichtung zur fortlaufenden Qualitätssicherung. Anders als bei den Modulen des Wiener Lehrgangs, die sich stark an den thematischen Inhalten orientierten, werden in den Richtlinien der DGOB Kompetenzen (Skills) genannt, die Online-Berater haben sollten: selbstreflektive und theoretische Skills, psychologische und kommunikative Skills, technische Kompetenzen sowie Datenschutz- und Sicherheitskompetenzen. Die Auflistung von technischen und Datenschutz-Komponenten kann als Erfolg der Diskussionen rund um Standards der Online-Beratung gelten, da sich nach anfänglich unverschlüsselten Beratungsmails über einen einfachen Mail-Client inzwischen der Standard der webbasierten und verschlüsselten Mailberatung durchgesetzt hat. Dies sollte heute „für eine professionelle Beratungsstelle eine Selbstverständlichkeit sein" (Gehrmann, 2010, S. 113). Diese wichtige Entwicklung im Datenschutz findet in beiden Ausbildungskonzepten Berücksichtigung (zum „Datenschutz" siehe auch Risau, 2009).

Erst langsam finden Aspekte der Online-Beratung hingegen den Weg in die universitären Lehrpläne, wie etwa in Studiengängen zur Beratung und zur Sozialen Arbeit. Erste Beispiele für eine Verankerung im Lehrplan sind die Studienwerkstatt Onlineberatung an der Georg-Simon-Ohm-Hochschule in Nürnberg, an der Fachhochschule Erfurt (Bullinger, 2010) sowie Seminare an der Fachhochschule Campus Wien. Dezidierte universitäre Ausbildungswege zum „Online-Berater" fehlen jedoch noch, wobei es erste wichtige Schritte in diese Richtung gibt, wie der „Master of Arts in Counseling" der Ohm-Hochschule in Verbindung mit der Grundig-Akademie zeigt. Hier hat die Online-Beratung einen festen Platz im Curriculum erhalten (vgl. www.counseling-master.de).

Die Angebote für die Aus- und Weiterbildung in der Online-Beratung sind heute vielfältiger als noch vor wenigen Jahren, wenn auch von einem flächendeckenden Angebot noch nicht gesprochen werden kann. Diese Entwicklungen sind jedoch wichtig, damit „sich dieser mediale Aspekt der Beratung mit den anderen Praxisfeldern, Methoden und Einrichtungen der Beratungslandschaft verbindet und im Sinne des 'Blended Counselling' sich nicht als Alternative zu den bisherigen Beratungsansätzen versteht, sondern als eine sinnvolle Ergänzung zu diesen." (Gehrmann, 2010, S. 113f.)

Vorwort und Einleitung
Innovative Zugänge
Beratungs-settings und -räume
Medien und Beratung
Kritik der Beratung
Register
Anhang

7 Qualitätsstandards und Qualitätssicherung

Auch inhaltlich war es für die Online-Beratung wichtig, erste Schritte vom *learning by doing* zu einer methodisch fundierten Beratungsarbeit zu setzen. Zu einem sehr frühen Zeitpunkt entwickelte daher die Föderation der Schweizer Psychologinnen und Psychologen 2003 ein „Kompetenzprofil der psychologischen Online-BeraterInnen", das sich diesen veränderten Bedingungen stellte und zum ersten Mal auch von einer „internetspezifischen Ethik" sprach (verfügbar unter: www.psychologie.ch [31.10.2010]). Es folgten zahlreiche Qualitätsstandards, die von einzelnen Beratungseinrichtungen und Fachverbänden entwickelt wurden.

Die technische Umsetzung der Online-Beratung fand anfangs mit den technischen Mitteln statt, die man zur Verfügung hatte. So wurden Chat-Programme und Mail-Clients für die Beratung verwendet, die aus heutiger Sicht nicht den notwendigen Datenschutzstandards entsprechen. Auch wenn inzwischen gerade die Standards im Bereich des Datenschutzes als anerkannt gelten können, so ist doch zu beobachten, dass immer noch fallweise Mail-Beratung über einfache Mail-Programme unverschlüsselt angeboten wird. Hier besteht bei einigen Beratungsanbietern noch Nachholbedarf, zumal es auch nationale und regionale Datenschutzgesetze zu berücksichtigen gilt. Risau (2009) fasst die Anforderungskriterien für Online-Beratungssoftware zusammen:

- „Datenschutz und Klientenschutz
- Benutzerfreundliche Oberfläche für Klientinnen und Berater
- Möglichkeit der Qualitätssicherung durch integrierte Auswertungs- und Statistiktools mit Klientenverwaltung
- Möglichkeit individueller und bedarfsgerechter Statistik
- Modulare Struktur zur Weiterentwicklung der Software" (S. 202)

Bei diesen Kriterien wird deutlich, dass sich Beratungsstellen durch den neuen Arbeitsbereich der Online-Beratung nicht nur mit anderen methodischen Überlegungen zur Beratungsarbeit, sondern auch mit einer Fülle von technischen Fragen zur Umsetzung des Angebotes auseinandersetzen müssen.

Dzeyk (2006) hat gezeigt, dass „detaillierte Informationen zum Datenschutz und zur Datensicherheit (...) ein wesentlicher Glaubwürdigkeitsfaktor bei der Beurteilung eines Internetangebotes sind." (S. 343) Für die Online-Beratung gelten damit eine Menge an Voraussetzungen, die von denen einer „klassischen" Face-to-Face-Beratungsstelle unterschieden werden können. Durch die Arbeit der letzten Jahre können jedoch Neueinsteiger auf eine ganze Palette von Erfahrungswerten, methodischen Konzepten und Standards zurückgreifen. Das Rad der Online-Beratung muss daher heute nicht mehr neu erfunden werden.

8 Ausblick

Gehrmann (2009) recherchierte die aktuellen Zahlen in Bezug auf Online-Beratung innerhalb der Wohlfahrtsverbände in Deutschland und geht allein im Bereich der

Deutschen Arbeitsgemeinschaft für Jugend- und Eheberatung (DAJEB) von ca. 1.000 Beratungsstellen aus, die im psychosozialen Bereich niederschwellig und kostenfrei Online-Beratung anbieten. Pro-Familia hatte 2007 über 20.000 Mailanfragen zu bearbeiten (Gehrmann, 2009), die Telefonseelsorge verzeichnete 4.279 Ratsuchende per Mail (Telefonseelsorge, 2009a) und 4.373 Ratsuchende per Chat (Telefonseelsorge, 2009b). Das Online-Beratungsportal der Bundeskonferenz für Erziehungsberatung wurde 2007 von 1,8 Millionen Besuchern angeklickt. Diese Zahlen bestätigen, dass Online-Beratung inzwischen integraler Bestandteil der medialen Lebenswelten von Klienten und Beratern ist.

Für die weitere Professionalisierung ist eine methodische Weiterentwicklung auf der Basis einer Wirkfaktorenforschung notwendig. Wie die Diskussionen rund um den Datenschutz zeigen, sind noch nicht alle Standards allgemeingültig anerkannt, so dass sich auch in den kommenden Jahren Beratungsstellen und Anbieter von Online-Beratung mit den Standards auseinandersetzen müssen, um diese in der Arbeit einzuhalten, umzusetzen und weiterzuentwickeln.

Inwieweit Online-Beratung auf textbasierte Kommunikation beschränkt bleibt oder sich auch virtuellen Inszenierungen öffnet bzw. Anleihen aus dem Nutzerverhalten sozialer Netzwerke nimmt, wird die Zukunft zeigen. Anzunehmen ist, dass der immer stärker werdende Einfluss der mobilen Medien nicht spurlos an den Konzeptionen und Realisierungen von Online-Beratung vorbeigehen wird (Döring & Eichenberg, 2005).

Literatur

Bauer, S. & Kordy, H. (Hrsg.). (2008). *E-Mental-Health. Neue Medien in der psychosozialen Versorgung.* Heidelberg: Springer.

Bauer, S., Okon, E. & Meermann, R. (2008). Nachsorge über SMS. In S. Bauer & H. Kordy (Hrsg.), *E-Mental-Health. Neue Medien in der psychosozialen Versorgung* (S. 207–217). Heidelberg: Springer.

Beck, C. (2009). Die systematische Metaphernanalyse in der Online-Beratung. In S. Kühne & G. Hintenberger (Hrsg.), *Handbuch Online-Beratung* (S. 131–142). Göttingen: Vandenhoeck & Ruprecht.

Beer, R. & Breuer, P. (2004). *Eheberatung online und Partnerschaftstests online im Projekt Theratalk* (www.theratalk.de). Informationsrundschreiben Nr. 208 „Internet @ Beratung" der Deutschen Arbeitsgemeinschaft für Jugend- und Eheberatung e. V. (S. 24–40). München.

Brunner, A., Engelhardt, E. & Heider, T. (2009). Foren-Beratung. In S. Kühne & G. Hintenberger (Hrsg.), *Handbuch Online-Beratung* (S. 79–90). Göttingen: Vandenhoeck & Ruprecht.

Bullinger, H. (2010). Onlineberatung im Studium der Sozialen Arbeit – am Beispiel eines Seminarkonzepts im Vertiefungsgebiet „Beratung" des MA-Studiengangs Soziale Arbeit an der FH Erfurt. *e-beratungsjournal.net, 6* (2). Verfügbar unter: http://www.e-beratungsjournal.net/ausgabe_0210/bullinger.pdf [31.10.2010].

Döring, N. (2003). *Sozialpsychologie des Internet. Die Bedeutung des Internet für Kommunikationsprozesse, Identitäten, soziale Beziehungen und Gruppen* (2. Auflage). Göttingen: Hogrefe.

Döring, N. & Eichenberg, C. (2005). „M-Therapy“: Klinisch-psychologische Interventionen mit Mobilmedien. *Psychotherapie & Sozialwissenschaft. Zeitschrift für qualitative Forschung und klinische Praxis, 7* (2), 55–81.

Dzeyk, W. (2006). *Vertrauen in Internetangebote. Eine empirische Untersuchung zum Einfluss von Glaubwürdigkeitsindikatoren bei der Nutzung von Online-Therapie und Online-Beratungsangeboten.* Inaugural-Dissertation. Köln: Psychologisches Institut. Verfügbar unter: www.e-beratungsjournal.net/ausgabe_0206/dzeyk.pdf [31.10.2010].

Eichenberg, C. (2007). Online-Sexualberatung: Wirksamkeit und Wirkweise. Evaluation eines Pro Familia-Angebots. *Zeitschrift für Sexualforschung, 20* (3), 247–262.

Eichenberg, C. & Ott, R. (2012). *Klinisch-psychologische Intervention im Internet: Ein Review zu empirischen Befunden störungsspezifischer Angebote. Psychotherapeut, 1,* 58–69.

Etzersdorfer, E. (2003). Alter Wein in neuen Schläuchen? Überlegungen zu den Interaktionen mittels neuer Medien aus psychoanalytischer Sicht. In E. Etzersdorfer, G. Fiedler & M. Witte (Hrsg.), *Neue Medien und Suizidalität. Gefahren und Interventionsmöglichkeiten* (S. 178–192). Göttingen: Vandenhoeck & Ruprecht.

Gehrmann, H.-J. (2009). Beratung am PC. Entwicklungslinien und Zukunftschancen der Online-Beratung. *Sozial Extra, 1/2,* 10–13.

Gehrmann, H.-J. (2010). Onlineberatung – eine Herausforderung für die Soziale Arbeit. In G. Cleppien & U. Lerche (Hrsg.), *Soziale Arbeit und Medien* (S. 105–115). Wiesbaden: VS Verlag.

Gehrmann, H.-J. & Klenke, H. (2008). Empirische Sozialforschung im Internet. Befunde einer Onlinebefragung zu Inhalten und Erwartungen in der anonymen Beratung. *e-beratungsjournal.net, 4* (2). Verfügbar unter: http://www.e-beratungsjournal.net/ausgabe_0108/gehrmann.pdf [31.10.2010].

Hintenberger, G. (2009). Der Chat als neues Beratungsmedium. In S. Kühne & G. Hintenberger (Hrsg.), *Handbuch Online-Beratung* (S. 69–78). Göttingen: Vandenhoeck & Ruprecht.

Hintenberger, G. (2010). Oraliteralität als Interventionsstrategie in der Mail-Beratung mit Jugendlichen. *e-beratungsjournal.net, 6* (2). Verfügbar unter: http://www.e-beratungsjournal.net/ausgabe_0210/hintenberger.pdf [31.10.2010].

Janssen, L. (Hrsg.). (1998). *Auf der virtuellen Couch: Selbsthilfe, Beratung und Therapie im Internet.* Bonn: Psychiatrie-Verlag.

Knatz, B. & Dodier, B. (2003). *Hilfe aus dem Netz. Theorie und Praxis der Beratung per E-Mail.* Stuttgart: Klett-Cotta.

Knopf, W. & Walther, I. (Hrsg.). (2010). *Beratung mit Hirn. Neurowissenschaftliche Erkenntnisse für die Praxis von Supervision und Coaching.* Wien: Facultas.

Kühne, S. (2009a). Aus- und Weiterbildung in der Online-Beratung. In S. Kühne & G. Hintenberger (Hrsg.), *Handbuch Online-Beratung* (S. 231–239). Göttingen: Vandenhoeck & Ruprecht.

Kühne, S. (2009b). Institutionalisierung von Online-Beratung – das Ende der Pionierphase. *e-beratungsjournal.net, 5* (2). Verfügbar unter: http://www.e-beratungsjournal.net/ausgabe_0209/kuehne.pdf [31.10.2010].

Kühne, S. & Hintenberger, G. (Hrsg.). (2009). *Handbuch Online-Beratung* (2. Auflage). Göttingen: Vandenhoeck & Ruprecht.

Lang, J. (2009). Paarberatung online. In S. Kühne & G. Hintenberger (Hrsg.), *Handbuch Online-Beratung* (S. 179–188). Göttingen: Vandenhoeck & Ruprecht.

Leitner, A. (2010). *Handbuch der Integrativen Therapie.* Wien: Springer.

Märker, O. & Trénel, M. (2003). *Online-Mediation. Neue Medien in der Konfliktvermittlung – mit Beispielen aus Politik und Wirtschaft.* Berlin: edition sigma.

Marlock, G. & Weiss, H. (Hrsg.). (2006). *Handbuch der Körperpsychotherapie.* Stuttgart: Schattauer.

Meilwes, H. (2006). Seelsorge und Beratung am Telefon. In T. Weber (Hrsg.), *Handbuch Telefonseelsorge* (2., überarbeitete und erweiterte Auflage) (S. 137–154). Göttingen: Vandenhoeck & Ruprecht.

Ploil, E.O. (2009). *Psychosoziale Online-Beratung.* München: Ernst Reinhardt.

Risau, P. (2009). Die Wahl der Technik. Standards und Anforderungen an technische Lösungen zur Online-Beratung. In S. Kühne & G. Hintenberger (Hrsg.), *Handbuch Online-Beratung* (S. 201–211). Göttingen: Vandenhoeck & Ruprecht.

Schultze, N.G. (2007). Erfolgsfaktoren des virtuellen Settings in der psychologischen Internet-Beratung. *e-beratungsjournal.net, 3* (1). Verfügbar unter: http://www.e-beratungsjournal.net/ausgabe_0107/schultze.pdf [31.10.2010].

Seneca, L.A. (1984). *Von der Seelenruhe. Philosophische Schriften und Briefe.* Frankfurt a. M.: Insel Verlag.

Sijbrandij, M., Mouthaan, J. & Olff, M. (2008). Trauma-TIPS: Eine internetgestützte Intervention zur Prävention von posttraumatischen Belastungsstörungen bei Patienten mit körperlichen Verletzungen. In S. Bauer & H. Kordy (Hrsg.), *E-Mental-Health. Neue Medien in der psychosozialen Versorgung* (S. 51–72). Heidelberg: Springer.

Telefonseelsorge (2009a). *Statistik Mail.* Verfügbar unter: http://www.telefonseelsorge.de/?q=node/19 [31.10.2010].

Telefonseelsorge (2009b). *Statistik Chat.* Verfügbar unter: http://www.telefonseelsorge.de/?q=node/27 [31.10.2010].

Tensil, M.-D. & Strüber, E. (2010). Suchtprävention im Internet am Beispiel von www.drugcom.de. *e-beratungsjournal.net, 6* (1). Verfügbar unter: http://www.e-beratungsjournal.net/ausgabe_0110/tensil.pdf [31.10.2010].

Tolbert, P.S. & Zucker, L.G. (1996). The institutionalisation of institutional theory. In S. Gregg, C. Hardy & W.R. Nord (eds.), *Handbook of organization studies* (pp. 175–190). London and Thousand Oaks: Sage Publications.

Tossmann, P. (2007). *Neue Wege in der Prävention des Drogenkonsums – Online-Beratung am Beispiel von drugcom.de.* Forschung und Praxis der Gesundheitsförderung, Band 31. Köln: Bundeszentrale für gesundheitliche Aufklärung. Verfügbar unter: http://www.bzga.de/?id=medien&sid=58&idx=1438 [31.10.2010].

van Well, F. (2000). *Psychologische Beratung im Internet.* Bergisch-Gladbach: Ferger.

Wagner, B. & Lange, A. (2008). Trauma-TIPS: Internetbasierte Psychotherapie. In S. Bauer & H. Kordy (Hrsg.), *E-Mental-Health. Neue Medien in der psychosozialen Versorgung* (S. 106–120). Heidelberg: Springer.

Waibel, M. & Jacob-Krieger, C. (Hrsg.). (2009). *Integrative Bewegungstherapie. Störungsspezifische und ressourcenorientierte Praxis.* Stuttgart: Schattauer.

Weissenböck, S., Lachout, S., Ivan, I., Wischnewski, R., Berg, K. & Schopp, P. (2006). *Standards der Onlineberatung.* Eigenverlag.

Wenzel, J. (2008). Technikentwicklung, Datenschutz und Datensicherheit: Die bewusste Gestaltung medialer Versorgungsangebote. In S. Bauer & H. Kordy (Hrsg.), *E-Mental-Health. Neue Medien in der psychosozialen Versorgung* (S. 20–32). Heidelberg: Springer.

Winnicott, D.W. (1997). *Vom Spiel zur Kreativität* (9. Aufl.). Stuttgart: Klett-Cotta.

Zenner, B. & Gielen, L. (2009). Ein dialogischer Ansatz in der Online-Beratung. In S. Kühne & G. Hintenberger (Hrsg.), *Handbuch Online-Beratung* (S. 117–130). Göttingen: Vandenhoeck & Ruprecht.

Stefan Kühne ist Dipl.-Erwachsenenbildner und Leiter wienXtra-jugendinfo. Außerdem ist er Mitherausgeber des e-beratungsjournal.net, einer Fachzeitschrift für Online-Beratung und computervermittelte Kommunikation.

Anschrift:
wienXtra-institut für freizeitpädagogik
wienXtra-jugendinfo
Albertgasse 35/II
A-1080 Wien
E-Mail: stefan.kuehne@wienXtra.at.

Mag. Gerhard Hintenberger ist an der Donau-Universität Krems als Fachbereichsleiter „Psychotherapie" und wissenschaftlicher Mitarbeiter tätig sowie Psychotherapeut in freier Praxis. Er ist Mitherausgeber des e-beratungsjournal.net, einer Fachzeitschrift für Online-Beratung und computervermittelte Kommunikation.

Anschrift:
Donau-Universität Krems
Department für Psychotherapie und Biopsychosoziale Gesundheit
Dr.-Karl-Dorrek-Straße 30
A-3500 Krems an der Donau
E-Mail: gerhard.hintenberger@donau-uni.ac.at

Sozialpsychologie der Online-Beratung

Nicola Döring & Christiane Eichenberg

1 Einleitung

Eine 27-jährige Jurastudentin mit einer Posttraumatischen Belastungsstörung aufgrund sexueller Missbrauchserfahrungen zwischen dem 13. und 17. Lebensjahr wendet sich per E-Mail an eine psychologische Beratungsstelle für Studierende:

> „... seit Tagen schleiche ich hier in meiner Wohnung umher, wie ein Tiger im Käfig [...], mein Hirn arbeitet auf Hochtouren, schläft scheinbar nie ... Es produziert immer und immer mehr Erinnerungen, die mich erschlagen ... Ich kann einfach nicht mehr! In einer Beratungsstelle war ich diesbezüglich noch nie, da ich nicht darüber reden kann, was passiert ist ... Ich bekomme kein einziges Wort über die Lippen, kann noch nicht einmal für mich die Dinge aussprechen ... Schreiben klappt – wie es scheint – bisher recht gut ...“

Die Empfängerin der E-Mail, eine Psychologin, ist verunsichert. Soll sie sich auf den Kontakt einlassen? Verstärkt sie damit nicht unter Umständen das Vermeidungsverhalten der Ratsuchenden? Sie bespricht die Frage in ihrer Supervisionsgruppe. Dort rät man ihr nach einigem Zögern, auf den E-Mail-Wechsel einzugehen. Für die Studentin bestehe in dieser Kommunikationsform anscheinend derzeit die einzige Möglichkeit, sich an eine professionelle Helferin zu wenden. Nach einem kurzen E-Mail-Wechsel kam der erste „reale“ Kontakt zwischen Patientin und Therapeutin in der Beratungsstelle zustande. Ohne das Einlassen der Therapeutin auf die Kontaktaufnahme via Internet wäre der folgenden Behandlung nie der Weg geebnet worden, die weiterhin von E-Mails begleitet wurde. So konnte die Patientin langsam ihre Sprachhemmung überwinden und emotionale Entlastung erfahren (Bollinger, 2004).

Viele psychosoziale Berater und Psychotherapeuten werden heute von Ratsuchenden über das Internet kontaktiert. Manche gewollt, weil ihre Beratungsstelle explizit psychosoziale Online-Beratung anbietet, manche ungewollt, weil Ratsuchende die Praxis-Homepage einer Therapeutin recherchieren und sie per E-Mail um Hilfestellung bitten. Andere Patienten kontaktieren während einer laufenden Psychotherapie ihren Therapeuten per E-Mail, weil sie in einer akuten Krise sind oder die Ferien des Therapeuten schwer ertragen können.

Für Beratende und Therapeuten stellt sich die Frage nach den Besonderheiten der netzbasierten Kommunikation im therapeutischen Setting. Auf das obige Beispiel bezogen: Worauf muss die Psychologin der studentischen Beratungsstelle achten, wenn sie das ihr bekannte Setting der Face-to-Face (F2F)-Beratung verlässt und im Internet berät? Kann sie die traditionellen Beratungstechniken anwenden? Wie wirken die Interventionen im E-Mail-Kontakt? Wie kann computervermittelt eine vertrauensvolle und produktive Arbeitsbeziehung zwischen Ratsuchenden und Beratenden aufgebaut werden?

2 Internetbasierte Beratungsangebote

Um die Besonderheiten des Internets als Setting für die psychosoziale Beratung herauszuarbeiten, muss zwischen verschiedenen Aspekten differenziert werden. Internetbasierte Beratungsangebote lassen sich nach einer Reihe von Dimensionen differenzieren (Berger & Andersson, 2009; Eichenberg, 2008, siehe Tabelle 1).

Demnach wird psychosoziale Online-Beratung von unterschiedlichen *Institutionen* sowie von psychosozialen Helfern verschiedener *Grundberufe* angeboten. Für potenziell Ratsuchende sind *Qualitätsnachweise* besonders wichtig: Sie wünschen sich die Garantie von Online-Sicherheit und Vertraulichkeit, Nachweis der Beraterqualifikation sowie erkennbare Gütesiegel der Angebote (Kral & Traunmüller, 2008). Allerdings machen viele Anbieter ihre Qualifikationen nicht ausreichend kenntlich. Eine Analyse von *N*=122 Web-Beratungsangeboten ergab, dass die meisten Anbieter (81 %) keinen Hinweis wie ein Logo oder erkennbares Gütesiegel in ihre Homepage integrieren (Stetina, Sofianopoulou & Kryspin-Exner, 2009). Dass psychosoziale Online-Angebote insgesamt auf hohe Nachfrage stoßen, ist inzwischen belegt (z. B. Kral & Traunmüller, 2008; Wenzel, 2008; Christensen et al., 2004). Dabei werden *kostenlose* Dienste deutlich häufiger in Anspruch genommen als kostenpflichtige.

Insgesamt finden viele Prozesse der psychosozialen Versorgung vermehrt auch unter Nutzung moderner Informations- und Kommunikationstechnologien statt (Döring, 2006): von der Nutzung des Internets als Raum für moderierte Selbsthilfegruppen, über Online-Beratungsangebote bis hin zu WWW-basierten Interventionsprogrammen zu verschiedenen *Störungs- und Problembereichen* mit und ohne (unterstützenden) Online-Kontakt zu einem Berater oder Therapeuten. Dabei ist zu unterscheiden, ob die Online-Beratung singulär durchgeführt wird oder in weitere therapeutische Interaktionen eingebunden ist, in welcher *Phase der Intervention* ihre Zielsetzung liegt und ob sie aus *computervermitteltem Kontakt zwischen*

Tabelle 1: *Unterscheidungsmerkmale internetbasierter Beratungsangebote*

Dimension	Beispiele
Anbietende Institution	Gesundheitseinrichtungen Krisendienste Niedergelassene Therapeuten Kliniken
Ausbildung der Beraterin/des Beraters	Arzt Psychologe (Sozial-)Pädagoge Sozialarbeiter Seelsorger
Kommerzialisierungs-grad	Kommerziell Semikommerziell Kostenlos
Seriosität bzw. Grad der Professionalität	Einhaltung bestimmter Gütekriterien wie Informationen über die Qualifikation des Beraters, Hinweise auf Grenzen (Nicht-Eignung für bestimmte Probleme etc.) Bearbeitungsdauer
Phase der psychosozialen Versorgung	Prävention Behandlung Rehabilitation
Problemfokus	Problem- und störungsbezogene Angebote Problemübergreifende Angebote
Verknüpfung mit Face-to-Face-Ansätzen	Online-Beratung zur Anbahnung und Überleitung in eine traditionelle Psychotherapie Professionell geleitete Internet-Chat-Gruppen als poststationäre Nachsorgeprogramme WWW-Programm mit wenigen ergänzenden F2F-Sitzungen Ausschließliche Online-Intervention
Ausmaß der inter-personalen therapeu-tischen Kontakte	Keine therapeutische Kontakte Minimale therapeutische Kontakte Ausschließlich therapeutische Kontakte
Netzdienst	E-Mail Forum Textbasierter Chat Audio- und Video-Chat World Wide Web/Social Networking Sites

Berater und Ratsuchendem besteht oder ob die Intervention z. B. aus der Bearbeitung von psycho-edukativen Web-Modulen zu einem bestimmten Problembereich (z. B. soziale Angst, Nikotinabhängigkeit) ohne direkte therapeutische Interaktion erfolgt.

Eichenberg und Ott (2011) berichten in einem Überblicksartikel, dass inzwischen eine Vielzahl *störungsspezifischer Online-Interventionsangebote* zu unterschiedlichen psychischen Störungen und Problembereichen (z. B. Angststörungen, Depression, Posttraumatischen Belastungsstörungen, Essstörungen, verhaltensmedizinischen Störungen) evaluiert wurden. Die Befunde zeigen, dass Online-Interventionsangebote wirksam sind, fast ausschließlich auf kognitiv-behavioralen Ansätzen beruhen und am häufigsten zur Behandlung konzipiert wurden. Für präventive und rehabilitative Internet-Angebote liegen vergleichsweise weniger Evaluationsstudien vor.

Allerdings ist der überwiegende Anteil dieser störungsbezogenen Online-Interventionsprogramme nicht öffentlich zugänglich (Griffiths & Christensen, 2006), sondern wurde lediglich zu Forschungszwecken entwickelt und entsprechend unter experimentellen Bedingungen erprobt. Es stehen jedoch auch eine Vielzahl *offener Online-Beratungsangebote* zur Verfügung, die von (meist) karitativen Einrichtungen betrieben werden (für eine Übersicht siehe www.das-beratungsnetz.de) und aus internetbasierten Kontakten zwischen Ratsuchenden und Beratenden bestehen.

Dabei werden verschiedene *Netzdienste* genutzt, die sich grob in *asynchrone/zeitversetzte* (E-Mail, Foren, Mailinglisten) und *synchrone/zeitgleiche* (Chats) sowie *textbasierte* (E-Mail, Foren, Mailinglisten, Chats) und *multimediale* (Audio- und Videokonferenzen) Dienste einteilen lassen. Der Einfluss des jeweiligen Netzdienstes auf die Beratungsarbeit ist spezifisch und geht mit immanenten Chancen – aber auch Problemen – einher. Inzwischen ist durch mehrere Befragungsstudien an Nutzern von Online-Beratungsangeboten belegt, dass sie gerade aufgrund der spezifischen Merkmale der internetbasierten Kommunikation auf diese Form der psychosozialen Unterstützung zurückgreifen (z. B. Eichenberg, 2007; Hinsch & Schneider, 2002; Zenner & Oswald, 2006). Es ist jedoch stets zu beachten, dass sich Online-Beratungsangebote eben in verschiedener Hinsicht unterscheiden (siehe oben Tab. 1) und die medialen Besonderheiten nur ein Aspekt unter vielen sind.

3 Sozialpsychologische Besonderheiten der Online-Beratung

Die Sozialpsychologie befasst sich mit dem menschlichen Erleben und Verhalten im sozialen Umfeld. Dabei spielen Prozesse der Identität, Selbstdarstellung und Eindrucksbildung eine wichtige Rolle. Weiterhin geht es um die zwischenmenschliche Kommunikation und Interaktion sowie um die Anbahnung und Gestaltung sozialer Beziehungen. All diese und weitere sozialpsychologische Phänomene weisen spezifische Besonderheiten auf, je nachdem, welche Personen beteiligt sind, welche Anforderungen die jeweilige Situation stellt und welcher Kommunikationskanal verwendet wird. Mit der Verbreitung des Internets hat sich computermittelte Kommunikation im Alltag etabliert. Dass sich Menschen auf Online-Profilen darstellen, ihren Mitmenschen per Internet-Suchmaschine nachgehen, sich nach Feierabend

Vorwort und Einleitung
Innovative Zugänge
Beratungs-settings und -räume
Medien und Beratung
Kritik der Beratung
Register
Anhang

im Chat treffen, alte Schulfreunde über Social-Networking-Plattformen kontaktieren, über Single-Plattformen Verabredungen treffen oder mit entfernt lebenden Verwandten via Internet telefonieren und Videokonferenzen abhalten, ist heute in vielen Bevölkerungsgruppen normal (zur Sozialpsychologie des Internets siehe zusammenfassend Döring, 2003, 2007, 2009a). Dementsprechend ist es nur folgerichtig, dass neben herkömmlicher Face-to-Face-, Brief- und Telefonberatung die Online-Beratung zunehmend an Bedeutung gewinnt (Döring, 2006).

Online-Beratung findet überwiegend textbasiert per E-Mail oder per Online-Chat statt (Castelnuovo, Gaggioli, Mantovani & Riva, 2003). Die E-Mail-Kommunikation läuft *zeitversetzt (asynchron)* ab und ähnelt dem Briefeschreiben, Chat-Kommunikation dagegen erfolgt *zeitgleich (synchron)* und stellt eine Form des schriftlichen Gesprächs dar:

- Bei der *zeitversetzten E-Mail-Beratung* kann das Gefühl unmittelbarer Nähe einerseits schwieriger vermittelt werden (weil man auf jede Antwort Stunden oder Tage warten muss). Andererseits kann wiederum mehr Nähe erlebt werden, wenn im Vergleich zum traditionellen Setting (z. B. ein Termin pro Woche) ein höherfrequenter Austausch (z. B. E-Mail-Antworten alle zwei Tage) möglich ist (Eichenberg, 2008). Darüber hinaus bietet die Asynchronizität der E-Mail-Kommunikation terminliche Flexibilität, was Beratenden wie Ratsuchenden entgegenkommen kann. Unabhängig von festen Öffnungszeiten der Beratungsstellen zu sein, kann gerade für Berufstätige oder auch Alleinerziehende den Weg in eine Beratung erleichtern oder gar erst ermöglichen. Ebenso eröffnet diese Situation eine „zone for reflection“: Hilfesuchende können ihr Anliegen ganz in Ruhe formulieren und auch reformulieren, Beratende gründlich und vorbereitet ihre Antworten verfassen. Anhand der schriftlichen Kommunikationsdokumente können sich Beratende zudem gerade in heiklen Situationen via Supervision oder Intervision detailliert unterstützen lassen, bevor sie die nächste Antwort schreiben. Andersherum birgt jedoch die Zeitverzögerung auch die Gefahr, auf eine Problemstellung des Ratsuchenden einzugehen, die aus einer bestimmten Stimmungslage heraus formuliert wurde und zum Zeitpunkt der Beantwortung gar nicht mehr aktuell ist.

- Bei der zeitgleichen *Chat-Beratung* besteht dieser Nachteil nicht, jedoch ist die Fähigkeit zu schnellem Tippen auf der Tastatur nötig, damit ein flüssiges Gespräch zustande kommt. Typischerweise muss bei einer Chat-Sitzung mehr Zeit eingerechnet werden als bei einer traditionellen Sitzung, um den gleichen Informationsgehalt zu transportieren. Chats ermöglichen grundsätzlich auch die *Beratung von Gruppen*. Dies erfordert vom Berater ein besonders hohes Maß an sozio-technischer Kompetenz, um alle Ratsuchenden gleichermaßen einzubinden und z. B. auch zu bemerken, wenn sich ein Teilnehmer zurückzieht und schweigt. Dabei besteht die Unsicherheit nicht immer zu wissen warum: Zieht er sich traurig zurück, gab es eine technische Panne oder wurde er zuhause von Familienmitgliedern gestört? Ebenso erfordert es Strategien für den Umgang mit potenziell dysfunktionalen Gruppendynamiken, z. B. im Fall von „Flaming“ (beleidigende Online-Äußerungen) oder wenn ein/e Teilnehmer/in öffentlich suizidale Absichten äußert (Eichenberg & Pennauer, 2003). *Audio- und Video-Chats* als zeitgleiche und zudem multimediale Formen der Online-Beratung kommen seltener zum Einsatz, denn das Verlassen der Textebene bedeutet einen Kontrollverlust für die Ratsuchenden, bedroht die Anonymität des Kontakts und setzt zudem entsprechendes technisches Equipment wie z. B. eine Webkamera voraus (für ein Review der wenigen vorliegenden Studien zum Einsatz von Videokonferenzen in der Psychotherapie siehe Simpson, 2008).

Der computervermittelte Beratungskontakt wird meist über die Website der Beratungsstelle zugänglich gemacht. Dort finden sich dann entsprechende E-Mail-Adressen sowie der Zugang zum Chat-Room inklusive dessen Öffnungszeiten. Oft werden die Beratenden mit Foto und einigen Daten zur Person vorgestellt. Ratsuchende müssen also zuerst die Beratungswebsite suchen und finden, um in einen Beratungskontakt einzusteigen.

Es existieren jedoch auch Konzepte, bei denen nicht die Ratsuchenden auf die Beratenden zugehen müssen, sondern umgekehrt eine *aufsuchende Beratungsarbeit* stattfindet. Hierbei wenden sich die Beratenden ihren Zielgruppen im Netz aktiv zu, indem sie sich in deren Online-Umgebungen aufhalten und dort mit ihrem Angebot sichtbar und ansprechbar sind. So haben viele Online-Beratungsstellen mittlerweile Profile auf Social-Networking-Sites (z. B. Facebook) eingerichtet, der aktuell beliebtesten Gruppe von Netzdiensten. Manche Sexualberatungsstellen sind in Sex-Chatrooms präsent, um dort Aufklärungs- und Beratungsarbeit rund um Safer-Sex-Fragen zu leisten. Andere Berate stehen Jugendliche in Online-Welten (z. B. Second Life) oder in Online-Spielen (z. B. World of Warcraft) „vor Ort" zur Verfügung. Die Teilnahme an diesen Online-Kontexten erfordert entsprechende Medienkompetenz der Beratenden (beispielsweise wie orientiere ich mich in der Online-Welt, wie gestalte ich meinen Avatar) sowie eine gründliche Reflexion der eingesetzten Methoden (z. B. Abgrenzung zwischen Spielhandlung und echter Beratungskommunikation). Wieder andere Beratende diskutieren in Online-Foren oder nehmen an Online-Selbsthilfegruppen teil, in denen die Mitglieder sich wechselseitig bei psychosozialen Problemen helfen (Peer-Beratung) und bringen so ihre professionelle Stimme ein (z. B. in Transsexuellen-/Transgender-Foren, Döring, 2009b). Entsprechende Aktivitäten erfordern es immer, sich mit den sozialen Regeln der jeweiligen Online-Communitys vertraut zu machen: Manche Online-Selbsthilfegruppen freuen sich über die Präsenz von Experten, andere lehnen dies als Eingriff in ihre Autonomie ausdrücklich ab.

Welche sozialpsychologischen Besonderheiten ergeben sich nun aus dem computervermittelten Beratungskontakt? Wir gliedern die Darstellung im Folgenden nach wichtigen Theorien der computervermittelten Kommunikation (für eine umfassende Darstellung siehe Döring, 2003).

Die Kanalreduktionstheorie

Oft wird der computervermittelte Kontakt als eine im Vergleich zum persönlichen Gespräch defizitäre Kommunikationsform verstanden: Bei einem textbasierten Online-Kontakt per E-Mail, Forum oder Chat reduziert sich der Austausch auf Textzeichen am Monitor. Nonverbale Kommunikation wie Mimik, Gestik, Blickkontakt usw. fehlen. Gemäß der *Kanalreduktionstheorie* handelt es sich bei computervermittelter Kommunikation dementsprechend um einen unpersönlichen, entemotionalisierten, ja geradezu *entmenschlichten Kontakt*, der das persönliche Gespräch weder ersetzen kann noch soll. Diese einseitig kritische Sichtweise ist jedoch auf der Basis des aktuellen Forschungsstandes zurückzuweisen. Praxiserfahrungen sowie systematische empirische Studien belegen, dass in bestimmten sozialen Situationen der Online-Austausch sogar als emotionaler und persönlicher empfunden wird als der Face-to-Face-Kontakt, der oft von Unsicherheit, Zurückhaltung, Hemmungen usw. geprägt ist. Ratsuchende, die ihre Probleme im „realen Leben" bzw. im Face-to-Face-Kontakt nicht thematisieren können und sich erstmals online offenbaren, widerlegen das pessimistische Medienbild der Kanalreduktionstheorie. Ebenso birgt das Schreiben – im Unterschied zum Sprechen – teilweise verbesserte Möglichkeiten der Selbstreflexion.

Die Filtertheorie

Die *Filtertheorie der computervermittelten Kommunikation* (Döring, 2008) betont, dass das mediale Herausfiltern von Hintergrundinformationen beim textbasierten Online-Austausch (z. B. Aussehen und Auftreten des Gegenübers sowie der eigenen Person) oft zu einer *sozialen Enthemmung und gesteigerten Emotionalität* führt (Suler, 2004). Dies kann sich positiv auswirken, wenn Personen es im Online-Austausch ohne lange Anlaufzeiten wagen, sich offen und ehrlich über persönliche und intime Themen auszutauschen. Es ist nicht untypisch, dass Ratsuchende berichten, ihr Problem im Rahmen anonymer Online-Kommunikation zum allerersten Mal im Leben überhaupt artikuliert zu haben. Die erhöhte Bereitschaft zur Selbstoffenbarung wird als ein wesentlicher Wirkfaktor der Online-Beratung gesehen (Knatz & Dodier, 2003; Schultze, 2007; Vogt, 2007). Andererseits kann Enthemmung im Falle von Frustrationen oder Konflikten aber auch die *negativen Affekte* begünstigen, das Aufbauen von Feindbildern fördern, zu plötzlichem Kontaktabbruch oder zu hemmungslosen Beleidigungen (Flaming) und normverletzendem Verhalten (z. B. Online-Mobbing) führen. Gerade in Online-Foren, die der Peer-Beratung dienen, eskalieren Konfliktsituationen immer wieder. Für Ratsuchende kann es dann belastend sein, wenn ihnen z. B. im Online-Forum nicht geglaubt wird und sie als „Fake" bezeichnet werden oder wenn ihnen die Schuld für ihre Probleme zugeschrieben wird.

Die Theorie der sozialen Informationsverarbeitung

Die *Theorie der sozialen Informationsverarbeitung* betont, dass die Qualität computervermittelter Kommunikation keineswegs deterministisch durch die Medienmerkmale vorgegeben ist. Vielmehr haben die Nutzerinnen und Nutzer wesentlichen Einfluss darauf, was sie einander wie und wann im Online-Kontakt preisgeben.

Indem sich die Online-Berater auf einer Profilseite mit Foto, Angaben zu Qualifikation und Berufserfahrung sowie zum persönlichen Hintergrund vorstellen, können sie ihre soziale Präsenz steigern und dadurch eher verhindern, zu einer beliebigen Projektionsfläche zu werden. Zudem können Textbotschaften durch sogenannte Emoticons (z. B. Smileys) oder die ausdrückliche Benennung von Gefühlen und Beschreibung von Gedanken sehr persönlich gestaltet werden. Umgekehrt müssen Beratende darauf achten, dass sie selbst genügend Informationen über ihr Gegenüber bekommen, um sinnvoll reagieren zu können und der Gefahr von Missverständnissen, Projektionen und Überinterpretationen zu entgehen. Dabei ist zu beachten, dass die textbasierte Online-Kommunikation einerseits nonverbale Informationen mitliefert (z. B. Absendezeitpunkt der E-Mail, verwendeter Nickname der ratsuchenden Person etc.), andererseits aber auch Hintergrundinformationen zielgerichtet gesucht werden können. So ist es nicht unüblich, dass Ratsuchende oder Patienten ihre Berater und Therapeuten „googlen" (d. h. mit der Suchmaschine „Google" Nachforschungen anstellen), um sich ein genaueres Bild von ihnen zu machen (Zur, Williams, Lehavot & Knapp, 2009). Daraus ergibt sich die Empfehlung an die Beratenden, ihre Online-Selbstdarstellung bewusst zu gestalten und ihr Online-Image immer wieder durch eigene Suchmaschinen-Recherchen zu überprüfen.

Generell werden einerseits Ratsuchende in Online-Foren ernster genommen, wenn sie detailliert und nachvollziehbar über ihr Problem berichten und somit im Sinne der Theorie der sozialen Informationsverarbeitung ihren Kommunikationspartnern aktiv viele Hintergrundinformationen liefern. Hierbei ist jedoch andererseits ein Schutz der eigenen Privatsphäre wichtig. Detailangaben zu Orten, Berufen, Krankheiten usw. können rasch zur ungewollten Identifizierbarkeit der Ratsuchenden und ihrer Angehörigen führen. In Online-Foren ist es nicht unüblich, dass Mitdiskutanten einen Beitrag kritisch prüfen und z. B. eine Anfrage mit anderen Postings der betreffenden Person vergleichen oder den Nickname googeln. Beratern und Therapeuten wird jedoch in aktuellen Fachdiskursen davon abgeraten, durch Online-Recherchen Hintergrundinformationen über die Ratsuchenden einzuholen. Dies sei ethisch fragwürdig, weil damit möglicherweise die Privatsphäre der Ratsuchenden verletzt wird. Zudem könne das Vertrauensverhältnis gestört werden oder auch der Berater in ein Dilemma geraten, wenn er auf Widersprüche zwischen den Selbstangaben des Ratsuchenden einerseits und recherchierten Hintergrundinformationen andererseits stößt (Lehavot, Barnett & Powers, 2010).

Die Theorie der hyperpersonalen Interaktion

Die *Theorie der hyperpersonalen Interaktion* weist darauf hin, dass Online-Kontakte und insbesondere längere Online-Beziehungen, die sich über eine Reihe von E-Mails oder Chats entwickeln, zuweilen als näher und persönlicher empfunden werden als entsprechende Face-to-Face-Kontakte. Dies kann zum einen auf die Setting-Bedingungen zurückgeführt werden, denn bei zeitversetztem E-Mail-Austausch können Ratsuchende jederzeit Mails an den Berater senden und frühere Mails erneut lesen. Allerdings kann dadurch zum anderen das Phantasma einer Omnipräsenz des Therapeuten entstehen (Kächele, 2008), was vom Online-Berater reflektiert und ggf. korrigiert werden muss, um Abhängigkeit vorzubeugen.

Ein weiterer Katalysator für hyperpersonale Nähe in Online-Beziehungen kann die mediale Distanz darstellen, wenn diese von den Ratsuchenden im Falle eines positiven Kontakts mit Fantasievorstellungen gefüllt wird. Auf diese Weise kann ein idealisiertes Bild des Beraters aufkommen, das sich – mangels möglicherweise irritierender oder frustrierender Face-to-Face-Begegnungen – länger erhalten lässt. Übertragungs- und Gegenübertragungsprozesse sind im Online-Kontext deswegen besonders gründlich zu überdenken.

Die Medienwahl-Theorien

Medienwahl-Theorien gehen darauf ein, dass in vielen sozialen Kontexten – so auch im Beratungskontext – meist mehrere verschiedene mediale Kommunikationskanäle zur Verfügung stehen. Online-Beratung nachzufragen oder anzubieten, ist somit Ergebnis einer Wahlentscheidung. Ratsuchende, die sich für das computervermittelte Setting entscheiden, etwa um zeitlich flexibel zu sein, aufgrund persönlicher Schamschwellen oder einer Präferenz für schriftlichen Selbstausdruck, profitieren dann vermutlich auch stärker von der Beratung, als wenn ihnen der Kommunikationskanal vorgegeben wird. Allerdings sollte im Einzelfall immer wieder hinterfragt werden, ob und wann ggf. ein Wechsel zu einem anderen Kommunikationskanal (z. B. Telefon oder Face-to-Face-Kontakt) sinnvoll ist.

4 Qualitätsbewertung der Online-Beratung

Studien, die quantitatives oder qualitatives Feedback der Klientel von Online-Interventionsangeboten erhoben haben, ermittelten insgesamt ein hohes Maß an *Zufriedenheit* (z.B. Griffiths & Christensen, 2006). Die Zufriedenheit bezog sich auf die Compliance mit dem Programm, aber auch – in Fällen der direkten Interaktion mit einem Berater oder Therapeuten – auf die therapeutische Beziehung. Insgesamt belegen wissenschaftliche Befunde, dass ein stabiles Arbeitsbündnis im Internetsetting herstellbar ist: Von den Beteiligten wird meist eine mindestens ebenso vertrauensvolle und produktive Beziehung erlebt wie im traditionellen Setting (z. B. Cook & Doyle, 2002; Eichenberg, 2007; Hanley, 2009; Knaevelsrud & Maercker, 2006; Leibert, Archer, Munson & York, 2006; Wolf & Kordy, 2006).

Eine Befragung der Ratsuchenden des psychosozialen Online-Beratungsangebots von pro familia SEXTRA (www.sextra.de; Eichenberg, 2007) zeigte, dass die Ratsuchenden die internetspezifischen Besonderheiten der E-Mail-Beratung als sehr positiv erlebten. Den Ratsuchenden fiel es leicht, ihre Gefühle schriftlich zu äußern, und sie erlebten diese Form der Problembeschreibung als wenig anstrengend. Das textbasierte Beratungssetting vermittelte Vertrauen zum Berater und führte nach Angaben der Betroffenen kaum zu Missverständnissen. Auch die Person der Beraterin bzw. des Beraters und die Interaktion mit ihr bzw. ihm wurden in verschiedenen Aspekten deutlich positiv bewertet: Die typischen Charakteristika eines professionellen Beraters wurden generell wahrgenommen (z. B. einfühlsam, Vertrauen erweckend, kompetent), was sich in der Resonanz auf die Interaktion (z. B. sich ernst genommen, vertrauensvoll behandelt und verstanden fühlen) widerspiegelte. Nach Aussagen der befragten Ratsuchenden scheint lediglich das Herstellen persönlicher Nähe („fühle mich dem/der Berater/in nahe") bei E-Mail-Beratung etwas erschwert. Angesichts der als mäßig bewerteten Verständlichkeit der Antwort des Beraters war es sicher von Vorteil, dass die Ratsuchenden sie mehrfach durchlesen konnten.

Auch in der Online-Beratung tätige Fachleute berichten von positiven Erfahrungen –speziell bezogen auf das Erleben der therapeutischen Beziehung (z. B. Hunner & Wagner, 2008). In der Psychotherapie- und Beratungsforschung hat sich das sogenannte *Drei-Parteien-Modell* nach Strupp und Hadley (1977) etabliert, das zur Beurteilung des Erfolgs von therapeutischer Arbeit neben der Einschätzung des Patienten und seiner sozialen Umwelt die Experteneinschätzung berücksichtigt. Hier ist weitere Forschung nötig, die in diesem Sinne bei der Qualitätsbewertung der therapeutischen Beziehung die Perspektive der Beratenden stärker miteinbezieht.

Allerdings muss bei den insgesamt positiven Befunden auch berücksichtigt werden, dass bei Online-Interventionangeboten zu bestimmten Störungsbildern (v. a. Suchterkrankungen, depressive Störungen) hohe *Drop-out-Raten* verzeichnet wurden, so dass der Anteil der Zufriedenen tendenziell überschätzt wird. Erste Studien deuten darauf hin, dass die Drop-out-Raten durch verschiedene Variablen moderiert werden. So steigt z. B. die Abbrecherquote, wenn internetbasierte Interventionsprogramme ohne – zumindest minimale – therapeutische Online-Kontakte angeboten werden. *Minimalkontakt* heißt hier in der Regel, dass neben dem zur Verfügung gestellten Online-Material noch kurze, aber regelmäßige (meist wöchentliche) E-Mail-Kontakte zu Beratenden stattfinden (Berger & Andersson, 2009; Spek, Nyklicek, Cuijpers & Pop, 2008). Dieses Ergebnis ist aus der Forschung zur Effektivität von Patientenratgebern und Selbsthilfebüchern bekannt (siehe Eichenberg, 2008; Eichenberg & Moritz, 2012).

Online-Beratung mit direkter Berater-Ratsuchenden-Interaktion ist rein selbstgesteuerten Web-Anwendungen überlegen. Zu diesem Ergebnis kommen auch Studien, die zwei identische internetbasierte Selbsthilfeprogramme verglichen, die jeweils mit oder ohne therapeutische Kontakte via E-Mail realisiert wurden. Am Beispiel sozialphobischer Personen konnte belegt werden, dass die Bedingung mit den minimalen therapeutischen Kontakten gegenüber der Bedingung ohne Kontakte hinsichtlich Wirksamkeit und Abbrecherquote deutlich überlegen war (Titov et al., 2008).

5 Fazit

Aus sozialpsychologischer Sicht ist zwischenmenschliche Online-Kommunikation nicht als defizitärer Ersatz für Face-to-Face-Kommunikation zu betrachten, sondern als eine spezifische Form des Austauschs, die – genau wie die Face-to-Face-Kommunikation – bestimmte Vor- und Nachteile mit sich bringt. Es liegen verschiedene Theorien der computervermittelten Kommunikation vor, die jeweils unterschiedliche Erlebnisdimensionen des Kontaktes hervorheben (Döring, 2003).

Bei der Betrachtung der sozialpsychologischen Besonderheiten computervermittelter Beratung im Vergleich zur Telefon- oder Face-to-Face-Beratung ist immer zu beachten, dass die medialen Aspekte neben – und in Wechselwirkung mit – anderen Einflussfaktoren gesehen werden müssen. Die Medienpräferenzen des Ratsuchenden, die Art des Problems, die Qualifikation des Beraters usw. sind wesentliche Faktoren, deren Einfluss auf den Erfolg der Interaktion oft größer ist als der reine Medieneffekt.

Aus sozialpsychologischer Sicht ist der Umgang mit *Selbstdarstellung und Eindrucksbildung* von besonderer Bedeutung für die Online-Beratung. Beim schriftlichen

Online-Austausch haben die Beteiligten zunächst mehr Kontrolle über das, was sie einander ausdrücklich mitteilen oder nicht mitteilen. Selbst sehr offensichtliche Personenmerkmale (z. B. Körperumfang, Hautfarbe, Alter, Geschlecht) können im computervermittelten Kontakt zunächst unsichtbar bleiben. In dem Maße, in dem die Online-Kommunikation das gesamte Leben durchdringt und Internet-Nutzende somit vielfältige Spuren hinterlassen, kann es jedoch auch zu ungewollter Identifizierbarkeit und Verletzungen der Privatsphäre kommen, z. B. wenn Ratsuchende und Beratende einander wechselseitig googeln.

Ein weiterer zentraler Faktor der Online-Beratung aus sozialpsychologischer Sicht ist die *mediengestützte Beziehungsgestaltung*. Eine soziale Beziehung entsteht durch wiederholte soziale Interaktionen. Sie besteht dabei in den Kontaktpausen weiter, indem die Beziehungspartner aneinander denken, sich an zurückliegende Interaktionen oder Treffen erinnern und zukünftige planen. Im Kontext der Online-Beratung sind z. B. folgende Setting-Bedingungen zu reflektieren: Wie schnell ist mit einer E-Mail-Antwort zu rechnen? Wie umfangreich dürfen Anfragen sein? Wie ausführlich fallen die Antworten aus? Wie viele Beratungskontakte sind möglich? Unter welchen Bedingungen ist ein Medienwechsel von E-Mail zu Telefonat oder Face-to-Face-Kontakt mit demselben Berater möglich?

Unter welchen Rahmenbedingungen Online-Beratung angeboten wird, hängt entscheidend von den Ressourcen der jeweiligen Beratungsstelle ab, sollte aber auch auf die Klientel abgestimmt und vor allem von Anfang an transparent gemacht werden. Medienspezifische Verunsicherungen (z. B. Warten auf E-Mail-Antworten), die sich negativ auf die Vertrauensbildung auswirken, können auf diese Weise reduziert werden. Entsprechende Rahmenbedingungen zu definieren ist besonders wichtig bei aufsuchender Online-Beratung, in deren Rahmen sich die Beratenden an den informellen Online-Treffpunkten der potenziell Ratsuchenden aufhalten (z. B. in Online-Foren, auf Sozialen-Netzwerk-Plattformen, in Online-Spielen, virtuellen Welten oder Chatrooms).

Literatur

Berger, T. & Andersson, G. (2009). Internetbasierte Psychotherapien: Besonderheiten und empirische Evidenz. *Psychotherapie, Psychosomatik, Medizinische Psychologie, 59* (3–4), 159–170.

Bollinger, S. (2004). E-Mail-Kontakte und Psychotherapie. *Psychotherapeut, 49*, 126–128.

Castelnuovo, G., Gaggioli, A., Mantovani, F. & Riva, G. (2003). From Psychotherapy to e-Therapy: The Integration of Traditional Techniques and New Communication Tools in Clinical Settings. *CyberPsychology & Behavior, 6*, 375–382.

Christensen, H., Griffiths, K.M., Korten, A.E., Brittliffe, K. & Groves, C. (2004). A Comparison of Changes in Anxiety and Depression Symptoms of Spontaneous Users and Trial Participants of a Cognitive Behavior Therapy Website. *Journal of Medical Internet Research, 6* (4): e46.

Cook, J.E. & Doyle, C. (2002). Working alliance in online therapy as compared to face-to-face therapy: preliminary results. *Cyberpsychology & Behavior, 5*, 95–105.

Döring, N. (2003). *Sozialpsychologie des Internet. Die Bedeutung des Internet für Kommunikationsprozesse, Identitäten, soziale Beziehungen und Gruppen* (2. Aufl.). Göttingen: Hogrefe.

Döring, N. (2006). Beratung und Medien. In C. Steinebach (Hrsg.), *Handbuch Psychologische Beratung* (S. 96–116). Stuttgart: Klett-Cotta.

Döring, N. (2007). Vergleich zwischen direkter und medialer Individualkommunikation. In U. Six, U. Gleich & R. Gimmler (Hrsg.), *Lehrbuch Kommunikationspsychologie und Medienpsychologie* (S. 297–314). Weinheim: Beltz-PVU.

Döring, N. (2008). Reduced Social Cues/Cues Filtered Out Approach. In N. Krämer, S. Schwan, D. Unz & M. Suckfüll (Hrsg.), *Schlüsselbegriffe der Medienpsychologie* (S. 290–297). Stuttgart: Kohlhammer.

Döring, N. (2009a). Mediatisierte Beziehungen. In K. Lenz & F. Nestmann (Hrsg.), *Handbuch Persönliche Beziehungen* (S. 651–675). Weinheim: Juventa.

Döring, N. (2009b). Internetangebote von und für Transsexuelle. Psychotherapie im Dialog, *10,* 69–74.

Eichenberg, C. (2007). Online-Sexualberatung: Wirksamkeit und Wirkweise. Evaluation eines Pro Familia-Angebots. *Zeitschrift für Sexualforschung, 20* (3), 247–262.

Eichenberg, C. (2008). Bedeutung der Medien für klinisch-psychologische Interventionen. In B. Batinic & M. Appel (Hrsg.), *Medienpsychologie* (S. 503–530). Berlin: Springer.

Eichenberg, C. & Moritz, S. (2012). Bibliotherapie bei Zwangserkrankungen. *Zeitschrift für Psychotraumatologie, Psychotherapiewissenschaft und Psychologische Medizin, 4,* 81–90.

Eichenberg, C. & Ott, R. (2011). Klinisch-psychologische Intervention im Internet: Ein Review zu empirischen Befunden störungsspezifischer Angebote. *Psychotherapeut, 57* (1). doi: 10.1007/s00278-011-0832-5.

Eichenberg, C. & Pennauer, J. (2003). Krisenintervention im und via Internet: Angebote und Möglichkeiten. *Psychotherapie im Dialog, 4,* 411–415.

Griffiths, K.M. & Christensen, H. (2006). Review of randomised controlled trials of internet interventions for mental disorders and related conditions. *Clinical Psychologist, 10* (1), 16–29.

Hanley, T. (2009). The working alliance in online therapy with young people: preliminary findings. *British Journal of Guidance & Counselling, 37* (3), 257–269.

Hinsch, R. & Schneider, C. (2002). Evaluationsstudie zum Modellprojekt „Psychologische und Sozialpädagogische Beratung nach dem KJHG im Internet" – Onlineberatung. *Arbeitsbericht des Instituts für angewandte Familien-, Kindheits- und Jugendforschung an der Universität Potsdam.* Verfügbar unter www.beranet.de/content/artikel/downloads/0.568729001061916955EvaluationsstudieOnlineberatungfinal.pdf [02.07.2010].

Hunner, S. & Wagner, C. (2008). Die Perspektive von Onlinetherapeuten. In S. Bauer & H. Kordy (Hrsg.), *E-Mental-Health* (S. 289–302). Berlin: Springer.

Kächele, H. (2008). Der Therapeut im Internet: Nur noch ein „human companion"? In S. Bauer & H. Kordy (Hrsg.), *E-Mental-Health* (S. 303–312). Berlin: Springer.

Knaevelsrud, C. & Maercker, A. (2006). Does the quality of working allince predict treatment outcome in online psychotherapy for traumatized patients? *J Med Internet Res, 8* (4): e31.

Knatz, B. & Dodier, B. (2003). *Hilfe aus dem Netz. Theorie und Praxis der Beratung per E-mail.* Stuttgart: Klett-Cotta.

Kral, G. & Traunmüller, R. (2008). Psychologische Online-Beratung. Was erwarten die (potenziellen) NutzerInnen? *E-beratungsjournal, 4* (2). Verfügbar unter: www.e-beratungsjournal.net/ausgabe_0208/kral.pdf [02.07.2010].

Lehavot, K., Barnett, J.E. & Powers, D. (2010). Psychotherapy, professional relationships, and ethical considerations in the myspace generation. *Professional Psychology: Research and Practice, 41* (2), 160–166.

Leibert, T., Archer, J., Munson, J. & York, G. (2006). An Exploratory Study of Client Perceptions of Internet Counseling and the Therapeutic Alliance. *Journal of Mental Health Counseling,* 28 (1), 69–83.

Schultze, N.G. (2007). Erfolgsfaktoren des virtuellen Setting in der psychologischen Internet-Beratung. *e-beratungsjournal, 3* (1). Verfügbar unter: www.e-beratungsjournal.net/ausgabe_0107/schultze.pdf [03.07.2010].

Simpson, S. (2008). Psychotherapy via videoconferencing: a review. *British Journal of Guidance & Counselling, 37* (3), 271–286.

Spek, V., Nyklicek, I., Cuijpers, P. & Pop, V. (2008). Predictors of outcome of group and internet-based cognitive behavior therapy. *Journal of Affective Disorders, 105* (1–3), 137–145.

Stetina, B.U., Sofianopoulou, A. & Kryspin-Exner, I. (2009). AnbieterInnen, Angebote und Kennzeichen von Online-Interventionen. In B.U. Stetina & I. Kryspin-Exner (Hrsg.), *Gesundheit und Neue Medien* (S. 171–204). Berlin: Springer.

Strupp, H. & Hadley, S. (1977). A tripartite model of mental health and therapeutic outcome. With special reference to negative effects. *American psychologist, 3*, 187–196.

Suler, J. (2004). The Online Disinhibition Effect. *CyberPsychology and Behavior, 7*, 321–326.

Titov, N., Andrews, G., Choi, I., Schwencke, G. & Mahoney, A. (2008). Shyness 3: An RCT of guided versus unguided internet based CBT for social phobia. *Australian and New Zealand Journal of Psychiatry, 42*, 1030–1040.

Vogt, B. (2007). Schreiben, ein wirksamer Prozess. Acht Thesen zur Wirksamkeit und Effektivität von E-Mail-Beratung. *e-beratungsjournal, 3* (2). Verfügbar unter: www.e-beratungsjournal.net/ausgabe_0207/vogt.pdf [03.07.2010].

Wenzel, J. (2008). Vom Telefon zum Internet. Onlineberatung der Telefonseelsorge. In S. Bauer & H. Kordy (Hrsg.), *E-Mental-Health* (S. 89–103). Berlin: Springer.

Wolf, M. & Kordy, H. (2006). Die therapeutische Beziehung in einem E-Mail-Modell post-stationärer Psychotherapie. *Psychodynamische Psychotherapie, 5* (3), 137–146.

Zenner, B. & Oswald, G. (2006). Onlineberatung im Bereich der Ehe-, Familien- und Lebensberatung. Eine Erhebung im Rahmen des Modellprojekts Onlineberatung der Katholischen Bundeskonferenz für Ehe-, Familien- und Lebensberatung (KBK). *e-beratungsjournal, 1.* Verfügbar unter: www.e-beratungsjournal.net/ausgabe_0106/zenner.pdf [03.07.2010].

Zur, O., Williams, M., Lehavot, K. & Knapp, S. (2009). Psychotherapist self-disclosure and transparency in the Internet Age. *Professional Psychology: Research and Practice, 40* (1), 22–30.

Prof. Dr. Nicola Döring ist Diplom-Psychologin und Professorin für Medienpsychologie und Medienkonzeption an der Technischen Universität Ilmenau, Institut für Medien und Kommunikationswissenschaft (www.nicola-doering.de).

Anschrift:
Technische Universität Ilmenau IfMK
(Institut für Medien und Kommunikationswissenschaft)

Ernst Abbe Zentrum für Forschung und Transfer (EAZ)
Ehrenbergstr. 29
D-98693 Ilmenau
E-Mail: nicola.doering@tu-ilmenau.de

PD Dr. Christiane Eichenberg ist Diplom-Psychologin, Psychologische Psychotherapeutin (i. A.) sowie wissenschaftliche Mitarbeiterin am Department Psychologie – Klinische Psychologie und Psychologische Diagnostik – der Universität zu Köln (www.christianeeichenberg.de).

Anschrift:
Universität zu Köln
Klinische Psychologie und Psychologische Diagnostik
Höninger Weg 115
D-50969 Köln
E-Mail: christiane@rz-online.de

Von der E-Beratung zur M-Beratung: Chancen und Grenzen des Einsatzes von Mobilmedien

Nicola Döring & Christiane Eichenberg

Medienunterstützung in der Beratung ist nicht neu. Schriften wurden schon in der Antike zu therapeutischen Zwecken im engeren und weiteren Sinne eingesetzt, der Buchdruck erschloss weitere Kreise und – um nochmals einen Zeitsprung zu machen – die Telefonberatung stellt ihre Dienste seit über 50 Jahren bereit. Bis heute verändern Medieninnovationen immer wieder Angebot und Nachfrage psychosozialer Beratung. So bieten eine Vielzahl psychosozialer Einrichtungen seit den 1990er-Jahren Beratung via Internet, sogenannte E-Beratung, an. Der Boom der Mobilkommunikation eröffnet für die Beratung weitere Optionen, die bisher insbesondere im Bereich der Gesundheitsförderung aufgegriffen werden. Der Beitrag zeigt entsprechende Pilotprojekte und Entwicklungen auf und skizziert Perspektiven für die psychosoziale Beratung per Handy bzw. Smartphone, die sogenannte M-Beratung.

1 Von E-Health zu M-Health

„E-Health" ist ein Sammelbegriff für alle gesundheitsbezogenen Angebote, die über das Internet lokal oder weltweit zur Verfügung gestellt werden (zur Begriffsdefinition siehe Oh, Rizo, Enkin & Jadad, 2005). „E-Mental-Health" grenzt das Feld auf psychosoziale Versorgung ein (Bauer & Kordy, 2008). Für die heutigen Internet-Nutzerinnen und -Nutzer ist es in vielen Teilen der Welt mittlerweile alltäglich, bei gesundheitlichen oder psychosozialen Fragen und Problemen eine Google-Suche im Web durchzuführen, in Online-Foren Rat einzuholen oder sich per E-Mail an

Vorwort und Einleitung
Innovative Zugänge
Beratungs-settings und -räume
Medien und Beratung
Kritik der Beratung
Register
Anhang

professionelle Beratungsstellen zu wenden. In einer repräsentativen Befragung gaben 44 % aller deutschen Online-Benutzer an, dass das Internet bei psychosozialen Problemen im Bedarfsfall eine Anlaufstelle für sie ist (Eichenberg & Brähler, 2012). So ist die professionelle Online-Beratung heute weitgehend institutionalisiert (Kühne, 2009). Die Reichweite von Online-Angeboten ist groß: In Deutschland sind laut der ARD/ZDF-Online-Studie 2010 mittlerweile rund 70 % der Bevölkerung online, bei den Jugendlichen nahezu 100 % (Eimeren & Frees, 2010).

Eine noch größere Verbreitung als Computer und Internet weist jedoch das Mobiltelefon auf. In Deutschland liegt die Zahl der Handy-Verträge weit über der Einwohnerzahl (European Information Technology Observatory, www.eito.eu). Fast alle Menschen in Deutschland verfügen heutzutage über ein eigenes Handy, es ist als persönliches Mehrzweckmedium zum ständigen Begleiter im Alltag geworden. Somit liegt es nahe, die durch die neuen leistungsstarken Handys (Smartphones mit Internet-Anbindung) wachsenden Potentiale der Mobilkommunikation auch für gesundheitsbezogene und psychosoziale Interventionen auszuschöpfen. Projekte und Studien im Bereich „M-Health" bzw. „M-Mental-Health" mehren sich (vgl. Istepanian, Laxminarayan & Pattichis, 2006; Döring & Eichenberg, 2007; Norris, Stockdale & Sharma, 2009). Dabei bilden Entwicklungs- und Schwellenländern einen besonderen Schwerpunkt. Denn es besteht die Hoffnung, dass Mobilmedien, die dort wesentlich verbreiteter sind als Computer, zur Verbesserung der insgesamt schlechten Gesundheitsversorgung der Bevölkerung beitragen können (z. B. Zugang zu HIV-Präventions-Informationen in ländlichen Regionen via Mobiltelefon). In diesem Bereich arbeiten die Vereinten Nationen mit Mobilfunkanbietern zusammen (Vital Wave Consulting, 2009). Mit ähnlichem Impetus wird der Einsatz von M-Learning-Angeboten in Entwicklungs- und Schwellenländern vorangetrieben, wobei gesundheitsbezogene M-Learning-Angebote die Brücke zwischen beiden Bereichen schlagen.

Wie bei jeder technischen Innovation stehen optimistischen Stimmen, die neue Chancen und erweiterte Handlungsmöglichkeiten loben, kritische Stimmen gegenüber, die vor diversen Risiken warnen und insbesondere soziale Verluste durch Technisierung befürchten. Wenn schon E-Mail-Beratung mit medialen Grenzen zu kämpfen hat, ist es dann wirklich sinnvoll, eine SMS-Beratung – beschränkt auf 160 Zeichen pro Handy-Kurzmitteilung – anzubieten? Kann M-Beratung mehr sein als eine Online-Beratung im Kleinformat, sozusagen „E-Beratung light"?

Ziel des vorliegenden Beitrags ist es, den aktuellen Entwicklungs- und Forschungsstand zum Einsatz von Mobilmedien *in der Beratung und vor allem im Kontext medizinischer und psychosozialer Interventionen* zu präsentieren und kritisch zu diskutieren. Zunächst werden die notwendigen technischen Grundlagen behandelt, anschließend die vier wichtigsten Szenarien der M-Beratung vorgestellt und schließlich ihre Chancen und Grenzen diskutiert. Insgesamt zeigt sich, dass Mobilmedien sinnvoll in das breite Spektrum medialer Beratungsangebote integrierbar sind (Döring, 2006), sofern die Angebote für die jeweiligen Zielgruppen und ihre Anliegen maßgeschneidert sind. Zielgruppen bilden dabei einerseits Patienten bzw. Ratsuchende, andererseits aber auch die im Gesundheitssektor Tätigen, deren Arbeit durch passgenaue mobile Dienste und Anwendungen unterstützt werden kann.

2 Mobilmedien

Mobilkommunikation ist ein Sammelbegriff für die Kommunikation über portable, drahtlos vernetzte Informations- und Kommunikationsgeräte. Mobilmedien bestehen aus drei Systemkomponenten: dem portablen Endgerät zur Datenverarbeitung (z. B. Mobiltelefon), dem drahtlosen Netzwerk zur Datenübertragung (z. B. Mobilfunknetz) sowie den mobilen Diensten und Anwendungen (z. B. Kurzmitteilungsdienste).

Portable Endgeräte

Portable Informations- und Kommunikationsgeräte existieren in unterschiedlichen Erscheinungsformen, die teilweise miteinander verschmelzen (Medien- bzw. Gerätekonvergenz). Dazu gehören z. B. auch E-Book-Reader oder Boardcomputer im Automobil. Die drei wichtigsten mobilen Endgerätegruppen, die für psychosoziale Interventionen in Frage kommen, sind Mobiltelefon, mobile Spielkonsole und Notebook.

1. *Mobiltelefon.* Das Mobiltelefon (mobile phone/cell phone; im Deutschen kurz: Handy) ist das mit Abstand am weitesten verbreitete mobile Endgerät. Es ist mehr als ein portables Telefon, denn per Handy lassen sich zahlreiche weitere Dienste und Anwendungen nutzen: Man kann beispielsweise Text-, Foto-, Audio- und Videobotschaften sowie E-Mails und Faxe senden und empfangen, Musik hören, kleine Computerspiele spielen, einen Kalender führen und sogar – mehr oder minder in eingeschränkter Weise – Internet-Inhalte abrufen. Inzwischen sind im Gefolge des seit 2007 erhältlichen iPhone von Apple diverse *Smartphones* von verschiedenen Herstellern auf dem Markt, die den Funktionsumfang eines Mobiltelefons durch Touchscreen-Technologie, verbesserten Internet-Zugang sowie die Möglichkeit der Installation zahlreicher Zusatzprogramme – sogenannter Apps (kurz für: Mobile Applications) – extrem erweitern. Smartphones werden die herkömmlichen Handys nach und nach verdrängen. Damit wird dann die – vor allem im Business-Bereich etablierte – Gerätegruppe der *Handhelds* (auch: PDA [Personal Digital Assistant], Pocket PC, Palmtop) überflüssig. Diese handtellergroßen Mini- oder Taschencomputer boten ebenfalls die Möglichkeit, kleine Programme zu nutzen, ihnen fehlte jedoch die Telefonfunktion des Handys.
2. *Mobile Spielkonsole.* Während stationäre Spielkonsolen an den Fernseher angeschlossen werden und dann die Nutzung von Videospielen ermöglichen, enthalten mobile Spielkonsolen ein kleines Display und können somit ortsunabhängig eingesetzt werden. Sehr bekannte mobile Spielkonsolen sind der Gameboy von Nintendo, der mittlerweile von der Nintendo DS abgelöst wurde, oder die PlayStation Portable PSP von Sony. Heutige Spielkonsolen integrieren neben der Spielfunktion zunehmend weitere Funktionen, wie z. B. den Austausch von Text-, Foto-, Audio- und Videobotschaften oder die geografische Lokalisierung der Spielerinnen und Spieler. Mobile Spielkonsolen werden dadurch vom reinen Spielgerät zum integrierten Spiel- und Kommunikationsgerät (für Anwendungen im Gesundheitsbereich siehe Döring & Eichenberg, 2007).

3. *Notebook*. Das Notebook ist ein vollwertiger Personal Computer, der durch vergleichsweise leichte und kompakte Bauweise sowie durch Unabhängigkeit vom Stromnetz ortsflexibel und mobil (z. B. im Zug) einsetzbar ist, indem man ihn auf dem Tisch oder auf dem Schoß (deswegen auch *Laptop*) platziert. Per Notebook können alle herkömmlichen Computerprogramme genutzt werden, zudem ist über ein drahtloses Netzwerk auch eine Internet-Anbindung möglich. Die Mobilität von Laptops ist jedoch insofern eingeschränkt, als sie mit einem Gewicht von zwei bis vier Kilogramm zu schwer sind („Schlepptop") für eine permanente Nutzung. Als sogenannte *Netbooks* haben sich jedoch inzwischen besonders kleine, leichte und kostengünstige Notebooks etabliert, die bei vollem Funktionsumfang auf Handtaschenformat geschrumpft sind und Akkulaufzeiten bis zu acht Stunden aufweisen. Eine weitere mobile Alternative zum klassischen Desktop-Computer bieten *Tablet-PCs* (z. B. das iPad), die per Stifteingabe zu bedienen und wie eine Schreibtafel auch auf dem Arm ohne Tisch zu gebrauchen sind (z. B. während einer Visite im Krankenhaus).

Für Praxisprojekte im Bereich psychosozialer und medizinischer Versorgung ist es einerseits sinnvoll, *einfache Geräte* zu nutzen, die bei den Zielgruppen bereits stark verbreitet sind. Andererseits ist es wichtig, frühzeitig die Chancen technischer Innovationen auszuloten. Entsprechende Innovationsprojekte statten dann typischerweise eine kleine Nutzergruppe mit *neuen Geräten* aus, um deren Praxistauglichkeit zu testen.

Drahtlose Netzwerke

Drahtlose Netzwerke (wireless networks) realisieren die Datenübertragung per Funktechnologie. Gemäß ihrer Reichweite lassen sich drei Typen von drahtlosen Netzwerken unterscheiden:

1. *W-PAN (Wireless Personal Area Network)*. Dieser Netzwerktyp dient der Datenübertragung über Distanzen von wenigen Metern. Verbreitete Technologien sind Infrarot und Bluetooth. Innerhalb eines Raumes können per Bluetooth beispielsweise Fotos oder Kurzmitteilungen von einem Handy direkt auf ein anderes Handy, auf eine mobile Spielkonsole, auf ein Notebook oder einen Personal Computer übertragen werden. Auch Messdaten können per W-PAN übermittelt werden, etwa vom Schrittzähler im Schuh zum Handy, auf dem ein Fitness-Programm genutzt wird. Die Datenübertragung ist dabei kostenfrei.
2. *W-LAN (Wireless Local Area Network)*. Dieser Netzwerktyp dient der Datenübertragung über Distanzen von Dutzenden bis Hunderten von Metern. Mit W-LANs werden typischerweise umgrenzte Areale abgedeckt, etwa eine Wohnung, ein Firmengelände, ein Universitätscampus, ein Flughafen oder ein Restaurant. W-LAN-Karten sind für Notebooks, mobile Spielkonsolen und für Handys verfügbar.
3. *W-WAN (Wireless Wide Area Network)*. Dieser Netzwerktyp dient der Datenübertragung über Distanzen von vielen Kilometern. Durch die Verbindung zwischen W-WANs kann letztlich eine weltweite Abdeckung gewährleistet werden. Die heute gängigen W-WANs sind die Mobilfunknetze der 2. Genera-

tion (GSM-Standard: Global System for Mobile Communications) inklusive ihrer Erweiterungen (2,5. Generation) und der 3. Generation (UMTS-Standard: Universal Mobile Telecommunications Standard). Die Handy-Kommunikation ist auf Mobilfunknetze angewiesen, aber auch mobile Spielkonsolen und Notebooks können z. B. per UMTS-Karte online gehen.

Für mobile Beratungsangebote, die auf eine Netzanbindung angewiesen sind, stellt sich sowohl für die Anbieter als auch für die Zielgruppen die Frage nach den *Verbindungskosten*. Bei den für die Mobilkommunikation zentralen W-WANs bzw. Mobilfunknetzen existieren unterschiedliche Tarifmodelle, wobei sich neuerdings *Flatrates* verbreiten, bei denen für einen Pauschalpreis hinsichtlich Zeit und/oder Datenvolumen unbegrenzte Nutzung möglich ist.

Mobile Dienste und Anwendungen

Dienste und Anwendungen umfassen die konkreten Leistungen, die portable Endgeräte den Teilnehmerinnen und Teilnehmern anbieten. Während für die Nutzung mobiler Dienste ein Datenaustausch über ein drahtloses Netzwerk notwendig ist (z. B. SMS-Mitteilungsdienst des Handys), laufen mobile Anwendungen ohne Netzanbindung im Endgerät (z. B. Kalenderfunktion des Handys).

Das Spektrum der mobilen Dienste und Anwendungen ist sehr breit und grob in vier Kategorien einzuteilen:

1. *M-Kommunikation*. Dazu zählen mobile Kommunikationsdienste wie z. B. Mobiltelefonie, textbasierte und multimediale Mitteilungsdienste. Dabei kann es sich um Individualkommunikation zwischen einzelnen Personen handeln, aber auch um Gruppenkommunikation.
2. *M-Information*. Information mittels Mobilmedien beinhaltet das eigene Informationsmanagement (z. B. Kalender, Adressbuch, Notizen, Dokumente) sowie den Zugriff auf Informationsangebote (z. B. mobiler Abruf von Online-Zeitungen via Notebook oder von Online-Gesundheitsinformationen via Handy).
3. *M-Unterhaltung*. Unterhaltung mittels Mobilmedien umfasst Handy-Klingeltöne und Handy-Logos, Spiele (M-Gaming), Handy-TV oder den Abruf unterhaltsamer mobiler Internet-Angebote.
4. *M-Transaktion*. Transaktionen mittels Mobilmedien umschließen den Kauf von Eintritts- oder Fahrkarten (M-Ticketing), das Abwickeln von Bankgeschäften (M-Banking) sowie das Bezahlen (M-Payment) oder das Einkaufen (M-Shopping).

Inhaltlich spezialisierte M-Beratungsangebote können prinzipiell Dienste und Anwendungen aus allen vier Bereichen einbeziehen. Auf der Ebene der Dienste und Anwendungen zeigt sich eine Verschmelzung von Online- und Mobilkommunikation, so können viele Online-Dienste auch mobil genutzt werden (z. B. E-Mail, Chat, Websites). Die mobile Zugänglichkeit von Online-Angeboten erfordert ein entsprechend ausgestattetes Endgerät (z. B. Smartphone, Netbook, Tablet-PC), eine Netzverbindung mit ausreichender Bandbreite zu bezahlbaren Kosten (z. B. durch einen Flatrate-Vertrag) sowie eine entsprechende Aufbereitung der Inhalte, so dass sie auch auf sehr kleinen Displays und über die geringe Zahl der Handytasten sinnvoll nutzbar sind. Die über Mobilmedien zugänglichen Online-Inhalte werden auch als „mobiles Internet" bezeichnet.

3 Psychosoziale Beratungsangebote mittels Mobilmedien

Inzwischen werden mobile Medien in verschiedenen Beratungskontexten eingesetzt, so auch in der psychosozialen Beratung. Obwohl die Begriffe „Mobile Health" bzw. „Mobile Mental Health" mittlerweile etabliert sind, hat sich in der Fachliteratur noch keine einheitliche Klassifikation der verschiedenen Erscheinungsformen herausgebildet.

- Norris et al. (2009) betonen in einem Beitrag zur strategischen Entwicklung von M-Health, dass M-Health-Angebote im gesamten Spektrum der Gesundheitsversorgung einen Platz haben können von der Prävention über Monitoring, Behandlung und Nachsorge sowie Unterstützung für Angehörige. Sie unterscheiden beispielhaft acht klinische und fünf nicht-klinische Varianten von M-Health-Angeboten. Zu den klinischen Anwendungen zählen sie z. B. öffentliche Gesundheitskampagnen, Erinnerungen an die Medikamenteneinnahme, Telemonitoring von Gesundheitsdaten oder die elektronische Patientenakte auf dem Handy. Unter die nicht-klinischen mobilen Gesundheitsanwendungen ordnen sie z. B. die Lokalisierung von Patienten und Ausrüstung, flexible Terminvereinbarungen und Terminerinnerungen oder Sicherheitsservices für das Personal.
- Die Vereinten Nationen differenzieren folgende sechs Typen von M-Health-Angeboten (Vital Wave Consulting, 2009): 1. Gesundheitsbildung, 2. telefonische Gesundheits-Hotlines, 3. Diagnostik- und Interventionsunterstützung, 4. Kommunikation und Weiterbildung für medizinisches Personal, 5. Datensammlung zur Verbreitung von Krankheiten und Epidemien sowie 6. Patienten-Monitoring. Eine Reihe entsprechender Projekte sind in einem wissenschaftlich fundierten Artikel zu „mHealth" in der englischsprachigen Wikipedia zusammengetragen.
- Döring und Eichenberg (2007) geben einen Überblick speziell über klinisch-psychologische Interventionen mit Mobilmedien und erläutern Beispiele in allen Interventionsfeldern von der Diagnostik bis zu verschiedenen Formen der Intervention (Prävention, Beratung, Selbsthilfe, Psychotherapie und Rehabilitation). Zudem wird der Nutzen von Mobilmedien für die Planung, Dokumentation und Evaluation von Interventionsmaßnahmen hervorgehoben.

Konzentriert man sich auf den Einsatz von Mobilmedien rund um psychosoziale Beratung, so sind vier Szenarien zu differenzieren: 1. mobiler Zugang zu herkömmlicher Telefon- und Online-Beratung, 2. Beratung per SMS, 3. Mobile Apps mit Beratungsfunktionen sowie 4. Erweiterung bestehender Versorgungsangebote durch M-Beratung.

Mobiler Zugang zu herkömmlicher Telefon- und Online-Beratung

Im Bereich der mediengestützten Beratung etablierte sich zuerst die *Telefonberatung*, es folgte die *Online-Beratung* per E-Mail und Chat (vgl. Döring, 2006; Eichenberg, 2008). Heute ermöglichen Mobilmedien eine sogenannte M-Beratung. Diese beinhaltet zunächst einfach den mobilen Zugang zu herkömmlicher Telefon- und Online-Beratung und erweitert somit deren Zielgruppen:

- *Mobiler Zugang zur Telefonberatung*: Seitdem Kinder und Jugendliche über eigene Handys verfügen, rufen sie häufiger bei der Telefonberatung an, denn sie können nun spontaner und diskreter Kontakt aufnehmen. Die Einrichtung telefonischer Hotlines bzw. Helplines, die für die Ratsuchenden ortsunabhängig per Handy erreichbar sind, zählt international zu einem wichtigen Bereich von M-Health, der insbesondere in Entwicklungs- und Schwellenländern Zugang zu anderweitig schwer zugänglichen Beratungsangeboten erlaubt (Vital Wave Consulting, 2009).

- *Mobiler Zugang zur Online-Beratung*: Mit der Verbreitung von Notebooks, Tablet-PCs und drahtlosen Netzen mehren sich zudem die Gelegenheiten im Alltag, situationsbezogen Online-Beratung in Anspruch zu nehmen.

Mobilmedien erleichtern also den Zugang zu bisherigen medialen Beratungsformen per Telefon und Internet. Damit können neue Zielgruppen erreicht werden. Zudem sollten sich auch Beratungsanlässe ändern, wenn mediale Beratung per Handy oder Netbook spontaner und situationsbezogener als bisher angefragt werden kann.

Beratung per SMS

Zudem bietet das Handy einen spezifischen neuen Kommunikationskanal, der für Beratung genutzt wird: die *Handy-Kurzmitteilung SMS* (short message service) mit einem Umfang von 160 Zeichen pro Mitteilung. Längere bzw. mehrteilige Botschaften können jedoch auch versendet werden. Die Nutzung des SMS-Dienstes ist extrem niederschwellig: Jedes Handy stellt diesen Dienst zur Verfügung und fast alle Handy-Nutzerinnen und -Nutzer verfügen über SMS-Erfahrung. Die begrenzte Zeichenzahl der SMS hat gegenüber der E-Mail den Vorteil, dass man sich sehr einfach ausdrücken, kurz fassen und auch Tippfehler machen darf, ohne dass es inkompetent oder unhöflich wirkt. Dies kommt vor allem Menschen mit Schreibbarrieren entgegen. Auch bietet die SMS im Vergleich zum Online-Kanal einen sofortigen Zugang zu Beratungsstellen, denn das Handy ist im Unterschied zum PC oder Notebook immer griffbereit. Es eignet sich deswegen auch für Krisenintervention, sofern die Beratungsstelle personell eine Rund-um-die-Uhr-Betreuung anbietet.

Ein schriftlicher Erstkontakt per SMS ist für Ratsuchende oft niederschwelliger als ein Anruf, dies gilt insbesondere für Kinder und Jugendliche, die begeistert „simsen" bzw. „texten". Gleichzeitig bietet die Kontaktaufnahme per Handy durch die übliche Rufnummernübertragung der Beratungsstelle die Möglichkeit eines Rückrufs. Beratungsstellen bearbeiten eingehende SMS typischerweise mit entsprechenden Computerprogrammen (z. B. SMS-Blaster). Angesichts der Verbreitung von SMS-Flatrates sind SMS-Anfragen für viele Ratsuchende nicht mehr mit zusätzlichen Übertragungskosten verbunden.

Die *SMS-Beratung* wird ergänzend zur Telefon- und Online-Beratung mittlerweile von verschiedenen psychosozialen Beratungseinrichtungen angeboten, im deutschsprachigen Raum vorwiegend in der Schweiz:

Tabelle 1: *Beispielanfragen, die via SMS bei www.seelsorge.net eingingen*

- Junge (12): „Unsere Mutter ist gestorben. Wir sind traurig. Was sollen wir tun?"
- Junge (8): „Mir macht immer mein After weh. Was habe ich?"
- Mädchen (9): „Ich wohne in einem Heim. Jetzt habe ich zu stehlen begonnen. Wie kann ich damit wieder aufhören?"
- Mädchen (11): „Helfen Sie mir bei den Rechenaufgaben?"
- Mädchen (11): „Mein Onkel missbraucht mich ständig. Ich habe aber Angst, dies meiner Mutter zu sagen, weil sie es mir nicht glauben wird."

- privates Schweizer Sorgentelefon für Kinder (www.sorgentelefon.ch)
- Beratung 147 für Kinder und Jugendliche der Schweizer Stiftung Pro Juventute (www.147.ch), Antwort binnen zwei Tagen wird zugesichert
- christliche Internet-Seelsorge der Schweiz (www.seelsorge.net), siehe Tabelle 1.

SMS-Beratung eignet sich vor allem für Erstkontakte und eine anschließende Weitervermittlung (z.B. zur Telefon- oder persönlichen Beratung) sowie für Kurzkontakte (Klärung eher eng umrissener Fragen und Probleme). Das Schweizer „Sorgentelefon für Kinder" berichtet von einer steigenden Anzahl an SMS-Beratungen mit einem breiten Themenspektrum (Sexualaufklärung, Freundschaft, Familie, Sachfragen, Suchtprobleme, Schulfragen, Missbrauch, Schwangerschaft, Gewalt). Manche SMS-Dialoge beinhalten bis zu 20 SMS des ratsuchenden Kindes, die oftmals über mehrere Tage hinweg eingehen, je nachdem, wann das Kind die nötige Zeit und Ruhe zum Simsen findet.

Schließlich ist auch zu beachten, dass via schriftlicher Handy-Nachrichten Menschen mit Hör- und Sprechproblemen sich gleichberechtigt artikulieren können. Nicht zuletzt wird die SMS-Kommunikation auch im Alltag oft als „soziale Nabelschnur" empfunden: Ohne viele Worte kann man räumlich entfernte Beziehungspartner erreichen und durch zeitnahe Antwort deren soziale Präsenz spüren. Diese Funktion war möglicherweise auch für eine ältere, an terminalem Krebs erkrankte Frau von Bedeutung, die jeden Morgen eine SMS an die SMS-Seelsorge verschickte (Aebischer-Crettol, 2003, S. 108).

Die deutsche Pro Familia bot aus Gründen der Niederschwelligkeit und ständigen Verfügbarkeit des Handys eine SMS-Beratung im Rahmen von SEXTRA (www.sextra.de) an. Leider musste das Projekt nach relativ kurzer Zeit wieder eingestellt werden – aber nicht etwa aufgrund mangelnder Resonanz. Das Gegenteil war der Fall: Die Nachfrage war so groß und das Bedürfnis der Ratsuchenden nach mehrfachem SMS-Austausch derart ausgeprägt, dass es die verfügbaren Kapazitäten überstieg.

Sich im Alltag angesichts von Prüfungsängsten, Liebeskummer, Konflikten oder Schmerzen per SMS spontan Rat und Trost suchend an Beraterinnen und Berater wenden zu können und eine individuelle SMS-Antwort zu erhalten, ist offenbar ein in der Bevölkerung sehr verbreitetes Bedürfnis. Es wird aktuell vor allem durch *kommerzielle Angebote der astrologischen SMS-Beratung* mit Kosten von bis zu zwei Euro pro SMS bedient. Eine Google-Suche nach dem Schlagwort „SMS-Beratung" listet Dutzende entsprechender Anbieter auf.

Seriöse psychosoziale SMS-Beratung wird in Entwicklungs- und Schwellenländern zurzeit in zahlreichen Pilotprojekten untersucht und ist teilweise dauerhaft etabliert worden. Dabei sind Beratungsangebote, bei denen Ratsuchende per Handy-Anruf oder Handy-SMS professionelle Beratungsstellen erreichen, zu unterscheiden von Angeboten der Peer-Beratung, bei denen sich Betroffene untereinander per Gruppen-SMS Unterstützung bieten: In dem *SMS-Projekt „Zumbido"* in Mexiko wurde insgesamt *40 HIV- und AIDS-Patientinnen und -Patienten* einer Klinik über einen Gruppen-SMS-Dienst die Möglichkeit geboten, sich wechselseitig per Handy-Kurzmitteilung zu beraten und in ihren alltäglichen Schwierigkeiten zu unterstützen. Die Betroffenen, die ansonsten keinerlei Zugang zu psychosozialer Beratung hatten, nutzten den Dienst intensiv und tauschten binnen drei Monaten insgesamt rund 25.000 Textmitteilungen untereinander aus (vgl. Mapham, 2008). Es ist davon auszugehen, dass Peer-Beratung per SMS ähnliche Vor- und Nachteile aufweist wie herkömmliche Online-Selbsthilfe-Gruppen, allerdings mit der Besonderheit, dass mobile Selbsthilfe-Gruppen orts- und zeitflexibel nutzbar sind und zudem Personengruppen einschließen, die über keinen Computer mit Internetzugang verfügen.

Aber auch bei typischen Problemen industrieller Länder wurde in ersten Projekten das Potenzial von SMS-basierter Beratung untersucht: Das *SMS-Projekt „Sweet Talk"* richtet sich an *junge Diabetes-Patientinnen und -Patienten*. Sie erhielten jeweils individualisierte, an das persönliche Krankheitsprofil angepasste SMS als auch allgemeine Nachrichten mit „Diabetes-News" sowie anonymisierte Tipps anderer Betroffener.

Ebenso konnten jederzeit Fragen per SMS an das Team von „Sweet Talk" geschickt werden. Die Evaluationsergebnisse der Studie sind ermutigend, so scheint es lohnend, ähnliche Systeme auch für andere chronische Krankheiten zu entwickeln und zu erproben (Franklin et al., 2008). Ein vergleichbares SMS-Programm wurde für übergewichtige Patientinnen und Patienten entworfen, die sich in einer ersten Akzeptanzstudie positiv äußerten (Morak et al., 2008; für weitere Studien siehe das Review von Heron & Smyth, 2010).

Der inzwischen über zwanzig Jahre alte SMS-Dienst bekommt mittlerweile Konkurrenz von Messenger-Diensten (z. B. WhatsApp), die per Smartphone mit einem entsprechenden Mobilfunkvertrag (der Internet-Zugang einschließt) einen noch komfortableren und kostengünstigeren Austausch von Kurzmitteilungen erlauben. SMS-Beratungsanbieter werden deswegen vermutlich in Zukunft auf Messenger-Dienste umsteigen bzw. diese zusätzlich nutzen.

Mobile Apps mit Beratungsfunktionen

Mit der Verbreitung von Smartphones und entsprechenden Flatrate-Verträgen für die Netzanbindung mehren sich Angebot und Nachfrage im Bereich der mobilen Applikationen. Die Bereitschaft, sich kostenlose sowie kostenpflichtige Apps auf das Smartphone zu laden, ist bei den Nutzerinnen und Nutzern relativ hoch: Laut Auskunft des Branchenverbandes Bitkom (www.bitkom.org) wurden in Deutschland im Jahr 2010 immerhin 900 Millionen mobile Apps heruntergeladen und dafür rund 350 Millionen Euro ausgegeben.

Die meisten Neuentwicklungen im Bereich Apps sind der Rubrik *M-Information* zuzuordnen: Mittlerweile stehen zahlreiche *gesundheits- und berufsbezogene Smartphone-Apps* zur Verfügung, die Nutzerinnen und Nutzern dabei helfen, ihr Wissen zu erweitern, ihre Symptome zu protokollieren oder bestimmte Fähigkeiten zu trainieren. Allein der AppStore von Apple (www.itunes.apple.com/de/) bietet unter seinen mehr als 700.000 verschiedenen Programmen (Stand: Oktober 2012) ein breites Angebot an Apps zu „Gesundheit und Fitness", „Lifestyle" sowie „Medizin" und „Bildung".

Drei Beispiele für Gesundheits-, Coaching- und Trainings-Apps seien hier aufgeführt, bei denen das Programm sozusagen die Rolle eines Beraters übernimmt:

- *„My Weight Loss Coach"* motiviert zur Gewichtsreduktion (www.appleradar.de/apps/my-weight-loss-coach/[27.11.2012]). Mittels einer Mischung aus Information, Unterhaltung, Aufgaben und selbstreflexiven Einschätzungen soll die Freude an Bewegung sowie gesunder Ernährung im Alltag unterstützt werden.
- Der *„Anti-Stress-Trainer"* (www.appleradar.de/apps/anti-stress-trainer/[27.11.2012]) vermittelt verschiedene Entspannungstechniken (Atem-, Imaginationsübungen), bietet Checklisten zur Selbstbeobachtung und soll als mobiler technischer Berater dabei helfen, die individuelle Lebensqualität durch Stressreduktion zu verbessern.
- *„My private Coach"* (https://itunes.apple.com/de/app/the-work-app/id478610069?mt=8 [27.11.2012]) will das Selbstcoaching nach der Methode „The Work of Byron Katie" (www.thework.com) unterstützen. Die App stellt Fragen, nimmt die mündlichen Antworten auf und kombiniert diese mit neuen Fragen, um – der Methode entsprechend – spezifische Anstöße zum Umdenken bei psychosozialen Problemen zu vermitteln.

Eine systematische Marktübersicht über Anbieter, Inhalte, Kosten und Qualität von *Gesundheits-, Coaching- oder Trainings-Apps* liegt bislang nicht vor. Ebenso fehlen Nutzerstudien, denen zu entnehmen wäre, welche Gesundheits-Apps von wem mit welchen Effekten wie und wo genutzt werden.

Eine Automatisierung von psychosozialen Beratungsangeboten durch Software-Programme bzw. Apps ist aus psychologischer Sicht nicht pauschal als „Entmenschlichung" zu kritisieren. In der Regel „ersetzt" oder „verdrängt" die App keineswegs einen menschlichen Berater, sondern kommt in Konstellationen zum Einsatz, in denen sonst überhaupt keine Unterstützung zur Verfügung stehen würde. Beratungs- und Coaching-Programme haben zudem den Vorteil, dass sie kostengünstig rund um die Uhr verfügbar sind, unendliche Geduld aufbringen, keine Vorurteile haben und – die Einhaltung entsprechender Datenschutzrichtlinien vorausgesetzt – auch äußerst diskret sind. Notwendig für ihren Erfolg ist jedoch eine nutzerfreundliche Gestaltung, die keine technischen Einstiegshürden bietet und zu einer regelmäßigen Nutzung motiviert. Zudem sind Gütesiegel wünschenswert, die der Kundschaft dabei helfen, die seriösen Angebote in der Masse der vermarkteten Beratungs-Apps zu identifizieren.

Ergänzung bestehender Versorgungsangebote durch M-Beratung
Das vierte Szenario von M-Beratungsangeboten kombiniert interpersonalen Kontakt (M-Kommunikation wie z. B. SMS-Beratung), Programme zur eigenständigen Bearbeitung (M-Information wie z. B. Psychoedukations- und Trainings-Apps) sowie teilweise auch Unterhaltungselemente (z. B. mobile Spiele) und verknüpft sie in einem *ganzheitlichen Ansatz* mit bestehenden Beratungs-, Coaching- oder Therapieangeboten. Dies ist etwa bei gesundheitlichen Nachsorge-Projekten der Fall, bei denen Patienten nach einem Klinikaufenthalt per SMS weiter begleitet werden. Es sind vor allem diese anspruchsvolleren, integrierten Projekte, zu denen erste empirische Evaluationsergebnisse vorliegen:

- *„SMS-Brücke" für Bulimie-Patientinnen*: Das Angebot „SMS-Brücke" nutzt direkt im Anschluss an eine stationäre Behandlung wöchentliche SMS-Kommunikation zur Vorbeugung von Rückfällen. Mittels standardisierter SMS wurden so regelmäßig Patientinnen-Daten zu Körperzufriedenheit, Essanfällen und kompensatorischen Maßnahmen erhoben, die jederzeit durch freie SMS zu Ereignissen, Gedanken und Gefühlen ergänzt werden konnten. Die Patientinnen erhielten eine individualisierte Rückmeldung zum Status, entweder eine Verstärkung (bei positivem Status) oder eine Anregung zur Verhaltensmodifikation (bei negativem Status). Insgesamt wurde das SMS-Angebot von den Patientinnen sehr positiv eingeschätzt: 83 % beurteilten die Qualität des Programms als gut, 88 % würden es weiter empfehlen und 80 % würden selbst wieder teilnehmen. Als hilfreich wurde es erlebt, jede Woche wieder über die eigene Symptomatik nachzudenken und das Gefühl zu haben, dass sich die Klinik für das eigene Befinden interessiert. Das hohe Maß an Standardisierung machte die Minimalintervention per SMS sehr ökonomisch: Die Autoren berichteten von 1–1,5 Stunden Betreuungsaufwand sowie von Kosten in Höhe von weniger als zehn Euro pro Patientin für den gesamten Untersuchungszeitraum (Bauer, Okon & Meermann, 2008).
- Der Nutzen des Einsatzes von *SMS in der Behandlung von Adipositas* im Grundschulalter wurde in einer ersten randomisiert-kontrollierten Pilotstudie überprüft (Shapiro et al., 2008). Alle Mitglieder der Interventionsgruppen nahmen zunächst an drei wöchentlich stattfindenden Gruppensitzungen teil, in denen die Ursachen, Folgen und die Behandlung von kindlicher Adipositas thematisiert wurden. Einen Monat später fand eine Nachuntersuchung bzgl. Gewichts- und Verhaltensänderungen statt. Kinder und Mütter der Interventionsgruppe schickten während der zwei Monate täglich Informationen bzgl. ihrer körperlichen Aktivität, der Anzahl konsumierter zuckerhaltiger Getränke sowie der Zeit, die vor dem Fernseher oder Computer verbracht wurde, per SMS und erhielten individualisiertes Feedback. Die Kontrollgruppe dokumentierte ihr tägliches Verhalten in einem Fragebogen. Es zeigte sich, dass die SMS-Interventionsgruppe das Selbst-Monitoring gewissenhafter einhielt als die Kontrollgruppe. So scheinen SMS zu einer Erhöhung der Motivation und Teilnahmebereitschaft beizu-

tragen, allerdings verloren die Teilnehmerinnen und Teilnehmer dieser Gruppe vergleichsweise etwas weniger an Gewicht.

Weitere Modellprojekte befinden sich in der Pilotphase, so z. B. die poststationäre Nachsorge schizophrener Patientinnen und Patienten via SMS mit dem Ziel, die Compliance der Betroffenen zu erhöhen und durch das Monitoring der Symptomatik eine frühzeitige Krisenintervention zu ermöglichen (Bachmann et al., 2006).

4 Chancen und Grenzen der M-Beratung

Um M-Beratung nutzbringend einsetzen zu können, muss man sich über ihre Chancen bewusst werden, denen jedoch immer auch Grenzen gesetzt sind. Generell stellt M-Beratung keinen Ersatz für herkömmliche Beratungsformen dar, sondern soll das bisherige Angebotsspektrum sinnvoll ergänzen.

1. *Niederschwelligkeit.* M-Beratung ist durch die starke Verbreitung von Mobiltelefonen niederschwellig nutzbar und erreicht z. B. auch Kinder sowie Ratsuchende in Entwicklungs- und Schwellenländern, die nicht über Internet-Computer verfügen. Grenzen: Geräteverfügbarkeit, Verbindungskosten oder Technikablehnung können auf Seiten der Ratsuchenden immer noch Zugangshürden bei der M-Beratung darstellen. Zudem ist auf Anbieterseite nicht unerhebliches technisches Know-how notwendig, um z. B. einen professionellen SMS-Beratungsdienst zu betreiben.
2. *Orts- und Zeitflexibilität.* Das Mobiltelefon als Alltagsbegleiter bietet jederzeit und überall sofortigen Zugang zu M-Beratungsangeboten, direkt aus einer belastenden Situation heraus. Grenzen: Eine ständige Verfügbarkeit menschlicher Beraterinnen und Berater, die rund um die Uhr auf individuelle Handy-Anrufe oder Handy-SMS reagieren, ist in vielen Bereich unbezahlbar. Auch könnten manche Ratsuchende durch einen fortwährenden „Draht" zur Beratungsstelle eine Art Abhängigkeit entwickeln. Zudem ist eine Entgrenzung formaler Beratungssettings durch vermeintlich ständige Verfügbarkeit auch aus Sicht der Beraterinnen und Berater problematisch.
3. *Automatisierbarkeit.* Mobile Apps, die als automatisierte Berater und Coaches fungieren, bieten dort Unterstützung, wo menschliches Beratungspersonal fehlt bzw. nicht bezahlbar ist oder auch aus Diskretionsgründen beschränkte Akzeptanz findet. Grenzen: Nachweislich wirksame und nutzerfreundliche Beratungs-Apps sind in der Fülle der Angebote bislang schwer identifizierbar.
4. *Integrierbarkeit.* M-Beratung – insbesondere in Form automatisierter SMS-Botschaften – lässt sich in größere Versorgungsangebote sinnvoll integrieren. Grenzen: Die Implementierung, Wartung und Betreuung entsprechender mobiler Dienste in bestehende Angebote ist aufwändig und muss – außerhalb geförderter Pilotprojekte – im Alltag anbieterseitig finanzierbar sein.
5. *Novität.* Als neue und innovative digitale Informations- und Kommunikationstechnologien haben Mobilmedien für viele Menschen einen größeren Anreiz- und

Motivationscharakter als herkömmliche mediale Beratungsangebote. In Entwicklungs- und Schwellenländern kann die Teilnahme an einem Handy- bzw. Smartphone-gestützten Beratungsangebot ein Statussymbol darstellen. Grenzen: Der Novitätseffekt nutzt sich naturgemäß nach einiger Zeit ab.

6. *Kosteneffizienz.* Insbesondere über automatisierte M-Beratung lassen sich potenziell sehr große Zielgruppen kosteneffizient versorgen. Durch flächendeckende mobile Beratungsangebote, die der Prävention dienen, werden zusätzliche Kosten im Gesundheitssystem eingespart. Durch kostengünstige Minimalintervention über Handy-Kurzmitteilungen können Versorgungslücken (z. B. zwischen Klinikaufenthalt und ambulanter Therapie) überbrückt oder Face-to-Face-Sitzungen, die sich als ineffizient erwiesen haben, ersetzt werden (bspw. bei reiner Psychoedukation). Grenzen: Für abschließende Effizienzbewertungen sind weitere Studien (insbesondere auch Kontrollgruppen- und Langzeitstudien) notwendig, um der Gefahr zu begegnen, dass es durch vorschnelle Umstellung auf mediale Beratungsformen zu Qualitätseinbußen oder unerwünschten Nebenwirkungen kommt.
7. *Protokollierbarkeit.* Ebenso wie bei der Online-Beratung finden auch bei der M-Beratung alle Prozesse digital statt und lassen sich deswegen ohne Zusatzaufwand vollständig protokollieren, was z. B. für die noch weitgehend ausstehende Evaluationsforschung eine wichtige Datenbasis liefert. Die erhobenen Daten können im Gerät gespeichert und analysiert sowie auf einen Server übertragen werden. Grenzen: Je mehr Daten über Ratsuchende gesammelt, übertragen und verwaltet werden, umso notwendiger wird zuverlässiger und dauerhafter Datenschutz. Dies betrifft die Handhabung des Endgerätes beim Patienten (z. B. Passwortschutz, kein Ausleihen an Dritte), die drahtlose Datenübertragung (z. B. Nutzung von Verschlüsselung zum Schutz vor Abhören oder Datenveränderung) sowie die Datenverwaltung und Datensicherung auf dem Server der Beratungsstelle.

5 Fazit für die Praxis

Der Einsatz von digitalen Informations- und Kommunikationstechnologien wird in vielen Beratungsfeldern zunehmend selbstverständlicher und ist im Sozial- und Gesundheitswesen mit Schlagworten wie „Sozialinformatik“, „Medizininformatik“, „Telemedizin“ oder „E-Health“ (vgl. Oh et al., 2005) belegt. Der psychosoziale Bereich ist dabei eingeschlossen. Neben den stationären Computern gewinnen Mobilmedien wie Handy, Smartphone, Netbook oder Tablet-PC dabei in jüngster Zeit stark an Bedeutung. Bereits jetzt existieren Pilotprojekte mit Mobilmedien im *gesamten Spektrum psychosozialer sowie klinisch-psychologischer Interventionen.*

In Zukunft gilt es, diese neuen Möglichkeiten der „M-Beratung“ – als *Ergänzung und Erweiterung der herkömmlichen Telefon- und Online- sowie Face-to-Face-Beratung* – wissenschaftlich und praktisch weiterzuentwickeln, zu evaluieren und bei positiven Evaluationsergebnissen auch alltagstauglich zu machen. Bisherige M-Beratungskonzepte müssen dabei Kontrollgruppen- und Langzeitstudien unterzogen werden.

Neben einem Nutzen für die unmittelbare Beratungsintervention können Mobilmedien auch im Bereich der Organisation, Verwaltung und Ausbildung im Beratungsbereich eingesetzt werden (z. B. Unterstützung von Projektmanagement, Teamarbeit, Controlling, selbst organisiertem Lernen etc.). Dies wäre dann ein Schritt von der interventionsfokussierten M-Beratung zu systembezogenem Einsatz im Bereich des *M-Mental-Health* (vgl. Istepanian et al., 2006).

Eine weitere Herausforderung besteht darin, *dysfunktionale und pathogene Muster der Mobilmediennutzung* im Alltag zu diagnostizieren und dafür entsprechende Interventionskonzepte zu entwickeln (z. B. „SMS-Sucht"). Dabei wird – ähnlich wie bei pathogener Internet-Nutzung – nicht völlige Mobilmedien-Abstinenz das Ziel sein, sondern eine moderate bzw. kontrollierte Nutzung.

Literatur

Aebischer-Crettol, M. (2003). SMS-Beratung. In E. Etzersdorfer, G. Fiedler & M. Witte (Hrsg.), *Neue Medien und Suizidalität. Gefahren und Interventionsmöglichkeiten* (S. 101–111). Göttingen: Vandenhoeck & Ruprecht.

Bachmann, S., Scholz, N., Kordy, H., Bauer, S., Mundt, C. & Weisbrod, M. (2006). *Use of SMS in the treatment of schizophrenia.* Vortrag auf dem 14th European Congress of Psychiatry. Nizza, März 2006.

Bauer, S. & Kordy, H. (Hrsg.). (2008). *E-Mental-Health. Neue Medien in der psychosozialen Versorgung.* Heidelberg: Springer.

Bauer, S., Okon, E. & Meermann, R. (2008). Nachsorge über SMS. In S. Bauer & H. Kordy (Hrsg.), *E-Mental-Health. Neue Medien in der psychosozialen Versorgung* (S. 207–218). Heidelberg: Springer.

Döring, N. (2006). Beratung und Medien. In C. Steinebach (Hrsg.), *Handbuch psychologische Beratung* (S. 96–116). Stuttgart: Klett-Cotta.

Döring, N. & Eichenberg, C. (2007). Klinisch-psychologische Interventionen mit Mobilmedien: Ein neues Praxis- und Forschungsfeld. *Psychotherapeut, 2,* 127–135.

Eichenberg, C. (2008). Bedeutung der Medien für klinisch-psychologische Interventionen. In B. Batinic & M. Appel (Hrsg.), *Medienpsychologie* (S. 503–530). Berlin: Springer.

Eichenberg, C. & Brähler, E. (2012). Das Internet als Ratgeber bei psychischen Problemen: Eine bevölkerungsrepräsentative Befragung in Deutschland. *Psychotherapeut.* DOI 10.1007/s00278-012-0893-0.

Eimeren, B.V. & Frees, B. (2010). Fast 50 Millionen Deutsche online – Multimedia für alle? *Media Perspektiven, 7–8,* 334–349.

Franklin, V.L., Greene, A., Waller, A., Greene, S.A. & Pagliari, C. (2008). Patients' engagement with 'sweet talk' – A text messaging support system for young people with diabetes. *Journal of Medical Internet Research, 10* (2), 126–135.

Heron, K. & Smyth, J.M. (2010). Ecological momentary interventions: Incorporating mobile technology into psychosocial and health behavior treatments. *British Journal of Health Psychology, 15,* 1–39.

Istepanian, R., Laxminarayan, S. & Pattichis, C.S. (Eds.). (2006). *M-Health. Emerging mobile health systems.* Heidelberg: Springer.

Kühne, S. (2009). Institutionalisierung von Online-Beratung – das Ende der Pionierphase. *E-Beratungsjournal, 5* (2). Verfügbar unter: http://www.e-beratungsjournal.net/ausgabe_0209/kuehne.pdf [12.07.2010].

Mapham, W. (2008). Mobile phones: Changing health care: One SMS at a time. *The Southern Journal of HIV Medicine, Spring 2008*, 11–16. Verfügbar unter: http://www.sajhivmed.org.za/index.php/sajhivmed/article/viewFile/477/388 [04.07.2011].

Morak, J., Schindler, K., Görzer, E., Kastner, P., Toplak, H., Ludvik, B. & Schreier, G. (2008). A pilot study of mobile phone-based therapy for obese patients. *Journal of Telemedicine and Telecare, 14* (3), 147–149.

Norris, A.C., Stockdale, R.S. & Sharma, S. (2009). A strategic approach to m-health. *Health Informatics Journal, 15* (3), 244–253.

Oh, H., Rizo, C., Enkin, M. & Jadad, A. (2005). What is eHealth (3): A systematic review of published definitions. *J Med Internet Res 7* (1). Verfügbar unter: http://www.jmir.org/2005/1/e1/ [04.07.2011].

Shapiro, J.R., Bauer, S., Hamer, R.M., Kordy, H., Ward, D. & Bulik, C.M. (2008). Use of text messaging for monitoring sugar-sweetened beverages, physical activity, and screen time in children: A pilot study. *J Nutr Educ Behav., 40* (6), 385–391.

Vital Wave Consulting (2009). *mHealth for Development. The opportunity of mobile technology for healthcare in the developing world.* Verfügbar unter: http://www.vitalwaveconsulting.com/pdf/mHealth.pdf [04.07.2011].

Prof. Dr. Nicola Döring ist Diplom-Psychologin und Professorin für Medienpsychologie und Medienkonzeption an der Technischen Universität Ilmenau, Institut für Medien und Kommunikationswissenschaft (www.nicola-doering.de).

Anschrift:
Technische Universität Ilmenau
IfMK (Institut für Medien und Kommunikationswissenschaft)
Ernst Abbe Zentrum für Forschung und Transfer (EAZ)
Ehrenbergstr. 29
D-98693 Ilmenau
E-Mail: nicola.doering@tu-ilmenau.de

PD Dr. Christiane Eichenberg ist Diplom-Psychologin, Psychologische Psychotherapeutin (i. A.) sowie wissenschaftliche Mitarbeiterin am Department Psychologie – Klinische Psychologie und Psychologische Diagnostik – der Universität zu Köln (www.christianeeichenberg.de).

Anschrift:
Universität zu Köln
Klinische Psychologie und Psychologische Diagnostik
Höninger Weg 115
D-50969 Köln
E-Mail: christiane@rz-online.de

Ratgeberliteratur am Beispiel von Erziehungsfragen

Nicole Keller

1 Einleitung

> „Mit unserer Tochter hatte ich mal große Probleme. Sie wurde immer geschlagen von einem einzelnen Jungen. Ich habe gar nicht begriffen warum. Nach der Lektüre habe ich dann diese Handlung verstanden und habe dann auch entsprechend reagieren können. (...) Ich sagte zur Tochter, ‚jetzt lädst du den mal zu dir ein, dann ist der sowieso mal ganz perplex', und er ist wirklich gekommen und dann haben sie zusammen gespielt (....) und nachher ist das Problem gelöst gewesen für immer." (Keller, 2008, S. 57)[1]

Tag für Tag stehen Erziehende vor Erziehungssituationen, in denen sie Entscheidungen treffen und adäquat handeln müssen. Alle ihre Entscheidungen werden begleitet mit der Sorge um die richtige Wirkung und mit der Belastung der Verantwortung als Eltern (Oelkers, 1991). Um den Unsicherheiten entgegenzuwirken und Fragen zu begegnen, können Erziehende auf ein großes Beratungsangebot zurückgreifen. So stehen ihnen Ratgeber in allen Formen und Varianten zur Verfügung wie z. B. Bücher, Elternbriefe, aber auch Sendungen im Fernsehen zum Thema Erziehung. Erziehungsratgeber erleben seit Jahren einen enormen Aufschwung in einem insgesamt florierenden Ratgebermarkt (Seifert, 1995). Das gesamte Angebot für Eltern ist nicht mehr zu überschauen. Schon alleine über den Markt des Buchhandels eine Übersicht zu bekommen ist schwierig. Mittlerweile haben die meisten Verlage, die

[1] Die Leserin bezieht sich auf den Ratgeber *„Die armen Kinder der Reichen"* von Zöllner (1997).

sich an ein breiteres Publikum wenden, Elternratgeber in ihrem Programm. Die Verlage geben aber aus Konkurrenzgründen keine Zahlen über die Auflagenhöhe ihrer Publikationen heraus, was eine Übersicht nochmals erschwert. Eine Recherche zeigte, dass in Deutschland seit 1986 im Durchschnitt jede Woche mehr als ein Elternratgeber zu Fragen der Erziehung auf dem Büchermarkt kam (Lüders, 1994b). Eine weitere Recherche in der Deutschen Nationalbibliothek ergab unter den Schlagwörtern wie beispielsweise „Häusliche Erziehung", „Familienerziehung" bis zum Jahr 1997 eine Gesamtzahl von 784 Werken (Höffer-Mehlmer, 2003).

Das Angebot an Erziehungsratgeberschriften ist ein aufschlussreiches Beispiel für die Fülle von Ratgeberliteratur, die Ratsuchende heute zu so gut wie jedem Lebensbereich in Buchform, im Internet, ebenso wie in Zeitschriften und Elternbriefen finden können. Ob zu allgemeinen Fragen glücklichen Lebens, zu Gesundheit, Partnerschaft, Sexualität, Beruf und Verhalten am Arbeitsplatz, zu Ernährung, Sport und Entspannung – die Gebiete sind zahlreich und fortwährend tauchen neue Themen auf, zu denen mehr oder weniger kompetente Autorinnen und Autoren Ratgeber verfassen. Über die Qualität an Ratgeberliteratur selbst, d.h. zu den Fragen, wer was mit welcher Haltung, Kenntnis und Grundlage verfasst und publizieren kann, fehlt jegliches fundierte Wissen. Auch an wissenschaftlicher Forschung jenseits von Absatzzahlen der Verlage darüber, wer diese Literatur kauft und liest, wie die Leserinnen und Leser mit den Inhalten umgehen, die Ratschläge rezipieren und im Alltag umsetzen oder nicht umsetzen, mangelt es bislang. Eine der wenigen Studien ist im Jahr 2008 (Keller, 2008) in der Schweiz publiziert worden und der vorliegende Beitrag stellt die Ergebnisse dieser Studie zu Angeboten und zur Rezeption von „pädagogischen Ratgebern" vor.

2 Gegenstandsbestimmung

Das große Beratungsangebot, das den Erziehungsberechtigten pädagogisches Wissen vermittelt, erfasst Oelkers (1995) mit dem Begriff „Pädagogische Ratgeber" und versteht darunter „die Arrangierung und das Verhalten von Erziehungswissen in populären Medien" (S. 15). Dieser weite Gebrauch des Begriffs „Pädagogische Ratgeber" bringt eine Unmenge von Vermittlungsformen pädagogischen Wissens mit sich. Mit einbezogen werden nebst der Ratgeberliteratur einerseits auch jegliche Diskussionen zu pädagogischer Lebenshilfe in Zeitschriften oder in elektronischen Medien und andererseits die Auseinandersetzung des Erziehungswissens mit weiterreichenden Problemen, die sich dann in pädagogische Strategien übersetzen lassen (Oelkers, 1995). Dieses umfassende Feld hat Lüders (1994b) in vier unterschiedlichen Kategorien zu erfassen versucht (vgl. Abb. 1):

Unter der Rubrik „kommerzielle Angebote" werden all diejenigen Zugänge zu pädagogischem Wissen erfasst, die mittels Bezahlung für Eltern erreichbar sind. Darunter fallen Zeitschriften, Bücher, kommerzielles Fernsehen, aber auch der Buchhandel, in dem die Buchhändlerinnen und -händler die Kunden bei der Auswahl der Ratgeber beraten. Anhand solcher Beratung wählen interessierte Kunden einen bestimmten Ratgeber aus, dessen Inhalt später Auswirkungen auf Erziehungssituationen haben kann (ebd.).

Abbildung 1: *Vermittlungsformen pädagogischen Wissens (Lüders, 1994b, S. 168)*

	Kommerzielle Angebote	Nicht-kommerzielle Angebote
Mediale Vermittlung	(a) Zeitschriften, Elternratgeber, kommerzielles Fernsehen	(b) Öffentlich-rechtliches Fernsehen/ Rundfunk, Elternbriefe, Informationsmedien
Professionell-personale Vermittlung	(c) Buchhandel	(d) Alle Formen der Beratung, Elternkurse

Von diesem Zugang unterscheidet Lüders die nicht-kommerziellen Angebote wie Broschüren, Informationsmaterialien mit pädagogischem Wissen, die z. B. durch Verbände oder Organisationen verteilt werden und für Eltern kostenlos sind. Zu nennen sind hier beispielsweise Elternbriefe, die den Erziehungsberechtigten von einigen Institutionen kostenlos zugesandt werden. Diese enthalten Informationen und Hilfen zur Pflege und Erziehung des Kindes (Lüscher, Koebbel & Fisch, 1982; Gräbe & Lüscher, 1984). Zudem wird über eine ganze Reihe anderer zusätzlicher Kanäle pädagogisches Wissen gleichsam nebenher verbreitet wie z. B. in Fernsehsendungen.

Mit der Kategorie (d) (siehe Abb. 1) werden alle diejenigen Angebote erfasst, die Eltern kostenlos in Form von Kursen oder Beratungen zur Verfügung stehen (Lüders, 1994b).

Die Typologie nach Lüders ist indes nicht vollständig. So findet sich im Bereich der informellen Alltagsgespräche ein weiteres Beratungsangebot im erzieherischen Feld. Empirische Untersuchungen haben gezeigt, dass Eltern gerade auch in Hinblick auf Erziehungsfragen vielfältige Kontakte vor allem mit der Verwandtschaft, aber auch mit Freunden, Nachbarn und Bekannten pflegen (Gräbe & Lüscher, 1984; Nave-Herz, 1984; Keller, 2008).

Die Elternratgeber werden von Höffer-Mehlmer (2003) als „Genre[2] der Erziehungsratgeber" (vgl. S. 9) betrachtet. Er versteht darunter Bücher, denen der „Gegenstand ‚Kindererziehung', das Leserpublikum ‚Eltern' und das Leseziel' ‚Beraten-werden' gemeinsam sind" (ebd., S. 9). Er ordnet typologisch gesehen die Elternratgeber den technologischen Sachbüchern zu, da eine breite Leserschaft angesprochen und verwendbares Wissen verbreitet wird (Höffer-Mehlmer, 2008).

2 Höffer-Mehlmer unterscheidet innerhalb des Genres unterschiedliche Schwerpunktsetzungen (2003, S. 260).

Die lange Tradition des Ratgebens

Die Entwicklungslinien der Ratgeberliteratur reichen bis weit in die Vergangenheit (Höffer-Mehlmer, 2003) zurück. Schon in der griechisch-römisch-jüdischen Antike hielt man Rat und Hilfe für alle Lebenslagen bereit (Berg, 1991a). Im Mittelalter übernahm die christliche Seelsorge die Erziehungsberatung, die ein Bestandteil der Predigt war (ebd.). Seit dem 15. Jahrhundert, in der Zeit des Humanismus, entwickelte sich die pädagogische Literatur durch Erasmus, Luther, Comenius, Fénelon und Locke hin zu ihrer Hochphase in der Aufklärungsepoche des 18. Jahrhunderts. Die Erziehungsschriften brachten die Ansichten der Aufklärung in Umlauf und machten diese auch im Sinne praktischer Anweisungen zu einer pädagogischen Bewegung (ebd.). Im 16., 17. und 18. Jahrhundert verbreiteten sich die Hausväterliteratur und die Predigten über den christlichen Hausstand (Hoffmann, 1959). Sie stellten Lehren zum häuslichen Leben dar.

Sogar die „Klassiker" der Pädagogen des 18. Jahrhunderts erteilten konkreten Erziehungsrat, was an den folgenden Titeln ersichtlich wird: *„Emile"* (1762) von Rousseau, Campes *„Väterlicher Rat für meine Tochter"* (1789) oder *„Wie Gertrud ihre Kinder lehrt"* (1801) von Pestalozzi, dessen Titel zusätzlich eine geschlechtsspezifische Note beinhaltet (Berg, 1991a). Nebst der Entwicklung der Pädagogik als Wissenschaft, die versucht, überlieferte Erziehungsregeln und -lehren zu systematisieren, diese philosophisch zu fundieren und in ihrer theoretischen Begrenztheit vorzuführen, wuchs im 19. und 20. Jahrhundert der Umfang der praxisbezogenen Ratgeberliteratur. Dazu wurden hygienische, medizinische, entwicklungspsychologische Erkenntnisse popularisiert, wobei der Anteil erziehungswissenschaftlicher Erkenntnisse allerdings äußerst gering war, der Anteil normativer Lehrmeinungen und konfessioneller Bindungen dagegen sehr hoch (ebd.). Eine detaillierte Aufarbeitung der geschichtlichen Entwicklung der Erziehungsratgeber liegt mit der Schrift von Höffer-Mehlmer (2003) vor.

3 Das Angebot und die Nachfrage im Bereich der pädagogischen Ratgeberliteratur

Das Angebot und das pädagogische Wissen der Ratgeberliteratur

Ratgeberliteratur weist ein bestimmtes pädagogisches Wissen[3] auf, das als Deutungs- und Orientierungswissen erscheint und mit dessen Hilfe Eltern im alltäglichen Erziehungsfeld ihre praktischen Probleme lösen. Es „wahrt einen appellativen Grundton, greift auf moralische Imperative zurück" (Berg, 1991a, S. 726), verzichtet auf den „hohen Standard wissenschaftlichen Argumentierens" (ebd., S. 726) und unterscheidet sich deutlich vom erziehungswissenschaftlichen Wissen (Tenorth, 1994). Es kann aber Expertenwissen in der Form von Teilstücken enthalten, die sich aus verschiedenen Wissenschaftszweigen je nach Bedarf zusammensetzen und handlungsbezogen ausgerichtet sind. Dabei variieren die pädagogischen Ar-

[3] vgl. Oelkers und Tenorth (1991, S. 29).

gumentationen je nach Berufsstand des Autors (Berg, 1991b). Dieses Wissen wird nicht einfach angewendet, sondern es wird den eigenen Bedürfnissen und Interessen der Praxis angepasst, verfremdet und seiner „sozialwissenschaftlichen Identität" beraubt. Daraus folgt, dass bei einer erfolgreichen Verwendung das verwendete Wissen nicht mehr identifizierbar ist (ebd.) und günstigstenfalls nur unterstützend als Handlungsleitlinie und Interpretationshilfe in einem komplexen Wechselwirkungsgefüge wirken kann (Lüders, 1994a). Somit ist das pädagogische Wissen in Ratgebern nicht Expertenwissen, sondern ein Erziehungswissen aus der Praxis, das pädagogisches Wissen für Erziehungsbeauftragte bereitstellt (ebd.). Eine etwas länger zurückliegende Befragung von Eltern zu ihren Interessen an Elternbriefen zeigt, dass „die Eltern von denjenigen familienpolitischen Maßnahmen und Aktivitäten am besten angesprochen werden, die einen konkreten Bezug zu den Lebenssituationen der eigenen Familie und den daran beteiligten Individuen aufweisen." (Lüscher et al., 1982, S. 771)

Das Wissen der pädagogischen Ratgeber ist durch die erzieherischen Lebensformen der jeweiligen Epoche geprägt (Berg, 1991a). In ihnen kommen Normen, Rollen und Verhaltensmuster der jeweiligen Epoche zum Vorschein, die dann zur „Interpretation und Erklärung des Kindverhaltens, des Elternverhaltens und der Eltern-Kind-Interaktion" (ebd., S. 710) benutzt werden.

Die Form der Beratung durch Ratgeberliteratur

Bei einer Beratung anhand pädagogischer Ratgeber handelt es sich um eine Beratung im transitiven Sinn (Höffer-Mehlmer, 2008). Ein Einzelner oder eine Gruppe holt sich Hilfe von einer beratenden Instanz, die selbst nicht an den Handlungen, für die der Rat eingeholt wird, beteiligt ist. Nebst der Beratung im transitiven Sinne findet eine reflexive Beratung statt (ebd.). Die Ratsuchenden können so relativ schnell auf Bewährtes und Tradiertes zurückgreifen und „für die zunächst neue Situation Handlungsroutinen und Deutungsschemen entwickeln" (Höffer-Mehlmer, 2008, S. 142).

Durch die inhaltliche Auseinandersetzung mit dem pädagogischen Wissen der Ratgeberliteratur wird einerseits eine „individuelle Reflexion", andererseits aber auch eine „kollektive Reflexion" (Höffer-Mehlmer, 2003, S. 24) bei der Leserschaft ausgelöst. Zunächst urteilt die Leserin bzw. der Leser über das pädagogische Wissen und entscheidet, was sie bzw. er damit anzufangen gedenkt. Eine „kollektive Reflexion" findet statt, indem „innerhalb des jeweiligen historischen, gesellschaftlichen und kulturellen Kontextes über Erziehung ‚beraten' wird" (ebd., S. 24). Dabei geht es immer um das Handeln in der Zukunft.

Die Ratgeber sind für Erwachsene geschrieben, die in ihrem Verhalten korrigiert und deren Überzeugungen beeinflusst werden sollen (Oelkers, 1995, S. 85), und sie schreiben den Eltern vor, was sie zu tun haben. Daher treten pädagogische Ratgeber als Autoritäten auf, die normative Theoreme und normative Modelle vorgeben, nicht aber die Erfahrungen von realen Eltern berücksichtigen (ebd.).

Sie haben sich inhaltlich an einem individualisierten, unübersichtlichen Lesepublikum auszurichten und erteilen Rat trotz Pluralität von Erziehungskonzepten der Eltern. Jeder Rat könnte auch anders ausfallen. Erziehungsratgeber können auch nicht auf die „Rekursivität, Flüchtigkeit und Revidierbarkeit lebensweltlicher Kommunikation setzen" (Lüders, 1994a, S. 150), da ihre Ratschläge gedruckt werden und so lange bestehen bleiben, bis das Buch vom Markt verschwindet. Sie können nicht revidiert und zurückgenommen werden (ebd.).

In den Ratgebern wird der Leserschaft das Erziehungswissen auf eine ganz bestimmte Art und Weise vermittelt. Die Texte geben der Leserschaft zu verstehen, dass alle pädagogischen Probleme anhand des Ratgebers lösbar sind. „Fast immer sind mit den Sätzen und Urteilen des Erziehungswissens Kausalannahmen verbunden, die lineare Abläufe und progressive Steigerung präferieren." (Oelkers, 1995, S. 17) Von der Liebe beispielsweise wird ein bestimmter, positiver Effekt erwartet, der sich günstig auf die Identität des Kindes auswirkt. Wenn Eltern also ihre Kinder lieben, dann erziehen sie sie richtig. Dabei sind aber solche Effekte kaum beschreibbar und nie untersucht worden. Sie korrelieren jedoch stark mit moralischen Zielsetzungen (ebd.).

Pädagogische Ratgeber operieren mit wenig exklusiven Formeln, die immer wiederholt werden und unkonkret formuliert sind, so dass sie auf eine sehr allgemeine Weise das Wünschenswerte abbilden können (Oelkers, 1995). Sie formulieren patente Lösungen, die auf möglichst alle Fälle des Problems angewendet werden können (ebd.). Um den Ratgeber zu rechtfertigen, wird an einem Einzelfall eine generelle Tendenz und daran die eine richtige Erziehung aufgezeigt, die universelle Ursachen und Wirkungen hat. So müssen Handlungsstrategien keine Rücksicht auf kulturelle Unterschiede nehmen (ebd.). Eine praktische Wirksamkeit muss nicht nachgewiesen und Irrtümer müssen nicht eingestanden werden. Die Aussagen werden durch Autoritäten wie z. B. durch Psychologen unterstützt. „Der Erfolg des Buches ist also leicht erklärbar, es hat auf jede Frage eine Antwort und jede Antwort verspricht einen praktischen Nutzen sowie die richtige moralische Einstellung." (ebd., S. 96) Sie geben nicht wirklich Rat – nämlich eine brauchbare Begründung –, wie zwischen verschiedenen Alternativen die beste gewählt werden kann, sondern sie offerieren immer die Illusion des Richtigen.

In der Ratgeberliteratur sind zwei unterschiedliche Darstellungen der Inhalte (Höffer-Mehlmer, 2003) zu finden. Einerseits sind Tabellen, Statistiken, Übersichten eingefügt. Damit wird die Leserschaft mit Krankheitsbildern, Lerntheorien und Persönlichkeitsmodellen vertraut gemacht. Andererseits erzählen die Autorinnen und Autoren von ihren Erlebnissen, verwenden sprachlich bildhafte Ausdrücke oder greifen auf Bewährtes zurück. Diese beiden Darstellungsformen tauchen unterschiedlich oft in den verschiedenen Ratgebern auf, d. h. nicht alle Ratgeber enthalten beide, meistens sind aber beide Formen ansatzweise vorhanden (ebd.).

Oft verwenden die Autoren bzw. Autorinnen die Briefform, um die Leserschaft direkt anzusprechen[4] und um einen möglichst engen Kontakt mit den Eltern aufzubauen. Sie verwenden diese Form auch deshalb, weil sie ihre Vorstellung von Kindererziehung entwickeln können, indem sie auf Einwände des Adressaten eingehen und diese entkräften (ebd.). Nebst den Briefen wird das Tagebuch als Form gewählt. Ähnlich wie beim Brief schaut die Leserschaft dem Ratgeber-Au-

[4] Vgl. als Beispiel die Elternbriefe der Pro Juventute, die in der Schweiz verschickt werden.

tor über die Schulter und empfängt Ratschläge in einer gewissen Vertraulichkeit. In der Ratgeberliteratur findet sich auch oft die Form des Erzählens, die meistens integriert in den überwiegenden informierenden und räsonierenden Teilen erscheint. Nicht selten werden die informierenden Teile anhand einer Erzählung anschaulich und lebendig gemacht und sollen die Leserschaft dazu anregen, ihre Überlegungen weiterzuentwickeln. Es lassen sich selber erlebte, aber auch fiktive Geschichten finden, die in den Ratgebern auch als solche gekennzeichnet erscheinen. Die selbst erlebten Geschichten stammen aus der Erlebniswelt der Autorin bzw. des Autors als Eltern oder aus ihrer beruflichen Praxis. Die Geschichten enthalten sowohl vorbildliches wie auch abschreckendes Verhalten, aber auch oft Erlebnisse, die dem Autor bzw. der Autorin die Augen geöffnet und neue Einsichten und Erkenntnisse gebracht haben. Die Geschichten dienen als absichtsvoll eingesetzte Methode der Beeinflussung und werden vor allem dort als Mittel eingesetzt, „wo es um Fragen der sozialen oder moralischen Erziehung geht, also Verhaltensnormen, Konflikte oder Fehlverhalten angesprochen werden." (Höffer-Mehlmer, 2003, S. 268)

Meistens wechseln die Autorinnen und Autoren zwischen einem „referierend-informierenden" (ebd., S. 265) Stil und der direkten Ansprache der Leserschaft. Die direkte Ansprache wird dann verwendet, wenn die Leserin bzw. der Leser „durch Fragen an der Entwicklung einer Argumentation oder Schlussfolgerung rhetorisch beteiligt oder wenn er zu bestimmten Entscheidungen oder Handlungen bewegt werden soll und der Autor nicht auf die distanziertere und häufigere verwendete Rezept-Form des ‚man tue ...' zurückgreift." (Höffer-Mehlmer, 2003, S. 265)

Die Autorinnen und Autoren ziehen häufig wissenschaftliche Erkenntnisse und Ergebnisse der empirischen Forschung dort mit ein, wo es darum geht, die Ratschläge zu begründen oder Erziehungs- und Entwicklungsnormen aufzustellen. „Hier schreiben sie gewissermaßen als Popularisier ihres jeweiligen Berufswissens, das sie in relevanten Auszügen allgemeinverständlich darbieten wollen." (ebd., S. 265)

Unter den Ratgeber-Autoren lassen sich wesentlich drei Berufsgruppen unterscheiden (ebd.). Als Erstes sind dies Ärzte[5], die sich vor allem mit der körperlichen Entwicklung und Erziehung wie z. B. der Ernährung, Erziehung zur Reinlichkeit, Körperpflege, Bekleidung, Bewegung, den Schlafgewohnheiten, dem Wohnumfeld und der Sexualität beschäftigen (Berg, 1991a). Eine weitere Autorengruppe stellen Pädagogen dar (Höffer-Mehlmer, 2003), die vor allem die intellektuelle Entwicklung und Erziehung behandeln, die sich auf Sprachentwicklung, belehrende Tätigkeiten, Lektüren, häuslichen Unterricht, Verhältnis zwischen Elternhaus und Schule, Berufswahl der Jungen und Mädchen bezieht (ebd.).

Eine letzte große Gruppe bilden Psychologen und Psychologinnen, die durch die Entstehung und Ausdifferenzierung eines eigenständigen Berufsbildes, durch die Entwicklung der Kinderpsychologie und der psychotherapeutischen Techniken und Schulen im Laufe des 20. Jahrhunderts vermehrt als Ratgebende tätig wurden (Höffer-Mehlmer, 2003).

---

[5] Literaturverweise zu Ratgebern, deren Autoren aus unterschiedlichen Berufsgruppen stammen, finden sich in Höffer-Mehlmer, 2003, S. 272.

Vorwort und Einleitung
Innovative Zugänge
Beratungs-settings und -räume
Medien und Beratung
Kritik der Beratung
Register
Anhang

Nebst diesen drei Berufsgruppen schrieben und schreiben auch Vertreter anderer Berufsgruppen pädagogische Ratgeber, die zum Teil in anderen Bereichen publizistisch tätig sind. Hier zu erwähnen sind insbesondere Theologen, die ratgebende Literatur für ein Laienpublikum verfassen (ebd.).

Die Nachfrage

Ratgeberliteratur wird vor allem von Müttern zu Hilfe genommen (Keller, 2008). Eine etwas ältere Studie von Lüscher et al. (1982), die den Umgang von Eltern mit Elternbriefen erforschte, kommt zu einem ähnlichen Ergebnis und zeigt auf, dass die Leserschaft von Elternbriefen zu 91 % aus Müttern besteht.

Die weibliche Leserschaft von Ratgebern in Buchform weist mehrheitlich ein Alter um 35 Jahre auf und es sind Mütter von ein bis zwei Kleinkindern im Alter bis zu 5 Jahren (Keller, 2008). Sie kaufen die Erziehungsliteratur meistens für den konkreten Umgang mit Kindern. In den häufigsten Fällen handelt es sich um die eigenen Kinder, es können aber auch Kinder sein, zu denen sie beruflichen Kontakt haben, oder aber die Kinder eines Bekannten, Verwandten oder von Freunden (ebd.).

Anhand der Ratgeberliteratur wünschen sich die Mütter entweder eine informative oder aber eine emotionale Unterstützung. Als Informationsquelle kommt die Ratgeberliteratur zum Zuge, wenn die Mütter – meist aus Neugier – etwas Neues erfahren oder bestimmte Fragen zu einem Erziehungsthema beantwortet haben wollen (Keller, 2008). Eine Mutter schilderte zum Ratgeber *„Jedes Kind kann schlafen lernen“* von Kast-Zahn (1995) Folgendes:

> „Also, das Schlafen war der Grund, da macht man sich gegenseitig als Eltern so ein bisschen Konkurrenz. ‚Ja, unseres schläft halt durch!‘ und so. Ich stellte mir die Frage, was überhaupt durchschlafen heißt. Das erklärt der Ratgeber sehr gut. Das heißt einfach sechs Stunden am Stück schlafen. Das heißt nicht von abends acht Uhr bis morgens acht Uhr. Das können sie einfach nicht. Und wenn sie das mal machen, dann ist es ein Ausnahmefall. Da konnte man es ein wenig differenzieren. Denn es klärt die eigenen Fragen, z. B. jetzt schläft das Kind der Nachbarin schon durch, was mache ich falsch? Oder stimmt etwas nicht?“ (Keller, 2008, S. 261)

Wird die Ratgeberliteratur aufgrund konkreter Erziehungssituationen oder -probleme zur Hand genommen, geht es meistens darum, diese zu bewältigen. Diesen konkreten Erziehungssituationen stehen die Mütter oft verunsichert gegenüber und hinterfragen ihr eigenes Erziehungshandeln. Häufig stoßen sie an ihre Grenzen oder es fehlt ihnen die Erfahrung, wie sie die Situation lösen können. Aufgrund dieser Situation hat Ratgeberliteratur für verunsicherte Mütter einen hohen emotionalen Wert, da er ihnen ihr Erziehungshandeln zu bestätigen vermag und so ihren Unsicherheiten entgegenwirken kann. Zudem wird aufgezeigt, wie die Situation bewältigt werden kann. Folgende Aussage zeigt auf, welche Erwartungen die Mütter an die Beratungsquelle haben: „Wenn ich unsicher bin, suche ich Unterstützung.“ (Keller, 2008, S. 225) oder „Wenn ich nicht mehr weiter weiß, schaue ich, was es zu diesem Thema gibt.“ (ebd.)

Um die erzieherische Situation in den Griff zu bekommen und die Erziehungsziele zu erreichen, wählen die Leserinnen dasjenige pädagogische Wissen aus den

Ratgebern aus, das sie als viel versprechend für die Lösung ihrer erzieherischen Situation einschätzen. Dieses Wissen wird je nach Einschätzung der Situation, der Art der Mutter und des Kindes verändert oder aber wie vom Ratgeber vorgegeben übernommen. So wird das ursprüngliche Erziehungshandeln entweder ergänzt, revidiert oder völlig ersetzt. Erfüllt das neue Wissen seinen Zweck, wird es beibehalten, wenn nicht, fallen gelassen. Es zeichnet sich ein recht pragmatischer Umgang mit dem pädagogischen Wissen der Ratgeber ab (Keller, 2008).

Folgendes Beispiel zeigt den Einsatz des Ratgebers auf das Erziehungsverhalten: Das Ziel der Mutter war es, möglichst schnell das Haus morgens verlassen zu können, um arbeiten zu gehen. Anhand ihres eigenen Erziehungshandelns hat sie dieses Ziel nicht erreicht, konsultierte aus diesem Grund den Ratgeber *„Warum Kinder trotzen"* (Kiel-Hinrichsen, 1999) und schilderte ihre Erfahrung damit:

> „Ich sagte nicht ‚so jetzt zieh das an' und ‚jetzt müssen wir gehen und wir sind schon zu spät', sondern ‚schau mal, der Pullover schaut aus wie ein 'T' am Boden und dann gehst du mit den Händchen rein', einfach spielerisch gestaltet. Und es hat mir geholfen die momentane Situation schneller abzuwickeln." (Keller, 2008, S. 225)

Hierin wendete sie einen bestimmten Ratschlag aus dem Ratgeber von Kiel-Hinrichsen (1999, S. 69) an und erreichte das von ihr gesteckte Ziel.

Ratgeberliteratur wird auch konsultiert, wenn die Erziehenden einerseits Klärung bezüglich der Entwicklung ihrer Kinder, andererseits aber auch allgemeine Informationen zum Thema Erziehung wünschen. Damit ist oft der Wunsch verbunden, das Verhalten der eigenen Kinder besser zu verstehen und ihnen mehr Verständnis entgegenbringen zu können. In diesem Fall steht die informative Bedeutung des Ratgebers im Vordergrund, da die Mütter Antworten auf ihre Fragen oder Anregungen allgemeiner Art im erzieherischen Feld erwarten. Oft sind diese Fragestellungen aber auch mit dem Bedürfnis verbunden, eine Bestätigung der eigenen Erziehungspraxis oder eine Beruhigung bezüglich des Entwicklungsstandes des Kindes zu erhalten. Somit hat die Lektüre oft nebst einem informativen auch einen emotionalen Wert für die Leserschaft.

So äußerte sich ein Elternteil zu seinem Umgang mit dem pädagogischen Wissen des Ratgebers *„Babyjahre"* von Largo (1999) wie folgt:

> „Es war mehr selber zu merken, ist das Kind in der Entwicklung vollkommen durchschnittlich oder ist es etwas zu langsam. (....) Mir wurde gesagt, dass mein Kind grobmotorisch faul sei, da sie erst mit 8 Monaten sitzen konnte, so musste ich im Largo (1999) ‚Babyjahre' nachschlagen und dieser sagte, wenn ein Kind mit 18/19 Monaten noch nicht gehen kann, dann muss man es abklären lassen. Wenn nun andere Leute sagen, dass ihr Kind schon gehen kann, was meines nicht kann, dann denke ich, es ist ja noch nicht 18 Monate alt, also ist dies nicht kritisch, was mich beruhigte." (Keller, 2008, S. 264)

Es gibt aber auch einen Leserkreis, der selbst im erzieherischen Feld erwerbstätig ist und die Ratgeber zu daraus entstehenden Fragen beizieht. Beispielsweise suchte eine Lehrperson aus der Unterstufe die Hilfe eines Ratgebers von Dreikurs, Grunwald und Pepper (1994) – *„Lehrer und Schüler lösen Disziplinkonflikte"* – für ihren eigenen Wechsel der beruflichen Tätigkeit von der Mittelstufe zur Oberstufe (Keller, 2008, S. 178).

Beratung aus der Ratgeberliteratur wird von den Erziehenden als positiv bewertet, wenn ihre Erwartungen erfüllt werden, ihnen eine emotionelle Unterstützung geboten wird, sie das Vertrauen in ihre eigene Erziehungstätigkeit aufbauen können oder sie sich in ihrer erzieherischen Tätigkeit bestätigt und verstanden fühlen. Möglich ist dies nur, wenn die erzieherischen Ansichten der Leserin/des Lesers mit denjenigen des Ratgebers übereinstimmen, ansonsten wird der Ratschlag nicht ernst genommen. Zudem scheint der Leserschaft auch die Gestaltung des Werkes und das Profil der Autorin bzw. des Autors wichtig zu sein. So muss die Autorin bzw. der Autor vor allem über Praxiserfahrung im erzieherischen Feld verfügen, damit ihre Ratschläge Gehör finden. Können diese noch eine pädagogische, psychologische oder medizinische Ausbildung vorweisen, wird die Autorin bzw. der Autor als kompetent eingeschätzt (ebd.).

Die Wahl eines bestimmten Ratgebers erfolgt mehrheitlich aufgrund von Empfehlungen, die meistens von Freundinnen, Bekannten und Verwandten ausgesprochen werden. Diese berichten von den positiven Erfahrungen, die sie mit dem pädagogischen Wissen der Bücher gemacht haben.

Abschließend lässt sich feststellen, dass Ratgeberliteratur als Begleitung im alltäglichen Erziehungsgeschehen geschätzt wird, aber im Vergleich zu anderen Unterstützungsangeboten eine eher randständige Position einnimmt. Viel mehr zählen die Kontakte mit den Freundinnen mit gleichaltrigen Kindern oder aber auch die Hilfe von Seiten des Lebenspartners. Fallen größere Erziehungsprobleme an, werden vor allem Fachleute wie Kinderärzte, Erziehungsberatung u. a. aufgesucht. Das Ratgeberbuch dient im täglichen erzieherischen Geschehen als Unterstützung, bringt emotional positive Auswirkungen mit sich und ist so eine wohltuende Lektüre (ebd.). Zudem dient es als Informationsquelle, die bei Fragen zur Erziehung oder zur Entwicklung der Kinder zur Hand genommen wird. Erfüllt der Ratgeber die Erwartungen der Leserin bzw. des Lesers, wird der Inhalt akzeptiert und das pädagogische Wissen weiterhin eingesetzt, wenn nicht, wird der Ratgeber abgelehnt und zur Seite gelegt. So zeigen die Leserinnen und die Leser einen recht pragmatischen Umgang mit der Ratgeberliteratur auf (Keller, 2008).

4 Forschungsbedarf

Wenn man in Betracht zieht, welche komplexen Fragen sich allein für eine erste Untersuchung eines Teilbereichs der Ratgeberliteratur stellen, ergibt sich mit Blick auf das Literaturangebot allgemein ein deutliches Forschungsdefizit für Beratungstheorie und -empirie. So schwer abzuschätzen ist, welchen quantitativen und qualitativen Stellenwert die Nutzung von Ratgeberschriften in Printform oder im Internet im Verhältnis zum Aufsuchen von Beratungsstellen oder entsprechenden professionellen Online-Angeboten hat, stellt sich doch die Frage, ob die mit Beratung befassten Wissenschaften sich vermehrt mit dieser Variante der Hilfesuche und des Hilfeangebots auseinandersetzen sollten.

Dabei könnten folgende Forschungsfragen relevant sein: Zentral ist erstens die weiterführende Frage, ob die vorliegenden Ergebnisse, die sich lediglich auf pädagogische Ratgeber beziehen, sich auf Ratgeberliteratur generell übertragen lassen. Die Schweizer Studie (Keller, 2008) ist explorativ angelegt und stellt anfängliche Hypothesen diesbezüglich dar, die in weiteren Studien Gegenstand einer Überprüfung sein sollten. Zum Zweiten wäre zu untersuchen, welche Chancen und Vorteile, aber auch welche Gefahren unterschiedliche Ratgeberliteratur für Ratsuchende bergen kann. Und zum Dritten kann der Frage nachgegangen werden, aufgrund welcher Überlegungen und Bedürfnissen die Ratsuchenden jeweils das gewünschte Hilfsangebot auswählen bzw. diese miteinander kombinieren und wie darauf von Seiten der professionellen Beratungsstellen reagiert werden kann.

Literatur

Berg, C. (1991a). Pädagogisch Rat geben. Ein Dilemma pädagogischer Praxis und Wirkungsgeschichte. *Zeitschrift für Pädagogik, 37* (5), 709–734.

Berg, C. (1991b). Familie, Kindheit, Jugend. In C. Berg (Hrsg.), *Handbuch der deutschen Bildungsgeschichte. Band IV. Von der Reichsgründung bis zum Ende des Ersten Weltkrieges* (S. 91–145). München: Beck.

Dreikurs, R., Grunwald, B.B. & Pepper, F.C. (1994). *„Lehrer und Schüler lösen Disziplinkonflikte“.* Weinheim/Basel: Beltz

Gräbe, S. & Lüscher, K. (1984). Soziale Beziehungen junger Eltern. *Zeitschrift für Sozialisationsforschung und Erziehungssoziologie, 4*, 99–121.

Höffer-Mehlmer, M. (2003). *Erziehungsratgeber für Eltern. Zur Geschichte eines Genres.* Baltmannsweiler: Schneider-Verlag Hohengehren.

Höffer-Mehlmer, M. (2008). Erziehungsdiskurse in Elternratgeber. In W. Marotzki & L. Wigger (Hrsg.), *Erziehungsdiskurse* (S. 135–153). Bad Heilbronn: Klinkhardt.

Hoffmann, J. (1959). *Die „Hausväterliteratur“ und die „Predigten über den christlichen Hausstand“.* Weinheim: Beltz.

Kast-Zahn, A.(1995). *Jedes Kind kann schlafen lernen.* Ratingen: Oberstebrink Verlag GmbH.

Keller, N. (2008). *Pädagogische Ratgeber in Buchform – Leserschaft eines Erziehungsmediums.* Bern: Peter Lang.

Kiel-Hinrichsen, M. (1999). *Warum Kinder trotzen. Phänomene, Hintergründe, pädagogische Begleitung.* Stuttgart: Urachhaus Verlag.

Largo, R.H. (1999). *Babyjahre. Die frühkindliche Entwicklung aus biologischer Sicht. Das andere Erziehungsbuch.* München/Zürich: Piper.

Lüders, C. (1994a). Elternratgeber oder: Die Schwierigkeit, unter pluralistischen Bedingungen einen Rat zu geben. In F. Heyting & H.E. Tenorth (Hrsg.), *Pädagogik und Pluralismus. Deutsche und niederländische Erfahrungen im Umgang mit Pluralität in Erziehung und Erziehungswissenschaft* (S. 149–158). Weinheim: Deutscher Studien Verlag.

Lüders, C. (1994b). Pädagogisches Wissen für Eltern. Erziehungswissenschaftliche Gehversuche in einem unwegsamen Gelände. In H.H. Krüger & T. Rauschenbach (Hrsg.), *Erziehungswissenschaft. Die Disziplin am Beginn einer neuen Epoche* (S. 163–183). Weinheim/München: Juventa.

Lüscher, K., Koebbel, I. & Fisch, R. (1982). Elternbriefe und Elternbildung. Eine familienpolitische Maßnahme im Urteil der Eltern. *Zeitschrift für Pädagogik, 28,* 763–774.

Nave-Herz, R. (1984). Familiale Veränderungen in der Bundesrepublik seit 1950. *Zeitschrift für Sozialisationsforschung und Erziehungssoziologie, 4. Jg.,* 45–63.

Oelkers, J. (1991). Topoi der Sorge. Beobachtungen zur öffentlichen Verwendung pädagogischen Wissens. In J. Oelkers & H.E. Tenorth (Hrsg.), *Pädagogisches Wissen. Beiheft der Zeitschrift für Pädagogik, 27* (S. 213–231). Weinheim/Basel: Beltz.

Oelkers, J. (1995). *Pädagogische Ratgeber. Erziehungswissen in populären Medien. Themen der Pädagogik*. Frankfurt a. M.: Verlag Moritz Diesterweg.

Oelkers, J. & Tenorth, W. (1991). Pädagogisches Wissen als Orientierung und als Problem. *Pädagogisches Wissen. Beiheft der Zeitschrift für Pädagogik, 27* (S. 13–35). Weinheim/Basel: Beltz.

Seifert, B. (1995). *Elternratgeber zu Drogenproblemen. Wissensverwendung – Deutungsmuster – Ratschläge und die Problemerfahrung betroffener Mütter*. Pfaffenweiler: Centaurus-Verlagsgesellschaft.

Tenorth, H.E. (Hrsg.). (1994). Vielfalt pädagogischen Wissens und Formen seiner Einheit (Eine Erinnerung an Bekanntes). In F. Heyting & H.E. Tenorth (Hrsg.), *Pädagogik und Pluralismus* (S. 149–158). Weinheim: Deutscher Studien Verlag.

Zöllner, U. (1997). *Die armen Kinder der Reichen. Was macht der Wohlstand aus unseren Kindern?* Zürich: Kreuz Verlag.

Dr. Nicole Keller hat Pädagogik, Umweltpsychologie und Pädagogische Psychologie in Bern und Zürich studiert. Sie unterrichtete am Gymnasium in Biel und ist seit 2005 Dozentin für Module im Themengebiet Erziehungswissenschaft, Dozentin und Modulverantwortliche für das Modul Allgemeine Didaktik und Verantwortliche für das Modul Einführungspraktikum mit Leitung eines Teams in Bereich Allgemeine Didaktik in Bern.

Anschrift:
Pädagogische Hochschule Bern
Institut Sekundarstufe II
Muesmattstrasse 27a
CH-3012 Bern
E-Mail: nicole.keller@phbern.ch

XVII Kritik der Beratung – alte und neue Widersprüche

Übersicht

Ökonomisierung der Beratung

Aloys Prinz

1 Einleitung

Beratungsleistungen sind in einer arbeitsteiligen und hochkomplexen Dienstleistungsgesellschaft unverzichtbarer Bestandteil der sozialen Institutionen. Hochentwickelte Gesellschaften sind auch (und vielleicht sogar in erster Linie) Wissensgesellschaften (Stehr, 2001). Dieses Wissen wird dezentral in einem atemberaubenden Tempo zusammengetragen und bereitgestellt, so dass im Prinzip allen das gesamte Wissen über das Internet zu jeder Zeit verfügbar zu sein scheint. Warum dann noch Beratung (in welcher Form, in welchem Bereich und zu welchem Zweck auch immer)? Der Schlüssel zum Verständnis dieses Phänomens – dem Auseinanderfallen der Verfügbarkeit von Wissen und der Nutzung des vorhandenen Wissens – liegt in der arbeitsteiligen Form der Wissenserzeugung mittels eines sehr hohen Grades an Arbeitsteilung und Spezialisierung. Das auf dieser Basis erzeugte Wissen ist für Laien kaum noch überschaubar und verständlich; für sie ist das Wissen bestenfalls Information (eine notwendige, aber keineswegs hinreichende Bedingung für Wissen und seine Nutzung).[1] Damit kann Beratung sehr allgemein definiert werden als Bereitstellung anwendbaren Wissens für (relativ eng definierte) Probleme aus allen nur denkbaren Problemfeldern des Lebens (zu den diversen fachspezifischen Definitionen von Beratung siehe Sickendiek, Engel & Nestmann, 2008, S. 15ff.). Der

[1] Auf die Bedeutung von Bildung in Zusammenhang mit der Wissensgesellschaft weist Josczok (2001) hin.

Bedarf an Beratung ergibt sich demnach aus Problemen von Personen, die sich nach einer fundierten Lösung umsehen. Dabei können es die Probleme selbst sein, die fachliche Beratung erfordern, oder aber die Person kann sich selbst als „Problem" empfinden, für das eine „Lösung" gesucht wird. Darüber hinaus sind moderne Gesellschaften hinsichtlich ihrer sozialen, politischen, institutionellen und wirtschaftlichen Entwicklung hochkomplexe Gebilde, in denen die Orientierung schwer geworden ist. Konnten in weniger komplexen Gesellschaften Probleme im Familien- oder Freundeskreis mit Alltagswissen besprochen und gelöst werden, so scheint dies heutzutage nicht mehr in vergleichbarem Maß der Fall zu sein. Diese Überlegungen können zumindest Hinweise dafür geben, warum sich professionelle Beratung in all ihren unterschiedlichen Sach- und Fachbereichen so stark ausgebreitet hat und vermutlich weiter ausdehnen und weiter differenzieren wird.

In diesem Beitrag können nicht alle Bereiche der Beratung gleichermaßen erfasst werden. Die Ausführungen beschränken sich inhaltlich auf psychologische und psychosoziale, sozialarbeiterische und sozialpädagogische sowie pädagogische Beratung (Sickendiek et al., 2008, S. 15ff.). Demgegenüber werden andere Beratungsgebiete wie z. B. Finanz-, Steuer-, Versicherungs- und Wirtschaftsberatung ausgeschlossen, obwohl die zentralen Aspekte, die im Folgenden behandelt werden, auch diese Beratungszweige im Kern ihres Geschäftsbereichs (abgesehen von den spezifischen Inhalten und Ausrichtungen) betreffen.

Im Weiteren geht es um die Ökonomisierung der Beratung. Hinsichtlich der psychosozialen und (sozial-)pädagogischen Beratung ist dies ein relativ neues Phänomen, während es in anderen Beratungsbereichen schon recht lange zu beobachten ist. Wirtschaftlichkeitsdenken wird nach wie vor im sozialen Bereich kritisch gesehen, v. a. weil befürchtet wird, dass damit gravierende Qualitätsverluste einhergehen. Ob und gegebenenfalls in welchem Ausmaß diese Befürchtungen gerechtfertigt sind und was dagegen getan werden kann, soll im Folgenden erörtert werden.

2 Beratung aus ökonomischer Sicht

Am Beginn jeder Beratungssituation steht die Ratlosigkeit der Ratsuchenden. Dies bringt einen gewissen, in der Regel partiellen, Verlust persönlicher Kontrolle über die eigenen Angelegenheiten und damit einen Verlust an Autonomie mit sich. Erfolgreich ist Beratung also genau dann, wenn sie von der Beratung unabhängig macht, persönliche Autonomie und Kontrolle wieder zurückgewonnen sind. In diesem Kontext sind es aus ökonomischer Sicht drei Besonderheiten, die hervorzuheben sind: (1) Beratung ist eine *personengebundene Dienstleistung*. (2) Die Klienten sind *Mit-Produzenten* des Beratungsergebnisses. (3) Beratungsleistungen stellen ein *Vertrauensgut* dar.

(1) Eine Dienstleistung ist personengebunden, wenn sie ohne die Anwesenheit der Person, an und mit der die Dienstleistung erbracht werden soll, unmöglich ist. Nun kann man sich zwar vorstellen, dass eine Beratung auch schriftlich erfolgen kann, aber auch diese besondere Beratungsform schließt keinesfalls aus, dass es eine zu beratende Person (oder Personengruppe) geben muss. Diese Personenge-

bundenheit hat eine wesentliche ökonomische Konsequenz, die direkt ins Herz des Ökonomisierungsproblems führt: Personengebundene Dienstleistungen leiden an der *Baumol-Kostenkrankheit* (Baumol & Bowen, 1965; Baumol, 1967; Baumol, 1993; Hartwig, 2008; Nordhaus, 2008). Da Personen in personengebundenen Dienstleistungen kaum durch Kapital ersetzbar sind, gibt es auch nur wenige Möglichkeiten, die Produktivität von Beratungsleistungen zu steigern, zumindest nicht im Vergleich zu Produktivitätssteigerungen in der Industrie. Um aber eine hinreichende Zahl von Personen als Beraterinnen und Berater zu erhalten, müssen die Gehälter im Beratungsbereich eine bestimmte Höhe erreichen; zudem steigen sie auch dann, wenn die Produktivität konstant bleibt – nämlich dann, wenn die Gehälter im industriellen Bereich produktivitätsbedingt nach oben klettern. Die Folgen sind Kostensteigerungen. Diese wiederum setzen den Beratungsbereich unter Anpassungsdruck: Entweder es gelingt die Kosten an die Klienten (bzw. die dafür zuständigen Finanzierungsstellen) weiterzugeben, oder aber die Beratung muss kostengünstiger werden. Ob in diesem Fall die Effizienz der Beratung gesteigert oder ihre Qualität gesenkt wird, muss zunächst eine offene Frage bleiben.

(2) Erfolgreiche Beratung setzt voraus, dass die Klienten aktiv an der Problemlösung beteiligt sind. Daher müssen sie ökonomisch als „Mit-Produzenten" gesehen werden (Maleri, 1997; Fandel & Blaga, 2004). Es ist deshalb sinnvoll, in diesem Zusammenhang von *klientenintegrierter* Beratung zu sprechen (Meffert & Bruhn, 2003, S. 30ff.; Maleri, 1997, S. 47ff.; siehe dazu auch Governance International, o. J.). Diese ökonomische Sicht der Beratung verdeutlicht, dass nicht von Kunden, sondern von Klienten gesprochen werden muss (siehe dazu ausführlich Stark, 2006). „Kundenorientierung" kann daher auch kein Ziel der Beratung sein.

Die große Bedeutung, die den Klienten in der Beratung zukommt, macht darüber hinaus generell die Anwendung konventioneller Methoden der Outputmessung nahezu sinnlos. Es kommt nicht darauf an, den Output in Beratungsstunden zu maximieren, wie es beispielsweise ebenso wenig angebracht ist, die Zahl der Operationen in Krankenhäusern zu maximieren. Gefragt ist stattdessen die Messung des *Outcomes* (Donabedian, 1980, S. 82f.), also des Beratungsergebnisses, bezogen auf die Eigenschaften der Klienten und den Schweregrad der zu lösenden Probleme. Unter Verwendung der Terminologie der Gesundheitsökonomik können auch in der Beratung drei Qualitätsbereiche unterschieden werden (Donabedian, 1980, S. 77ff.; Sauerland, 2002, S. 265ff.; Freitag, 2007, S. 97ff.): Struktur-, Prozess- und Ergebnisqualität (Outcome). *Strukturqualität* sagt etwas darüber aus, mit welchen Ressourcen der entsprechende Bereich ausgestattet ist, *Prozessqualität* bestimmt, wie gut die Ressourcen im Bereichsprozess genutzt werden, und *Ergebnisqualität* misst die tatsächlich eingetretenen Veränderungen auf Seiten der Klienten.

(3) In der Informationsökonomik werden drei Arten von Gütern unterschieden (Nelson, 1970; 1974; Darby & Karni, 1973): (a) Güter, deren Qualität man durch Inspektion herausfinden kann (*Suchgüter*), (b) Güter, deren Eigenschaften und Qualität sich im Gebrauch zeigen (*Erfahrungsgüter*), und (c) Güter, deren Eigenschaften und Qualität ein Laie weder durch Inspektion noch durch Erfahrung bestimmen kann (*Vertrauensgüter*). Hinsichtlich Beratungsleistungen kann überwiegend davon ausgegangen werden, dass es sich dabei um Vertrauensgüter handelt: Die Klienten haben kaum eigene Erfahrungen mit der Beratung und können im Allge-

meinen auch die Beratungsqualität nur sehr unvollkommen einschätzen, v. a. dann, wenn die Beratung selbst konfliktbelastet ist. Auch die Beraterqualität ist von den Klienten weder ex ante noch ex post zuverlässig bestimmbar. Daher kann generell wohl kaum angenommen werden, dass Klienten über *Konsumentensouveränität* verfügen. Geht man davon aus, dass Klienten deshalb Beratung suchen, weil sie einen teilweisen Kontroll- oder Autonomieverlust erleben, dann kann nicht ausgeschlossen werden, dass sie verletzlich und auch ausbeutbar sind.

Die vorhandene Informationsasymmetrie zwischen Klienten und Beratern führt dazu, dass ein sogenanntes *Prinzipal-Agenten-Problem* entsteht (Prinz, 2009; Pawelzik & Prinz, 2004): Die Klienten möchten ein Problem lösen, benötigen dazu aber Unterstützung (sie sind damit die Prinzipalen). Die Berater verfügen über das Wissen und die Fähigkeiten, welche die Klienten momentan zumindest nicht besitzen; die Berater werden daher als Agenten bezeichnet, da sie im Auftrag und zugunsten der Klienten handeln sollen. Diese Konstellation ist anfällig für eine Anzahl von regelrechten „Fallen", die ökonomisch als *Moral Hazard* („moralisches Risiko") bezeichnet werden: Selbstausbeutung der Berater durch Aufopferung; Ausbeutung der Klienten durch endlose und sinnlose Beratung; Ausbeutung der Kostenträger durch ein implizites Bündnis zwischen Klienten und Beratern (Prinz, 2009). Diese Fallen zu vermeiden bzw. das Risiko, ihnen anheimzufallen, zu senken, erfordert einen institutionellen Unterbau, auf den an späterer Stelle noch einzugehen ist.

Alles in allem ist es die Kombination dieser drei ökonomischen Besonderheiten, die Beratungsleistungen zu einem außergewöhnlichen Gut machen: Personengebundenheit, Klientenintegration, verbunden mit fehlender Klientensouveränität, und eine aus Klientensicht kaum zu beurteilende Qualität, die Moral-Hazard-Probleme entstehen lässt. Muss bei dieser Konstellation eine Ökonomisierung der Beratung nicht unweigerlich zu verheerenden Ergebnissen führen?

3 Ökonomisierung versus Kommerzialisierung

Solange eine Dienstleistung (z. B. in öffentlicher Finanzierung) angeboten werden kann, ohne dass eine (mehr oder weniger harte) Budgetbeschränkung greift, kann sich ihr Angebot ausschließlich an fach- und sachlichen Zielen orientieren. Ökonomisch spricht man dann von Sachzieldominanz (siehe zur Unterscheidung von Sachzielen und Formalzielen bereits Schmidt-Sudhoff, 1967, und im folgenden Abschnitt). Diese Sachzieldominanz ist nicht mehr aufrechtzuerhalten, wenn die Mittelverwendungskonkurrenz so stark wird, dass die Budgetbeschränkung bindend wird (zur diesbezüglichen Entwicklung des Wohlfahrtsstaats in Deutschland siehe Dahme, 2008; Prinz, 2007). Dies wird dann daraus ersichtlich, dass nicht mehr alles, was sinnvoll und nützlich ist, auch durchgeführt (d. h. finanziert) werden kann. Für die Fachvertreter sieht das so aus, als ob ihnen von außen – mehr oder weniger willkürlich – Beschränkungen auferlegt werden, die sie daran hindern, ihre Arbeit zu leisten. Die plötzlich bindende Budgetbeschränkung wird dann als „Ökonomisierung" bezeichnet bzw. heftig kritisiert (zur Ökonomisierungsdiskussion im Bereich der Sozialarbeit siehe Buestrich & Wohlfahrt, 2008; Kellner, 2006; zur Ökonomisierung der Drogenhilfe Schneider, 2010; der Behindertenhilfe Schäper, 2006). Unabhängig von zunehmender Mittelverwendungskonkurrenz kann allein schon die Baumol-Kostenkrankheit dazu führen, dass mit zunehmendem Einkommenswachstum im industriellen Bereich der Kostendruck bei Beratungsdienstleistungen steigt, so dass Budgetbeschränkungen greifen.

Dass Budgetbeschränkungen bindend werden, schränkt tatsächlich die Handlungsmöglichkeiten ein; das ist die Aufgabe von Budgetbeschränkungen. Dahinter verbergen sich regelmäßig Entwicklungen, die fachintern oder auch extern erfolgt sind und die allgemein als gesteigerte Mittelverwendungskonkurrenz bezeichnet werden können. Bezüglich der Beratung haben sich beispielsweise die Beratungsfelder stark ausgeweitet, neue sind hinzugekommen und die Art und Weise, wie fachgerecht beraten wird, hat sich geändert. Extern sind neue Leistungen außerhalb der Beratung entstanden, die mit knappen (öffentlichen) Mitteln finanziert werden müssen. Diese Entwicklung führt letzten Endes zu bindenden Budgetbeschränkungen und zum Auftreten von sogenannten Formalzielen (Schmidt-Sudhoff, 1967), die für die Beratung relativ neu sind. Formalziele zeichnen sich im wirtschaftlichen Bereich dadurch aus, dass sie *Wirtschaftlichkeit* (auch *Effizienz* genannt) definieren. Während es bei Sachzielen um Wirksamkeit (Effektivität) geht und damit um das absolute Resultat von Handlungen, handelt es sich bei Formalzielen um relative Resultate, und zwar regelmäßig um das *Verhältnis* von Ressourceneinsatz zu Outcome (Resultaten), also um eine relative Größe. Dahinter steckt eine einfach Logik: Wenn die (finanziellen, personellen usw.) Ressourcen, die überhaupt zur Verfügung stehen, knapp sind, dann sollten sie so gut wie möglich eingesetzt werden. Um dies messen zu können, werden relative Größen – Effizienzgrößen – benötigt. Erst die Messung macht es möglich, die Mittel rational zu verwenden und Irrationalitäten sowie Willkür entgegenzuwirken. Daher kann das Effizienzziel selbst durchaus als ethisch begründetes Ziel angesehen werden (Pawelzik & Prinz, 2004).

Als Konsequenz dieser Ausführungen wird Ökonomisierung im Folgenden verstanden als das Eindringen eines *Effizienzziels* (als Formalziel) in Bereiche, in denen bisher die Sachziele dominiert haben. Von Ökonomisierung strickt unterschieden werden muss die *Kommerzialisierung*. Darunter wird hier verstanden, dass das *Formalziel* „Gewinn“ (im betriebswirtschaftlichen Sinn) das *dominante* Ziel ist und Sachziele eine untergeordnete Rolle spielen. Damit ist die hier verwendete Definition enger als diejenige, die beispielsweise für die Medienwirtschaft vorgeschlagen wurde:

> „Als ‚Kommerzialisierung von Medien‘ wird die Verstärkung ökonomischer Einflüsse, in erster Linie desjenigen der Werbewirtschaft, auf die Strukturen und Funktionen von Mediensystemen und deren Konsequenzen für die Medienproduktion, die Medienmitarbeiter, die Prozesse von Medienkommunikation und deren Rezipienten sowie allgemein in kultureller, wirtschaftlicher, politischer und sozialer Hinsicht bezeichnet.“ (Saxer, 1998, S. 10; im Original kursiv)

Am weitesten fortgeschritten scheint die Kommerzialisierung im Sport zu sein; Fußballklubs beispielsweise werden als Unterhaltungskonzerne (Schindelbeck, 2004, S. 22) angesehen.

Die Unterscheidung zwischen Ökonomisierung einerseits und Kommerzialisierung andererseits ist mehr als nur eine semantische; sie stellt eine systematische Abgrenzung dar und geht damit qualitativ über eine nur graduelle Unterscheidung hinaus. Kommerzialisierung kann auch verstanden werden als vollständige Unterwerfung einer wirtschaftlichen Aktivität unter marktliche Steuerung: Es wird nur angeboten, was die Kunden (nicht: Klienten) wollen – es gilt also reine Kundenorientierung bei putativer Kundensouveränität –, und das Ziel besteht darin, den direkt in Geld gemessenen privatwirtschaftlichen Gewinn zu maximieren. Ökonomisierung hingegen bedeutet in der hier verwendeten Definition lediglich, dass zur Steuerung der Ressourcenverwendung der relative Erfolg des Mitteleinsatzes (Input im Verhältnis zu einem wohldefinierten Outcome) benutzt wird. Daher impliziert Ökonomisierung weder eine Unterwerfung unter Marktmechanismen noch die Privatisierung von bisher öffentlich finanzierten Leistungen. Sie bedeutet aber, dass überprüft wird, welche Ergebnisse hinsichtlich der angestrebten Ziele erreicht werden und welcher Ressourceneinsatz dafür aufgewendet wurde.

Für die eingangs genannten Bereiche der Beratung ist zwar die Ökonomisierung relevant, aber nicht die Kommerzialisierung, wie sie hier definiert wurde. Die ökonomischen Besonderheiten der Beratung beschränken den Einsatz marktlicher Steuerungselemente sehr stark; insbesondere die Qualitätssicherung der Beratung kann anonymen Marktmechanismen kaum überlassen werden. Andererseits ist zu bedenken, dass die Baumol-Kostenkrankheit einen wirtschaftlich und sozial rationalen Mitteleinsatz verlangt.

4 Wann ist Ökonomisierung für die Beratung schädlich?

Die ökonomischen Besonderheiten der Beratung können durchaus dazu führen, dass selbst die Ökonomisierung der Beratung (und nicht erst die Kommerzialisierung im oben genannten Sinn) unerwünschte Veränderungen und Ergebnisse bewirkt. Ökonomisierung kann zunächst schädlich sein, wenn keine Qualitätskontrolle und kein Qualitätsmanagement der Beratung stattfinden. Der Grund dafür ist, dass Kostendruck zwar eine notwendige, aber keine hinreichende Bedingung für einen effizienteren Ressourceneinsatz darstellt, wenn das betreffende Gut ein Vertrauensgut ist, also ein Gut, dessen Qualität die Klienten nicht sicher bewerten können. Unter diesen Bedingungen kann Kostendruck dazu führen, dass ineffiziente Ressourceneinsätze bestehen bleiben und die Qualität gesenkt wird, um im Budgetrahmen zu bleiben. Dieses Problem kann sowohl auf Seiten der Berater als auch auf Seiten der Kostenträger auftreten. Erfolgen keine Qualitätskontrolle und kein Qualitätsmanagement, kann Ökonomisierung der Beratung schaden. Um Qualität managen und kontrollieren zu können, müssen Zieldefinitionen vorhanden sein, anhand derer sich der Outcome von Beratung messen lassen kann. Fehlen solche Definitionen, sind weder Kontrollen noch ein Management von Qualität möglich.

Wie weiter oben erläutert, sind Klienten in der Beratung Mit-Produzenten. Gleichzeitig kann aber nicht davon ausgegangen werden, dass die Klienten über Klientensouveränität verfügen, daher wird die Situation schwierig, wenn es zu viele

Wahlmöglichkeiten für die Klienten gibt. Mit anderen Worten, der durchaus erforderliche Wettbewerb unter Beratungsleistungsanbietern kann zu schädlichen Effekten führen, wenn den Klienten keine Kriterien dafür gegeben werden, welcher Anbieter für ihr spezielles Problem geeignet ist. Zudem ist keinesfalls – ohne Qualitätskontrolle – der kostengünstigste Anbieter auch der effizienteste, bezogen auf das Problem und die Persönlichkeit der Klienten. Mittels Qualitätsanforderungen und -kontrollen kann der Marktzugang von Beratungsleistungsanbietern daher sinnvoll reguliert werden. Allerdings gibt es auch hier einen Fehler zweiter Art, wenn die im Markt befindlichen Anbieter den Marktzugang schließen. Dann kann ein Beratungskartell entstehen, das ebenfalls für die Beratungsleistungen schädlich ist.

Letzteres zeigt eine weitere Gefahr: Aus Kostengründen (v. a. bei öffentlicher Finanzierung) könnte man versucht sein, ganz auf Wettbewerb unter den Leistungsanbietern zu verzichten und im Extremfall keine Wahlmöglichkeiten zuzulassen. Dies würde implizieren, dass die Klienten auf Gedeih und Verderb auf diese eine Möglichkeit angewiesen wären, ohne eine Chance der Auswahl und des Wechsels. Zudem wird es sehr schwer, das Kosten-Leistungs-Verhältnis auf Seiten des Anbieters günstig zu gestalten. Gerade eine öffentliche Finanzierung scheint nahezulegen, dass es nur einen Anbieter geben sollte, um die Baumol-Kostenkrankheit mildern zu können. Dies kann sich sehr schnell als Trugschluss erweisen, nämlich dann, wenn (a) zwar das Budget eingehalten wird, aber die Qualität sinkt, oder aber (b) das Budget überzogen wird, da man weiß, dass es keinen anderen Leistungsanbieter gibt.

5 Wie kann Beratung gleichzeitig wirksam und wirtschaftlich sein?

Grundsätzlich ist davon auszugehen, dass die Ökonomisierung der Beratung unter den gegebenen wirtschaftlichen, sozialen und politischen Rahmenbedingungen unvermeidlich ist. Aber lediglich bei der Ökonomisierung stehenzubleiben, ohne die Voraussetzungen dafür zu schaffen, dass sie zumindest nicht schadet, wäre keine gute Antwort auf bindende Budgetbeschränkungen. Erforderlich sind *institutionelle Vorkehrungen*, welche die Ökonomisierung der Beratung einerseits beschränken und andererseits durchsetzen.

Sehr wichtige Bestandteile des institutionellen Rahmens sind Sicherung von Qualität einerseits und die Durchsetzung von Effizienz andererseits. Der (Markt-)Zugang zu Beratungsleistungen muss durch Qualifikationsanforderungen beschränkt werden, ohne damit die Position der im System befindlichen Leistungserbringer zu monopolisieren. Zudem sind Qualitätsmanagement und -kontrolle unerlässlich. Darüber hinaus aber ist es erforderlich, dass die Effizienz gemessen und offengelegt wird durch geeignete Kosten-Leistungs-Indikatoren, die zudem den Schweregrad der Beratung abbilden müssen.

Um dies erreichen zu können, wird es erforderlich sein, dass die Beraterinnen und Berater hinsichtlich der Qualitätssicherung *und* der Effizienzsicherung in gewissem Umfang zusammenarbeiten. Ein Weg dies zu erreichen, ist die *Professionalisierung*. Angestoßen durch Entwicklungen innerhalb der Medizin hat die Professionalisierungsdiskussion unter anderen die Psychotherapie (z.B. Pawelzik, 2009) und die Sozialarbeit/Sozialpädagogik (z.B. Müller, 2005; Heite, 2006; Orizet & Kappler, 2007, Kapitel 7) erreicht. Obwohl die Professionalisierung im Beratungsbereich teilweise kritisch gesehen wird, stellt sie aus ökonomischer Sicht einen möglichen Stützpfeiler im Rahmen der Ökonomisierung der Beratung dar. Der Grund dafür ist, dass ohne Professionalisierung die Kooperation unter den Beraterinnen und Beratern vermutlich deutlich schwieriger sein könnte und zudem die Qualitätskontrolle und Qualitätssicherung von außen, d.h. von staatlichen Instanzen, vorgenommen werden müsste. Da staatliches Handeln nur gesetzesgebunden erfolgen kann und daher kaum die Unterschiede der Beratungsbereiche im Detail berücksichtigt werden können, wäre eine starke Bürokratisierung wohl nicht zu vermeiden. Erfolgen hingegen über den Weg der Professionalisierung Qualitätssicherung und Qualitätskontrolle in Form der Selbstbindung und Selbstregulierung, können diese Aufgaben möglicherweise effizienter und differenzierter wahrgenommen werden. Externen staatlichen Instanzen bliebe dann die Aufgabe, Regeln dafür zu schaffen, dass es nicht zu einer Abschottung des Marktzugangs kommen kann (Prinz, 2009).

Den Kern der Ökonomisierung stellen die interne Kosten-Leistungs-Kontrolle und die internen Anreizsysteme für effizientes Handeln dar. Dazu kommen ein gewisses Maß der *Standardisierung* der Leistungsprozesse und des Kostenmanagements sowie ein Grad der *Spezialisierung* in der Beratung, der auf Outcome-Orientierung und Klientenintegration zielt.

Standardisierung bedeutet in diesem Zusammenhang *nicht*, dass die Besonderheiten des Einzelfalls unberücksichtigt bleiben; dies verbieten sowohl die Outcome-Orientierung als auch die Klientenintegration. Standardisierung impliziert vielmehr die Anwendung als wirksam erkannter und belegter Verfahren und Prozesse sowie die Weitergabe dieses Wissens. Zudem bezieht sich die Standardisierung nicht nur auf den Beratungsprozess, sondern auch auf das mitlaufende Kostenmanagement. Standardisierung dient damit gleichzeitig der Rationalisierung des Beratungsprozesses und der Effizienzsicherung im Sinne des „*money for value*"-Prinzips.

Outcome-Orientierung (zu den Möglichkeiten der Outcome-Festlegungen im öffentlichen Sektor allgemein siehe Cole & Parston, 2006) und Klientenintegration sind die Gründe dafür, ein gewisses Maß an Spezialisierung in der Beratung anzustreben. Spezialisierung kann sinnvollerweise nur bis zu dem Grad erfolgen – der durch die Tätigkeitsfelder insofern gegeben ist –, als die Einkommenserzielung dadurch möglich ist. D.h., der Grad der Spezialisierung ist im Wesentlichen ökonomisch und institutionell determiniert. Es ist demnach abzuwägen, wie stark die Outcome-Orientierung und Klientenintegration durch einen höheren Spezialisierungsgrad verbessert werden können – und zu welchen Kosten.

Zu guter Letzt sei darauf hingewiesen, dass Ökonomisierung, Standardisierung und Spezialisierung durch Vergleich (*benchmarking*) mit anderen verbessert werden können, wobei insbesondere die „beste Praxis" (*best practice*) zeigen kann, was möglich ist und wie das jeweilige Ziel am besten erreicht werden kann.

6 Fazit

Die Ökonomisierung der Beratung scheint unter den gegebenen wirtschaftlichen, sozialen und politischen Bedingungen unvermeidlich. Zwar haben Beratungsleistungen ökonomische Besonderheiten, die es nahelegen, dass eine schrankenlose Ökonomisierung nicht wünschenswert ist, aber dennoch bestehen Möglichkeiten, die Ökonomisierung zum Nutzen der Beratung zu gestalten. Mit anderen Worten, Ökonomisierung ist nicht nur gestaltbar, sondern sie erfordert auch ein hohes Maß an Gestaltung. Im Gegensatz zur rein privatwirtschaftlichen, gewinnorientierten Kommerzialisierung ist die Ökonomisierung ein Prinzip, das auch dann noch anwendbar ist, wenn die Leistungen ein hohes Maß an Klientenintegration benötigen.

Um schädliche Folgewirkungen der Ökonomisierung zu vermeiden, wurden verschiedene institutionelle Vorkehrungen vorgestellt. Dazu gehören in erster Linie Qualitätsmanagement, Qualitätssicherung und Qualitätskontrolle. Zu diesem Zweck wurden Professionalisierung als Maßnahme der Selbstregulierung sowie Standardisierung und Spezialisierung als Instrumente zur Prozessgestaltung bzw. Outcome-Orientierung und Klientenintegration diskutiert.

Literatur

Baumol, W.J. (1967). Macroeconomics of unbalanced growth: The anatomy of urban crisis. *American Economic Review, 57* (3), 419–420.

Baumol, W.J. (1993). Health care, education and the cost disease: A looming crisis for public choice. *Public Choice, 77*, 17–28.

Baumol, W.J. & Bowen, W.G. (1965). On the performing arts: The anatomy of their economic problems. *American Economic Review, 55* (2), 495–502.

Buestrich, M. & Wohlfahrt, N. (2008). Die Ökonomisierung der Sozialen Arbeit. *Aus Politik und Zeitgeschichte, 12–13*, 17–24.

Cole, M. & Parston, G. (2006). *Unlocking public value. A new model for achieving high performance in public service organizations*. Hoboken, New Jersey: Wiley.

Dahme, H.-J. (2008). Die Krise der öffentlichen Kassen und des Sozialstaats. *Aus Politik und Zeitgeschichte, 12–13*, 10–16.

Darby, M.R. & Karni, E. (1973). Free competition and the optimal amount of fraud. *Journal of Law and Economics, 16* (1), 67–88.

Donabedian, A. (1980). *The definition of quality and approaches to its assessment*. Ann Arbor: Health Administration Press.

Fandel, G. & Blaga, S. (2004). Aktivitätsanalytische Überlegungen zu einer Theorie der Dienstleistungsproduktion. *Zeitschrift für Betriebswirtschaft (ZfB), 74* (1), 1–22.

Freitag, P.M. (2007). *Qualitätssicherung in der stationären Versorgung*. Hamburg: Verlag Dr. Kovac.

Governance International (o.J.). *Von der Kundenorientierung zur Kundenintegration. Ein Leitfaden zur Verbesserung der öffentlichen Dienstleistungen und Lebensqualität der Bürger durch Koproduktion*. o.O.

Vorwort und Einleitung

Innovative Zugänge

Beratungs-settings und -räume

Medien und Beratung

Kritik der Beratung

Register

Anhang

Hartwig, J. (2008). What drives health care expenditure? Baumol's model of 'unbalanced growth' revisited. *Journal of Health Economics, 27* (3), 603–623.

Heite, C. (2006). Professionalisierungsstrategien der Sozialen Arbeit. Der Fall Case Management. *Neue Praxis. Zeitschrift für Sozialarbeit, Sozialpädagogik und Sozialpolitik, 36* (2), 201–207.

Josczok, D. (2001). Bildung – kein Megathema. *Aus Politik und Zeitgeschichte, B 36*, 33–38.

Kellner, J. (2006). Ökonomisierung der Sozialarbeit? Untersuchung des österreichischen Fachdiskurses am Beispiel des Magazins „Sozialarbeit in Österreich". Verfügbar unter: http://www.sozialearbeit.at/data/documents/kellner_oekonomisierung_si%F6.pdf [09.09.2010].

Maleri, R. (1997). *Grundlagen der Dienstleistungsproduktion* (4. Aufl.). Berlin u. a.: Springer.

Meffert, H. & Bruhn, M. (2003). *Dienstleistungsmarketing* (4. Aufl.). Wiesbaden: Gabler.

Müller, B. (2005). Professionalisierung. In W. Thole (Hrsg.), *Grundriss Soziale Arbeit. Ein einführendes Handbuch* (2. Aufl.) (S. 731–749). Wiesbaden: VS Verlag für Sozialwissenschaften.

Nelson, P. (1970). Information and customer behavior. *Journal of Political Economy, 78* (2), 311–329.

Nelson, P. (1974). Advertising as information. *Journal of Political Economy, 82* (4), 729–754.

Nordhaus, W.D. (2008). Baumol's diseases: A macroeconomic perspective. *The B.E. Journal of Macroeconomics*: *8*: Iss. 1 (Contributions), Article 9. Verfügbar unter: http://www.bepress.com/bejm/vol8/iss1/art9 [07.09.2010].

Orizet, J. & Kappler, C. (2007). *Grundzüge und Entwicklung der Sozialen Arbeit. Professionalisierung von Sozialpädagogik.* Verfügbar unter: http://socio.ch/arbeit/t_orikap.htm#7 [09.09.2010].

Pawelzik, M. (2009). Für eine Professionalisierung der Psychotherapie. *Verhaltenstherapie & Psychosoziale Praxis, 41* (3), 569–578.

Pawelzik, M. & Prinz, A. (2004). The moral economics of psychotherapy. In T. Schramme & J. Thome (eds.), *Philosophy and psychiatry* (pp. 370–386). Berlin: Walter de Gruyter.

Prinz, A. (2007). Neubestimmung der Rollen von Staat, Markt und freier Wohlfahrtspflege bei der Bereitstellung sozialer Dienstleistungen. In M. Dabrowski & J. Wolf (Hrsg.), *Aufgaben und Grenzen des Sozialstaates* (S. 141–149). Paderborn: Ferdinand Schöningh.

Prinz, A. (2009). Professionalisierung der Psychotherapie aus gesundheitsökonomischer Sicht. *Verhaltenstherapie und psychosoziale Praxis, 41* (3), 599–604.

Sauerland, D. (2002). *Gesundheitspolitik in Deutschland.* Gütersloh: Verlag Bertelsmann Stiftung.

Saxer, U. (1998). Was heißt Kommerzialisierung? *Zoom K & M, 11,* Juli, 10–17. Verfügbar unter: http://www.medienheft.ch/uploads/media/11_ZOOM_KM_03_Ulrich_Saxer_Was_heisst_Kommerzialisierung.pdf [09.09.2010].

Schäper, S. (2006). *Die Ökonomisierung der Behindertenhilfe.* Berlin: LIT Verlag.

Schindelbeck, D. (2004). Mittendrin statt nur dabei? Zur Entwicklungsdynamik von Fußball, Medien und Kommerz. *Aus Politik und Zeitgeschichte, B 26*, 16–22.

Schmidt-Sudhoff, U. (1967). *Unternehmerziele und unternehmerisches Zielsystem.* Wiesbaden: Betriebswirtschaftlicher Verlag Gabler.

Schneider, W. (2010). *Ökonomisierung, Qualitätssicherung, Kundenorientierung und soziale Kontrolle: Wohin führt der Weg der Drogenhilfe?* Internet: http://www.akzept.org/pdf/volltexte_pdf/4_10/oekonomie_schneider2010.pdf [09.09.2010].

Sickendiek, U., Engel, F. & Nestmann, F. (2008). *Beratung. Eine Einführung in sozialpädagogische und psychosoziale Beratungsansätze* (3. Aufl.). Weinheim und München: Juventa Verlag.

Stark, C. (2006). *Klient oder Kunde? Kritische Überlegungen zum Kundenbegriff in der Sozialen Arbeit.* Internet. Verfügbar unter: www.sozialearbeit.at/ archiv.php?documents=true&filter=0 [18.06.2010].

Stehr, N. (2001). Moderne Wissensgesellschaften. *Aus Politik und Zeitgeschichte, B 36*, 7–14.

Prof. Dr. Aloys Prinz studierte Volkswirtschaftslehre an der Universität des Saarlandes in Saarbrücken und an der Universität zu Köln. Er promovierte und habilitierte an der Freien Universität Berlin. Von Ende 1993 bis Frühjahr 2000 war er Professor für Wirtschaftspolitik an der Johannes-Gutenberg-Universität Mainz. Seit April 2000 ist er Professor für Finanzwissenschaft an der Westfälischen Wilhelms-Universität Münster.

Anschrift:
Westfälische Wilhelms-Universität Münster
Institut für Finanzwissenschaft II
Wilmergasse 6-8
D-48143 Münster
E-Mail: 13alpr@wiwi.uni-muenster.de

Aufgaben und Probleme der Professionalisierung von Beratung

Hans-Jürgen Seel

1 Was heißt Professionalisierung?

Es ist kaum zu übersehen, dass beruflich betriebene Beratung mittlerweile faktisch eine allgegenwärtige gesellschaftliche Bedeutung erlangt hat. Wenn man von beruflicher Beratung spricht, meint man in der Regel eine Tätigkeit, die im Zusammenhang der ökonomischen Existenzsicherung ausgeübt wird und nicht in alltäglichen privaten Kontexten (wo „Beratung" durchaus in vielfältiger Form auch vorkommt). Damit stellt sich zugleich die Frage nach den Regelungen für diese berufliche bzw. wirtschaftliche Tätigkeit. Im Falle von Beratung kommt eine verbreitete spezielle Form von beruflicher Tätigkeit in Frage, die „Profession" genannt wird. Dementsprechend bezeichnet man den gesellschaftlichen Entwicklungsprozess, der zu einer Profession führt, als Professionalisierung. Damit sind öffentliche Diskurse verbunden, die von der Wissenschaft, Politik sowie von Verbänden vorangetrieben werden und in gesellschaftliche Regelungen bis hin zu Gesetzen münden (können). In solchen Diskursen werden von den Verbänden als Gruppierungen verschiedener Akteure bestimmte gemeinsame Interessen verfolgt. Das wissenschaftliche Nachdenken über Professionalisierung stellt somit ein Thema der Soziologie dar, in diesem Fall der Arbeits- bzw. der Berufssoziologie. Dort finden sich dann auch verschiedene Abhandlungen darüber, was eine Profession und entsprechend eine Professionalisierung ausmacht. Diskussionen zu einigen Aspekten, speziell der Professionalisierung von Beratung in verschiedenen herausgegriffenen Feldern, werden in dem von Schützeichel und Brüsemeister (2004) herausgegeben Sammelband mit dem bezeichnenden Titel *„Die beratene Gesellschaft"* aufgezeigt.

Der Beitrag diskutiert im Folgenden pragmatisch einige Kriterien, anhand derer der Stand der Professionalisierung von Beratung kritisch eingeschätzt werden kann und orientiert sich dabei an der gesellschaftlichen Situation, in der sich Beratung als Profession zu etablieren versucht, sowie an der vorfindlichen Praxis von Beratung. Dabei kommt es hier nicht auf solche Beratung an, die ihre Professionalität primär aus ihrer fachlichen Expertise bezieht (wie z.B. Steuerberatung), denn deren Professionalität ist in der Regel unproblematisch, sondern auf Beratung, soweit sie ihre Professionalität primär aus dem kommunikativen Aspekt des Beratens herleitet. Die Grenzen sind allerdings fließend, denn natürlich gibt es eigentlich keine fachliche Beratung, die ohne kommunikative Kompetenzen auskommt, aber es gibt eine Beratung, die nicht primär daraus ihre Professionalität bezieht.

2 Beratung als Profession

Wirtschaftliche Bedeutung

Zunächst einmal ist die nicht unerhebliche Frage zu stellen, ob und inwieweit die Tätigkeit „Beratung" beruflich, also zur wirtschaftlichen Existenzsicherung, d.h. zur Erwerbsarbeit, ausgeübt wird. Tätigkeiten im Ehrenamt gehören also z.B. nicht zu einer Profession. Hier stößt man bezogen auf Beratung schon auf eine Schwierigkeit, nämlich den Umstand, dass diese Tätigkeit in sehr verschiedenen Feldern oder Kontexten betrieben wird, so dass eine Gesamteinschätzung der als Erwerbsarbeit ausgeübten Beratungen recht schwerfällt. Der Bundesverband Deutscher Unternehmensberater (BDU) gibt z.B. jährlich Informationen über die Umsätze im Bereich Unternehmensberatung heraus (http://www.bdu.de/branche/markt/managementberatung/ [05.12.2012]) und stellte für das Jahr 2011 ein Wachstum von 9,5 Prozent im Vergleich zum Vorjahr fest und überschritt erstmalig die 20-Milliarden-Euro-Schwelle; auch für 2012 wird ein „weiter anziehendes Projektgeschäft" erwartet. Im Bereich des anderen großen Felds von Beratung, der psychosozialen Beratung, wird vom Statistischen Bundesamt (2007) bezeichnenderweise nicht der Umsatz angegeben, sondern die Anzahl durchgeführter Beratungen speziell für junge Menschen (umfasst Erziehungs- und Familienberatung, Jugendberatung und Suchtberatung). Das waren z.B. 248.095 Beratungen im Jahr 2006, und hierin sind bei Weitem nicht sämtliche Beratungen im psychosozialen Bereich aufgelistet.

Unbeschadet solcher inhaltlichen Differenzierungen ist diesen Zahlen sicherlich zu entnehmen, dass die Erwerbsarbeit „Beratung" volkswirtschaftlich eine erhebliche Rolle spielt, was für eine etablierte Profession spricht. Man könnte umgekehrt auch davon ausgehen, dass ein erheblicher Bedarf bzw. eine Nachfrage in der Gesellschaft nach der Dienstleistung „Beratung" besteht – was ebenfalls ein Indiz für eine Profession wäre.

Verbände und Interessenvertretungen

Für eine etablierte Profession „Beratung" spricht weiterhin, dass es zahlreiche, zum Teil recht mächtige einschlägige Verbände gibt. Da sind der bereits erwähnte BDU zu nennen und die Deutsche Gesellschaft für Beratung (DGfB), (http://www.dachverband-beratung.de/), in der wiederum ca. 30 einschlägige Verbände zusammengeschlossen sind. Auch auf internationaler Ebene existieren Zusammenschlüsse von Interessenvertretungen, z. B. die International Association of Counseling (http://iac-irtac.org/). Neben der recht hohen Anzahl von Verbänden im Bereich der Beratung fällt auf, dass sie nach sehr verschiedenen Interessenlagen ausgerichtet sind: Es gibt weltanschaulich-religiöse Verbände (z. B. katholische, evangelische), solche, die mit einem bestimmten Beratungsthema zu tun haben (Drogenberatung, Berufsberatung, Bildungsberatung etc.), solche, die die Interessen von Fachdisziplinen vertreten wie z. B. für die Psychologie der Berufsverband Deutscher Psychologinnen und Psychologen (BDP), solche, die bestimmte Verfahren propagieren (systemische Beratung, psychoanalytische Beratung, verhaltenstheoretische Beratung, Psychodrama usw. usw.), solche, die bestimmte Beratungsformen vertreten (Supervision, Coaching), und solche, die für die Beratung bestimmter Zielgruppen stehen (z. B.: Unternehmen, Eltern, Schuldner). Dies kann als ein erstes Indiz für ein hohes Maß an *Heterogenität* innerhalb einer Profession „Beratung" gewertet werden.

Gesetzliche Regelungen

Eigene gesetzliche Regelungen für die Durchführung von Beratungen gibt es derzeit nur für die Beratung in speziellen Beratungsfeldern, wie z. B. der Schwangerschaftskonfliktberatung, aber keine, die speziell für sämtliche Beratungen gelten, wohl aber einige allgemeinere Regelungen, die auch für Beratungen von Bedeutung sind wie z. B. zum Daten- und Persönlichkeitsschutz, und Regelungen, die für sämtliche Dienstleistungen relevant sind. Besonders bemerkenswert ist, dass Beratung dennoch in Gesetzen eine erhebliche Rolle spielt, und zwar meistens in dem Sinne, dass in bestimmten Kontexten eine Beratung vorgeschrieben wird. Allein in der Datenbank der Bundesgesetze „Juris" kommen die Stichworte Beratung und Beraten über 1.000 Mal vor (http://www.gesetze-im-internet.de/cgi-bin/htsearch?config=Gesamt_bmjhome 2005;method=or;words=Beratung%20beraten;page=2) [05.12.2012].

Europäische Regelungen, Gesetze und Verordnungen der Bundesländer sowie kommunale Verordnungen etc. sind darin noch nicht enthalten. Häufig fehlt in diesen Regelungen eine genauere Bestimmung dessen, was Beratung konkret heißen soll und wie sie durchzuführen ist, so dass dies erst durch die Rechtsprechung geklärt werden muss. Dabei geht es z. B. um so Verschiedenes wie Familienberatung, genetische Beratung, Beratung im Pflegebereich genauso wie um Anlage- und Finanzberatung durch Banken – auch mit einigen wenigen formalen Festlegungen, wie sie durchzuführen sind (z. B. Anfertigung eines Protokolls).

Es fällt auf, dass relativ viele einschlägige Gesetze jüngeren Datums sind. Die Politik neigt anscheinend zunehmend dazu, Probleme dadurch zu lösen, dass sie Beratung vorschreibt, eine Folge zunehmender Verlagerung von Verantwortung auf die Individuen (s. dazu mehr unten).

Dieser Befund kann insgesamt sicherlich mindestens als ein weiterer Indikator dafür gewertet werden, dass Beratung in der Gesellschaft auf einen großen, vielfältigen Bedarf stößt, dass in der Folge Bedarf an Reglementierungen besteht und infolgedessen eine weitergehende Professionalisierung dringend notwendig ist.

Begriff von Beratung

Im Gegensatz zu den beeindruckenden Zahlen zur Verbreitung beruflich betriebener Beratung in verschiedenen gesellschaftlichen Zusammenhängen, die eine schon recht weit fortgeschrittene Professionalisierung erwarten ließen, gibt es einige Aspekte praktizierter Beratung, die eine weitergehende Professionalisierung erschweren oder gar unmöglich machen könnten. Da ist zunächst der Beratungsbegriff zu nennen. Hier geht es nicht bloß um akademische Wortklaubereien, vielmehr verweisen begriffliche Unterschiede vielfach auf sehr verschiedene konkrete Tätigkeiten. Die deutschen Wörter „Beratung" und „beraten" umfassen bei genauerem Hinsehen nämlich sehr verschiedene Tätigkeiten, z. B. jemandem einen Rat geben, sich miteinander beraten, etwas miteinander beraten und mit sich zu Rate gehen; diese unterschiedlichen Bedeutungen werden einem bewusst, wenn „Beratung" ins Englische übersetzt wird, das dafür ganz verschiedene Vokabeln bereitstellt (advice, consulting, counseling [mit einem „l" im Amerikanischen und mit doppeltem „ll" im Englischen] und discuss) (Seel, 1998; 2009). Das wäre weiter kein Problem, wenn damit nicht auch verschiedenartige Handlungsweisen der Ausübenden, der BeraterInnen also, gemeint wären; der Begriff beinhaltet spezielle Formen wie z. B. Coaching und Supervision und wird verschiedenen Disziplinen zugeordnet – ein Kollege aus der Betriebswirtschaft brachte es auf den Punkt: „Wir machen Consulting und Ihr (gemeint: die Sozialwissenschaften) macht Counseling." Es wäre sicherlich hilfreich, wenn auch im deutschen Sprachgebrauch solche Unterschiede besser abbildbar wären.

Darüber hinaus wird der Begriff in verschiedenen Bindestrich-Verbindungen gebraucht, die zum einen das Thema betreffen (Drogenberatung), oder zum anderen sich auf die Zielgruppe (Schuldnerberatung) berufen – die Handbücher der Beratung geben vor allem in den beiden ersten Bänden einen Überblick über eben diese Vielfalt. Es kommt auch immer wieder vor, dass versucht wird, die Beratung im Feld oder nach dem Verfahren, mit dem sich jemand identifiziert, als „die" Beratung auszugeben – also implizit als Prototyp für Beratung überhaupt –, womit mehr oder weniger sublim versucht wird, eigene Interessen durchzusetzen.

Faktisch scheint sich derzeit das Verständnis von Beratung in zwei Gruppen aufzuspalten, die sich im Hinblick auf die Gestaltung der Beratung durch die BeraterInnen prinzipiell unterscheiden: zum einen im Sinne von „einen fachlichen Rat geben", was sich auf das Zur-Verfügung-Stellen von Informationen konzentriert (transitive Beratung) und häufig auch unlösbar verquickt ist mit Verkaufen, zum anderen als Unterstützung bei der Initiierung und Begleitung oder Anleitung von Lern- oder Veränderungsprozessen von individuellen und kollektiven (auch korporierten) Klientensubjekten (reflexive Beratung), die sämtliche Aspekte ihres Lebens umschließen.[1] Mitunter ist es allerdings schwierig, eine genaue Grenze zwischen diesen Formen zu ziehen, insbesondere dort, wo es sich als notwendig erweist, sich als BeraterIn mit der Lebenssituation des Klienten zu befassen, was häufig Voraussetzung dafür ist, um guten fachlichen Rat geben zu können – bei der Anlageberatung durch die Banken wird dieses durch neue gesetzliche Regelungen inzwischen gefordert. Die Befassung mit der Lebenssituation der KlientInnen in Beratungen ist grundsätzlich reflexiv, denn sie müssen sich dabei mit sich selbst auseinandersetzen.

[1] In diesem Zusammenhang hat Nestmann kürzlich (2011) für die „Wiedervereinigung von ‚Counselling' und ‚Guidance'" plädiert.

Akademische Fachdisziplin(en)

Die ersten beiden Bände des *„Handbuchs der Beratung"* vermitteln einen Eindruck von sehr vielen verschiedenen, in Beratung involvierten akademischen Disziplinen. Das verweist zunächst darauf, dass eine Profession nicht irgendein Beruf ist, sondern in der Regel einer, der eine hohe Qualifikation, d.h. klassisch eine akademische (Grund-)Ausbildung voraussetzt, so dass BeraterInnen z.B. auch freiberuflich tätig sein können. Oft wird eine Profession also einer akademischen Fachdisziplin zugeordnet (Beispiele sind Medizin, Recht, verschiedene technische Disziplinen), unbeschadet einer genaueren Spezialisierung innerhalb dieser Disziplin. Das ist bei Beratung nicht der Fall, sondern hier tummeln sich ganz verschiedene Disziplinen (Psychologie, Pädagogik. Soziologie, Philosophie, Betriebswirtschaftslehre etc.). Das wäre weiter kein Hindernis für eine Professionalisierung, wenn diese Disziplinen unter einem gemeinsamen Fokus auf eine Tätigkeit, nämlich Beratung, miteinander zusammenarbeiten würden. Dies findet faktisch jedoch eher selten statt, man bemüht sich vielmehr, je Disziplin eine eigenständige Beratungsprofession voranzutreiben (philosophische Beratung, soziologische, psychologische, sozialpädagogische, betriebswirtschaftliche etc.). Mit großer Selbstverständlichkeit wird dabei unterstellt, dass es quasi ein Wert an sich sei, wenn es endlich auch eine eigenständige soziologische, pädagogische, theologische etc. Beratung gäbe (Beispiel: Schwarz, 2008).

Ob Beratung eine eigene akademische Disziplin neben diesen verschiedenen Fachdisziplinen wird, ist derzeit nicht absehbar, zumal es auch starke Widerstände dagegen gibt. Einer der Gründe ist, dass es sich nicht um eine einzige eigene Disziplin handeln kann, sondern eben um eine Kombination vorfindlicher Disziplinen. Auch die Diskussion um einen entsprechenden grundlegenden Bachelor-Studiengang „Beratung", in dem verschiedene Fachrichtungen zusammenkommen, läuft gerade an. Die Sozialpädagogik kann dafür nur eingeschränkt als Vorbild dienen; zwar soll auch sie verschiedene Fachdisziplinen unter einer praktischen Perspektive integrieren, aber so wirklich gelungen ist das bisher eigentlich nicht. Manchmal wird auch Beratung überhaupt nicht als eigenständige, aus verschiedenen Disziplinen zusammengesetzte Profession, sondern genau umgekehrt als etwa methodischer Bestandteil einer (anderen) fachdisziplinären Profession verstanden, was beispielsweise innerhalb der Profession „Sozialpädagogik" – aber nicht nur dort – der Fall ist; Beratung wird hier verbreitet als eine, vielleicht die wichtigste *Methode* der Sozialen Arbeit aufgefasst.

In Folge der ausgeprägten Verbandsstruktur und der Diversität der beteiligten akademischen Fachdisziplinen fand sich lange Zeit kein institutioneller Ort, an dem sich umfassende, auch kritische Diskurse zum gesamten Themenkomplex Beratung fokussieren, was jedoch für eine weiterführende Professionalisierung von Vorteil wäre. Der Dachverband DGfB bemüht sich derzeit darum, entsprechende Anstöße zu geben und eine Plattform bereitzustellen.

Ausbildungsstandards

An den Ausbildungsstandards für die Ausübung einer Profession wird letztlich der Anspruch, das Selbstverständnis und die Bedeutung dieser Profession konkret. Ausführlich hat sich Rechtien (2009) mit der Ausbildung für die Beratung auseinanderandergesetzt. Er unterscheidet zwischen einer Professionalisierung der Beratungstätigkeit, der dafür notwendigen Ausbildung und einer Professionalisierung der Ausbildung. Dabei stellt er u. a. fest, dass es auch für die Professionalisierung der Ausbildung ein Problem bedeutet, dass das Gemeinsame von Beratung in den verschiedenen Konzepten, Kontexten, Themen und Zielgruppen nicht so recht sichtbar wird. In der Folge mussten die „Essentials einer Aus- bzw. Weiterbildung von BeraterInnen", wie sie von der DGfB formuliert wurden, vielfach auf einer formalen und allgemeinen Ebene bleiben und lassen deshalb einigen Spielraum für eine inhaltliche Konkretisierung. Als Folge der Reformen im Bologna-Prozess drängen auch die Hochschulen in den Weiterbildungsmarkt. Die Angebotspalette von Aus- und Weiterbildungen wird von ihnen um spezielle akademische, vor allem Masterstudiengänge, ausgeweitet, was weitere Diskussionen und Klärungen erfordert. So können die Studiengänge nicht so einfach an den vom Dachverband formulierten „Essentials" gemessen werden, weil es Besonderheiten gibt, die eine Gleichbehandlung erschweren oder unmöglich machen. Ihre Ausbildungskonzepte unterscheiden sich nämlich im Hinblick auf:

- welchem akademischen Niveau eine Ausbildung für die Beratung anzusiedeln ist (Bachelor und/oder Master – derzeit zeigt sich eine gewisse Tendenz, die Feldkompetenz dem Bachelorstudium und der praktischen Berufserfahrung zuzuweisen und die spezielle Beratungskompetenz einem [weiterbildenden] Masterstudiengang),
- welche Zulassungsvoraussetzungen definiert werden, z. B. welches Grundstudium und/oder Beratungspraxis in welchem Umfang,
- wie umfangreich die Ausbildung sein muss (dank der Bildungshoheit der Länder gibt es ganz unterschiedliche Vorgaben für Masterstudiengänge zwischen zwei und vier Semestern, also zwischen 60 und120 Leistungspunkten nach ECTS),
- wie die relativen Anteile von Wissenschaft und Praxis bestimmt werden sollen, mit Abschluss als Master of Arts oder Master of Science (ein Problem, mit dem sich die Ausbildungen der Verbände weniger befassen müssen – sie orientieren sich in der Regel ausschließlich an der Praxis),
- ob es sich um fachlich (d. h. bezogen auf das Handlungsfeld) eher breit oder eher eng aufgestellte Studiengänge handelt,
- wie mit den verschiedenen Beratungsverfahren und -theorien im Studium umzugehen ist: Soll verfahrens- und theorieübergreifend ausgebildet und den Studierenden die Möglichkeit gegeben werden, das für sie Passende selbst zu finden (mit mehr oder weniger Unterstützung), oder soll der Schwerpunkt der Ausbildung auf ein Verfahren (z. B. systemisch, verhaltenstheoretisch oder humanistisch) gelegt werden, von dem aus dann auch auf andere Verfahren geblickt werden kann,
- und schließlich noch die Frage einer Zertifizierung nach gemeinsamen Standards, z. B. als Bestandteil des Akkreditierungsprozesses, der ohnehin durchlaufen werden muss.

Aus der Notwendigkeit der Klärung dieser Fragen ergeben sich sowohl einige Auseinandersetzungen mit anderen Professionalisierungsthemen als auch Anforderungen an die Wissenschaft (s. u.).

Gemeinsame Wissensbasis und Wissenschaft

Für eine Profession ist eine gemeinsame Wissensbasis konstitutiv, die am einfachsten zu realisieren ist, wenn sie mit einer akademischen Fachdisziplin identisch ist. Ein Beispiel dafür ist die Medizin. Das schließt nicht aus, dass es zu Detailfragen unterschiedliche fachliche Meinungen geben kann.

Nicht nur in der Wissensgesellschaft, sondern auch für die Beratung ist Wissen natürlich von ganz zentraler Bedeutung, geht es doch unvermeidlich (aber nicht nur, s. u.) um Generierung, Nutzung und Vermittlung von Wissen. Und in der Tat: Auf den ersten Blick sieht es so aus, als gäbe es eine bemerkenswert breite Wissensbasis der Beratung. Eine Fachbuchsuche bei Amazon am 27.07.2010 ergab sage und schreibe 21.369 Bücher mit Beratung oder Beraten im Titel! Das sollte reichen. Diese Menge wird aber zunehmend zum Problem, denn diese Veröffentlichungen stehen meistens unverbunden nebeneinander, schließen sich auch aus – es werden nicht nur verschiedene, sich voneinander abgrenzende disziplinäre Beratungsformen gefordert und realisiert, sondern auch verschiedene Verfahren, die in der Regel keinerlei Bezug zueinander, noch nicht einmal eine differenzierte und reflektierte Abgrenzung voneinander formulieren. Im Gegenteil, es scheint eher einen Wettbewerb um möglichst viele „neue" Beratungskonzepte zu geben, die häufig vor allem der Profilierung der jeweiligen Autoren dienen sollen. Weitaus die meisten der zahlreichen Veröffentlichungen sind entweder methodische Übersichten, Anleitungen oder Erfahrungsberichte, die als Begründung für Verfahrensweisen herhalten, die dann gerne auch als ein neues (natürlich sehr erfolgreiches) Beratungskonzept oder -verfahren etikettiert werden.

Detailliertere methodische Anleitungen oder Übersichten sind in den meisten Fällen auf ein methodisches Konzept oder ein Verfahren beschränkt, ohne dass Querverbindungen zu anderen hergestellt werden. Natürlich gibt es auch Ausnahmen, so bemühen sich z. B. im Band v. Schlippe und Kriz (2004) verschiedene AutorInnen um die Querverbindungen zwischen systemischer und personenzentrierter Beratung, oder es wird versucht, einen Überblick über alles zu vermitteln (z. B. McLeod, 2004). Aber solche Versuche sind eher selten und sie kommen in der Regel auch ohne ausführlichere inhaltliche Bezugnahme aufeinander aus, vielmehr stellen sie verschiedene Konzepte und Verfahren nebeneinander dar.

Im Bereich der Unternehmens- oder Managementberatung wird in relativ kurzen Abständen „eine neue Sau durch das Dorf getrieben", d. h. ein neues, selig machendes Konzept propagiert, das als (meistens englisches) Schlagwort durch die Diskussionen geistert, häufig aber auch bald wieder verschwindet (lean mangement, performance shaping etc.). Dennoch müssen BeraterInnen mit den entsprechenden neuen Vokabeln jonglieren, um zu demonstrieren, dass sie auf dem aktuellen Stand sind, worauf sie dann oft genug unter den jeweiligen neuen Etiketten das tun, was sie immer schon getan haben.

Die Vielfalt und Ungeordnetheit des Wissensbestands kann bei TeilnehmerInnen an einschlägigen Weiterbildungen zu einiger Verunsicherung (Neuser, 2010) führen, insbesondere dann, wenn diese Ausbildung inhaltlich und wissenschaftlich breit angelegt ist, sich nicht von vornherein auf ein Verfahren konzentriert und stattdessen den Studierenden einen Einblick in die vielfältigen theoretischen und wissenschaftlichen Möglichkeiten zu geben versucht.

Was könnten die Gründe sein für diese Zersplitterung der Wissensbestände? Sie sind sicherlich vielfältig: Da ist zunächst die Politik zu nennen, die beim Auftauchen von zu bewältigenden Problemen diese gerne parzelliert bearbeitet und dann dazu spezielle Gesetze verabschiedet, die immer häufiger auch Beratung vorsehen (vgl. o. Webseite bezüglich Gesetze für Beratung); erst dann werden auch Mittel bereitgestellt, die nur dafür verwendet werden dürfen. Deswegen gibt es z. B. Entwicklungen von Wissensbeständen speziell für die Pflegeberatung, die Bildungsberatung o. Ä. Des Weiteren dürfte es auch daran liegen, dass man im Wissenschaftsbetrieb eher mit Abgrenzungen und der Betonung von Unterschieden (vgl. Möller, 2009) sowie mit eigenständigen neuen Wortschöpfungen reüssieren kann als mit dem Herausarbeiten von Gemeinsamkeiten und praktischen Empfehlungen. Und schließlich haben sich über lange Zeit Verbände, die sich um ein bestimmtes Verfahren, eine bestimmte Zielgruppe, ein Thema oder einen bestimmten weltanschaulichen Hintergrund bemühen, die Ausbildungsmärkte gesichert bzw. untereinander aufgeteilt und deshalb kein Interesse an übergreifenden Diskussionen. Infolge der Akademisierung der Ausbildung an den Hochschulen entsteht derzeit zwar zunehmend ein solches Interesse an übergreifenden Konzepten; aber auch die Hochschulausbildungen haben es leichter, wenn sie sich durch Kooperation mit einem mächtigen Verband den Zugang zu Zielgruppen sichern, was ihnen dann umgekehrt wieder die Ausbildungsinhalte nach den Interessen des Verbands nahelegt.

Ein systematisches Herangehen an die folgenden Fragen erscheint deshalb für den Fortschritt der Professionalisierung von Beratung notwendig:

- Welches Wissen wird wofür im Zusammenhang der Beratung gebraucht? Diese Frage muss ausdifferenziert werden nach *Form oder Struktur* des benötigten Wissens (z. B. statistische Aussagen oder Typen, qualitativ oder quantitativ etc.), *Wissensinhalt* (Beratungswissen/Veränderungswissen, Zielgruppenwissen/Problemwissen, Fachwissen) und *Qualität* des Wissens (woran bemisst sich die Validität, der Geltungsbereich, die Verwendbarkeit etc. des Wissens?).
- Wie wird im Beratungsprozess mit Wissen umgegangen? Wie und wo findet die Generierung von Wissen statt, wie und wo eine (kritische) Überprüfung des Wissens, wie und wo eine Aufbereitung des Wissens und eine Weitergabe bzw. Verteilung des Wissens? Dies schließt u. a. die Grundsatzfragen ein: Wird in Beratungen Wissen angewandt, das woanders (im Wissenschaftsbetrieb) geschaffen wird, oder wird eigentlich in Beratungen Wissen generiert, und wenn ja, auf welche Art und Weise? Wo und wie kann überhaupt Beratungswissen geschaffen werden?

Damit wären wir beim Verhältnis zwischen Beratung und Wissenschaft: Obwohl die Wissenschaftlichkeit der Beratung immer wieder betont wird (bevorzugt zu Marketing- oder Legitimierungszwecken), kann das Verhältnis zwischen Wissenschaft und Beratung durchaus als schwierig bezeichnet werden – ein relativ komplexes Thema, das einer eigenen Bearbeitung bedarf (vgl. z. B. Seel, 2009). Nur kurz sei an dieser Stelle erwähnt, dass einige Probleme auf verschiedenen Ebenen angegangen werden müssen, nicht nur auf der Ebene der Forschungslogik/Methodologie, sondern auch auf der wissenschaftssoziologischen Ebene; hier geht es um die Abgrenzung und Verselbstständigung der Bereiche Wissenschaft und Praxis und möglicherweise auch um Konkurrenzen, um nicht vereinbare Interessen und Lebens- bzw. Karrieremuster in den beiden gesellschaftlichen Institutionen „Wissenschaft" und „Beratung".

Selbstverständnis und Rolle/Aufgabe in der Gesellschaft und Professionsethik

Was fest etablierte Professionen auszeichnet, ist ihre in der Regel aufgrund einer mehr oder weniger langen Tradition gewachsene unproblematische und anerkannte Rolle in der Gesellschaft. Eine solche unproblematische Rolle (man denke hier bspw. an Ärzte, an Juristen etc.) schafft eine gemeinsame Interessenlage, Gemeinschaft und Identität, in deren Folge gesetzliche Standards, Regelungen etc. entwickelt wurden, an denen ständig weitergearbeitet wird. Hier kann ein weiterer großer Problembereich einer Professionalisierung von Beratung identifiziert werden. Weil Beratung nicht auf eine lange Tradition als Profession zurückblicken kann, muss sie, d.h. die Gemeinschaft der BeraterInnen bzw. deren Interessenvertretung(en), sich um ein entsprechendes Selbstverständnis und Anerkennung in der Gesellschaft bemühen. Im Grundsatz sollte dies durchaus möglich sein, gehört es doch zu den auch erfolgreich bewältigten Aufgaben von Beratung, ihren Klienten – seien sie nun Individuen, Familien, Unternehmen oder sonstige Gruppierungen (s. dazu auch Seel, „Beratung von Organisationen", i.d.Bd.) – zu einer Selbstklärung zu verhelfen.

An dieser Stelle greift das letzte hier thematisierte Kriterium für eine Profession: Eine Profession braucht ein Selbstverständnis, das in Eigenverantwortung entwickelt wird und so eine eigene Rolle mit hohem Prestige in der Gesellschaft definiert und sich dabei zu bestimmten gesellschaftlichen Aufgaben bekennt. Auch ethische Standards einer Profession lassen sich letztlich nur auf dem Hintergrund einer Klärung der Rolle und der Aufgaben dieser Profession in ihrer Gesellschaft formulieren.[2] („Profession" leitet sich aus dem Lateinischen ab: profiteri bedeutet so viel wie „öffentlich bekennen", „vortragen", was mit dem akademischen Anspruch verbunden ist – der „professor" [lateinisch] ist also jemand, der sich zu einer eigenen Position bekennt und diese öffentlich vorträgt. Jedenfalls verhielt es sich früher so.) In dieser Hinsicht sind bisher nur Ansätze zu einem intensiven Diskurs über Beratung geführt worden. Deshalb stellt sich die Frage, wie diese Aufgabe zu bewerkstelligen ist.

Zunächst wird dafür eine Beschreibung oder Charakterisierung der Gesellschaft benötigt, in der die Profession Beratung ihre anerkennenswerte Rolle spielen soll. Je nach herangezogener soziologischer Theorie kann die aktuelle Gesellschaft allerdings unterschiedlich charakterisiert werden; so ist von einer Erlebnisgesellschaft

[2] Von P.F. Drucker (2002) wurde die Definition der Aufgabe eines Unternehmens in der Gesellschaft explizit als Führungsaufgabe formuliert. In der Folge wurden auch BeraterInnen zur Unterstützung bei der Ausrichtung auf eine Vision und eine Mission herangezogen. Entsprechende Leistungsangebote gehören deshalb zum Standard-Portfolio von UnternehmensberaterInnen; aber auch die Partnerschafts- und die Familienberatung muss mit Visionen arbeiten, damit Familie als Gemeinschaft Bestand haben und ihre Aufgaben bewältigen kann.

die Rede (Schulze, 1992) genauso wie von einer Wissensgesellschaft (vgl. Heinrich-Böll-Stiftung: http://www.wissensgesellschaft.org), einer Risikogesellschaft (Beck, 1986), einer Informationsgesellschaft (Gates, 1997) und auch von einer beratenen Gesellschaft (Schützeichel & Brüsemeister, 2004) oder einer Multioptionsgesellschaft (Gross, 2005) usw. usw. Hier wird vorgeschlagen, die professionelle Beratung in die Analyse einer „reflexiven Moderne" nach Beck, Giddens und Lash (1996) einzuordnen, weil sich so ihre Rolle am besten beschreiben lässt. Mit der Charakterisierung als reflexive Moderne ist eine Gesellschaft gemeint, die sich durch die verbreitete Institutionalisierung von Selbstthematisierung auszeichnet, also wenn man so will, durch selbstkontrollierende Regelkreise. Klassisches Beispiel der Soziologen ist die Soziologie selbst, eine Institution der Gesellschaft (nämlich eine Wissenschaft „Soziologie"), deren Aufgabe es ist, eben diese Gesellschaft zu thematisieren.

Solche Reflexivität schließt letztlich einen speziellen Zwang zur Anpassung der Subjekte ein, und zwar dadurch, dass sie sich selbst zum Gegenstand machen müssen und dazu die Wissensbestände verschiedener Fachdisziplinen heranziehen müssen – insofern können wir hier auch einen Bezug zur „Wissensgesellschaft" herstellen. Damit geht die Verlagerung von Risiken und Verantwortung auf die Individuen einher („Individualisierung" in der „Risikogesellschaft" nach U. Beck, ähnlich Bauman, 2007). Dies beinhaltet, dass der Einzelne einerseits mehr oder weniger die Chance zur Lebensgestaltung hat und andererseits mehr oder weniger gezwungen wird, sein eigenes Leben zu managen (er wird zum „Planungsbüro für das eigene Leben" nach Beck, 1986, oder zum „Arbeitskraftunternehmer" nach Voß & Pongratz, 1998), und wir können ergänzen, zum Psychologen seiner selbst und seiner Beziehungen zu anderen, zum Manager seiner „verbetrieblichten alltäglichen Lebensführung" (Voß & Pongratz, 1998), zum Pädagogen seiner Kinder, zum Anlageberater seines Vermögens (so weit vorhanden) und zum Kommunikationstechniker und -manager, gleichzeitig verbunden mit der moralischen Verantwortung für die Umwelt und für die Bekämpfung der Ausbeutung der Dritten Welt durch ethisches Konsumieren (Fair Trade etc.) usw. usw. Zusammengefasst: Ständiges „Arbeiten an sich" ist „angesagt", d. h. die Subjekte der reflexiven Moderne unterliegen einem permanent zunehmenden Druck zur *Verinnerlichung eines Selbstoptimierungsmanagers in vielen (allen?) Lebensbereichen*. Wenn sie mit diesen Anforderungen nicht gut zurechtkommen, was mehr oder weniger normal ist, benötigen sie Hilfe, und die kann durch gesellschaftlich institutionalisierte, d. h. professionalisierte Beratung, gewährt werden. Diese Einschätzung lässt sich übertragen auf andere, auch korporierte Subjekte wie z. B. Organisationen, auch sie müssen sich selbst ständig zum Thema machen (Stichwort: „lernende Organisation", „lernende Regionen" u. Ä. – vgl. Seel, „Beratung von Organisationen", i.d.Bd.). Auf Grundlage dieser hier sehr verkürzt dargestellten Einschätzung der gegenwärtigen Gesellschaft können wir die professionelle Beratung verstehen als gesellschaftliche Institution zur Realisierung dieses Reflexivitätsprinzips – insofern würde eine solche Gesellschaftsdiagnose zum Phänomen der Beratung „passen".

Unterstellt, diese stichwortartige Einschätzung unserer Gesellschaft stößt im Wesentlichen auf Akzeptanz, ergeben sich für die Professionalisierung von Beratung einige höchst kritische Punkte:

1. Zunächst ist eine ganz basale Auseinandersetzung zur Frage notwendig, wem Beratung zugutekommt. Wenn sie einfach auf dem Markt als Dienstleistung angeboten wird, verstärkt sie tendenziell die ohnehin schon nicht mehr tragbare gesellschaftliche Ungleichheit: Wer über das notwendige Kapital verfügt, kann es durch Beratung in „symbolisches Kapital" im Sinne von Pierre Bourdieu (1970) umsetzen, was ihm dann wieder zu mehr ökonomischem Kapital verhilft usw. usw.
2. Die Vielfalt der themen- und fachspezifischen Beratungen verstärkt die Belastung der KlientInnen, und zwar dadurch, dass für sie neben all den anderen Selbstoptimierungsmanagementaufgaben nun auch die der Auswahl und Beschaffung der „richtigen" Beratung hinzukommt und darüber hinaus noch die Integration der verschiedenen Beratungen, denn die KlientInnen müssen die verschiedenen Ansprüche an sie selbst zu ihrem eigenen Leben zusammenfügen.[3] Diese Art der Hilfe müsste eine sich als integrierend verstehende psychosoziale Beratung anbieten (vgl. z. B. Mohe, 2007), aber wo finden wir sie wirklich? Sie würde z. B. voraussetzen, dass sich der Partnerschaftsberater auch in den Bereichen des Management-Coachings, der Bildungsberatung im Sinne der Kompetenzbiografie und der Unternehmensberatung etc. bewegen kann. Stattdessen finden wir aber auch hier die skizzierten parzellierten Angebote.
3. Eine institutionalisierte professionelle Beratung trägt unvermeidlich zur gesellschaftlichen Subjektkonstruktion bei. Das gilt sowohl für die Individuen als auch für Aggregate von Individuen bis hin zu korporierten Subjekten (vgl. Seel, Beitrag zur Organisationsberatung, i.d.Bd.). Damit erhält Beratung eine sehr hohe gesellschaftliche Verantwortung. Auch wenn man davon ausgeht, dass Beratung ihrer Klientel nichts vorschreiben will (weil sie grundsätzlich „ergebnisoffen" sein soll), so wird doch eine bestimmte Art und Weise des Umgangs mit sich selbst in Beratungen unvermeidlich eingeübt. Wenn wir weiter davon ausgehen, dass Beratung darauf abzielt, die Klientel in die Lage zu versetzen, selbst mit ihrer Situation fertig zu werden, trägt sie zur Verinnerlichung des Selbstoptimierungsmanagements bei, bestes Beispiel dafür ist der erwähnte „Arbeitskraftunternehmer" nach Voß und Pongratz (1998).
4. Die Verinnerlichung von Ansprüchen der Selbstoptimierung und in der Konsequenz die ständige Infragestellung des eigenen Lebensentwurfs und des eigenen Selbst kann zu einer Bereicherung der Möglichkeiten der Lebensgestaltung führen, sie kann aber auch spezifische typische Belastungsstörungen auslösen. Das hängt weitgehend davon ab, ob die Selbstoptimierung als gelassener, entspannter Umgang mit Chancen und Möglichkeiten oder als ein hart gefordertes „Muss", als Rückkoppelungsschleife oder als moralisches Erfordernis einer Pflichtethik und/oder zur Wahrung der eigenen Chancen auf verschiedenen Märkten installiert wird. Mit Letzterem würden sich die Subjekte

[3] So kann es passieren, dass sich ein Ehepaar in einer Partnerschafts- und Familienberatung befindet, während der Ehemann (oder die Ehefrau) außerdem im beruflichen Kontext Supervision oder Coaching erhält. Dann bräuchte das Paar eigentlich noch eine Beratung, die diese Beratungen zusammenführt.

den Systemen zweckrationalen Handelns unterwerfen und letztlich deren Machstrukturen verinnerlichen. Das hinge natürlich nicht nur von der Beratung, sondern auch von den gesellschaftlichen Rahmenbedingungen für Beratung und der Position der Klientensubjekte in der Gesellschaft ab – es gäbe sicherlich Individuen, die sich eine andere Lebensgestaltung „leisten" können.

5. Im Fall der Verinnerlichung eines Selbstoptimierungsmanagers in der Rationalität der Systeme zweckrationalen Handelns erhöht sich mit größter Wahrscheinlichkeit drastisch das Risiko psychischer oder psychosomatischer Erkrankungen, typisch die Symptomatik des Burn-outs, der Depression und ähnlicher Erkrankungen, was gemäß der Logik der reflexiven Individualisierung selbst wiederum zum individuellen Problem des Selbstmanagements gemacht wird, was wiederum Beratung erfordert, und zwar nicht nur zur Bewältigung, sondern auch zur Prävention. Verkürzt: Strategien der Bearbeitung von Belastungen können auf neue Belastungen hinauslaufen. (Sicherlich könnte man in vielen Fällen auch von Unternehmens-Burn-out durch den Zwang zur ständigen Selbstthematisierung sprechen). Beratung als Reflexivitätsinstitution ist bereits auf dem besten Wege, zu einer Individualisierungsagentur der Selbstoptimierung zu werden. Sie trägt somit in der Terminologie von Michel Foucault (1986a, 1986b) zur Verinnerlichung von Machtstrukturen bei.

Neben der sich aus gesellschaftlichen Zusammenhängen ergebenden ethischen Verpflichtungen gehören zur Profession Beratung auch die eher individuellen, die sich vorwiegend auf den Umgang von BeraterInnen mit ihren KlientInnen und auf Dritte beziehen, die nicht am Beratungsgeschehen teilhaben. Im Grundlagenwerk von McLeod (2004) wird auch dazu eine Diskussion geführt. In diesem Bereich obliegt es einer Standesvertretung, entsprechende Standards zu formulieren und sich mit der einschlägigen Gesetzeslage auseinanderzusetzen (s. o.). Eine solche Standesvertretung muss nicht nur von der Gemeinschaft der BeraterInnen, sondern auch von staatlichen und rechtlichen Instanzen als legitime Vertretung der Profession anerkannt werden. In Deutschland bewegt sich derzeit die DGfB in diese Richtung.

3 Konsequenzen: Klärung der „Mission" professioneller Beratung

Wie Beratung (weiter) professionalisiert wird, hat also für die Gesellschaft und das Zusammenleben drastische Folgen, die aber konkret sehr unterschiedlich ausfallen können in Abhängigkeit davon, wie sich Beratung weiter professionalisiert.

Relativ zu einer konsensfähige Beschreibung oder Charakterisierung der Gesellschaft sollte deshalb – im Jargon der Organisationsberatung – eine „Mission" von Beratung (also eine Antwort auf die Frage: Wofür steht die Gemeinschaft der BeraterInnen?) entwickelt werden, die zumindest Ansatzpunkte für eine Identifikation professioneller BeraterInnen beinhaltet. Auf dieser Grundlage wäre dann die „Vision" (Antwort auf die Frage: Was wollen wir gemeinsam erreichen?) der

Beratungsprofession zu formulieren. Davon kann dann wiederum eine Beratungsethik abgeleitet werden (Antwort auf die Frage: Welche Werte und Prinzipien sollen unser Handeln leiten?).

Die Formulierung eines solchen Selbstverständnisses der Profession „Beratung" kann an dieser Stelle natürlich nicht vorweggenommen werden, sie muss einem Diskurs überlassen bleiben, der aber bald eingeleitet werden sollte; wohl aber können einige Eckpunkte dafür vorgeschlagen werden:

Zunächst sollte eine klare begriffliche Unterscheidung zwischen *Reflexivität* als typisch für die spätmoderne (reflexive) Gesellschaft und kritischer *Reflexion* systematisch eingeführt werden und dieser Unterschied zum Bestandteil des Selbstverständnisses einer anspruchsvollen Professionalisierung von Beratung gemacht werden: Mit Reflexivität ganz im Sinne der gesellschaftlichen Trends sollte das Management der Selbstoptimierung der Subjekte im Sinne eines installierten gesellschaftlichen Regelkreises gemeint werden, der den Prinzipien der Systeme zweckrationalen Handelns (wie z. B. Märkten) folgt. Reflexion sollte dagegen auch solche Entwicklungen kritisch hinterfragen. Sie dürfte das aber nicht wiederum bloß als individuelles Problem bearbeiten, weil auch dies der Individualisierung Vorschub leisten würde, sondern müsste die Ebene von Politik und Gemeinschaften bis hin zur globalen Gemeinschaft einschließen. Was in diesem Sinne mit „kritisch" gemeint ist, hat Foucault im Bändchen *„Was ist Kritik?"* (1992) skizziert: Er meint damit eine auf die reflexive Moderne bezogene Aufklärung. Die Professionsethik von Beratung muss sich also explizit nicht nur als Individualethik verstehen, die z. B. den Umgang zwischen BeraterInnen und KlientInnen thematisiert (vgl. Schrödter, i.Bd.1), sondern auch und gerade ihre gesellschaftliche Verantwortung bis einschließlich solcher Fragen wie ihres Beitrags zur Subjektkonstruktion ernst nehmen und dazu Stellung beziehen – dazu gehören auch solche Themen wie Beratung als Förderung von Identitätsarbeit (vgl. Keupp, i.Bd.1). Eine solche kritische Reflexion braucht eine Orientierung oder einen Bezugspunkt, der auf dem Hintergrund der hier skizzierten Überlegungen auf die Gestaltung gelingender Lebensentwürfe ihrer Klientel fokussieren sollte.

Dabei ist von herausragender Wichtigkeit, dass positiv formuliert wird und nicht negativ, wie es etwa in solchen Formulierungen wie Überwindung von Notlagen o. Ä. zum Ausdruck kommt. Denn damit würde sich Beratung einschließlich ihrer kritischen Stellungnahmen auf die Problembeseitigung reduzieren und indirekt der Produktion gesellschaftlicher Probleme Vorschub leisten („Es gibt ja eine Institution, die das wieder aufräumt."). Eine positive Formulierung ist im Vergleich allerdings deutlich schwieriger zu finden. Helfen kann auch hierbei M. Foucault, dessen Ausführungen bspw. zur Sorge um sich (1986b) u. a. W. Schmid zu weiteren philosophischen Ausarbeitungen über die Philosophie der Lebenskunst (1998) angeregt hat. Fatal wäre es allerdings, wenn man dieses Thema auch wieder zu einem bloß individuell zu bewältigenden machen würde, wovor Schmid mit Recht deutlich gewarnt hat: Es geht um die Gestaltung von Lebensentwürfen gemeinsam mit anderen im gesellschaftlichen Kontext (hier kann an den Begriff des Empowerments kritisch angeknüpft werden, vgl. Lenz, i.Bd.1) und es geht um die sehr ungleich verteilten Chancen dazu – darauf verweist u. a. der Begriff des „symbolischen Kapitals" von Bourdieu (1987).

Wie kann kritische Reflexion als Bestandteil von Beratung institutionalisiert werden?

Notwendig ist dafür eine Beratungswissenschaft, die sich nicht darauf beschränkt, Beratung zu optimieren, sondern darüber hinaus aus Beratungserfahrungen gesellschaftliche Problemlagen systematisch herausarbeitet, d. h. Erfahrungen aus den einzelnen, individuellen Beratungskommunikationen im Sinne einer gesellschaftskritischen Analyse auf der Makroebene verwertet und in politische Diskurse über die Möglichkeiten gelingender Lebensgestaltung einfüttert. Methodische Ansätze finden sich z. B. in der Diskursanalyse (eine Übersicht findet sich bei Keller, 2007), indem anonymisierte Daten aus einzelnen Beratungsgesprächen in den sogenannten „Korpus" aufgenommen und dann analysiert werden – allerdings fehlt dabei noch das wesentliche Element der Einfütterung der Ergebnisse in politische Diskurse, was die Wissenschaft aber häufig nicht gerade liebt.[4] Dafür wie auch für eine wissenschaftliche begründete Verbesserung von Beratung ist der Umgang mit Wissen in Beratungen systematisch zu analysieren, um Konsequenzen daraus zu ziehen. Diese Formulierung „Umgang mit Wissen" wurde bewusst gewählt, weil es überhaupt nicht ausgemacht ist, dass in Beratungen bloß anderswo (im Wissenschaftssystem) generiertes Wissen „angewendet" wird. Es ist vielmehr davon auszugehen, dass in Beratungen praktisches Wissen generiert, seine (praktische) Brauchbarkeit geprüft und weitergegeben wird. Dies geschieht allerdings bisher nicht systematisch, sondern bleibt weitgehend auf der Ebene individueller Erfahrungen nicht nur der KlientInnen, sondern auch der BeraterInnen. Es wird zwar in der Beratungsliteratur geradezu als Flut von Erfahrungsberichten (s. o.) verbreitet, ohne dass aber eine kritische Überprüfung z. B. im Hinblick auf den Geltungsbereich und die Einordnung in andere Erfahrungen vorgenommen wird. Grundsätzlich würde sich die Supervision als Setting für solche Verwissenschaftlichung praktischer Erfahrungen sehr gut eignen (vgl. Billmann-Mahecha, 1981; Giesecke & Rappe-Giesecke, 1997), wenn sie konzeptionell noch weiter ausgebaut und institutionalisiert werden. Hier könnte z. B. daran gedacht werden, BeraterInnen-Netzwerke zu organisieren, die von Hochschulen moderiert werden, die dabei die Aufgabe der systematischen Aufbereitung und Weitergabe von Beratungswissen und epidemiologischem Wissen – durchaus in Verbindung mit geeigneten Verbänden – übernehmen könnten und dies mit Aus- und Weiterbildungen koppeln. Eine ganz wesentliche in diesem Zusammenhang zu bewältigende Aufgabe ist die Auseinandersetzung mit der Qualität von Beratung als Antwort auf die Frage: Was kann als praktisch brauchbar und bewährt auf welche Weise weitergegeben, also guten Gewissens „empfohlen" werden? Da sind durchaus Zweifel an einfachen Evaluationsverfahren angebracht, die sich mit einer Befragung zur Zufriedenheit der KlientInnen begnügen (müssen?).

---

[4] Ein eher „klassischer" Weg wurde von einem Forschungsprojekt eingeschlagen, dessen hochinteressante Ergebnisse Haubl und Voß jüngst (2011) veröffentlicht haben; sie berichten über eine sozialwissenschaftliche Erhebung bei SupervisorInnen über deren Erfahrungen mit den psychosozialen Auswirkungen spätmoderner Erwerbsarbeit. Obwohl dabei natürlich das Problem der schwierig kritisch zu überprüfenden Interpretation von Beratungen durch die SupervisorInnen zu bewältigen ist, kann doch gezeigt werden, welch äußerst wertvolle Wissensressource in Beratungen auf eine Nutzung wartet.

Die dafür notwendige Abstimmung zwischen verschiedenen Handlungsfeldern von Beratung erfordert die Entwicklung einer gemeinsamen Terminologie als Plattform für Verständigungsprozesse. Sollte es zu einer (sehr wünschenswerten) kritischen Aufarbeitung von Beratungserfahrungen im beschriebenen Sinne kommen, muss eine solche Terminologie zudem auch Verständigungsprozesse zwischen den verschiedenen Beratungsverfahren und theoretischen Ansätzen ermöglichen. Anderenfalls würden wir voneinander getrennte Wissenspools erhalten, die sich der humanistischen, der psychodynamischen, der systemischen, der verhaltenstheoretischen, der gestaltpsychologischen usw. usw. Terminologie bedienen und wiederum unverbunden nebeneinander stehen; dass ein solches Szenario nicht Bestandteil einer überzeugenden Mission der Beratungsprofession sein kann, liegt wohl auf der Hand. Diese Einsicht setzt sich allmählich durch (vgl. Moldaschl, 2009; Mohe, 2007). Problem dabei ist die Zeit: Je später solche Bemühungen ansetzen, desto schwieriger werden sie, weil der Prozess der Diversifikation immer weiter fortschreitet.

Literatur

Bauman, Z. (2007). *Leben in der flüchtigen Moderne.* Frankfurt a. M.: Suhrkamp.

Beck, U. (1986). *Risikogesellschaft. Auf dem Weg in eine andere Moderne.* Frankfurt a. M.: Suhrkamp.

Beck, U., Giddens, A. & Lash, S. (1996). *Reflexive Modernisierung. Eine Kontroverse.* Frankfurt a. M.: Suhrkamp.

Billmann-Mahecha, E. (1981). Metaberatung. In H.-J. Kaiser & H. J. Seel (Hrsg.), *Sozialwissenschaft als Dialog. Die methodischen Prinzipien der Beratungsforschung* (S. 156–162). Weinheim: Beltz.

Bourdieu, P. (1970). *Zur Soziologie der symbolischen Formen.* Frankfurt a. M.: Suhrkamp.

Bourdieu, P.(1987). *Die feinen Unterschiede. Kritik der gesellschaftlichen Urteilskraft.* Frankfurt a. M.: Suhrkamp.

Drucker, P.F. (2002). *Was ist Management? Das Beste aus 50 Jahren.* München: Econ.

Foucault, Michel (1986a). *Der Gebrauch der Lüste.* Frankfurt a. M.: Suhrkamp

Foucault, M. (1986b). *Die Sorge um sich.* Frankfurt a. M.:. Suhrkamp.

Foucault, M. (1992). *Was ist Kritik?* Berlin: Merve.

Gates, B. (1997). *Der Weg nach vorn. Die Zukunft der Informationsgesellschaft.* München: Heyne Verlag.

Giesecke, M. & Rappe-Giesecke, K. (1997). *Supervision als Medium kommunikativer Sozialforschung. Die Integration von Selbsterfahrung und distanzierter Betrachtung in der Beratung und Wissenschaft.* Frankfurt a. M.: Suhrkamp.

Gross, P. (2005). *Die Multioptionsgesellschaft* (10. Aufl.). Frankfurt a. M.: Suhrkamp.

Haubl, R. & Voss, G.G. (Hrsg.). (2011). Riskante Arbeitswelt im Spiegel der Supervision. Eine Studie zu den psychosozialen Auswirkungen spätmoderner Erwerbsarbeit. Göttingen: Vandenhoeck und Ruprecht (gedruckt und als E-Book erhältlich).

Keller, R. (2007). *Diskursforschung. Eine Einführung für SozialwissenschaftlerInnen* (3., aktualisierte Aufl.). Wiesbaden: VS-Verlag.

McLeod, J. (2004). *Counselling – eine Einführung in Beratung.* Tübingen: dgvt-Verlag.

Mohe, M. (2007). Metaberatung: Eine neue Form der Wissensproduktion? *Arbeit – Zeitschr. f. Arbeitsforschung, Arbeitsgestaltung und Arbeitspolitik, 16* (3), 191–204.

Moldaschl, M. (2009). Beratung als Wissenschaft, Profession oder Kunst? In H. Möller & B. Hausinger (Hrsg.), *Quo vadis Beratungswissenschaft?* (S. 19–41). Wiesbaden: VS-Verlag.

Möller, H. (2009). Quo vadis Beratungswissenschaft? In H. Möller & B. Hausinger (Hrsg.), *Quo vadis Beratungswissenschaft?* (S. 7–17). Wiesbaden: VS-Verlag.

Nestmann, F. (2011). Anforderungen an eine nachhaltige Beratung in Bildung und Beruf – Ein Plädoyer für die Wiedereinführung von „Counselling" und „Guidance". In M. Hammerer, E. Kanelotti & I. Merker (Hrsg.), *Zukunftsfeld Bildungs- und Berufsberatung. Neue Entwicklungen aus Wissenschaft und Praxis* (S. 59–79). Bielefeld: Bertelsmann Verlag.

Neuser, G. (2010). *Professionalisierung von BeraterInnen. Ängste und Hoffnungen von angehenden BeraterInnen im Kontext des weiterbildenden Masterstudiengangs Master of Arts in Counseling.* Masterthesis an der Georg-Simon-Ohm-Hochschule Nürnberg, Fakultät Sozialwissenschaften.

Rechtien, W. (2009). *Professionalisierung des Beratungswesens – die Ausbildung. Journal für Psychologie 1.* Verfügbar unter: http://www.journal-fuer-psychologie.de/jfp-1-2009-02.html. [04.04.2010].

Schlippe, A. von & Kriz, W.C. (Hrsg.). (2004). *Personzentrierung und Systemtheorie. Perspektiven für psychotherapeutisches Handeln.* Göttingen: Vandenhoeck & Ruprecht.

Schmid, W. (1998). *Philosophie der Lebenskunst.* Frankfurt a. M.: Suhrkamp.

Schulze, G. (1992). *Die Erlebnisgesellschaft* (Neuauflage 2000). Frankfurt a. M.: Campus.

Schützeichel, R. & Brüsemeister, T. (Hrsg.). (2004). *Die beratene Gesellschaft. Zur gesellschaftlichen Bedeutung von Beratung.* Wiesbaden: VS-Verlag.

Schwarz, S. (2008). *Strukturation, Organisation und Wissen. Neue Perspektiven in der Organisationsberatung.* Wiesbaden: VS-Verlag.

Seel, H.-J. (1998). Perspektiven einer Psychologie der Beratung. In H.-J. Seel & G. Zurhorst (Hrsg), Beratung – wissenschaftlich und professionell eigenständig? *Journal für Psychologie, 6. Heft* (3), 39–53. Verfügbar unter: http://www.ssoar.info/index.php?id=139 [04.04.2010].

Seel, H.-J. (2009). Professionalisierung der Beratung. Fragen und Thesen. *Journal für Psychologie, 16. Heft* (1). Verfügbar unter: http://www.journal-fuer-psychologie.de/jfp-1-2009-02.html [04.04.2010].

Statistisches Bundesamt (2007). *Statistiken der Kinder- und Jugendhilfe. Institutionelle Beratung.* Wiesbaden. Verfügbar unter: https://www-ec.destatis.de/csp/shop/sfg/bpm.html.cms.cBroker.cls?CSPCHD=006000010000463uriof000000PjeZ5zTZjIPnnPwuwN0_BA--&cmspath=struktur,vollanzeige.csp&ID=1020922 [03.11.2010].

Voß, G. & Pongratz, H.J. (1998). Der Arbeitskraftunternehmer. Eine neue Grundform der Ware Arbeitskraft? *Kölner Zeitschrift für Soziologie und Sozialpsychologie, 50* (1), 131–168.

Prof. em. Dr. Hans-Jürgen Seel ist Diplom-Psychologe und Professor im Ruhestand der Georg-Simon-Ohm-Hochschule Nürnberg sowie Mitglied des Vorstands der Deutschen Gesellschaft für Beratung (DGfB).

Anschrift:
Wilhelm-Beyer-Weg 9
D-90429 Nürnberg
E-Mail: Hans-Juergen.Seel@ohm-hochschule.de

Beratung und Zwang

Rainer Göckler

1 Einführung

Seit Einführung der Hartz-Gesetze durch die rot-grüne Bundesregierung hat auch das Thema Beratung in Zwangskontexten an öffentlicher Aufmerksamkeit gewonnen. Innerhalb der Sozialen Arbeit hat die Kontroverse, wie man mit diesem Thema umzugehen hat, deutlich an Schärfe zugenommen. Während Knopp und Münch (2007, S. 7f.) noch bemängeln, dass es auch „innerhalb der Profession Sozialer Arbeit (…) offensichtlich schwierig geworden (ist), offensiv für ein Verständnis von Sozialer Arbeit einzutreten, in dem zuerst nach den gesellschaftlichen Ursachen und dann nach den persönlichen Unzulänglichkeiten der Hilfesuchenden gefragt wird“, fordert Lutz (2008, S. 6ff.), dass sich Soziale Arbeit von der Logik der Parteilichkeit der Hilfe entfernt und sich „im Kontext des Aktivierungsdiskurses funktional und methodisch daran beteiligt, die Selbstverantwortung der Subjekte zu fördern und dies zu begleiten und zu steuern.“ Bei allen Ökonomisierungstendenzen des Sozialen sieht Lutz die Aufgabe der Sozialen Arbeit darin, Autonomie und Verantwortungsübernahme von Menschen zu fördern und einzufordern, womit sie sich eindeutig individualisieren muss (zum Überblick vgl. Enggruber, 2010).

Außerhalb eines streng therapeutisch-medizinischen oder strafrechtlichen Komplexes bleibt der Umgang mit Zwangskontexten eine fragile Angelegenheit. Auch in der internationalen Forschung hat die Frage nach dem richtigen Umgang und entsprechenden Beratungsmethoden und -techniken bisher mehr Fragen aufgeworfen als verlässliche Antworten gebracht (vgl. Carswell, 2008, S. 145).

Die folgende Abbildung 1 entwirft ein skaliertes Kontinuum der Beratungslandschaft unter dem Aspekt von Zwangskontexten, um so die zentralen Kennzeichen und ihre jeweiligen Abgrenzungskriterien zu verdeutlichen. Die Abgrenzungskriterien werden anschließend kurz skizziert.

2 Zwangs- und sanktionsfreie Beratung als Regel

Zwangs- und sanktionsfreie Beratung ist dadurch gekennzeichnet, dass sich Menschen begegnen, die jederzeit von sich aus in der Lage sind, die Beratungssituation zu gestalten, zu unterbrechen oder zu beenden. Streitfälle werden privatrechtlich gelöst. Man begegnet sich auf Augenhöhe und lässt sich auf einen mehr oder weniger formalisierten Beratungsvertrag ein. Betroffene Ratsuchende können sich bei Unzufriedenheit einen anderen Berater suchen, BeraterInnen ihr Angebot zurückziehen. Derartig „freie Beratungen" sind sowohl mit Gewinnorientierung wie auf gemeinnütziger Basis zu finden. Beide Parteien gehen damit eine „diffuse Sozialbeziehung" ein, „obwohl sie grundsätzlich in der spezifischen Sozialbeziehung von Vertragspartnern einer kaufbaren Dienstleistung verbleiben." (Oevermann, 2009, S. 113) Die Beratungen werden beiderseits ergebnisoffen angegangen und der Berater kann sich klientenanwaltlich engagieren, d. h. ohne Einschränkungen auf Bedarfs- und Erwartungshaltungen ihrer Klientel reagieren.

Alleine daraus resultiert ein Vertrauensvorschuss, der für ein erfolgreiches Arbeitsbündnis von grundlegender Bedeutung ist. „Eine vertrauensvolle Beziehung mit den Basiselementen Offenheit und Sicherheit (Verlässlichkeit) wird eher in einer Situation entstehen können, die nicht behindert wird durch äußere Zwänge wie institutionelle oder persönliche Abhängigkeiten oder negative Einflüsse wie räumliche oder zeitliche Bedingungen." (Mutzeck, 2008, S. 75) Die meisten Forschungsbefunde (vgl. Grawe, 2004, S. 403ff.) weisen darauf hin, dass Beratung und Therapie nur gelingen können, wenn der Klient seinen Berater als unterstützend und aufbauend erlebt. Die Stärkung einer guten Beziehungserfahrung zum Therapeuten oder zum Berater wirkt zurück auf inkonsistente Befindlichkeiten und trägt so dazu bei, dass sich der Ratsuchende selbst als zu einer guten Beziehung fähig erfährt. In der Beratung „auf Augenhöhe" ist

> „die Beziehung die zentrale Dimension für die Effektivität der Beratung und fast noch wichtiger als die Methode (...). Wie Beratung wirkt, hängt davon ab, wie Berater und Klient zueinanderfinden. Das breite Spektrum der Methoden, die in der Beratungsinteraktion zum Einsatz kommen, ist untrennbar mit der Beziehung zwischen Berater und Klient verbunden." (Nestmann, 2005, S. 4)

Fasst man die theoretischen Grundlagen der Beratung zusammen, kommen Ertelt und Schulz (2008) unabhängig von der theoretischen Orientierung zu dem Ergebnis, dass die Klient-Berater-Beziehung immer von dominanter Bedeutung für den Beratungserfolg ist.

Unterhalb der beschriebenen Ebene von Beratung auf „Augenhöhe" ist es im deutschsprachigen Raum insbesondere Conen und Cecchin (2007) zu verdanken, den Blick noch einmal auf grundlegende Machtbeziehungen auch innerhalb des Beratungsgeschehens gerichtet zu haben. Professionelle Helfer werden gerade

Abbildung 1: *Kontinuum Beratungsangebote*

Ethische und rechtliche Grundlagen

Gemeinsame beratungstheoretische und -methodische Grundlagen

Zwangskontext

„Freie Beratung"

Kennzeichen
- Keine Angebots- und Nachfragepflicht (Freiwilligkeit)
- Anbieterwechsel möglich
- Offener Nutzerkreis
- Privatrecht bei Unstimmigkeiten
- Keine Vorstrukturierung/Fachlichkeit entscheidet
- Ergebnisoffen
- I. d. R. kostenpflichtig
- Volle Marktkonformität

Rollenverständnis
- Kundenanwaltliche Funktion, nutzerorientiert, teilw. Gewinninteresse

Beispiele:
Unternehmensberatung, private Berufsberatung, karitative Arbeitslosenberatung, Verbraucherberatung, Sozialberatung

„Teilformalisierte Beratung"

Kennzeichen
- Angebotspflicht
- Anbieterwechsel bedingt möglich
- Weitgefasster Nutzerkreis
- Privates oder Öffentliches Recht bei Unstimmigkeiten
- Angebotsseitig vorstrukturiert
- Kunde behält „Verwertungsrecht"
- Ergebnisoffen
- I. d. R. nicht kostenpflichtig
- Begrenzte Marktkonformität

Rollenverständnis
- Begrenzte kundenanwaltliche Funktion (duale Zielsetzung)

Beispiele:
Berufsberatung der Arbeitsagenturen, Ausbildungsberatung der Kammern, Schuldnerberatung, Erziehungsberatung etc.

„Teilformalisierte Beratung"

Kennzeichen
- Angebots- und Nutzungspflicht
- Anbieterwechsel teilw. möglich
- Definierter Nutzerkreis
- I. d. R. Öffentliches Recht bei Unstimmigkeiten
- Angebotsseitig vorstrukturiert
- Kunde behält zwar „Verwertungsrecht", z. T. Rechtsfolgen
- Ergebnisoffenheit bei Gefahr der Leistungsverweigerung
- I. d. R. nicht kostenpflichtig
- Kaum Marktkonformität

Rollenverständnis
- Begrenzte kundenanwaltliche Funktion, gesetzgeberische Ziele (duale Zielsetzung)

Beispiele:
Schwangerschaftskonfliktberatung, Weiterbildungsberatung nach § 77 SGB III, teilweise Schulberatung etc.

„Formalisierte Beratung"

Kennzeichen
- Angebots- und Nutzungspflicht
- Öffentliches Recht bei Unstimmigkeiten
- Begrenzter Nutzerkreis
- Angebots- und nachfrageseitig vorstrukturiert
- Teilw. kann Ergebnisverwertung mit Rechtsfolgen erzwungen werden
- Erhebl. Rechtsfolgen möglich
- Begrenzte Ergebnisoffenheit i. S. der Aufgabenstellung
- Nicht kostenpflichtig
- Keine Marktkonformität

Rollenverständnis
- Mittler-/Ausgleichsfunktion

Beispiele:
Beratung im SGB II, Bewährungshilfe, z. T. Beratung im Rahmen SGB VIII und XII

Gesellschaftlich unstrittige Beratungsangebote | Gesellschaftlich umstrittene Beratungsangebote deshalb in Anspruch genommen, weil sie neben der originären Beratungsdienstleistung auch über Machtressourcen verfügen, von denen die Klientin hofft, profitieren zu können. Professionelle BeraterInnen verschaffen Zugänge zu weiteren Dienstleistungen (Zuweisungs- und Netzwerkressourcen), verfügen über spezialisierte Informationen (Informationsmacht), legen professionelle Beratungsschwerpunkte, mit denen sie Einfluss auf das Leben ihrer Klienten nehmen (Kommunikationsmacht), üben über Hausaufgaben oder Verhaltensregeln Macht im Alltag ihrer Klienten aus. Machtverhältnisse, resümiert Conen (2007, S. 37), haben nicht nur „Einfluss auf die Klient-Helfer-Beziehung, sondern eben auch massiv auf Armut, Gesundheit und soziale Integration von Familien." Gerade der letzte Aspekt fordert dazu auf, Machtverhältnisse sowohl in der Klientenbeziehung anzunehmen und offenzulegen wie in der Wahrnehmung klientenanwaltlicher Funktionen auch in die Gesellschaft hineinzuspiegeln und kritisch zu hinterfragen.

Trotz der grundlegenden Vorteile, die eine unabhängige Beratung für den Aufbau einer konstruktiven und vertrauensvollen Arbeitsbeziehung bietet, liegen in jedem Beratungsgeschäft Gefahren der Pathologisierung, Stigmatisierung und (Vor-) Verurteilung von Ratsuchenden, die aufgrund des Machtgefälles nur selten über angemessene Strategien verfügen, sich dem wirkungsvoll zu entziehen. Eine „Outplacement-Beratung", die ein Unternehmen seiner Spitzenfachkraft als Hilfestellung im Rahmen der Freisetzung vorschlägt, dürfte von dieser nur partiell als „freie Beratung" erlebt werden. Insofern steckt in jeder freien Beratung immer auch „Zwang", dessen sich gute Beratungsfachkräfte bewusst sein müssen. Auch für die Beratungsarbeit in der Sozialen Arbeit ist das Machtparadoxon des „doppelten Mandats" weiterhin ungelöst (vgl. Krieger, 2007).

Nicht zuletzt ist ungeklärt, ob kooperatives und zugewandtes Verhalten per se auch immer erfolgreicher ist. Behncke, Frölich und Lechner (2007, S. 40) untersuchten kooperatives und weniger kooperatives Verhalten von vermittlungsorientiert arbeitenden Sozialarbeitern. Ihre komplexe multifaktorielle Studie aus der Schweiz fassen sie wie folgt zusammen:

> "More than half of the caseworkers responded that they considered cooperation with unemployed as very important and that the wishes of the unemployed are of key importance for their decisions.
> However, the estimates suggest that the employment probabilities of those unemployed persons who were counselled by less cooperative caseworkers were higher because of their less cooperative attitude. Such unemployed persons had about 2 percentage point higher employment probabilities during the first three years after registration than similar unemployed persons who were counselled by (somewhat) less demanding caseworkers. The most plausible explanation for our finding is that caseworkers indeed influence their clients' behaviour to search for jobs and accept job offers."

3 Gesellschaftlich akzeptierte Formen in teilformalisierten Beratungsangeboten

Immer dann, wenn das Beratungsangebot sich nicht aus „freier Überzeugung" selbst generiert, sondern ein wie auch immer gearteter Auftrag dahintersteht, kann man von teilformalisierter Beratung sprechen. Bei teilformalisierten Beratungsangeboten besteht seitens der Beratenden (in der Regel über die beauftragte Institution) die Pflicht, ein entsprechendes Angebot zu unterbreiten. Angebote dieser Form sind häufig kostenfrei und ergeben sich überwiegend aufgrund Bundes-, Landes- oder Kommunalgesetzen, Verordnungen oder Initiativen. Damit unterliegen die BeraterInnen neben ihrem originären Auftrag auch organisationsinternen und übergeordneten Spezifika, die Einfluss auf das Beratungshandeln nehmen. So kann eine überlastete Schuldnerberatung die Aufgabe haben, eilige von eher weniger eiligen Fällen abzusondern und bevorzugt zu bearbeiten. Die Suchtberatungsstelle eines Klinikkonzerns kann sich genötigt sehen, eher auf die klinikeigenen Therapieangebote zurückzugreifen, und die Berufsberatung der Agenturen für Arbeit soll mit ihrem Vermittlungsangebot auch die Ausbildungsstellen besetzen, die keiner haben möchte.

In den gesellschaftlich akzeptierten teilformalisierten Beratungsangeboten bleibt jedoch auf der formalen Ebene von grundsätzlicher Bedeutung, dass die Ratsuchenden das Verwertungsrecht über die Ergebnisse der Beratungsdienstleistungen behalten und sich aus einem Abbruch für sie keine negativen Konsequenzen ergeben. Insofern kann hier nur von einem eingeschränkten „doppelten Mandat“ gesprochen werden. Derartige Angebote sind gesellschaftlich wenig umstritten, wenn es nicht um Fragen ihrer generellen Finanzierung geht. Die bei der freien Beratung aufgezeigten Widersprüche werden hier noch durch institutionsbezogene Besonderheiten erweitert.

4 Gesellschaftlich umstrittene Formen von Zwangsberatungen

Auch bei den gesellschaftlich strittigen Beratungsangeboten gilt es noch zu unterscheiden, ob sich die Klientinnen zunächst einmal ohne unmittelbare Folgen aus der Beratung zurückziehen können oder nicht. Zwangsberatungen in diesem Angebotssektor basieren in der Regel auf gesetzlicher Aufgabenstellung und unterliegen bei Streitigkeiten vorrangig dem Öffentlichen Recht. Von gesellschaftlich umstrittenen Formen der Zwangsberatung kann man dann sprechen, wenn a) im Rahmen der Einführung und/oder fortlaufend über Art oder Bedeutung des Beratungsangebotes innerhalb eines gesellschaftlichen Spektrums öffentlich gestritten wurde/wird und b) mit dem Beratungsangebot der Zugang zu einer wie auch immer gearteten Leistung verbunden ist, die den Ratsuchenden ansonsten verweigert würde.

Der Gesetzgeber führt eine Beratungspflicht aus zwei Gründen ein: Entweder verbindet er die Gewährung bestimmter finanzieller Leistungen mit der Pflicht an einer Beratungsteilnahme (z. B. § 77 Abs. 1 Nr. 2 SGB III bei der Gewährung von Förderleistungen zur Weiterbildung) oder er regelt (hochrangige) Rechtsgüter über eine Beratungspflicht (z. B. § 218a StGB bei erlaubten Schwangerschaftsabbrüchen). Diese Beratungsdienstleistungen sind für den definierten Personenkreis daher im Regelfall kostenfrei zu nutzen. In Fällen der teilformalisierten Beratung haben die aufsuchenden Klienten oder Kundinnen bei einem Beratungsabbruch hinzunehmen, dass die Leistungen verweigert werden. In einigen Fällen gibt es die Möglichkeit, den Anbieter zu wechseln (so bspw. bei notenabhängiger interner Schullaufbahnberatung oder bei Anbietern der Schwangerschaftskonfliktberatung). In allen Fällen ist es aber so, dass der Beratungsabbruch selbst in der Regel keinen schädigenden Einfluss auf die Betroffenen hat. Eine rein kundenanwaltliche Funktion der Beratung wird hier allerdings durch einen konsequenten gesetzlichen Auftrag durchbrochen, der in seiner gemeinschaftlich ausgerichteten Eigenlogik keineswegs mit der Bedarfs- und Erwartungslage der Klienten konform gehen muss. BeraterInnen müssen hier beständig den Ausgleich konfligierender Interessen suchen, was einen häufigeren Rollenwechsel vom Kundenanwalt zum Mittler und zurück mit sich bringt.

Noch einen Schritt weiter und in extremer Zuspitzung des doppelten Mandats für Beratungsfachkräfte sind formalisierte Beratungskontexte, aus denen Klienten nur unter erheblichen persönlichen Belastungen ausbrechen können. In diesen Fällen führt der Abbruch einer Beratung oder Verstöße gegen Abmachungen aus der Beratungstätigkeit konsequent zu gravierenden Einschnitten in die Lebensumstände oder zum Entzug existenzsichernder Leistungen. Beratung ist hier im Regelfall eingebunden in hoheitliches Verwaltungshandeln.

Typische Beispiele für die gravierendste Form von formalisierter Beratung in Zwangskontexten sind:

- die Beratung und gutachterliche Stellungnahme im Zusammenhang mit §35 BtMG (Therapie statt Strafe),
- die Beratung und gutachterliche Stellungnahme beim Widerruf von Bewährung nach §§56ff. StGB,
- Pflichtberatungen der Studienberatung an Hochschulen, in denen über den Verbleib an einer Hochschule zu entscheiden ist,
- die beraterischen Aufgaben der Jugendämter nach dem SGB VIII in Zusammenhang mit Fragen des Kindeswohls,
- die Sanktionsmechanismen der Grundsicherung der SGB II und XII im Kontext zu den Beratungs- und Betreuungsaufgaben und gesetzlichen Leistungen.

Auch hier sind die skizzierten gesetzgeberischen Intentionen klar erkennbar. Zum einen werden hochrangige Rechtsgüter mit einer Beratungspflicht unterlegt (Schutz von Kindern und Jugendlichen, Schutz der Allgemeinheit vor Straftätern, Eindämmung von Suchtmittelmissbrauch etc.) oder finanzielle Leistungen werden zum andern mit besonderen Kontrollmechanismen und Mitwirkungspflichten versehen. Beratungsdienstleistungen der letzten Kategorie unterliegen einer besonderen Dynamik, weil im alltäglichen Beratungsgeschehen aktuelle Diskussionen aus Politik, Wirtschaft, Lobbyarbeit, Professionsvertretungen etc. Einfluss nehmen auf den Beratungsalltag, in dem sie öffentlichkeitswirksam versuchen, den Blick auf eine Problemsituation vorzustrukturieren. In allen Staaten der OECD zeigen die öffentlichen Diskussionen im Feld der formalisierten Beratung vergleichbare Tendenzen, seien es (neue) Diskussionen um den Schutz ungeborenen Lebens (Spanien, Italien), sei es der Umgang mit dem Kindeswohl in den Jugendämtern (Deutschland, Österreich), seien es die Workfare-Strategien und die Mitwirkungspflichten bei den

Grundsicherungsleistungen (Deutschland, Frankreich, Großbritannien, Dänemark, Schweden), sei es der Schutz der Gemeinschaft vor Sexualstraftätern (Belgien, Deutschland, Österreich, Italien) oder sei es der Umgang mit legalen und illegalen Drogen, mit jugendlichen Gewalttätern oder extremen islamistischen Gruppierungen.

Gerade im Kontext der neuen Aktivierungspolitiken fällt dabei auf, wie wenig Wissenschaft und professionelle Akteure die wechselseitigen Ergebnisse zur Kenntnis nehmen. Dabei liegen gerade für das neue Aktivierungsparadigma viele internationale Studien vor, die sich mit Entstehung, Wirkungen und weitergehenden Folgen beschäftigen (zum Überblick Göckler, 2009, S. 65ff.; Konle-Seidl, 2008). Die Ergebnisse, insbesondere auch auffallende Diskrepanzen zwischen quantitativen und qualitativen Studien, liefern jedoch kein einheitliches Bild. Trotz zahlreicher Studien bleibt beispielsweise unklar, ob eine erzwungene Teilnahme an einer Aktivierungsmaßnahme der Arbeitsmarktpolitik letztendlich positive Wirkungen hat oder ob sich der Zwangskontext negativ auf das Bewerbungsverhalten und die Einmündung in eine offene Stelle auswirkt.

> "As long as it is not clear as to why some programs work and other don't, until we find evidence contradicting that compulsion brings back unemployed to work more quickly all ALMP (Active Labour Market Programms, Anm.d.Verf.) should include an element of compulsion." (van Ours, 2007, S. 20)

In der Literatur finden sich zahlreiche Belege sowohl für individuelles Fehlverhalten beim Verlust von Arbeit und dem Verweilen in (Langzeit-)Arbeitslosigkeit (exempl. Zempel & Frese, 1997) wie Belege dafür, dass arbeitsmotivierte Menschen aufgrund der Ungleichgewichte am Arbeitsmarkt von einer Erwerbstätigkeit ausgeschlossen bleiben. Neuere Studien (vgl. Bescherer, Röbenack & Schierhorn, 2008; Hirseland & Lobato, 2010) zeigen zunehmend, dass auch das Leben von langzeitarbeitslosen Menschen eine hohe Varianz aufweist und durchaus von Mobilität und Flexibilität in dem Bemühen geprägt ist, ihre erwerbsbiografische Stabilität und Kohärenz zu sichern. Sie bestätigen aber immer wieder auch die Existenz von „Verweigerern" und „Fatalisten", die den Kontroll- und Aktivierungsmechanismus bedienen. Nicht zuletzt aus diesen Gründen stellt Delorette (2009, S. 124) fest: „Beratung im Zwangskontext stellt für mich inzwischen eine gute Möglichkeit dar, eine ganz bestimmte Klientel zu erreichen und zur Veränderung zu verhelfen: eine Klientel, die scheinbar irgendwann aufgehört hat, an Veränderung zu glauben, und daran, sie selber bewirken zu können."

5 Beratungsmethodische Hinweise für Beratung in Zwangskontexten

Unbestritten besteht gerade in behördlichen Kontexten und hochgradig bürokratischen Verbänden die Gefahr, dass „Ratsuchende und ihre Problemlagen aus der sozialen Realität und subjektiven Erfahrungswelt herausgelöst und (einer) fremden lebensfernen und institutionell geprägten Beratungslogik unterworfen werden." (Nestmann & Sickendiek, 2005, S. 147) Diese Feststellung unterstreicht, dass Verwaltungshandeln oftmals mehr an der Abarbeitung von gesetzlichen und organisatorischen Standards ausgerichtet ist als an der Wahrnehmungswelt der Betroffenen. Insbesondere qualitative Studien, die im Zuge der Hartz-Reformen das Handeln der Akteure untersuchten, bestätigen dies: Sie

> „deuten darauf hin, dass die Fachkräfte oft nicht wirklich auf die Situation und die Bedürfnisse der Adressaten eingingen und damit die Autonomie der Betroffenen eher einschränkten als förderten. Auch wird bei der Umsetzung des Aktivierungsauftrags häufig eine hierarchische Beziehung hergestellt, die einer Dienstleistung abträglich ist." (Koch, Kupka & Steinke, 2009, S. 267)

Für Sickendiek (2007, S. 81) ist Freiwilligkeit eine Grundbedingung für gelingende Beratung, „die gerade im Feld von Beruf und Erwerbstätigkeit oft unterlaufen wird. (...) Gleichermaßen kann nicht von Beratung gesprochen werden, wenn sie mit der Gewährung von oder Verweigerung von Leistungen (...) verknüpft ist und diese vom Wohlverhalten der AdressatenInnen abhängt."

Bei aller berechtigter und verständlicher Kritik an Beratung in Zwangskontexten wäre unter Professionalisierungsgesichtspunkten dennoch der Frage nachzugehen, warum es einigen BeraterInnen gelingt, den Zwangskontext so zu nutzen, dass auch die Betroffenen davon profitieren (vgl. Kähler, 2005; Lenz, 2009), anderen jedoch nicht. Ohne im Einzelnen näher auf ausgewählte Beratungsmethoden und -techniken (vgl. hierzu ausführlicher Trotter, 2006; Kähler, 2005; Rooney 2009) eingehen zu können, sollen auf der Basis einer explorativen Studie (vgl. Göckler, 2009) in der Grundsicherung des SGB II einige Hinweise gegeben werden, wie auch derartige Konfliktgespräche, in denen es konkret um eine belastende Entscheidung für die Betroffenen geht, anschlussfähig werden können für weitere Beratungsarbeit.

Auf der Basis eines multifunktional eklektischen Theorieverständnisses für die Beratungsarbeit in diesen Feldern scheinen sich Beratungsfachkräfte als geeignete Unterstützer dann zu bewähren, wenn sie auf die Wahrnehmung folgender Aufgaben relativ ausgewogen achten:

Aufgaben der Beziehungsgestaltung wirken zunächst einmal grundsätzlich entlastend und deeskalierend auf den belastenden Kontext. Wenn BeraterInnen die Beziehung zum Gesprächspartner nicht aus dem Auge verlieren, nehmen sie Reaktionen früher wahr, achten stärker auf eigene Ausdrucksweisen und non-verbale Signale. Zudem tragen Aufgaben der Beziehungsgestaltung dazu bei, die Fortsetzung von Beratungsdienstleistungen zu ermöglichen, selbst wenn im konkreten Fall dissonante Bewertungen des Geschehens nicht zu vermeiden sind. Allerdings ist immer auch zu prüfen, wie es um die Kooperationsbereitschaft der Beteiligten im Hinblick auf die zu lösenden Problemstellungen bestellt ist. Kooperiert nur der Berater, ist eine Lösung der Ausgangslage selten zu erreichen. Funktionen der Beziehungsgestaltung durchziehen demnach die gesamte kommunikative Situation, unabhängig vom originären Kontroll- und Sanktionskontext. Miller und Rollnick (2004, S. 42f.) weisen darauf hin, „dass Motivation in vieler Hinsicht ein zwischenmenschlicher Prozess ist, das Resultat einer Interaktion zwischen Menschen (...). Motivation für eine Veränderung kann nicht nur durch den zwischenmenschlichen Kontext beeinflusst werden, sondern geht in direkter Weise daraus hervor." BeraterInnen können, dies zeigen frühe (vgl. Grunow, 1978, S. 10) und auch aktuelle

Studien (Tisch, 2010), auf der Ebene von Alltagskontakten Zwangskontexte und administrative Hürden ausbalancieren.

Entscheidungsaufgaben resultieren aus dem Umstand, dass Beratungshandeln im Kontext von Zwang und Kontrolle immer auch Verwaltungshandeln bleibt. Sind Umstände bekannt geworden, die im Hinblick auf den gesetzlichen Auftrag den Berater zum Handeln veranlassen, so hat er die Umstände zu klären und zu entscheiden, ob die gesetzlich vorgesehenen Verfahrenregeln den Sachverhalt erfassen (Ermittlungspflicht). Beurteilungsspielräume und/oder Ermessen liegen meist nur da vor, wo der Gesetzgeber sie mit unbestimmten Rechtsbegriffen oder Ermessenstatbeständen einräumt. Beraterische Aktivitäten in dieser Funktion bleiben demnach beschränkt auf den oder die kontrollauslösenden Umstände, die zu klären sind. Dabei sollte der Berater Transparenz über die nicht veränderbaren (gesetzlichen) Rahmenbedingungen herstellen und das Anhörungs- und Sanktionsverfahren erläutern (Rechtsweg). Gerechtigkeitsgefühle und Prozesspartizipation werden verstärkt, wenn über Mitwirkungspflichten und rechtliche Widerspruchsmöglichkeiten der Betroffenen aufgeklärt wird. Zudem gilt es Balance zu halten zwischen dem, was einerseits dazu dient, den Rechtsstatus des Bürgers zu stärken und seine fehlenden Verbalisierungsmöglichkeiten sanktionsentlastend zu unterstützen sowie andererseits die auslösenden Umstände zweifelsfrei und rechtsstaatlich korrekt festzustellen.

Aktive Strategien der Verhaltens- und Motivationsbeeinflussung versuchen zukünftiges Verhalten dahin gehend zu beeinflussen, sozial schädigendes Verhalten zu minimieren und den Fall in Richtung einer erfolgreichen und nachhaltig positiven Veränderung weiterzuentwickeln. Dies kann durch beraterische Aufklärung über Zusammenhänge geschehen oder durch direkte Verhaltensvorschläge. Hierzu gehören u. a. beraterische Aktivitäten, wie zusätzliche Informationen zur Einbettung des Gesprächskontextes zu geben, die über die Kontrollaktivität hinausgehen. Diese Aktivität stärkt grundsätzlich die Glaubwürdigkeit der vertretenen Position, untermauert Verhaltensanforderungen an die Betroffenen und nimmt Bezug auf die feldspezifische und netzwerkbezogene Fachlichkeit des Beraters. Bei Techniken der direkten Verhaltenseinwirkung konfrontiert der Berater den Klienten mit den Folgen seines Verhaltens. Sie nutzt die Thematik zur gezielten Verhaltensbeeinflussung und setzt Anreize, zukünftig angemesseneres Verhalten zu zeigen. Irrationale Überzeugungen werden bearbeitet, Kompetenzen gestärkt. Zu den bevorzugten beraterischen Strategien gehören Vorgehensweisen, bei denen der Berater Anstöße gibt (Vorteilsübersetzung), um verändertes Verhalten zu belohnen („Pull-Strategien"), oder die kurz-, mittel- und langfristigen Folgen einer Beibehaltung des augenblicklichen Zustandes verdeutlicht („Push-Strategien") (vgl. Kähler, 2005). Zudem versuchen BeraterInnen, die Kontrollthematik zur Überarbeitung der bisherigen Strategien der Hilfeplanung einzusetzen. Das Machtgefälle wird genutzt, um zielführende weitere Maßnahmen und Angebote zu unterbreiten.

Reflexive Strategien der Verhaltens- und Motivationsbeeinflussung ermöglichen den Betroffenen Einsichten aus dem Sanktionsanlass heraus. In der Praxis werden sich aktive und reflexive Ansätze vermischen, je nach Aufnahmefähigkeit und intellektueller Verarbeitungskapazität der Betroffenen. Anregungen zur Selbstlösung der infolge von Sanktionsthemen auftretenden Problemstellungen dürften sich motivationstheoretisch als wesentlich wirksamer erweisen und eher Ressourcen zur Veränderung freisetzen. Wenn sich Selbstreflexion dabei auch auf das Beraterverhalten selbst hin ausrichtet, dürfte dieser Effekt noch stärker ausfallen, denn es signalisiert zumindest das Bemühen um „Beratung auf Augenhöhe". Zu den bevorzugten methodischen Vorgehensweisen gehört die Ermöglichung von Selbsterfahrung und Selbstreflexion. BeraterInnen ermuntern die Klienten die sanktionsauslösenden Situationen genau zu rekonstruieren und fördern systematisch rückbezügliche Fragen zum gezeigten Verhalten. Sie stärken pro-soziale und sanktionsvermeidende Überlegungen. Grundsätzlich ist hierbei das Beraterverhalten nicht vorgebend und anleitend, sondern reflexiv auf Klientenaktivierung ausgerichtet. Rückbezügliche, indirekte und evokative Frageformen sind typische Kennzeichen dafür. Die Themen können sich auf den Sanktionskontext beziehen, aber auch auf darüber hinausgehende Themen, die den Fall weiterentwickeln. Techniken der motivierenden Gesprächsführung (vgl. Miller & Rollnick, 2004) sind hierbei ausgesprochen hilfreich. Zudem werden Personen und Institutionen, die im Kontext des Sanktionsgeschehens Bedeutung haben oder für die weiteren Hilfeplanungen von Bedeutung sind, vom Berater systematisch einbezogen. Beraterisches Vorgehen orientiert sich dabei u. a. an Fragestellungen, die an Problembewältigungsmuster in der Vergangenheit anknüpfen, an Medikamenten- bzw. Suchtmitteleinnahme oder medizinisch-therapeutische Maßnahmen, an die Größe und Tragfähigkeit privater Netze sowie die Alltagsgestaltung.

Letztendlich sind in vielen Fällen auch *Aufgaben der flankierenden Unterstützung* (Ressourcenmanagement) als Kern sozialstaatlicher Überlegungen zu bewältigen. BeraterInnen können sich dem gesetzlichen Auftrag nicht entziehen und haben sich mit den Folgen einer Sanktionsentscheidung auseinanderzusetzen. Die Aufhellung und Bearbeitung des fast schon pathologischen Zustandes, einerseits „Verursacher" negativer Entscheidungen zu sein, andererseits sich mit den Betroffenen über die Folgenbewältigung zu verständigen, scheint eine Grundbedingung dafür zu sein, dass zum einen verfassungsrechtlich abgesicherte Grundrechte erhalten bleiben und zum andern im Bemühen um eine gemeinsame Problemlösung das Vertrauen des Klienten in die persönliche Integrität des Beraters gewahrt bleibt.

Insgesamt lassen sich mit diesen „Aufträgen" Aktivitäten abbilden, die im Kontext von Kontrolle, Zwang und Sanktion eine beraterische Anschlussfähigkeit verbessern, ohne dass hierbei immer alle Aufgaben gleichermaßen relevant sein müssen.

6 Zwangsberatung in öffentlich-rechtlichen Institutionen

Hilfe und Kontrolle gehören als zwei Seiten der gleichen Medaille in den meisten Gemeinwesen zusammen und sind wohl in der jetzigen Konstruktionslogik gesellschaftlicher Verfasstheit (noch) nicht anders zu denken (vgl. Urban, 2004). Beratung muss, wie Therapie und andere Felder der Sozialen Arbeit insgesamt auch, aufmerksam genug bleiben, die Balance zwischen individueller Verantwortung und gesamtgesellschaftlichen und ökonomischen Ursachen zu halten. Sie teilen gemeinsam die

Erfahrung, dass Lebensumstände wie Armut, Arbeitslosigkeit, schlechte Umfeld- und Umweltbedingungen, Krankheiten und körperliche Beeinträchtigungen Inkongruenzquellen sind, auf die sie „in der Regel keinen oder nur einen sehr geringen Einfluss" haben (Grawe, 2004, S. 412). Beratende haben ihren Einfluss dahin gehend geltend zu machen, dass gestiegenen individuellen Anforderungen an Lebensbewältigung und Verantwortung auch Ansprüche an gezielter Unterstützungsleistung gegenüberstehen (vgl. Bartelheimer, 2007).

Der schwierigste Kontext, in dem Zwangsberatungen stattfinden können, ist sicherlich ein Beratungsfeld, in dem die gesellschaftlichen Kräfte noch miteinander um den „besseren Weg" ringen. Kähler (2005, S. 129) hält zwar grundsätzlich Zwangskontexte als konstruktive Elemente der Sozialen Arbeit und damit der Beratung für akzeptabel, sieht jedoch die Grenzen da erreicht, wo der „konstruktive Einsatz von Zwangskontexten missbraucht (wird) für die ungehemmte Ausweitung von Zwangsmaßnahmen zur Sanierung des Sozialstaats." Grundsätzlich wäre eine Trennung zwischen einer zwangs- und sanktionsfreien Beratungsaufgabe und einer gesetzlich-administrativen Kontroll- und Sanktionsaufgabe durch sachbearbeitende Kräfte möglich (vgl. Sickendiek, Engel & Nestmann, 2002, S. 224f.), jedoch hat sich nicht nur in der Beschäftigungsförderung in der Vergangenheit diese Aufteilung als relativ problembehaftet erwiesen (vgl. Göckler, 2009, S. 108f.). Kähler (vgl. 2005, S. 74f.; ähnlich Böhnisch, 2006, S. 167) weist auf ähnliche Probleme in der Jugendhilfe hin und analysiert die Folgen für die in Zwangskontexten arbeitenden Fachkräfte. Eine Aufteilung würde die dem Grunde nach anspruchsvollere Aufgabe wieder den Fachkräften „zweiter Klasse" überlassen, die in diesem Fall beraterisch allein gelassen würden oder – wie im Fall der Grundsicherung – nur partiell beraterische Kompetenzen einbringen könnten.

Ganz pragmatisch bieten sich abschließend einige Überlegungen zur Ausgestaltung und zu den Grenzen von beraterischen Zwangskontexten an:

1) Die beraterische Arbeit in der Sozialbürokratie ist zum einen aufgrund der Komplexität der herangetragenen Bedarfs- und Problemlagen wenig standardisierbar und bedarf, weil eben gerade Einzelfallhilfe, -gerechtigkeit und -wirtschaftlichkeit als Leitidee des Handelns in der Sozialgesetzgebung wirken, einer Professionsentwicklung der Beratungsarbeit in diesem Feld. Das, was für eine Professionalisierung in diesem Feld nötig ist (Ethik, berufsständische Organisationen, kollegiale Kontrolle, Wissenschaftsbasierung[1]), steht durch die Einbindung in gesetzliche und organisatorische Rahmen bisher nur unvollständig zur Verfügung. Selbst wenn der schmale Grat zwischen Hilfe und Kontrolle in der Beratungswissenschaft kaum zu bestimmen und professionsethisch problematisch bleibt (vgl. Oevermann, 2009), führt an der Aufgabe für eine

[1] Staub-Bernasconi (2007, S. 198ff.) beklagt, dass sozialarbeiterische Profession, die sich nur auf die Subjektperspektive konzentriere, eine „halbierte Sozialarbeitsdisziplin" sei. Sie fordert das doppelte Mandat der Sozialen Arbeit zu einem „Tripelmandat" zu erweitern, in dem eine wissenschaftliche Basis und ein Berufskodex das dritte, selbstbestimmte Mandat seitens der Profession Sozialer Arbeit darstellt.

Beratungswissenschaft kein Weg vorbei nach Chancen zu forschen, die widersprüchlichen Anforderungen besser miteinander zu verzahnen. Betroffene und Fachkräfte unterliegen ansonsten der Gefahr, dass sich Institutionen unter ökonomischem Legitimationszwang auf den Weg machen, die hochkomplexe Situation zu simplifizieren und damit zu entprofessionalisieren. Der Gesetzgeber könnte durch die Vorgabe von Qualifikationsniveaus der Fachkräfte dafür Sorge tragen, dass an den gesellschaftspolitisch besonders sensiblen Nahtstellen der Sozialgesetzgebung nur Fachkräfte tätig sind, die über eine angemessene wissenschaftsbasierte beraterische Qualifikation verfügen. Zudem wäre die Verpflichtung zur Weiterbildung und Supervision für eine Professionalisierung hilfreich.

2) Zum anderen wird deutlich, dass Beratung Handlungsspielräume benötigt, um ihre Wirksamkeit unter Beweis stellen zu können. Wenn neben einem begrenzenden gesetzlichen Auftrag auch noch institutionelle Limitierungen greifen, kann Beratungsarbeit schnell zur Farce werden. Wenn aus zahlreichen öffentlichen Beiträgen zu entnehmen ist, dass Leistungsempfänger nicht offen und klar über ihre Rechte aufgeklärt werden, wenn Leistungsverhinderungsgespräche, organisiertes Wirrwarr um Kompetenzen und Verfahren, Antragsbarrieren und Sofortangebote dazu dienen, nicht nur den Leistungsmissbrauch zu verhindern, sondern auch die Zugänge ins System systematisch abzusenken, ist nicht nur Beratung in Gefahr. Wenn des Weiteren Hilfsangebote so konzipiert werden, dass sie die Bewältigungsdefizite der Menschen systematisch in den Vordergrund rücken, statt Stärken und Ressourcen zu fördern, oder wenn Mitarbeiter in der Auswahl ihrer Unterstützungsleistungen so reglementiert werden, dass selbst bei klar feststellbaren Bedarfslagen die erforderlichen Unterstützungsleistungen nicht gewährt werden dürfen, weil diese in ihrer betriebswirtschaftlichen Steuerungslogik als unwirtschaftlich verortet wurden, kann Beratung sich nicht als Hilfe entfalten.
3) Dabei bleibt die Beherrschbarkeit der widersprüchlichen Anforderungen für die Akzeptanz des Sozialstaates von zentraler Bedeutung. Die Aufrechterhaltung einer professionellen Beratungsdienstleistung in öffentlich-rechtlichen Institutionen stützt das Ansehen des (Sozial-)Staates und verhindert weitere Desintegrationsprozesse und Ansehensverluste staatlicher Institutionen. Öffentlich-rechtliche Beratung wird benötigt, um das Konfliktfeld dahin gehend auszubalancieren, dass einerseits berechtigte Ansprüche der Bürger transparent gemacht werden und auch einzulösen sind, andererseits Überzeugungsarbeit und Hintergrundinformation über notwendige Anpassungsleistungen des Einzelnen einleuchtend vermittelt werden. Ein Rückzug des Staates aus der Beratungsarbeit bzw. eine Verlagerung auf gemeinnützige oder gewerbliche Dritte würde dieses Spannungsfeld im Zuge der Legitimationskrise der Demokratie insgesamt noch verstärken, da der „Reststaat“ funktional auf eine reine Leistungsentscheidungsfunktion „zurückgestutzt“ und eine Frontstellung zwischen unterschiedlichen gesellschaftlichen Kräften verstärkt würde. So verstandene öffentliche Beratung war immer ein adäquates Bindeglied für professionsübergreifende Ansprache nach außen und unbequeme Wahrheiten nach innen (vgl. Bohrke-Petrovic & Göckler, 2009).

Literatur

Bartelheimer, P. (2007). *Politik der Teilhabe. Ein soziologischer Beipackzettel.* Herausgegeben von der Friedrich-Ebert-Stiftung, Fachforum Heft 1, Berlin.

Behncke, S., Frölich, M. & Lechner, M. (2007). Unemployed and their caseworker: Should they be friends or foes? *IZA Discussion Paper, Nr. 3149,* Bonn.

Bescherer, P., Röbenack, S. & Schierhorn, K. (2008). Nach Hartz IV: Erwerbsorientierung von Arbeitslosen. *Aus Politik und Zeitgeschichte, 33–34*, 19–24.

Böhnisch, L. (2006). *Abweichendes Verhalten. Eine pädagogisch-soziologische Einführung.* Weinheim, München: Juventa Verlag.

Bohrke-Petrovic, S. & Göckler, R. (2009). Beratung in normierten reziproken Beziehungen – für den Erhalt einer professionellen Beratung in Behörden. In T. Bönders (Hrsg.), *Kompetenz und Verantwortung in der Bundesverwaltung – 30 Jahre Fachhochschule des Bundes für öffentliche Verwaltung* (S. 553–569). München: C.H. Beck Verlag.

Carswell, C. (2008). Working with reluctant clients. In W. Dryden & A. Reeves (Eds.), *Key issues for counselling in action* (pp. 147–159). Thousand Oaks, California: Sage Publications.

Conen, M.-L. (2007). Wie kann ich Ihnen helfen, mich wieder loszuwerden? In M.-L. Conen & G. Cecchin (Hrsg.), *Wie kann ich Ihnen helfen, mich wieder loszuwerden? Therapie und Beratung in Zwangskontexten* (S. 15–176). Heidelberg: Carl-Auer Verlag.

Conen, M.-L. & Cecchin, G. (2007). *Wie kann ich Ihnen helfen, mich wieder loszuwerden? Therapie und Beratung in Zwangskontexten.* Heidelberg: Carl-Auer Verlag.

Delorette, M. (2009). Beratung in Zwangskontexten. *Kontext, 40* (2), 119–125.

Enggruber, R. (2010). Professionelle Grundlagen Sozialer Arbeit für den Arbeitsmarkt. In H. Burghardt & R. Enggruber (Hrsg.), *Soziale Dienstleistungen am Arbeitsmarkt in professioneller Reflexion Sozialer Arbeit* (S. 13–58). Berlin: Frank & Timme Verlag.

Ertelt, B.-J. & Schulz, W.E. (2008). *Handbuch Beratungskompetenz. Mit Übungen zur Entwicklung von Beratungsfähigkeiten in Bildung und Beruf.* Leonberg: Rosenberger Fachverlag.

Göckler, R. (2009). *Beratung im Sanktionskontext. Sanktionsgespräche in der Grundsicherung für Arbeitsuchende.* Tübingen: dgvt-Verlag.

Grawe, K. (2004). *Neuropsychotherapie.* Göttingen: Hogrefe Verlag.

Grunow, D. (1978). *Alltagskontakte mit der Verwaltung.* Frankfurt a. M.: Campus Verlag.

Hirseland, A. & Lobato, P.R. (2010). *Armutsdynamik und Arbeitsmarkt. Entstehung, Verfestigung und Überwindung von Hilfebedürftigkeit bei Erwerbsfähigen.* IAB-Forschungsbericht Nr. 3, Nürnberg.

Kähler, H. (2005). *Soziale Arbeit in Zwangskontexten. Wie unerwünschte Hilfe erfolgreich sein kann.* München, Basel: Reinhardt Verlag.

Knopp, R. & Münch, T. (2007). *Zurück zur Armutspolizey? Soziale Arbeit zwischen Hilfe und Kontrolle.* Berlin: Verlag Frank & Timme.

Koch, S., Kupka, P. & Steinke, J. (2009). *Aktivierung, Erwerbstätigkeit und Teilhabe. Vier Jahre Grundsicherung für Arbeitsuchende.* IAB-Bibliothek Band 315, Nürnberg.

Konle-Seidl, R. (2008). *Hilfereformen und Aktivierungsstrategien im internationalen Vergleich.* IAB-Forschungsbericht Nr. 7, Nürnberg.

Krieger, W. (2007). „Macht jenseits der konstruierten Selbstunterwerfung?" Begriffe, Formen, Quellen der Interaktionsmacht. Konstruktivistische Ansätze zur Mikrophysiologie

Vorwort und Einleitung
Innovative Zugänge
Beratungs-settings und -räume
Medien und Beratung
Kritik der Beratung
Register
Anhang

der Macht in der Sozialen Arbeit. In B. Kraus & W. Krieger (Hrsg.), *Macht in der Sozialen Arbeit. Interaktionsverhältnisse zwischen Kontrolle, Partizipation und Freisetzung* (S. 29–77). Lage: Jacobs Verlag.

Lenz, G. (2009). Potenziale und Risiken der Professionalitätsentwicklung in der Praxis Sozialer Arbeit – Am Beispiel der Qualitätsentwicklung von Beratung im Zwangskontext der Schwangerenkonfliktberatung. In R. Becker-Lenz, S. Busse, G. Ehlert & S. Müller (Hrsg.), *Professionalität in der Sozialen Arbeit. Standpunkte, Kontroversen, Perspektiven* (S. 159–173). Wiesbaden: Verlag für Sozialwissenschaften.

Lutz, R. (2008). Perspektiven der Sozialen Arbeit. *Aus Politik und Zeitgeschichte, 12–13,* 3–10.

Miller, R. & Rollnick, S. (2004). *Motivierende Gesprächsführung.* Freiburg/Brsg.: Lambertus Verlag.

Mutzek, W. (2008). *Kooperative Beratung. Grundlagen, Methoden, Training, Effektivität.* Weinheim, Basel: Beltz Verlag.

Nestmann, F. (2005). Beratung ist dann effizient, wenn sie ihre Klienten erreicht. *clavis, 03,* 4–5.

Nestmann, F. & Sieckendiek, U. (2005). Beratung. In H.U. Otto & H. Thiersch (Hrsg.), *Handbuch Sozialarbeit Sozialpädagogik* (S. 140–152). München, Basel: Reinhardt Verlag.

Oevermann, U. (2009). Die Problematik der Strukturlogik des Arbeitsbündnisses und der Dynamik von Übertragung und Gegenübertragung in einer professionalisierten Praxis von Sozialarbeit. In R. Becker-Lenz, S. Busse, G. Ehlert & S. Müller (Hrsg.), *Professionalität in der Sozialen Arbeit. Standpunkte, Kontroversen, Perspektiven* (S. 113–142). Wiesbaden: Verlag für Sozialwissenschaften.

Rooney, R. (2009). *Strategies for work with involuntary clients.* New York: Columbia University Press.

Sieckendiek, U. (2007). Theorien und Konzepte beruflicher Beratung. In U. Sickendiek, F. Nestmann, F. Engel & V. Bamler (Hrsg.), *Beratung in Bildung, Beruf und Beschäftigung* (S. 53–100). Tübingen: dgvt-Verlag.

Sickendiek, U., Engel, F. & Nestmann, F. (2002). *Beratung. Eine Einführung in sozialpädagogische und psychosoziale Beratungsansätze.* Weinheim, München: Juventa Verlag.

Staub-Bernasconi, S. (2007). *Soziale Arbeit als Handlungswissenschaft.* Bern, Stuttgart, Wien: Haupt-Verlag.

Tisch, A. (2010). *Kundenzufriedenheit im SGB II. Arbeitsvermittler im Urteil der Alg-II-Empfänger.* IAB-Kurzbericht 7, Nürnberg.

Trotter, C. (2006). *Working with involuntary clients. A guide to practice.* Crows Nest/Australia: Allen & Unwin Pry. Ltd.

Urban, U. (2004). *Professionelles Handeln zwischen Hilfe und Kontrolle. Sozialpädagogische Entscheidungsfindung in der Hilfeplanung.* Weinheim, Basel: Juventa Verlag.

van Ours, J.C. (2007). *Compulsion in active labour market programms.* Department of Economics, Tilburg University. CentER Discussion Paper Series No. 2007–74. Verfügbar unter: http://arno.uvt.nl/show.cgi?fid=64576 [13.12.2012].

Zempel, J. & Frese, M. (1997). Arbeitslose: Selbstverantwortung überwindet die Lethargie. *Psychologie Heute, 37* (23), S. 36–42.

Prof. Dr. Rainer Göckler studierte Sozial- und Erziehungswissenschaften sowie Arbeits- und Berufsberatung. Er war in zahlreichen behördlichen wie freien Beratungskontexten tätig. Seine Forschungs- und Lehrschwerpunkte sind Case Management und Beratung in der Beschäftigungsförderung. Er lehrte an den Hochschulen der Bundesagentur für Arbeit und ist seit April 2010 Studiengangsleiter an der Fakultät Sozialwesen der Dualen Hochschule Baden-Württemberg in Stuttgart für Arbeit, Integration und soziale Sicherung.

Anschrift:
Duale Hochschule Baden-Württemberg
Fakultät Sozialwesen
Herdweg 29-31
D-70174 Stuttgart
E-Mail: goeckler@dhbw-stuttgart.de

Beratung und Armut

Hans-Peter Michels

1 Einleitung

Die Neuordnung in der Sozialpolitik Deutschlands wurde forciert durch die klaren Ansagen des SPD-Kanzlers Schröder am 14. März 2003 vor dem Deutschen Bundestag: „Wir werden Leistungen des Staates kürzen, Eigenverantwortung fördern und mehr Eigenleistung von jedem Einzelnen abfordern müssen." Und: „Niemandem aber wird künftig gestattet sein, sich zulasten der Gemeinschaft zurückzulehnen. Wer zumutbare Arbeit ablehnt – wir werden die Zumutbarkeitskriterien verändern –, der wird mit Sanktionen rechnen müssen." (Regierungserklärung von Bundeskanzler Schröder am 14. März 2003 vor dem Deutschen Bundestag)[1].

Diese Rede markiert den Umbau des bundesrepublikanischen Sozialstaates in einen „Workfare"-Staat.

Die Interventionsformen zur Bekämpfung von Armut veränderten sich massiv. Auch eine Umgestaltung der Beratung von Armen ist zu beobachten: Die Funktion von Beratung, das Verhältnis Berater[2] und Klient, die organisatorischen und insti-

[1] Verfügbar unter: http://www.documentarchiv.de/brd/2003/rede_schroeder_03-14.html [13.12.2012].

[2] Im vorliegenden Beitrag wird zur Bezeichnung von Personengruppen überwiegend die „männliche" Form gewählt. Für diese Entscheidung sind ausschließlich Gründe der Lesbarkeit verantwortlich; sie soll daher nicht als Versuch der heimlichen Diskriminierung missverstanden werden.

tutionellen Bedingungen sowie der anzuwendenden Methoden und Zielvorgaben sind seitdem einem steten Veränderungsprozess unterworfen.

Doch wird in der Literatur zur Beratung von Armen die Bedeutung ökonomischer und politischer Hintergründe für Beratung entweder gar nicht thematisiert (Bretschneider, 2010) oder nur partiell (Ansen, 2006) reflektiert, obwohl die Neuerungen in der Sozialgesetzgebung (insbesondere durch das Sozialgesetzbuch II) eine Beschäftigung damit als unerlässlich erscheinen lassen.

Stattdessen werden einseitig personale und interaktive Aspekte betont. In vielen Beraterausbildungen werden weiterhin vorrangig Kompetenzen in diesen Bereichen vermittelt. Die Humanistische Psychologie ist immer noch ein wichtiger Bezugspunkt, im Glauben, hier die bestimmenden Momente für die Beziehungsgestaltung zu finden, anstatt die gesetzlich vorgesehenen Sanktionsmöglichkeiten des Beraters für die Relation Berater/Klient kritisch zu reflektieren. Oder es werden lösungsorientierte Konzepte für die Beratung von Armen durchdekliniert, im Übrigen völlig kontextfrei theoretisiert, so als ob die einschneidenden sozialpolitischen Weichenstellungen der letzten Jahre für die Beratung von Armen keinerlei Bedeutung hätten.

In diesem Beitrag werden – nach der Darlegung relevanter Armutsdefinitionen – die ökonomischen Bedingungen von Armut sowie die Veränderungen in der sozialpolitischen Regulation erörtert: Umwälzungen, die zwar von vielen praktisch tätigen Beratern berücksichtigt werden, die jedoch in Konzeptualisierungen zur Beratung von Armen noch unzureichend einbezogen sind.

2 Armut

Die folgende Auseinandersetzung mit Definitionsversuchen von Armut trägt dazu bei, deren Inhalte, Werte und Normen zu klären. Diese spielen in der Sozialgesetzgebung wie im politischen Diskurs eine wichtige Rolle. Hier soll ein kurzer Einblick in die begrifflichen Fassungen gegeben werden, wobei die für die Beratungspraxis relevante Bestimmung von Armut keine wissenschaftlich begründete ist, sondern aus politischen Aushandlungen hervorgeht.

Definitionen von Armut

Wenn von Armut in der BRD die Rede ist, dann handelt es sich um Formen relativer Armut. Zwei Varianten von Definitionen relativer Armut sollen hier dargestellt werden:

1) Von den EU-Mitgliedstaaten wurde ein statistisches Konzept der „relativen Armut" festgelegt, das u. a. in den Armuts- und Reichtumsberichten der Bundesregierung zugrunde gelegt wird. Die Einkommen in unserer Gesellschaft werden in Form von Nettoäquivalenzeinkommen[3] bestimmt und je nach Haushaltszusammen-

[3] In die Berechnung gehen Bruttoeinkommen, Vermögenseinkommen, Transferleistungen sowie der Mietwert des selbst genutzten Wohneigentums ein, minus Steuern und Pflichtbeiträge zur Sozialversicherung.

setzung bedarfsgewichtet[4]. In Bezug zum Nettoäquivalenzeinkommen wird der Median als weitere Referenzgröße gewählt, ein Mittelwert, der die Einkommensverteilung in zwei Hälften splittet. Ein Armutsrisiko besteht dann, wenn Haushalte weniger als 60 % des mittleren Nettoäquivalenzeinkommens zur Verfügung haben (vgl. Bundesministerium, 2001, 2005, 2008).

Hauser sieht in diesem Maß eher einen Indikator für soziale Ungleichheit, der nur bedingt etwas über Armut aussagt. Für Maßnahmen zur Bekämpfung von Armut spielt das Konzept der relativen Armut eine untergeordnete Rolle (vgl. Hauser, 2008).

2) In der Sozialpolitik der Bundesrepublik (vgl. Art. 20 Grundgesetz [GG]), aber auch im Hinblick auf sozialarbeiterische Interventionen bietet die Definition bzw. die Festlegung des „soziokulturellen Existenzminimums“[5] die bedeutsamste Richtschnur zur Bestimmung von Armut per Einkommenshöhe. Nach Verlautbarungen scheint es so, dass nicht allein das physische Existenzminimum finanziell abgesichert werden muss, sondern dass auch die Würde des Menschen (vgl. Art. 1 GG) und die Teilhabe an der Gesellschaft gewährleistet sein sollen. Beide Aspekte sind nur bedingt operationalisierbar. Deshalb wird die finanzielle Höhe dieses Existenzminimus nach einem Berechnungsverfahren festgelegt, das politischem Einfluss unterliegt. Das soziokulturelle Existenzminimum ist weder ausreichend wissenschaftlich noch ethisch begründet. Die Regelsätze des Arbeitslosengeldes II (Hartz IV), die Grundsicherung im Alter oder die Erwerbsminderung sowie die Hilfe zum Lebensunterhalt bilden die – für die Soziale Arbeit sowie für die Beratung von Armen – zentralen und konkreten Kriterien, um Armut von Nicht-Armut zu differenzieren.[6]

Neben dem Capability-Ansatz von Amartya Sen (z. B. Sen, 1993) zählt der Lebenslagen-Ansatz zu den bekanntesten inhaltlichen Definitionen der Armut. Veröffentlichungen zum Lebenslagen-Ansatz sind zahlreich und auf dieses Konzept wird in den Armutsberichten der Bundesregierung Bezug genommen. Eine allgemein akzeptierte Definition kann nicht angegeben werden, jedoch soll hier eine Umschreibung erfolgen: Nicht nur Faktoren wie Arbeit, Wohnung, Bildung u. Ä. werden als bedeutsam angesehen, um am gesellschaftlichen Leben teilzunehmen. In die multidimensionale Bestimmung gehen ebenso subjektive Aspekte ein, beispielsweise die Bewertung und die Bewältigung der Armutsbedingungen. Die vorliegenden Definitionsversuche zur Lebenslage sind problematisch, da die Relationen von gesell-

[4] Neue Gewichtungskriterien nach der OECD: Faktor „1“ für die erste Person eines Haushalts; Faktor „0,5“ für alle weiteren Haushaltsmitglieder ab 14 Jahren oder Faktor „0,3“ für diejenigen Mitglieder unter 14 Jahren; dann Division des Nettoäquivalenzeinkommens (vgl. Anm. 2) durch die Summe der ermittelten Faktoren und als Resultat erhält man das bedarfsgewichtete Nettoäquivalenzeinkommen.

[5] vgl. die expliziten Angaben zum Berechnungsverfahren in § 28 SGB XII ; § 20 SGB II zu „Regelleistung zur Sicherung des Lebensunterhalts“; vgl. dazu auch die Entscheidung des Bundesverfassungsgerichts BVerfG, 1 BvL 1/09 vom 09.02.2010 (vgl. Siebenter Existenzminimumbericht [11.09.2010]).

[6] Aktuelle ALG II-Sätze (ab 01.01.2013): z. B. 382 Euro (Alleinlebende/r) plus Kaltmiete und Heizkosten; Jugendliche von 14 bis unter 18 Jahren: 289 Euro; Kinder von 6 bis unter 14 Jahren: 255 Euro; Kinder von 0 bis 6 Jahre: 224 Euro (Bundesregierung, 2012), verfügbar unter: http://www.bundesregierung.de/Content/DE/Artikel/2012/09/2012-09-19-regelbedarf-erhoeht-mehr-geld-fuer-arbeitsuchende.html [23.01.2013].

schaftlichen Bedingungen und darauf bezogener subjektiver Handlungen nicht ausreichend theoretisiert werden und darüber hinaus eine Operationalisierbarkeit von solchen vielschichtigen Begriffen kaum gelingen kann (Groh-Samberg, 2009).

Fachinterne Kriterien einer Beratung von Armen

Die Achtung der Menschenwürde, das Festhalten an sozialer Gerechtigkeit, das Gebot der Solidarität sowie die Subsidiarität bei Hilfen bilden für Harald Ansen (2006) die Leitlinien zur theoretischen Fundierung einer Beratung von Armen. Sie sollen als ethische Prinzipien in der Beraterausbildung vermittelt werden und als Orientierung für das Handeln des Beraters fungieren. Diese ethischen Prinzipien sollen die Beziehungsgestaltung, die Zielklärung mit dem Ratsuchenden, die Planung von Maßnahmen sowie die Beschaffung von (materiellen) Ressourcen anleiten.

Ansen (2006) begründet mit seinem Rekurs auf solche weitgehend akzeptierten Werte eine Parteilichkeit des Beraters für arme Klienten. Außerdem verweist er auf wissenschaftliche Konzepte wie z. B. den lebensweltlichen Ansatz (vgl. dazu auch Thiersch, i.Bd.2) und die ressourcenorientierte Beratung (vgl. dazu auch Nestmann, i.Bd.2, S. 725–735), um sie für die Beratung von Armen nutzbar zu machen.

Das Beibehalten grundlegender ethischer sowie fachintern entwickelter Standards für die Beratung von Armen ist von eminenter Bedeutung, denn Soziale Arbeit und Beratung sind fachextern massivem politischen und wirtschaftlichen Druck ausgesetzt. Die Lage der Armen verschlechtert sich kontinuierlich. Gleichzeitig erfolgen ein Umbau des Sozialstaats und eine Neuausrichtung der Sozialen Arbeit nach markt- und betriebswirtschaftlichen Kriterien.

Die professionellen Beratungsstandards können allerdings nur unter bestimmten Voraussetzungen aufrechterhalten werden. Wichtig sind politische und berufspolitische Initiativen, darüber hinaus aber auch beratungsbezogene Aktivitäten. So sind insbesondere politik- und wirtschaftswissenschaftliche Analysen in die Theorie der Beratung, in die Ausbildung und ins Beratungshandeln einzubringen. Sie ermöglichen eine umfassendere Reflexion der Beratungsabläufe. Nur dadurch lassen sich die „Handlungsräume", die Hindernisse und Möglichkeiten, d. h. die Machtkonstellationen, wie sie in der Beratung von Armen existieren, ausloten.

Es sollen daher die wichtigsten wirtschaftlichen und politischen Konditionen hervorgehoben werden, die konstitutiv für Armut sind. Ebenso sollen die neuen Formen der Beratung, die „aktivierende Beratung" bzw. „aktivierende Soziale Arbeit", die mit dem Umbau des Sozialstaates aufgekommen sind, auf ihre Funktion hin geprüft werden.

3 Ökonomische Bedingungen der Armut und die Umgestaltung des Sozialstaates

Arbeitslosigkeit und Armut im Kapitalismus

Armut, wie sie heute erscheint, kann man als essentiell für alle Gesellschaften mit kapitalistischer Produktionsweise (egal in welchem Stadium oder in welcher Ausformung) bestimmen:

> „In dem Begriff des freien Arbeiters liegt schon, daß er Pauper ist: virtueller Pauper. Er ist seinen ökonomischen Bedingungen nach bloßes lebendiges Arbeitsvermögen, also auch mit den Bedürfnissen des Lebens ausgestattet. Bedürftigkeit nach allen Seiten hin, ohne objektives Dasein als Arbeitsvermögen zur Realisierung desselben. Kann der Kapitalist seine Surplusarbeit nicht brauchen, so kann er seine notwendige nicht verrichten; seine Lebensmittel nicht produzieren. Kann sie dann nicht durch den Austausch erhalten, sondern, wenn er sie erhält, nur dadurch, daß Almosen von der Revenu für ihn abfallen. Als Arbeiter kann er nur leben, soweit er sein Arbeitsvermögen gegen den Teil des Kapitals austauscht, der den Arbeitsfonds bildet. Dieser Austausch selbst ist an für ihn zufällige, gegen sein organisches Sein gleichgültige Bedingungen geknüpft. Er ist also virtualiter Pauper. Da ferner die Bedingung der auf das Kapital gegründeten Produktion ist, daß er immer mehr Surplusarbeit produziert, so wird immer mehr notwendige Arbeit frei. Die Chancen seines Pauperismus vermehren sich also. Der Entwicklung der Surplusarbeit entspricht die der Surpluspopulation. In verschiednen gesellschaftlichen Produktionsweisen existieren verschiedne Gesetze der Vermehrung der Population und der Überpopulation; letztre identisch mit Pauperismus.
> (...) Es ist nur in der auf das Kapital gegründeten Produktionsweise, daß der Pauperismus erscheint als Resultat der Arbeit selbst, der Entwicklung der Produktivkraft der Arbeit." (Marx, 1974, S. 497f.)

Die Armut in der Bundesrepublik Deutschland, einer Gesellschaft mit entwickelter kapitalistischer Produktionsweise, hat andere Merkmale und Ausmaße als in unterentwickelten Ländern. In den letzten Jahrzehnten hat sich die soziale Ungleichheit in diesem Lande vergrößert (vgl. Bundesministerium, 2001, 2005, 2008). Auch in anderen Ländern nimmt nach den Feststellungen der Armutsforschung die soziale Ungleichheit bzw. Armut zu (vgl. O'Connor, 2000; Wilkinson & Pickett, 2010).

Über die Ursachen der Armut wird heftig gestritten: Viele weisen auf ökonomische und strukturelle Bedingungen hin, andere behaupten, dies liege an einer Kultur der Armut oder der inadäquaten Lebensführung der Armen (der ehemalige Bundeskanzler Schröder z. B. unterstellte ein Zurücklehnen „zulasten der Gemeinschaft", s. o.). Persönlichkeits- und Kulturkonzepte über Arme beinhalten häufig Diffamierungen und Stigmatisierungen der Betroffenen (vgl. u. a. Nolte, 2003; kritisch dazu: Michels, 2013).

Die Zunahme der Armut in der BRD steht in Zusammenhang mit der Massenarbeitslosigkeit seit den 1970er-Jahren. Sie ist kein Phänomen mehr, das nur bei Randgruppen auftritt, sondern Armut kann auch Personen aus der „Mittelschicht" treffen. Zumal seit dieser Zeit aufgrund wirtschaftlicher und politischer Veränderungen darüber hinaus eine schrittweise Zurücknahme von sozialstaatlichen Sicherungsvorkehrungen zu beobachten ist (vgl. Castel, 2011).

Ursachen dafür waren die gravierenden Umwälzungen in der Wirtschaft. Zu diesem Umbruch kam es aufgrund neuer Technologien sowie sinkender Akkumulationsraten. Diese werden meist als Wechsel vom Fordismus zum Postfordismus beschrieben (vgl. Hirsch & Roth, 1986; Aglietta, 2000).

Die qualitativen Unterschiede zwischen Fordismus und Postfordismus sollen hauptsächlich hinsichtlich des Akkumulationsregimes hervorgehoben werden: Akkumulation meint Anhäufung von Kapital, indem ein Teil des Mehrwerts in neue Produktivkräfte reinvestiert wird, weniger um Gebrauchswerte zur Bedürfnisbefriedigung aller Gesellschaftsmitglieder herzustellen, vielmehr zum Zwecke der Profitsteigerung.

Im Fordismus (der Name leitet sich von Henry Ford ab, der die Fließband- und Massenproduktion einführte) hatte der Binnenkonsum einer Gesellschaft zentrale Bedeutung für die Akkumulation. Ein Absatzmarkt für die in großer Anzahl produzierten Waren konnte nur entstehen, weil entsprechend hohe Löhne gezahlt wurden, um Waren auch kaufen zu können. Mittels keynesianischer Wirtschaftspolitik wurde die Nachfrageseite gestärkt, indem man möglichst für Vollbeschäftigung sorgte und den Sozialstaat ausbaute. D. h. in den „Hoch"zeiten des Fordismus hatten Arbeiter und Angestellte mehr als nur „Almosen von der Revenu" für Zeiten der Arbeitslosigkeit erzielt. Armut war eher ein Problem von Randgruppen.

Über eine lange Zeit (die goldene Phase des Kapitalismus) waren die Konflikte zwischen den Klassen weitgehend befriedet bzw. wurden auf formalisierte Weise zwischen den sogenannten „Tarifpartnern" ausgetragen (vgl. Hobsbawm, 2010). Dennoch traten im Fordismus von Zeit zu Zeit „zyklische Überakkumulationskrisen" auf. D. h. am Ende eines Zyklus sank die Nachfrage nach Waren (wegen der Mehrwertaneignung usw.) und Produktionssteigerung sowie Kapazitätsausbau rentierten sich für die Kapitalisten nicht mehr.

Während diese Krisen sich quasi noch im Alleingang lösten, indem die Regulation des Verhältnisses Produktivität, Beschäftigung, Angebot und Nachfrage zyklisch verlief und sich wieder einpendelte, geriet trotz allem Ende der 1960er-, Anfang der 1970er-Jahre die fordistische Akkumulationsweise an ihre Grenzen (vgl. Hirsch & Roth, 1986).

Neue Technologien, wie Transport-, Automations-, Informations- und Kommunikationstechnologien, führten zu Umgestaltungen im Produktions- und Dienstleistungssektor (z. B. dezentrale Fertigung, Ausgliederung von Produktionseinheiten, flexible Arbeitszeiten, schlanke Produktion, „just in time"-Produktion, veränderte Arbeitsplätze oder Tätigkeitsspektren, Wegfall von Berufszweigen). Auch die Wirtschaftspolitik wandelte sich: Der Neoliberalismus löste den Keynesianismus ab.

Diese Veränderungen führten zur Aufsplittung der lohnabhängig Beschäftigten mit deutlichen Lohndifferenzierungen, zu Umsetzungen von Beschäftigten sowie massenhaftem Abbau von Arbeitsplätzen. Hierin ist eine der Hauptursachen für die Armut heute zu sehen – deutlich sichtbar an der Verbreitung von Suppenküchen, Tafeln und Kleiderkammern.

Der Postfordismus zeichnet sich insbesondere durch neue Formen der Akkumulation aus:

- Neue Arten der Mehrwertabschöpfung, beispielsweise der Autohersteller in Bezug auf ihre Zulieferer, entstehen;
- ehemals öffentliche Aufgabenbereiche werden privatisiert, d. h. privatkapitalistischer Verwertungslogik unterworfen, z. B. kommunale Wasserversorgung, Post, Bahn, medizinische Versorgung, Rentenversicherung, Hochschulen;
- Produktion wird in Niedriglohnländer verlagert und führt zur Stagnation oder Senkung der Löhne in der BRD;
- aufgrund der Lohndifferenzierung (Wissensberufe vs. De-Qualifikation in vielen Dienstleistungssparten) kommt es im Durchschnitt zu einer Absenkung der Reallöhne;

- Druck auf die Lohnhöhe wird auch durch den massiven Ausbau des Niedriglohnsektors, der Zeitarbeit und durch Einführung des ALG II sowie der Schaffung von 1-Euro-Jobs erzeugt.

(vgl. Hirsch & Roth, 1986; Röttger, 2008).

Trotz dieses radikalen Kurses bestehen prinzipiell auch im postfordistischen Akkumulationsregime die Schwierigkeiten zur Verwertung des Kapitals fort, was sich in den in immer kürzeren Zeitabständen auftretenden Krisen manifestiert. Die Regulationstheoretiker haben zwar in ihren Analysen die Grenzen des Fordismus sowie die Unterschiede zwischen dem fordistischen und dem postfordistischen Akkumulationsregime herausgearbeitet, aber die Krisenanfälligkeit des Postfordismus noch nicht ausreichend aufgeklärt (vgl. Aglietta, 2000).

Kisker (1997) hebt in seinen mehr ökonomisch orientierten Analysen hervor, dass seit Anfang der 1970er-Jahre eine dauerhafte „strukturelle Überakkumulationskrise" besteht, die eben nicht durch das postfordistische Akkumulationsregime gelöst worden ist. Er führt folgende Punkte dafür an: Es kommt zwar zur Vernichtung von Kapital, dennoch bestehen Überkapazitäten fort, daher lassen Realinvestitionen nach und Gelder werden in (hochspekulative) Finanzprodukte umgeleitet (hier erwarte man höhere Renditen als aus Realinvestitionen). In Aufschwungphasen geht die Arbeitslosigkeit kaum zurück, d.h. eine dauerhaft hohe Sockelarbeitslosigkeit und damit einhergehende soziale Probleme sind kennzeichnend für die postfordistische Phase des Kapitalismus. Anders als in den zyklischen Krisen nimmt nach Kisker die Armut im Aufschwung nicht ab, sondern im Gegenteil, sie steigt weiter an.

Veränderte Regulationsweise und Sozialstaatsreform

Die Veränderungen in der Sozialpolitik der BRD, die zum „Umbau" des Sozialstaats führten, müssen im Kontext dieser Veränderungen der Produktion und Akkumulation gesehen werden. Die Sozialpolitik in der Bundesrepublik setzte für die Phase des Fordismus noch auf kompensatorische Regulation. Bei Arbeitslosigkeit beispielsweise wurden Arbeitslosengeld und anschließend Arbeitslosenhilfe gezahlt, um annähernd eine Lebensstandardsicherung zu erreichen. Außerdem hatten Arbeitslose und Arme Anspruch auf Hilfeleistungen, die gesetzlich verbürgt waren.

Im Postfordismus ist der Neoliberalismus, als die „praktische Ideologie der Akteure des Kapitals" (Demirović, 2008, S. 19), zum maßgeblichen Programm für die Regulationsweisen geworden. Die Thesen und Forderungen des Neoliberalismus sind:

- Der Markt ist das beste Regelsystem, daher kann man auf andere Regulierungen verzichten, diese seien oft kontraproduktiv;
- der Staat soll dafür sorgen, dass der Markt funktioniert und hier keine Eingriffe vornehmen;
- der Staat soll sich großenteils aus den Wirtschaftsabläufen heraushalten;
- der Staat soll schlank werden;
- öffentliche Ausgaben sollen gekürzt werden;
- die Finanzmärkte sind zu deregulieren;

- der Arbeitsmarkt ist zu deregulieren (dadurch kommt es zur erneuten Kommodifizierung der Arbeitskraft)

(vgl. Bourdieu, 2004; Butterwegge, Lösch & Ptak, 2008).

Damit sind die Maximen beschrieben, die für die sozialpolitische Regulation im Postfordismus grundlegend sind. Für die spezifischen Probleme, welche durch die postfordistische Produktionsbedingungen aufgeworfen worden sind, sind Regulationen bzw. Strategien zu entwickeln oder zumindest Ansätze vorzugeben, damit sie nicht systemsprengende Wirkung entfalten, z. B. für

- die zunehmende Armut aufgrund lang andauernder Arbeitslosigkeit, die sich verfestigt und z. T. schon über mehrere Generationen fortbesteht;
- die Lohnhöhe von gering qualifizierten Beschäftigten (z. B. Mindestlohn);
- den Umgang mit dequalifizierten Gruppen;
- den Einsatz von Arbeitskräften (Flexibilität, Verfügbarkeit, Beschäftigungsfähigkeit etc.);
- Frauen, die Erwerbsarbeit suchen (u. a. Hausarbeit kommodifizieren; Kinderkrippenplätze bereitstellen);
- Probleme im Kontext von Bildung, Gesundheit und Rente.

Die postfordistischen sozialpolitischen Ansätze zur Regulation folgen also anderen Begründungen: Waren Sozialleistungen bisher an Bedarfen orientiert, so unterliegen sie jetzt einem Kostenkalkül aufgrund der angebotspolitischen Ausrichtung des Staates. In der Konkurrenz mit anderen Staaten um die kostengünstigsten Produktionsbedingungen für die Unternehmen werden Sozialleistungen nur noch als Kostenfaktor beziffert. Mit dieser Logik werden sie nun einem Wettbewerb um immer niedrigere Kosten und Sozialstandards unterworfen.

Daraus folgt eine markt- und wettbewerbsförmige Organisation von Sozialer Arbeit und Beratung, die u. a. zur Konkurrenz zwischen Trägern bzgl. Geldern und „Kunden“ führt, Qualitätssicherungs- und Zertifizierungsmaßnahmen nach sich zieht und eine Verbetriebswirtschaftlichung vieler psychosozialer Tätigkeitsfelder bewirkt (vgl. Keupp, 2007).

Um die strukturellen Bedingungen der Beratung von Armen zu bestimmen, die sich im Zuge des Umbaus des Sozialstaats zu einem „Workfare“-Staat veränderten, sind die grundlegenden Veränderungen in der Sozialgesetzgebung (Stichwort: „Hartz“-Gesetze) aufzugreifen. Sie wurden unter dem Motto „Fördern und Fordern“ eingeführt. Jedoch – wie die Betrachtung einiger zentraler Gesetze zeigt – überwiegen Fordern, Kontrolle, Disziplinierung und Sanktionierung:

- Pflicht noch vor Beendigung eines Arbeitsverhältnisses Meldung zu erstatten (§ 38 SGB III);
- Grundsatz des Forderns und Pflicht zum Abschluss einer Eingliederungsvereinbarung (§ 2 SGB II);
- vage Ausführungen zum Fördern, verbindliche Festlegung eines Ansprechpartners für Arbeitslose (§ 14 SGB II);

- verpflichtende Eingliederungsvereinbarung (§ 15 SGB II und § 35 Abs. 4 SGB III) und bei Nichtabschluss greift § 31 SGB II (s. u.);
- Ausdehnung der Zumutbarkeit auf jede Arbeit außer sittenwidrige Tätigkeiten (§ 10 SGB II);
- Absenkung oder Wegfall von ALG II (§ 31 SGB II)

(vgl. auch Göckler, 2009).

Was die Quellen oder Bezugspunkte dieser „Reformen" anbetrifft, so gibt es unterschiedliche Einschätzungen: Dahme (2008) ist der Ansicht, dass die rot-grüne Regierung die wissenschaftlichen Vorstellungen des britischen Soziologen des „dritten Weges", Baron Anthony Giddens, aufgegriffen habe, um die neoliberalen Entwicklungen in der Wirtschaft mit regulatorischen Maßnahmen zu flankieren. Vor allem die SPD-Vertreter in der rot-grünen Regierung gaben vor, „neosoziale" Politik zu betreiben, die mit raffinierten Anglizismen wie „flexicurity" verkündet und mit schön klingenden Zielen verbrämt wurde: „(...) den 'Outsiders' des Arbeitsmarktes (...) [soll der] 're-entry' in die sozialen Versicherungssysteme wie in Arbeit" (Dahme, 2008, S. 13) ermöglicht werden, was aber nur als Ablenkung vom tatsächlichen Vorgang zu sehen ist. Hengsbach (2003) sieht das profaner: SPD-Kanzler Schröder habe entsprechend den Forderungen von Lambsdorff und Tietmeyer (aus dem Jahre 1982) Sozialabbau initiiert, und er habe diese sogar noch übertroffen (1982 kam es darüber zum Bruch der sozialliberalen Koalition unter dem SPD-Kanzler Helmut Schmidt).

Denn es wurden nicht nur Leistungen für Arbeitslose gekürzt, 1-Euro-Jobs geschaffen, sogenannte Bedarfsgemeinschaften konstituiert und zur Unterstützung gezwungen sowie die Pflicht zur Aufnahme (fast) jedweder Arbeit verordnet (§ 10 SGB II: Zumutbarkeit) und damit die Kompensationsziele bisheriger Sozialmaßnahmen außer Kraft gesetzt, sondern auch die traditionellen sozialen Rechtsansprüche ins Gegenteil verkehrt: Der Bedürftige hat jetzt die „Bringschuld" und muss in Vorleistung treten (z. B. vielfältige Aktivitäten zur Gewinnung eines Arbeitsplatzes unternehmen, auch wenn dies wegen der realen Arbeitsmarktlage absolut zu keinem Ergebnis führen kann/wird).

Mit der schriftlich fixierten „Eigenverantwortung" des Ratsuchenden (z. B. § 2 SGB II – das sogenannte Hartz IV-Gesetz) kommt es zu einer Verdrehung von Tatsachen: Die strukturell bedingte Arbeitslosigkeit (s. o.) wird jetzt als in der Entscheidung und dem Verhalten des Einzelnen liegend gesehen. Hier wird dem Klienten allein die Verantwortung für seine Arbeitslosigkeit, für seine Armut zugeschrieben. Die strukturellen Bedingungen für die hohe Dauerarbeitslosigkeit seit Mitte der 1970er-Jahre und der dadurch zunehmenden Armut (die oben aufgezeigt wurden), obwohl den rot-grünen Regierenden bekannt, wurden verleugnet. Die Irreführung lautet: Die Person trage alleine die Schuld. Ihre Entscheidungen, ihr Verhalten in der Vergangenheit seien falsch gewesen, sie habe nicht die notwendige Beschäftigungsfähigkeit erworben, denn sonst wäre sie noch in Arbeit. Die Armut sei also selbst verursacht. Daher müssten Berater die Klienten dazu bringen, dass diese ihre Einstellungen, Motivationen und Verhaltensweisen in Richtung Beschäftigungsfähigkeit (employability) veränderten. Aufwendige Interventionen, die auf Beratungs-

oder Therapietechniken beruhen, sind seitens des Beraters nicht notwendig, da die Steuerung des Klienten durch Sanktionen erfolgt. Die „Eigenverantwortung", die Entscheidung jede Arbeit anzunehmen, wurde erzwungen durch Kürzung bis zum vollständigen Entzug existenzsichernder Leistungen. Eine Fremdbestimmung nach dem Motto „Vogel friss oder stirb", die als „Selbststeuerung" erscheint und im „neoliberal newspeak"-Vokabular auch als „flexiblity", „responsibility", „authenticity" usw. (vgl. Bourdieu & Wacquant, 2001) bezeichnet wird.

Lessenich sieht hierin eine neue qualitative Veränderung des „Workfare"-Staates: Er spricht von „neosozialer" Regulierung, die auf der „Logik der sozialverpflichtenden Selbstführung" (Lessenich 2003, S. 81) beruhe.

4 Beratung im Zwangskontext

Die ökonomischen Transformationen sowie der Wechsel in der Sozialpolitik haben die Beratung von Armen grundlegend verändert. Bisher ist dies in der Literatur zur Beratung von Armen noch nicht ausreichend reflektiert worden. So als hätten die Umbrüche nicht stattgefunden, werden immer noch die alten Ansätze zur Gesprächsführung sowie die Reflexion der Beziehung Berater und Ratsuchender lediglich auf der Interaktionsebene theoretisch erfasst.

Ausgeblendet werden weiterhin die wettbewerbsmäßige Organisation der Trägerinstitutionen und die Implementation betriebswirtschaftlicher Steuerungsinstrumente, obwohl sie der Beratung ein neues Korsett anlegen.

Selbstverständlich sind Rekurse auf pädagogische und psychologische Konzepte und Empfehlungen zum Umgang mit dem Ratsuchenden wichtig, doch von viel entscheidenderer Bedeutung sind die Kenntnis der dargelegten veränderten ökonomischen, politischen und strukturellen Verhältnisse, unter denen Beratung von Armen heute durchgeführt wird. Diese Bedingungen haben die Vorgaben, in welchem Rahmen und Machtgefüge Beratung stattfindet, radikal verändert. Eine starke Machtverschiebung hin zum Berater ist feststellbar, der vielfältige Führungs- und Sanktionsmöglichkeiten gegenüber dem Ratsuchenden hat.

Wirtschaftliche und politische Kenntnisse sind außerdem unabdingbar, um die wirkliche Ursache von Arbeitslosigkeit und Armut nicht aus den Augen zu verlieren. Das Verhalten und die Entscheidungen einer Person können nur zu einem geringen Teil zur Erklärung von Arbeitslosigkeit und Armut beitragen, größtenteils sind die ökonomischen strukturellen Bedingungen dafür verantwortlich.

Berater sollten auch die Hintergründe der neuen Konzepte kennen, die von Befürwortern der sogenannten „aktivierenden Beratung" von Armen propagiert werden.

Bisherige Formen der Beratung werden als defizitorientiert, bevormundend, gar den Ratsuchenden einschränkend diffamiert. Geschickt wird die Formel von der „fürsorglichen Belagerung" als weitere Stigmatisierung der „alten Formen" Sozialer Arbeit eingesetzt – den Klienten belagern, das möchte natürlich kein Professioneller.

Mit Begriffen, wie Autonomie des Ratsuchenden stärken, seine Kompetenzen zu einer selbstbestimmten und aktiven Lebensführung aufbauen, die Eigenverantwortung fördern, Teilhabe ermöglichen, Chancen eröffnen, setzt man sich von der Beratung in der alten Sozialen Arbeit ab. Das neue Vokabular wirkt dagegen modern, demokratisch, fortschrittlich, emanzipativ auf Berater, zumal man sich terminologisch an Empowerment-Konzepte anlehnt. Diese Ansätze werden aber konterkariert, weil die realen Lebensumstände der Personen in Theorie, Beratungskonzepten sowie bei den Trainings außer Acht gelassen werden.

Ganz einfache Fragen werden von Vertretern des Aktivierungsdiskurses nicht gestellt (vgl. Gehrmann & Müller, 2010) – wie beispielsweise: Was bedeutet Autonomie für einen Menschen, der in Armut lebt, vielleicht nur über die lebensnotwendigen Güter verfügt, aber nicht mit weiteren Ressourcen für die Teilhabe am gesellschaftlichen Leben ausgestattet ist, auf keine familiäre oder nachbarschaftliche Unterstützung hoffen kann, der isoliert ist? Was heißt Eigenverantwortung für eine Person ohne Arbeit in einer Gesellschaft mit hoher Dauerarbeitslosigkeit?

Die skizzierten strukturellen Veränderungen haben Arme nicht zu verantworten, sie sollen aber autonom agieren, das Leben aktiv gestalten, Verantwortung für die Verhaltensregulation hinsichtlich der Folgen übernehmen, d. h. sich durch Selbstregulation noch in die unangenehmsten Bedingungen einfügen. Eine Beratung, die sich an solchen Zielen orientiert, steht in Gegnerschaft zu den Armen.

Stellt man Fragen zum Lebenskontext oder vergegenwärtigt man sich konkrete Beispiele, dann verlieren diese „Schleierwörter" ihren Glanz, den sie noch in der affirmativen Fachliteratur oder in politischen Reden entfaltet haben. Häufig offenbart sich dann auch die semantische Verschiebung bei den Termini, weg von der ursprünglichen Bedeutung hin zu neoliberalen Inhalten.

Die Maxime „Stärkung der Eigenverantwortung" wird erst verständlich, wenn sie mit dem neuen rechtlichen Rahmen des aktivierenden Sozialstaats, dem sie entstammt, präzisiert wird. Die Stärkung der Eigenverantwortung steht in den affirmativen Texten losgelöst vom Kontext. Eine vorrangige Richtlinie ist es, die Hilfeempfänger in Arbeit zu bringen bzw. die Beschäftigungsfähigkeit zu fördern (vgl. § 1 Abs. 1 Satz 1 SGB II) und die Bereitschaft zu erzeugen, fast jede Tätigkeit anzunehmen (§ 10 Abs. 1 u. 2 Satz 1 SGB II). Lehnen diese ab, so haben sie die Leistungskürzungen eben selbst zu verantworten. Damit offenbart sich, was Autonomie für die Betroffenen bedeutet (vgl. Galuske, 2008).

Hinter dem Schleierwort ‚Autonomie' verbirgt sich, wenn man die gesetzliche Konstruktion und eine darauf beruhende unreflektierte Beratung analysiert, eine Form extremer Fremdbestimmung, entsprechend dem Konditionierungslernen, dem Skinnerschen Verstärkungs- bzw. Bestrafungsregime. Holzkamp bezeichnet solche Anordnungen als „Grenz- und Sondersituationen",

> „(...) in welchen das Subjekt mit ‚guten Gründen' so handelt, wie im Konditionierungsschema vorgesehen, nicht nur durch den geschilderten extrem reduzierten Weltaufschluß, sondern darin auch durch eine Konstellation gekennzeichnet ist, in welcher mir *begründetermaßen nichts anderes übrigbleibt,* als ‚nach ‚Anordnung' zu ‚reagieren', d. h. andere Handlungsalternativen als in Anschauung meiner Interessen unbegründbar beiseitezulassen." (Holzkamp, 1993, S. 62)

Die durch den aktivierenden Sozialstaat vorgegebenen Bedingungen für die Beratung von Armen – sei es in der Schuldnerberatung, der Beratung im Zuge der Grundsi-

Vorwort und Einleitung
Innovative Zugänge
Beratungs-settings und -räume
Medien und Beratung
Kritik der Beratung
Register
Anhang

cherung für Arbeitslose bzw. Arbeitssuchende oder der Beratung Wohnungsloser – sind wahrscheinlich nicht aufgrund einer Entscheidung für den wissenschaftlichen Behaviorismus entsprungen, sondern beruhen auf Ideologien bzgl. Armut (Nolte, 2003; Medienkampagnen, z. B. „Florida-Rolf“) sowie politischen Weichenstellungen. Die Ausführungen in den Sozialgesetzen und weitere Verfügungen sind als eher „vulgär-behavioristisch“ zu bezeichnen. In sie gehen Alltagsvorstellungen und -erfahrungen über Führen sowie Konditionieren von Menschen ein, die über wenig Macht verfügen und nicht ohne Weiteres gegen Mächtigere zurückschlagen können (die, die zurückschlagen, sind logischerweise nicht konditionierbar, sie entfalten Handlungsalternativen). Daraus kann die Schlussfolgerung gezogen werden, dass die Sozialgesetze auf vordemokratische Disziplinierungstechniken, autoritäre Erziehungs- und Züchtigungstechniken, betriebswirtschaftliche Motivierungs- und Kontrollansätze rekurrieren.

Hier soll deshalb eine kritische Reflexion des Motivierungsreglements, der Beziehungskonstellation, der Methoden sowie der Beziehungsqualität- und -gestaltung erfolgen, um zu klären, ob noch ein Mindestmaß an beraterischem Gestaltungsspielraum für eine Beratung von Armen gewährleistet ist.

Schon in den allgemeinen Formulierungen des Sozialgesetzbuches, insbesondere aber bei etablierten und standardisierten Angeboten der Beratung von Armen (z. B. Schuldnerberatung, ALG II-Beratung), wird der Beratungsprozess weitgehend durch Zielvorgaben determiniert. Desgleichen wird ein Repertoire von Leistungen und Sanktionen eingeführt, die ein stark asymmetrisches Verhältnis von Berater und Ratsuchendem konstituieren helfen. Gleichberechtigte Beziehungen innerhalb dieser standardisierten Formen der Armenberatung sind nicht oder nur in Grenzfällen zu verwirklichen. Ein gleichberechtigtes Aushandeln zwischen Berater und Klient wird nur noch selten möglich sein. Darüber hinaus tragen weitere Faktoren zu einer Ausweitung der hierarchischen Beziehung bei:

- Die Beratungsangebote folgen in der Regel einer marktförmigen Ausgestaltung (Träger konkurrieren um Gelder und um Klienten mit möglichst positivem „outcome“, die Berater neigen zur Bevorzugung lukrativer Klienten);
- durch Sprach-, Bildungs- und Klassenunterschiede, die sich zementiert haben, sowie zunehmende Separierung von Lebenswelten (vgl. Wehler, 2008).

Unterschiede also, die sich heute eher verfestigen, da auch eine „erfolgreiche“ Beratung z. B. für Arbeitssuchende nicht heißen muss, dass sie danach genug verdienen, um ihrer Armut zu entkommen. Studien zeigen nämlich eine Tendenz auf, dass Arme heute länger in Armut bleiben und der Anteil der arbeitenden Armen zunimmt (vgl. Bosch & Weinkopf, 2008; OECD, 2009).

Wenn also kaum noch gleichberechtigte Vereinbarungen mit Armen in der Beratung getroffen werden können, weil der Ratsuchende seine Bedürfnisse nur noch unzureichend artikulieren kann, so kann von Motivierung des Klienten nicht mehr gesprochen werden. Beratung wird zur Fremdbestimmung bzw. zum Zwang. Es erfolgt nämlich keine wirkliche Zielklärung, sondern es wird mit dem Instrumentarium der Zielvereinbarung gearbeitet, d. h. vorgegebene allgemeine Ziele (z. B. in der Schuldnerberatung; Arbeitsaufnahme um jeden Preis) werden lediglich zu

Unterzielen für den Ratsuchenden herunterkonkretisiert, wobei bei Nichtbefolgen eine Vielzahl von Sanktionsmöglichkeiten gestuft eingesetzt werden können. Daher kann von echter Motivation beim Ratsuchenden nicht gesprochen werden.

Folgt der Berater vorwiegend dem aktivierenden Modus der Beratung und hat er sich nicht genügend sozialpolitisches Wissen angeeignet, dann kann er seine Eingebundenheit und seine Funktion im System der sozialen Sicherung nicht angemessen reflektieren. Darüber hinaus kann er nur mittels politischem und sozioökonomischem Wissen Zusammenhänge zwischen strukturellen Bedingungen von Armut und darauf bezogenen Verarbeitungsweisen mit dem Klienten aufschlüsseln. Ansonsten besteht die Gefahr, die Problemlage des Ratsuchenden als ausschließlich aus individuellen (Fehl-)Handlungen resultierend zu begreifen. Eine solche Betrachtungsweise führt zum einen zur Stigmatisierung des Klienten, zum anderen zu falscher bzw. dysfunktionaler Beratung, weil nur individuelle Bewältigungsformen möglich erscheinen.

5 Alternativen

Da die Armut des Klienten gesellschaftlich vermittelt ist, gilt es in der Beratung diese Vermitteltheit aufzuklären, um für den Klienten ein besseres Verständnis seiner Situation zu erreichen. Ratsuchender und Berater sollen vor allem die Bedingungen und Ursachen der Armut umfassender analysieren. Anschließend können tragfähige Lösungen entwickelt und Strategien für die weitere Lebensführung geplant werden.

Wird durch eine solche Aufklärung der gesellschaftlichen Vermitteltheit der eigenen Existenz im schlechtesten Fall nur ein bewusster Umgang für den Ratsuchenden mit seiner Lebenssituation erreichbar, dann ist dies fachlich eher vertretbar, als den Klienten auf individuelle Problemlösungen zu orientieren, obwohl sie in seiner Lebenslage unmöglich sind.

In der Beratung sollte alles dazu getan werden, dass sich die materielle Lage des Klienten verbessert und sich seine Handlungsmöglichkeiten erweitern. Eventuell muss man konstatieren, dass rein individuelle Lösungsaktivitäten nicht zielführend sind, sondern Bewältigungsaktivitäten in Kooperation mit anderen oder kollektive Formen zur Veränderung der Lage angebracht sind.

Wie sehr aktivierende Beratung bzw. Soziale Arbeit auf rein individualisierte Problemlösungen zielt, verdeutlicht sich insbesondere durch die Methoden dieser Beratungsform. Allein der Verzicht auf eine Sozialanamnese (vgl. Trojan, 2008), in der produktive und unproduktive, widersprüchliche Handlungsweisen in ihrer funktionalen Relation zu den konkreten Lebensbedingungen oder der Lebenswelt (vgl. Thiersch, i.Bd.2) analysiert werden, zugunsten eines „assessment“ des Klienten hinsichtlich seiner Stärken und Schwächen fokussiert nur auf Eigenschaften, die in der Person liegen – dies jedoch unter Ausblendung jeglicher kontextueller Lebensbezüge.

Für die „Problemlösung“ wird allein die betroffene Person verantwortlich gemacht, sie soll Stärken entwickeln, Schwächen ablegen; z. T. werden dazu Trainingsprogramme angeboten (vgl. Gehrmann & Müller, 2010).

Eine sozialpolitisch informierte Beratung von Armen, wie sie hier nur in Kernpunkten dargestellt werden konnte, wird rein individuelle Deutungsangebote von Armut als reduktionistisch und interessengeleitet zurückweisen, um einer weiteren Stigmatisierung der Armen vorzubeugen.

In der Beratungspraxis wird häufig schon auf die strukturellen Bedingungen von Armut in unserer Gesellschaft geachtet und hingewiesen. Hier sollte seitens der Wissenschaft verstärkt fachlich Stellung bezogen werden, damit die sozial-strukturellen Bedingungen von Armut in der Öffentlichkeit bekannt werden.

Für den Ratsuchenden kann sich im Beratungsprozess die Erkenntnis bilden, dass Lösungen seiner Misere auf individuellem Wege nicht zu erreichen sind, ein Zusammenschluss mit anderen Betroffenen in ähnlicher Armutslage sinnvoll ist oder politische Aktivitäten eine Möglichkeit zur Verbesserung der Situation sein können.

6 Fazit

Die genannten Änderungen der Sozialgesetze stellen fachfremde Verordnungen für die Beratung von Armen dar. Die Folgen sind nicht nur – wie aufgezeigt – für die Beratung selbst nachteilig, sondern haben manche Fachvertreter dazu bewogen affirmative Konzepte aktivierender Beratung und neue Vokabeln (z. B. Kunde, Output-Orientierung, Controlling, Qualitätssicherung) in Teilen der Sozialen Arbeit und Beratung einzuführen, die im Grunde professionell unhaltbar sind.

Andererseits können fachinterne Konzeptualisierungsversuche der Beratung von Armen registriert werden, die als „Gegenentwürfe" zu einer aktivierenden Beratung mit ihren Sanktions-, Kontroll- und Disziplinierungstechniken auftreten (vgl. Ansen, 2006; Bretschneider, 2010). Ansen beispielsweise diskutiert ethische Werte, insbesondere die Würde des Menschen und die soziale Gerechtigkeit, aber auch Leitlinien für eine gleichberechtigte Beziehung zwischen Berater und Klient.

Diese Werte stehen konträr zu den Maximen des Aktivierungs-Paradigmas und bilden gewissermaßen das Fundament für eine Beratung mit emanzipatorischem Anspruch. Sie sind aber ohne ein beratungspolitisches Zusammenhangs- und Widerspruchswissen – wie es hier dargelegt wurde – schwerlich zu realisieren.

Literatur

Aglietta, M. (2000). *Ein neues Akkumulationsregime. Die Regulationstheorie auf dem Prüfstand.* Hamburg: VSA.

Ansen, H. (2006). *Soziale Beratung bei Armut.* München: Ernst Reinhardt Verlag.

Bosch, G. & Weinkopf, C. (Eds.). (2008). *Low-wage work in Germany.* New York: Russell Sage Foundation.

Bourdieu, P. (2004). *Gegenfeuer.* Konstanz: UVK.

Bourdieu P. & Wacquant, L. (2001). New liberal speak: notes on the new planetary vulgate. *Radical Philosophy, 105*, 2–5.

Bretschneider, R. (2010). *Einmal arm – immer arm. Bewältigungsstrategien in Armutslebenslagen und unterstützende Beratungsmodelle.* Saarbrücken: VDM Verlag Dr. Müller.

Bundesministerium für Arbeit und Soziales (2008). *Lebenslagen in Deutschland. 3. Armuts- und Reichtumsbericht der Bundesregierung.* Berlin.

Bundesministerium für Arbeit und Sozialordnung (2001). *Lebenslagen in Deutschland. Erster Armuts- und Reichtumsbericht der Bundesregierung.* Berlin.

Bundesministerium für Gesundheit und Soziale Sicherung (2005). *Lebenslagen in Deutschland. 2. Armuts- und Reichtumsbericht der Bundesregierung.* Berlin.

Bundesregierung (2012). Verfügbar unter: http://www.bundesregierung.de/Content/DE/Artikel/2012/09/2012-09-19-regelbedarf-erhoeht-mehr-geld-fuer-arbeitsuchende.html [23.01.2013].

Butterwegge, C., Lösch, B. & Ptak, R. (Hrsg.). (2008). *Neoliberalismus. Analysen und Alternativen.* Wiesbaden: VS Verlag für Sozialwissenschaften.

BVerfG, 1 BvL 1/09 vom 09.02.2010, Absatz-Nr. (1–220) (2010). Verfügbar unter: http://www.bverfg.de/entscheidungen/ls20100209_1bvl000109.html [11.09.2010].

Castel, R. (2011). *Die Krise der Arbeit. Neue Unsicherheiten und die Zukunft des Individuums.* Hamburg: Hamburger Edition HIS Verlagsges. mbH.

Dahme, H.-J. (2008). Krise der öffentlichen Kassen und des Sozialstaats. *Aus Politik und Zeitgeschichte, 12–13,* 10–16.

Demirović, A. (2008). Neoliberalismus und Hegemonie. In C. Butterwegge, B. Lösch & R. Ptak (Hrsg.), *Neoliberalismus. Analysen und Alternativen* (S. 17–33). Wiesbaden: VS Verlag für Sozialwissenschaften.

Galuske, M. (2008). Fürsorgliche Aktivierung – Anmerkungen zu Gegenwart und Zukunft Sozialer Arbeit im aktivierenden Staat. In B. Bütow, K.A. Chassé & R. Hirt (Hrsg.), *Soziale Arbeit nach dem Sozialpädagogischen Jahrhundert. Positionsbestimmungen Sozialer Arbeit im Post-Wohlfahrtsstaat* (S. 9–28). Opladen, Farmington Hills: Verlag Barbara Budrich.

Gehrmann, G. & Müller, K.D. (2010). *Aktivierende Soziale Arbeit mit nicht-motivierten Klienten. Mit Arbeitshilfen für Ausbildung und Praxis* (3. Auflage). Berlin, Regensburg: Walhalla.

Göckler, R. (2009). *Beratung im Sanktionskontext. Sanktionsgespräche in der Grundsicherung für Arbeitssuchende – Theorie und Praxis der Umsetzung.* Tübingen: dgvt-Verlag.

Groh-Samberg, O. (2009). *Armut, soziale Ausgrenzung und Klassenstrukturen. Zur Integration multidimensionaler und längsschnittlicher Perspektiven.* Wiesbaden: VS Verlag für Sozialwissenschaften.

Hauser, R. (2008). Das Maß der Armut: Armutsgrenzen im sozialstaatlichen Kontext. Der sozialstatistische Diskurs. In E.-U. Huster, J. Boeck & H. Mogge-Grotjahn (Hrsg.), *Handbuch Armut und Soziale Ausgrenzung* (S. 94–117). Wiesbaden: VS Verlag für Sozialwissenschaften.

Hengsbach, F. (2003). *„Schröder will den Starken gefallen, deshalb tritt er kräftig nach unten!“* (Stern-Interview von Arno Luik mit Friedhelm Hengsbach, Stern 19, November 2003). Verfügbar unter: http://www.stern.de/wirtschaft/news/maerkte/sozialstaat-schroeder-will-den-starken-gefallen-deshalb-tritt-er-kraeftig-nach-unten-515796.html [12.09.2010].

Hirsch, J. & Roth, R. (1986). *Das neue Gesicht des Kapitalismus. Vom Fordismus zum Post-Fordismus.* Hamburg: VSA.

Hobsbawm, E. (2010). *Das Zeitalter der Extreme. Weltgeschichte des 20. Jahrhunderts* (10. Auflage, Juli 2010). München: dtv.

Holzkamp, K. (1993). *Lernen. Subjektwissenschaftliche Grundlegung.* Frankfurt a. M., New York: Campus Verlag.

Keupp, H. (2007). Von der Verbetriebswirtschaftlichung psychosozialer Arbeit. *Prokla 148, 37* (3), 403–419.

Kisker, K.P. (1997). Strukturelle Überakkumulation und Krise der Erwerbsarbeit. *„Z" Zeitschrift Marxistische Erneuerung, 31,* 61–68.

Lessenich, S. (2003). Soziale Subjektivität. Die neue Regierung der Gesellschaft. *Mittelweg 36, 12* (4), 80–93.

Marx, K. (1974). *Grundrisse der Kritik der Politischen Ökonomie* (2. Auflage). Berlin: Dietz Verlag.

Michels, H.-P. (2013). Jugend in Armut. Kritisch-psychologische Sichtweisen. In Y. Ploetz (Hrsg.), *Jugendarmut. Beiträge zur Lage in Deutschland* (S. 41–57). Opladen: Budrich Verlag.

Nolte, P. (2003). Das große Fressen. Nicht Armut ist das Hauptproblem der Unterschicht. Sondern der massenhafte Konsum von Fast Food und TV. *Die Zeit vom 17.12.2003, Nr. 52,* 9.

O'Connor, A. (2000). Poverty Research and Policy for the Post-Welfare Era. *Annual Review of Sociology, 26,* 547–562.

OECD (Hrsg.). (2009). *Mehr Ungleichheit trotz Wachstum? Einkommensverteilung und Armut in OECD-Ländern.* OECD Publishing.

Röttger, B. (2008). Die Neoliberalisierung des Rheinischen Kapitalismus'. Zur Politischen Ökonomie einer kapitalistischen Penetration. In C. Butterwegge, B. Lösch & R. Ptak (Hrsg.), *Neoliberalismus. Analysen und Alternativen* (S. 90–107). Wiesbaden: VS Verlag für Sozialwissenschaften.

Sen, A.K. (1993). Capability and Well-Being. In M.C. Nussbaum & A.K. Sen (Eds.), *The Quality of Life* (pp. 31–53). New York: Oxford University Press.

Siebenter Existenzminimumbericht (2010). Verfügbar unter: http://www.bundesfinanzministerium.de/nn_3380/DE/Wirtschaft__und__Verwaltung/Steuern/106__Existenzminimum__anl,templateId=raw,property=publicationFile.pdf [11.09.2010].

Trojan, A. (2008). Sozialanamnese. In H. Berth, F. Balek & E. Brähler (Hrsg.), *Medizinische Psychologie und Medizinische Soziologie von A–Z* (S. 433–437). Göttingen: Hogrefe.

Wehler, H.-U. (2008). *Deutsche Gesellschaftsgeschichte. Fünfter Band: Bundesrepublik und DDR 194 –1990.* München: Verlag C.H. Beck.

Wilkinson, R. & Pickett, K. (2010). *„Gleichheit ist Glück". Warum gerechte Gesellschaften für alle besser sind* (2., verbesserte Auflage). Berlin: Tolkemitt Verlag.

Prof. Dr. phil. Hans-Peter Michels ist Psychologe. Arbeitsgebiete: Sozialpsychologie, Lebensführung im Postfordismus (u. a. in Armutslagen).

Anschrift:
Brandenburgische Technische Universität Cottbus-Senftenberg
Studiengang Soziale Arbeit
Lipezker Str. 47
03048 Cottbus

Unerkannt lassen – Gefahren und Grenzen von Aufdeckungsarbeit in der Beratung[1]

Hans Thiersch

1 Klarheit und Wahrhaftigkeit im Zusammenhang sozialer Hilfen

Wenn Menschen in ihrem Alltag nicht zurande kommen, wenn sie mit sich und den Menschen und Verhältnissen ihrer alltäglichen Lebenswelt nicht weiterwissen und Hilfe brauchen, dann geht es darum, aus dem Gespinst von mangelnden Ressourcen und Not, von Versäumnissen, Ansprüchen und Verklemmungen, von Scham, Täuschungen und Hoffnungen auszubrechen, die Optionen für alternative Möglichkeiten freizusetzen und zu realisieren und auf einer neuen Basis einen gelingenderen Alltag zu versuchen. Ein Aspekt solchen Ausbruchs ist es, sich aus Täuschungen, Selbsttäuschungen und irrigen Vorstellungen freizumachen und zu einem klareren und realistischeren Bild der Situation zu kommen, also sich – pathetisch geredet – mit der Wirklichkeit zu konfrontieren, mit sich in der Situation wahrhaftig zu sein und daraus dann Konsequenzen zu ziehen.

[1] Ich habe im Folgenden Grundfragen und die Fallgeschichte übernommen aus meinem Aufsatz *„Beratung von unten gesehen"* (2002).

Vielfältige Berichte aus heutiger Lebens- und Beratungspraxis beschreiben diese Befreiung zur Wahrhaftigkeit in immer neuen Formen. Es ist befreiend, wenn Beziehungen sich nicht in Halbwahrheiten immer weiter hinschleppen und klare Verhältnisse geschaffen werden. Offenheit ist erleichternd, wenn Menschen schwer oder hoffnungslos krank sind – die so weitverbreitete Praxis des Herumredens ist belastend, die Betroffenen sind dankbar für Wahrhaftigkeit. Es ist befreiend, wenn in Fällen von Suchtabhängigkeit der Dunst der Selbsttäuschungen aufgelöst wird und Menschen, indem sie zur Wahrhaftigkeit genötigt werden, die Chance eines Neuanfangs finden – durch die Schmerzen einer solchen Konfrontation mit sich selbst hindurch. Es ist schließlich unabdingbar, Gewaltverhältnisse – und Verhältnisse sexueller Gewalt – aufzudecken und in allen Verwobenheiten von Gefühlen, Ängsten, Versprechungen und Drohungen und gegen den Schutzwall von Privatheit die Lebensrechte der Betroffenen im Namen des gesellschaftlichen Wächteramts durchzusetzen und ihnen zur offenen Sprache sowie zu neuen Lebensperspektiven zu verhelfen.

Dieser Weg aus der Unklarheit zur Klarheit, aus der Unwahrhaftigkeit zur Wahrhaftigkeit ist heute Mainstream vieler Hilfen zum Leben und der Lebensgestaltung. Aber gilt er generell, also in allen Konstellationen? Kann es in Lebenspartnerschaften, in Konflikten mit Kindern und um Kinder sinnvoll sein, nicht in allem auf Aufklärung zu dringen, nicht – wie es heißt – „alles auf den Tisch zu packen", damit man sich nicht so gegeneinander verhärtet, dass es keinen Weg zu lebbaren Lösungen, zu Kompromissen mehr gibt? Kann es in belasteten Situationen, in Angst, in drohenden Katastrophen, in schuldhaften Verstrickungen und zerbrechenden Illusionen nicht hilfreich sein, nicht in alle Abgründe zu sehen? Gelingt der Ritt über den Bodensee nicht deshalb, weil dem Reiter nicht bewusst ist – und nicht bewusst gemacht wird –, wie brüchig das Eis und wie abgründig die Wasser darunter sind? Und schließlich: Gibt es nicht auch eine hilfreiche Trennung zwischen dem, was man weiß, und dem, wie man handelt, ein Handeln, „als ob" man nicht weiß? Solche Fragen sind prekär angesichts der so vielen verhängnisvollen Verdrängungen und vor allem der oft so offensiven Abwehr, dass man sie da, wo die Aufdeckung brisant werden kann, kaschiert. Das aber – so scheint mir – erledigt nicht das Problem, also die Frage, ob es nicht Situationen gibt, in denen es Takt, Undeutlichkeiten, Verschweigen, ja Lügen und Wegsehen braucht?

Ich will die Schwierigkeit dieser Frage noch an einer Fallgeschichte verdeutlichen. Eine junge Frau geht zum Studieren in die Stadt, in der eine ältere Verwandte von ihr lebt, die über eine große Wohnung verfügt. Da die junge Frau wenig Geld hat, findet sie es praktisch, bei ihrer Tante umsonst wohnen zu können. In der Familie sieht man es gern, dass die junge Frau sich bei der Tante einmietet, denn diese ist gesundheitlich labil, schwierig, anspruchsvoll, energisch und zunehmend auf Hilfe angewiesen. Die Studentin ist eher unbefangen und hilfsbereit. Die alte Frau lebt im Glauben, die Nichte zu versorgen, für sie da sein zu müssen und dies auch zu können. Sie stellt von daher selbstverständlich Ansprüche an deren Zeit und erwartet Interesse an ihren Themen. Die Nichte allerdings sucht zunehmend ihr eigenes Leben und will die Tante daran nicht teilhaben lassen. Sie scheut sich, ihre Freundinnen und Freunde mit nach Hause zu bringen und fühlt sich eingeengt und überfordert. Sie hat nun weniger Zeit für die Tante, findet Ausreden und Ausflüchte, täuscht und schwindelt, verhaspelt sich auch in diesem Spiel. Die Tante wird misstrauisch, die Situation wird gereizt und unerträglich. In ihrer Ratlosigkeit sucht die junge Frau eine Beratung auf, die mit ihr die Hintergründe dieser so ungleichgewichtigen und prekären Konstellation aufdeckt und sie ermuntert, die Situation mit der alten Frau insoweit zu klären, dass beide zu neuen, transparenten Spielregeln mit neuen wechselseitigen Erwartungen kommen. Aus dem dann folgenden Gespräch zwischen Nichte und Tante wird allerdings eine erregte Unterhaltung, in der die junge Frau zum Ausdruck bringt, dass sie zunehmend unerfreuliche Einschränkungen hingenommen habe, und durchblicken lässt, sie lebe nur bei der Tante, weil sie nicht mehr loskomme, denn es ginge der Tante ja nicht gut, sie habe Mitleid mit ihr und könne sie deshalb nicht alleinlassen. Die Tante setzt dagegen, sie biete Kost und Logis und das sei für die Nichte doch angenehm, sie nehme teil am Leben der Nichte und eigentlich sei es doch auch gut zwischen ihnen gewesen. Sie möchte wissen, ob das denn alles erlogen gewesen sei. Und überhaupt: Bemitleidet werden wolle sie nicht, dem verweigere sie sich. Die Nichte solle gehen, sie werde schon zurechtkommen, das Leben lohne sich sowieso nicht mehr. Die Nichte erschrickt, es wird ihr Angst um die Tante und um ihre eigene Verantwortung, vielleicht – so kommt es ihr nun vor – hat sie ja alles auch zu dramatisch gesehen. Wie dem aber auch sei, sie entscheidet sich dafür, das Spiel, auf das sie sich nun seit Jahren eingelassen hatte, zu Ende zu spielen: Sie kauft einen großen Blumenstrauß, nimmt alles zurück und sucht die Versöhnung. Die Tante, die völlig verzweifelt gewesen war, weil sie sich das Leben ohne die Nichte nicht mehr vorstellen konnte, glaubt ihr nur allzu gern. Es braucht allerdings einige Zeit und Anstrengung, die alte „Lebenslüge" (um diesen so provokanten und hier aber wohl treffenden Ausdruck aufzunehmen) wieder zu installieren. Tante und Nichte leben nach außen hin wieder zusammen, als wäre nichts gewesen, aber vorsichtiger, als wüssten sie beide, auf wie dünnem Eis sie sich bewegen. Die Beratungsstelle sucht die junge Frau nicht mehr auf, sie ist enttäuscht und will alleine zurechtkommen.

Gewiss: Hier war wohl eine Basis gegeben, die mit dem Wissen um Gemeinsamkeit und dem Willen (und der Notwendigkeit) zur Gemeinsamkeit erlaubte, das Irritierende herunterzuspielen und die Zumutungen gleichsam in einem „höheren Interesse" hinzunehmen. Kann man aber eine solche Interpretation so stehen lassen? Legitimiert sie nicht nur als eine gleichsam zweitbeste Lösung? Es hätte doch auch anders ausgehen können: Der Friede hätte sich als fauler Burgfrieden erweisen können und die Unhaltbarkeit der Situation wäre wieder aufgebrochen. Eine offene Auseinandersetzung wäre unvermeidlich geworden, man hätte wahrhaftig miteinander sein müssen. Vielleicht hätte sich dann auf neuer Basis eine andere Lebensform für beide ergeben – die Tante in einem Altenheim mit neuen Bekannten und Lebensinteressen (und mit verlässlich regelmäßigen Besuchen der Nichte) und die Nichte in einem neuen, nicht mehr angebundenen, freieren Leben. Aber – und nochmals gegenüberlegt – die Lage hätte auch kippen können, vielleicht wäre die Tante zusammengebrochen und die Nichte wäre mit den Vorwürfen, sie habe sie in die Verzweiflung getrieben, nicht zurande gekommen.

Es geht im Folgenden um Fragen von Wahrhaftigkeit und Unwahrhaftigkeit in Konflikten und Situationen von Hilflosigkeit, die zur Aufgabe von Beratung werden. Da die sozialpädagogisch spezifischen Fragen sich aber auf allgemeine Lebensverhältnisse im Kontext von Bewältigungsaufgaben beziehen, können sie nicht verhandelt werden, wenn sie nicht in einem weiteren Kontext der Diskurse zu Wahrhaftigkeit und Unwahrhaftigkeit, zum Aufdecken und Verdecken von Wahrheit zumindest skizziert werden, um sich von den dort geführten Diskursen erhellen und anregen zu lassen.[2] Ich muss also – wenn auch nur markierend – ausholen. Das treibt die folgenden Überlegungen auf der einen Seite in die Weite – so verwegen das ist – und macht sie zum anderen aber auch vorläufig zu Suchbewegungen. Es geht eher um Fragen als um Antworten.

Zunächst scheinen mir drei definitorische Festlegungen zur weiteren Verständigung wichtig. Als Erstes geht es bei Wahrhaftigkeit und Unwahrhaftigkeit um ein Verhalten, es geht nicht darum, was wahr und unwahr ist, sondern darum, wie sich Menschen zu dem, was für sie wahr oder unwahr ist, verhalten, also um Offenheit zur Wahrheit und um Verschlossenheit, Unwillen oder Unvermögen zur Wahrheit. Und zum Zweiten: Nichtwahrhaftigkeit nehme ich als allgemeinen Sammelbegriff für sehr vielfältige Formen des absichtlichen und des nichtabsichtlichen, des bewussten und nichtbewussten oder nicht ausdrücklich gewollten Verhaltens. Ich benütze im Weiteren also Unwahrhaftigkeit bzw. Nichtwahrhaftigkeit synonym. Dass dies eine problematische Vereinheitlichung darstellt, die gravierende Differenzen übergeht, ist mir bewusst, scheint mir aber angesichts der im Konkreten so offenkundigen Übergänge und Verschleifungen zwischen den verschiedenen Formen zulässig; im Konkreten sind es oft Fragen der Kasuistik. Nichtwahrhaftigkeit umfasst – das ist eine dritte Vorannahme – die verschiedenen „Härtegrade" (in der Darstellung der Nichtwahrhaftigkeit) vom Auf-sich-Beruhen-Lassen über die Verdrehung von Wahrheit zu Lügen, über Verdeckung und Tarnung bis zum Übergehen und Ausklammern.

Diese Fragen nach der Funktion von Nichtwahrhaftigkeit und nach dem Zusammenhang von Wahrhaftigkeit und Nichtwahrhaftigkeit werden in der derzeitigen wissenschaftlichen Diskussion der Sozialen Arbeit wenig thematisiert; in Stichwörtern und Registern zu den Handbüchern der Sozialen Arbeit tauchen sie kaum auf. Die Randständigkeit entspricht dem Faktum, dass generell solche ins Existenzielle hineingehenden Fragen zur Zeit in der Sozialen Arbeit noch selten dargelegt werden. Fragen nach Wahrhaftigkeit und Nichtwahrhaftigkeit verweisen auf die Philosophie; aber auch hier werden sie eher spärlich verhandelt, weil neben der erkenntnistheoretischen Frage, was Wahrheit sei, Fragen der praktischen Philosophie traditionell nachgeordnet sind; in jüngster Zeit aber gewinnen sie und mit ihnen auch die hier anstehenden Fragen an Bedeutung. Die Arbeiten von Sissela Bok (1980) und vor allem David Nyberg (1994), ihre weit ausholenden und grundsätzlichen Ansätze und reichen historischen und kasuistischen Materialien geben für die hier vorgetra-

[2] Im hier gegebenen Rahmen muss ich mich auf wenige grundsätzliche Fragestellungen beschränken und darf mich auf Diskussionen aus anderen Lebensbereichen nicht einlassen: z. B. auf die Diskurse in der Politik zum strategischen und taktischen Handeln, z. B. in der Wirtschaftswissenschaft zur Werbung, z. B. in der Medizin zum Umgang mit den Patienten oder der Placebobehandlung und vor allem auf die reichhaltige Kasuistik in der Literatur, von Odysseus über Ödipus und Hamlet bis hin zu Goethes Faust und Tasso und Ibsens oder Millers Dramatisierungen der Lebenslüge.

genen Überlegungen vielfältige Anregungen. Der allgemeinen Randständigkeit dieser Fragen nach Wahrhaftigkeit und Nichtwahrhaftigkeit entspricht auch die allgemeine sozialwissenschaftliche Diskussion; in ihr tauchen diese Fragen erst neuerdings im Kontext der interaktionistischen Theorie der Selbstdarstellung (Goffman, 1967, 1969; Hettlage, 2003) und vor allem in der Psychologie der Lebenslügen (Coleman, 1991) und des Alltags von Lüge sowie Täuschung auf.

2 Wahrhaftigkeit

Das Nebeneinander von Wahrhaftigkeit und Nichtwahrhaftigkeit wird in der philosophischen Diskussion verhandelt. Platons Höhlengleichnis ist die Grundfigur; der Mensch wagt es, sich von den Trugbildern in der dämmerigen Höhle zu befreien und auszubrechen zum Licht der Wahrheit. Der Wahrhaftigkeitsanspruch aber gilt in der Antike gleichsam mit Hilfsklauseln; man weiß um die Überlebenstaktiken des Ausweichens. Diese werden nun von Augustinus und von Kant zur Seite geräumt und als Verfehlung denunziert, der Primat der Wahrhaftigkeit gilt unbedingt:

> „Die größte Verletzung des Menschen gegen sich selbst, bloß als moralisches Wesen betrachtet (…) ist das Widerspiel der Wahrhaftigkeit: die Lüge (…). Die Lüge ist egwerfung und gleichsam Vernichtung seiner Menschenwürde. Ein Mensch, der selbst nicht glaubt, was er einem anderen sagt, hat einen geringeren Wert, als wenn er bloß Sache wäre." (Kant, 1952, S. 432f.).

Diese Unbedingtheit des Urteils ist begründet im Wissen, dass der Mensch niemals als Zweck für etwas, für eine Sache genommen werden darf, dass seine Würde in seiner moralischen Selbstzuständigkeit liegt. Wahrhaftigkeit bedeutet so das „Erwachen aus der selbstverschuldeten Unmündigkeit", also den Kampf gegen Verhältnisse, die den Menschen zur Sache entmündigen und entwürdigen. Im Zuge der Aufklärung – des Erwachens aus der selbstverschuldeten Unmündigkeit – wird Unwahrhaftigkeit als Strategie, Abhängigkeit, Verleugnung von Unterdrückung und Feigheit durchschaut und dagegen Wahrhaftigkeit als Mut gegen die Macht bestehender, mächtiger und unterdrückender Verhältnisse eingefordert und als Medium eines wahreren Lebens verstanden. Diese zunächst ganz allgemeine Intention konkretisiert sich im 19. und 20. Jahrhundert. Machtkritik als Kritik der ökonomisch begründeten Entfremdungen und als Ideologiekritik der sie tarnenden moralisierenden Unwahrhaftigkeiten breitet sich ebenso aus wie die psychologisch-psychoanalytische Kritik der Lügengespinste der Verdrängungen und des falschen Bewusstseins bei Freud sowie der verklemmten Unterdrückungen und Ressentiments bei Nietzsche. Parallel dazu entsteht das Diktum der Lebenslügen (Ibsen), die es im Familienleben und in den die Frauen niederdrückenden Verhältnisse aufzusprengen gilt.

Solche Kritik geht einher mit einem neuen Wissen um den Anspruch auf ein Leben in Authentizität, wie es bei Kierkegaard und in der Existenzphilosophie artikuliert wird. Wahrhaftigkeit also wirkt als Motor und Motivation in der modernen Geschichte zu den sich erweiternden Formen eines freieren Lebens, das aus gewachsenen Abhängigkeiten sich herauskämpft. Der Alltag unseres modernen Lebensverständnisses – wie ich es eingangs angedeutet habe – hat hier seinen Grund, indem die Offenheit zur Wahrhaftigkeit gerade auch die heiklen Konstellationen bestimmt, also die Direktheit in der Auseinandersetzung mit der dauerhaften Beeinträchtigung der Lebensaussichten, mit der Unausweichlichkeit von Krankheit und Tod.

Wahrhaftigkeit gewinnt eine besondere Bedeutung im Horizont der gegenwärtigen gesellschaftlichen Situation, die im Begriff der Entgrenzung charakterisiert werden kann. Indem sich Eindeutigkeiten in den gesellschaftlichen Auseinandersetzungen und in der Zielbestimmung eines mündigen Lebens zunehmend verwischen, wird beliebig, was als Wahrheit gelten kann. Wahrhaftigkeit gewinnt an Bedeutung als Zeugnis für das, womit Menschen sich im Konkreten, mit dem Gewicht ihrer individuellen Lebensgestaltung und Erfahrung verbürgen.

3 Unwahrhaftigkeit

Seit der Antike steht gegen das Postulat der Wahrhaftigkeit der Einspruch der praktischen Philosophie, der unbedingte Wahrheitsanspruch verkenne die menschlichen Verhältnisse, er überfordere sie in ihrer konkreten Bedingtheit. Der Mensch müsse in der Situation handeln, es brauche die Angemessenheit des Handelns in der Situation. Dieser Ansatz konkretisiert sich in der Neuzeit. Nietzsche geht davon aus, dass der Mensch das Leben bestehen, ihm in seinen Abgründen und Möglichkeiten standhalten müsse; nur in einem Geflecht von Täuschungen und Lügen sei es ihm möglich, die das Leben bestimmenden Interessen durchzusetzen und so zu überleben; er sieht im Menschen das „Genie der Lüge“. Der Philosoph Hans Vaihinger pointiert gleichzeitig das Lebensprinzip des „Als Ob“. Der Mensch brauche, um die Abgründe des Lebens bewältigen zu können, die Illusion. Der Pragmatismus insistiert darauf, dass nicht Wahrhaftigkeit die Frage sei, sondern Nützlichkeit. Das Kriterium ist die Brauchbarkeit im Leben, die Frage nach dem, was Leben und Überleben fördert. Nutzen aber ist kein Selbstzweck, er ist eingebunden in die Lebensform der Demokratie. Er bemisst sich an der Verbindlichkeit eines gemeinsamen Lebens der Bürger.

So verschiebt sich die Frage nach dem unbedingten Wert der Wahrhaftigkeit zu der des Aushandelns zur Gemeinsamkeit von Verbindlichkeiten. Von ihrer Notwendigkeit aus muss entschieden werden, ob Wahrhaftigkeit tauglich ist, was durchaus der Fall sein kann, aber eben nicht sein muss. Ein Leben in der Freiheit der Selbstbestimmung ist nicht an die Unbedingtheit von Wahrhaftigkeit gebunden. Die Frage nach Wahrhaftigkeit verschiebt sich zur pragmatischen Frage nach einem nützlichen und im demokratischen Anspruch fundierten guten Miteinanderleben – d.einer Gesellschaft von Bürgern.

In diesem Kontext der Nützlichkeit in der Gesellschaft muss – als weiteres Moment – unterschieden werden zwischen den unterschiedlichen Lebensbereichen und da vor allem zwischen dem öffentlichen und dem privaten Leben. Die Neuzeit ist charakterisiert durch die Ausbildung des Bereichs des Privaten, der Intimität und jener Erfahrungen und Auseinandersetzungen mit anderen und sich, die jeder mit sich – und den jeweiligen Freunden und Nächsten – aushandeln kann und muss. Privatheit entsteht als ein Bereich, den jeder für sich hat, der gegen Zudringlichkeit und Beschämung gesichert sein muss jenseits der allgemeinen Wahrhaftigkeits- und Nichtwahrhaftigkeitsansprüche (zu den weiteren Problemen von Scham und Beschämung s. auch Thiersch, 2009).

4 Alltag, Selbstdarstellung, Stigma-Management

Neuere sozialwissenschaftliche Zugänge, die sich im weiteren Horizont des Pragmatismus verstehen lassen, fragen nach den Formen des Miteinanderlebens in der Gesellschaft und geraten hier vor allem in der Alltags- und Stigma-Theorie auch auf Formen von Ausweichen, Verstellen, Verstecken und Lügen als Muster der Bewältigung des Lebens und damit zur Beschreibung der Funktionen von Nichtwahrhaftigkeit.

Menschen finden sich in ihrem Alltag, müssen in ihm bestehen und suchen sich in der Auseinandersetzung mit seinen Gegebenheiten zu arrangieren. Damit das gelingt, gelten Regeln einer pragmatischen Verständigung, in denen der Mensch nicht interessiert ist an logischer Konsistenz der Deutungen und an Wahrhaftigkeit, „er sucht überhaupt nicht nach Wahrheit und fragt auch nicht nach Gewissheit" (Schütz, 1971, S. 56); es geht allein um die Bewährung im Alltag. Diese Regeln bestimmen, was gilt und was nicht gilt, sie bestimmen Zonen unterschiedlicher Relevanz – was wichtig, weniger wichtig und unwichtig ist, worüber man redet, worüber man nicht redet, was man thematisiert und was man so, wie es ist, auf sich beruhen lässt, sie bestimmen die Ab- und Ausgrenzungen der Lebenswelt. Damit stiften sie Normalität. Soziale Gemeinschaften, Familien, Freundschaften, Kollegenschaften und die Diskurse im öffentlichen Raum basieren darauf, dass immer auch klar ist, worüber nicht geredet wird: Verwandtschaft etwa bedeutet, dass man die Menschen, die dazugehören, so nimmt, wie sie sind, vielleicht lästert man hinter dem Rücken der gerade Abwesenden, aber ihr Status des Dazugehörens, also des prinzipiellen Akzeptiertseins, steht nicht zur Debatte; Freundschaften basieren auf dem Ineinander eines prinzipiellen Vertrauens und dem Wissen über mögliche Zonen unterschiedlicher Positionen, die man gleichsam tolerierend ausklammert; öffentlich-politisches Reden setzt – jedenfalls im Allgemeinen – voraus, dass über Privates, wenn es die Betroffenen nicht selbst wollen, nicht öffentlich geredet wird und dass es jedenfalls kein Argument in der Sach-Auseinandersetzung sein darf. Die Bewältigung des Alltags verlangt Takt als spezifische Alltagskompetenz, also die Sicherheit und das Geschick im Umgang mit den so verschiedenen Sphären von Wahrhaftigkeit und Nichtwahrhaftigkeit.

Dieser Alltag kann als eine Bühne gesehen werden, auf der alle sich voreinander so darstellen, dass sie als „Normale" dazugehören. Man stellt sich dar, setzt sich in Szene, man sucht so zu erscheinen, wie man vor den anderen gesehen werden will – und wie man sich selbst sehen möchte; in dieser Arbeit am Selbstbild geht es dann auch um die Biografie und darin um Erinnerungen, um Profilierungen und Verschiebungen, um Verdrängungen und Lügen. „‚Das habe ich getan', sagt mein

Vorwort und Einleitung
Innovative Zugänge
Beratungs-settings und -räume
Medien und Beratung
Kritik der Beratung
Register
Anhang

Gedächtnis. ‚Das kann ich nicht getan haben', sagt mein Stolz und bleibt unerbittlich. Endlich – gibt das Gedächtnis nach.", heißt es bei Nietzsche.

Diese Normalität des Alltags ist also ein Gefüge von unterschiedlichen Positionen und darin von Macht. Macht beansprucht und bestimmt, was gelten darf, die anderen müssen sich fügen und ihre Ansprüche kaschieren. Die Normalität ist daran interessiert, dass nichts ihren Machtanspruch stört, sie unterdrückt, denunziert und verfolgt, was dem nicht entspricht. Das macht alle, die der Normalität nicht entsprechen, angreifbar, verletzlich und verlangt, dass sie sich anstrengen, sich als normal darzustellen, es verlangt – in der Sprache Goffmans – Stigma-Management: „Eröffnen oder nicht eröffnen; sagen oder nicht sagen; rauslassen oder nicht rauslassen; lügen oder nicht lügen; und in jedem Fall, wenn, wie, wann und wo." (1967, S. 56), und damit kommt es also auch zu Verdrehungen, Lügen und Unwahrhaftigkeiten, um nicht aus der Normalität herauszufallen und ausgegrenzt zu werden.

Wenn es im Stigma-Management darum geht, das zu verbergen, was die Gesellschaft in ihrer machtbestimmten Normalität abqualifiziert, einengt und denunziert, sind die vielfältigen Formen des Verbergens, Versteckens, Ausweichens und Lügens Instrumente von Überlebenstaktik und -notwendigkeit und darin Ausdruck von Protest eines Lebenswillens, der sich nicht den gegebenen Zwängen beugt. Stigma-Management aber kann auch dazu dienen, den Raum des Eigenen zu sichern, des Intimen, in dem der Mensch mit sich abmacht, was nur er oder seine engsten Freunde wissen, also Sexualität, Krankheiten, schuldhaftes Versagen, aber auch Wahnvorstellungen und Obsessionen oder Wut und Zorn, für die er sich schämt, die er vor anderen und oft auch vor sich selbst versteckt. Stigma-Management kann unterschiedliche, ja gegensätzliche Funktionen erfüllen, es kann dazu dienen, den Menschen Beschämung zu ersparen, sie in ihrem Eigensinn zu schützen. Es kann aber auch dazu dienen, Fakten und Verhaltensweisen zu verstecken, mit denen Menschen nicht zurande kommen, an denen sie gleichsam ersticken und deshalb nicht nach Ausweg und Hilfe suchen, und schließlich kann Stigma-Management Verbrechen, Gewalt und Betrug decken. Es braucht also wie im Kontext von Nützlichkeit das weitergehende Kriterium der Verbindlichkeit des gemeinsamen Lebens, um im Stigma-Management zu unterscheiden.

5 Die Normalität von Wahrhaftigkeit und Nichtwahrhaftigkeit

So zeigen sich im Durchgang durch unterschiedliche Positionen unterschiedliche Konstellationen im Verhältnis von Wahrhaftigkeit und Nichtwahrhaftigkeit. Die Unbedingtheit des Wahrhaftigkeitsanspruchs und sein Zusammenhang mit dem Ziel eines freien, mündigen Lebens relativiert sich, indem dieses Ziel eines freien, mündigen Lebens durchaus in anderen offenen Handlungsmustern, also auch in Formen der Nichtwahrhaftigkeit, sich realisiert. Wahrhaftigkeit und ihre die Unfreiheitsverhältnisse sprengende Kraft ist das eine; ein anderes ist, dass der unbedingte Wahrheitsanspruch sich relativiert im Kontext der Fragen nach der Bewältigung des menschlichen Zusammenlebens, der Höflichkeit und der Nützlichkeit. In diesem

Anspruch können die unterschiedlichen Formen von Nichtwahrhaftigkeit unterschiedliche Funktionen erfüllen, sie sichern die Handlungsfähigkeit des Menschen trotz Illusionen, sie sichern im Medium von Sozialkompetenz und Takt das alltägliche Miteinanderleben, sie sichern den Menschen vor den Machtansprüchen einer zudringlichen Normalität und schützen den Raum des Intimen. Leben – und gelingendes, gutes Leben – stellt sich also als In- und Nebeneinander von Wahrhaftigkeit und Nichtwahrhaftigkeit dar, beides geht nicht ineinander auf, im Horizont eines guten Lebens muss je entschieden werden, was gelten soll und darf. Nichtwahrhaftigkeit wird in der Sprache Nybergs folgendermaßen beschrieben:

> „Täuschung (ist) nicht nur eine zu tolerierende, gelegentlich nahe liegende Verirrung in einer von Wahrhaftigkeit regierten Welt. Vielmehr ist sie eine wesentliche Komponente unserer Fähigkeit, die Welt zu organisieren und zu formen, Koordinationsprobleme unter sehr unterschiedlichen Individuen zu lösen, mit Ungewissheit und Schmerzen fertig zu werden, höflich zu sein und bei Bedarf unsere Privatsphären zu sichern sowie als Spezies zu überleben und als Individuen glücklich zu sein. Täuschung ist uralt und universal; bei jeder Kommunikation, die von einem Lebewesen absichtsvoll gestaltet werden kann, das selbst in der Lage ist, Überzeugungen hinsichtlich des Bewusstsein eines anderen zu haben, ist mit Täuschungen zu rechnen." (1994, S. 268)

Dieses Ineinander von Wahrhaftigkeit und Nichtwahrhaftigkeit ist – das anzumerken scheint mir nicht uninteressant – gleichsam institutionalisiert in unserer Gesellschaft. Der Aufdeckung von Täuschung und Lügen dienen Richter, Detektive und investigative Journalisten, es ist ihre Aufgabe, das Dickicht der Verschwiegenheiten und das Raffinement von Tarnungen aufzubrechen, das Verlogene ans Tageslicht zu bringen und zu ahnden. Den Kommissar als Repräsentanten des Detektivischen könnte man geradezu als Leitfigur unserer Medien und darin als Sehnsucht der Gesellschaft nach Aufklärung und Wahrheit verstehen. Auf der anderen Seite – und gerade entgegengesetzt – werden Menschen vor dem Anspruch auf Wahrhaftigkeit geschützt: Jeder Einzelne hat für sich das Aussageverweigerungsrecht, ebenso Verwandte; Anwälte und Verteidiger, Pfarrer und Sozialarbeiter haben die Aufgabe, den Raum des Privaten vor einer be- und verurteilenden Zudringlichkeit zu schützen und deshalb Verschwiegenheitsverpflichtung und Zeugnisverweigerungsrecht. Dass diese Grenzen zwischen dem öffentlichen und privaten Leben zunehmend im Anspruch von Wahrhaftigkeit problematisiert und aufgehoben werden – so wie ich es oben im Zuge ihres sich allgemein durchsetzenden Primats markiert habe –, beklagt Sennett (1983) als den Verlust gesellschaftlich akzeptierter Regeln des öffentlichen Umgangs, wie sie früher z. B. als Höflichkeit und Takt die Sphäre des Privaten sicherten; er spricht von einer zunehmenden „Tyrannei der Intimität".

6 Sozialpädagogische Beratung

Was bedeuten nun aber diese unterschiedlichen Zugänge zum Verhältnis von Wahrhaftigkeit und Nichtwahrhaftigkeit für die sozialpädagogische Beratung, wenn sie Menschen, die in ihren Schwierigkeiten nicht allein zurande kommen, im Horizont sozialer Gerechtigkeit zu helfen sucht, sodass sie nicht in Unfreiheit, innerer und äußerer Abhängigkeit und Angst leben müssen, sondern sich als mündige Menschen, als Bürger in einer Gesellschaft unter Gleichen, als Subjekte ihrer selbst im gelingenderen Alltag eines guten Lebens erfahren können?

Hier müssen zunächst rekapitulierend die verschiedenen Funktionen der Unwahrhaftigkeit noch einmal bilanzierend benannt werden:

- Nichtwahrhaftigkeit kann Ausdruck von Konvention sein.
- Nichtwahrhaftigkeit kann Ausdruck von Klugheit sein, man erkennt, dass das gegebene soziale Gefüge die Wahrhaftigkeit nicht verträgt, in der Abwägung von Kosten und Nutzen entscheidet man sich für Verschweigen und Lügen; der Zusammenhalt des Ganzen – so scheint es – lohnt diesen Preis.
- Nichtwahrhaftigkeit kann Ausdruck von Takt sein, man spürt, wie schmerzlich es für den anderen wäre, würde man ihm sagen, was man denkt, man respektiert seine Ansichten.
- Nichtwahrhaftigkeit kann Ausdruck von Feigheit sein, man schweigt, weil man Angst hat, sich auseinanderzusetzen, man drückt sich – auch in Abwägung der Kosten, die auf einen zurückfallen würden, ließe man sich auf eine Auseinandersetzung ein.
- Nichtwahrhaftigkeit kann den Raum für Entwicklungen und Pläne sichern.
- Nichtwahrhaftigkeit kann Ausdruck von Resignation und Verzweiflung sein, man weiß, dass man mit seinen Positionen nicht gehört wird, dass man keine Chancen hat, man nimmt es hin. Die Unterwerfung unter die Nichtwahrhaftigkeit sichert die Zugehörigkeit in der Normalität.
- Nichtwahrhaftigkeit kann private Fakten und Probleme schützen.
- Nichtwahrhaftigkeit kann das decken, was den Einzelnen in Unfreiheit hält und was als Gewalt und Kriminalität in der Gesellschaft nicht hinnehmbar ist.

Diese unterschiedlichen Funktionen von Nichtwahrhaftigkeit können somit in ihrer Bedeutung für die beratende Klärung einer schwierigen Situation immer nur im Horizont eines guten Lebens verstanden werden, das in der konkreten Situation ermöglicht werden soll; es braucht Kasuistik, also im Konkreten das Profil von Wahrhaftigkeit und Unwahrhaftigkeit und auch – pointiert formuliert – das Profil der spezifischen Illusionen und Verdrängungen. Solche Kasuistik ist darin natürlich immer auch bestimmt durch die individuellen Unterschiede der Beteiligten, wie sie gerade auch – oft geprägt durch die Lebensgeschichte – die Fähigkeit zur Wahrhaftigkeit und den Willen zum ausweichenden Arrangement ausmachen.

Aufgabe einer kasuistischen Beratung ist es zunächst, die Ressourcen und Potentiale der Betroffenen zu verdeutlichen und von da aus die Optionen in der Situation einzuschätzen und gegeneinander abzuwägen, was ihnen als Einzelne je für sich und im Gefüge der Situation an Wahrhaftigkeit und Nichtwahrhaftigkeit zuzumuten ist: Zugleich gilt es abzuwägen, welche Entwicklungen sich in der Zeit der Beratungsarbeit ergeben und ob und wie sie dadurch gestützt werden können, indem zusätzliche Ressourcen als Unterstützungen und Entlastungen im Feld organisiert werden. Es geht also ebenso um die Frage des Zeitpunkts der Aufklärung wie um die Prüfung der Belastbarkeit und um die Stabilisierung des Feldes in seinen Ressourcen. In diesem Kontext stellt sich auch die Frage einer möglichen Unterscheidung von Einsicht und Handeln, also die Frage, ob ein gleichsam gespaltenes Bewusstsein in der Bewältigung der Situation weiterführt. Schwierigkeiten und Bewältigungsstrategien sind deutlich erkennbar, Formen des Stigma-Managements, der Illusion und Täuschung sind aufgedeckt, aber man entschließt sich – aus welchen Gründen auch immer – zu handeln, als wenn man es nicht wüsste, und sich im „Als-ob" einer bewussten Unbefangenheit zu bewegen. Diese Spaltung von Wissen und Handeln gilt für die Adressaten, aber ebenso für den Berater, wenn er – weil es dem Ratsuchenden nicht zuzumuten ist – bei sich zurückhält, was ihm deutlich ist, und sich auf pragmatische Arrangements beschränken muss.

Beratung realisiert Hilfen in einem spezifischen Arrangement. Sie öffnet Optionen im Medium einer Kommunikation, in der der Berater mit dem Ratsuchenden Vorschläge entwickeln kann und entwickelt, die der andere annehmen oder nicht annehmen kann. Wenn auf diese Weise auch der Berater von den Erfahrungen und Deutungen des Ratsuchenden aus agiert, also mit seiner eigenen Position im Hintergrund bleibt, so ist das spezifische Arrangement der Kommunikation doch bestimmt von den allgemeinen Zielen der Sozialen Arbeit, also von den in ihr gegebenen Vorstellungen eines guten Lebens und von dem Grundmuster der pädagogischen Interaktion. Darin ist der eine auf Hilfe angewiesen, die er vom anderen erwartet, er hat einen Anspruch darauf, in seinen besonderen Schwierigkeiten akzeptiert und ernst genommen zu werden; der Berater aber steht in Gefahr, die ihm in seiner Position zukommende Überlegenheit auszuspielen.

Im Umgang mit Nichtwahrhaftigkeit in den Lebenskonzepten der Ratsuchenden geht es auch darum, die strukturell unterlegene Position in Rechnung zu stellen, ihnen also das Recht zur Abwehr und Gegenwehr zuzugestehen. Korczak (1967) hat eindrückliche Beispiele dafür gegeben, was es bedeutet, dass Kinder als Neulinge in eine schon vorhandene Kultur, in ihre Selbstverständlichkeiten und Selbstbehauptungstendenzen hineinwachsen und sich den Erwachsenen gegenüber behaupten müssen, vor allem auch da, wo deren Übermacht sich als Verantwortung und Wohlwollen ausgibt. Es gilt, die Unterlegenheit zu respektieren, die im Status von Kindern, Heranwachsenden und Hilfsbedürftigen liegt, und zu prüfen, wieweit Unwahrheiten und Täuschungen notwendig sind, um in der Beratung die Eigenheit der unterlegenen Position eines Ratsuchenden zu schützen, der sich vor möglichen Zudringlichkeiten des Beraters abschirmt und sich in allen seinen Lebensschwierigkeiten und Verfahrenheiten als jemand darzustellen möchte, der seinem Leben gewachsen ist und sich in seiner Geschichte und vor anderen achten kann. Mindestens ebenso wichtig ist es, den Ratsuchenden als jemanden zu verstehen, der einen Raum des Lernens und Entwickelns braucht, um in Entlastungen auch von harten Realitätsansprüchen im immer neuen Spiel von Versuch und Irrtum und damit auch von Selbsttäuschungen und Ausweichmanövern allmählich die eigenen realen Möglichkeiten zu erkennen und nutzen zu lernen und so das für ihn passende Profil von Wahrhaftigkeit und Lebensfähigkeit zu finden. Kinder lernen vieles, indem sie im Medium von Phantasie die Härte von Realität überspielen können, Heranwachsende brauchen in der Absetzung von der Kindheit und den elterlichen Lebensformen einen Überschuss an Selbstvertrauen und hochfliegenden Selbsterwartungen, damit sie die Kraft finden, sich gegen die oft übermächtigen Lebensstrukturen in ihrer Eigenheit zu behaupten. Menschen in Not brauchen eine wie auch immer begründete Basis des Selbstzutrauens, von der aus sie sich auf das Wagnis von neuen Lebensarrangements einlassen können. Professionelle Beratung muss das allgemeine Wissen von den Funktionen der Nichtwahrhaftigkeit und den Respekt vor dem Eigenen und Intimen konkretisieren in den besonderen pädagogischen Aspekten von Entwicklung, von Zeit für Entwicklung und von der Organisation stützender Ressourcen.

7 Kasuistik

Vor dem Hintergrund solcher allgemeinen Überlegungen markiere ich nun beispielhaft einige Szenarien und knüpfe damit an die eingangs gegebene Fallskizze an.

Im Miteinanderleben z. B. der Familie und Generationen werden Grenzen nicht eingehalten, Menschen verheddern sich in den feldspezifischen Regelungen von Zugehörigkeit und Abgrenzung. Positionen und Muster der Lebensgestaltung z. B. einer Tochter lassen sich mit denen ihrer Eltern nicht verbinden. Zugleich aber ist den Eltern deutlich, dass sie die Tochter in ihrer Art mögen und man sich nicht trennen will. Reicht es, jene Formen eines höflichen Umgangs, der die problematischen Bereiche ausspart, zu stabilisieren? Eine ähnliche Konstellation ergibt sich auch, wenn Eltern und Großeltern in Bezug auf den Umgang mit den Enkeln nicht übereinstimmen. Man ist aufeinander angewiesen: Die Eltern brauchen Entlastung, die Großeltern hängen an ihren Kindern und vor allem ihren Enkeln. Hinter den Unstimmigkeiten liegen belastende, ganz offenkundig nicht bewältigte Erinnerungen an die früheren Zeiten. Bietet es sich hier an, pragmatische Formen eines Umgangs zu finden, der durch das Übergehen dessen, was nicht mehr geändert werden kann, gesichert ist? Kann sich die Achtsamkeit im Umgang miteinander mit der ängstlichen Vermeidung heikler Themen verbinden und so ein entspanntes Miteinander ergeben, zumal wenn die Enkel sich – wie es ja naheliegend sein kann – ganz unbefangen zwischen den Minen im Feld bewegen?

Wenn Menschen Probleme mit ihrem Selbstbild haben – z. B. ihrem Selbstanspruch, ihrer sozialen Akzeptanz, ihrer Geschlechtsrolle – stellt sich die Frage, ob sie nur so – gleichsam im Kokon einer unhinterfragten Sicherheit – handlungsfähig sind und darin gestützt auch Widrigkeiten aushalten oder ob sie ohne Selbsttäuschungen in die Selbstaufgabe getrieben werden oder ob angesichts der Kosten für die anderen und für sie selbst Wege gefunden werden müssen, aus den immer neuen Ausweichmanövern und Lügen herauszukommen und zu vielleicht bescheideneren – ihnen bisher unter ihren Illusionen verbauten – Möglichkeiten zu gelangen, gegebenenfalls auch in einem neuen Lebensgefüge von Wahrhaftigkeit und Nichtwahrhaftigkeit. Wieweit also tragen die Selbsttäuschungen, wieweit müssen sie rekonstruiert, stabilisiert und unterstützt werden, wieweit aber müssen sie angesichts der Unhaltbarkeit der Situation und der Kosten modifiziert oder aufgebrochen werden? Was riskiert der Berater in seinen Optionen?

Wenn Menschen ihre gegebenen Umstände im Miteinanderleben im sozialen Feld, z. B. der Familie, in einem prekären Geflecht sehr unterschiedlicher Positionen und Unvereinbarkeiten von Wahrhaftigkeit und Nichtwahrhaftigkeit nicht ändern können und aushalten müssen, brauchen sie Hilfe darin, dieses Gefüge immer wieder neu herzustellen. Man sieht, wie sich unterschiedliche Intentionen blockieren und wie sich – würden sie offen ausgetragen – die Gemeinsamkeit ruiniert. Jeder hätte jeweils für den eigenen Part Optionen und erkennt doch keinen Weg, das gegebene Gefüge aufzubrechen. Es geht um das Aushalten der Situation, man hofft und sucht sie in der Schwebe zu halten. Was verlangt eine solche Situation vom Berater, wenn sie einem professionellen Selbstverständnis widerspricht, das auf Deutlichkeit, Klärung und Entschiedenheit hinzielt?

Diese Frage nach dem Aushalten stellt sich in unterschiedlichen Konstellationen. Ich skizziere nur eine, besonders dramatische. Nach langen Jahren des verträglichen Miteinanderlebens wird die Ehepartnerin dement, sie ist nicht nur verwirrt, sondern auch aggressiv und in ihrer Gebrechlichkeit und Inkontinenz schwer erträglich. Da der Partner sie versorgen will und darin für die Erinnerung an das gemeinsame Leben, für seinen Selbstanspruch und seine jetzige Lebensgestaltung den Sinn seines Lebens erfährt, kann er die Situation nur überstehen, indem er sich auf die Pragmatik der – liebevollen – Erledigungen beschränkt und – pointiert geredet – immer wieder gleichsam vergisst, mit wem er es zu tun hat. Er könnte es nicht aushalten, sich – wie er es aus den langen gemeinsamen Jahren gewohnt ist – empathisch auf die Fragen einzulassen, was in ihr vorgeht, wenn sie zwischen Angst, Stumpfheit und Aggressivität schwankt. Im Verdrängen gewinnt er die Kraft zur Bewältigung des Alltags der Versorgung und des Miteinanderseins. Was kann und muss der Berater hier zur Unterstützung leisten?

Eine solche Konstellation kann sich noch einmal dramatisieren, wenn dann auch für ihn die Frage nach dem Lebenssinn nicht mehr beantwortbar wird, wenn er in prinzipielle Fragen nach dem Sinn des Lebens gerät, in denen die Absurdität von Leben und Zumutungen des Lebens ihn zu verschlingen droht. Es braucht alle Kraft des Verdrängens, damit das im Alltag Gewollte und Notwendige möglich bleibt. Aushalten aber ist eines, die Bewältigung des Aushaltens ein anderes. Auch hier stellt sich dann vor allem die Frage nach Unterstützungen, Entlastungen und danach, wie der Ratsuchende in seiner Hilflosigkeit nicht sich selbst überlassen bleibt.

Schließlich: Wenn Täuschungen, Tabuisierungen, Ausweichen und Lügen dazu dienen, Unrecht und Gemeinheiten zu verstecken, braucht es harte Aufklärung ohne abwägende Fragen nach Zumutungen für den Ratsuchenden: Erst jenseits des Aufdeckens, der Entlarvung des Stigma-Managements und durch Konfrontation und Verurteilung hindurch müssen dann auch Optionen zur Klärung der Situation und zu einer Lösung gefunden werden, vor allem für die „Opfer" und dann auch für die „Täter".

8 Beratung in der gegenwärtigen sozialpädagogischen und gesellschaftlichen Situation

Die Situation des Beraters zwischen der Unterstützung von Wahrhaftigkeit und Nichtwahrhaftigkeit muss in den Kontext der Entwicklung der Sozialen Arbeit und der gesellschaftlichen Erwartungen gestellt werden. Auf der einen Seite müssen

Soziale Arbeit und soziale Beratung sich gegen die in der strukturellen Asymmetrie liegende Gefahr der fürsorglichen Belagerung, der Bemächtigung der Adressaten wehren; auf der anderen Seite darf das aber nicht dazu führen, dass Situationen, wenn sie unhaltbar sind, im Zeichen eines Alltagsarrangements schöngeredet und gleichsam verharmlost werden, dass sie also – obwohl die Kosten für Einzelne oder alle unerträglich sind – nicht in radikaler Weise geklärt und Selbsttäuschungen, Tabuisierungen sowie das Geflecht von Stigma-Management aufgebrochen werden und das Gefüge neu strukturiert wird. Die historisch in der Geschichte der Sozialen Arbeit so begründete Angst vor der Überlegenheit des Pädagogen und ihrem Missbrauch und der Wille zum Respekt vor den Eigendeutungen und Lebensentwürfen der Adressaten dürfen nicht dazu verführen, Schwierigkeiten und Unhaltbarkeiten in der Alltagspragmatik auch da hinzunehmen, wo sie nicht hinnehmbar sind. (Untersuchungen zu Erziehungskarrieren und Beobachtungen zu Beratungen und Hilfeplänen machen diese Gefahr einer wohlmeinenden, normalisierenden falschen Akzeptanz des Problematischen immer wieder deutlich, vgl. z. B. Hamberger, 2008.) Hier gilt es, auch gegenzusteuern und – einhergehend mit Begleitung, Unterstützung und Ressourcenaktivierung – auf die Aufhebung von Unwahrhaftigkeit zu Gunsten von Wahrhaftigkeit zu drängen.

Dies muss auch deshalb so nachdrücklich unterstrichen werden, weil in der gegenwärtigen politisch sozialpolitischen Großwetterlage das Plädoyer für die Aushaltbarkeit von Alltagsverhältnissen und die Akzeptanz von Ausgrenzungen und Verschweigen sozialpolitisch in fataler und oft geradezu schamloser Weise ausgenutzt wird. Soziale Arbeit soll in den Notwendigkeiten zu sparen unaufwändig gestaltet werden. Sie soll – im Zeichen einer neoliberalen Erwartung, dass Menschen für ihr Lebensarrangement und ihre gesellschaftliche Produktivität selbst zuständig sind – Situationen auf sich beruhen lassen, mit denen Menschen sich im schlechten Sinn arrangiert haben, sie soll – härter geredet – das je gegebene Gefüge von Wahrhaftigkeit und Nichtwahrhaftigkeit akzeptieren und weder nach den Kosten fragen noch nach Optionen: Es ist so anspruchsloser und billiger. Die für die Soziale Beratung selbstverständliche Akzeptanz der Menschen in ihren Lebensarrangements und ihre Frage nach einer Balance von Wahrhaftigkeit und Unwahrhaftigkeit im Zeichen eines guten Lebens dürfen nicht dazu ausgenutzt und dahingehend entfremdet werden, eine Sozialpolitik zu unterstützen, die Lebensverhältnisse jenseits der Kriterien eines guten Lebens als produktiv betrachtet und Menschen in den Verwirrungen und Nöten ihrer Verhältnisse allein und sich selbst überlässt und von notwendigen aufklärenden und aufsprengenden Hilfen absieht und desavouiert.

Literatur

Bok, S.(1980). *Lügen – vom täglichen Zwang zur Unaufrichtigkeit.* Hamburg: Rowohlt.

Coleman, D. (1991). *Lebenslügen – warum wir uns immer wieder selbst täuschen.* Weinheim/Basel: Belz.

Goffman. E. (1967). *Stigma.* Frankfurt a. M.: Suhrkamp.

Goffman, E. (1969). *Wir alle spielen Theater – Die Selbstdarstellung im Alltag.* München: Piper.

Hamberger, M.(2008). *Erziehungshilfekarrieren.* Frankfurt a. M.: IGfH.

Hettlage, R. (Hrsg). (2003). *Verleugnen, Vertuschen, Verdrehen – Leben in der Lügengesellschaft* (Analyse und Forschung, Bd. 43). Konstanz: Universitätsverlag.

Kant, I. (1952). *Die drei Kritiken in ihrem Zusammenhang mit dem Gesamtwerk* (hrsg von R. Schmidt). Stuttgart: Kröner.

Korczak, J. (1967). *Wie man ein Kind lieben soll.* Göttingen: Vandenhoek & Ruprecht.

Nyberg, D. (1994). *Lob der Halbwahrheit.* Hamburg: Junius.

Schütz, A. (1971). *Das Problem der Relevanz.* Frankfurt a. M.: Suhrkamp.

Sennett, R. (1983). *Verfall und Ende des öffentlichen Lebens – die Tyrannei der Intimität.* Frankfurt a. M.: Fischer.

Thiersch, H. (2002). Beratung von unten gesehen. In F. Nestmann & F. Engel (Hrsg), *Die Zukunft der Beratung* (S. 155–163). Tübingen: dgvt-Verlag.

Thiersch, H. (2009). Scham. In H. Thiersch, *Schwierige Balance* (S. 161–180). Weinheim/ München: Juventa.

Prof. em. Dr. Dres. h.c. Dr. Hans Thiersch ist emeritierter Professor für Erziehungswissenschaft und Sozialpädagogik an der Universität Tübingen. Seine Arbeitsschwerpunkte sind u. a.: Theorie der lebensweltorientierten Sozialen Arbeit, Moral der Sozialen Arbeit sowie Handlungsformen der Sozialen Arbeit.

Anschrift:
Universität Tübingen
Wirtschafts- und Sozialwissenschaftliche Fakultät
Institut für Erziehungswissenschaft
Münzgasse 22
D-72070 Tübingen
E-Mail: hans.thiersch@gmx.de

Beratung und Ethik

Ruth Großmaß

1 Ethik im fachlichen Diskurs über Beratung

Betrachtet man die Diskussionen, die in den letzten zehn Jahren über psychosoziale Arbeit geführt worden sind, unter dem Gesichtspunkt, ob auffällige Veränderungen stattgefunden haben oder Neuerungen im Diskursstil zu bemerken sind, dann fällt ein Merkmal gerade durch seine scheinbare Unauffälligkeit in den Blick: Das Wort „ethisch" taucht seit einiger Zeit mit großer Selbstverständlichkeit in den Beschreibungen von Konzepten und Leitlinien auf und auf vorliegende oder zu erstellende „Ethische Richtlinien" wird gerne verwiesen. Für Psychotherapie, für Soziale Arbeit und eben auch für Beratung scheint es zum fachlichen Standard zu gehören, dass eine ethische Dimension der eigenen Arbeit nicht nur mitgedacht oder als Moment des beruflichen Habitus vorausgesetzt, sondern explizit eingefordert und diskutiert wird und – durch Richtlinien und verbandseigene Kommissionen – normativ verankert werden soll (vgl. z. B. Rechtien, 2009, S. 5f.). Aufmerken lässt diese Veränderung, weil der deutsche Fachdiskurs bis in die 1990er-Jahre hinein fast ganz ohne solche Verweise und Hinweise auskommen konnte und die Einführung von Ethik in den Beratungsdiskurs dennoch keiner konzeptionellen Begründung bedurfte. Dass man sich in den 1960er-/70er-Jahren intensiv und mit einer Leidenschaft, in die auch moralische Impulse eingingen, für die Interventionsform Beratung einsetzen konnte, ohne von Beratungsethik zu sprechen, war wohl bis zu einem gewissen Grad Ausdruck einer spezifisch deutschen Situation. In der „alten" Bundesrepublik hatte die Auseinandersetzung mit den überkommenen starren Formen der etablierten psychosozialen Versorgung (von Psychiatrie bis Mütterberatung) zu einer besonders engen Verbindung der Reformkräfte mit den sozialen Bewegungen der

1960er-/70er-Jahre geführt (Keupp & Zaumseil, 1978; Großmaß & Schmerl, 2003, S. 817–821) – mit dem Effekt eines wenig reflektierten, aber relativ lange tragenden politisch-moralischen Konsens unter den professionellen Akteuren. Dennoch handelt es sich bei der verzögerten und eher theorielos erfolgten Einführung von Ethik nicht nur um ein deutsches Phänomen. Im angelsächsischen Bereich wird „ethics" auf Grund anderer institutioneller Voraussetzungen etwa eine Dekade früher zum Bestandteil der psychosozialen Fachdiskurse, aber auch hier ist die Einbeziehung ethischer Fragen nicht in erster Linie konzeptionell begründet. Ethische Themen werden vielmehr aus dem gesellschaftlichen Umfeld an Beratung herangetragen – "Legal and Ethical Issues Affecting Counseling Psychologists" heißt das entsprechende Kapitel eines einschlägigen Handbuchs (Brown & Lent, 2008, S. 3–20).

Das Relevantwerden ethischer Fragen scheint insgesamt weniger fachlichen Überlegungen zu entspringen, als veränderten Lebensumständen und gesellschaftlichen Entwicklungen geschuldet zu sein, die Rahmenbedingungen verändern und Begründungsdefizite sichtbar machen. Reformen in Bildung und psychosozialer Versorgung führen zur Ausdifferenzierung von Beratungsangeboten – Beratung findet heute in sehr unterschiedlichen Institutionen und entsprechend unterschiedlichen Settings statt (Bond, 2010, S. 6f.) und unterschiedliche Berufsgruppen üben Beratung aus. Damit verbunden ist eine zunehmende Distanz sowohl zu dem aus Arztberuf und „charity" stammenden moralischen Grundkonsens der Berufsausübung als auch zu den moralisch-politischen Normen der aus Sozialen Bewegungen – für Deutschland sind in erster Linie Sozialpsychiatrie, Frauenbewegung und kritische Psychologie zu nennen – hervorgegangenen Projekte. Die normativen Grundlagen von Beratung verlieren durch diese Prozesse an Klarheit und Verbindlichkeit, was insbesondere angesichts neuer Anforderungen eine explizite Verständigung erforderlich macht.

Bei genauerem Hinsehen hat das Verhältnis von Beratung und Ethik also wenig Selbstverständliches; es wirft vielmehr eine Reihe von Fragen auf – Fragen nach dem Zusammenhang zwischen Professionalisierungsprozessen und dem Virulentwerden ethischer Themen; Fragen danach, welche Probleme eigentlich durch Ethik gelöst werden sollen; Fragen danach, welcher theoretischer Instrumente es bedarf, um Beratungspraxis auch ethisch reflektieren zu können, und wie dies in den unterschiedlichen Feldern, in denen Beratung stattfindet, erfolgen kann.

2 Professionalisierungsprozess und Ethik

Die Soziologie bietet mit den Theorien der Moderne und den berufssoziologischen Konzepten von Profession auf zwei Ebenen Erklärungen für die Veränderungen, die an der beruflichen Praxis und dem fachlichen Beratungsdiskurs zu beobachten sind. Dass der Beratungsbedarf in den Gesellschaften der westlichen Moderne steigt, nicht nur im Bereich des Psychosozialen, sondern auch in Politik, Bildung und Unternehmensorganisation – Schützeichel und Brüsemeister (2004) sprechen von der „beratenen Gesellschaft" – gehört zu den Effekten der gesellschaftlichen Transformationsprozesse, die unter dem Begriff der „Moderne" sozialhistorisch analysiert und beschrieben worden sind. Gemeint sind damit Entwicklungen, die im 16. Jahrhundert durch Buchdruck, individuell nutzbare Uhr und Arbeitshäuser beginnen (Foucault, 1977), im 18./19. Jahrhundert durch den Einsatz von Kapital, Dampfmaschine und Elektrizität wachsende Arbeitsmobilität hervorbringen (Marx, 1972, S. 391–530) und im 19./20. Jahrhundert zur Ausdifferenzierung von Funktionssystemen führen (Luhmann, 1997, S. 571ff.), begleitet von der Ausbreitung von Bildung, individueller Mobilität und der Dominanz von Lohnarbeitsverhältnissen. Der Beginn von Beratung als „personenbezogener Dienstleistung“ (Dewe, 2006, S. 23) liegt hier; Berufsberatung und Erziehungsberatung entstehen als erste Beratungsangebote um die Jahrhundertwende.

In den Nachkriegsgesellschaften ist seit Mitte des 20. Jahrhunderts ein weiterer Modernisierungsschub zu beobachten – von einzelnen Theoretikern unterschiedlich als „Zweite Moderne“, „Postmoderne“ oder „Reflexive Moderne“ bezeichnet –, dem Phänomene wie die zunehmende Psychologisierung des Alltagslebens und das Bedeutendwerden persönlicher Identität zugerechnet werden (Kaufmann, 2005). Damit verbunden ist eine größer werdende Anforderung an persönliche Entscheidungen, sie werden zahlreicher – in Schullaufbahn und Berufsfindung, Konsum und Lebensform genauso wie in Bezug auf Geschlecht, sexuelle Orientierung, Partnerwahl und Kinderwunsch. Und: Sie werden den Einzelnen zugerechnet, obwohl diese deren Konsequenzen selten überblicken können. Die Möglichkeit, aber auch der Druck, die eigene Person körperlich, psychisch und sozial zu gestalten, führt nicht nur zu kulturellen Veränderungen, sondern auch zu psychischen Irritationen. Es sind die veränderten Anforderungen dieser Zweiten Moderne, die zu wachsendem Beratungsbedarf führen. Beratungsangebote wie Lebensberatung, Studienberatung und Schwangerschaftsberatung reagieren darauf *und* sind an der weiteren Ausdifferenzierung dieser Anforderungen beteiligt (Großmaß, 2006b; Duttweiler, 2007; Brändli, 2009).

Damit ist der Hintergrund skizziert, auf dem sich das Entstehen von Beratungsberufen sowie der Erfolg der Kommunikationsform Beratung verstehen lässt – ein Prozess, in dem nicht nur neue Angebote für neue Zielgruppen und neue Themen sich bilden, sondern in dem Beratung zu *der* Fachrichtung psychosozialen und (sozial-)pädagogischen Handelns wird. Diese Fachrichtung stützt sich auf einen wissenschaftlich fundierten fachlichen Diskurs und wird in unterschiedlichen gesellschaftlichen Kontexten ausgeübt. Fachkräfte unterschiedlicher Ausbildungsherkunft (Psychologie, Soziale Arbeit, Pädagogik, Rechtswissenschaft und Medizin) sind darin tätig. Beratung trägt damit alle Merkmale der „neuen Professionen“ (Bourdieu, 2001, S. 199ff.): Wie bei den klassischen Professionen geht es auch bei diesen neuen Professionen um „personenbezogene Dienstleistungen“, die – wenn auch diffus oder umkämpft – an gesellschaftlich geteilte Normen (wie das Gebot der Hilfe in Notlagen, die Forderung der Chancengleichheit und der sozialen Gerechtigkeit) gebunden sind. Dies unterscheidet im Übrigen Beratung als psychosoziale Fachrichtung von der Verkaufs- oder Steuerberatung. Auch die neuen Professionen greifen in private Lebensverhältnisse ein, allerdings anders als bei Arzt und Anwalt nicht immer in Situationen und Kontexten, in denen Auftrag und Auftraggeber von Klientelseite klar erkennbar sind. Der Fachdiskurs, die Organisationsstruktur und die Fachaufsicht sind bei diesen Berufen heterogen; die in den multiprofessionellen Teams von Beratungseinrichtungen stattfindende Kooperation der unterschiedlichen akademischen Disziplinen stellt einerseits ein kreatives Entwicklungspotenzial dar, ist andererseits aber auch Ausgangspunkt einer Konkurrenz darum, was den Kern und die Ausrichtung von Beratung ausmacht/ausmachen soll. In diesem Diskurs spielt die normative Grundlage professionellen Beratungshandelns zunehmend eine Rolle. Dafür gibt es Gründe und Anlässe unterschiedlicher Art. Zum einen leitet sich die Notwendigkeit, normative Grundlagen zu formulieren und im Berufhabitus zu verankern, aus dem Anspruch der Profession her, berufsethische Selbstkontrolle zu gewährleisten – auch Ärzte und Anwälte verpflichten sich darauf, das Wohl ihrer Klientel zu achten und zu fördern (Rechtien, 2009, S. 3). Zum anderen gab es für mehrere Berufsgruppen auch aktuelle Anlässe, sich mit dem eigenen Ethos auseinanderzusetzen, da seit den 1980er-Jahren immer wieder z. T. gravierendes Fehlverhalten einzelner Mitarbeiter öffentlich wurde – sexuelle Übergriffe und Diskriminierung ethnischer bzw. religiöser Minderheiten haben nicht nur eine rechtliche, sondern auch eine berufsmoralische Bedeutung. In jüngster Zeit führen auch fachliche Debatten im engeren Sinne zu einer expliziten Beschäftigung mit ethischen Fragen – die Ausdehnung von Beratung in Arbeitsfelder mit Zwangskontexten sowie die Etablierung kommerzieller Beratungsangebote machen eine Verständigung über die dem professionellen Beratungshandeln gemeinsamen Grundlagen erforderlich, wobei auch normative Grundlagen nicht ausgespart werden können.

3 Die ethische Dimension professioneller Beratungsarbeit

Doch worum geht es, wenn von der „normativen Grundlage von Beratung“, von „Beratungsethik“ oder von „Berufsmoral“ die Rede ist? Angesprochen sind damit in der Regel mehrere Ebenen normativer Bindung, die sich aus unterschiedlichen Quellen ableiten:

- Für manche Arbeitsfelder, in denen Beratung stattfindet, gibt es gesetzliche Vorgaben, aus denen Zielorientierungen abgeleitet werden; dies gilt etwa für Ziele wie „Entwicklungsförderung“, „Unterstützung von Eigenständigkeit“ oder „Teilhabe“ in Schule, Sozialer Arbeit oder Sonderpädagogik, aber auch für die Interventionspflicht zugunsten von Kindern, deren psychische oder körperliche Integrität gefährdet ist.
- Die generell für Beratung geltende Norm der Schadensvermeidung und die Aufforderung, Transparenz über Ziele und Vorgehen herzustellen, sind durch die Nähe vieler Beratungsangebote zu Professionen des Gesundheitssystems nahe liegend, mussten z. T. aber genauer ausformuliert werden wie das Verbot sexueller Beziehung zu Klientinnen und Klienten (das ja nichts anderes ist als eine Präzisierung des Gebots der Schadensvermeidung für einen bestimmten Bereich der persönlichen Selbstbestimmung).
- Die Verpflichtung von Professionen auf gesellschaftlich geteilte Normen (des Umgangs mit Personen) ist allerdings nicht mit einem solchen, von den klassischen

Professionen übernommenen „Wertekanon" abgegolten. In den Veränderungsprozessen der Zweiten Moderne geraten auch normative Selbstverständlichkeiten in Bewegung (s. z.B. die Debatte um Sterbehilfe und Pränataldiagnostik); unterschiedliche Lebenswelten und Milieus bilden unterschiedliche Moral(en) aus, die sich nicht vereinheitlichen lassen; gerade deshalb bekommen egalisierende Normen (Chancengleichheit, Bürgerrechte) eine nicht nur rechtliche, sondern auch die sozialen Berufe bindende Bedeutung.

- Schließlich gibt es normative Grundlagen von Beratungshandeln, die sich aus dem Kerngeschäft von Beratung ableiten lassen und in vielen fachlichen Beschreibungen von Beratung auch vor der Ethik-Debatte bereits angelegt waren. Versteht man Beratung als eine Interventionsform mit „prinzipiell dialogischem Charakter" (Scherr, 2004, S. 99), die (auf Grund der situativen Verteilung von Expertise und Bedürftigkeit) dennoch asymmetrisch strukturiert ist; nimmt man hinzu, dass psychologisches Wissen und Gesprächsführungskompetenz psychische Prozesse auf Klientelseite auslösen können, die der Zustimmung vorweg schon deshalb nicht zugänglich sind, weil auch das Wissen darüber asymmetrisch verteilt ist – dann ergeben sich daraus hohe Anforderungen nicht nur hinsichtlich der fachlichen Sorgfalt im Beratungsprozess, sondern auch hinsichtlich der moralischen Grundhaltung und der Beziehungsgestaltung (vgl. Schrödter, i.Bd.1; Großmaß, 2009).

In dieser kurzen Skizze wird deutlich, auf welch unterschiedlichen Ebenen die normativen Grundlagen des Beratungshandelns angesiedelt sind. Das führt nicht nur zu einer komplizierten Systematik, wenn man die unterschiedlichen Anforderungen auch in ihrem strukturellen Bezug untereinander zugänglich machen will. Die unterschiedlichen Typen von Normen verlangen in der beruflichen Praxis auch in unterschiedlicher Weise Geltung und erfordern unterschiedliche Formen der Umsetzung. Gesetzliche Grundlagen sind bindend, bedürfen aber der Interpretation, damit Zielformulierungen fachlicher Art entstehen. Allgemeine Normen wie „Schadensvermeidung" und „respektvoller Umgang", aber auch „Chancengleichheit" und „soziale Gerechtigkeit" brauchen eine Konkretisierung für unterschiedliche Arbeitsfelder und Beratungssettings; beratungsspezifische Normen wie „Vertraulichkeit der mitgeteilten Inhalte" und „Klärung der Arbeitsbeziehung" müssen fallspezifisch umgesetzt werden. Alle Ebenen präsent zu haben und „professionell" zu berücksichtigen, ist nicht unbedingt einfach. In vielen Berufsverbänden ist man diesem Problem begegnet, indem „Ethische Prinzipien" oder „Standards" ausgearbeitet wurden, die in Form eines überschaubaren „Kodexes" die wichtigsten Eckpunkte der normativen Grundlagen des beruflichen Handelns in systematisierter Form festhalten – in vorbildlicher Weise sind solche Standards vom kanadischen Berufsverband formuliert worden (CCPA, 2007).

Solche Kodizes vermitteln allein auf Grund ihrer äußeren Form den Eindruck von Vollständigkeit und Verbindlichkeit – als sei die Frage der Berufsmoral damit geklärt. Das sollte allerdings nicht darüber hinwegtäuschen, dass es sich dabei um *Konventionen* handelt; Auswahl, Schwerpunktsetzung und Formulierung sind in einem kommunikativen Abstimmungsprozess des jeweiligen Verbandes entstanden. Sowohl die Vollständigkeit der aufgenommenen Punkte als auch deren Geltungsbereich sind daher relativ. So ist eine verbindliche Geltung immer nur dann gegeben, wenn die Berufsausübung durch die Mitgliedschaft in einem solchen Verband ermöglicht oder erleichtert wird, wenn es eine Kommission gibt, die sich mit Fehlverhalten auseinandersetzt und ein transparentes Beschwerdeverfahren auch der Klientel offensteht. In allen anderen Situationen – und das betrifft bei den neuen Professionen die Mehrzahl – hat ein solcher Kodex ausschließlich die Bedeutung eines Orientierungsrahmens. Und – unabhängig davon, welchen Grad der Verbindlichkeit ein solcher Kodex für eine Berufsgruppe hat, unabhängig davon, ob ein solches Instrument zur Verfügung steht oder ob die normativen Grundlagen des beruflichen Handelns weniger formalisiert unter Fachkollegen diskutiert werden – es bedarf theoretisches Wissen und fallbezogene Praxiskompetenz, um Beratungsethik nicht nur zu fordern (oder unfairerweise bei Kontroversen moralisierend einzusetzen), sondern für die berufliche Praxis produktiv werden zu lassen.

4 Theoretische Voraussetzungen ethischer Reflexion

In den obigen Überlegungen sind für die Beschreibung des Verhältnisses von Beratung und Ethik eine Reihe von Meta-Begriffen und Bezeichnungen verwendet worden, als handle es sich um etablierte Fachbegriffe des Beratungsdiskurses. „Ethik", „Moral", „normative Grundlagen", „Normen" und „Ethos" sind jedoch (ebenso wie die in formulierten ethischen Prinzipien häufig vorkommenden Kategorien „Gerechtigkeit", „Respekt", „Anerkennung" und „Verantwortung") keineswegs Fachbegriffe des Beratungsdiskurses, sondern stammen aus Rechtswissenschaft und/oder philosophischer Ethik – zwei Disziplinen, die sich insofern von den sozialwissenschaftlichen Einzelwissenschaften unterscheiden, auf die Beratung sich stützt, als sie sich nicht mit dem beschäftigen, was faktisch gegeben ist, sondern mit dem, was *sein soll*. Diese Differenz hat Implikationen für den möglichen Erkenntnisgewinn. Die Argumentationsweise ist eine andere, wenn man sich mit den Regeln für die Gestaltung der sozialen Welt beschäftigt und nicht Gegebenes möglichst genau zu beschreiben und zu erklären versucht. Nicht Beweise und Belege gilt es zu liefern, sondern *Gründe für die Geltung* von Regeln. Plausibilität kann hergestellt und Zustimmung auf der Basis gemeinsamer Grundüberzeugungen erreicht werden. Entsprechend bezeichnen die verwendeten Begriffe nicht Sachverhalte, sondern Fragen, Probleme oder geteilte Vorstellungen über gut/schlecht, legal/illegal, legitim/illegitim. Sie enthalten keine festgelegten „Werte" – auch über die Moral von Räuberbanden kann diskutiert werden –, sie ordnen vielmehr die Themen, über die man nachdenken, sich austauschen oder sich argumentierend auseinandersetzen will. So versteht man unter „Normen" solche Regeln oder Maßstäbe, anhand derer man die Beurteilung einer Situation, einer Handlung oder Institution als gut/schlecht, legal/illegal, legitim/illegitim vornehmen kann. „Moral" bezeichnet den Bereich der Normen, die das Verhalten von Individuen oder Gruppen regeln – Normen, die formulierbar sind, aber nicht formuliert werden müssen. „Ethos" definiert bezogen auf Einzelpersonen die moralische Haltung, aus der heraus (auch ohne explizite Entscheidung) gehandelt wird – die in individueller und beruflicher Sozialisation erworbenen, habituell verankerten Anteile von Moral. Der Begriff „Ethik" wird nicht durchgängig gleich verwendet. In der philosophischen Theorie bezeichnet „Ethik" das theoretisch begründete Nachdenken über Moral (Ethik = Moralphilosophie), häufig auch das Ergebnis solchen Nachdenkens – ein Konzept der Lebensführung oder eine ausformulierte, theoretisch fundierte Moral. In dieser letzten Bedeutung hat sich der Begriff „ethics" im angelsächsischen Diskurs etabliert, weshalb heute auch, wenn von der Berufsmoral einer Profession die Rede ist, meist von „Ethik" gesprochen wird. Wie auch immer die Bedeutungsunterschiede im Einzelnen ausfallen – mit dem Begriff „Ethik" ist der Anspruch auf Reflexion und Begründbarkeit normativer Konzepte verbunden.

Nimmt man solche Begriffe in den fachlichen Diskurs über Beratung auf, wie dies z. Z. geschieht, dann ist damit der Anspruch formuliert, sie beratungsspezifisch zu füllen. Zwar können allgemeine bzw. auf das Alltagsleben bezogene Überlegungen und Argumentationsmodelle aus der praktischen Philosophie oder den unterschiedlichen Entwürfen zur angewandten Ethik übernommen werden (eine gute Übersicht und Einführung liefern Düwell, Hübenthal &Werner, 2002), ihre Bedeutung für beruflich ausgeübte Beratung jedoch muss innerhalb der Fachrichtung selbst ausgearbeitet werden. Dabei geht es u. a. um die folgenden Fragen: Was macht die normativen Grundlagen von Beratung aus – sind sie durch die obige Skizze bzw. den Ethik-Kodex XY angemessen beschrieben? Wie verhalten sich die rechtlichen Normen (Legalität) zu den ethischen Normen (Legitimität) – können sie in Widerspruch geraten und was gilt es dann zu tun? Wie ist das Verhältnis von Fachwissen und Methoden einerseits zu ethischen Kriterien andererseits – können sie in Konflikt geraten, wenn ja, was hat dann Vorrang? Gibt es so etwas wie eine ethische Grundhaltung in der Beratung? Welche berufliche Sozialisation ist erforderlich, um auf der Grundlage unterschiedlicher persönlicher Moral(en) eine Berufsmoral zu vermitteln, die in der Praxis habitualisiert wirksam, also zum Beratungsethos wird? Es wäre falsch zu behaupten, zur Beantwortung solcher Fragen gäbe es keine Ansatzpunkte oder Vorschläge – eine konstruktive Zusammenschau der unterschiedlichen Ebenen hat Tim Bond vorgelegt (2010, S. 40ff.). Allerdings müssten die verschiedenen Diskussionsstränge zusammengeführt und aufeinander bezogen werden, soll so etwas wie eine im fachlichen Diskurs verankerte Diskussionskultur über ethische Fragen entstehen. Hierzu einige Hinweise:

Normative Grundlagen von Beratung werden sehr häufig (mit)formuliert, wenn Beratung definiert bzw. ihre Spezifik (in Abgrenzung von Information, Psychotherapie oder administrativen sozialen Aufgaben) herausgearbeitet wird. Das dialogische Prinzip von Beratung, die Klientenzentrierung und der Anspruch bei Problemen und Orientierungsbedarf Perspektiven zu gewinnen, die Handlungsmöglichkeiten wiederherstellen/erweitern – das was die „feldunabhängigen Beratungskompetenzen" (Engel, Nestmann & Sickendiek, i.Bd. 1, S. 35) begründet –, ist auch der Ausgangspunkt für weitgehend geteilte normative Aspekte von Beratung: Zusicherung von Vertraulichkeit (z. T. formuliert als „Schweigepflicht"), Respekt vor den lebensweltlich bedingten Haltungen und den persönlichen Überzeugungen der jeweiligen Klientel, Ergebnisoffenheit des Beratungsprozesses sowie die Notwendigkeit der fachlichen Regulierung von Nähe und Distanz in der Beratungsbeziehung. Kontrovers diskutiert wird das Postulat der Freiwilligkeit von Beratung – in manchen pädagogischen Feldern und in einigen Arbeitsbereichen von Sozialer Arbeit und Sozialpsychiatrie kommen Beratungssituationen nicht „freiwillig" zustande (vgl. Göckler, i.d.Bd.).

Ethik-Kodizes enthalten neben einem Teil, der solche normativen Grundlagen von Beratung ausarbeitet, meist auch professionsspezifische Anforderungen (wie Wissenschaftsbezug, Kooperationspflicht, Notwendigkeit von Weiterbildung und berufsbegleitender Supervision) und die Einbindung bürgerrechtlicher Aspekte (wie Selbstbestimmungsrecht, Diskriminierungsverbot, Diversity-Management, soziale Gerechtigkeit). Solche Kodizes gibt es bisher vor allem im angelsächsischen Bereich und dann auch in erster Linie für die psychotherapienahen Formen psychosozialer Beratung. Wenn auch viele der hier formulierten Aspekte für alle Beratungsrichtungen Geltung beanspruchen können, steht doch eine eher generelle Debatte über die ethischen Prinzipien von Beratung aus, die der „Doppelverortung von Beratung" (Engel, Nestmann & Sickendiek, i.Bd.1, S. 35) im allgemeinen Beratungsdiskurs und in feldspezifischen Diskursen Rechnung trägt – Bildungsberatung, Beratung im Gesundheits- und Schulbereich oder in der Sozialen Arbeit haben möglicherweise andere oder zusätzliche ethische Aspekte zu berücksichtigen.

Wissen über die ethische Dimension von Beratungshandeln zu haben oder über einen Ethik-Kodex zu verfügen, bedeutet allerdings nicht, immer konfliktfrei handeln zu können. Das Spannungsverhältnis zwischen Rechtsnormen und ethischen Normen, zwischen Erwartungen und Aufträgen von Institutionen/Arbeitgebern sowie zwischen Klientenbedürfnissen und ethischen Anforderungen an das Beratungshandeln führt immer wieder zu Entscheidungssituationen, die durch ethische Dilemmata gekennzeichnet sind – weil zwischen Elternrecht und Kinderschutz abgewogen werden muss, weil Selbstgefährdung/Gefährdung anderer die Vertraulichkeit von Beratungsinhalten in Frage stellt, weil Anforderungen der sozialen Gerechtigkeit gegen Versorgungsansprüche Einzelner stehen oder die lebensweltlichen Normen eines Klienten Bürgerrechte angreifen. Im angelsächsischen Kontext gibt es seit den 1980er-Jahren eine breite Diskussion zum Umgang mit Dilemma-Situationen (s. z.B. Brown & Lent, 2008, S. 10–14; Bond, 2010, S. 227–238), die sich auch für die deutsche Diskussion zur Kenntnis zu nehmen lohnt. Ansätze dazu finden sich bei Schrödter (i.Bd.1, S. 464ff.; Schrödter, 2007).

5 Ethische Reflexion und Beratungspraxis

Alles, was bis zu diesem Punkt erörtert worden ist, betrifft das Verhältnis von Beratung und Ethik auf der Ebene des Fachdiskurses, der Ausbildung und der Anforderungen an die Berufsverbände. Der Transfer theoretischer Einsichten und vereinbarter Normen in die Praxis ist damit noch nicht geklärt. Treffen hier doch mehrere Ebenen von Moral und Ethik aufeinander, die es in die Reflexion einzubeziehen, mit dem fachspezifischen Fallverstehen zu verknüpfen und im individuellen Habitus zu integrieren gilt. Tim Bond benennt als relevante Ebenen die persönliche Moral, die moralischen Implikationen des Therapie-/Beratungskonzeptes, die Leitlinien der Beratungseinrichtung, die ethischen Richtlinien der Profession, die Moralphilosophie und die gesetzlichen Grundlagen (Bond, 2010, S. 40–55). Das klingt kompliziert, doch aus den bisherigen Überlegungen lässt sich ableiten, dass dafür weder die Neuerfindung von Methoden noch die Einbeziehung moralischer Deklarationen in die Beratungskommunikation erforderlich sind. Es geht vielmehr um eine Perspektivenerweiterung hinsichtlich der im Beratungshandeln wirksamen Faktoren und der in der Reflexion dieses Handelns zu berücksichtigender Aspekte – Anregungen für eine solche Perspektivenerweiterung finden sich bezogen auf „Diversität" bei Sickendiek (2006).

Damit solche Perspektivenerweiterungen im beruflichen Alltagshandeln wirksam werden, kann auf Wege und Methoden zurückgegriffen werden, die in Beratungsausbildung und -praxis bereits etabliert sind:

- Aufmerksamkeit schaffen für ethische Aspekte und Konflikte der Beratungspraxis
- Einüben von den entsprechenden Sichtweisen, Beschreibungsmöglichkeiten und deren Einbeziehung in das Fallverstehen
- Selbstreflexion, kollegialer Austausch bzw. Konsultation
- Supervision
- verändertes Beratungshandeln.

Im Prozess solcher aufeinander folgender (und im Ablauf sich wiederholender) Schritte werden die (feldunspezifischen) Methoden der Gesprächsführung, der Problemerarbeitung, des (mitlaufenden) psychologischen und sozialen Fallverstehens, der Herstellung und Klärung des Arbeitsbündnisses genauso erlernt wie die (jeweils feldspezifisch unterschiedlichen) Methoden der Einbindung von Information, des aktivierenden Monitorings oder von Kursangeboten bzw. entsprechenden Empfehlungen (zum beratungsspezifischen Spektrum konzeptioneller Möglichkeiten s. Großmaß & Püschel, 2010). Auch das Praktischwerden ethischer Aspekte von Beratung wird diesen Weg gehen (müssen), um zum Bestandteil des individuellen Habitus und des beratungsspezifischen Ethos zu werden. Anregungen für spezifisch ethische Reflexionsmöglichkeiten finden sich bei Welfel (2002, S. 24), Großmaß (2006a, S. 320ff.) und Bond (2010, S. 65–180).

In den einzelnen Einrichtungen, Teams und Berufsfeldern sind darüber hinaus konzeptionelle Überlegungen hinsichtlich von räumlichen Voraussetzungen, der Abgrenzung von administrativer Macht und milieuangemessener Settings erforderlich – denn die Entfaltung ethischer Kompetenz ist nicht nur eine Aufgabe des fachlichen Diskurses und der einzelnen BeraterInnen, sondern setzt auch rechtliche und institutionelle Rahmenbedingungen sowie fachkundig konstruierte Settings voraus.

Literatur

Bond, T. (2010). *Standards and ethics für counselling in action*. London: SAGE.

Bourdieu, P. (2001). *Meditationen. Zur Kritik der scholastischen Vernunft*. Frankfurt a. M.: Suhrkamp.

Brändli, S. (2009). Die Auflösung des Falls: Psychosoziale Versorgung für Schulkinder und Fallvergegenwärtigung in den 1970er Jahren. In S. Brändli, B. Lüthi & G. Spuhler (Hrsg.), *Zum Fall machen, zum Fall werden. Wissensproduktion und Patientenerfahrung in Medizin und Psychiatrie des 19. und 20. Jahrhunderts* (S. 254–277). Frankfurt a. M.: Campus.

Brown, S.D. & Lent, R.W. (Eds.). (2008). *Handbook of counseling psychology* (4th ed.). Hoboken, NJ: Wiley.

CCPA (2007). *Code of Ethics.* Verfügbar unter: http://www.ccacc.ca/_documents/CodeofEthics_en_new.pdf [02.10.2010].

Dewe, B. (2006). Professionsverständnisse – eine berufssoziologische Betrachtung. In J. Pundt (Hrsg.), *Professionalisierung im Gesundheitswesen* (S. 23–35). Bern: Huber.

Duttweiler, S. (2007). Beratung als Ort neoliberaler Subjektivierung. In R. Anhorn, F. Bettinger & J. Stehr (Hrsg.), *Foucaults Machtanalytik und Soziale Arbeit. Eine kritische Einführung und Bestandsaufnahme* (S. 261–275). Wiesbaden: VS Verlag für Sozialwissenschaften.

Düwell, M., Hübenthal, C. & Werner, M. (2002). *Handbuch Ethik.* Stuttgart/Weimar: Metzler.

Foucault, M. (1977). *Überwachen und Strafen. Die Geburt des Gefängnisses.* Frankfurt a. M.: Suhrkamp.

Großmaß, R. (2006a). Die Bedeutung der Care-Ethik für die Soziale Arbeit. In S. Dungs, U. Gerber, H. Schmidt & R. Zitt (Hrsg.), *Soziale Arbeit und Ethik im 21. Jahrhundert* (S. 319–328). Leipzig: Evangelische Verlagsanstalt.

Großmaß, R. (2006b). Psychosoziale Beratung im Spiegel soziologischer Theorien. *Zeitschrift für Soziologie, 6,* 485–505.

Großmaß, R. (2009). Therapeutische Beziehungen: Distante Nähe. In K. Lenz & F. Nestmann (Hrsg.), *Handbuch persönliche Beziehungen* (S. 545–563). Weinheim/München: Juventa.

Großmaß, R. & Püschel, E. (2010). *Beratung in der Praxis. Konzepte und Fallbeispiele aus der Hochschulberatung.* Tübingen: dgvt-Verlag.

Großmaß, R. & Schmerl, C. (2003). Perspektivwechsel nach Augenmaß: Geschlechterrelation und psychosoziale Beratung. *Verhaltenstherapie und psychosoziale Praxis, 35* (4), 813–825.

Kaufmann, J.-C. (2005). *Die Erfindung des Ich. Eine Theorie der Identität.* Konstanz: UVK.

Keupp, H. & Zaumseil, M. (Hrsg.). (1978). *Die gesellschaftliche Organisation psychischen Leidens. Zum Arbeitsfeld klinischer Psychologen.* Frankfurt a. M.: Suhrkamp.

Luhmann, N. (1997). *Die Gesellschaft der Gesellschaft. Erster Teilband.* Frankfurt a. M.: Suhrkamp.

Marx, K. (1972). *Das Kapital.* MEW 23. Berlin: Dietz.

Rechtien, W. (2009). Professionalisierung des Beratungswesens – die Ausbildung. *Journal für Psychologie, 1,* 1–16. Verfügbar unter: www.journal-fuer-psychologie.de/jfp-1-2009-05.html [02.10.2010].

Scherr, A. (2004). Beratung als Form wohlfahrtstaatlicher Hilfe. In R. Schützeichel & Th. Brüsemeister (Hrsg.), *Die beratene Gesellschaft. Zur gesellschaftlichen Bedeutung von Beratung* (S. 95–110). Wiesbaden: VS Verlag für Sozialwissenschaften.

Schrödter, W. (2007). *Beratung im institutionellen Auftrag: Probleme und ethische Perspektiven.* Verfügbar unter: www.dachverband-beratung.de/dokumente/ Schroedter-Beratung_im_institutionellen_Auftrag.pdf [02.10.2010].

Schützeichel, R. & Brüsemeister, Th. (Hrsg.). (2004). *Die beratene Gesellschaft. Zur gesellschaftlichen Bedeutung von Beratung.* Wiesbaden: VS Verlag für Sozialwissenschaften.

Sickendiek, U. (2006). Beratung und Diversität: Offenheit für unterschiedliche Weltsichten. *VPP, 38,* (4), 817–829.

Welfel, E.R. (2002). *Ethics in counseling and psychotherapy. Standards, research, and emerging issues.* USA (o. O.): Wadsworth Group (Brooks/Cole).

Prof. Dr. Ruth Großmaß studierte Philosophie, Germanistik und Pädagogik. Nach langjähriger Praxis in der Hochschulberatung ist sie seit 2004 Professorin für Ethik und Sozialphilosophie an der Alice-Salomon-Hochschule Berlin. Publikationen u. a. zusammen mit Christiane Schmerl 1989 und 1996 Herausgeberin von Sammelbänden zum jeweils aktuellen Stand feministischer Theoriebildung; „Psychische Krisen und sozialer Raum“ 2000; zusammen mit Edith Püschel „Beratung in der Praxis“ (2010).

Anschrift:
Alice-Salomon-Fachhochschule Berlin
Alice-Salomon-Platz 5
D-12627 Berlin
E-Mail: grossmass@ash-berlin.eu

Fit für was? Beratung als Aktivierungsschema fürs Hamsterrad

Heiner Keupp

Subjekte einer individualisierten und globalisierten Netzwerkgesellschaft können in ihren Identitätsentwürfen nicht mehr problemlos auf kulturell abgesicherte biographische Schnittmuster zurückgreifen. In diesem Prozess stecken ungeheure Potentiale für selbstbestimmte Gestaltungsräume, aber auch die leidvolle Erfahrung des Scheiterns. Beratung kann für Subjekte ein hilfreiches Angebot sein, sich in diesen gesellschaftlichen Umbruchprozessen Unterstützung bei einer Neuorientierung, Reflexion und Selbstorganisation zu holen, sie kann aber auch „Trainingslager" für Fitness im Netzwerkkapitalismus liefern. Sie stellt einen Rahmen der „inneren Modernisierung" dar, aber die Frage, was in diesem Rahmen Emanzipation oder Affirmation sein kann, bleibt auf der Tagesordnung. Der Ruf nach Beratung ist allgegenwärtig. Die Nachfrage nach Beratung hat einen Wachstumsmarkt geschaffen. Soll er einfach bedient werden? Auf die damit verbundenen Gefahren hat das „Forum Beratung" (2002) in seiner Frankfurter Erklärung zur Beratung schon vor einigen Jahren reagiert und versucht, einen inhaltlichen Diskurs zu Sinn und Aufgabe von Beratung anzustoßen. In dieser Erklärung heißt es:

> „Eine Welt im Wandel braucht Beratung, aber eine Beratung, die diesem Wandel Rechnung trägt! Die Lebens- und Arbeitswelten der Menschen verändern sich ge-

> genwärtig in dramatischer Form. Bisher tragfähige Normalitäten und Identitäten verlieren im globalisierten Kapitalismus ihre Passform und wir alle sehen uns mit der Erwartung konfrontiert, uns flexibel und offen auf veränderte Bedingungen einzulassen. Unsere Alltage werden riskanter und unvorhersehbarer. Gemeinsamkeiten scheinen weniger selbstverständlich. Identitäten und Zukunftsentwürfe werden brüchig, müssen immer wieder erarbeitet und neu ausgerichtet werden. Persönliche Lebenspläne, Vorstellungen von sich selbst und der eigenen Lebenswelt verlangen kontinuierliche Reflexion und Autonomie." (Forum Beratung, 2002, S. 335)

Ist Fitness nicht genau der Begriff, der das Handlungsschema trifft, das in einer hochbeschleunigten Gesellschaft (vgl. Rosa, 2005, 2011) angemessen ist? Es kann doch kein Zufall sein, dass uns die Fitnessmetapher überall begegnet. Was drückt sie eigentlich aus? Das englische Verb „fit" bedeutet passen, aber auch körperlich in Form sein, „to fit in" wiederum heißt sich einbauen, sich einfügen, einpassen oder angepasst sein. Bei Wikipedia wird Fitness so definiert: „Unter **Fitness** wird im Allgemeinen körperliches und oft auch geistiges Wohlbefinden verstanden. Fitness drückt das Vermögen aus, im Alltag leistungsfähig zu sein und Belastungen eher standzuhalten."[1] Das klingt im ersten Moment als Beschreibung eines positiven Vermögens, aber die Gleichsetzung von Wohlbefinden mit Leistungsfähigkeit und Belastbarkeit deutet einen widersprüchlichen Subtext an, der dann greifbarer wird, wenn man sich fragt, auf welche Ziele die Leistungserbringung eigentlich bezogen und welche Souveränität Menschen zugebilligt wird, deren Fitness beschrieben oder von denen Fitness erwartet wird. Insofern deutet der Subtext etwas an, das genauer zu untersuchen ist: Es geht um eine heteronome Handlungsvereinnahmung, eine Anrufung zur optimalen Leistungserbringung, deren Zweckbestimmung von außen gesetzt ist und an die Anpassung erwartet wird, eben „to fit in".

Im Weiteren soll erörtert werden, wie der Fitnessdiskurs Beratung und Coaching ein attraktives Label verpasst und gleichzeitig ein affirmatives Aktivierungsschema unterlegt. Wenn man den Blick historisch weitet, dann kann man eine Entwicklung sehen, die zeigt, wie aus einer Körperdisziplinierung, die in der Moderne auf die Herstellung von Produzenten- oder Soldaten-Körpern zielte und stets auch eine mentale Disziplinierung bedeutete, immer stärker ein Projekt der ganzheitlichen Aktivierung wird, in der körperliche und mentale Anteile untrennbar verknüpft sind. Diese äußere und innere Landnahme wird im Fitness-Dispositiv erkennbar.

1 Vom Fremdzwang zum Selbstzwang: Vom Körperdrill zum Fitnessdiskurs

In der Phase des sich etablierenden modernen Kapitalismus ging es um die Zurichtung der Ware Arbeitskraft für das System der sich durchsetzenden maschinellen Produktionsverfahren. Körperliche Leistung war in hohem Maße gefragt, aber sie musste den Anforderungen der industriellen Fertigung entsprechen. Weiterhin

[1] Verfügbar unter: http://de.wikipedia.org/wiki/Fitness [08.01.2011].

bestand ein hoher Bedarf an gestählten Männerkörpern, die kriegstauglich waren. Darauf bezogen sich erste Beratungs- bzw. Ratgeberbücher. Ihnen kommt die Aufgabe zu, einen disziplinierenden Zugang zum menschlichen Körper zu schaffen, der in der alltäglichen Lebensführung zu einem normativen Regulativ wird und zugleich ein neues Menschenbild „verkörperlichen" sollte. Die Beratungsliteratur nimmt – bis heute – sehr häufig das Thema Gesundheit als einen Türöffner für ihre Botschaften. Gesundheit, als hochbesetztes Gebiet zur Formulierung von Lebenskonzepten und als Bereich alltäglicher und institutioneller Praxen, ist ein bevorzugtes Feld der Vergesellschaftung geworden. Ein Feld, in dem vor allem ein Prozess verfolgt werden kann, den man die „innere Vergesellschaftung" nennen könnte. Gesundheit ist ein Medium, in dem sich der von Norbert Elias (1976) allgemein beschriebene Prozess vom „Fremdzwang" zur „Selbstzwangapparatur" vollzieht. Soziale Kontrolle erfasst uns in diesem Medium als ganze Personen: Da werden in unsere Köpfe nicht nur einige Ideologien eingepflanzt, die unser Denken beeinflussen, sondern es werden sowohl unser emotionaler Haushalt durch Ängste und Hoffnungen reguliert als auch unsere Körper wirksam kodiert. Von daher liegt es nahe, Gesundheitsdiskurse vor allem unter der Perspektive zu untersuchen, wie sie Subjekte vergesellschaften.

2 „Verkörperung" der Unterwerfung

An Richard Gerling, einem Bestsellerautor im Ratgeberbereich in den ersten Jahrzehnten des letzten Jahrhunderts, lässt sich der Zugriff auf den Körper exemplarisch aufzeigen. In hoher Auflage ist beispielsweise sein Traktat *„Der vollendete Mensch und das Ideal der Persönlichkeit – Die Kunst, harmonische Leibesbildung, gesunden Organismus, sympathisches Äußeres und körperliche Kraft zu entwickeln und dauernd zu erhalten"* (1905–1920 in einer Vielzahl von Auflagen) erschienen. Gerling schreitet das gesamte Spektrum körperlicher und psychischer Erscheinungen und Äußerungsformen ab und weist ihnen in einem wohlgeordneten Sinnganzen jeweils einen klaren Ort zu. Persönlichkeitsbildung und Gesundheit werden als Aufgaben verstanden, an denen jeder Mensch zu arbeiten, für die er Verantwortung zu übernehmen hat. Es wird ein Persönlichkeitsideal konstruiert, das eine vollständige Einbindung des Einzelnen in die höheren Aufgaben von Staat, Nation und Gemeinschaft anstrebt und darin die persönliche Erfüllung sieht. Aber es wird nicht nur eine über dem Alltag schwebende Idealkonstruktion vorgelegt, sondern die Subjekte werden zu Übungen angehalten: „Lieber Leser, wenn Sie gesund bleiben und Kraft wie auch harmonische Leibesbildung gewinnen wollen, müssen Sie gehorchen – Sie müssen einfach!" (zitiert nach der Ausgabe von 1917, S. 87)

Gesundheit ist also bei Gerling und ähnlichen Autoren nicht nur ein Faktum oder ein Fatum, „sondern eine Pflicht, die durch Übernahme und Übung im Prinzip von jedem erreicht werden kann – falls nicht die Vorfahren ihre Pflicht versäumt haben und man für ihre Sünden büßt." (Haug, 1986, S. 115) Zwischen dem Subjekt und der Krankheit steht die „Widerstandskraft (...) im gesteigerten Daseinskampf": Gerling (1917) dazu: „Weiter sollten alle wissen, dass Krankheiten in erster Linie die Widerstandsunfähigen befallen, Widerstandsunfähigkeit aber tritt niemals ein

Vorwort und Einleitung
Innovative Zugänge
Beratungs-settings und -räume
Medien und Beratung
Kritik der Beratung
Register
Anhang

bei entsprechender Körper- und Geistespflege." (ebd., S. 34) Die Pflicht zur Gesundheit meint: „Dieses Muss wird aufgespannt zwischen Werten des einzelnen und politischen Zielen, zwischen Schönheit/Gesundheit/Harmonie und der ‚Wiedergeburt unseres Volkes'." (ebd., S. 75) Was nach Haug bedeutet: „Übung, Selbst-Erziehung, Abhärtung werden als Praktiken der Selbstnormalisierung dem Individuum aufgetragen, allerlei Diäten und Disziplinen empfohlen." (Haug, 1986, S. 111) Auch liefert Gerling Vorbilder, so etwa ein Foto des „bekannten Turnlehrers und Schriftstellers E. Sommer, der durch methodische Übungen seinen früher schwächlichen Körper zu vollendeter Formenschönheit entwickelt hat." (Gerling, 1917, S. 94)

Aber die Gymnastik nackt und am offenen Fenster oder andere Formen der Körperbildung dürfen nicht im Sinne eines narzisstischen „Bodybuilding" betrieben werden. Gerling zitiert da seinen eigenen Experten, Dr. E. Reich: „Ohne sorgfältige häusliche und öffentliche Erziehung, ohne geeignete Gesamtlebensweise, ohne gesunde Zustände in Gesellschaft, Staat und Kirche, ist (...) gewöhnliche Gymnastik nur ein Mittel, die Muskeln kräftig zu machen und allen jenen Verhältnissen Raum zu geben, welche Ausfluss allgemeiner Muskelstärke sind." (S. 29) Es geht also um die Herstellung eines Habitus, einer Grundhaltung. Körperkultur ist kein Selbstzweck, sondern Körperübung steht im Dienste der Einordnung in eine spezifische Arbeitswelt: Es gilt „alle Volksgenossen so zu erziehen, dass ihnen von Jugend auf körperliche Anstrengung zur Gewohnheit und durch diese zum Lebensbedürfnis werde. (...) Nicht zweckloses Spiel sollen körperliche Übungen sein." (S. 33) In dieser eifrigen Übernahme von Übungsvorgaben „gewöhnen (sie) sich (...) an Unter- und Einordnung." (S. 36)

Letztlich geht es um das Konditionieren einer Willenshaltung, um das „Wollen des Gesollten", das vor allem durch die Unterwerfungen der eigenen Körpernatur unter einen „höheren Willen" erfolgt. Gerling ist ein Perfektionist. Er geht penibel die „Leibesverhältnisse" mit Blick auf ihre konditionierbare Unterwerfung unter die „energische Willensanspannung" durch: Atmen, Essen, Trinken, Ausscheiden, Sich-Waschen, Lieben, Schlafen, Wohnen, Sich-Kleiden, Gang, Haltung, Tanz, Stimme, Gesang, Blicke, Gesichtsausdruck, Mundhaltung, Hautfarbe. Und er bietet ein breites Spektrum von Handlungsanleitungen: zur effektiven Zeiteinteilung, zur Stärkung des Willens und Abhärtung des Körpers, Anleitungen zur Gymnastik, Tiefatmung, Lichttherapie, Abreibungen, Pfeifen gegen Augenblinzeln, Zwerchfellatmung gegen „Erröten zur Unzeit", Nasenmodellierung, Hochbinden des Kinns gegen nächtliche Mundatmung usw.

3 Die Produktion der „grauen Herren"

Wenn wir einen Sprung in die letzte Phase des vergangenen Jahrhunderts machen, dann wird in der populären Ratgeberliteratur der Zusammenhang von körperlicher Präsenz und der inneren Welt der Subjekte immer deutlicher und auch so formuliert. Als Beispiel soll das Buch von Veronika Zickendraht *„Persönlichkeitsprofil. Identity vom Scheitel bis zum Schreibtisch"* (1991) dienen. Sie will ihren Lesern zeigen, wie man das Innerste nach außen zu kehren vermag. Die inneren „Kapitalien" sollen wirkungsvoll zur Geltung gebracht werden:

> „In diesem Buch geht es darum, dass wir die Fähigkeiten, die wir haben, ins richtige Licht setzen und auch für andere erkenntlich machen. Erst wenn wir uns selbst unserer Pluspunkte bewusst werden, stehen die Chancen gut, dass sie auch von unseren Mitmenschen bemerkt werden." (S. 23)

Das ist nicht einfach, denn es kann nicht darum gehen, das eigene Ego zur Schau zu stellen, sondern die Selbstdarstellung muss vor allem in der Berufswelt im Rahmen der „Corporate Identity" inszeniert werden: „Auf der einen Seite ist die Ausdrucksstärke der Persönlichkeit gewünscht, auf der anderen jedoch ist die Identität mit der Unternehmenskultur zu wahren. Es ist ein schmaler Grat." (S. 36) In der Stimmigkeit von Rahmen und individueller Identität liegt die Kraft.

Frau Zickendraht geht mit ihren Lesern das ganze äußere Erscheinungsbild durch und vermittelt eine Vielzahl von Tipps, Einkaufsadressen für das richtige Outfit und setzt sich immer wieder mit Vorurteilen auseinander. Zum Beispiel dem, dass in der Farbe „grau" keine individuellen Nuancen ausgedrückt werden könnten:

> „Gerade unter jüngeren Mitarbeitern, die aus der Studienzeit legerste Kleidung gewöhnt waren, taucht häufig das Argument auf, keine Lust auf ‚grau in grau' zu haben. Was für den einen das einfache Grau ist, lässt sich dagegen von einem Fachmann oder von mir als Fachfrau in viele, viele kleine sympathische Unterschiede aufrastern. Die Farbtöne gehen von steingrau, braungrau, blaugrau bis anthrazit, die Farbnuancen von hell bis dunkel mit eingeschlossen." (S. 37)

Frau Zickendraht übernimmt durch das ganze Buch hindurch die Outfitregie, trotzdem verspricht sie:

> „Jeder ist sein eigener Regisseur. Wir spielen die verschiedensten Rollen, von der privaten Intimsphäre bis hin zu ganz offiziellen Auftritten. Was uns dabei aber von einem Schauspieler unterscheidet, ist, dass wir jedes Mal uns selbst spielen. Die Inszenierungen allerdings unterliegen wenigen Proben, alles spielt sich live ab. In dem Moment aber, wo wir uns entschlossen haben, mit unseren Rollen bewusst umzugehen, sie nicht dem Zufall zu überlassen, sind wir nicht nur Akteure, sondern auch Regisseure. Wir nehmen unseren Auftritt in die Hand." (S. 233)

Was uns hier als Identität angeboten wird, ist wohl eher „Identi-kit" (Bauman, 1992, S. 250). Affirmation ist hier die Botschaft und man sieht das Heer der unteren und mittleren Angestelltenebene, das sich konform in ein Heer von „grauen Herren"[2] verwandelt.

4 Inszenierung der Eliten

Das Elitenmodell muss allerdings mehr bieten und kommt beispielsweise unter dem Titel *„Power Line. Fit for power oder: Die feine ART der Selbst-Creation"* (so Maria M. Beyer, 1992) daher. Der Klappentext macht folgendes Angebot:

---

[2] Die Assoziation zu den grauen Herren in Michael Endes Kinderbuch *„Momo"* ist nicht unbeabsichtigt.

> „Das Prinzip der Power Line liegt in der eleganten Kunst, individuell und selbstbestimmt die Voraussetzungen für die erfolgreiche Neubelebung der eigenen persönlichen Kompetenz zu schaffen; (...). Ungünstige Steuerprogramme, die menschliches Verhalten immer wieder einleiten und garantieren, tragen erheblich dazu bei, dass die daraus resultierenden Denk- und Handlungsstrategien zu Erfolglosigkeit, Unmotiviertheit, Übergewicht oder dem bedrohlichen Gefühl einer beruflichen Überforderung führen. Schwellen und Blockaden dieser Art lassen sich durch das Neu-Programmierungskonzept zuverlässig lösen. (...) Bereiche Ihrer Ernährung, des Umgangs mit dem Gehirn und der eigenen Neuro-Muster, Ihres Körpers und des Beziehungsumfeldes erfahren dabei die notwendige Neuorganisation und Regeneration."

„Personal Identity" versteht sich als Programm der „Selbst-Schöpfung": „SIE sind im Kern DAS KUNSTWERK." Wir „dürfen" uns „als einen kreativen Akt verstehen". „Dies bedeutet, dass durch Selbstorganisation, Selbststeuerung und die Unabhängigkeit von Außenreferenzen oder Fremdmanipulationen eigene Potentiale erweckt werden, um SICH SELBST frei zu gestalten und zu erleben." (S. 217)

Um dies erreichen zu können, muss sämtlicher Ballast abgeworfen werfen (das ist die metaphorische Übertragung des Ziels der „lean production" auf die Identität): an Körpergewicht, an ideologischen und sozialen Abhängigkeiten.

5 Fitness als grenzenloses Steigerungsprinzip

Programmatisch noch anspruchsvoller und das Führungsmanagement im Blick habend ist David Bosshart (1995) vom Gottlieb Duttweiler Institut in Rüschlikon bei Zürich. Er will den Eliten der Wirtschaft das Subjekt vorstellen, das in Zukunft gebraucht wird. Er meldet sich mit einem Artikel „Die Neuerfindung des Menschen zu Wort", in dem er sich auf die aktuelle Identitätsforschung bezieht. Von dem alteuropäischen Personideal des durch „persönliche Tiefe" gekennzeichneten stabilen Charakters, das sich wohl noch immer in manchen Chefetagen hält, setzt er sich polemisch ab:

> „Sich persönlich fit zu machen wird nicht mehr heißen, ein starkes Ich zu entwickeln, sondern in virtuellen Beziehungen zu leben und multiple Identitäten zu pflegen. Das heißt: Ich setze nicht mehr auf einen persönlichen ‚Kern' und suche ihn, sondern ich trainiere mir die Fähigkeit an, mich nicht mehr definitiv auf etwas festzulegen. Damit bleibe ich fit für neue Wege. Metaphorisch gesprochen: *Statt in die Tiefe gehe ich in die Breite.* Ich werde zum Oberflächengestalter, ich gestalte mit meinen Stilen, torsohaften Charakteren und Identitäten Oberflächen. (...) Dreh- und Angelpunkt der persönlichen Fitness ist nicht mehr der Aufbau einer eigenen, stabilen Identität, sondern das Vermeiden des Festgelegtwerdens." (ebd., S. 147 f.)

„*Fitness* ist der große Trend", auf den wir uns in allen Lebensbereichen einzustellen haben, und diese Haltung ist sowohl für den „Wirtschaftsstandort" wie für die persönlichen Lebenschancen ausschlaggebend: „In gesättigten, enger werdenden Märkten entscheidet die Corporate Fitness, der ‚fitte' Umgang mit schnell wechselnden Strukturen, Werten und Kontexten" (S. 140). Neben „mentaler Fitness" kommt es natürlich auf ein „Body Management" an, das die Störanfälligkeit des Körpers möglichst ausschaltet. Er wird als „Wetware" (menschliche Körper aus

Fleisch, Knochen und Flüssigkeiten) bezeichnet, der keinesfalls vernachlässigt werden darf, aber nur um ihn als „ärgerliches Randphänomen, das Kosten verursacht" zu „eliminieren" (S. 149). Es gibt auch eine „Fitness der Geschlechter". Darunter versteht er unter Bezug auf Judith Butler u. a. das „Ende des Geschlechterzwangs". Nun sei „es möglich, eine optimale Mischung des Weiblichen und Männlichen jenseits einer auf ein bestimmtes Geschlecht bezogenen Ableitung von Ressourcen und Fähigkeiten zu erreichen." (S. 153)

Je näher wir der Gegenwart kommen, desto dominanter wird der Fitnessdiskurs. Vor allem der Bildungsbereich ist von ihm durchsetzt. Brinkmann (2009, S. 97) zeigt die flächendeckende Infiltration aus:

> „‚Fit für PISA' – der massenhafte Gebrauch dieser Formel zeigt die ungeheure Breitenwirkung, die der internationale Leistungstest 15-jähriger Schülerinnen und Schüler in Deutschland erreicht hat. Dabei ist im öffentlichen und medialen Diskurs, in einschlägigen Publikationen und in den Marketingstrategien der Lehrmittelindustrie immer wieder von ‚Fitness' der Schüler und der Lehrer die Rede, die es nunmehr im globalisierten Wettbewerb der Bildungssysteme zu beweisen gilt: Fit für PISA, Fit für die Bildungsstandards, Fit für die Vergleichstests, Fit für die Zukunft, schulsportliche Fitness oder Lesefitness usw. werden gefordert und gepriesen. Die Inflation des Begriffes Fitness im medialen, politischen und kommerziellen Kontext hat zum einen eine Unschärfe, wie sie in diesen Zusammenhängen nur von Vorteil sein kann. Zum anderen transportiert er das Image von Aktualität und Modernität. Er ist zunächst ein Indiz für den gegenwärtigen fundamentalen Wandel im Bildungssystem und im Bildungsbegriff im Zeichen Neuer Steuerung (*New Public Management*)."

Auch die Hochschulen verändern im gleichen ideologischen Strömungssystem ihre institutionelle Identität. Es geschieht eine „Neuerfindung" der Universitäten unter den Vorzeichen einer vollständigen Ausrichtung des neuen Systems an neoliberalen Ordnungsvorstellungen. Ein Staatssekretär aus dem bayerischen Wissenschaftsministerium hat Ende der 1990er-Jahre die Notwendigkeit einer Veränderung der Universität damit begründet, dass sie „fit" für das neue Jahrtausend gemacht werden müsste. Allein mit dieser Wortwahl hat er schon verraten, worum es gehen soll: Nicht um kritische Wissenschaft oder um Autonomiespielräume der Universität, sondern um einen Anpassungsprozess an die Imperative einer ökonomisch gesteuerten globalen Welt.

Wie lässt sich die innere Logik des Fitnessdiskurses charakterisieren? Sie liefert ein Aktivierungs- und Subjektivierungsschema zugleich. Zygmunt Bauman (1995) zeigt auf, dass der gegenwärtige Fitnesskult zu einer grenzenlosen Ressourcenausschöpfung lebendiger Arbeitskraft führt:

> „*Fitness* – die Fähigkeit, sich schnell und behände dorthin zu bewegen, wo etwas los ist und jede sich bietende Möglichkeit für neue Erfahrungen zu ergreifen – hat Vorrang vor *Gesundheit* – der Vorstellung, dass es so etwas wie Normalität gibt, die man stabil und unversehrt hält." (S. 10)
>
> „Nicht mehr das Streben nach Normerfüllung und Konformität macht also die Anstrengung unseres Lebens aus; vielmehr handelt es sich um eine Art Meta-Anstrengung, die Anstrengung, fit – gut in Form – zu bleiben, um sich anzustrengen. Die Anstrengung, nicht alt und rostig und verbraucht zu werden; an keinem Ort zu lange zu bleiben; sich die Zukunft nicht zu verbauen." (S. 12)
>
> „Körperliche Fitness als oberstes Ziel, das es – durch Selbstzwang – zu erreichen gilt, das jedoch niemals erreicht wird, ist für immer an Angst gebunden; diese sucht vergeblich nach immer neuen Entlastungsmöglichkeiten. Meine These ist, dass es sich

> bei dieser ‚Privatisierung' des Körpers um die ‚Urszene' postmoderner Ambivalenz handelt. Sie verleiht postmoderner Kultur ihre unerhörte Energie und den inneren Zwang, ständig in Bewegung zu sein. Sie ist eine wesentliche, wenn nicht gar die wichtigste Ursache für das typisch postmoderne ‚Instant-Altern' – diese neurotische, beliebige, chaotische, konfuse, zwanghafte Unruhe postmoderner Kultur mit ihrem atemberaubenden Strudel immer neuer Moden und Trends, mit ihren ephemeren Wünschen, kurzlebigen Hoffnungen und schrecklichen Ängsten, die von noch schrecklicheren Ängsten abgelöst werden. Der kulturelle Erfindungsreichtum der Postmoderne ist wie ein Bleistift mit einem Radiergummi an der Spitze; was er schreibt, radiert er sofort wieder aus und muss so ohne Unterlass über ein weißes Blatt Papier wandern, das immer unbeschrieben bleibt." (S. 21)

6 Proteische Karriere: Die Göttergleichheit?

Der „neue Kapitalismus" fordert die absolute Flexibilität der menschlichen Psyche (vgl. Sennett, 1998) und die Bereitschaft, sich für ihn „fit" zu halten. Nichts ist fragwürdiger, als an traditionellen Routinen und Rollen festzuhalten. Er geht einher mit einer „Fixeophobie", die Angst davor, festgelegt zu sein (Bauman, 1997, S. 194). Von dem in der Moderne geforderten Ernst in Form einer totalen inneren Verpflichtung (commitment) auf Arbeit und Beruf ist das weit entfernt. Denn darin lag die Differenz zum Spiel, dem in der Bewertung gerade von Erwachsenen der Ernst des Lebens fehlte. Wenn aber die dauerhafte Festlegung auf Ziele immer weniger gelingt, dann wird aus dem Spiel auf einmal Ernst. Es liefert einen Rahmen für Identitätsprojekte, die nicht mehr um die Akkumulation von innerem Kapital herum organisiert sind, sondern sich im szenischen Spiel, als „playing identity" (Melucci, 1996) entwirft, als „Identität als Spiel" (Belgrad, 1992). Im Spiel ist „nichts gänzlich vorhersagbar und kontrollierbar, aber nichts ist auch völlig unabänderlich." (Bauman, 1997, S. 159f.)

Für Jeremy Rifkin (2000) ist die Neuerfindung des Subjekts, die ja erst einmal nur eine ideologische Kopfgeburt war, bereits im Realisierungsstadium: „Ein neuer menschlicher Archetypus wird gerade geboren." (S. 250) Nicht die Akkumulation von Eigentum im Sinne von äußeren wie inneren Besitztümern sei ausschlaggebend, sondern der „Zugang" (access) zu Informationen, Märkten, Beziehungsnetzen und Bühnen.

Der renommierte amerikanische Sozialpsychologe Kenneth J. Gergen diagnostiziert ohne erkennbare Trauer, dass durch die neue Arbeitswelt der „Tod des Selbst" stattfindet, jedenfalls jenes Selbst, das sich der heute allüberall geforderten „Plastizität" nicht zu fügen vermag. Er sagt:

> „Es gibt wenig Bedarf für das innengeleitete, 'one-style-for-all' Individuum. Solch eine Person ist beschränkt, engstirnig, unflexibel. (...) Wie feiern jetzt das proteische Sein (...). Man muss in Bewegung sein, das Netzwerk ist riesig, die Verpflichtungen sind viele, Erwartungen sind endlos, Optionen allüberall und die Zeit ist eine knappe Ware." (2000, S. 104)

Was hier als neuer Menschentypus gefeiert wird, wird immer wieder mit dem von Robert Lifton (1993) konstruierten Sozialcharakter, dem „proteischen Selbst" in

Verbindung gebracht. Dabei wird auf die griechische Mythologie zurück gegriffen, die den Gott Proteus kennt, der in sich zwar nicht die wahre Bestimmung findet – Authentizität würden wir das heute nennen –, der aber von einer fluiden Offenheit ist und jede beliebige Gestalt annehmen kann. Die neoliberal getönten Narrationen betonen die grenzenlose Plastizität der menschlichen Psyche und die Steuerungsverantwortung des Ego-Taktikers, der sich endgültig von allen institutionellen Sicherheitsgarantien verabschiedet und die Regie über seine Arbeitskraft vollkommen selbst übernommen hat, des „Arbeitskraftunternehmers". Interessanterweise ist bereits von einer „proteischen Karriere" die Rede (Hall, 2002, 2004; Hall & Moss, 1998; Briscoe & Hall, 2006). Rosina Gasteiger (2008) greift die US-amerikanische Diskussion auf und schreibt:

> „In dieser Arbeit wird die Metapher des *Proteus* verwendet, um die zunehmend in der Arbeitswelt geforderte Flexibilität und Anpassungsfähigkeit zum Ausdruck zu bringen. Während sich Berufslaufbahnen traditionell in ein bis zwei Organisationen entwickelten und durch verhältnismäßig hohe Arbeitsplatzsicherheit gekennzeichnet waren, kristallisieren sich gegenwärtig neue, individualisierte Laufbahnformen heraus. Erwerbstätige müssen immer häufiger mit Veränderungen in der Arbeitswelt zurechtkommen. Gleichzeitig verschieben Organisationen die Verantwortung für die Karriereentwicklung immer mehr auf die Arbeitnehmer. Die Herausforderung für den Einzelnen ist dabei, sich nicht nur flexibel auf immer wieder neue Bedingungen einstellen zu können, sondern zugleich die eigene Identität zu wahren und persönliche Werte und Ziele mit der beruflichen Tätigkeit in Einklang zu bringen. Der amerikanische Laufbahnforscher Douglas Hall (2002) bedient sich in diesem Zusammenhang des Proteus-Mythos der Antike, um zu verdeutlichen, dass berufliche Laufbahnen angesichts der Veränderungen in der Arbeitswelt zunehmend einen *proteischen* Charakter aufweisen." (S. 15)

Die Ambivalenz der Vorlage aus der griechischen Mythologie wird nicht genutzt, um eine solche Entwicklung kritisch zu reflektieren. Sie wird vielmehr zu einer affirmativen Normalität verklärt.

7 Ein zielloses Aktivierungsschema?

Die entstehende moderne Gesellschaft hat den Menschen Ziele vorgegeben, für die sie sich anzustrengen hatten, die aber auch erreichbar waren und sich in einem spezifischen Habitus verkörpern konnten: erreichbare Positionen in Beruf und Gesellschaft, Rollenvorgaben und institutionell vorgezeichnete Wege, die zu gehen waren. Bauman (1997) veranschaulicht diese Konstellation mit dem Bild des Pilgers: Dieser macht sich mit einem klaren Ziel vor Augen auf den Weg, der anstrengend sein kann, der Umwege erfordert und der doch von seinem Ziel her eine klare Ziel-Mittel-Logik aufweist. Die spätmoderne Gesellschaft hingegen ist geprägt von einem Aktivierungsschema, das auf die Mobilisierung aller körperlichen und – immer mehr – auch der mentalen Energien pocht.

Es ist notwendig, den gesellschaftlichen Rahmen mit in den Blick zu nehmen und danach zu fragen, wie er einerseits den einzelnen Menschen mit Erwartungen und Ansprüchen fordert und zunehmend überfordert und andererseits die „vereinzelten Einzelnen" damit alleine lässt. Hier ist keine strategische Böswilligkeit zu

Vorwort und Einleitung
Innovative Zugänge
Beratungs-settings und -räume
Medien und Beratung
Kritik der Beratung
Register
Anhang

unterstellen, sondern da ist eher das Bild eines Autos auf rasanter Fahrt zutreffend, bei dem zwar ständig das Gaspedal gedrückt wird, aber ein Bremspedal scheint es nicht zu geben. Wir haben es mit einer tiefen Krise im Selbstverständnis der Gesellschaft zu tun, die sich nicht einmal mehr über unterschiedliche mögliche Zielvorstellungen streitet, sondern einfach keine mehr hat. Es gibt kaum eine Idee über den Tag hinaus und auf allen Ebenen sehen wir das, was Christopher Lasch (1984) in seiner Diagnose vom „Minimal self" schon Mitte der 80er-Jahre festgestellt hatte und Jürgen Habermas (1985) in der gleichen Zeit in seiner Analyse meinte, uns seien die „utopischen Energien" ausgegangen. Ganz präzise zitiert, ist bei ihm von der „Erschöpfung der utopischen Energien" die Rede. In allen gesellschaftlichen Bereichen, in der Politik, in der Wirtschaft und zunehmend auch in den privaten Welten geht es ums „Überleben", ums „Durchhalten", darum, den Tag, die Legislaturperiode oder den nächsten Quartalsbericht zu überstehen. Die mangelnde Zielorientierung verbirgt sich, ohne sich wirklich verstecken zu können, hinter phrasenhaft verwendeten Begriffen wie „Reform", „Vision" oder „Leitbild". In hektischer Betriebsamkeit wird jeden Tag die Lösung des Vortags verworfen und wie in einem Hamsterrad wird die gleiche Inszenierung noch einmal in Szene gesetzt, aber wieder wird sie als „Reform", „Vision" oder „Leitbild" verkauft. Keiner glaubt mehr dran, es ist eine Art kollektiver „Wiederholungszwang" oder eine „manische" Verleugnung der Ziel- und Aussichtslosigkeit. Hier zeichnet sich eine Gesamtsituation ab, die man mit dem Begriff „erschöpfte Gesellschaft" überschreiben könnte.

Wo finden wir hilfreiche Angebote, die uns Wege aus der erschöpften Gesellschaft weisen könnten, die Zukunftsfähigkeit versprechen? Hilft da die „Trendforschung" weiter, die sich – für gutes Geld – nicht scheut, ihren Blick auf hoffnungsvolle Zukunftsmärkte zu richten? Unter dem Titel *„Future Values"* gibt es etwa eine Publikation von Heiner Barz (Barz, Kampik, Singer & Teuber, 2001) und einem Team des Heidelberger Instituts GIM (Gesellschaft für Innovative Marktforschung mbH). In diesem Buch wird u. a. mit der „Futurität" eine Schlüsselqualifikation für das begonnene Jahrhundert bzw. die „Zukunftskompetenz" als „überlebensnotwendig" eingeführt und so charakterisiert: „Innovationsbereitschaft und ein fortwährendes Navigieren und Neupositionieren wird für Individuen wie Organisationen, für das Selbstmanagement wie das Produktmarketing unverzichtbar." (ebd., S. 24) Und wer es noch nicht mitbekommen hat, dem sei es ausdrücklich versichert: Es stellt eine Überlebensnotwendigkeit dar, wenn es um „den Besitz von 'Future Tools' als Accessoires eines zukunftsorientierten Lebensstils" geht, auch gewinnt „der immer neue Beweis der eigenen 'Updatability'" an Bedeutung (ebd.). Ist das eine Vision oder beschreibt dies erst einmal nur den Zeitgeist der Multioptionsgesellschaft, mehr Ideologie als gelebte Realität?

Wie wir spätestens seit Wittgenstein wissen, transportieren wir mit unseren Sprachspielen mehr als nur Wörter, wir konstruieren immer auch Weltbilder, also Bilder unserer Welt. Und ich bin mir relativ sicher, dass es mir zwar um Zukunftskompetenz geht, aber nicht nur in der Reproduktion des „Trendigen", sondern auch in der Entwicklung von Widerständigkeit und Eigensinnigkeit. Für den Erwerb von Zukunftsfähigkeit ist die Analyse von gesellschaftlichen Trends zwar wichtig, aber nicht um an ihrer kräuselnden Oberfläche zu besonders fitten Schnäppchenjägern zu werden und damit dem Erschöpfungskreislauf selbst zuzuarbeiten, sondern um diesen aufzubrechen.

Wir brauchen eine kritische Auseinandersetzung mit dem neoliberalen Menschenbild des „modularen Menschen", der mit seiner IKEA-Identität ein „Wesen mit mobilen, disponiblen und austauschbaren Qualitäten darstellt" (Bauman, 1999, S. 158). Oft genug aus der Angst[3] heraus, nicht „dabei zu sein", passt er sich in seinen Lebensformen der unaufhaltsamen Beschleunigungsdynamik an. Aber der gesellschaftliche und berufliche Fitness-Parcours hat kein erreichbares Maß, kein Ziel, an dem man ankommen kann, sondern es ist eine nach oben offene Skala, jeder Rekord kann immer noch gesteigert werden. Hier ist trotz Wellness-Industrie keine Chance eine Ökologie der eigenen Ressourcen zu betreiben, sondern in einem unaufhaltsamen Steigerungszirkel läuft alles auf Scheitern und einen Erschöpfungszustand zu.

8 ... und die Positive Psychologie?

Liefert uns nicht die „Positive Psychologie" die notwendige Alternative? Martin Seligman, dessen Name ja lange Zeit mit dem Konzept der „erlernten Hilflosigkeit" und damit mit einer höchst unerfreulichen Erfahrung verbunden war, hat sich persönlich und als Psychologe auf den Weg zum glücklichen Leben gemacht und die „Positive Psychologie" wissenschaftlich (Peterson & Seligman, 2004) und vor allem lebenspraktisch (Seligman, 2005) popularisiert. Im Beratungs- und Coachingbereich ist das Konzept längst angekommen (z. B. Ringlstetter, Kaiser & Müller-Seitz, 2006; Creusen & Eschemann, 2008; Haas, 2010). Bietet es nicht genau die inhaltliche Sinnorientierung an, die dem Fitnessdiskurs fehlt? Das Versprechen, dass es nun in der Psychologie endlich um so positive Themen wie Glück, Optimismus, Geborgenheit, Vertrauen, Verzeihen und Solidarität gehen soll und nicht mehr um Störungen und Konflikte, ist vor allem im Managementbereich begierig aufgenommen worden.

Seit der Begründung der Positiven Psychologie macht sich auch die Unternehmenspraxis deren „Erkenntnisse"[4] zunutze. Nachdem sich das „Positive Leadership"-Konzept im angelsächsischen Raum längst fest etabliert hat, setzt es sich auch in deutschsprachigen Ländern weiter durch. Vorreiter in Deutschland sind Handelsunternehmen wie die OBI Baumärkte, Media Markt und Saturn Holding. Utho Creusen ist Volkswirt und war geschäftsführender Vorstand der OBI AG, der Saturn Holding und von Media Markt. Er beschäftigte sich dort mit der Anwendung der Positiven Psychologie in Fragen der Führung, Motivation und Entwicklung von Mitarbeitern in Unternehmen. Im Jahre 2006 erfolgte die Auszeichnung mit dem „Corporate Award for Excellence in Practice" vom Gallup International Positive

---

[3] Wie Daten der Deutschen Angestellten-Krankenkasse (DAK) gezeigt haben, steigen auch Angststörungen erheblich an.

[4] Dazu lesenswert die Analysen von Held (2004, 2005) oder das Heft 5/2008 der Zeitschrift *Theory & Psychology*.

Abbildung 1: *Die drei Säulen der Positiven Psychologie (Creusen, 2009, S. 2)*

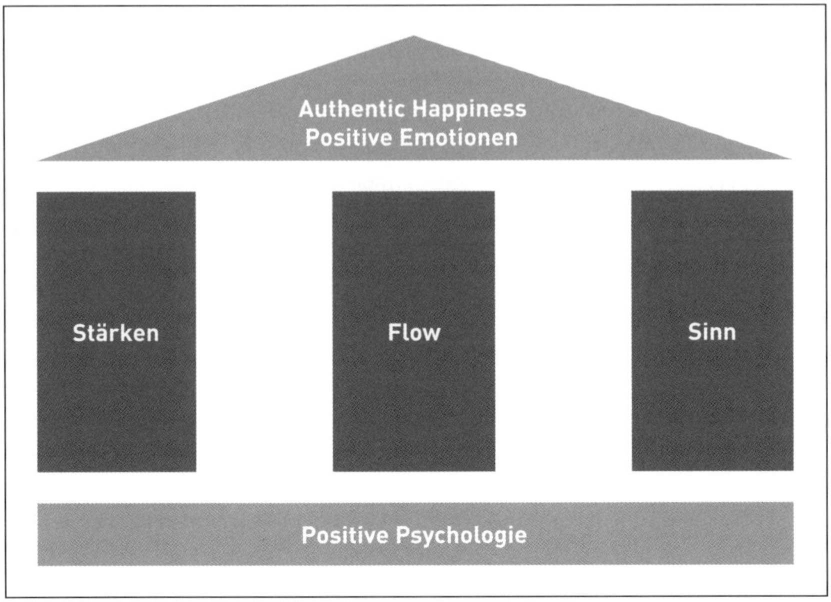

Psychology Institute. Diese stellt – dem eigenen Anspruch nach – die Leistung herausragender Führungspersönlichkeiten heraus, die durch die Nutzung von Instrumenten der Positiven Psychologie den Unternehmenserfolg positiv und nachhaltig beeinflussen.

Utho Creusen[5] hat ein Führungskonzept entwickelt, das er wie ein Haus darstellt, dessen Fundament die Positive Psychologie bildet, so als wäre da ein sicheres wissenschaftliches Wissen unstrittig vorhanden. Die Pfeiler des Hauses sind die Stärken von Menschen, ihre Sinnquellen und das „Flow"-Gefühl. Und darauf wiederum können dann positive Emotionen und Authentizitätsgefühle aufbauen.

Die Pfeiler dieses Hauses sind durchaus wichtige Ressourcen, die in der Gesundheits- und Gemeindepsychologie und in allen ressourcenorientierten Beratungs- und Therapieansätzen mehr oder weniger ähnlich vorkommen. Aber im Unternehmensbereich erfüllen sie einen hoch fragwürdigen Zweck. Hier wird die Ideologie des „positiven Denkens" (scharf durchleuchtet von Ehrenreich, 2009) exemplarisch vorgeführt, die alle Fragen nach Arbeitsbedingungen, nach Ausbeutung und Entfremdung ins Schattenreich des Nichtthematisierbaren verweist und menschliche Ressourcen in einem umfassenden Sinn ausschöpft. Es wird wohl auch kein Zufall sein, dass die Templeton-Stiftung die Entwicklung der Positiven Psy-

[5] Enthalten in der folgenden Präsentation: http://www.prisma.ag/uploads/media/Vortrag_Prof__Dr_Creusen_01.pdf [02.01.2013]

chologie mit Millionenbeträgen unterstützte. Diese Stiftung gehört in die gesellschaftliche Konstellation der USA, in der sich religiös-fundamentalistische Strömungen und aggressive Ideologien des ungebremsten Kapitalismus zusammengefunden haben. Eine Konstellation, in der ein Aktivierungsschema, das die psychische Indienstnahme der Subjekte maximiert, einen hervorragenden Resonanzboden gefunden hat. Ein Ausweg aus einem grenzenlosen Fitness-Parcours ist von der Positiven Psychologie nicht zu erwarten, sie lässt sich eher als dessen Steigerungsform einordnen.

9 Proteus schlägt zurück: Von der Fitness zum Burn-out und zur Depression

Die einseitige Vereinnahmung des Proteus in seiner faszinierenden Verwandlungskunst sowie die Vernachlässigung seines Scheiterns macht diese Figur besonders interessant und führt uns zu der Frage, ob nicht die Fitnesskultur engstens mit der dramatischen Zunahme von Erschöpfungszuständen und Depressionen zu tun hat. Ines Geipel (2010), ehemalige Weltklassesprinterin aus der Retortenwelt der DDR und reflektierte Wissenschaftlerin, beschäftigte sich nach dem Tod von Robert Enke mit dem Zusammenhang von Depression und Leistungsdruck. Für sie „erzählt sich" die „Depression (…) nicht nur als Metapher oder generischer Begriff, nicht nur als Forschungsmaterial oder Fall für die klinische Psychiatrie", sondern sie eröffnet den Blick auf eine „dunkle Grammatik des Selbst" (S. 8).

Die uns vorliegenden epidemiologischen Daten, die immer stärker die Einschätzung stützen, dass die Depression zur Volkskrankheit Nr. 1 wird, legen die Frage nahe, was dafür die Ursachen sein könnten (vgl. dazu Keupp & Dill, 2010). Der Frankfurter Psychoanalytiker Heinrich Deserno (2005, S. 188) schreibt dazu:

> „Seit etwa 15 Jahren zeichnet sich deutlich ab, dass Depressionen für den spätmodernen Lebensstil beispielhaft werden könnten, und zwar in dem Sinne, dass sie das Negativbild der Anforderungen beziehungsweise paradoxen Zumutungen der gesellschaftlichen Veränderungen darstellen und deshalb in besorgniserregender Weise zunehmen könnten, wie von der Weltgesundheitsorganisation hochgerechnet: Im Jahr 2020 sollen Depressionen weltweit und in allen Bevölkerungsschichten die zweithäufigste Krankheitsursache sein."

Und die deutsche Stimme der WHO, Ilona Kickbusch, hat sich folgendermaßen zu diesem Thema geäußert:

> „Immer mehr Menschen haben mit einem immer schnelleren Wandel von Lebens-, Arbeits- und Umweltbedingungen zu kämpfen. Sie können das Gleichgewicht zwischen Belastungs- und Bewältigungspotentialen nicht mehr aufrechterhalten und werden krank. Depression ist zum Beispiel nach den Statistiken der Weltgesundheitsorganisation eine der wichtigsten Determinanten der Erwerbsunfähigkeit. (…) Schon heute sind weltweit ca. 121 Millionen Menschen von Depressionen betroffen. Denn unser Leben gewinnt zunehmend ‚an Fahrt', sei es zwischenmenschlich, gesellschaftlich, wirtschaftlich oder im Informations- und Freizeitbereich." (2005, S. 15)

Große Aufmerksamkeit hat Ehrenberg (2004) mit seiner Analyse der gesellschaftlichen Bedingungen zunehmender Depressionsraten gefunden. In seinem Buch *„Das erschöpfte Selbst"* will er zeigen, dass depressive Verstimmungen, Erschöpfung und Verzweiflung keine Unregelmäßigkeiten, sondern so etwas wie der unvermeidliche Schatten des karriere- und selbstverwirklichungssüchtigen Selbst der kapitalistischen Moderne um die Jahrtausendwende sind. Dieses Selbst wird gesteuert von der Annahme, dass alles möglich sei. Und dass es ausschließlich in individueller Verantwortung liege, aus der Fülle der Möglichkeiten das je eigene „gelingende" Leben zu stricken. Ehrenberg hält diese Behauptung nicht für richtig, sondern für mächtig. Sie wirkt wie eine innere Stimme, die den Unzufriedenen allerorten hämisch einflüstert, dass es anders hätte kommen können, wenn sie nur die richtige Wahl getroffen hätten. Unter der Last der Verantwortung bricht das solcherart malträtierte Selbst oft zusammen. Die sich epidemisch ausbreitenden depressiven Störungen sind – so Ehrenbergs Diagnose – der folgerichtige Reflex auf eine Gesellschaft, die in immer größerem Maße von den Individuen fordert, ein kreatives, produktives und flexibles Selbst zu sein. Die Parole: „Machen Sie aus sich die Ich-AG!" bringt die Verbindung aus Wertschätzung und Wertschöpfung des allzeit fähigen Individuums auf den Punkt. Das individuelle Selbst hat im selben Maß eine Aufwertung erfahren, wie bestimmte überkommene Normen an Orientierungskraft verloren haben.

Auf Ehrenberg aufbauend hat Han (2010) die Gegenwartsgesellschaft als „Müdigkeitsgesellschaft" charakterisiert. Das beginnende 21. Jahrhundert zeichne sich durch mentale Erkrankungen aus. Depressionen, Aufmerksamkeitsdefizite, Hyperaktivität, Borderline- und Burn-out-Syndrome sind nicht mehr mit Antibiotika zu heilen wie die Krankheiten des historisch gewordenen „bakteriellen Zeitalters". Die neuronalen Verschiebungen können verstanden werden als eine große latente Müdigkeit, die sich auf der Hinterseite der globalen Hyperaktivität der Gegenwart festzusetzen beginnt. Während früher ein Infekt als „Anderes" und „Fremdes" erkannt und aus dem System herausgeschafft wurde, gibt es heute kein „Außen" mehr. Die Lebenswelten der müdigkeitskranken Menschen sind durchsetzt von innen, vom Zuviel des Gleichen. Die allgemeine Beschleunigung führt zur Erschöpfung als Grundzustand des Daseins. Der in den Hamsterrädern der Betriebsamkeit trabende Dauergestresste endet in einer Müdigkeit, die keine positive Potenz mehr hat. Um zu verstehen, wie es zu der „Gewalt der Positivität" in unserem Inneren kommt, nimmt Han die Arbeitswelt in den Blick, die auf Eigenmotivation, Initiativgeist und Selbstverantwortung setzt: Die Disziplinargesellschaft, von der Stechuhr regiert, wurde von der Leistungsgesellschaft abgelöst, in der jeder sich konditioniert, als sei er sein eigener Unternehmer. Die „Negativität des Sollens" hat sich zu einer viel effizienteren „Positivität des Könnens" entwickelt. Obamas millionenfach reproduzierter Slogan „Yes, we can" hat darin seine alptraumhafte Kehrseite.

Das sich selbst ausbeutende Subjekt ist Täter und Opfer zugleich, Herr und Knecht in einer Person. Es führt einen Krieg gegen sich selbst und bleibt so oder so als dessen Invalide zurück. Nicht eine erschöpfte, sondern eine ausgebrannte Seele ist das Resultat.

Auf die Grenzen der „unternehmerischen Anrufung" und des „Subjektivierungsregimes" weist auch Bröckling (2007, S. 289) hin: „Weil die Anforderungen unabschließbar sind, bleibt der Einzelne stets hinter ihnen zurück." Oder an anderer Stelle „Im Unglück der Depressiven wird die Kluft zwischen dem Anspruch an die Individuen und ihren stets unzureichenden Anstrengungen sichtbar." (ebd., S. 290) Mit anderen Worten: „Depressive Erschöpfung (ist) die dunkle Seite der auf Dauer gestellten Hyperthymie des unternehmerischen Selbst." (ebd., S. 291). Diesen persönlichkeitsgefährdenden Grenzüberschreitungen des neoliberalen Aktivierungsregimes arbeiten Schule und Hochschule zu. Wie Freytag (2008) aufzeigt, werden sie unter tatkräftiger Mithilfe von Beratungsfirmen umgebaut. In ihrer ursprünglichen begrifflichen Bedeutung sollten sie Orte der Muße sein. Sie werden jetzt zu knowledge-factories für Funktionswissen; ihr persönlichkeitsbildender Ehrgeiz gilt dem unternehmerisch denkenden Selbstvermarkter, der unter den noblen Begriffen der „Selbstständigkeit und Souveränität" die Fähigkeit zum Selbstvollzug heterogener Fremdinteressen erlernt: Im fortgeschrittenen Kapitalismus übernehmen die Beherrschten das Geschäft ihrer Beherrschung selbst.

10 Zwei Schlussfolgerungen

Schlussfolgerung 1

Die Beratungsbranche ist in Teilen unreflektiert an neoliberalen Fitnessdiskursen und den ihr zugeordneten Praxisansätzen beteiligt. Die Zunahme des individuellen Leidens verweist auf die Grenzen der „unternehmerischen Anrufung" und des „Subjektivierungsregimes". Grenzerfahrungen werden gegenwärtig überwiegend pathologisiert und medikalisiert und damit ihrer gesellschaftskritischen Lesbarkeit beraubt. Sie verweisen auf die Notwendigkeit einer gesellschaftskritischen Analyse der Folgen, die der globale Kapitalismus den Menschen zumutet. Angesichts der umfassenden „inneren Landnahme" in Form des Subjektivierungsregimes wird eine Alternative notwendigerweise auf die Stärkung der reflexiven Potenz der Subjekte setzen müssen. Sie müssen begreifen, dass sie Täter und Opfer zugleich sind. In der anfangs zitierten Frankfurter Erklärung zur Beratung wird nach dem Versuch einer programmatischen Gegenwartsdeutung der Schluss gezogen, dass „diese aktuellen gesellschaftlichen Veränderungsdynamiken (...) eine hohe und dauerhafte Reflexivität (erfordern) und sie erfordern Orte, an denen diese Reflexivität entwickelt werden kann. Hier ist der Ort für Beratung." (Forum Beratung, 2002, S. 336)

Schlussfolgerung 2

Allein auf die „reflexive Potenz" der Subjekte zu setzen, kann das Subjektivierungsregime, aus dem sie ausbrechen wollen, weiter verfestigen. Deshalb bedarf es des Bewusstseins, dass die Stärkung der Fähigkeit zur Selbstsorge nur im Rahmen kollektiver Interessenvertretungen (z. B. in Selbsthilfegruppen, Netzwerken bürgerschaftlichen Engagements, Gewerkschaften, Attac) möglich ist, die die Bedingungen für eine selbstbestimmte Lebensweise (z. B. ein bedingungsloses Grundeinkommen) erkämpfen.

Literatur

Barz, H., Kampik, W., Singer, T. & Teuber, S. (2001). *Neue Werte, neue Wünsche. Future Values.* Düsseldorf/Berlin: Metropolitan.

Bauman, Z. (1992). *Moderne und Ambivalenz. Das Ende der Eindeutigkeit.* Hamburg: Junius.

Bauman, Z. (1995). Zeit des Recycling: Das Vermeiden des Festgelegt-Seins. Fitneß als Ziel. *Psychologie und Gesellschaftskritik, 74/75* (19), 7–24.

Bauman, Z. (1997). *Flaneure, Spieler und Touristen. Essays zu postmodernen Lebensformen.* Hamburg: Hamburger Edition.

Bauman, Z. (1999). *Die Krise der Politik.* Hamburg: Hamburger Edition.

Belgrad, J. (1992). *Identität als Spiel. Eine Kritik des sozialpsychologischen Identitätsbegriffs bei Jürgen Habermas.* Wiesbaden: Westdeutscher-Verlag.

Beyer, M.M. (1992). *Power Line. Fit for power oder: Die feine ART der Selbst-Creation.* Paderborn: Junfermann.

Bosshart, D. (1995). Die Neuerfindung des Menschen. In *TopTrends. Die wichtigsten Trends für die nächsten Jahre* (S. 139–165). Düsseldorf: Metropolitan.

Brinkmann, M. (2009). Fit für PISA? – Bildungsstandards und performative Effekte im Testregime. Vorschläge zur theoretischen und pädagogischen Differenzierung von Bildungsforschung und Aufgabenkultur. In J. Bilstein & J. Ecarius (Hrsg.), *Standardisierung – Kanonisierung. Erziehungswissenschaftliche Reflexionen* (S. 97–116). Wiesbaden: VS Verlag.

Briscoe, J.P. & Hall, D.T. (2006). The interplay of boundaryless and protean careers: Combinations and implications. *Journal of Vocational Behavior, 69*, 4–18.

Bröckling, U. (2007). *Das unternehmerische Selbst. Soziologie einer Subjektivierungsform.* Frankfurt a. M.: Suhrkamp.

Creusen, U. (2009). *Die Mitarbeiter als Erfolgsfaktor.* Verfügbar unter: http://www.prisma.ag/uploads/media/Vortrag_Prof__Dr_Creusen_01.pdf [02.01.2013].

Creusen, U. & Eschemann, N.-R. (2008). *Zum Glück gibt's Erfolg – Wie Positive Leadership zu Höchstleistung führt.* Zürich: Orell Füssli.

Deserno, H. (2005). Liebe und Depression. Am Beispiel von Dieter Wellershoffs Roman „Der Liebeswunsch". In S. Hau, H.-J. Busch & H. Deserno (Hrsg.), *Depression – zwischen Lebensgefühl und Krankheit* (S. 165–194). Göttingen: Vandenhoek & Ruprecht.

Ehrenberg, A. (2004). *Das erschöpfte Selbst: Depression und Gesellschaft in der Gegenwart.* Frankfurt a. M.: Campus Verlag.

Ehrenreich, B. (2009). *Smile or die. Wie die Ideologie des positiven Denkens die Welt verdummt.* München: Kunstmann.

Elias, N. (1976). *Über den Prozess der Zivilisation. Soziogenetische und psychogenetische Untersuchungen.* Frankfurt a. M.: Suhrkamp.

Forum Beratung der DGVT (2002). Frankfurter Erklärung zur Beratung. Aufruf zu einem Neuen Diskurs. In F. Nestmann & F. Engel (Hrsg.), *Die Zukunft der Beratung* (S. 335–338). Tübingen: dgvt-Verlag.

Freytag, T. (2008). *Der unternommene Mensch. Eindimensionalisierungsprozesse in der gegenwärtigen Gesellschaft.* Weilerswist: Velbrück.

Gasteiger, R.M. (2008). *Selbstverantwortliches Laufbahnmanagement: Das proteische Erfolgskonzept.* Göttingen: Hogrefe.

Geipel, I. (2010). *Seelenriss. Depression und Leistungsdruck.* Stuttgart: Klett-Cotta.

Gergen, K.J. (2000). The self: death by technology. In D. Fee (Ed.), *Pathology and the postmodern. Mental illness as discourse and experience* (pp. 100–115). London: Sage.
Gerling, R. (1917). *Der vollendete Mensch und das Ideal der Persönlichkeit – Die Kunst, harmonische Leibesbildung, gesunden Organismus, sympathisches Äußeres und körperliche Kraft zu entwickeln und dauernd zu erhalten.* Oranienburg: Wilhelm Möller.
Haas, O. (2010). *Corporate Happiness, glückliche Menschen leisten gerne mehr.* Berlin: Erich Schmidt Verlag.
Habermas, J. (1985). *Die Neue Unübersichtlichkeit.* Frankfurt a. M.: Suhrkamp.
Hall, D.T. (2002). *Careers in and out of organizations.* Thousand Oaks, CA: Sage Publications.
Hall, D.T (2004). The protean career: A quarter century journey. *Journal of vocational Behaviour, 65,* 1–13.
Hall, D.T. & Moss, J.E. (1998). The new protean career contract: Helping organizations and employees adapt. *Organizational Dynamics, Winter, 26* (3), 22–37.
Han, B.-C. (2010). *Müdigkeitsgesellschaft.* Berlin: Matthes & Seitz.
Haug, W.F. (1986). *Faschisierung des Subjekts. Die Ideologie der gesunden Normalität und die Ausrottungspolitiken im deutschen Faschismus.* Berlin: Argument.
Held, B.S. (2004). The negative side of positive psychology. *Journal of Humanistic Psychology, 44,* 9–46.
Held, B.S. (2005). The "virtues" of positive psychology. *Journal of Theoretical and Philosophical Psychology, 25,* 1–34.
Keupp, H. & Dill, H. (Hrsg.). (2010). *Erschöpfende Arbeit. Gesundheit und Prävention in der flexible Arbeitswelt.* Bielefeld: transcript.
Kickbusch, I. (2005). *Die Gesundheitsgesellschaft.* Gamburg: Verlag für Gesundheitsförderung.
Lasch, C. (1984). *The minimal self. Psychic survival in troubled times.* New York: W.W. Norton.
Lifton, R.J. (1993). *The protean self. Human resilience in an age of fragmentation.* New York: Basic Books.
Melucci, A. (1996). *The playing self. Person and the meaning in the planetary society.* Cambridge: Cambridge University Press.
Peterson, C. & Seligman, M.E.P. (2004). *Character strengths and virtues: A handbook and classification.* New York: Oxford University Press.
Rifkin, J. (2000). *Access. Das Verschwinden des Eigentums.* Frankfurt a. M.: Campus.
Ringlstetter, M., Kaiser, S. & Müller-Seitz, G. (2006). *Positives Management: Zentrale Konzepte und Ideen des Positive Organizational Scholarship.* Wiesbaden: Gabler.
Rosa, H. (2005). *Beschleunigung. Die Veränderung der Zeitstrukturen in der Moderne.* Frankfurt a. M.: Suhrkamp.
Rosa, H. (2011). *Weltbeziehungen im Zeitalter der Beschleunigung: Umrisse einer neuen Gesellschaftskritik.* Frankfurt a. M.: Suhrkamp.
Seligman, M.E.P. (2005). *Der Glücks-Faktor. Warum Optimisten länger leben.* München: Lübbe.
Sennett, R. (1998). *Der flexible Mensch. Die Kultur des neuen Kapitalismus.* Berlin: Berlin Verlag.
Zickendraht, V. (1991). *Persönlichkeitsprofil – Identity vom Scheitel bis zum Schreibtisch.* Landsberg: Verlag moderne Industrie.

Vorwort und Einleitung
Innovative Zugänge
Beratungs-settings und -räume
Medien und Beratung
Kritik der Beratung
Register
Anhang

Prof. Dr. Heiner Keupp hat Psychologie, Soziologie und Pädagogik studiert und war bis 2008 Hochschullehrer für Sozial- und Gemeindepsychologie an der Universität München. Zur Zeit lehrt er als Gastprofessor an der Universität Bozen. Seine Arbeitsschwerpunkte sind Gemeindepsychologie, sozialwissenschaftliche Gesundheitsforschung und Identitäten im gesellschaftlichen Wandel. Er war verantwortlich für den 13. Kinder- und Jugendbericht der Bundesregierung.

Anschrift:
Ringhofferstr. 34
D-85716 Unterschleißheim
E-Mail: heinerkeupp@psy.lmu.de

Grenzen und Chancen der Evaluation von Beratung

Franz Oberlehner

1 Einleitung

Evaluation erlebt seit ca. zwei Jahrzehnten einen ungeheuren Boom. Ob an der Autobahnraststätte, an Schule und Universität, in Krankenhaus oder Beratungsstelle: Mittlerweile ist kein Lebensbereich mehr sicher vor Fragebögen und Interviewern, denen man die Zufriedenheit mit einer konsumierten Leistung mitteilen soll. So mehren sich denn auch skeptische Stimmen. Dissertationstitel wie *„Wir evaluieren uns zu Tode"* (Preußler, 2008) oder *„Evaluation als modernes Ritual"* (Schwarz, 2006) zeugen davon. Sogar eine musikalische Großveranstaltung wie das Klangforum Wien nimmt sich in seinem Programmheft des Themas an. Darin ist von „Evaluierungswahn" die Rede und es verspricht eine „Soforthilfemaßnahme gegen die bizarre Wichtigtuerei der Bewertungsindustrie".[1]

Dabei ist Evaluation das Natürlichste der Welt. Ständig bewerten wir, ob bestimmte Handlungen zielführend sind. Auch für Tätigkeiten im psychosozialen Feld, um die es hier geht, gibt es traditionelle Mittel der Evaluierung, um die Effektivität zu gewährleisten: Supervision, Falldarstellung, Fallbericht etc. Das traditionelle Medium der Rechenschaft gegenüber Trägerorganisationen und Öffentlichkeit ist

[1] „Die Forderungen des grassierenden Evaluierungswahns machen auch vor der Kunst nicht halt. Zu den milderen Erscheinungsformen der Krankheit zählen wortreiche Erklärungen zur Bedeutung der Musik für Politik, Wellness und Ackerbau. Als Soforthilfemaßnahme gegen die bizarre Wichtigtuerei der Bewertungsindustrie spielt das Klangforum Wien in seinem neuen Zyklus Musik nur zu einem Zweck: zum Vergnügen." (Programm des Klangforums Wien für den Zyklus 2010/2011)

der Tätigkeitsbericht. Darin finden sich üblicherweise Aussagen über Quantitäten geleisteter Arbeitseinheiten und deren Verteilung auf Themenfelder. Unter dem Titel Evaluation kamen ab Mitte der 1990er-Jahre neue Anforderungen für Leistungsangebote, speziell auch für solche mit öffentlichen Geldern finanzierter Stellen. Die Ergebnisse (psychologisch) beratender und psychotherapeutischer Tätigkeit waren nun systematisch und in Zahlen dokumentierbar abzusichern. Was denn Evaluation genau ist, war zwar durchaus offen – klar war nur, dass die traditionellen Mittel zur Gewährleistung und vor allem zur Dokumentation der Zweckmäßigkeit nicht mehr reichten.

Diese damals relativ neue und immer noch anhaltende Anforderung stellt für psychosoziale Beratungsinstitutionen die Frage: wie damit umgehen, wenn man weiter bestehen will? Dieser Beitrag basiert auf den Erfahrungen, die an der Psychologischen Studentenberatung (PSB) in Österreich auf der Suche nach einer adäquaten Antwort auf diese Frage gemacht wurden.

Die PSB ist eine sogenannte nachgeordnete Dienststelle des Bundesministeriums, das jeweils für Wissenschaft und damit für Universitäten zuständig ist. Sie besteht aus sechs Psychologischen Beratungsstellen für Studierende an verschiedenen Universitätsstandorten. Der erste dokumentierte Diskurs zum Thema Evaluation geht hier auf die Jahre 1979/80 zurück, als sich eine „Arbeitsgruppe Effizienzkontrolle" formierte. In der Folge wurde mit verschiedenen Verfahren der Evaluation experimentiert. Im Zuge der Prüfung der PSB durch den Rechnungshof wurde die Evaluation ab 1995 zu einem offiziellen Auftrag des vorgesetzten Ministeriums. Die wesentlichen Ergebnisse dieser Auftragsevaluation sind in drei Berichten zusammengefasst (Felnemeti & Thaler-Steiner, 1997; Oberlehner, 2000, 2001). Danach gab es noch drei Evaluationsprojekte auf Eigeninitiative der Beratungsstellen.

2 Methodische Probleme

Evaluation ist, wie auch Wottawa und Thierau (1998) in ihrem *„Lehrbuch Evaluation"* betonen, ein außerordentlich vielfältiger Begriff. Das Spektrum der mit ihm assoziierten Vorstellungen reicht von jeglicher Art der Bewertung einer Sache bis zur systematischen Anwendung sozialwissenschaftlicher Forschungsmethoden zur Beurteilung von Konzepten, Implementierungen und der Nützlichkeit sozialer Interventionen.

Im Sinne von „Bewertung einer Sache" findet Evaluation in der Beratung natürlich ständig statt. Jedes Gespräch, jede Überlegung über den bisherigen Verlauf einer Beratung, über die Entwicklung der Problematik oder sonstiger innerer oder äußerer Zustände ist so gesehen Evaluation.

Als Kennzeichen wissenschaftlicher Evaluation führen Wottawa und Thierau (1998, S. 14) drei Punkte an:

- Evaluation dient als Planungs- und Entscheidungshilfe und hat somit etwas mit der Bewertung von Handlungsalternativen zu tun.

- Evaluation ist ziel- und zweckorientiert. Sie hat primär das Ziel, praktische Maßnahmen zu überprüfen, zu verbessern oder über sie zu entscheiden.
- Evaluationsmaßnahmen sollen dem aktuellen Stand wissenschaftlicher Techniken und Forschungsmethoden entsprechen.

Bortz und Döring (1995, S. 96) sprechen in diesem Zusammenhang von Evaluationsforschung, welche sie folgendermaßen definieren: „Evaluationsforschung beinhaltet die systematische Anwendung empirischer Forschungsmethoden zur Bewertung des Konzeptes, des Untersuchungsplanes, der Implementierung und der Wirksamkeit sozialer Interventionsprogramme."

Als Kontrastierung ist die Auffassung von Cronbach (1982, S. 321–339) hilfreich, der Evaluation als „Kunst des Möglichen" bezeichnet, die sich neben den wissenschaftlichen auch pragmatischen Kriterien unterzuordnen habe. So konstatiert auch Orlinsky (1998) für die Psychotherapie eine erhebliche Kluft zwischen Forschung und Praxis. Evaluation unter Alltagsbedingungen ist genau in dieser Kluft platziert. Durchführung und Wirksamkeit von Beratung valide und reliabel zu evaluieren verlangt so gesehen einen Spagat zwischen gegensätzlichen Anforderungen.

Evaluiert wurde die psychotherapeutische und psychologisch beratende Tätigkeit an der PSB. Ein methodisches Problem drückt sich bereits in den Titeln der Berichte aus: In der Praxis solcher Beratungsstellen kann man die berufspolitisch motivierten Grenzziehungen zwischen Psychotherapie, psychologischer Beratung im Speziellen und Beratung im Allgemeinen kaum trennscharf nachvollziehen, die Übergänge sind weit und fließend. Daher wurde in der Evaluation nicht zwischen Psychotherapie und psychologischer Beratung unterschieden. Vieles im Vorgehen wurde von den alltäglichen Bedingungen einer Institution diktiert. Es war klar, dass es *ein* Instrument für die Evaluierung sehr unterschiedlicher Gruppen, Therapieschulen und Problemfelder geben sollte und dass Störungen des praktischen Arbeitsablaufes durch den Fragebogen minimiert werden mussten, um die Akzeptanz der Mitarbeiter und der Klienten zu erhalten. Es handelt sich – um mit Rudolf (1998) zu sprechen – um naturalistische Bedingungen. Diese „Kunst des Möglichen" kann natürlich mit den Anforderungen an Differenziertheit und methodische Härte der Instrumentarien „reiner Beratungsforschung" oder „reiner Psychotherapieforschung" nicht mithalten.

Evaluation als Auftrag von bzw. Rechtfertigung gegenüber Trägerorganisationen und Öffentlichkeit berührt Themen, die aus Industrie und Ökonomie stammen und erst in den letzten Jahrzehnten des vorigen Jahrhunderts, im Zuge der Ökonomisierung aller Lebensbereiche, auch im psychosozialen Feld zur Anwendung kamen: Qualitätssicherung bzw. -management und damit zusammenhängende Begriffe wie Effizienz und Effektivität.

3 Verwandte Begriffe: Qualitätssicherung, Effektivität, Effizienz

Qualitätssicherung ist ein Begriff, der ursprünglich für den Bereich Industrie und Handel entwickelt wurde und seit Jahrzehnten auch auf den Dienstleistungsbereich

Vorwort und Einleitung
Innovative Zugänge
Beratungs-settings und -räume
Medien und Beratung
Kritik der Beratung
Register
Anhang

angewendet wird. In Beratung und Psychotherapie fand er erst in den 1990er-Jahren Eingang. Methodische Überlegungen zur Sicherung von Qualität gibt es natürlich auch im psychosozialen Bereich schon viel länger. Supervision, Fallseminar und kollegiale Intervision sind seit Jahrzehnten Standards der etablierten Psychotherapierichtungen (Richter, 1994). Unter dem Druck gesetzlicher Bestimmungen und ökonomischer Beschränkungen wurde die Auffassung von Qualitätssicherung und -management aus Wirtschaft und Industrie übernommen. Sie wurden nun zu systematisch diskutierten Rahmenbegriffen von Beratung und Psychotherapie. So widmete z.B. die *Zeitschrift für Klinische Psychologie* ihr 4. Quartalsheft 1994 dem Schwerpunkt „Qualitätssicherung in der Psychotherapie" (Richter, 1994), ebenso wie die Zeitschrift *Psychotherapie Forum* ihr 4. Heft 1995 (Laireiter, 1995). In Österreich lieferten Laireiter, Knauer und Baumann 1995 unter dem Titel *Qualitätssicherung von Psychotherapie* einen Expertenbericht und ein Gutachten an das Bundesministerium für Wissenschaft und Forschung.

Traditionell wird in dieser Diskussion zwischen Struktur-, Prozess- und Ergebnisqualität unterschieden (Kordy, 1992; Laireiter, 1997; Vogel, i.Bd.2). Unter Strukturqualität wird das Ausmaß an strukturell verfügbaren Ressourcen verstanden, etwa Anzahl und Qualifikation des Personals sowie Breite und Evaluiertheit der verfügbaren Methoden und Strategien zur Beratung bei spezifischen Problemen. Prozessqualität bezeichnet die Güte und Qualität der Beratungsarbeit nach den geltenden Regeln der Kunst über die verschiedenen Phasen dieses prozesshaften Vorganges hinweg. Der Begriff Ergebnisqualität beschreibt das Ergebnis individueller Beratung unter dem Aspekt der Erreichung spezifischer Kriterien. Weil Qualitätssicherung zu statisch und aussiebend (die Schlechten werden ausgeschieden) klingt, wird zunehmend von Qualitätsmanagement gesprochen. Über die bereits erwähnten klassischen Formen von Qualitätssicherung im psychosozialen Feld hinaus erheben die modernen Methoden den Anspruch auf stärkere Systematik und sind primär auf Sicherstellung und Verbesserung der Qualität zukünftiger Tätigkeit ausgerichtet.

Auftrags- bzw. Rechtfertigungsevaluation, wie sie an den PSB durchgeführt wurde, zielt in der Regel auf die Demonstration von Qualitätsmerkmalen, um einen Leistungs- und Nutzennachweis zu erbringen. Die Träger interessieren sich oft nur für die Ergebnisqualität; aus Sicht von Beratungsinstitutionen empfiehlt es sich, die Einbeziehung einiger Aspekte von Prozessqualität zu überlegen, weil sie sich in der Regel für die Demonstrationszwecke gut eignen. Dazu später noch mehr.

Wenn von einer Beratungsstelle Evaluation gefordert wird, spielen meist die Begriffe *Effektivität* und *Effizienz* eine große Rolle. Was ist darunter zu verstehen und wie unterscheiden sie sich?

Allgemein würde man wohl den Unterschied etwa so sehen, dass die Effektivität ein Maß dafür ist, wie sehr etwas wirkt, während die Effizienz einer Maßnahme die Größe des für ein bestimmtes Ziel nötigen Aufwandes bezeichnet.[2] Effektivität

---

[2] Vgl. z.B. Sbandi et al. (1993, S. 11): „*Effektivität* meint dabei die Wirksamkeit einer Therapie, *Effizienz* hingegen die Wirksamkeit unter Berücksichtigung des Verhältnisses von Aufwand und Erfolg."

ist damit auch ein Maß für Ausmaß und Qualität der Zielerreichung, Effizienz ein solches für Wirtschaftlichkeit. Es gibt Bedeutungen, die sich davon ziemlich unterscheiden, so zum Beispiel Effizienz als statistischer Kennwert für die Charakterisierung der Genauigkeit einer Parameterschätzung (Bortz & Döring, 1995, S. 379). Verwirrend wird es, wenn in der Organisationsberatungsliteratur noch andere Bedeutungen auftauchen, wie z. B. bei Promberger (1995, S. 162), der aus der Sicht des Controllings feststellt:

> „Die *Effektivität* von öffentlichen Leistungen wird häufig metaphorisch umschrieben mit *‚die richtigen Dinge tun‘*, d. h. die richtigen Leistungen anbieten, die richtigen Aufgaben erfüllen. Im Vergleich dazu wird die *Effizienz* gleichgesetzt mit *‚die Dinge richtig tun‘*, d. h. die Leistungen so kostengünstig wie möglich zu erstellen."

Wie uns Wikipedia belehrt, geht diese Unterscheidung auf Peter Drucker zurück, stellt aber einen Übersetzungsfehler[3] dar.

Es scheint einen erheblichen Unterschied zu machen, ob eine Untersuchung nach der Effizienz oder nach der Effektivität einer Leistung fragt. Jedenfalls unterscheidet Seligmann (1996), der Autor des ersten *Konsumentenreports* zur Psychotherapie, deutlich zwischen Effizienzstudie und Effektivitätsstudie. Die Redaktion der Zeitschrift, in welcher der Artikel von Seligman auf Deutsch erschienen ist, merkt an: „Effizienz meint die Wirksamkeit von abgegrenzten Einzelfaktoren, bezogen auf abgegrenzte Symptome, Effektivität die Gesamtwirksamkeit einer psychotherapeutischen Behandlung." (Seligmann, 1996, S. 264) Dies ist zwar nicht unrichtig, weil im Sinne Seligmans Effizienzstudien dann gegeben sind, wenn unter stark kontrollierten Bedingungen wie randomisierter Stichprobenauswahl, Kontrollgruppendesign, Prae-Post-Messung mit standardisierten und normierten Instrumenten etc. stark abgegrenzte psychotherapeutische Methoden bei stark abgegrenzter Symptomatik verglichen werden. Präziser gesagt, geht es bei diesen Studien jedoch um die Ermittlung der Effektgröße oder Effektstärke einer bestimmten Maßnahme. Dafür ist eine sehr genaue Messbarkeit (in der Regel Intervallskalenniveau) eines Ergebnisses und für die statistische Aussagekraft eine genaue Festlegung der Stichprobengröße Voraussetzung (Wottawa & Thierau, 1998, S. 135f.; Bortz &

---

[3] Eine insbesondere in der englischsprachigen betriebswirtschaftlichen Literatur häufige Unterscheidung zwischen *Effectivity* („Wirksamkeit") und *Efficiency* („Leistungsfähigkeit") geht auf Peter Drucker (2007) zurück, der in seinem Buch *“The Effective Executive”* dazu Folgendes schreibt:
“(...) the executive is, first of all, expected to get the right things done. And this is simply saying that he is expected to be effective (...). For manual work, we need only efficiency; that is, the ability to do things right rather than the ability to get the right things done. The manual worker can always be judged in terms of the quantity and quality of a definable and discrete output, such as a pair of shoes.”
Im Deutschen wird dies oft wie folgt übersetzt:
Effektivität: „Die richtigen Dinge tun."
Effizienz: „Die Dinge richtig tun."
Grund dafür ist das Wort *Efficiency*, das in diesem Kontext fälschlicherweise mit „Effizienz" übersetzt wurde. Drucker jedoch wollte den Unterschied zwischen den Aufgaben der Unternehmensführung und denen der Mitarbeiter darstellen. (Wikipedia, 2010)

Döring, 1995, S. 563ff.). Die Ermittlung von Effektgrößen braucht also diese starke Kontrolle und gibt der Effizienzstudie den Namen (Größe des Effektes = Effizienz).[4] Die Effektivität von Psychotherapie oder Beratung unter den Bedingungen alltäglicher Praxis entzieht sich einer wissenschaftlich zwingenden Untersuchung wie der Berechnung von Effektgrößen. Ihre empirische Validierung ist aber durchaus möglich, bedarf jedoch – wie Seligman meint – einer anderen Methode: „einer Umfrage mit einer möglichst großen Zahl von Teilnehmern, die sich einer solchen Behandlung unterzogen haben." (Seligmann, 1996, S. 268) Er ist der Ansicht, dass die von vielen Psychotherapiekonsumenten beantwortete Frage nach der subjektiven Wirksamkeit der Behandlung mehr „klinische Signifikanz" hat als die Berechnung von Effektstärken. Da gäbe es dann „kaum Zweifel, was die menschliche Signifikanz ihrer Ergebnisse angeht, denn die Teilnehmer beantworten die Frage, in welchem Maße sich ihr Problem durch die Therapie gebessert hat, ganz direkt: von *hat alles viel besser gemacht* bis zu *hat alles viel schlimmer gemacht.*" (ebd., S. 276)

4 Der Konsumentenreport als brauchbares Vorbild

Eine *Effektivitätsstudie* stellt also die Befragung einer möglichst großen Zahl von (Psychotherapie- oder Beratungs-)Konsumenten unter Praxisbedingungen dar. Die amerikanische Zeitschrift *Consumer Reports* hat dazu 1994 erstmals neben den üblichen jährlichen Befragungen zu Geräten und Dienstleistungen eine zusätzliche Umfrage zu Psychotherapie und Medikamenten gestartet. Das Vorbild wurde bereits mehrfach aufgegriffen und in jeweils adaptierter Form für Evaluierungsstudien angewandt, so z. B. am Institute of Psychoanalytic Treatment and Research (IPTAR) in New York (Freedman, Hoffenberg, Vorus & Frosch, 1999). Von den vielen Konzepten aus der Wirtschaft, die in den letzten Jahrzehnten den psychosozialen Bereich gleichsam kolonisiert und auch Leitung und Mitarbeiter von Beratungsstellen erheblich unter Druck gesetzt haben, ist der Konsumentenreport insofern eine Ausnahme, als er Hilfe im Umgang mit diesem Druck darstellen kann. Für die Auftragsevaluation in der PSB hat sich ein Vorgehen in Anlehnung an den Konsumentenreport am meisten angeboten, denn es war kein validiertes Instrument zu finden, das sich für den Einsatz in den gegebenen Praxisbedingungen mit den oben bereits erwähnten Unschärfen eignete. Ein selbst entworfener Fragebogen von zwei bzw. drei Seiten in Anlehnung an den Konsumentenreport konnte diese Probleme zufriedenstellend bewältigen. Darin wurde vor allem nach der Zufriedenheit mit Merkmalen der Prozess- und Ergebnisqualität (z. B.: „Das Klima in den Sitzungen war förderlich für mich"; „Die Beratung/Psychotherapie war insgesamt hilfreich für mich") und nach dem Ausmaß der angestrebten Veränderung im Zielbereich (z. B.

[4] Effektgrößen sind insofern kritisch zu betrachten, als sie zwar statistisch signifikant, aber ohne praktische Bedeutung sein können. Auf diese Gefahr, die vor allem bei sehr großen Stichproben gegeben ist, weisen unter anderen Bortz und Döring (1995, S. 28) hin.

„Selbstwert") gefragt. Das war flexibel genug, um die unterschiedlichen methodischen Hintergründe der Berater, ihr unterschiedliches Verständnis von psychotherapeutischem oder psychologisch beratendem Vorgehen abdecken zu können. Da durch die Kürze des Verfahrens auch die Störung im praktischen Arbeitsablauf gering blieb, war die Akzeptanz durch Mitarbeiter und Klienten darüber hinaus sehr zufriedenstellend.

Dieses Vorgehen hat auch noch den Vorteil, dass die „Konsumenten" einigermaßen solide Arbeit in Beratung und Therapie sehr positiv beurteilen. Dies mag aus der Sicht empirischer Wissenschaft ein methodisches Problem darstellen, weil die resultierenden Kurven meistens ziemlich asymmetrisch sind, für die demonstrative Funktion von Auftragsevaluation leistet dieser Umstand allerdings gute Dienste. Nicht selten sind in solchen Untersuchungen um die 80 % der Klienten mit den Merkmalen von Prozess- und Ergebnisqualität zufrieden oder sehr zufrieden, in der Evaluation der Einzelklienten in der PSB lag sogar der Wert in vielen Fragen jenseits von 90 %. So haben z. B. der Aussage „Die Beratung/Psychotherapie war insgesamt hilfreich für mich" 95 % der Befragten zugestimmt oder sehr zugestimmt und 97 % haben die „Veränderung der Gesamtbefindlichkeit" positiv beurteilt (Oberlehner, 2001, S. 37–39).

5 Evaluation ist Politik

Damit bin ich bei einer These, die sich im Laufe der Jahre immer mehr erhärtet hat: Wie aus dem bisher Gesagten bereits hervorgeht, ist Evaluation aus der Sicht von Beratungsinstitutionen mindestens so sehr eine politische wie eine wissenschaftliche Herausforderung. Man muss sich im Klaren darüber sein, dass es objektive Evaluation nicht gibt. Das weiß jeder, der an seriöser Evaluation interessiert ist, und es steht auch so im *„Handbuch der Evaluationsstandards"*, in dem u. a. vor folgendem häufigen Fehler gewarnt wird: „Es wird angenommen, dass ‚objektive' Methoden eine faire Evaluation garantieren." (Sanders, 2000, S. 96) Nur weil sie mit gleichsam „objektiven Methoden" durchgeführt wird, ist Evaluation dennoch nie unabhängig vom Kontext, d. h. vor allem von den Interessen der daran beteiligten „Parteien". Dies gilt insbesondere für Auftragsevaluation, mit der – wie bereits beschrieben – die PSB konfrontiert war. In diesem Fall war es klar, dass die Evaluation nicht so sehr durchzuführen war, um die Mitarbeiter zu disziplinieren, einzuschränken oder gar loszuwerden, sondern um den vorgesetzten Beamten im Ministerium Mittel in die Hand zu geben, Bestehen und Erweiterung der PSB politisch durchzusetzen. Die Folge ist natürlich, dass solche Evaluation keine wirklich interessanten Ergebnisse bringen kann, sondern in der Regel zeigt, was man bereits weiß: dass die eigene Arbeit gut und sinnvoll ist. Trotzdem soll man den Effekt einer quasi objektiven Darstellung dieses Wissens nach außen nicht unterschätzen. Die Ministerialräte waren sehr beeindruckt von der Wirksamkeit unserer Arbeit.

Nach den Auftragsevaluationen ergab sich eine Situation, in der es politisch genügte, sagen zu können, dass in der PSB evaluiert wird, in der also der Druck, repräsentable Ergebnisberichte abzuliefern, wegfiel. Mit der relativen Sicherheit im

Hintergrund, dass Ergebnisse nicht gegen die PSB verwendet werden, wurden in dieser Zeit Fragen untersucht, die die Mitarbeiter wirklich interessiert haben, sich aber wenig für die Darstellung nach außen eignen, weil sie eventuelle Schwächen, vermeintliches oder wirkliches Scheitern betreffen: Was sind die Motive für den Abbruch einer Psychotherapie oder Beratung (Oberlehner, 2006) und wie gut funktionieren Überweisungen nach außen, zu niedergelassenen Psychotherapeuten und anderen Institutionen (vgl. Katzensteiner & Oberlehner, 2011)?

Evaluation ist Politik, d. h. sie ist ein Mittel, gesellschaftliche Änderungsprozesse der Umstrukturierung und Rationalisierung voranzutreiben und zu legitimieren. Auf der Ebene von Beratungsstellen geht es natürlich nicht um große, sondern um Mikropolitik. Wenn man mit einem Evaluationsauftrag konfrontiert ist, soll man sich also vorher im Klaren sein, wozu er eigentlich dient. Es ist ein sogar in der Tagespresse zu findendes offenes Geheimnis, dass mitunter evaluiert wird, um ein Vorhaben verhindern, eine Person oder Organisation loswerden zu können, dass man – wie es der bekannte österreichische politische Kommentator Hans Rauscher (2009) formuliert – „ganz objektiv evaluiert, bis man sagen kann: passt nicht, muss weg."[5] (Sinnigerweise ist auch auf dem Umschlag des *„Lehrbuchs Evaluation"* von Wottawa und Thierau, 1998, ein Ausschnitt eines Bildes, das das Jüngste Gericht darstellt. Der Quellenhinweis auf das Umschlagbild ist mit dem Kommentar versehen: „Der Erzengel Michael bei der Durchführung der ‚ultimativen Evaluation'".) Meist handelt es sich bei Evaluation aber um Marketing, um die vorteilhafte Inszenierung einer Organisation. In der Formulierung eines wortgewaltigen Philosophen:

> „Es gilt stets, mehr zu scheinen, als man ist, es gilt stets, mit Äußerlichkeiten, Erzählungen, Statussymbolen, Zahlen, Statistiken, Umfragewerten und Rankings zu bluffen, sich aufzublähen, von sich nur mehr in Superlativen zu sprechen – das gilt für das unternehmerische Selbst ebenso wie für die dazugehörenden Institutionen."[6]

Es genügt als Beratungsinstitution meist nicht, einfach seine eigentliche Aufgabe gut zu machen. Man muss im Reigen der wandelnden Werte mitspielen, wenn man den daraus sich ergebenden Bewertungen nicht ausgeliefert sein will.

Dabei haben sich die Verhältnisse in den letzten Jahren wieder grundlegend gewandelt. Obwohl – wie in der Einleitung bereits erwähnt – der allgemeine Boom ungebrochen ist, sind im Beratungsstellenbereich die Trägerorganisationen nur mehr wenig an Evaluation interessiert. Das hat damit zu tun, dass Forderungen nach Einsparung mittlerweile kaum mehr über Umwege, sondern unverblümt ökonomisch begründet werden: „Wir müssen eine Stelle streichen, obwohl wir wissen, dass ihr

---

[5] Hans Rauscher schreibt in seiner Kolumne „Rau" in der Tageszeitung *Der Standard* vom 29.12.2009 (S. 1): „‚Evaluieren' ist so ein neumodernes Wort. ‚Evaluieren' heißt, man schaut, ob dasselbe alte Dings, das man seit Jahren macht, auch wirklich für irgendwas gut ist. Es kann natürlich auch heißen, dass man etwas oder jemanden, das/den man sowieso loswerden möchte – in einer Firma, in einer Institution –, ganz objektiv evaluiert, bis man sagen kann: passt nicht, muss weg."

[6] Konrad Paul Liessmann bespricht an dieser Stelle in der Tageszeitung *Der Standard*, im sogenannten „Album", vom 23.01.2010 ein Buch von Manfred Prisching (2009), das sich mit diesen Inszenierungen beschäftigt.

sinnvolle Arbeit macht." heißt es da etwa, oder: „Ihr müsst neben dem ohne Zweifel sinnvollen Kerngeschäft noch anderes machen, das sich politisch besser verkaufen lässt." Dieser rein politischen Spardruckargumentation ist Evaluation, die den Nutzen beraterischer Kernaufgaben gut dokumentiert, eher im Weg, sie ist mittlerweile wenig erwünscht. Trotzdem oder vielleicht gerade deswegen spricht einiges dafür, immer wieder einmal Evaluationsprojekte durchzuführen, ganz einfach deshalb, weil es in den immer härter werdenden Kämpfen um die knappen Ressourcen alle machen.

Literatur

Bortz, J. & Döring, N. (1995). *Forschungsmethoden und Evaluation.* Berlin: Springer.

Cronbach, L.J. (1982). *Designing Evaluation of Educational and Social Programms.* San Francisco: Jossey Bass.

Drucker, P.F. (2007). *The Effective Executive.* Elsevier: Butterworth-Heinemann Ltd.

Felnemeti, A. & Thaler-Steiner, B. (1997). *Zur Wirksamkeit psychologischer & psychotherapeutischer Behandlung und Beratung in der Psychologischen Studentenberatung.* Wien: Bundesministerium für Wissenschaft und Verkehr.

Freedman, N., Hoffenberg, J.D., Vorus, N. & Frosch, A. (1999). The Effectiveness of Psychoanalytic Psychotherapy: the Role of Treatment Duration, Frequency of Sessions, and the Therapeutic Relationship. *Journal of the American Psychoanalytic Association*, *47* (3), 741–772.

Katzensteiner, M. & Oberlehner, F. (2011). Qualitätssicherung in den Psychologischen Beratungsstellen für Studierende Österreichs. *Zeitschrift für Beratung und Studium (ZBS), 1,* 15–20.

Kordy, H. (1992). Qualitätssicherung: Erläuterungen zu einem Reiz- und Modewort. *Zeitschrift für Psychosomatische Medizin und Psychoanalyse, 38*, 310–324.

Laireiter, A.-R. (Hrsg). (1995). Themenheft: Qualitätssicherung und Qualitätsmanagement für die Psychotherapie. *Psychotherapie Forum, 4.*

Laireiter, A.-R. (1997). Qualitätssicherung von Psychotherapie: Struktur-, Prozeß- und Ergebnisqualität in der ambulanten Praxis. *Psychotherapie Forum, 5*, 203–218.

Laireiter, A.-R., Knauer, H. & Baumann, U. (1995). *Qualitätssicherung von Psychotherapie. Expertenbericht und Gutachten an das Bundesministerium für Wissenschaft und Forschung in Wien.* Wien: Bundesministerium für Wissenschaft und Forschung.

Liessmann, K.P. (2010). Die Bluffgesellschaft. *Album – Der Standard. Österreichs unabhängige Tageszeitung* vom 23.01.2010. Verfügbar unter: http://derstandard.at/1263705769349/Die-Bluff-Gesellschaft [30.06.2010].

Oberlehner, F. (Hrsg). (2000). *Entwicklung und Evaluation der Gruppenarbeit in der psychologischen Studentenberatung.* Wien: Bundesministerium für Bildung, Wissenschaft und Kultur.

Oberlehner, F. (2001). *Evaluation der psychologischen und psychotherapeutischen Behandlung in der Psychologischen Studentenberatung.* Wien: Bundesministerium für Bildung, Wissenschaft und Kultur.

Oberlehner, F. (2006). Motive für den Abbruch einer psychologischen Beratung oder Psychotherapie. *Psychologie in Österreich*, *26* (6), 389–398.

Orlinsky, D.E. (1998). Die vielen Gesichter der Psychotherapieforschung. *Psychotherapie Forum, 6*, 69–79.

Preußler, A. (2008). *Wir evaluieren uns zu Tode. Möglichkeiten und Grenzen der Bewertung von Online-Lernen. Eine Meta-Evaluation.* Dissertation, FernUniversität Hagen.

Prisching, M. (2009). *Das Selbst. Die Maske. Der Bluff. Über die Inszenierung der eigenen Person.* Wien: Molden.

Promberger, K. (1995). *Controlling für Politik und öffentliche Verwaltung.* Wien: Verlag Österreich.

Rauscher, H. (2009). Einserkastl Rau: Evaluierung. *Der Standard, Österreichs unabhängige Tageszeitung* vom 29.12.2009. Verfügbar unter: http://derstandard.at/1259282780578/Einserkastl-RAU-Evaluierung?_lexikaGroup=1 [30.06.2010].

Richter, R. (1994). Qualitätssicherung in der Psychotherapie. *Zeitschrift für Klinische Psychologie, 23* (4), 233–235.

Rudolf, G. (1998). Taxonomie der Psychotherapieforschung. *Psychotherapie Forum, 6,* 80–91.

Sanders, J.R. (Hrsg.). (2000). *Handbuch der Evaluationsstandards. Die Standards des „Joint Committee on Standards for Educational Evaluation".* Opladen: Leske + Budrich.

Sbandi, P., Richter, R., Bedenbecker, R., Mosheim, R., Angerer, Ch., Kofler, R. & Zimmermann, A. (1993). *Beschreibung und Bewertung von Evaluationsmethoden im Bereich der Psychotherapie.* Wien: Bundesministerium für Wissenschaft und Forschung.

Schwarz, Ch. (2006). *Evaluation als modernes Ritual. Zur Ambivalenz gesellschaftlicher Rationalisierung am Beispiel virtueller Universitätsprojekte.* Hamburg: Lit Verlag.

Seligmann, M.(1996). Die Effektivität von Psychotherapie. Die Cosumer Reports-Studie. *Integrative Therapie, 22* (2–3), 264–287. (Original: The Effectiveness of Psychotherapy. The Consumer Reports Study. *American Psychologist, 50* (12), 965–974.

Wikipedia (2010). *Effektivität.* Verfügbar unter: http://de.wikipedia.org/wiki/Effektivität [30.06.2010].

Wottawa, H. & Thierau, H. (1998). *Lehrbuch Evaluation.* Bern: Hans Huber.

Dr. Franz Oberlehner ist Klinischer Psychologe, Psychoanalytiker; Leiter der Psychologischen Beratungsstelle für Studierende Wien.

Anschrift:
Feldgasse 3/18
A-1080 Wien
E-Mail: franz.oberlehner@univie.ac.at

Diagnostikkritik im Kontext von Beratung

Wolfgang Schrödter

Dieser Beitrag stellt Überlegungen zum zeitgenössischen gesellschaftlichen Kontext von Beratung ins Zentrum und beschreibt dabei Diagnostik als *sozialen Prozess*. Im Gegensatz zu technokratisch-technizistischen, auf die einsame Expertenperson zugeschnittenen Auffassungen, die sich gerade heute wieder Raum verschaffen, bedeutet eine solche Sichtweise: Diagnostik ist – wie jede Form von Urteilsbildung in der Praxis des „Fallverstehens in der Begegnung" (Welter-Enderlin & Hildenbrand, 1996) – in kooperative und kommunikative Interaktion eingelassen. Beim gegenwärtigen Stand der Aufgaben und Problemkonstellationen kann diese nur eine *institutionenübergreifende soziale Praxis* sein.

Zu den mittlerweile vertrauten Gegebenheiten der gegenwärtigen Moderne gehören: die Klinifizierung einer Vielzahl sozialer Ereignisse, spektakulär aufgemachte mediale Inszenierungen von Familien-, Partnerschafts- oder Lebenskrisen, die Präsentation wissenschaftlichen und pseudowissenschaftlichen Wissens über alle erdenklichen Intimangelegenheiten im Talkshowformat, Möglichkeiten zur Selbstdiagnostik via Internet und der Massenmarkt in punkto Gesundheitsaufklärung. Ein Konglomerat von Gründen und Interessen, einschließlich einer aktiveren Beteiligung der beraterischen und therapeutischen Profession, erzeugt eine sich zunehmend unter klinischen Gesichtspunkten beobachtende Gesellschaft. Wir dürfen sagen: Der psycho- und soziodiagnostische Blick etabliert sich als trivialer Bestandteil alltäglicher Deutungsgewohnheiten.

Meine Argumentation beabsichtigt, kritisch und konstruktiv zugleich zu sein. Natürlich muss es die Kunst praktischer Urteils- und Erkenntnisbildung in Beratungspraxis geben, zum Beispiel um Entscheidungen im Hinblick auf bestimmte

Unterstützungsverfahren oder ein gewähltes Setting transparent zu begründen; es muss eine Sprache geben, in der sich die Profession über ihre Themen und Fragen intern und extern verständigt. Sie vor verdinglichendem Ge- und Missbrauch zu schützen, bleibt eine Angelegenheit *institutioneller Arrangements,* einschließlich einer besonderen Kultur in der Beratung.

Die Spezifität des Handlungsfeldes impliziert eine Diagnostik, welche *diverse* Perspektiven und Leitdifferenzen *kombiniert.* Im Unterschied zu anderen Systemen existiert im Beratungsbereich keine zentrale *Einzel*differenz, wie etwa gesund/krank, erwünschtes/unerwünschtes Verhalten oder glücklich/unglücklich, entlang der sich die Beobachtung und Beschreibung von Phänomenen gestaltet. Dem Dominanzstreben einzelner Disziplinen sollte damit ein Riegel vorgeschoben sein.

Diagnostik und Diagnosestellung, mitsamt der immer in sie eingehenden besonderen Perspektive, *spezifizieren ein Phänomen für die Zuständigkeit einer Profession, Institution oder Industrie.* Stets gibt es Alternativen. Unruhezustände, Konzentrationsprobleme, Suchtmittelabhängigkeit oder sexuelle Unzufriedenheit kann man unter neurobiologischen, physiologischen, genetischen, psychodynamischen, ernährungsphysiologischen, kulturellen, sozialen und anderen Perspektiven betrachten und würde anschließend zu unterschiedlichsten Lösungsvorstellungen gelangen. Das bedeutet: Unser Thema kann nicht sozusagen naiv und losgelöst von Interessenlagen, Konkurrenz, Machtdispositionen und Ideologiebildung behandelt werden. Beratung muss sich gesellschaftlich aufklären, um nicht in blinder Manier zum Bestandteil der Reproduktion des Problems zu werden, zu dessen Bewältigung sie eigentlich beauftragt ist.

1 Beratung: Kontexte, gesellschaftliche Krise, Gesellschaftsdiagnostik

Charakteristisch für den heutigen Beratungsbereich ist eine kaum noch überschaubare Breite an Aufgaben, Arbeitsweisen, Institutionalisierungsformen, gesetzlicher und politischer Rahmung, beteiligten Berufsgruppen, Fort- und Ausbildungsgängen usw. Beraten und sich beraten lassen werden unter modernen gesellschaftlichen Lebensbedingungen zu einer alltäglichen Angelegenheit, weshalb zeitdiagnostisch inspirierte Beobachter bereits von einer „Beratungsgesellschaft" (Fuchs & Mahler, 2000) sprechen. Erstaunt nimmt man die Forderung zur Kenntnis, es müsse angesichts der zunehmenden Unübersichtlichkeit eine spezielle Beratung über Beratung, über Zuständigkeiten, Zielgruppen, Formen, Methoden, Seriosität und Qualität eingerichtet werden.

Interessant erscheint mir in diesem Zusammenhang die Umdefinition einer Reihe unterstützender, helfender und heilender Praxisformen als „Beratung". Die Attraktivität des Begriffs hat offenkundig stark zugenommen. Etwas als Beratung zu beschreiben, gilt heute für viele Anbieter und ihre Angebote als inhaltlich angemessen, für potenzielle Nutzer/innen orientierend und von daher reproduktionsdienlich. Eine solche Etikettierung hat den früher üblichen Begriffskombinationen mit „Therapie" den Rang abgelaufen.

Lassen wir beiseite, dass die Inflation von Beratungsangeboten im Wesentlichen für die großen Städte zutrifft. Die Tendenz bleibt bemerkenswert: ein sich scheinbar wie von selbst dynamisierender Markt an Informations-, Unterstützungs-, Förder- und Hilfegefügen mit einer scheinbar unerschöpflichen Nachfrage. Welchen professionellen[1], sozialpolitischen und gesellschaftlichen Interessen damit gedient sein könnte, sollte kritisch mit beobachtet werden. Es wäre jedenfalls naiv zu meinen, jedes Angebot am einschlägigen Spezialmarkt reagiere auf eine sozusagen objektiv und ohne unser „Zutun“ existierende menschliche Notlage und diene in diesem Verständnis stets humanen Zwecken. Unsere professionellen Eigeninteressen samt deren geplanten und ungeplanten, erwünschten oder unerwünschten Wirkungen und Nebenwirkungen sollten wir nicht aus den Augen verlieren.

Innerhalb der konsolidierten und traditionsreichen, auf der Basis gesetzlicher und politischer Aufträge arbeitenden, daher als *institutionell* bezeichneten Beratungsbereiche ändern sich Arbeitsweise und Methoden. Ich gehe unsystematisch und ohne Anspruch auf Vollständigkeit einige Beispiele durch: Wenn heute etwa jedes vierte Kind in der Bundesrepublik aus einer Familie mit Migrationshintergrund stammt, wird interkulturelle Arbeit in der Erziehungs- und Familienberatung zu einem Schwerpunkt. Die Zusammensetzung der Teams unter Einbeziehung von Fachkräften mit Migrationshintergrund ist eine Notwendigkeit, die Bevorratung vieler Sprachen, was auch Beratung mit Dolmetschern heißt, eine weitere. Interkulturelles Verstehen gewinnt innerhalb der letzten Jahre stark an Bedeutung. Diagnostik, ob als klinische oder psychosoziale, ist in einen Komplex interkulturellen Fallverstehens eingelassen. *Organisationsstrukturell* antwortet institutionelle Beratung vielerorts auf solche Herausforderungen mit der Bildung von integrierten Zentren. Systematisch gestaltete Kooperation unterschiedlicher Professionen und Handlungsansätze entwickelt sich zur konzeptionellen und organisatorischen Grundvoraussetzung angemessener Beratungspraxis.

Entlang aktueller gesellschaftlicher Themensetzungen und technischer Innovationen entwickelt institutionelle Beratung neue Felder und Arbeitsweisen. Glücksspielberatung kommt als Spezialangebot der Suchtberatung hinzu, überhaupt gewinnt der Bereich „Verhaltenssüchte“ an Bedeutung. Videogestützte Eltern- und Familienarbeit zählt zu den relativ neuen Methoden, Internetberatung, das „virtuelle Sprechzimmer“, dehnt sich aus und in diesem Rahmen entstehen neue Super- bzw. Intervisionsformen. Beratung per Textaustausch kommt dabei ohne den lebendigen Dialog zwischen leiblich Anwesenden aus; auch Psychotherapie und Seelsorge gehen nach anfänglicher Skepsis solche Wege. In der Regel ist damit das Ansinnen auf die Erschließung „einer neuen, bisher nicht erreichten Klientel“ verbunden. Auf den Punkt gebracht: Beratung wartet nicht, sondern sucht sich eigenaktiv seine Klientel. Welche und wessen Interessen mögen dabei im Spiel sein? Eine höchst ambivalente Angelegenheit!

---

[1] Ich benutze den Begriff „Profession“ ohne weiteren Bezug auf seinen ausgedehnten sozialwissenschaftlichen Kontext. Luhmann hat folgende Formulierung dazu gewählt: „Professionen haben sich gebildet zur Hilfe bei ungewöhnlichen Lagen, vor allem Lebensrisiken, angesichts von Angst, Tod, nicht eindämmbarem Streit. Sie beschaffen Sicherheit und Problemlösungen durch spezialisierte Techniken des Umgangs mit solchen Problemen.“ (1982, S. 139). Sehr interessant für den Beratungssektor ist die umfassende Diskussion bei Combe und Helsper (1997) zum Thema der pädagogischen Professionalität.

Vorwort und Einleitung
Innovative Zugänge
Beratungs-settings und -räume
Medien und Beratung
Kritik der Beratung
Register
Anhang

Gesetzgeberische Prozesse sind von erheblicher Bedeutung. Im Kontext der FGG-Reform (Gesetz über die Angelegenheiten der freiwilligen Gerichtsbarkeit) im Jahr 2009 entsteht die „konfliktregulierende Beratung“ (KrB) als Spezialform der Arbeit mit sogenannten hoch eskalierten Elternbeziehungen und einem deutlich eigenen Profil – sozialpolitisches Leitbild ist hierbei die kooperative Elternschaft. Der beschützte Umgang widmet sich derselben Zielgruppe und ist unmittelbare Folge des novellierten Kindschaftsrechts (1998). Innerhalb weniger Jahre hat der Komplex Kindeswohlgefährdung und Kinderschutz massiv an Bedeutung gewonnen, was im Übrigen auch aus anderen Praxisbereichen berichtet wird, zum Beispiel der Pädiatrie (Stuhlinger, 2005). Daraus resultieren neue Möglichkeiten zur fachlichen Querdiskussion und fallbezogenen Kooperation zwischen Beratung, Jugendhilfe und medizinischen System.

Richter/innen haben heute die Möglichkeit, Erziehungs- oder Paarberatung, Familienmediation oder Trennungs- und Scheidungsberatung anzuordnen (§ 156 FGG-RG), in den Institutionen findet sich nunmehr die „klassische Beratung“ mit ihren Grundprinzipien der Freiwilligkeit und Verschwiegenheit neben den neuen Formen angeordneter Beratung samt Berichtspflicht praktiziert; im Jargon spricht man von „Zwangskontexten“. Eine interessante fachliche Herausforderung liegt darin, diese im Beratungsprozess in „Freiwilligkeitskontexte“ zu transformieren (Meysen, 2010, S. 57). Die komplizierte Kooperation zwischen Beratung und Justiz gewinnt noch mehr Relevanz.

Mit der Kindeswohlthematik bildet sich eine eigenständige, auch standardisierte Diagnostik heraus,[2] deren Aufgabe in der Einschätzung von Gefährdungspotenzialen einerseits und schützenden Ressourcen andererseits liegt. Dass dabei verbindliche Kommunikationswege und -ebenen (kollegiales Team, Leitung, externe Fachperson – die „insoweit erfahrende Fachkraft“ –, Einbezug der Personensorgeberechtigten) vorgeschrieben sind, dass keine Fach-Einzelperson quasi aus sich heraus solche Einschätzungen vornehmen soll, stellt ein wichtiges Ergebnis des Prozesses dar. Abstrakter formuliert: Interdisziplinarität, Erkenntnisbildung via regelgeleiteter Kommunikationsreflexion, entwickelt sich zum verbindlichen Programm – das Leitmotto lautet „handele niemals allein – handele niemals unter Druck“. Die diagnostische Praxis steht sozusagen auf intersubjektiven Füßen.

Der *„11. Kinder- und Jugendbericht“* (Bundesministerium für Familie, Senioren, Frauen und Jugend, 2002) resümiert Erfahrungen Ende der 1990er-Jahre und dokumentiert die Wandlung der öffentlich wahrgenommenen Problemkonstellationen: An erster Stelle steht Migration. Dazu kommen die Themen Armut („in einem erschreckenden Umfang“ mit einer Bedrohung aller, auch der Mittelschichten), Migration und Armut (hier speziell als „verdeckte Armut“), soziale Ungleichheit, Heterogenität der Lebensumstände, Ost-West-Gefälle, Trennungsfolgen für Kinder sowie Globalisierung.

Institutionelle Beratung gerät zunehmend zum Instrument der Bewältigung, zuweilen der Verwaltung, gröbster gesellschaftlicher Missstände, Widersprüche und

---

[2] Zum Beispiel der „Stuttgarter Kinderschutzbogen (SKB)“, ein strukturiertes Verfahren zur Einschätzung einer Kindeswohlgefährdung. Die einzelnen Module sind altersspezifisch strukturiert und ermöglichen eine adäquate Bewertung im einzelnen Fall.

Krisen. Wo sozial- und bildungspolitische Nachlässigkeit, langjährige Versäumnisse in punkto Investitionen in die soziale Infrastruktur, neoliberal organisierte Globalisierung mit der Folge massiver Arm-Reich-Spaltung oder sonstige ideologische Borniertheit walten, springt Beratung sozusagen in die Lücke und steigt zu einer Zentraleinheit im gesellschaftlichen Krisenmanagement auf. Damit verbindet sich allzu leicht ein Formwandel: *Plötzlich erscheinen gesellschaftliche Widersprüche quasi als Privatangelegenheiten von Bürgerinnen und Bürgern*. Dazu jetzt Genaueres.

2 Die Rolle der Profession im gesellschaftlichen Krisenmanagement

Ich habe eben schon darauf hingewiesen, dass sich die beobachteten Prozesse nicht „ohne uns" abspielen. Welche Rolle spielen also Berater/innen, ihre Fachverbände, Ausbildungsinstitutionen und dergleichen in diesem Zusammenhang?

Einige zugespitzte Anmerkungen: Im Kontext zeitgenössischer Beschreibung psychosozialer Problemlagen agieren heute in großem Stil mediale Inszenierungen samt der ihnen eigenen Dramaturgie. Krisen- und Katastrophendiagnostik entwickelt sich zu einem neuen Format. Problemlagen finden sich zitiert, besprochen, bebildert, personalisiert, im Hinblick auf mutmaßlich Schuldige seziert, um anschließend zu verschwinden und auf der Stelle durch neue ersetzt zu werden. Exemplarisch: die spektakuläre mediale Vermarktung von Kindesvernachlässigung und -tötung durch Eltern samt der massiven, bis heute folgenreichen Schuldzuschreibungen an Jugend- und andere Ämter. In der Folge mobilisiert sich eine diffuse Straflust in der Bevölkerung, was Forderungen nach repressiven Maßnahmen auslöst und wie von selbst begründet.

Unter der Hand verändern sich die Verhältnisse durch die Form ihrer Präsentation: Sie werden tendenziell entgesellschaftlicht, privatisiert, personalisiert und pseudopsychologisiert, bei Bedarf auch (neuro)biologisiert. Da wo zum Beispiel Kinderarmut, zu große Schulklassen oder systematische Ausgrenzung von Gruppen sozial- und bildungspolitische Versäumnisse offenkundig machen, reduziert sich der öffentliche Diskurs auf die Rede von Eltern, die ihre Kinder vernachlässigen, und Ämter, die ihrer Garantenpflicht nicht nachkommen. Solche folgenreichen Umdeutungen sind einerseits der objektiven Form medialer Vermarktung geschuldet, andererseits unserem professionellen Wirken – der Fokussierung unseres diagnostischen Blicks nach innen –, mit dem das eigentlich Politische allzu leicht als rein Privates erscheint.

Die Profession schaut nämlich nicht zu, sondern beteiligt sich mit der ihr mutmaßlich eigenen diagnostischen Kompetenz äußerst engagiert: Ein modernes Genre, das ich *generalisierte Elternschelte* nennen möchte, klärt uns über die fatalen Fehlhaltungen von Müttern und Vätern in der Gegenwart auf. Also etwa ihre angebliche Scheu davor, Grenzen zu setzen, ihre infantile Kumpanei mit den Kleinen, die fatale Tendenz auszudiskutieren statt zu entscheiden, eine unzureichende Kooperation mit der Schule und so weiter. Vertreter der Fachwelt suggerieren, dass damit auf einen Schlag die Ursachen von kindlichen Verhaltensproblemen, Konzentrationsstörungen, starker Unruhe bis hin zum Drogenkonsum oder Gewaltexzess geklärt sind. Das Ganze, an skandalträchtigen „Fallbeispielen“ aus der pädagogischen und/oder therapeutischen Praxis erläutert, sichert den Autor/inn/en einen Platz in den großen wöchentlichen Talkshows.[3]

Die Grenzen zwischen seriöser Sozialwissenschaft und diffusem Gerede lösen sich auf. Man findet hier noch einmal die Gültigkeit der These bestätigt: Wissenschaftliche Theorien gelten, solange sie einem kollektiven Lebensgefühl entsprechen (Hondrich, 1998). Auch die beratende und therapeutische Profession macht sich diese Tatsache zunutze, wechselt blitzschnell und ohne irgendwelche methodische Skrupel von der Individual- zur Gesellschaftsdiagnostik und besetzt wort- und gestenreich das moderne Gesellschaftsspiel: massive Ab- und Entwertung väterlicher und mütterlicher Kompetenzen sowie Skepsis gegenüber dem, was sozialisatorisch in den Nischen des Privaten (noch) geleistet wird. Selbstredend, dass die Profession Abhilfe anbietet, sei es via Kauf und Lektüre ihrer publizistischen Werke oder durch Beratung und Therapie. Zuweilen erschöpft sich die Hilfe auch in so schlichten Appellen wie „Eltern müssen lernen Grenzen zu setzen“.

In den Kontext wäre noch das neue Format „Erziehungsberatung vor Publikum“ einzustellen (zum Beispiel „Super Nanny“). Die Vorführung hilfloser, überforderter, dem (erwünschten) Augenschein zufolge inkompetenter Eltern in Interaktion mit einer omnipotenten Expertenfigur erreicht hier seinen bisherigen massenmedialen Höhepunkt. Charakteristisch auch darin die Mischung aus Fiktion und Realität.

Gesellschaftsstrukturell profiliert sich eine grundsätzliche*, in ihren Konsequenzen schwer einschätzbare Debatte* um die Autonomie der Familie und den deutschen Sonderweg in dieser Hinsicht,[4] der stark auf die Selbstregulationskraft der Familie setzt, die elterliche Erziehungsverantwortung grundgesetzlich verankert und institutionelle Unterstützungsformen eher marginalisiert. Der *„12. Kinder- und Jugendbericht“* (Bundesministerium für Familie, Senioren, Frauen und Jugend, 2005, S. 46) formuliert die zeitgenössische Skepsis am Sinn dieses Weges in aller Deutlichkeit – ein ambivalenter Prozess, den wir mit großer Sorgfalt kritisch beobachten sollten. Diverse Optionen sind hier vorbereitet: von der diskret-unterstützenden bzw. begleitend-beratenden staatlichen Fürsorge für alle Familien bis hin zum repressiven Eingriff für als solche identifizierte „Problemfamilien“.

---

[3] Zwei Bücher, so unterschiedlich sie in vielen Details argumentieren, mögen exemplarisch für dieses Genre stehen: Michael Winterhoff (2008) *„Warum unsere Kinder Tyrannen werden: Oder: Die Abschaffung der Kindheit“* und Bernhard Bueb (2006) *„Lob der Disziplin. Eine Streitschrift“*. Neben der Elternschelte können Leser/innen noch die Abrechnung der Autoren mit den 1968ern finden, die sie offenbar für die Quelle allen pädagogischen Übels halten und die zum festen Programmbestandteil dieses Genres gehört. Zufall? Oder wird hier Politik gemacht?

[4] Was man unter „Autonomie der Familie“ versteht, variiert international stark. In Skandinavien ist es für alle Eltern selbstverständlich, ab der Geburt des Kindes Unterstützung und Begleitung des Staates zu erhalten und anzunehmen. Der *„12. Kinder- und Jugendbericht“* (2005, S. 46) kritisiert diesen deutschen Sonderweg als obsolet: „Unverkennbar haben sich jedoch die Rahmenbedingungen und die Hintergrundannahmen für diesen deutschen Weg lange Zeit fast unmerklich, aber letztlich dennoch folgenreich verändert (...).“

Merkwürdig ist, dass sich die Profession in diese Debatte kaum aktiv einmischt, zum Beispiel durch aktive Parteinahme für Eltern und Familien, durch eine differenzierte, aber eben auch kritisch-solidarische Sicht der Verhältnisse.

3 Multiperspektivität als Programm und Praxis

Was will/soll institutionelle Beratung leisten? Beratung soll informieren, Entwicklung fördern, Kompetenz stärken, neue Sichtweisen ins Spiel bringen, Handlungsalternativen zu erproben ermutigen, Ressourcen freisetzen, Blockaden und festgefahrene Muster in Beziehungen, im Denken oder Verhalten lösen, Gründe und Ursachen der Schwierigkeiten von Kindern klären und hilfreiche therapeutische sowie pädagogische Möglichkeiten bereitstellen. Die Bezeichnung *Lebenskompetenzförderung* im Sinne der WHO dürfte eine treffende begriffliche Klammer dafür abgeben.[5]

Konstitutiv für Beratungspraxis und im Fall der Erziehungs-, Familien- und Jugendberatung gesetzlich verankert[6] ist die *Multiperspektivität* im Denken und Handeln. Die Vielfalt gleich bedeutsamer, *gleichrangiger Perspektiven und Wissensbestände* zählt zu den spezifischen Strukturmerkmalen des Handlungsfeldes. Den im lokalen Sozialraum selektiv festgelegten Aufgaben einer Beratungseinrichtung entsprechend, koexistieren und kooperieren diverse diagnostische Blickwinkel: die psychologische, sozial- und sonderpädagogische, sprachheil- und ergotherapeutische sowie, natürlich, die medizinische Perspektive[7]; heute auch noch speziell die neurobiologische – sie kritisch zu würdigen, wäre eine eigene Arbeit wert.

Von den vielleicht am weitesten entfernt liegenden Möglichkeiten aus betrachtet, reicht das Spektrum von metrischen und projektiven Testverfahren, über die Spielbeobachtung bis zum narrativen Interview. Im Einzelnen hängt die Wahl von der Aufgabe ab. In der Erziehungsberatung stehen bei Kindern und Jugendlichen diagnostische Fragen an, die andere sind als die in der Schwangeren-, Schuldner-, Sucht-, Paar- oder Lebensberatung. Der Sozialberatung für Migranten und Flüchtlinge begegnen wiederum eigene Herausforderungen mit besonderen Fragen und Themen; klinische und psychosoziale Diagnostik im interkulturellen Handlungsfeld

---

[5] „Lebenskompetenzförderung" im Sinne der WHO bedeutet Unterstützung in den Dimensionen: sich selbst kennen und mögen, empathisch sein, kritisch und kreativ denken können, durchdachte Entscheidungen treffen, Stress gut bewältigen können u. a.

[6] § 28 KJHG (Kinder- und Jugendhilfegesetz): „Erziehungsberatungsstellen und andere Beratungsdienste und -einrichtungen sollen Kinder, Jugendliche, Eltern und andere Erziehungsberechtigte bei der Klärung und Bewältigung individueller und familienbezogener Probleme und der zugrundeliegenden Faktoren, bei der Lösung von Erziehungsfragen sowie bei Trennung und Scheidung unterstützen. Dabei sollen Fachkräfte verschiedener Fachrichtungen zusammenwirken, die mit unterschiedlichen methodischen Ansätzen vertraut sind." Bis heute sind das unumstrittene Basiselemente institutioneller Erziehungsberatung.

[7] In der institutionellen Erziehung ist die medizinische, speziell kinderpsychiatrische Perspektive in der Regel über eine konsiliarische Kooperation geregelt; das können gemeinsame Fallbesprechungen sein. Die Empfehlungen der Bundeskonferenz für Erziehungsberatung sehen eine solche Zusammenarbeit verbindlich vor.

Vorwort und Einleitung
Innovative Zugänge
Beratungs-settings und -räume
Medien und Beratung
Kritik der Beratung
Register
Anhang

bedeutet eine sensible Spezialaufgabe – wenn es dabei um illegal im Lande lebende Menschen geht, sind noch einmal eigene Aspekte zu bedenken. Ohne die Reflexion soziokultureller Kontexte sollte man heute im Beratungssektor keine Diagnostik praktizieren.

Abstrakt formuliert: Im Unterschied zu anderen sozialen Praxisgefügen existiert – wie bereits erwähnt – im Beratungsbereich *keine dominierende Leitdifferenz* wie „gesund/krank" im medizinischen oder „recht/unrecht" im Rechtssystem. Für Beratung *kann* fallbezogen gesund/krank eine Perspektive darstellen, ebenso aber recht/unrecht oder erwünschtes/unerwünschtes Verhalten (Dual des pädagogischen Systems) oder auch Kontingenz/Schicksal (aus dem Handlungsfeld Seelsorge); die Unterscheidung fremd/vertraut gewinnt aus dargelegten Gründen besondere Bedeutung. Eine *gleichrangige Kombination* diverser Differenzschemata fürs Handeln und Denken stellt für Beratung eine ebenso elementare wie anspruchsvolle Voraussetzung dar. Es soll den Bereich schützen vor Dominanzansprüchen einer fachlichen, wissenschaftlichen und professionellen Einzeldisziplin.

Spezifisch beratungsrelevant sind zudem Fragen, die sich traditionell eher wenig unter der Überschrift „Diagnostik" behandelt finden und eher abseits des offiziellen wissenschaftlichen Interesses liegen wie Gestaltung des Rahmens und Settings: Wer wird zu den Sitzungen eingeladen, wo finden die Gespräche statt? Wie sieht die Organisation der Frequenz der Sitzungen aus: wöchentlich, monatlich oder größere Zeitabstände? Wie die Vereinbarung der Stundenzahl: Auf welche Stundenzahl oder welchen Zeitraum sind Gespräche zu begrenzen? Weiterhin: Wann ist eine separate Kinderdiagnostik sinnvoll und wann ausdrücklich nicht? Wann sind pädagogisch-therapeutische Angebote für Kinder sinnvoll, etwa aus präventiven Gründen,[8] wann nicht, und wenn ja, welche Formen, als Einzelangebot oder Gruppe? Für welche Eltern könnten präventive Angebote nützlich sein?[9]

4 Diagnostik in kritisch-konstruktiver Perspektive

Ich hoffe mit den folgenden Ausführungen nicht bloß allzu Bekanntes und Selbstverständliches zu wiederholen. Beratung ist natürlich durch Spielarten von Phänomenologie oder Konstruktivismus hinreichend aufgeklärt über die konstitutiven Bedingungen ihrer Praxis des „Fallverstehens in der Begegnung". Dennoch zeichnet sich in den letzten Jahren die Tendenz zu einem Technizismus ab, der ungeachtet aller kritischen Debatten der Vergangenheit sein Eigenleben führt und dessen Ursachen und Gründe uns im Folgenden beschäftigen sollen.

Versteht man unter Diagnostik die Kunst, kommunikative Suchbewegungen methodisch in einer Weise zu gestalten, dass die besonderen Merkmale eines „Falles"

[8] Ein Beispiel dafür sind die pädagogisch-therapeutischen Gruppen für Kinder aus Trennungs- und Scheidungsfamilien.

[9] Zum Beispiel strukturierte Angebote wie „Starke Eltern, starke Kinder" oder „Kind im Blick".

in Begriffe gefasst werden, macht eine solche Tätigkeit einen bedeutenden Teil beraterischer Bemühungen aus. In diesem Sinne dient sie heuristischen Zwecken, hilft weitere, neue Suchbewegungen zu strukturieren und führt ggf. zu bestimmten konkreten Anschlusshandlungen oder Entscheidungen, etwa zur Empfehlung einer pädagogischen oder therapeutischen Fördermaßnahme für ein Kind.

Dass die Begriffe, um die es geht, vorformuliert und zudem immer auch normativ besetzt sind, impliziert diverse Probleme. Das gilt für Störungs- und Krankheitsmodelle in prinzipiell gleicher Weise wie für andere diagnostisch relevante Denksysteme, wie das Kompetenz- oder Ressourcenkonzept. Dass letzteres einer anderen Tradition entstammt als der naturwissenschaftlichen Medizin, ändert daran nichts. Es gibt keine a priori gegen verdinglichenden und instrumentalisierenden Ge- und Missbrauch geschützte Begriffe. Weshalb mit dem noch so gut gemeinten Austausch von Kategorien oder dem Ansinnen auf eine maximale Distanz zu technizistischen Modellen an sich nichts gewonnen ist.[10] Die Gefahr, den je individuellen und einmaligen „Fall“[11] quasi subsumtionslogisch hinter bekannten, jeweils herrschenden Kategoriensystemen verschwinden zu lassen und ihn damit zu zerstören, liegt auf der Hand. Wird mit Diagnostik gleichzeitig das Ansinnen auf Prognostik verfolgt, potenzieren sich die Probleme. Unter der Hand kann damit die Chronifizierung des eigentlich via Beratung zu lösenden Problems eingeleitet werden und darüber hinaus eine Stigmatisierung mit fatalen (Langzeit-)Auswirkungen für die Betroffenen.

Sorgfältige Reflexion und Beobachtung des eigenen Tuns sind unabdingbar. Dazu gehört zentral die Reflexion der „Zeitlichkeit“: Jede Beschreibung gilt für *diesen* Moment und *diese* Situation. Wir haben schon gesehen: Der Beratungsbereich verfügt über *institutionalisierte Verfahren* kritischer Reflexion und Selbstreflexion, welche verbindlich den Prozess vom unmittelbaren beraterischen Gespräch bis zur kollegialen Begleitung desselben rahmen. Dieser regelgeleitete Mehrebenenprozess systematischer Reflexion begleitet jenes „Fallverstehen in der Begegnung“, an ihm hängt die Güte der Praxis, ihre wissenschaftliche und ethische Qualität. Diagnostik ist mehr oder minder trivialer Bestandteil dieses Prozesses.

Als handlungsleitendes Erkenntnismittel – das sei noch einmal betont – bleibt das soziale Handeln namens Diagnostik unverzichtbar. Und eigentlich auch unvermeidbar: Jede Fallbeschreibung, wie wir sie zur internen Kommunikation täglich anfertigen, enthält intuitiv-reflexiv konstruierte Befunde, prognostische Einschätzungen, Wertungen und Bewertungen, Urteile, Spekulationen oder offene Fragen mit manchmal mehr oder weniger schwerwiegenden, zuweilen aber auch einschneidenden Folgen. Etwa wenn es in einem Fall um die Klärung der diffizilen Frage geht, ob ein Kind wegen drohender Kindeswohlgefährdung in Obhut genommen werden soll.

Das eben zitierte Beispiel zeigt, dass heute viele Entscheidungen via *Kooperation über Institutionengrenzen* hinweg getroffen werden; bei Kindeswohlfragen unter

---

[10] Etwa durch den Austausch des Begriffs „Krankheit“ durch den der „Störung“ oder Selbstbeschreibungen wie „ökosystemisch“ – „ökosystemische Diagnostik“.

[11] „Fall“ kann eine Einzelperson, ein Paar, eine Familie, das Team einer Einrichtung u. a. sein.

anderem zwischen Erziehungsberatungsstelle und Jugendamt,[12] vielleicht noch unter Einbeziehung von Kindertagesstätte, Schule oder Pädiatrie. Interinstitutionelle Kooperation dürfte beim gegenwärtigen Stand der Institutionalisierung von Beratung sowie angesichts der zu bewältigenden Problemlagen eine unabweisbare Notwendigkeit darstellen – mit einigermaßen gravierenden Folgen fürs professionelle Selbstverständnis und für die Idee der institutionellen Autonomie. Kurz gefasst: Auch *Diagnostik wird immer mehr zu einer Angelegenheit kooperativer, interdisziplinärer, überinstitutioneller Kommunikation.*

Es klang eben an: Diagnostik im Feld der psychosozialen Beratung ist etwas anders als das auf Begriffe gebrachte Ergebnis isoliert-einsamer Kontakte zwischen Experte/Expertin und Klient/inn/en. Jede Diagnose repräsentiert ein bewegliches, raum-/zeitgebundenes[13] Zwischenprodukt, einer (Fallstruktur-)Hypothese oder einem Fokus ähnlich, resultierend aus komplexen interdisziplinären Kommunikationsprozessen. Im Zentrum steht natürlich der Dialog mit Ratsuchenden. Mit dem noch so kunstvoll und nach den Regeln fachlichen Könnens formulierten Urteil ist es nicht getan: Im Anschluss müssen die Ratsuchenden dafür gewonnen und davon überzeugt werden, dass die entsprechende Entscheidung oder Empfehlung von bzw. mit ihnen praktisch umgesetzt wird. Im Bereich der Kindertherapie scheitern viele gut fundierte Empfehlungen schlicht daran, dass man vergessen hat, die Eltern von deren Sinn zu überzeugen und für eine dauerhafte Kooperation zu gewinnen. Die Bezugspersonen sind der Schlüssel zu jedem Langzeiterfolg, gleichgültig welchen Namen das therapeutische Angebot trägt. Die Hoffnung, allein durch zunehmend präzisere (Differenzial-)Diagnostik, Indikationsstellung und Prognose zu besseren Ergebnissen zu gelangen, zählt zu den größeren, inzwischen korrigierten Irrtümern in der jüngeren Geschichte der Jugendhilfe.

Daran anschließend lässt sich noch einmal der zentrale Zweck beraterischer Urteilsbildung, einschließlich der Diagnostik, zeigen: Sie dient der kollegialen und ggf. (über)institutionellen Verständigung. Es geht hier nicht um den Typus „Tatsachenfeststellung", also die Formulierung eines Sachverhaltes, der außerhalb seiner in Sprache gefassten Form existiert, sondern um die Unterscheidung und Beschreibung „von etwas als etwas" zum Zweck der Herstellung bzw. Sicherung der Verständigung. Ein Begriff wie „Angststörung" impliziert einen bestimmten Mitteilungswert im Kontext kollegialer und institutioneller Kommunikation; er vermag pragmatische Folgen auszulösen, Anspruch auf kassenfinanzierte Therapie zum Beispiel. Damit diese Verständigung mit einiger Wahrscheinlichkeit funktioniert,

---

[12] Das gilt nicht nur für den Beratungssektor. In der Medizin finden sich heute zunehmend neue Formen der Kooperation von bis dato eher getrennt arbeitenden Einzeldisziplinen. Auch die Justiz steht mit dem neuen FamFG (Gesetz über das Verfahren in Familiensachen und in den Angelegenheiten der freiwilligen Gerichtsbarkeit) vor neuen Herausforderungen interinstitutioneller Kooperation. Die Zeit beruflichen Monadentums sollte vorbei sein.

[13] „Raumgebunden" meint: In Abhängigkeit vom sozialen Kontext der Begegnung kommen andere Facetten des Problems oder Konflikts der Ratsuchenden zur Sprache, weshalb Diagnosen in verschiedenen sozialen Systemen unterschiedlich aussehen; der Hausarzt etwa macht andere Beobachtungen und Feststellungen als der Familientherapeut in einer Beratungsstelle.

hat die Fachwelt ihre Begriffe (so gut es geht) in standardisierte Formen gebracht. Auf diese Weise soll nicht mehr und nicht weniger als die Sicherung des fachlichen Austauschs gewährleistet werden.

5 Klinischer Blick, Macht, Moden, Märkte

Gesellschaft beobachtet und beschreibt sich zunehmend unter quasi „klinischen" Gesichtspunkten. Diese Tendenz geht weit hinaus über die Rede von depressiven oder manischen Phasen am Finanzmarkt bzw. der angeblich für wirtschaftliche Entscheidungen grundlegenden Bedeutung von Stimmungen. Sie ergreift das Leben von jedermann bis in die intimsten Nischen. Sensible Dauerbeobachtungen des eigenen Körpers, der psychischen Befindlichkeit, der Beziehung zu Partner/in und Kind gehören zu den (scheinbar) selbst auferlegten Pflichten des aufgeklärten Bürgers, zumindest in den Mittelschichten. Eine Unmenge von Ratgebern bietet dabei Anleitung und Hilfe an.

Angesichts einer solchen Angebotsmasse könnte man den Eindruck gewinnen, dass eine historisch nie dagewesene, allumfassende, den Lebensweg des Individuums begleitende psychosoziale Fürsorge um sich greift; sei es für den Fall von Krisen in den eher privaten Nischen oder den eher öffentlichen, speziell beruflichen Bereichen. Supervision, Coaching, traumatologische Begleitung, Gewaltschutzintervention, Telefon- und Notfallseelsorge, Outplacement-Beratung, Selbsthilfe oder Meditation lauten Bezeichnungen für einige Angebote am Markt der Unterstützungsmöglichkeiten. Sprache und Sprachspiele wechseln. Was man früher im Rahmen der Personalförderung Training nannte, heißt heute Coaching, bis auch dieser Begriff eines Tages verbraucht sein wird. Was die Fachwelt vor nicht allzu langer Zeit als hyperkinetisch bezeichnete, fasst sie heute unter dem Kürzel AD(H)S[14], der Aufmerksamkeitsdefizit-(Hyperaktivitäts-)Störung, zusammen. Der Terminus „Trauma" erlebt gegenwärtig eine geradezu inflationäre Verbreitung. Seitdem sich herumgesprochen hat, dass die durchschnittliche Lebenserwartung steigt, sieht man plötzlich auch ältere Einzelne und Paare als beratungs- und therapiefähig – und natürlich auch therapiebedürftig – an. Dass zwischendurch Mobbing, Burn-out und Stalking eine Zeit lang Konjunktur am Psychomarkt hatten, sollte der Vollständigkeit halber nicht unerwähnt bleiben.

Das Thema der diffusen Unruhezustände im Zusammenspiel mit Aufmerksamkeits- und Konzentrationsstörungen sowie sozialen Ängsten ist diagnostisch gerade besonders aktuell. Wegen möglicher negativer Auswirkungen auf das Leistungsvermögen und damit auf die schulische Entwicklung von Kindern und berufliche Laufbahn von Erwachsenen lässt sich dieser spezielle, wenngleich höchst vage gefasste Problemkomplex besonders gut vermarkten – irgendwie findet sich jede und jeder

[14] Die fachinterne Selbstkritik hat immerhin zu der Erkenntnis geführt, dass „ADHS" keine schlüssige nosologische Kategorie darstellt, weil die implizierte Kausalverknüpfung nicht logisch ist.

hier wieder. Das Hilfsangebot reicht in diesem Fall von frei verkäuflichen Medikamenten über Ernährungsberatung, Musik- bzw. Sporttherapie sowie Lernförderprogramme bis hin zu einer Flut teils esoterischer Praktiken. Eine Vielzahl von Professionen, Institutionen und Industrien profitieren von solchen, wahrscheinlich kurzlebigen, sozialen Konstruktionen.

Was bedeutet in diesem Rahmen die Diagnostik? Spitzen wir zu: Die *Form der jeweiligen diagnostischen Beschreibung* präpariert den Fall objektiv für eine bestimmte Hilfeform und somit für den Zuständigkeitsbereich einer bestimmten Profession und/oder Institution. Bei jedem „identifizierten Problem" in der sozialen Welt sind Alternativen denkbar. „Gewalttätige Jugendliche" zum Beispiel lassen sich unter psychopathologischen, familien- und gruppendynamischen, kulturellen, ethnischen, genetischen, bildungs- oder sozialpolitischen Gesichtspunkten betrachten. Und (spätestens) an dieser Stelle, bei der Selektion des Blickwinkels und der Beschreibung also, kommen unabweisbar Interessen, Ideologien, Macht und Märkte ins Spiel.

Ich habe bisher Themen wie Macht, Markt, Konkurrenz nur am Rande gestreift und stattdessen die Thesen zu begründen versucht, dass in der Gegenwartsgesellschaft neue oder veränderte Formen von Kooperation entstehen – auch in der Diagnostik. Zur Paradoxie – oder Widersprüchlichkeit – des Prozesses gehört allerdings die gleichzeitige Präsenz des Gegenteils: die Zunahme massiver Konkurrenz sowie machtförmiger Aus- und Abgrenzung, der Kampf um Marktanteile, finanzielle Vorteile sowie symbolisches Kapital.

Diverse „Märkte" überschneiden sich hier: Wissenschaft und Forschung, Aus-, Fort- bzw. Weiterbildung, öffentliche und private Anbieter psychosozialer Leistungen, Standesorganisationen, Berufs- und Fachverbände, Literatur- und Fachzeitschriften. Hochschullehre und Ausbildung konkurrieren um Lernende, Berufsverbände um Mitglieder, Zeitschriften um Leser/innen und Anbieter um öffentliche Aufträge. Selbstredend, dass auch Wissenschaft und Forschung zwecks Erschließung finanzieller Ressourcen für ihre Vorhaben Resonanz im politischen Raum suchen. Standesorganisationen regeln unter anderem ein- und ausgrenzend „wer was darf". Der Kampf um Reputation ist allen gemeinsam und noch etwas gilt quasi universell: Herrschendem, neoliberal inspiriertem Zeitgeist gemäß haben sich alle Akteure irgendwie „unternehmerisch" zu verhalten. Der Versuchung zu widerstehen, eine Innovation im Bereich psychosozialer Beratung und Therapie als „besonders kostensparend" zu propagieren, ist schwierig geworden. Insofern hat die Betriebswirtschaft auch in unserem professionellen Feld die Ethik abgelöst.

Psychosoziale Versorgung repräsentiert allerdings einen Spezialmarkt. Die Nachfrage auf diesem Markt bestimmen weitgehend politische Instanzen, speziell auf lokalpolitischer Ebene, und *nicht* aktuelle oder potenzielle Ratsuchende. Die eigentlichen Adressaten der Hilfe haben auf Struktur und Möglichkeitsrahmen des Angebots keinen Einfluss. Zuweilen agieren hier natürlich auch private Nachfrager, die etwa im Trennungs- und Scheidungsverfahren auf eigene Kosten Mediation in Anspruch nehmen oder gegen Privathonorar Paarberatung und Familientherapie aufsuchen. Die größten, lukrativsten und vergleichsweise sichersten Nachfrager sind Kreise und Kommunen, speziell deren Jugend- und Sozialämter, Arbeitsagenturen etc. Das gilt im Übrigen für präventive Bereiche wie institutionelle Familienbildung und (neuerdings) Familienzentren in ähnlicher Weise. Gelingt es, grob gesprochen, das jeweilige Angebot als Leistung nach dem Kinder- und Jugendhilfegesetz zu etablieren, sollte die Finanzbasis mit hoher Wahrscheinlichkeit dauerhaft gesichert sein.

Eine Folge liegt auf der Hand: Die Definitionsmacht über das, was ein „*relevantes* psychosoziales Problem" ist, des Weiteren über angemessene Hilfen, deren Indikation und Anspruchsvoraussetzungen, befindet sich in den Händen von Politik und Administration. Welche wiederum auf reale und/oder inszenierte „Problemlagen" reagiert; den Unterschied auszumachen, wird zunehmend schwierig. Die Profession der Berater/innen kann in kritische Dialoge dazu eintreten, aus sich heraus, in eigener Regie und Souveränität, vermag sie jedoch nicht zu handeln. Das muss kein Nachteil sein, soweit öffentliche Kontrolle immer auch eine aufklärerische Komponente ins Spiel bringt. Man sollte aber sehen – d. h. ins Repertoire mitlaufender kritischer Selbstreflexion aufnehmen –, unter welchen objektiven Rahmenbedingungen Beratung als institutionelles Gefüge operiert. Gesellschaftsbeobachtung bleibt Kern- und Pflichtbestandteil von Beratung.

Diagnostische Expertise stellt im Bereich des Marktes ein eigenes, expandierendes Genre dar, was viele Gründe hat. Zunächst einmal müssen die knappen Gelder zum Beispiel der Jugendhilfe nach Kriterien verteilt werden, die als fachlich begründet und insofern als „gerecht" und „objektiv" gelten können. Gutachter liefern Grundlagen für richterliche Entscheidungen in Sorgerechtsfragen, das Gericht teilt und delegiert damit Verantwortung; Beratungsstellen wirken in diesem Sinne mit ihren speziellen Kompetenzen bei der Erstellung von Hilfeplänen mit.

Bedeutungsschwer wiegt das um sich greifende Bedürfnis nach Sicherheit und Gewissheit in einem gesellschaftlichen Rahmen, der permanent Unsicherheit und ungelöste Probleme erzeugt. Sicherheit und Gewissheit sollen herrschen bei diffizilen Fragen der Kindeswohlgefährdung oder bei der Beurteilung der Prognose jugendlicher und erwachsener Straftäter, speziell bei schweren Gewalt- und Sexualstraftaten. Dass die versammelte Fachwelt sich – ähnlich den Prognosen in den Wirtschaftswissenschaften – häufig irrt, zuweilen mit fatalen Folgen, hat in Ermangelung einer Alternative bislang, über kurze Aufregungsphasen hinaus, wenig Konsequenz gezeigt. Die einzig denkbare Alternative wäre sich bewusst zu machen, dass wir in der sozialen Welt eine gewisse Ungewissheit leben lernen sollten; daran vermag grundsätzlich auch diagnostische und prognostische Expertise nichts zu ändern.

6 Selbstdiagnostik

Wir haben Diagnostik und Beratung als *sozialen, kooperativen und kommunikativen Prozess* beschrieben. Im Allgemeinen denken wir dabei an einen unmittelbar-lebendigen Gesprächsprozess zwischen leiblich Anwesenden. Beim Thema der Beratung im World Wide Web sahen wir bereits, dass es zunehmend andere, nicht auf unmittelbarem Sozialkontakt basierende Formen beraterischer Interaktion gibt.

„Selbstdiagnostik", beispielsweise via Internet, zählt dazu. Hier kann sich jede(r) bei Bedarf und Anlass selbst befragen, begutachten, klassifizieren, mittels strukturiertem Fragebogen, wie er durchaus auch im Rahmen von Beratung und Psychotherapie Verwendung findet (das nötige Auswertungsschema ist vorhanden), oder im Chat mit Laien oder Expert/inn/en. Dazu kommen nach Stichworten durchsuchbare Wissensdatenbanken. Solche Webseiten sind in der Regel formal und inhaltlich außerordentlich professionell aufgemacht. Gesundheits- und Beziehungsfragen, Partnerschafts- und Familienangelegenheiten, also das, was wir gemeinhin den intimeren Nahbereichen der Person zurechnen, zählen zu den am meisten über Suchmaschinen abgerufenen Themen. Soziale Phobie, Borderline-Syndrom, Potenzprobleme, Selbsttest auf Alkoholsucht, Burn-out, Lese-Rechtschreib-Schwäche, Stottern („Mit unserem Test können Sie herausfinden, ob Ihr Kind eine ganz normale Sprachentwicklung durchmacht oder ob Anzeichen für Stottern vorliegen"), Sex- und Liebessucht sind nur einige Beispiele.

Für Berater/innen liegt es nahe, erst einmal kritisch zu fragen, was mit Selbstdiagnostik *vermieden* werden könnte. Rein assoziativ ließe sich unter diesem Gesichtspunkt zusammentragen: Im Web kann sich jede und jeder im einsamen Selbstgespräch bespiegeln und Antworten auf mehr oder minder bedrängende, reale oder fiktive, aktuelle oder potenzielle Fragen suchen. Begegnung heißt dann im Wesentlichen Begegnung mit sich selbst. Man braucht dazu nicht mehr den direkten Dialog mit einer vertrauten Person, sei es ein gewählter Experte oder eine Expertin; es erübrigt sich die Vereinbarung eines Termins, auf den man vielleicht eine Weile warten muss, um sich dann schließlich an einen unvertrauten Ort zu begeben. Man kann anonym bleiben und zu jeder Zeit und nahezu überall in das selbst gebastelte virtuelle Sprechzimmer eintreten, Kontakt aufnehmen, ihn bei Bedarf sofort abbrechen und erneut anknüpfen. Die mit sozialer Interaktion unter Anwesenden *immer* verbundenen Festlegungen, Begrenzungen, Kränkungen, Enttäuschungen oder Konfrontationen, mithin auch alle schöpferischen Überraschungen und kreativen Möglichkeiten lassen sich auf diesem Weg reduzieren und/oder illusionär kontrollieren – eine Möglichkeit der Kontingenzreduktion sozusagen.

Entsozialisierung ist eine entscheidende Voraussetzung für die Entgrenzung in zeitlicher, räumlicher und thematischer Hinsicht. Der Preis selbstdiagnostischer Übungen liegt in der Gefahr quasi autistischen Kreisens um das eigene Selbst. Die Beschäftigung mit Beziehungs- oder Gesundheitsfragen bildet insofern ein geschlossenes selbstreferentielles System als – einmal in Gang gesetzt – ein sich selbst dynamisierender Kreislauf von Beobachtung, Zweifeln und Unsicherheiten, der zu neuen Fragen und zu erneuter Suche führt. Beginnt man erst einmal, den eigenen Körper oder das Verhalten eines lieben Mitmenschen misstrauisch zu beobachten, ist die Wahrscheinlichkeit groß, dass daraus eine Dauerbeschäftigung wird, mit der Tendenz zur Steigerung.

Dass man qua Websuche vielleicht auch falsche Informationen, Diagnosen und Therapievorschläge erhält, ist denkbar, gilt aber für die Person-Person-Beratung in prinzipiell gleicher Weise. Das persönliche Gespräch bedeutet keine Garantie auf Irrtumsfreiheit; es beinhaltet aber höhere Chancen zur Selbstkorrektur als das anonyme Gespräch im Netz.

Der Massenmarkt „Selbstdiagnose" repräsentiert einen Ausschnitt aus dem breiten Angebotsspektrum einer Gesellschaft, die ihre Angehörigen fixiert aufs Private, Intime, den Körper und das Seelenleben. Man suggeriert weitgehende

Autonomie, Kompetenz und dauerpräsente Handlungsfähigkeit von jedermann in diesen Sphären. Die Grenzen zwischen Selbstaufklärung auf der einen Seite und Selbstüberschätzung auf der anderen sind schwer fassbar.

Die Entsozialisierung des Sozialen durch Vermeidung des lebendigen Gesprächs zwischen Anwesenden in der Beratung hat eine Folge *gewiss nicht*: Ungeachtet der Flut medialer Möglichkeiten zu Selbstdiagnose, -therapie und -prävention nehmen Arztbesuche, Anmeldungen in Partnerschafts- und Familienberatungsstellen oder privaten therapeutischen Praxen nicht ab, sondern zu. Selbstdiagnostik scheint eher eine Zwischenstation darzustellen. Wahrscheinlich profitieren die einschlägigen Professionen und Institutionen anhaltend stark von der Veralltäglichung des quasi klinischen Blicks und der damit verbundenen Perspektiveinschränkung sowie, natürlich, von gesellschaftlich in großem Stil erzeugten Verunsicherungen. Man darf die Hypothese wagen, dass Selbstdiagnostik und der Massenmarkt pädagogisch-psychologischer Ratgeber das Spektrum unbeantworteter Fragen eher erweitern als reduzieren, vielleicht sogar Mut machen, sich dem realen Beratungsgespräch zu stellen. Für die Professionen ein Stück „existenzbedrohlich" wäre hingegen wahrscheinlich eine Repolitisierung des Privaten sowie der ganzen Gesellschaft.

Literatur

Bueb, B. (2006). *Lob der Disziplin. Eine Streitschrift.* München: List Verlag.

Bundesministerium für Familie, Senioren, Frauen und Jugend (2002). *Elfter Kinder- und Jugendbericht.* Berlin.

Bundesministerium für Familie, Senioren, Frauen und Jugend (2005). *Zwölfter Kinder- und Jugendbericht.* Berlin.

Combe, A. & Helsper, W. (Hrsg.). (1997). *Pädagogische Professionalität. Untersuchungen zum Typus pädagogischen Handelns.* Frankfurt a. M.: Suhrkamp.

Fuchs, P. & Mahler, E. (2000). Form und Funktion von Beratung. *Soziale Systeme, 2*, 349–368.

Hondrich, K.O. (1998). Zur Dialektik von Individualisierung und Rückbindung – am Beispiel der Paarbeziehung. *Aus Politik und Zeitgeschichte, Beilage zur Wochenzeitung ,Das Parlament', B 53/98 1998,* 3–8.

Luhmann, N. (1982). Formen des Helfens im Wandel gesellschaftlicher Bedingungen. In N. Luhmann, *Soziologische Aufklärung 2* (S. 134–149). Opladen: Westdeutscher Verlag.

Meysen, T. (2010). Mitwirkungsmöglichkeiten des Jugendamtes im Verfahren: Rechtliche Grundlagen und fachliche Standards bei Kindeswohlgefährdung, bei Trennung und Scheidung und bei häuslicher Gewalt. In Deutsches Institut für Urbanistik (Hrsg.), *Das aktive Jugendamt im familiengerichtlichen Verfahren.* Berlin: Eigenverlag.

Stuhlinger, M. (2005). Das Kindeswohl als zentrale ethische Norm in der Pädiatrie. *Zeitschrift für medizinische Ethik, 51*, 153–164.

Welter-Enderlin, R. & Hildenbrand, B. (1996). *Systemische Therapie als Begegnung.* Stuttgart: Klett-Cotta.

Winterhoff, M. (2008). *Warum unsere Kinder Tyrannen werden: Oder: Die Abschaffung der Kindheit.* Gütersloh: Gütersloher Verlagshaus.

Vorwort und Einleitung
Innovative Zugänge
Beratungs-settings und -räume
Medien und Beratung
Kritik der Beratung
Register
Anhang

Priv.-Doz. Dr. habil. Wolfgang Schrödter ist Leiter des Evangelischen Zentrums für Beratung in Höchst, Träger: Evangelischer Regionalverband Frankfurt am Main.

Anschrift:
Evangelisches Zentrum für Beratung in Höchst, Frankfurt am Main
Leverkuser Str. 7
D-65929 Frankfurt/M.
E-Mail: lebensberatung-hoechst@erv-fb1.de

Wir haben den Begriff ‚Counselling', dort wo er auf die strukturelle Situation im United Kingdom (UK) verweist, nicht übersetzt, ihn aber an den Stellen, wo er von grundlegender beratungstheoretischer und forschungsorientierter Bedeutung ist, durch Beratung ersetzt. Die Leserinnen und Leser sollten zudem berücksichtigen, dass sich das Verhältnis von Counselling und Psychotherapie in Großbritannien anders darstellt als im deutschsprachigen Raum. (Anmerkung der HerausgeberInnen)

Beratungsforschung*

John McLeod

Einführung

In den vergangenen Jahren hat die Rolle der Forschung für die Beratung im United Kingdom (UK) erheblich an Bedeutung gewonnen. Regierungen oder andere Institutionen, die Gelder für Beratungs- bzw. Counselling-Dienste bereitstellen, favorisieren dabei das Prinzip einer auf Evidenz gestützten Praxis. Und dadurch hängt die Vergabe von Ressourcen im Gesundheitswesen und im Bildungsbereich zusehends von der Existenz einer Forschung ab, welche die Wirksamkeit und die Kosteneffizienz eines Interventionsprogramms nachweisen kann. Die Ausbildung im Counselling-Bereich findet hierzulande überwiegend an Universitäten statt, die von ihren Studierenden als Teil des Abschlusses die Durchführung eines Forschungsprojekts verlangen. Schließlich haben Innovationen in der Ausgestaltung von Forschung und in der Methodologie dazu geführt, dass in immer mehr Bereichen wissenschaftliche Erkenntnisse bedeutsame Folgen für die Praxis mit sich gebracht haben. Aufgrund dieser Situation hat die Counselling-Forschung deutlich an Bedeutung gewonnen. Zwar werden Counselling und Beratung ihre Schwerpunkte weiterhin in einer praktischen Tätigkeit besitzen, die grundsätzlich immer von den Fertigkeiten und Qualitäten der sie Ausübenden abhängt, aber mittlerweile haben Counselling und Beratung sich ebenfalls zu wissenschaftsbegründeten Aktivitäten entwickelt. In diesem Zusammenhang ist es wichtig, klar festzu-

* Aus dem Englischen übersetzt von Dr. Barthold Pelzer, Berlin

stellen, dass es sich hier nicht nur um positive und konstruktive Wege handelt, auf denen die Forschung die Qualität unserer Praxis erhöhen wird, sondern dass insbesondere mit dem unkritischen Akzeptieren von Forschungsevidenz auch Risiken einhergehen.

Dieser Artikel stellt die wissenschaftliche Erforschung der Beratung vor. Es werden zentrale Aspekte des Beratungshandelns hervorgehoben und die mit ihnen verbundenen Implikationen für eine entsprechende Forschung vorgestellt. Danach werden detaillierter die Ziele für die wissenschaftliche Untersuchung der Beratung sowie die unterschiedlichen, zu diesem Zweck sich anbietenden Methodologien erörtert. Der Artikel diskutiert abschließend einige der Probleme und Herausforderungen, die sich gegenwärtig der wissenschaftlichen Gemeinschaft innerhalb der Beratung bei der Evaluation ihrer Profession stellen.

1 Beratung/Counselling als eine Form der Praxis

Forschung ist immer eine globale und zugleich eine lokale Aktivität. Forschung ist lokal, da sie immer mit einer spezifischen Stichprobe von Menschen in einem bestimmten Kontext durchgeführt wird. Jedoch ist die Forschung zugleich international und global, denn ihre Ergebnisse werden in akademischen Periodika publiziert, die schnell weithin auf der Welt verfügbar sind. Zumeist wird Forschung mit einem internationalen Impact für wichtiger gehalten und verspricht mehr Prestige, wird also eher auch Fördermittel erhalten als solche mit einer nur spezifisch lokalen Ausrichtung. Dieser Umstand hat erhebliche Bedeutung für die Erforschung von Beratung/Counselling, da das Modell der „Beratung“ auf internationaler Ebene keine Standarddefinition besitzt. In einigen Sprachen und Kulturen wird die „Beratung“ nicht als eine klar abgegrenzte Aktivität definiert. Im Gegensatz dazu besitzt das Modell der „Psychotherapie“ eine viel stärkere konturierte Bedeutung, die ziemlich ähnlich ist in allen Kulturen. Deshalb wurde viel Forschung zur Psychotherapie durchgeführt und publiziert, während die Forschungsbasis für die „Beratung“ wesentlich enger gefasst ist.

Um eine Beratungsforschung entwickeln zu können, muss Klarheit über die Praxis und Bedeutung der Beratung herrschen: Sie ist ein Hilfsmittel, damit Individuen, Familien oder Gruppen Probleme des Lebens bewältigen können. Beratung liefert direkte Unterstützung vor Ort, Berater wie auch Beratungsagenturen sind in kommunalen Netzwerken untergebracht und die Zugangsbarrieren sind gering. Um Beratung in Anspruch nehmen zu können, ist für gewöhnlich weder eine Überweisung durch einen Arzt noch eine psychiatrische Diagnose die Vorbedingung. Die Beratung ist eine flexible Form der Hilfe, in welcher Berater oder Beraterin sensibel auf die Vorlieben und das kulturelle Verständnis des Klienten zu reagieren versuchen, statt standardisierte Abläufe oder Manuale zu verfolgen. Im UK werden Berater und Beraterinnen ausgewählt und geschult, um beratungsprofessionell Beziehungen aufbauen zu können; auch müssen sie Kooperation und Anteilnahme mit Menschen in Krisensituationen entwickeln und eine Reihe therapeutischen Techniken anwenden können. Zwar wissen Berater und Beraterinnen, dass ihre Klienten in der Regel dauerhafte Verletzungen erfahren oder in zerstörerischen Beziehungsmustern gelebt haben. Dennoch konzentriert sich unsere Arbeit auf das Wissen um ihre jeweiligen Stärken, Begabungen, Ressourcen und ihr Potential. Die Klienten gelten nicht als passive Empfänger einer ihnen verabreichten Behandlung, sondern sie werden aktiv in den Prozess der Lösung ihrer Schwierigkeiten eingebunden. Im Rahmen von Beratung/Counselling werden somit das Individuum, die Familie oder Gruppe in ihrer jeweiligen sozialen, politischen, kulturellen und historischen Einbindung betrachtet. Die Probleme, welche die Klienten bei den Sitzungen schildern, sehen wir als reale Schwierigkeiten an, ein produktives und bedeutungsvolles Leben führen zu können, und nicht als Symptome einer medizinisch klassifizierten Krankheit. Der flexiblen Natur der Beratung gemäß kann sie als Teil der Arbeit von Praktikern wie etwa Pflegekräfte oder Lehrer und Lehrerinnen ebenso angeboten werden wie von eigens dazu ausgebildeten Spezialisten (McLeod & McLeod, 2011).

Diese Definition des Counselling birgt einige Herausforderungen und Schwierigkeiten im Hinblick auf das gegenwärtig vorherrschende Modell der Organisation von wissenschaftlicher Forschung im UK. Allgemein gesprochen, wurden im Rahmen der Forschung innerhalb von Medizin und Psychologie Methodologien entwickelt, die den Einfluss eines ursächlichen Faktors auf einen anderen bewerten. Beispielsweise wurde in vielen Studien zur Psychotherapie der Einfluss der kognitiven Verhaltenstherapie (KVT) auf Depressionen untersucht. Doch diese Form eines linear kausal angelegten Paradigmas lässt sich nicht anwenden, wenn man Beratung als eine Handlungsform der Kooperation auffasst, die aus der Kombination der von Klient und Berater gemeinsam entwickelten Ideen und Strategien hervorgeht und ko-konstruiert wird. Außerdem ist die Forschung streng unterteilt in einzelne akademische „Disziplinen" wie etwa die Psychologie und die Soziologie. Beratung hingegen versteht sich als eine Aktivität, die die Grenzen zwischen derartigen Disziplinen überschreitet. Die oben vorgestellte Definition unserer Tätigkeit empfiehlt, dass die Erforschung der Beratung Einsichten und Methoden aus der Psychologie (wie Menschen denken und empfinden) mit solchen aus der Soziologie und der Sozialanthropologie (die Kontexte, in denen Menschen leben) und dem Studium der Sprache (wie Berater und Klienten im Gespräch Probleme definieren, Geschichten erzählen und miteinander sprachlich interagieren) kombinieren sollte. Am Beispiel der tatsächlichen Wirksamkeit einer universitären Studienberatungseinrichtung lässt sich die interdisziplinäre Natur der Beratungsforschung aufzeigen. Auf einer Ebene ließe sich die Wirksamkeit beurteilen, indem ermittelt wird, ob und inwieweit die Klienten tatsächlich weniger ängstlich oder depressiv sind, ob sie anschließend regelmäßiger ihre Lehrveranstaltungen besuchen oder besser ihre Prüfungsaufgaben absolvieren. Auf einer weiteren Ebene ließe sich danach fragen, wie die Arbeit dieser Beratungsdienste das gesamte Gefüge der Universität beeinflusst. Liefern diese Beratungen beispielsweise Rückmeldungen, mit deren Hilfe die Universitätsleitung bestimmte Probleme erkennen und beheben könnte, wie etwa die Arbeitsüberforderung von Studierenden bestimmter Kurse oder Studiengänge? Führt die Existenz von Beratungsdiensten dazu, dass innerhalb der Universitätsgemeinschaft im Lauf der Zeit anders über Emotionen und Beziehungen gesprochen wird?

Der zentrale Punkt ist hier, dass die Würdigung der Beratung als unterstützende Praxis die zentrale Rolle und Notwendigkeit der Forschung hervorhebt, denn es existieren viele Aspekte der Beratung, die bisher nur unzulänglich verstanden werden können. Zudem unterstreicht unsere Definition in diesem Sinn ebenso die Notwendigkeit, ein klar erkennbares Profil der Beratung zu entwickeln, welches ihre Komplexität und ihren sozial ausgerichteten Fokus widerspiegelt.

2 Ziele für die Beratungsforschung

Viele Berater und Beraterinnen empfinden im Hinblick auf den Bereich der Forschung vor allem dessen schier entmutigende Größe und Komplexität als Schwierigkeit. Eine Recherche in den relevanten Datenbanken zu Themen im Bereich von Beratung/Counselling liefert Angaben zu Hunderten von Studien, die mit vielen unterschiedlichen methodologischen Prämissen durchgeführt wurden. Manche dieser Artikel sind in einem technischen Jargon verfasst, so dass sie für die Mehrheit der Leser und Leserinnen unzugänglich bleiben. Um sich von dieser Materialfülle nicht überwältigen zu lassen, hilft es, sich die Ziele oder Absichten der Erforschung von Beratung vor Augen zu führen. Forschungsstudien werden aus unterschiedlichen Motiven erstellt und ein Nachvollziehen dieser Motive vereinfacht die Aufgabe, das Feld nach den für eine bestimmte Problemstellung relevanten Arbeiten zu sichten. Das Wissen um die unterschiedlichen Ziele der Beratungsforschung hilft auch im Hinblick auf Entscheidungen, wenn man selbst persönliche Zeit und Energie in die Forschung investieren mag. Auf vier grundsätzlichen Wegen kann Forschung für Beratung hilfreich sein: indem sie

1) die Berater darin unterstützt, wirksamer zu praktizieren;
2) die Veränderungsprozesse erleichtern hilft, die sich der Beratung im Angesicht von sozialem und technologischem Wandel stellen;
3) den Klienten die für sie wertvolle Informationen verfügbar macht;
4) durch nach außen gerichtete Rechenschaft finanzierenden Körperschaften und Vertretern von Interessengruppen die Evidenz verfügbar macht.

Hervorzuheben ist, dass jeder dieser Forschungsaspekte mit Blick auf den Forschungsgegenstand sehr handlungsorientiert ausgerichtet ist. Die Beratung ist – wie schon erwähnt – eine angewandte, praktische Aktivität und der entscheidende Impuls für Forschung sollte der Wunsch sein, die Wirksamkeit eben dieser Praxis zu erhöhen. Innerhalb der Tradition etablierter Disziplinen wie Psychologie und Soziologie wird Forschung mitunter nicht allein aus derartig pragmatischer Motivation betrieben, sondern auch, um grundlegende Fragen über die menschliche Natur zu klären. Zwar mag die im Rahmen der Beratungsforschung ermittelte Evidenz für diejenigen nützlich sein, die sich mit grundlegenden oder „puristischen" Fragestellungen beschäftigen, doch diese Art von Forschungsausrichtung kann weder für die Forschenden im Feld Beratung noch für die Abnehmer der Forschungsergebnisse Priorität beanspruchen.

1) Berater und Beraterinnen darin unterstützen, wirksamer zu praktizieren

Das erste Forschungsprogramm im Bereich der Beratung wurde von Carl Rogers und seinen Kollegen in den 1940er-Jahren an der University of Ohio durchgeführt. Deutlich erkennbar ist, dass Rogers und seine Mitarbeiter von dem Wunsch beseelt waren, mit den Forschungen ihre Wirksamkeit als Therapeuten zu verbessern (Elliott & Farber, 2010; McLeod, 2002). Ihr Forschungsansatz bestand aus einem Zyklus von Reflexion und Handeln, in dem sie sehr detailliert beobachteten, was sich offenbar während der Beratungssitzungen ereignete. Dann verwendeten sie die dabei gewonnenen Erkenntnisse, um ihr Theoriegerüst und ihre praktischen Methoden zu entwickeln, deren Wirksamkeit sie anschließend in der weiteren Arbeit mit neuen Klienten ausprobierten. In der jüngeren Vergangenheit wurden die Verknüpfungen zwischen Forschung und Praxis von Cooper (2008) dokumentiert sowie auch in einer Reihe von „praxisfreundlichen" Literaturberichten zur Forschungslage, die allesamt im *Journal of Clinical Psychology* publiziert wurden: Comtois und Linehan, 2006; Greenberg und Pascual-Leone, 2006; Knox und Hill, 2003; Logan und Marlatt, 2010; Lundahl und Burke, 2009; Mains und Scogin, 2003; Post und Wade, 2009; Sin und Lyubomirsky, 2009; Solomon und Johnson, 2002. Weitere Nachweise zur Relevanz von Forschung bezüglich der Entwicklung von Kompetenzen und der Aufmerksamkeit von Therapeuten finden sich in den Autobiographien derjenigen Therapieforscher, die mehrheitlich ihren Beruf auch praktisch ausübten. Eine besonders lebhafte und eindrückliche Darstellung der Möglichkeiten, wie die Beteiligung an der Forschung auch das praktische Lernen erweitern kann, zeigt McCullough (2000).

2) Veränderungsprozesse erleichtern, die sich der Beratung im Angesicht von sozialem und technologischem Wandel stellen

Als eigenständige Profession begann sich Beratung/Counselling in der Mitte des 20. Jahrhunderts zu etablieren. Sie hat sich also in einer Epoche von immensen kulturellen und sozialen Veränderungen entwickelt und sie musste demzufolge Wege finden, sich diesen Bedingungen anzupassen. Die Forschung hat in diesen Adaptionsprozessen eine erhebliche Rolle gespielt.

Viele Publikationen widmeten sich den auftauchenden vielfältigen Phänomen: etwa den Beratungsanforderungen für Personen mit diversen kulturellen Hintergründen, der Verwendung von moderner Informationstechnologie für die Beratung, dem ständig wachsenden Zugang der Klienten zu Informationen über unterschiedliche Therapiemöglichkeiten, aber ebenso der Erfahrung künstlicher Befruchtung oder die Herausforderung, mit einer frühen Alzheimer-Diagnose klarzukommen. Keines dieser aktuellen Beratungsthemen existierte jedoch, als die gegenwärtigen Modelle der Beratung in den 1950er- und 1960er-Jahren entwickelt und formuliert wurden. Wie Forschung eingesetzt werden kann, um Beratung an kulturell veränderte Bedingungen anzupassen, zeigt sich aktuell auch darin, wie in der Beratungs- und Psychotherapiepraxis Ideen und Techniken, die aus spirituellen oder religiösen Traditionen stammen – wie etwa Achtsamkeit, Vergebung und Mitgefühl –, adaptiert und integriert werden. Zudem sah sich die Beratungspraxis immer wieder gezwungen, ihre eigene Wirksamkeit zu evaluieren, da sie trotz sinkender Finanzmittel eine steigende Nachfrage schultern muss.

3) Den Klienten für sie wertvolle Informationen verfügbar machen

Die Klienten entwickeln sich in zunehmender Form zu Konsumenten beratungsorientierter Forschungsliteratur. Hauptsächlich in zwei Formen zeigt sich dieses Interesse an Forschungsresultaten. Ein Schlüsselaspekt ist zum Ersten der Wunsch vieler Klienten die aktive Wahl der Therapierichtung, der sie sich anvertrauen mögen. Wir leben generell in einer Welt, in der Individuen überzeugende Begründungen erwarten, bevor sie wichtige Entscheidungen in ihrem Leben treffen. Das erstreckt sich von der Wahl der Universität, die sie besuchen wollen, bis hin zur Entwicklung eines Plans für die Schmerzkontrolle bei der Geburt des Kindes. Und zum Zweiten zeigen die Nutzer von Beratungsdiensten im UK mehr und mehr Interesse an der Wirksamkeit von neueren Ansätzen in der Beratung, was beispielsweise zu einer steigenden Nachfrage nach kognitiver Verhaltenstherapie führt. Schließlich werden Forschungsinstrumente wie etwa Fragebögen zu Therapieresultaten, die in jeder Sitzung ausgefüllt werden, in wachsender Zahl eingesetzt, um Klienten ebenso Informationen über ihre Therapiefortschritte zu ermöglichen wie auch den jeweiligen Therapeuten ein Feedback zu geben (Lambert, 2007; Miller, Duncan & Hubble, 2005; Sundet, 2009).

4) Nach außen gerichtete Rechenschaft: finanzierenden Körperschaften und Vertretern von Interessengruppen die Evidenz verfügbar machen

Vertreter von Ministerien und anderen Organisationen, welche die Gelder für Beratungsdienstleistungen freigeben, wollen über das Kosten-Nutzen-Verhältnis der Dienste informiert werden, denen sie Mittel bewilligen. In jüngerer Vergangenheit wurde beispielsweise im UK am massivsten die Beratung an den Schulen ausgebaut. Dieses Wachstum war nur möglich, weil sich belegen ließ, dass derartige Beratungsdienstleistungen zum einen die Belastung der Lehrer verringern und zum anderen bei Schülern die Chance für ihren Verbleib auf der Schule erhöhen würde. In den meisten industrialisierten Ländern halten sich Regierungen und andere Institutionen, die Leistungen im Gesundheitsbereich erbringen, mittlerweile an den Grundsatz, Gelder nur für eine *auf Evidenz gestützte Praxis* oder nur für *empirisch valide Formen der Behandlung* freizugeben. Dadurch soll gewährleistet werden, dass alle angebotenen Interventionen (einschließlich Beratung und Psychotherapie) durch Forschungsevidenz begründet und gestützt werden. Im Gesundheitswesen gilt die auf der Basis randomisierter klinischer Studien (randomised controlled trial, RCT) ermittelte Evidenz als die zuverlässigste Form. Zu diesem Zweck werden Patienten nach dem Zufallsprinzip bestimmten unterschiedlichen Behandlungsformen zugewiesen. Zwar steht außer Zweifel, dass gut gestaltete RCTs starke Belege für die relative Wirksamkeit unterschiedlicher Beratungsansätze bei einer spezifischen Gruppe von Klienten liefern. Andererseits aber existieren zahlreiche Einwände: Das Kontrollniveau, welches mit einem RCT-Design einhergeht (z. B. dass Therapeuten strikt ein festgelegtes Behandlungsprotokoll befolgen und Klienten auf der Basis einer einzigen Diagnose ausgewählt werden) bringt Studien hervor, die logisch konsequent und methodisch rigoros sein mögen, doch fehlt ihnen der Bezug zu den wirklichen lebensweltlichen Bedingungen. Als Reaktion auf die wahrgenommenen Einschränkungen der RCTs wurde in der jüngeren Vergangenheit das Modell einer auf *Praxis gestützten Evidenz* entwickelt. Es soll die Wirksamkeit alltäglicher Praxis (in der die Berater oder Beraterinnen flexibel auf die Nöte und Bedürfnisse ihrer Klienten reagieren können – und typischerweise klagen Klienten zudem über vielfältige Probleme) routinemäßig und standardisiert überprüfen und zu großen Datensätzen zusammenfügen (Barkham, Hardy & Mellor-Clark, 2010). Als Beispiel eines RCTs mit bedeutendem Einfluss für die staatliche Finanzierung der Beratung im UK lässt sich die Studie von King et al. (2000) nennen, welche die Gleichwertigkeit von personenbezogener Beratung und kognitiver Verhaltenstherapie nachwies. Eine auf die Praxis gestützte Studie, die zu ähnlichen Ergebnissen kam, wurde von Stiles, Barkham, Twigg, Mellor-Clark und Cooper (2006) durchgeführt.

Aus diesen vier umfangreichen Aspekten der Beratungsforschung ergibt sich ein breites Spektrum weiterer Themen und Problemstellungen. Zudem lässt sich die Forschungsliteratur zur Beratung und Psychotherapie weiter untergliedern, wobei die einzelnen Kategorien etwa die Forschung innerhalb bestimmter theoretischer Perspektiven wie der Psychoanalyse, dem personzentrierten Ansatz, der kognitiven Verhaltenstherapie und der systemischen Familientherapie umfassen. Die Literatur zur Beratung zeigt sich in ihrer Gesamtheit als ebenso komplex wie fragmentiert. Obschon eine große Zahl an Forschungsstudien jedes Jahr publiziert wird, existiert zu vielen wichtigen praktischen Fragestellungen – wenn überhaupt – kaum relevante Forschung. Diese Situation wird noch verschlimmert durch die Tatsache, dass es sich bei den meisten Publikationen bloß um kurzfristig angelegte Projekte handelt – in der Regel die Ergebnisse von Master- oder Doktorarbeiten –, die also nicht im Rahmen eines koordinierten Forschungsprogramms entstanden sind.

3 Methodologische Möglichkeiten der Beratungsforschung

In den vergangenen Jahrzehnten ließen sich methodologisch Innovationen im Feld der Beratungsforschung beobachten. Die ersten Studien zu Prozessen und Therapieresultaten von Beratung und Psychotherapie bestanden aus klinischen Fallstudien, die sich allein auf die Aufzeichnungen der Therapeuten stützten. Die Pioniere der Erforschung der Beratung wie etwa Carl Rogers agierten in einem Wissenschaftsmilieu, das von den Annahmen der akademischen Psychologie dominiert wurde: Das bedeutete auf quasi-experimentelle Studiendesigns und die Entwicklung von Skalen zu fokussieren, mit denen unterschiedliche Aspekte der Prozesse und Resultate der Beratung gemessen werden sollten. Diese frühen Studien basierten auf positivistischen Erkenntnispositionen, welche die Existenz einer objektivierbaren und dementsprechend auch akkurat messbaren Realität annahmen. Zwar fußt auch weiterhin ein Großteil der durchgeführten Forschung zur Beratung und Psychotherapie auf entsprechenden positivistischen Prämissen. Doch ist andererseits klar erkennbar, wie im gesamten Feld zunehmend ein methodologischer Pluralismus akzeptiert wird (Howard, 1983). Es werden also auch Beiträge auf der Basis qualitativer Methoden (Frommer & Rennie, 2001; McLeod, 2011) und konstruktivistisch ausgerichteter Erkenntnisansätze (Ponterotto, 2005) anerkannt. Zudem lässt sich ein erstarkendes Interesse an der Methodik der Fallstudie beobachten, begleitet von neuen Konzepten zur Verbesserung der Validität einer auf Einzelfälle gestützten Forschung (McLeod, 2010). Diese methodologischen Entwicklungen ermöglichen den Forschenden die kreative Anpassung der Methodologien, damit diese den verfolgten Forschungsabsichten entsprechen. Weitere Informationen zur Vielfalt der Untersuchungsmethoden, die gegenwärtig im Bereich der Beratungsforschung verwendet werden, finden sich in Barker, Pistrang und Elliott (2002) sowie bei McLeod (2012a, 2012b).

4 Abschließende Überlegungen: Künftige Herausforderungen und Möglichkeiten

Die Notwendigkeit eines substantiellen und anspruchsvollen Forschungsprogramms innerhalb der Beratungsprofession zeigt sich deutlich, wenn man sich das weite Feld wichtiger beratungsorientierter Fragestellungen vergegenwärtigt, die sich noch nicht auf Forschungsbelege stützen können. Zudem wächst im UK die Erwartung bei Regierungen und anderen Behörden wie auch bei Klienten, dass genehmigte Beratungsdienste bezüglich ihrer Angebote rechenschaftspflichtig sind und vorher gründlich kritisch untersucht und getestet werden. Doch auch jenseits der Notwendigkeit weiterer Forschung müssen wichtige Fragen nach den Prioritäten und der Ausrichtung künftiger Beratungsforschung gestellt werden. Hierbei müssen vier zentrale Herausforderungen berücksichtigt werden. Eine erste Herausforderung zukünftiger Beratungsforschung liegt in der Hervorhebung der Bedeutung „eingebetteter Beratung“ (embedded counselling). Zwar existieren in erheblichem Umfang Forschungen zu formalen, sozusagen vertraglich vereinbarten Formen von Beratung/Counselling, wie sie durch professionelle Berater und Beraterinnen in stationären Kontexten und Beratungsdiensten angeboten werden. Hingegen gibt es wenig Publikationen, die sich mit der Beratung auseinandersetzen, welche durch Lehrer, Krankenschwestern, Ärzte, Sozialarbeiter oder andere praktisch Tätige angeboten wird, deren beratende Rolle in eine andere Profession eingebettet ist (McLeod & McLeod, 2011). Diese „eingebettete Beratung“ ist eine Beratung an der Basis und in vorderster Front und zudem für die meisten Menschen in unserer Gesellschaft am leichtesten verfügbar und zugänglich. Deshalb sollten wir versuchen zu erfahren, was in diesem Praxisfeld „wirklich funktioniert“ und wie die so eingebettete Beratung als Teil von weiter gefassten formellen und informellen Netzwerken der Sorge und Unterstützung funktioniert. Eine zweite Herausforderung für Erforschung der Beratung ist eine Untersuchung, welches der geeignete Weg wäre, um die Berater und Beraterinnen noch während ihrer Ausbildung mit den Fragen und Inhalten der Forschung so vertraut zu machen, dass deren forschungsbezogenes Interesse und Engagement auch im Verlauf ihrer professionellen Laufbahn aufrechterhalten werden kann. In einem Überblick über Berater und Psychotherapeuten in den USA haben Morrow-Bradley und Elliott (1986) herausgefunden, dass die Befragten mehrheitlich Forschungsergebnissen wenig Aufmerksamkeit schenkten und annahmen, Forschungsartikel besäßen nur geringe Relevanz für ihren Berufsalltag und das obwohl die meisten der an der Studie beteiligten Therapeuten vorher selbst schon Forschungserfahrung auf Promotionsniveau hatten. Laut diesen Ergebnissen existiert also eine erhebliche Distanz zwischen Praktizierenden und Wissenschaftlern. Und vermutlich hat sich diese seither noch vergrößert, da die Vielfalt der Methodologien eine Situation geschaffen hat, in der die Leser von Forschungsartikeln noch mehr Wissen benötigen, um die Lektüre nachvollziehen zu können. Außerdem wird mehr Forschung denn je zuvor publiziert, so dass die Praktizierenden sich leicht von der Informationsflut überwältigt fühlen.

Die dritte Herausforderung besteht darin, dass im Beratungsfeld die für Forschung verfügbaren Finanzmittel sinnvoll und weise eingesetzt werden. Es empfiehlt sich, Forschung durchzuführen, deren Schwerpunkt die Ermittlung praxisrelevanten Beratungswissens darstellt, und nicht solche zu favorisieren, die nur bruchstückhafte und wenig zuverlässige Ergebnisse für die Beratung liefern.

Große Aufmerksamkeit verlangen praxisrelevante Reviews und diejenige Forschungsliteratur, die relevante Studien zusammenfasst und sie hinsichtlich ihrer Implikationen für die tagtägliche Praxis analysiert. In den letzten Jahren hat es erhebliche Fortschritte darin gegeben, wie sich durch methodisch strenge und zuverlässige Meta-Analysen mehrere Ergebnisstudien miteinander vergleichen lassen. Das erlaubt ein Ermitteln der relativen Wirksamkeit unterschiedlicher Therapieansätze unter ebenso unterschiedlichen Bedingungen. Andererseits liefern diese Meta-Analysen keine praxisrelevanten Informationen, sondern nur unpersönliche, abstrakte und dekontextualisierte Resultate. Im Gegensatz dazu können „praxis-freundliche" Forschungsberichte wie die oben erwähnten den Praktikern eine Menge bieten. Es ist zudem wichtig, auch den Praktikern und Praktikerinnen die Möglichkeit zur aktiven Forschung zu verschaffen. Derartiges ließe sich etwa erreichen, indem *Netzwerke der Praxisforschung* errichtet werden, die mit Wissenschaftlern kooperieren, um Studien durchzuführen, die praxisrelevantes Wissen hervorbringen (Barkham et al., 2010; McLeod, 2010).

Die letzte und vierte Herausforderung schließlich besteht in der Fortsetzung und der Verfolgung einer Forschungsausrichtung, die mit den grundlegenden Werten der Beratung übereinstimmt. Die gegenwärtig vorherrschende Ausrichtung der Erforschung von Beratung/Counselling und Psychotherapie spiegelt überwiegend eine medizinische Perspektive wider, welche Beratung/Counselling wie auch Psychotherapie als Formen der Behandlung durch „Experten" betrachten, die einem passiven Subjekt verabreicht wird. Insofern entsprechen diese Annahmen natürlich nicht der Wirklichkeit einer Beratung (oder des Counselling), die personenbezogen und kooperativ angelegt ist, außerdem sich kritisch politisch positioniert, sich an Stärken und Ressourcen der Klienten und nicht an der Pathologie orientiert und die schließlich in kommunalen Netzwerken organisiert ist. Momentan findet sich kaum eine diese Positionen berücksichtigende Forschung. Natürlich besitzt es klare Vorteile für die Counselling-Profession im UK, wenn Forschungsvorhaben am medizinischen Modell ausgerichtet sind: So erhält man leichter Forschungsgelder, mehr Ressourcen und verbessert seinen Status. Doch gehen damit auch gravierende Risiken einher, denn im Lauf der Zeit werden die Ergebnisse solcher nach dem medizinischen Paradigma angelegten Forschungsprojekte Formen der Behandlung nach eben diesem Vorbild generieren. Wenn die Beratung jedoch fortfahren will, einen klar erkennbaren eigenen Beitrag zur Gesellschaft zu leisten, muss sie vermutlich viel deutlicher herausarbeiten, welche Art von Evidenz sie für ihre Zwecke und Ausrichtung bevorzugen will. Gleiches gilt es auch für Entwicklung von Kriterien, entlang derer andere ihre Wirksamkeit beurteilen. Das alles sind erhebliche intellektuelle Aufgaben.

Literatur

Barker, C., Pistrang, N. & Elliott, R. (2002). *Research Methods in Clinical and Counselling Psychology: An Introduction for Students and Practitioners* (2nd ed.). Chichester: Wiley.

Barkham, M., Hardy, G.E. & Mellor-Clark, J. (Eds.). (2010). *Developing and delivering practice-based evidence. A guide for the psychological therapies.* Chichester: Wiley-Blackwell.

Comtois, K.A. & Linehan, M.M. (2006). Psychosocial treatments of suicidal behaviors: A practice-friendly review. *Journal of Clinical Psychology, 62*, 161–170.

Cooper, M. (2008). *Essential Research Findings in Counselling and Psychotherapy: the Facts are Friendly.* London: Sage.

Elliott, R. & Farber, B.A. (2010). Carl Rogers: idealist, pragmatist and psychotherapy research pioneer. In L.G. Castonguay, J.C. Muran, L. Angus, J.A. Hayes, N. Ladany & T. Anderson (Eds.), *Bringing psychotherapy research to life. Understanding change through the work of leading clinical researchers* (pp. 17–27). Washington, DV: American Psychological Association.

Frommer, J. & Rennie, D. (Eds.). (2001). *Qualitative Psychotherapy Research: Methods and Methodology.* Lengerich: Pabst.

Greenberg, L.S. & Pascual-Leone, A. (2006). Emotion in psychotherapy: a practice-friendly research review. *Journal of Clinical Psychology, 62*, 611–630.

Howard, G.S. (1983). Toward methodological pluralism. *Journal of Counseling Psychology, 30*, 19–21.

King, M., Sibbald, B., Ward, E., Bower, P., Lloyd, M., Gabbay, M. & Byford, S. (2000). Randomised controlled trial of non-directive counselling, cognitive-behaviour therapy and usual general practitioner care in the management of depression as well as mixed anxiety and depression in primary care. *Health Technology Assessment, 4* (19), 1–83.

Knox, S. & Hill, C.E. (2003). Therapist self-disclosure: research-based suggestions for practitioners. *Journal of Clinical Psychology, 59*, 529–539.

Lambert, M.J. (2007). What we have learned from a decade of research aimed at improving psychotherapy outcome in routine care. *Psychotherapy Research, 17*, 1–14.

Logan, D.E. & Marlatt, G.A. (2010). Harm reduction therapy: A practice-friendly review of research. *Journal of Clinical Psychology, 66*, 201–214.

Lundahl, B. & Burke, B.L. (2009). The effectiveness and applicability of motivational interviewing: a practice-friendly review of four meta-analyses. *Journal of Clinical Psychology, 65*, 1232–1245.

Mains, J.A. & Scogin, F.R. (2003). The effectiveness of self-administered treatments: A practice-friendly review of the research. *Journal of Clinical Psychology, 59*, 237–246.

McCullough, L. (2000). Cross-pollination of research and practice: the honeybee, the unicorn, and the search for meaning. In S. Soldz & L. McCullough (Eds.), *Reconciling empi-*

rical knowledge and clinical experience. The art and science of psychotherapy (pp. 101–121). Washington, DC: American Psychological Association.
McLeod, J. (2002). Research policy and practice in person-centered and experiential therapy: restoring coherence. *Person-Centered and Experiential Psychotherapies, 1*, 87–101.
McLeod, J. (2010). *Case study research in counselling and psychotherapy*. London: Sage.
McLeod, J. (2011). *Qualitative research in counselling and psychotherapy* (2nd ed.). London: Sage.
McLeod, J. (2012a). *An introduction to research in counselling and psychotherapy*. London: Sage.
McLeod, J. (2012b). *Doing research in counselling and psychotherapy*. London: Sage.
McLeod, J. & McLeod, Ju. (2011). *Counselling Skills*. Berkshire: Open University Press.
Miller, S.D., Duncan, B.L. & Hubble, M.A. (2005). Outcome-informed clinical work. In J.C. Norcross & M.R. Goldfried (Eds.), *Handbook of Psychotherapy Integration* (pp. 84–102). New York: Oxford University Press.
Morrow-Bradley, C. & Elliott, R. (1986). Utilization of psychotherapy research by practicing psychotherapists. *American Psychologist, 41*, 188–197.
Ponterotto, J.G. (2005). Qualitative research in counseling psychology: a primer on research paradigms and philosophy of science. *Journal of Counseling Psychology, 52*, 126–136.
Post, B.C. & Wade, N.G. (2009). Religion and spirituality in psychotherapy: a practice-friendly review of research. *Journal of Clinical Psychology, 65*, 131–146.
Sin, N.L. & Lyubomirsky, S. (2009). Enhancing well-being and alleviating depressive symptoms with positive psychology interventions: A practice-friendly meta-analysis. *Journal of Clinical Psychology, 65*, 467–487.
Solomon, S.D. & Johnson, D.M. (2002). Psychosocial treatment of posttraumatic stress disorder: A practice-friendly review of outcome research. *Journal of Clinical Psychology, 58*, 947–959.
Stiles, W.B., Barkham, M., Twigg, E., Mellor-Clark, J. & Cooper, M. (2006). Effectiveness of cognitive-behavioural, person centred, and psychodynamic therapies as practiced in UK National Health Service settings. *Psychological Medicine, 36*, 555–566.
Sundet, R. (2009). Therapeutic collaboration and formalized feedback: Using perspectives from Vygotsky and Bakhtin to shed light on practices in a family therapy unit. *Clinical Child Psychology and Psychiatry, 15*, 81–95.

Prof. Dr. John McLeod ist Professor of Counselling an der Universität Abertay, Schottland, und Professor an der psychologischen Fakultät der Universität Oslo, Norwegen. Sein wissenschaftliches Engagement gilt neben narrativen Counselling-Ansätzen den lebensweltnahen pluralen Counselling-Konzepten und -Theorien sowie der praxisrelevanten Counselling-Forschung.

Anschrift:
School of Social and Health Sciences
University of Abertay
Dundee DD1 1HG, Scotland
E-Mail: j.mcleod@abertay.ac.uk

Vorwort und Einleitung
Innovative Zugänge
Beratungs-settings und -räume
Medien und Beratung
Kritik der Beratung
Register
Anhang

Esoterik, Spiritualität und Heilslehren statt Beratung?

Colin Goldner

In Zeiten der Pleite bevorzugt die Seele das Jenseits.
Robert Musil

1 Übersinnliches Heilslehren

Übersinnliches hat wie immer, wenn es den Menschen „schlecht" geht, Hochkonjunktur. In Phasen gesellschaftlichen Umbruches, in denen tradierte Werte und Normen zunehmend Geltung verlieren und zugleich reale ökonomische Probleme unüberwindbar werden, tendieren nach wie vor viele zu regressiver Flucht in metaphysische Versprechungen und Heilslehren, die – hergeleitet vorgeblich aus „kosmischen" oder „universellen" Gesetzen – sich als ewig gültig und verlässlich darstellen. Und wie immer treten Geschäftemacher sonder Zahl auf den Plan, die die Verunsicherung und die Sorgen der Menschen für ihre Zwecke ausnützen, in naheliegender Weise auch und gerade in der (psychologischen) Beratungsarbeit: An den Rändern der herkömmlichen, theoretisch fundierten und in langjähriger Praxis bewährten Beratung haben sich in den letzten Jahren ausgedehnte Graubereiche para- bzw. pseudowissenschaftlicher Hilfsangebote etabliert, die, basierend auf esoterisch-spirituellen Heilsvorstellungen, mit ernstzunehmender Beratungsarbeit so viel gemein haben wie Astrologie mit Astronomie: nämlich gar nichts. Längst haben die Ideen und Praktiken dieser Szene freilich auch Eingang gefunden in die professionelle Beratertätigkeit, die Grenzen zwischen seriöser Hilfestellung und unsinniger bzw. kontraproduktiver Quacksalberei sind fließend geworden.

Nicht nur altbekannte Verfahren wie Hellsehen, Horoskopdeutung oder Tarotkartenlegen erleben einen seit Jahren anhaltenden Boom, selbst ursprünglich nur

Vorwort und Einleitung
Innovative Zugänge
Beratungs-settings und -räume
Medien und Beratung
Kritik der Beratung
Register
Anhang

Insidern bekannte Namen und Begriffe wie I Ging, Kabbala oder Runenmagie sind heute weiten Kreisen geläufig. Allen Ernstes wird unter dem Signet von „Beratungsarbeit“ die Aura Ratsuchender ausgependelt, Chakren werden gelesen, Bach-Blüten und Kristall-Essenzen verabfolgt. PSI- oder transpersonale KI-Kräfte werden beschworen, auch Kontakte zu Verstorbenen oder zu Schutzgeistern aus jenseitigen Sphären, gerne auch zu galaktischen Wesen, die in UFOs die Erde umkreisen oder von irgendwelchen Planeten aus ihre Botschaften senden. Germanische und keltische Vorstellungen tauchen da auf, daneben buddhistische, taoistische oder indianische: ein schier undurchdringliches Wirrwarr ideologischer, religiöser und kultureller Versatzstücke, der vielfach auch noch verquickt mit Elementen aus dem Fundus der etablierten Kirchen und Religionsgemeinschaften daherkommt.

Allein in der Bundesrepublik dürften nach vorsichtiger Schätzung zehn bis zwölf Millionen Menschen – Tendenz steigend – den Ideen und Praktiken der Esoterikszene aktiv zugeneigt sein (nicht gerechnet die Anhänger der etablierten Kirchen und Religionsgemeinschaften, deren Angebote sich nur unwesentlich von dieser unterscheiden): als regelmäßige Leser einschlägiger Zeitschriften und Bücher, als Käufer esoterischen Zubehörs, als Teilnehmer an Seminaren, Workshops und sonstigen Veranstaltungen.[1] Die Zahl der Esoterikgläubigen und damit das Reservoir potentieller (Beratungs-)Kundschaft liegt indes noch weit höher: Wie eine Zusammenschau verschiedener Erhebungen der letzten Jahre (*Forsa, Infratest dimap, TNS Emnid* u. a.) zeigt, sind etwa 40 % der Deutschen der Überzeugung, ihr Leben sei bestimmt oder jedenfalls durchzogen von übernatürlichen Wirkkräften. Jeder Fünfte hält es für möglich, Kontakte zum Jenseits bzw. zu Toten herstellen zu können, jeder Siebte glaubt an Magie und Hexerei. Fast zwei Drittel aller Deutschen glauben an die Existenz von Schutzengeln, allerdings nur (noch) 27 % an die eines leibhaftigen Teufels (mit abnehmender Tendenz). 40 % gehen davon aus, bestimmte Menschen seien befähigt, durch Beschwören oder Handauflegen Krankheiten zu heilen, und über 50 % sind davon überzeugt, Methoden wie Ayurveda oder Bach-Blütentherapie böten eine echte Alternative zur Schulmedizin. Zwei von drei Bundesbürgern fürchten sich vor Erdstrahlen; jeder Zweite glaubt an außerirdische Wesen, jeder Dritte an UFOs. Mehr als 30 % lesen regelmäßig ihr Horoskop, jeder Zweite davon in der Überzeugung, dass die astrologischen Voraussagen auch (fast immer) einträfen; grundsätzlich halten 35 % die Zukunft für vorhersagbar. Dem mit Abstand weitestverbreiteten paranormalen Überzeugungssystem, nämlich dem Glauben an die Wirkkraft des Mondes auf irdische Geschicke, hängen 92 % der Deutschen an. An Gott, in verschiedensten Erscheinungsformen, glauben 62 % (Goldner, 2010).

Hinzu kommt die schwer zu bestimmende Zahl der esoterischen Berater und Heilslehrer selbst, die haupt- oder nebenberuflich ihre Dienste anbieten; sie dürfte (zuzüglich entsprechender Dienstleister aus den etablierten Kirchen und Religionsgemeinschaften) inzwischen bei rund einer halben Million liegen. Der Umsatz der bundesdeutschen Esoterikszene (wiederum zuzüglich der entsprechenden Umsätze

[1] Der maskuline Genus wird nur aus Gründen der Lesekonvenienz gebraucht: Es sind immer Männer und Frauen gleichermaßen gemeint.

der etablierten Kirchen und Religionsgemeinschaften) liegt schätzungsweise zwischen 20 und 25 Milliarden Euro pro Jahr (ebd.).

Was ist Esoterik?

Der Begriff Esoterik bezeichnet ursprünglich mystisches oder okkultes Geheimwissen, wie es in den Religionssystemen sämtlicher Kulturkreise zu finden ist. Nur besonders Eingeweihte – Priester, Schamanen, Druiden – haben Zugang zu diesem verborgenen, innersten Kern der jeweiligen Lehre. Zur Esoterik zählen beispielsweise die christlichen Geheimlehren der Gnosis oder des Manichäismus, auch die jüdische Kabbala oder der tantrische Yoga des Hinduismus. Im Gegensatz zur Exoterik, dem „äußeren", katechetischen Regelwerk einer Religions- oder Kultgemeinschaft, geht es der Esoterik um den „inneren", individuell zu beschreitenden Weg der „Rückbindung (re-ligio) zum Eigentlichen", der Suche nach Gott.

Heute gilt der Begriff Esoterik als Bezeichnung für ein weites Spektrum an Heils- und Weltanschauungslehren, deren Gemeinsames in ihrer Abkehr von Wissenschaftlichkeit, Plausibilität und Vernunft liegt; oder andersherum formuliert: die auf alles absehen, was nur irgendwie spiritistisch, mystisch, okkult oder schlicht antirational daherkommt (Goldner, 2000).

2 Der esoterische Psycho-Supermarkt

Esoterische Hilfsangebote hatten in den zurückliegenden Jahren immense Zuwachsraten zu verzeichnen. Es entwickelte sich ein gigantischer „Psycho-Supermarkt", in dem heute ein kaum mehr übersehbares Sammelsurium an Verfahren und Techniken angeboten wird. Die Grenzen zur Psychotherapie sind fließend: Je nach Kenntnisstand und Vorliebe des einzelnen Beraters werden die jeweiligen Praktiken mit (in klinischem Gesamtkontext) durchaus brauchbaren Entspannungs-, Visualisierungs- oder Meditationsübungen angereichert, daneben auch mit Übungen aus atem- oder körpertherapeutischen Ansätzen. Vielfach werden auch Einzeltechniken aus Verfahren der behavioristischen, systemischen oder humanistisch-psychologischen Therapie herangezogen. Manch esoterisch-spiritueller Praktiker arbeitet zusätzlich mit (pseudo-)medizinischen Alternativheilverfahren wie Homöopathie, Akupunktur oder Reflexzonentherapie. Die Kombinationsmöglichkeiten sind unbegrenzt, unentwegt kommen irgendwelche „Neuerungen" hinzu.

Die meisten der angebotenen Verfahren und Verfahrenskombinationen entbehren jedweder Plausibilität, geschweige denn ernstzunehmender Belege. Sie bewirken – über einen allemal möglichen Placeboeffekt hinausgehend – rein gar nichts. Abgesehen von finanzieller Übervorteilung des Rat- oder Hilfesuchenden besteht ihre Gefahr in erster Linie darin, dass der rechte Zeitpunkt zum Einsatz einer verfügbaren und wirksamen Hilfestellung versäumt wird. Einige der eingesetzten Verfahren bzw. Verfahrensfragmente, vor allem jene, die aus klinisch-therapeutischem Kontext herausgebrochen sind, können allerdings auch fatale Folgen zeitigen. Vor allem in der Hand unzureichend qualifizierter Praktiker – die wenigsten Berater der Szene verfügen über eine seriöse Ausbildung, über eine klinische schon gar nicht – können sie massive Probleme hervorrufen, bis hin zum Einbruch psychotischen Wahngeschehens. Dennoch ist der Zulauf in die esoterischen Beratungseinrichtungen ungebremst.

Neue Kundschaft wird über einschlägige Szeneblätter und Magazine geworben, daneben sind es vor allem Boulevardmedien und Regenbogenpresse, die in ihrer meist völlig unkritischen Darstellung esoterischer Praktiken diesen als Werbeforen dienen. Auch über entsprechende Ratgeberliteratur wird ein breites Publikum angesprochen. Völlig unsinnige, teils aber auch psychodynamisch tiefgreifende und damit riskante Verfahren werden hier als „praktische Lebenshilfe" vorgestellt. Ein nicht unerheblicher Teil esoterisch-spiritueller Verfahren wird auch an Volkshochschulen angeboten.

Es gibt keinen Überblick, wie viele esoterisch-spirituelle Beratungseinrichtungen im deutschsprachigen Raum ihre Dienste anbieten. Nach vorsichtiger Schätzung dürfte die Zahl, einschließlich der Praktiker, die in einer Ecke des eigenen Wohnzimmers, vom Telephon aus oder über das Internet Sprechstunde abhalten, bei hundert- bis hundertzwanzigtausend liegen. Da sich esoterisches Gedankengut mittlerweile auch in einer Vielzahl ansonsten durchaus wissenschaftsverpflichteter ärztlicher und psychologischer Praxen, darüber hinaus in Schulen, öffentlichen Beratungsstellen und Behörden festgesetzt hat, liegt die Zahl der Einrichtungen, in denen para- oder pseudowissenschaftliche Methodik zur Anwendung kommt, tatsächlich noch bedeutend höher. Auch die Kirchen führen neben ihrem ureigenen Angebot spiritueller bzw. spiritistischer Seelsorge (mithin der Austreibung von Teufeln[2]) zunehmend Praktiken der Esoterikszene im Sortiment.

3 Das Problem der Beraterqualifikation

Nur die wenigsten Praktiker, die auf dem Beratermarkt ihre Dienste anbieten, sind zur Ausübung seriöser Beratungstätigkeit befähigt. Da es das Berufsbild des Beraters in enger gefasstem Sinne gar nicht gibt, bedarf es auch keiner Befugnis. Es existieren insofern keinerlei rechtliche Bestimmungen, die die Tätigkeit eines Beraters reglementieren oder wenigstens eine Grundqualifikation dafür vorschreiben würden: Jedermann, egal ob mit oder ohne Eignung, Befähigung, Erfahrung oder Fachaus-

[2] Teufelsaustreibungen nach dem sogenannten Rituale Romanum aus dem Jahre 1614 werden bis heute weltweit in großem Maßstab durchgeführt, in kleinerem Umfange auch in fundamentalkatholischen Kreisen des deutschen Sprachraumes. Vor dem Hintergrund des Dramas von Klingenberg, bei dem im Jahre 1976 eine epilepsiekranke junge Frau zu Tode kam, die man, anstatt ihr ärztliche Hilfe zuteil werden zu lassen, über Wochen hinweg immer wieder exorzistischen Ritualen unterzogen hatte, sind die deutschen Bischöfe allenfalls etwas vorsichtiger geworden in der Erlaubniserteilung, die indes nach wie vor gewährt wird. 1999 wurde das Ritual von dem notorisch teufelsgläubigen Papst Johannes Paul II. (Karol P. Wojtyla) etwas modifiziert, in seinen Grundfesten blieb es jedoch unverändert. Auch Papst Benedikt XVI. (Joseph A. Ratzinger) unterstützte den traditionellen Exorzismus, unter seiner Ägide wurden ebenso jährlich hunderte von Exorzisten in Rom ausgebildet.

bildung, kann sich nach Gutdünken selbst zum Berater graduieren und hinfort als solcher (gewerblich) tätig werden. Beratungsarbeit findet insofern in einem juristischen Freiraum statt: Niemand stellt die Frage nach fachlicher Qualifikation, niemand überprüft die Praxisgepflogenheiten und niemand kann den Berater für falsche Ratschläge und Maßgaben zur Rechenschaft ziehen (sofern er sich an die für jedermann geltenden Gesetze hält).

Eine Heerschar selbsternannter Berater maßt sich an, Beratungsarbeit zu leisten, im Einzelfalle ohne auch nur eine einzige Stunde ernstzunehmender Ausbildung hierzu absolviert zu haben. Es spielt dabei keine Rolle, ob sie ihre Dienste unentgeltlich oder gegen Bezahlung feilbieten.

Viele dieser Berater – sofern sie sich nicht gleich selbst bestallt haben – können als Qualifikation allenfalls auf einen absolvierten Fern- oder Wochenendkurs verweisen, wie sie an den zahllosen, staatlich weder anerkannten noch überprüften Heilpraktikerschulen oder an sonstigen, ebenso unüberprüften Einrichtungen der Szene angeboten werden.

Diese „Schulen“ sind durchweg reine Privatunternehmen und insofern völlig willkürlich und nach Gutdünken der jeweiligen Betreiber strukturiert; die Rahmenbedingungen unterliegen ebenso wenig einer öffentlichen Kontrolle wie die Qualifikation der Dozenten und/oder die jeweiligen Lehrinhalte. Konsequenterweise kann man sich an vielen dieser Schulen nicht nur zum „Berater“, sondern gleichzeitig auch beispielsweise zum „Astrologen“ bzw. „Astro-Therapeuten“ ausbilden lassen; von anderen höchst zweifelhaften Angeboten, die sich in den jeweiligen Programmen vorfinden – Geistheilung, Kinesiologie, Reiki und dergleichen mehr –, gar nicht zu sprechen.

Vielfach treten besagte Einrichtungen unter Begriffen in Erscheinung, wie sie im Hochschulbereich üblich sind: Sie nennen sich „Akademien“ oder „Institute“, bieten „Seminare“ und „Studiengänge“ an, bezeichnen ihre Teilnehmer als „Studenten“ und verleihen „Diplome“. Es lässt sich indes aus diesen Bezeichnungen weder auf ein höheres Niveau der Ausbildungsangebote schließen noch darauf, dass die einzelnen Einrichtungen irgendetwas mit wissenschaftlicher oder wissenschaftsähnlicher Arbeit zu tun hätten. Die Verwendung dieser (gesetzlich nicht geschützten) Begriffe dient vor allem der Absicht, Seriosität und abgesicherte Lehrinhalte zu suggerieren.

Das Angebot variiert von ein paar fotokopierten Seiten im Fernkursus über Wochenendseminare hin zu „Vollzeitschulungen“, die sich über immerhin zwei Wochen erstrecken. Tatsächlich kann keiner der an Heilpraktikerschulen oder vergleichbaren Szeneeinrichtungen angebotenen Kurse den Erfordernissen einer seriösen Beratertätigkeit Genüge leisten.

Nicht wenige dieser Einrichtungen verleihen den Absolventen ihrer Lehrgänge schulinterne Diplome, was diesen die Möglichkeit eröffnet, auf Briefköpfen und Visitenkarten als „diplomierter Berater“ und insofern unter dem Signet vorgeblich akademischer Qualifikation zu firmieren. Der Trick, mit dem „Diplom“ irgendeiner Privatlehranstalt oder eines Fernlehrinstituts einen akademischen Abschluss vorzugaukeln, ist in der (esoterischen) Beraterszene weit verbreitet. Tatsächlich haben nicht wenige der unter einem „Diplom“ Sprechstunde abhaltenden Berater (der Esoterikszene) nie eine Hochschule von innen gesehen. Sie bauen auf die verbrei-

Vorwort und Einleitung
Innovative Zugänge
Beratungs-settings und -räume
Medien und Beratung
Kritik der Beratung
Register
Anhang

tete Unkenntnis, dass es keine geregelte Ausbildung für diese – in strengem Rechtssinne gar nicht existente – Tätigkeit gibt.

Zweifelhafte Ausbildung

Aus der Vielzahl an „Lehrinstituten", die Ausbildungsgänge zum „Berater" im Programm führen, seien beispielhaft zwei (szenetypische) Einrichtungen herausgegriffen:

Institut Kappel

Zu den ältesteingesessenen „Fernlehreinrichtungen" des deutschsprachigen Raumes zählt das Wuppertaler „Institut Kappel", das als „Europäisches Studienkolleg für Aus- und Weiterbildung" seit über zwanzig Jahren eine Vielzahl „ganzheitsmedizinischer" und „naturheilkundlicher" Kurse von zuhause aus anbietet.

Neben den „klassischen" Lehrgängen zum „Heilpraktiker" (1.320 Euro) bzw. zum „Heilpraktischen Psychotherapeuten" (1.800 Euro) qualifizieren weitere zum „Schriftpsychologischen Gutachter" (720 Euro) oder zur „Kosmetik- und Fußpflegestylistin" (1.800 Euro). Darüber hinaus weist das Programm „Diplom-Kurse" in „Traditioneller chinesischer Akupunktur" (760 Euro) oder „Chinesischer Antlitzdiagnose" (475 Euro) auf, auch Lehrgänge zum „Reflexzonenmasseur" (475 Euro), „Bach-Blütentherapeuten" (475 Euro) oder „NLP-Trainer" (720 Euro). Zu besonderer Qualifikation werden Studiengänge zum zertifizierten „Tarot-Analytiker" (475 Euro) oder zum diplomierten „Reiki-Heiler" (720 Euro) anempfohlen.

Laut Werbeaussage des Instituts qualifizieren zwei der angebotenen Kurse ausdrücklich zu professioneller Beratungsarbeit:

1. *Die Ausbildung Gesundheitstrainer/Gesundheitsberater vermittelt das Fachwissen zur Befähigung des Lehrgangsabsolventen, um Präventiv- und Rehabilitationsgruppen leiten zu können (häufig in Zusammenarbeit mit medizinischen Einrichtungen, therapeutischen Praxen, Krankenkassen, Volkshochschulen usw.). Hierbei wird vom Gesundheitstrainer zum einen das elementare Grundwissen der ganzheitlichen Medizin erwartet. Zudem werden Kenntnisse der Psychologie und insbesondere der psychosomatischen Zusammenhänge sowie das Wissen und die Anwendung des persönlichen Wachstums gefordert. Diese spezielle Ausbildung vermittelt in brillianter Weise diese Anforderungen. (...) Der Studienteilnehmer erhält am Ende des Lehrganges ein schulinternes Zertifikat: Gesundheitstrainer/Gesundheitsberater.* Kosten: 1.320 Euro.

2. *Der Studienlehrgang Psychologischer Berater (IK) (Schwerpunkt: Gesprächspsychologie) dient insbesondere als Argumentationshilfe bei Entscheidungsfindungen. Die Gesprächspsychologie baut dabei auf psychologischem Bedingungswissen (welche möglichen Bedingungen hat ein Verhalten und welche Auswirkungen?) und Veränderungswissen (wie lassen sich Personen ändern?) auf. Aus diesem Wissen folgt dann die psychologische Arbeit (Beratung und Vorbeugung) mit der Zielsetzung eines seelisch gesund entwickelten Menschen. Diese gesprächspsychologische Ausbildung besteht aus dem wichtigen theoretischen Anteil der Gesprächspsychologie und ihrem praktischen Teil. Hierzu befinden sich zahlreiche Übungen in den Studienlehrbriefen. (...) Die Absolventen dieses Selbststudiums erhalten mit Beendigung dieses Lehrganges ein schulinternes Zertifikat:*
Psychologischer Berater (IK). Kosten: 720 Euro (Kappel, 2010).

Die Kappel-Kurse bestehen jeweils aus einem zu erwerbenden Heftmaterial an Skripten, sogenannten „Lehrordnern“, die der Studierende in einer Gesamtlieferung zugestellt bekommt und in Eigenregie bearbeitet. Eine Studienbegleitung durch Tutoren oder Lernzielkontrolle seitens Kappel finden nicht statt, wodurch – wie es im www-Werbeauftritt des Instituts heißt – „enorme Kosten für Akademikerhonorare eingespart [werden], die ansonsten für Korrekturen und Kommentierungen erhoben werden müßten.“ (ebd.)

Gleichwohl erhält der Studierende – ohne irgendwelche Überprüfung eventuell erworbener Kenntnisse und ohne den geringsten Nachweis praktischer Befähigung – ein entsprechendes Abschlusszertifikat. Jedermann kann nach dem Erwerb der jeweiligen Kappel-Materialien das dazugehörige „Zertifikat“ oder „Diplom“ beantragen und damit auf Kundenfang gehen. Ohne Weiteres ließe sich über Kappel ein Zertifikat etwa über „Pferdeakupunktur“ erwerben (600 Euro), ohne dass der solchermaßen Zertifizierte je ein leibhaftiges Pferd gesehen oder eine Akupunkturnadel in der Hand gehalten haben müsste.

Wie das Institut Kappel besonders hervorhebt, könnten die angebotenen Fernlehrgänge über den sogenannten „Bildungsscheck NRW“ der nordrhein-westfälischen Landesregierung sowie die „Bildungsprämie“ des Bundesministeriums für Bildung und Forschung (kofinanziert aus Mitteln des Europäischen Sozialfonds der Europäischen Union) mit bis zu 500 Euro pro Kurs gefördert werden; gleichwohl die Lehrgänge über keine Zulassung durch die Staatliche Zentralstelle für Fernunterricht (ZFU) verfügen, sollen sie überdies als Bildungsausgaben steuerlich absetzbar sein.

Life Akademie

Die sogenannte „Life Akademie“ in Empfingen bei Stuttgart, gegründet im Jahre 2000, versteht sich laut ihrer www-Präsenz als „kompetente Schule für Psychologische Beratung, Hypnose, Coaching, Lebensberatung und Geistiges Heilen: Ihre persönliche Weiterentwicklung ist unser Ziel!“

Es finden sich insofern Ausbildungsgänge in Hypnose (einschließlich Reinkarnationstherapie) sowie Geistheilung im Programm, die wahlweise in Form zwölftägiger Präsenzkurse (je 1.798 Euro zzgl. Unterkunft/Verpflegung) oder auch per Fernkursus (je 199 Euro) absolviert werden können.

Laut Werbeaussage der Akademie qualifiziert ein weiterer der angebotenen 12-Tage-Kurse zu professioneller Beratungsarbeit:

Lehrgang Lebensberatung: Fähigkeit zur „Work-Life-Balance“ und zum positiven emotionalen Umgang mit der sozialen Umwelt, mit Partnerschaft, Beruf, Familie, um selbstständige Entscheidungen in komplexen Lebenssituationen oder Krisen zu treffen. (...)

Diese Ausbildung ist sowohl für die Personen gedacht, die eine neue berufliche Perspektive bzw. Berufung suchen, als auch für jeden Menschen der sich persönlich weiter entwickeln will. Gepaart mit der Freude zur Selbsterfahrung lernen Sie, Menschen ganzheitlich zu beraten und zu begleiten. Es geht nicht mehr nur um vorüber gehende Hilfe und Entspannung, sondern um dauerhafte Selbstveränderung und Authentizität. Der Kurs besteht aus: *Tag 1–6 NLP: Wahrnehmungspositionen, Ankertechniken, Glaubenssätze und Blockaden lösen, Time-Line; Tag 7–9: Gesprächstherapie – klientenzentrierte Psychotherapie; Tag 10–12: Kinesiologie (Three in one concept) und Ängste lösen mit EFT (emotional freedom technic).* [sic!] (Life Akademie, 2010).

Die Kurse finden *en bloc* in Empfingen oder in einem Seminarhaus auf Sri Lanka statt. Die Qualifikation der beiden „Ausbilder" spricht für sich: In umfangreichen Auflistungen weisen sie sich als Experten nicht nur in Psychologischer Beratung, Kommunikation und Gesprächstherapie aus (jeweils ohne den geringsten Beleg), sondern auch in Geistheilung, Reinkarnationstherapie, Kinesiologie und Wünschelrutengehen (ebd.). Die von der Akademie verliehenen „Zertifikate" haben einen rechtlichen Wert von null.

Die Esoterikszene ist durchsetzt von Figuren, die – selbst dem Laien erkennbar – persönliche Störungen dadurch zu kompensieren suchen, dass sie sich zu „Beratern" und „Lebenslehrern" aufspielen. Die vermeintlich paranormalen Fähigkeiten, derer viele dieser Berater sich rühmen – Auralesen, Channeling, Hellsehen und dergleichen –, sind, sofern sie ihre paranormalen Fähigkeiten nicht einfach vorgeben (und damit ihre Klientel betrügen), als Symptome eines deliranten Syndroms und/oder (zumindest latenten) psychotischen Wahngeschehens zu werten.

4 Das Geschäft mit der esoterischen Beratung und die Aufgaben der Profession

Neben teils hochgradig Gestörten treiben auch zynische Geschäftemacher ihr Unwesen, die die Problemlage ihrer Kundschaft – auch deren Gutgläubigkeit, Unaufgeklärtheit und damit Wehrlosigkeit – gnadenlos ausbeuten. Viele Klienten esoterischer Berater erhalten nicht nur nicht die erwünschte Hilfe, sondern werden finanziell massiv übervorteilt; ganz abgesehen davon, dass sich die Probleme, deretwegen sie sich um Hilfe bemüht hatten, allein durch die zeitliche Verzögerung bis zum Einsatz ernstzunehmender Hilfestellung erheblich verschärfen können. Auch die eingesetzten Verfahren selbst können, wie bereits erwähnt, in der Hand inkompetenter Praktiker fatale Folgen zeitigen.

Das graue Psychogeschäft übt immense Anziehungskraft aus auf zweifelhafte Geschäftemacher, die sich ohne großen Aufwand – vor allem ohne Studium und Berufsausbildung – eine lukrative Erwerbsquelle zu eröffnen suchen. Vielfach, zumal die Grenzlinien fließend verlaufen, ist nicht auf Anhieb erkenntlich, ob bei dem einzelnen Praktiker eher die psychische Störung überwiegt oder die kriminelle Energie: ob es sich also mehr um einen Fall für die Psychiatrie handelt oder für die Staatsanwaltschaft.

Selbstredend weist die Szene auch eine Reihe akademisch qualifizierter Praktiker auf, die zumindest ein gewisses Maß an einschlägiger Vorbildung mitbringen. Von beraterischer Qualifikation kann indes auch bei diesem Personenkreis nicht notwendigerweise ausgegangen werden. Erst nach abgeschlossener (mehrjähriger) Zusatzausbildung an einer anerkannten Einrichtung könnte davon die Rede sein. Von solcher Ausbildung ist allerdings nur in den wenigsten Fällen etwas bekannt, in der Regel verfügen auch die Akademiker der Szene über keine ernstzunehmende beraterische Qualifikation. Allein der Abschluss eines Studiums befähigt in beraterischer Hinsicht noch zu gar nichts (ist aber als Grundlage für eine entsprechende Ausbildung unverzichtbar). Eine gesetzliche Regelung der Eingangsvoraussetzungen zur Ausübung einer Beratertätigkeit ist, im Interesse der rat- und hilfesuchenden Menschen, die tagtäglich irgendwelchen nicht oder nur unzureichend qualifizierten Beratern zum Opfer fallen, dringend vonnöten (Goldner, 2000).[3]

Für professionelle Berater ist es unabdingbar, sich mit den Bedürfnissen ratsuchender Menschen auseinanderzusetzen, die sich, anstatt seriöse Hilfestellung in Anspruch zu nehmen, einem der Quacksalber der Esoterikszene anvertrauen. Hierzu sind profunde Kenntnisse dieser Szene vonnöten, insbesondere auch der Techniken und Tricks, die dort eingesetzt werden, um Kundschaft zu rekrutieren und bei der Stange zu halten. Sie müssen wissen, was es auf sich hat mit Aura-Healing, Bioresonanz oder Channeling, was darunter zu verstehen ist, wenn Ratsuchende von I Ging oder Karmadiagnose berichten.

Solche Kenntnis scheint unter professionellen Beratern allerdings nicht sehr ausgeprägt zu sein. Vielfach ist ausgeprägter Widerstand zu erleben, wenn es darum geht, sich mit den (esoterischen) Randbereichen der eigenen Profession zu befassen, gleichwohl diese zunehmend den Markt erobern (oder bereits erobert haben) und die seriöse Beratertätigkeit ihrerseits zum Randphänomen degradieren.

Auch die Beratungswissenschaft muss sich vorwerfen lassen, in der Auseinandersetzung mit dem Geschehen an ihren Rändern bislang heillos versagt zu haben. Beratend tätige Psychologen, Sozialwissenschaftler usw. und ihre Standesvertretungen halten es nur sehr vereinzelt für angezeigt, sich kritisch dazu zu äußern. Man würde die Esoterikszene samt ihren unwissenschaftlichen Methoden nur ungebührlich aufwerten, so die gängige Argumentation, wollte man sich ernsthaft damit befassen. Das Gegenteil ist der Fall: Es ist mithin dieser weitgehenden Ignoranz des akademischen Establishments zuzuschreiben, dass sich die Scharlatane, Beutelschneider und Volksverdummer im Gewande der Beratung so ungehindert ausbreiten konnten (Goldner, 2010).

Literatur

DGfB – Deutsche Gesellschaft für Beratung e. V. (2010). *Essentials einer Weiterbildung Beratung/Counseling.* Köln.

Goldner, C. (2000). *Die Psychoszene.* Aschaffenburg: Alibri.

Goldner, C. (2010). *Scharlatane und Beutelschneider.* Unveröffentlichtes Manuskript, Forum Kritische Psychologie e. V., München.

[3] Anmerkung der HerausgeberInnen: Die Qualifikation zu seriöser Beratertätigkeit kann in aller Regel nur in postgradualen Ausbildungsgängen, d. h. auf der Grundlage eines abgeschlossenen akademischen Fachstudiums erworben werden. Die in der Deutschen Gesellschaft für Beratung (DGfB) zusammengeschlossenen Beratungsträger und -verbände haben z. B. explizite Rahmenrichtlinien für eine qualifizierte Beraterausbildung ausgearbeitet und als verbindliche Voraussetzung und Grundlage qualitätsgesicherter professioneller Beratung formuliert (Essentials einer Weiterbildung Beratung/Counseling, s. DGfB, 2010).

Kappel (2010). *Ausbildungsprogramm.* Verfügbar unter: www.institut-kappel.de/index.html [01.12.2010].

Life Akademie (o.J.) 2010. *Ausbildungsprogramm.* Verfügbar unter: www.life-akademie.com bzw. www.life-akademie.de [01.12.2010].

Colin Goldner, Ph.D. (Los Angeles) ist Klinischer Psychologe sowie Leiter einer Beratungsstelle für Therapie- und Psychokultgeschädigte bei München. Er ist Autor zahlreicher Fachbücher.

Anschrift:
c/o Forum Kritische Psychologie e. V.
Forstweg 11
D-93358 Train/St. Johann (Ndb.)
E-Mail: info@rageandreason.de

Colin Feltham – ein britischer Kollege und international renommierter Counselling-Theoretiker – entwickelt entlang von sieben Deutungskategorien psychischen Leidens eine ebenso kritische wie bitterböse Perspektive auf die Grenzen von Beratungs- bzw. Counselling-Praxis und -Theorie. In Anlehnung an Adorno und seine Gedanken über Möglichkeiten des „richtigen Lebens im Falschen" geht Colin Feltham der Frage nach, ob es eine „Richtigkeit" von Counselling in einer Welt des „Falschen" überhaupt und wenn ja, zu welchen Bedingungen geben kann. Er blickt damit weit über den uns vertrauten Rand beratungstheoretischer Selbstverständlichkeiten mit ihren disziplinspezifischen Argumentationsformen und fachlichen Beschränkungen von Zuständigkeiten hinaus. Seine kulturübergreifende und im britischen Theoriekontext verwurzelte Argumentation, die in dem Entwurf einer anthropathologischen Perspektive mündet, ist radikal und wird eine deutschsprachige LeserInnenschaft stellenweise irritieren – dass das auch so gewollt ist, verschweigt der Autor nicht. Und gerade hierin sehen wir die Bedeutung seiner Argumentation: Sie kann als provokante Folie – oder mit den Worten Felthams: als „Werkzeug" – dienen, die eigenen beratungstheoretischen Argumentationen und Selbstverständlichkeiten zu reflektieren. Der Begriff Counselling wird mit Bedacht nicht ins Deutsche übersetzt, weil Beratung und Counselling in Großbritannien und Deutschland, u. a. in Relation zu Psychotherapie, gesellschaftlich unterschiedlich organisiert sind. (Anmerkung der HerausgeberInnen)

Counselling und Gesellschaft: Eine kritische Typologie kulturell-gesellschaftlicher Deutungskategorien zum Umgang mit psychischem Leid*

Colin Feltham

Counselling und Psychotherapie können grundsätzlich als Reaktionen gesellschaftlicher Teilsysteme auf das Leiden von Personen angesehen werden. Als solche haben sie sich überall – auch im United Kingdom – sehr differenziert entwickelt und in der Folge nicht selten Widerspruch hervorgerufen. Dennoch sind kaum ernsthafte Versuche zu verzeichnen, in denen Praktiker und Wissenschaftler innerhalb des Feldes den Umfang, die Ursprünge und Ursachen für das zugrunde liegende Leid herausgearbeitet haben. Selbst wenn im Bereich der Psychiatrie das *Diagnostic and Statistical Manual* wie auch die *International Classification of Diseases* in mehreren

* Aus dem Englischen übersetzt von Dr. Barthold Pelzer, Berlin

Überarbeitungen vorliegen, sind sie weit davon entfernt, umfassender Ursprünge und Ursachen darlegende Perspektiven zu vermitteln.

So bleibt Counselling trotz des aktuellen Trends zu einer evidenzbasierten Praxis weiterhin von unterschiedlichen theoretischen Ansätzen geprägt und auf Vertrauen gegründet. Es ließe sich zwar behaupten, Counselling entferne sich von der Subjektivität und entwickle sich zu einem Szientismus, doch selbst dieser Schritt ist nicht durchgängig gültig. Es ist also schwierig, Counselling in sich selbst und durch sich selbst zu kritisieren, und Kritik von außen ist in der Regel nicht nur tendenziös, sondern stützt sich oftmals auf allenfalls dürftige Informationen. Die hier dargebrachte Argumentation verfolgt die Idee, dass die Formen persönlichen Leidens, die wir üblicherweise bei unseren Klienten antreffen, nahezu universell sind. Sie basieren neben all den persönlich biographischen Problemen und sozialen Problemlagen grundlegend auf kulturell-gesellschaftlichen Deutungskategorien. Und ein Blick auf eben diese zeigt uns die Grenzen von Counselling in seiner gegenwärtigen Praxis im United Kingdom ebenso wie in seinen zumeist humanistischen oder kognitiv-behavioralen theoretischen Begründungen auf.

1 Sieben kulturell-gesellschaftliche Deutungskategorien persönlichen Leidens

Die in einer Gesellschaft stillschweigend vertretenen Ansichten über seelisches Wohlbefinden und Leid unterscheiden sich gewaltig voneinander. Allein mit Blick auf die Konzepte und Theorie *innerhalb* des Counselling-Feldes kennen wir eine große Variationsbreite. Aber es gibt jenseits dieser immanenten Positionen eine ungleich breitere Sicht auf psychisches Leid. Vermutlich besitzt jeder von uns mehr oder weniger unausgesprochen ein persönliches Modell für die ideale seelische Gesundheit, das als Maßstab für individuelles Wohlbefinden und Leiden dient. Die folgenden sieben Deutungskategorien – die man im Umfeld britischer Counselling-Diskussionen findet – erläutern grob und sicher auch nicht immer widerspruchsfrei, wie weit dieses Spektrum unterschiedlicher Einstellungen zur seelischen Gesundheit und zum Counselling innerhalb einer Gesellschaft sein kann und wie sehr es von persönlichen Umständen und Weltanschauungen abhängt. Dabei ist es keinesfalls mein Ziel, ein abschließendes, elegantes und für alle Zeiten gültiges Modell zu präsentieren oder gar eine Polemik um der Polemik willen loszutreten. Vielmehr ist mir daran gelegen, ein Werkzeug zu entwickeln, mit dessen Hilfe die traditionellerweise eher oberflächliche *epistemische Trance* im Counselling-Feld – zumindest in deren humanistischen und kognitiv-behavioralen Dimensionen – herausgefordert wird.

Erste Deutungskategorie: Verhärtete Ignoranten

In dieser Kategorie finden wir all diejenigen Mitglieder einer Gesellschaft, die grundsätzlich eine geringe Sensibilität gegenüber persönlichem Leid haben und damit eine deutlich abwertende Einstellungen gegenüber psychosozialen Diensten einnehmen. Dabei habe ich eine – zahlenmäßig sicherlich nicht allzu große – gesellschaftliche Gruppe mit vermutlich überwiegend sehr konservativ ausgerichteten politischen Ansichten vor Augen. Personen dieser Kategorie leben – zumindest im United Kingdom – wahrscheinlich in ererbtem oder unternehmerisch selbst erwirtschaftetem Wohlstand und sie verdächtigen andere eher als „Nabelschauer", „Simulanten" oder „Wohlstandsschmarotzer". Diese Menschen werden kaum dazu beitragen, dass Counselling-Theorien entwickelt oder Counselling-Dienste geschaffen oder erweitert werden. Die deterministischen Jeder-gegen-jeden-Argumentationen der Anhänger derartiger sozio-biologistischer Modelle können sogar als Wegbereiter für rechtsextreme und nazistische Ideologien gelten.

Zweite Deutungskategorie: Die typisch liberale westliche Mittelschicht

Obschon der Prototyp des Durchschnittsbürgers eigentlich nicht existiert, lässt sich mit einer gewissen Sicherheit feststellen, dass die meisten von uns, die in von individuellem Wohlstand geprägten westlichen Gesellschaften leben, Respekt, Sicherheit und gegebenenfalls auch Unterstützung gewohnt sind. Hilfe und Unterstützung irgendwann im Leben zu akzeptieren gilt als Selbstverständlichkeit. Fast alle theoretischen Counselling-Modelle – und seien sie noch so radikal reflexiv angelegt – wurden von Angehörigen dieses gesellschaftlichen Segments entwickelt. Und auch die meisten, wenn nicht gar alle im Bereich Counselling Beschäftigten stammen aus eben dieser Mittelschicht und in eben dieser kulturell-gesellschaftlichen „Domäne" leben und arbeiten sie, und nicht wenige von ihnen scheinen mehr um ihre eigene berufliche Sicherheit oder um berufliche Aufstiegsmöglichkeiten besorgt zu sein als um bedeutende soziale Veränderungen, welche das seelische Wohlbefinden einer Vielzahl von Menschen verbessern könnten.

Dritte Deutungskategorie: Die wirklich Benachteiligten

Signifikante und zunehmend größer werdende Anteile der Bürger westlicher Gesellschaften sind relativ arm, leben unter unbefriedigenden prekären Bedingungen, haben sehr eingeschränkte Möglichkeiten alltäglicher Lebensgestaltung und sehen sich zahlreichen Vorurteilen ausgesetzt. Zudem leben sie – sozialepidemiologisch betrachtet – mit der erhöhten Wahrscheinlichkeit, häufiger zu erkranken oder eher zu sterben. Unter den ökonomisch verschärften Bedingungen von Entwicklungsländern ist diese armutsbestimmte Lebenssituation noch weitaus dramatischer.

Zwar zählen zu den Klienten von Counselling-Angeboten auch Menschen aus dieser Gruppe, aber ihre unmittelbaren Probleme und Bedürfnisse sind eher ökonomischer Art. Sie benötigen mehr Geld, besseren Wohnraum und eine bessere Gesundheitsversorgung, eine fairere Behandlung durch die Justiz usw. Mehr als eine Gesprächstherapie brauchen die meisten von ihnen praktische wirtschaftliche Unterstützung und viele erleben ihre Existenz als derart zerstört, dass sie eine eigene Weltanschauung kaum artikulieren können. Die von vielen Counselling-Praktikern favorisierten Konzepte des „Überlebens", der Autonomie, des Empowerments und der Selbst-Aktualisierung unterschlagen diese Wirklichkeiten der Existenz als Opfer, der Marginalisierung und der „anti-heroischen Position" (Diedrich, 2005) innerhalb der Gesellschaft.

Vierte Deutungskategorie: Die ideologisch Widerständigen

Wir müssen akzeptieren, dass eine auf Psychologie oder Psychotherapie basierende Analyse und Hilfe für persönliches Leiden nur eine unter zahlreichen Möglichkeiten ist. In allen Weltreligionen finden wir die Kritik einer bloß säkularen Alltagsmoral. Jede fundamentalistisch aufgefasste Religion favorisiert die grundlegende Veränderung einer als unmenschlich oder auch korrupt beurteilten Gesellschaft. Deshalb fegen derartige Ideologien die liberalen westlichen Grundannahmen von Counselling einfach vom Tisch. In ähnlicher Form deuten die fundamental angelegten politischen Analysen des Marxismus soziale Formationen als grundlegend fehlerhaft und einer radikalen Veränderung bedürftig. Sehr wahrscheinlich werden ihre Vertreter deshalb Counselling und Psychotherapie als reines Flickwerk oder als individualistische Ablenkungen deuten. Therapeuten, die sich wie Fromm und Reich etwa gegen einen unkritisch aufgefassten Kapitalismus richteten, haben die Therapie allerdings einer Kritik unterworfen, ohne sie zu verwerfen.

Fünfte Deutungskategorie: Existentialisten, Nihilisten und Anthropathologen

Hierbei handelt es sich um eine wenig homogene, eher unbeholfen zu kategorisierende Gruppe von Menschen, die glauben, alle modernen Zivilisationen seien durch und durch krank, erbarmungslos und absurd. Sie verwerfen viele soziale Normen, doch besitzen bzw. benennen sie im Gegensatz zu den eben genannten ideologisch religiös oder gesellschaftlich motivierten Gegnern keine systematische Alternative. Hier stoßen wir auf denkende Rebellen, Aussteiger und Einzelgänger, die durchaus innerhalb des mittelständischen Wohlstands oder in dessen Nähe leben. Manche von ihnen nehmen an, dass man persönliches Leiden einfach mildern kann, und existentielle Therapeuten sind überzeugt, dass sie eine derart kritische Perspektive mit vermitteln können. Die Individuen in dieser Kategorie haben ggf. eine resignierte oder gar „depressive" Weltanschauung und man kann Autoren und Philosophen wie Schopenhauer, Beckett, Camus und Cioran hier verorten.

Sechste Deutungskategorie: Die genuin Transzendenten

Dann gibt es Menschen, die übereinstimmend mit den Angehörigen der eben genannten Gruppe die Welt für zutiefst problematisch, vielleicht allumfassend verkommen und unrettbar halten. Doch andererseits haben sie für sich einen Ausweg aus diesem Jammertal gefunden. Aus religionsorientierter Perspektive ist Buddha ein hervorragendes Beispiel für diese Tradition. Und ebenso verkörperte Jesus womöglich ein genuin transzendentes Modell. Solche Menschen, so selten sie auch vorkommen, scheinen aus dem persönlichen Leiden und dem Verwoben-Sein in verletzende gesellschaftliche Institutionen und Lebensbedingungen heraustreten zu können. Anders als die Angehörigen der ersten Kategorie zeigen diese Individuen eine hohe Anteilnahme am Schicksal ihrer Mitmenschen und es treibt sie weder ein Interesse an weltlichem Reichtum noch an persönlichem Fortkommen voran.

Siebte Deutungskategorie: Transhumanisten bzw. Posthumanisten

Zu dieser Kategorie – auch sie hat nur wenige Angehörige – zählen (extreme) Wissenschaftler, Erfinder und Zukunftsforscher, nach deren Erachten der Menschheit noch zahllose biologische und psychosoziale Qualitäten fehlen, die für das Überleben unserer Gattung und deren Verbesserung wünschenswert wären. Doch nicht Counselling oder Psychotherapie gilt ihr Augenmerk, sie setzen vielmehr mit Blick auf die Verbesserungen in den Bereichen der physischen und seelischen Gesundheit auf Pharmakologie, auf genetische Manipulationen und auf medizinische und technologische Mittel – etwa zur Erhöhung der Intelligenz.

In absoluten Zahlen betrachtet gehört die Mehrheit der Weltbevölkerung zu einer der ersten drei Gruppen, und in den Kategorien fünf, sechs und sieben finden wir die wenigsten Menschen. Jeder von uns kann die Kategorie wechseln – falls Sie beispielsweise Ihre Arbeit, Ihre Beine oder Ihre seelische Stabilität verlieren, dann können Sie schnell aus zwei herausfallen und in drei hineinrutschen. Oder Sie können offensichtlich auch zwei oder noch mehr Kategorien angehören, wenn Sie etwa körperbehindert, doch gleichzeitig auch wohlhabend und intellektuell vom Marxismus fasziniert sind.

Selbstverständlich erwecken diese Kategorien bisweilen auch den Anschein, sich aufzulösen oder an Trennschärfe zu verlieren. Elyn Saks (2007) etwa hat furchtbar unter Schizophrenie gelitten (Kategorie drei), andererseits jedoch Unterstützung durch Psychoanalyse (und auch durch Medikation erfahren). Doch sie stammt aus einem ökonomisch privilegierten Milieu und es gelang ihr, sich als Professorin in Südkalifornien zu etablieren (all das eindeutig Indikatoren für Kategorie zwei). Sie hat sich für die Rechte von Menschen engagiert, die an seelischen Krankheiten leiden, jedoch wenig Interesse für die sozio-ökonomischen Bedingungen gezeigt, welche diese Leiden oftmals verstärken. Ihre Geschichte ereignete sich also im Spannungsfeld zwischen den Kategorien zwei, drei und vier. Jeder von uns kann ein Leben lang rigide auf seinen Überzeugungen beharren oder seine Ansichten ändern – begleitet von eigennützigen Motiven, von Verwirrung, von Verlogenheit, von Weisheit usw.

Die Angehörigen der Kategorie der verhärteten Ignoranz mögen sich indifferent gegenüber Counselling zeigen, ihm gar feindlich gegenüberstehen oder es gar für lachhaft halten. Auch viele Menschen, die unter existentieller Benachteiligung leben, mögen Counselling kritisch betrachten, da es ihres Erachtens nicht angemessen für sie ist. Wären auch Sie beispielsweise arm, arbeitslos und depressiv, dann werden Sie womöglich nicht die Überzeugung teilen, dass die kognitive Verhaltenstherapie Ihre Einstellungen wirklich verbessern wird und Ihnen helfen kann, die Dinge zu richten. Ihr Ehrgeiz mag darauf gerichtet sein, zur Mittelschicht gehören zu wollen – was viele Menschen in den sich entwickelnden Ländern vorantreibt – oder Sie können Ansichten propagieren, wie sie die ideologisch Widerständigen vertreten. Sie können Counselling ablehnend gegenüberstehen und sich selbst in dieser Kategorie oder in der Kategorie fünf verorten und andererseits persönliche Schwierigkeiten von derartiger Intensität durchmachen (z. B. Trauer, Scheidung oder post-traumatischen Stress), dass Sie trotzdem aus pragmatischen Gründen einen Counsellor aufsuchen. Sogar ein „verhärteter Ignorant" aus Kategorie eins, dessen Selbstbild eigentlich darauf aufbaut, sich ausschließlich auf sich selbst verlassen zu wollen, könnte in einer Krise einen Counsellor oder einen Therapeuten aufsuchen.

Ein umfassenderes und vielschichtigeres Modell würde noch zwei bedeutsame Parameter einschließen. Zum einen lässt sich erkennen, dass jeder von uns die persönliche Kategorie auch auf der Basis seiner Persönlichkeit und seiner Lebensumstände wählen wird. Eine sozusagen gut angepasste Person, die davon profitiert, der Mittelschicht anzugehören, mag dann versuchen, diese Position mit den Mitteln der Theorie zu legitimieren, während eine andere, die sich sehr um Zugehörigkeit bemüht, aber dennoch scheitert, vielleicht eine der Kategorie fünf entsprechende Haltung einnimmt. Man könnte dieses als das Einnehmen einer Standard-Weltanschauung und eine Position zum seelischen Wohlbefinden auf der Grundlage der „persönlichen Pathologie“ betrachten. Außerdem aber, und das macht die Dinge komplizierter, bestimmt oftmals auch ein uns selbst nicht gewärtiges Spektrum epistemischer Unterscheidungen die von uns eingenommene Haltung. So verhalten sich beispielsweise viele Menschen recht wenig reflexiv und stützen ihre Urteile auf eine Alltagspsychologie voller Binsenweisheiten, andere Menschen wiederum beschränken ihre Meinungen und Überzeugungen, indem sie nur solches Wissen beherzigen, das mit ihrer Persönlichkeit, Kultur, ihren Idiosynkrasien und Neigungen vereinbar scheint. Schließlich gibt es Menschen, die kritisch denken, viel lesen und erst nach sorgfältigem Abwägen urteilen, weil ihnen an ausgewogenen und vernünftigen Positionen gelegen ist. Selbstverständlich hoffe ich, dass gegenwärtige Entwicklungen diese Richtung einnehmen.

Natürlich erwarte ich kritische Diskussionen über meine Kategorisierungen. Insbesondere die Kategorie der Mittelschicht ist viel zu grob und lässt sich womöglich in härtere und weichere Elemente bzw. solche mit Orientierung am Status quo und solche mit Akzeptanz für Veränderung unterteilen. Viele der im Arbeitsfeld Counselling Arbeitenden werden wahrscheinlich von sich behaupten, sie seien liberal, verständnisvoll den Benachteiligten gegenüber und arbeiteten daran, Klienten beim Erreichen sozialer Veränderungen zu unterstützen.

2 Anthropathologie

Anthropathologie ist eine andere Bezeichnung für die Negativität der menschlichen Zustände, sie deckt sich ungefähr mit Modellen der Entfremdung, Verelendung und dem universellen menschlichen Leid. Das Studium der Anthropathologie umfasst unter anderem die Analyse der mutmaßlichen evolutionären, historischen und sozio-ökonomischen Ursachen, Faktoren und Manifestationen dieser Situation und Erörterungen darüber, wie sich diese lösen ließe. Das Modell teilt nicht die Überzeugung des Existentialismus, wir seien „in die Existenz geworfen“ oder dass wir frei und selbstbestimmt handeln könnten. Anthropathologie ist auch nicht notwendigerweise eine pessimistische Lehre, doch sie enthält ein gehöriges Maß an Negativität und Tragisches fokussierende Ansichten. Mit ihr kann man also entweder einen trostlosen nihilistischen Ansatz begründen oder auch eine pragmatische und an der Lösung von Problemen orientierte Haltung.

An zwei recht elementaren Punkten lässt sich mit einer anthropathologischen Perspektive Counselling kritisch betrachten: Zum einen glaubt Anthropathologie anders als die optimistisch humanistisch ausgerichteten Modelle des Counselling, dass Menschen sich wesentlich stärker Veränderungen widersetzen werden. Und zum andern nimmt sie an, dass Phänomene der Entropie und der Verzerrung, welche das Leben der menschlichen Individuen wie auch ihre Institutionen (z.B.

durch Lügen, Verfall oder Betrug) beeinflussen, unweigerlich auch Auswirkungen auf die Profession Counselling haben. Die Proliferation von Modellen, Konflikte zwischen unterschiedlichen Denkschulen, die unkritische Kooperation mit repressiven Sozialsystemen, der Einsatz unaufrichtiger, verlogener Öffentlichkeitsarbeit und entwürdigender bürokratischer Normen, um Counselling als Profession innerhalb ökonomischer Strukturen zu etablieren – all das belegt ihre möglicherweise unfreiwillige Verlogenheit. Diese Einwände betreffen nicht Counselling als eine hilfreiche Aktivität der Anteilnahme, sondern greifen nur dann, wenn sich Counselling vermarktend oder sich in irgendeiner Form als heilsbringend präsentieren sollte.

3 Die Ursprünge und das gegenwärtige Ethos von Counselling

Counselling wie Psychotherapie entstammen allesamt einem euro-amerikanischen Kontext. Ihre theoretischen Grundlagen wurden überwiegend von Männern mit weißer Hautfarbe entwickelt, die in den großen städtischen Zentren wie Wien, Zürich, Berlin, London, New York oder in Kalifornien lebten. Allesamt konzentrierten sich diese Ansätze auf etwas, das sich als „Probleme in unseren Köpfen" bezeichnen lässt, und als Behandlungsmethode galt Aufmerksamkeit und das Gespräch, welches zumeist an einem vertraulichen Handlungsort stattfand, wo ein Therapeut einen Klienten behandelte. Bis vor Kurzem stammten letztere vor allem aus der Mittelschicht. Counselling favorisierte dabei einen auf den Klienten fixierten Ansatz, der religiöse, philosophische oder politische Fragen beiseiteschob und sich stattdessen auf die dem Individuum eigenen Probleme und Ziele konzentrierte. Oftmals ist schon betont worden, dass ein Counsellor hierbei die historisch vorher von Geistlichen ausgefüllte Rolle des Hirten übernommen hat. Wiederholt wurde zwar versucht, die Schulungsprogramme für Counselling im United Kingdom ausdrücklich mit Material zu sozio-ökonomischen Problemen und mit einer darauf gerichteten Aufmerksamkeit anzureichern. Doch das war nicht wirklich erfolgreich. Wir könnten sagen, die gegenwärtige Praxis des humanistisch ausgerichteten Counselling ist spirituell gesättigt, politisch jedoch ein Fliegengewicht, und das allen Behauptungen – wie etwa das „Persönliche sei politisch" – zum Trotz.

Ursprünglich mit einem recht radikalen, ja geradezu gegenkulturellen Impetus ausgestattet, zeigen sich Psychoanalyse und humanistische Therapie mittlerweile als recht handzahm. Das mag den Trend an vielen Universitäten widerspiegeln, wo sich viele Studierende für die traditionell ausgerichtete Psychologie einschreiben, derweil das Interesse an Soziologie sinkt. Mehrheitlich beschäftigen sich die Praktizierenden eher mit ihren Karriere- und Beschäftigungsaussichten und ihrer Professionalisierung gemäß den Verbandsstatuten und weniger mit einer radikalen Analyse der sozialen Bedingungen oder gar mit politischem Aktivismus. Counselling ist im United Kingdom offenbar erwachsen geworden, aber das kostete auch erhebliche Opfer, denn der National Health Service nimmt Einfluss auf die Praxis in unerwünschter Weise, indem etwa die kognitive Verhaltenstherapie anderen Behandlungsmodellen vorgezogen wird oder indem Klienten mit Fragebögen zur Diagnostik und zur Auswertung überhäuft werden. Durch die ökonomische Rezession werden in den Haushalten der Nationalökonomien die Budgets für Gesundheit und Wohlfahrt zusammengestrichen und die Individuen verfügen nur noch über ein geringeres, frei verfügbares Einkommen, um private Therapiesitzungen finanzieren zu können. All diese Entwicklungen tragen zu einem konservativeren sozialen und ökonomischen Klima bei und dadurch wächst vermutlich auch die Zahl derjenigen, die sich dem Counselling ignorant gegenüber verhalten (vgl. Kategorie eins) oder in die Armut abdriften (vgl. Kategorie drei).

Während seit den 1950er-Jahren Counselling als eine Art des „Ausfüllens eines Vakuums" gedeutet wurde, das als Resultat geschwächter religiöser Bindungen einerseits und des Verlusts an glaubwürdiger Politik andererseits entstand (Halmos, 1965), erleben wir gegenwärtig eine Aufspaltung von Counselling in drei unterschiedliche Stränge:

1. Counselling wird in einer auf Evidenz gestützten Form verzerrt und annektiert als eine kurzfristig, kognitiv orientierte, sozusagen medizinisch indizierte auf Gesundheit ausgerichtete Behandlung.
2. Es zeichnet sich eine fortgeführte Tradition humanistischer, psychodynamischer Praxis des Counselling ab, die statt „Gesundheit" vielmehr „Persönlichkeitsentfaltung" oder andere eher holistisch ausgerichtete Ziele verfolgt.
3. Und schließlich existiert Counselling zudem als ein Dienstleistungsangebot für unterschiedliche kulturelle Bezugsgruppen, Kontexte oder unterschiedliche seelische Bedingungen oder Bedürfnisse.

4 Die Bedeutung der sieben Deutungskategorien für eine kritische Counselling-Analyse

Da sich Counselling unkontrolliert entwickelt hat, existierten niemals ernstlich Versuche, es zu kontextualisieren – isolierte Unternehmungen wie etwa von Cushman (1995) einmal beiseitegelassen. Meines Erachtens sollten wir anfangen zu fragen, wie Counselling zu anderen Weltanschauungen und sozialpolitischen Aktivitäten passt. Womöglich bleibt uns sonst nur übrig, es später einmal historisch neben anderen politischen, religiösen oder philosophischen Trends zu verorten.

1. Es scheint mir sinnvoll, die Gleichgültigkeit oder Feindschaft anzuerkennen, die manch einer aus der Kategorie der „verhärteten Ignoranz" dem Counselling gegenüber empfindet, und dazu gehören auch etwa Soziologen wie Furedi (2004). Counselling lässt sich hier als etwas deuten, das persönliche Härte, Zähigkeit und Stoizismus erodiert und im Gegenteil dazu eine weiche, narzisstisch ausgerichtete, realitätsferne und verträumte Weltsicht propagiert. Andererseits werden nur wenige behaupten, dass wir mehr psychopathologischen Egoismus und weniger menschliche Anteilnahme benötigen.

2. Denker in der Tradition der Postmoderne könnten behaupten, es gäbe überhaupt keine Mittelschicht. Und es ist wahr, innerhalb dieser Gruppe existieren viele unterschiedliche Milieus, Ansichten, Lebensstandards und Lebensstile. Manch einer würde womöglich argumentieren, Counselling betreffe eine klar unterscheidbare Untergruppe und Counselling-Praktiker spiegelten „weibliche" Werte oder eine („schwache") links ausgerichtete Politik wider. Die Mehrheit der professionellen Counsellor im United Kingdom sitzt vermutlich recht gut im Sattel, einige vielleicht weniger und sie arbeiten dann womöglich auf ehrenamtlicher Basis. Eine Minderheit wiederum konzentriert sich opportunistisch mit einer privaten Praxis, als persönlicher Berater, Coach, Psychoanalytiker, klinischer Psychologe oder Psychiater arbeitend, auf die wohlhabenden Mittelschicht-Angehörigen (oder gar die der Kategorie eins), also auf Geschäftsleute. Anders ausgedrückt, einige von ihnen mögen auch persönlich die egoistisch kapitalistischen Überzeugungen der Ignoranz favorisieren, während einige wenige auf Grund ihrer Sympathien sowie ihrer Einkünfte eher zu den gesellschaftlich Benachteiligten tendieren. Vielleicht strebt ein signifikanter Anteil der Counselling-Praktiker danach, mittels „Spiritualität" zu den genuin Transzendenten der Kategorie sechs anzugehören, und einige bevorzugen womöglich einen ökologisch ausgerichteten Lebensstil und beherzigen eine Ressourcen schonende Einfachheit.
   Wenige scheinen sich jedoch tatsächlich an den Werten politischer Widerständigkeit der Kategorie vier zu orientieren. Das wiederum ist sonderbar, denn Counselling schätzt egalitäre Werte wie Respekt und Selbstbestimmung derart hoch ein, dass wir eigentlich mehr direkte Verbindungen zu Sozialismus, radikalem Feminismus und Anarchismus erwarten sollten. Mein Schluss diesbezüglich lautet – und das wird sicher vielen Kollegen einigermaßen negativ aufstoßen –, dass sich Counselling-Praktiker und Psychotherapeuten für gewöhnlich der erweiterten Logik und Tragweite dessen, was sie tun, nicht stellen. Sie weigern sich, in hörbarer Form zu erörtern, wie eine Gesellschaft beschaffen ist, die Probleme der seelischen Gesundheit hervorbringt bzw. verstärkt oder wie eine andere Gesellschaft angelegt sein müsste, damit solche Probleme nicht erzeugt werden (vgl. z. B. The Invisible Committee, 2009; Proctor, 2006). Zwar werden Vielfalt und Tiefe propagiert und dennoch fallen offenbar viele Counselling-Praktiker in die klassische „Mittelschicht-Falle" der eindimensionalen Konformität, in welcher eine „bequeme, geschmeidige, vernünftige, demokratische Unfreiheit herrscht" (Marcuse, 1991, S. 3).

3. Schon Fanon (1963) forderte die Bevölkerung Afrikas dringend dazu auf, westliche Analysemodelle für die seelische Gesundheit und darauf gestützte Formen der Behandlung abzulehnen. Er behauptete, dass Wut und teilweise auch Gewalt in diesem Kontext notwendige Reaktionen sein könnten. Seit Langem ist bekannt, dass Depressionen bei Frauen auch mit Sicherheit mit ihren sozialen Positionen sowie dem Fehlen gesellschaftlicher Entwicklungsmöglichkeiten zusammenhängen. Newman (1991) hat ein *soziales* Therapiemodell entwickelt, das sich an den tatsächlichen Bedürfnissen von Obdachlosen, Arbeitslosen oder Geringverdienenden in New York orientiert. Auf der Basis einer Studie, in der Gesellschaften

mit großen Unterschieden in der Wohlstandsverteilung mit solchen verglichen werden, in denen die Güter gleichmäßiger verteilt sind, kommen Wilkinson und Pickett (2009) zu dem Schluss, dass Probleme seelischer Gesundheit durch schlechte sozio-ökonomische Bedingungen verschlimmert, wenn nicht gar hervorgebracht werden. Es stünde uns gut an, derartige Überlegungen ernster zu beherzigen, als wir das üblicherweise tun.
Selbst wenn wir aufhören würden, globale Unterschiede in Gesundheit und Wohlstand zu ignorieren, müssten wir nicht dennoch geschockt sein, dass das Einkommen der weltweit reichsten 358 Individuen demjenigen der ärmsten 2,3 Milliarden entspricht (Farmer, 2005)? Was ich dabei als *„Pathologien der Macht"* bezeichne, ignorieren die meisten von uns, die wir in der Mittelschicht leben. Counselling-Praktiker und Psychotherapeuten studieren emsig die Feinheiten in den Seelen von wenigen westlichen Individuen, während wir allesamt erschütternd reich sind im Vergleich zu denen, die in der schlimmsten Armut leben. Unsere kollektive Verweigerung und Indifferenz gilt uns jedoch nicht als pathologisch. Irgendwie ähneln wir in dieser Hinsicht beträchtlich den verhärteten Ignoranten (der Kategorie eins), die sich ausschließlich um ihr eigenes Überleben und ihren Wohlstand sorgen.

4. Für den Fall, dass Individuen erstmals Interesse an Counselling zeigen, vermag das an der Faszination liegen, das Bewusstsein bei der Arbeit betrachten zu können, und am Wunsch, sich mit den Leidenden auseinanderzusetzen und ihnen helfen zu wollen. Anders ausgedrückt: Es dreht sich um eine relativ eng gefasste Perspektive. Denn die größere Frage zum Thema des seelischen Wohlbefindens und Leidens lautet natürlich: Warum leiden die Menschen so sehr, und wie können wir das auf der Makro-Ebene verringern? Doch diese Fragen scheinen die Individuen nicht so sehr zu beschäftigen. Üblicherweise sieht das Counselling-Studium ein Schulungsprogramm vor, das kaum Probleme der Philosophie, der Politik oder andere intellektuelle Perspektiven erörtert. Stattdessen ist die Ausbildung ein recht dogmatisch angelegter Kurs zu dem einen oder anderen theoretischen Modell (psychoanalytisch, humanistisch, kognitiv-behavioral) oder allenfalls zu mehreren Strängen innerhalb des psychologischen Denkens. Zwar wird das individuelle Leben der Studierenden bzw. Auszubildenden dabei nicht völlig außer Acht gelassen. Doch geschieht derartiges andererseits wiederum ohne jede ernsthafte Auseinandersetzung mit Bezug zu Evolution, Geschichte, Neurologie oder zu sozio-ökonomischen Problemen.
Paradoxerweise konzentrieren sich die Counselling-Ausbildungen (sowie auch die zur Psychotherapie) auf die persönliche Entwicklung und die Therapie und zugleich auf ziemlich enge und – so möchte ich behaupten – *flache Denkmodelle*, während die Erkundung der großen Menschheitsfragen und die Erörterung persönlicher Einstellungen dazu nicht vorgesehen sind. Die Analyse einer professionellen Mikro-Ethik erfährt wesentlich mehr Aufmerksamkeit als das uns umgebende ökonomische System in seinen Auswirkungen auf das seelische Wohlbefinden (Rowe, 1987). Soweit ich weiß, werden Patriarchat und Kapitalismus kaum hinterfragt, obgleich wahrscheinlich kausale Verbindungen zwischen maskulinen Formen der Unterdrückung von Emotionen (Gilligan & Richards,

2009) und der egoistischen kapitalistischen Betonung von Ehrgeiz und Gier existieren. Schon ein wenig Nachdenken wird offenbaren, dass die meisten Unterrichtseinheiten solche Fragen ignorieren und sich stattdessen auf Mittelschicht-Themen konzentrieren und sich dann auf einer pragmatisch professionellen Ebene dem jeweiligen Problem widmen. Ich nehme an, es wird stillschweigend akzeptiert, dass Counselling mit einem Akzent auf Autonomie sich z. B. keinesfalls mit einer fundamentalistisch aufgefassten Religion in Einklang bringen lässt. Doch dieser Punkt wird selten explizit gemacht.

5. Zahlreicher Unterschiede ungeachtet, betonen alle Therapiemodelle gleichermaßen, dass die Bedeutung von individuellem Handeln, therapeutischer Aufmerksamkeit sowie der Glaube an Veränderungsmöglichkeiten zentrale ethische Prinzipien und implizite ätiologische Parameter sowie „Heilmittel" oder Wirkkräfte sind; des Weiteren gilt für gewöhnlich die unkritische Annahme einer inhärenten Qualität oder Güte der Profession Counselling. In anthropathologischer Perspektive zeigt sich jedoch, dass die Profession Counselling ebenso Verzerrungen, Absurditäten und Selbstbetrug aufsitzen kann wie jede andere menschliche Aktivität auch. Man könnte behaupten, die Anthropathologie enthalte eine große Menge an Tragik, so dass offenbleibe, ob eine wirksame Lösung von Problemen überhaupt eine Chance habe. Eine depressive Unterströmung wird von Counselling-Praktikern und Therapeuten oftmals für die Projektion einer subjektiven Psychopathologie gehalten. Menschen, die alle oder zumindest die meisten Lösungen verwerfen und die apokalyptische Szenarien imaginieren, können natürlich als depressiv und bzw. oder als misanthropisch klassifiziert werden. Und trotzdem können derartig eingestellte Menschen als Angehörige der Mittelschicht existieren. Zudem lässt sich beobachten, dass sie überdurchschnittlich viel zur bildenden Kunst, zur Literatur und zur Philosophie beitragen. Einige von ihnen haben Nobelpreise für Literatur erhalten (z. B. Pinter, Golding, Bellow, Beckett, Camus).
   Zwar lässt sich nur schwer eine explizit auf Anthropathologie gestützte Form der Therapie vorstellen. Andererseits kann die Anthropathologie (a) dem Counselling-Praktiker die Tiefe seiner eigenen Verzerrungen und seines Leidens vor Augen führen und (b) potentiell als Katalysator wirken, so dass Individuen aufgrund angemessener Scham und Einsicht eine genuine und radikale Veränderung ins Auge fassen. Mit Scham will ich hierbei ein Gefühl im Hinblick auf unser universelles Ignorieren und Stillhalten gegenüber absurden, hinterhältigen und entmenschlichenden Sozialsystemen und Lebensstilen bezeichnen. Wir könnten dann ansatzweise von einer *Anthropotherapie* sprechen oder von einer radikal neuen Konzeption darüber, wie Menschen sich kollektiv, profund und weit über ihre individuellen Anliegen hinausreichend verändern müssen.

6. Im Verhältnis zur „spirituellen" Erleuchtung (oder zum verkörpertem Mystizismus) ist zu fragen, ob ein aus dem menschlichen Leiden oder der neurotischen Existenz herausführender Weg tatsächlich existiert. Mit der „Buddha-Lösung" konfrontiert, muss man es entweder für eine Möglichkeit für alle oder zumindest einige Menschen halten oder aber für unwahrscheinlich und illusorisch. Freud

neigte eher zu der zweiten Position, doch viele Counselling-Praktiker und Therapeuten tendieren – wie auch immer spezifisch ausgestaltend – zur ersten Möglichkeit. Einige Schulungskurse übernehmen beispielsweise eine ausdrücklich psychosynthetische oder integrale (auf Wilber gestützte) Haltung (Kenneth Earl Wilber ist ein US-amerikanischer Autor, der seit Jahrzehnten zur „integralen Theorie" publiziert, Anm. d. HerausgeberInnen). Es bestehen leidenschaftliche Überzeugungen und Behauptungen über das Erreichen verschiedener Grade von Transzendenz in diesen Feldern. Doch nur wenig empirisch erhärtbare Evidenz jeglicher Art existiert darüber, dass Counsellor sowie Therapeuten in Ausbildung oder Klienten „Erleuchtung" oder Vergleichbares erreicht hätten. Man würde jedoch diesbezüglich viel mehr Interesse sowie die wissenschaftliche Untersuchung von solchen Versprechen oder Ansprüchen erwarten. Tatsächlich verfügen wir seit den Tagen von Maslow über konzeptionelle Schemata sowie persönliche Beispiele für gut gelebtes Leben und Transzendenz. Die gegenwärtige Mode der positiven Psychologie schlägt vor, dass Freiheit von Symptomen, Problemlosigkeit oder ein alle Probleme transzendierendes Leben realisierbare Möglichkeiten sind. Aber vermutlich ist unsere Skepsis demgegenüber nicht abwegig, wenn wir uns vergegenwärtigen, wie selten Menschen wirklich als leuchtende Vorbilder diesbezüglich gelten können, und andererseits, wie viele falsche Versprechungen und grassierende Leichtgläubigkeit in diesem Feld existieren (vgl. Goldner, i.d.Bd.).

7. In einem Szenario, das dauerhaftes Wirtschaftswachstum mit sehnsüchtig erwünschter internationaler Sicherheit, mit der Entwicklung neuer Technologien und mit einer optimistisch erlebten Idee des Fortschritts verknüpft, könnten Counselling und Therapie weiter und mehr denn je gedeihen; oder aber – auch das wäre ja eine Möglichkeit – sie werden selbst eingeholt von eben diesen neuen Technologien. Die Trans- oder Posthumanisten der Kategorie sieben würden uns in eine Welt voller neuer Möglichkeiten mitnehmen (Garreau, 2005). Wir könnten dort völlig individuell zugeschnittene Hilfe bekommen, um Fragen der genetischen Manipulation, bei Reproduktionswünschen oder bei gegenwärtig noch unvorstellbaren Szenarien zu klären. Die Skepsis gegenüber derartigen Entwürfen resultiert vor allem aus der Beobachtung, dass diejenigen, die sie am vehementesten vortragen bzw. vorantreiben, manisch thanatophob sind. Sie können menschliche Grenzen nicht akzeptieren und führen uns deswegen womöglich einer dystopischen (d. h. negativ utopischen, Anm. d. HerausgeberInnen) Zukunft entgegen.

   Eine gute Anpassung an und Einbindung in die Mittelschicht gehören sicherlich zu den impliziten Erwartungen der meisten Counsellor und Therapeuten. Damit gehen das Vermögen wie auch der Wunsch einher, innerhalb der kapitalistischen Strukturen zu arbeiten, den kapitalistischen Lebensstil zu pflegen und die hier geltenden bürokratischen und technologischen Normen zu erfüllen. Man will mit den Menschen auskommen und enge Bindungen entwickeln, einen persönlichen Lebenssinn verfolgen und ein möglichst langes Leben führen. Viele Counselling-Praktiker fänden es sicher sonderbar, wenn einer ihrer Klienten nicht den Wunsch hätte, glücklich zu sein, ambitioniert Ziele zu verfolgen, in persönlich bedeutsamen Bindungen zu leben und den Anspruch zu haben, lange und gesund leben zu wollen. Die kognitive Verhaltenstherapie stützt sich in der Tat auf solche Normen und Erwartungen, so dass negative Einstellungen zum Leben automatisch schon als pathologische Indikatoren firmieren und nicht als gültige intellektuelle Positionen.

Hier stoßen wir auf ein zentrales ungelöstes Problem von Counselling: eine auf Carl Rogers gestützte Betonung der Phänomenologie, des Meidens direkter Aufforderungen, des Respekts für alle Anschauungs- und Lebensweisen, in Verbindung mit einem Verbot, bestimmte Dinge deutlich zu sagen. Es ist kein Zeichen von Verrücktheit, wenn jemand behauptet, „Zivilisation muss nicht notwendigerweise so beschaffen sein, wie sie sich gegenwärtig zeigt", und dass sie womöglich radikal anders gestaltet werden könnte, ja vielleicht werden sollte. Hingegen lässt sich schon darüber streiten, ob als verrückt gelten kann, wer allen Ernstes behauptet, man werde nach dem Tod wiederauferstehen oder dass die von Gott Erwählten in Verzückung und per Airlift gerettet würden, während diese böse Welt ihrem verdienten Ende entgegengehe. Ein Klient, der während der Therapie derartige Überzeugungen verkündet, wird vermutlich bis zu einem gewissen Punkt als normal gelten, es sei denn, er beharrt darauf trotz wiederholter Herausforderungen, sich das doch noch mal zu überlegen (Therapeuten aus unterschiedlichen Schulen haben diesbezüglich verschiedene Ansichten). Warum sind wir bereit, auf der individuellen Ebene zu intervenieren, verzichten aber andererseits darauf, das öffentlich zu kommentieren? Ähnlich könnten wir darauf verweisen, dass Sozialisten, Marxisten und Anarchisten eigentlich überhaupt nicht verrückt sind, wenn sie sich lautstark über soziale Ungerechtigkeiten aufregen und eine eher an Gleichheit ausgerichtete Gesellschaft verlangen. Doch oftmals erkennen wir auch, dass individuelle politische Aktivisten von Verbitterung und Wut aufgefressen werden und dass es ihnen an menschlicher Wärme und Anteilnahme fehlt.

Sollten Counselling-Praktiker und Therapeuten ihre Arbeit auf den Therapieraum beschränken? Warum akzeptieren wir, dass Wortführer und Entscheidungsträger aus den Bereichen der Politik oder der Religion allgemeingültige Ansichten verkünden können, solche mit psychologischen Einsichten hingegen nicht? Das gilt in beiden Richtungen: Wenn die therapeutische und die Counselling-Arbeit so leicht von Soziologen, Politikern und Theologen kritisiert werden kann, warum sollte dann das Counselling-Feld nicht im Gegenzug berechtigt sein, auch jene zu kritisieren? Aber wir sollten diese Frage sogar noch weiter fassen: Warum akzeptieren wir, dass zwischen diesen Domänen unterschieden wird? Warum ermutigen wir nicht zu über-disziplinären Debatten, Dialogen und Begegnungen?

Zwar mag die negative anthropathologische Analyse gelten, die Differenzen zwischen Individuen und sozialen Gruppen seien derart tief greifend, dass endgültige Harmonie und Übereinstimmung als illusorisch gelten müssen. Manch einer schlägt vor, menschliche, auf die Gesellschaft gerichtete Aktivitäten allenfalls pragmatisch und schrittweise zu konzipieren, da alle großen Lösungen Fehler enthielten und gefährlich seien. Den Individuen kann in unterschiedlicher Intensität zwar durch Counselling geholfen werden, doch wir alle werden weiterhin auch Missgeschicken, sozioökonomischen Zwängen, Alterungsprozessen und dem Tod unterworfen bleiben. Die menschliche Existenz wird sich immer im Spannungsfeld von Pragmatismus, Hoffnung, Anteilnahme und Tragödie zutragen.

Ich vermute, dass ein Schema wie dieses der sieben Deutungskategorien (oder ein ähnliches), ernst genommen immer auch das Bewusstsein für die hoffnungslos pluralistische und konflikthafte Natur der Menschen schärft. Zwar feiern wir für gewöhnlich – und naiverweise, wie ich denke – die Vielfalt, zelebrieren Diversität und lobpreisen das Anders-Sein der Anderen, doch dabei übersehen wir, dass Individuen und Gruppen immer wieder auch problematische Idiosynkrasien besitzen. Anders ausgedrückt: Varianten von neurotischen und psychotischen Zügen vermehren sich, ähnlich wie Gruppenbindungen vielfältiger werden. Die Weltbevölkerung bricht exponentiell auch in immer vielfältigere Untergruppen auf. Die Mittelschicht hat den Anschein einer Homogenität, mit der wir uns unbewusst vergleichen, selbst wenn wir uns individuell immer gern ein wenig abheben möchten: Wenn ich nicht wie „die Anderen" bin (wie die phantasierte und mutmaßlich glücklich und erfolgreiche Mehrheit), muss etwas mit mir falsch sein und das muss ich reparieren – vielleicht mit Hilfe eines Therapeuten. Meines Erachtens „messen" Therapeuten und Counselling-Praktiker auch unbewusst die Fortschritte ihrer Klienten auf diese Weise, trotz einer behaupteten Wertschätzung für das Prinzip der Individuation.

Lassen Sie mich hier eine letzte Betrachtung anstellen. Inmitten all dieses Fehlens theoretischer Selbstverständlichkeiten scheinen mir doch alle Counselling-Praktiker und Therapeuten in der Annahme der Einzigartigkeit eines jeden Klienten (sowie der sich immer wieder verändernden Beziehung), der Notwendigkeit der Achtung der Privatsphäre und der Schweigepflicht vereint. Wenn wir jedoch die Geschichte eines jeden Klienten akustisch aufzeichnen und diese Aufnahmen dann nacheinander abspielen würden und wenn zudem die Counselling-Praktiker auch ihre eigenen ungelösten seelischen Konflikte offenherzig artikulieren würden, dann würden wir meines Erachtens eine erschütternd universelle Erzählung des menschlichen Kummers vernehmen. Hinter der Illusion einer faszinierend einzigartigen Leidensgeschichte verbirgt sich somit immer ein riesiges Areal gemeinsam geteilter Anthropathologie, die seltsamerweise aber das Allerletzte ist, worüber die meisten von uns sprechen möchten.

Literatur

Bracher, M. (2009). *Social Symptoms of Identity Needs.* London: Karnac.

Cushman, P. (1995). *Constructing the Self, Constructing America: A Cultural History of Psychotherapy.* Cambridge, MA: Perseus.

Diedrich, L. (2005). A bioethics of failure: antiheroic cancer narratives. In M. Shildrick & R. Mykitiuk (Eds.), *Ethics of the Body: Postconventional Challenges* (pp. 135–152). Cambridge, MA: MIT Press.

Fanon, F. (1963). *The Wretched of the Earth.* New York: Grove Press.

Farmer, P. (2005). *Pathologies of Power: Health, Human Rights, and the New War on the Poor.* Berkeley, CA: University of California Press.

Feltham, C. (2007). *What's Wrong With Us? The Anthropathology Thesis.* Chichester: Wiley.

Furedi, F. (2004). *Therapy Culture: Cultivating Vulnerability in an Uncertain Age.* London: Routledge.

Garreau, J. (2005). *Radical Evolution.* New York: Broadway Books.

Gilligan, C. & Richards, A.J. (2009). *The Deepening Darkness: Patriarchy, Resistance, and Democracy's Future.* New York: Cambridge University Press.

Halmos, P. (1965). *The Faith of the Counsellors.* London: Constable.

Marcuse, H. (1991). *One-Dimensional Man: Studies in the Ideology of Advanced Industrial Societies* (2nd ed.). London: Routledge.

Newman, F. (1991). *The Myth of Psychology.* New York: Castillo.

Proctor, G. (2006). Therapy: opium of the masses or help for those who least need it? In G. Proctor, M. Cooper, P. Sanders & B. Malcolm (Eds.), *Politicizing the Person-Centred Approach: An Agenda for Social Change* (pp. 66–79). Ross-on-Wye: PCCS Books.

Rowe, D. (1987). Avoiding the big issues and attending to the small. In S. Fairbairn & G. Fairbairn (Eds.), *Psychology, Ethics and Change* (pp. 231–243). London: Routledge & Kegan Paul.

Saks, E.R. (2007). *The Centre Cannot Hold.* London: Virago.

The Invisible Committee (2009). *The Coming Insurrection.* Los Angeles, CA: Semiotext(e).

Wilkinson, R. & Pickett, K. (2009). *The Spirit Level: Why More Equal Societies Almost Always Do Better.* London: Allen Lane.

Prof. Dr. Colin Feltham ist emeritierter Professor für Critical Counselling Studies an der Sheffield Hallam University, UK.

Anschrift:
E-Mail: colinfeltham@btinternet.com

Vorwort und Einleitung
Innovative Zugänge
Beratungs-settings und -räume
Medien und Beratung
Kritik der Beratung
Register
Anhang

Sachwortregister

R

S

Personenregister

C

Vorwort und Einleitung
Innovative Zugänge
Beratungs-settings und -räume
Medien und Beratung
Kritik der Beratung
Register
Anhang

Abkürzungsverzeichnis

a. a. O.	am angegebenen Ort
Abs.	Absatz
ACA	American Counseling Association
ALG	Arbeitslosengeld
APA	American Psychiatric Association
BDP	Berufsverband Deutscher Psychologinnen und Psychologen
BDU	Bundesverband Deutscher Unternehmensberater
bke	Bundeskonferenz für Erziehungsberatung e. V.
BtMG	Betäubungsmittelgesetz
BVerfG	Bundesverfassungsgericht
CCPA	Canadian Counselling and Psychotherapy Association
CCRT	Core Conflictual Relationship Theme (s. ZBKT)
DAJEB	Deutsche Arbeitsgemeinschaft für Jugend- und Eheberatung e. V.
DGBS	Deutsche Gesellschaft für Bipolare Störungen e. V.
DGfB	Deutsche Gesellschaft für Beratung
DGOB	Deutsche Gesellschaft für Online-Beratung
DGPE	Deutsche Gesellschaft für Psychoedukation e. V.
DSM-IV	Diagnostic and Statistical Manual of Mental Disorders, 4th edition
ebd.	ebenda
ECTS	European Credit Transfer System
FamFG	Gesetz über das Verfahren in Familiensachen und in den Angelegenheiten der freiwilligen Gerichtsbarkeit (Familienverfahrensgesetz)
FGG-RG	Familiengerichtsgesetz-Reformgesetz
GG	Grundgesetz
GGFP	Gesellschaft für Gemeindepsychologische Forschung und Praxis
i.d.Bd.	in diesem Band
IFB	Integrierte Familienorientierte Beratung
IPTAR	Institute of Psychoanalytic Treatment and Research
KBK-EFL	Katholische Bundeskonferenz für Ehe-, Familien- und Lebensberatung
KJHG	Kinder- und Jugendhilfegesetz
KrB	Konfliktregulierende Beratung
KVT	Kognitive Verhaltenstherapie
MMORPGS	Massively Multiplayer Online Role Playing Games

NGO	Non Governmental Organization (Nichtregierungsorganisation)
ÖGOB	Österreichische Gesellschaft für Online-Beratung
PIE	Person-in-Environment-System
PSB	Psychologische Studentenberatung
PsychThG	Psychotherapeuten-Gesetz
PTBS	Posttraumatische Belastungsstörung
RCT	randomised controlled trial
s. a.	siehe auch
SAMHSA	The Substance Abuse and Mental Health Services Administration
SGB	Sozialgesetzbuch
SKB	Stuttgarter Kinderschutzbogen
StGB	Strafgesetzbuch
Tifs	Tübinger Institut für frauenpolitische Sozialforschung e. V.
UK	United Kingdom
vgl.	vergleiche
VR	Virtuelle Realität
WHO	World Health Organization
WWW	World Wide Web
ZBKT	Zentrales Beziehungskonfliktthema

AutorInnenverzeichnis

Dr. Vera Bamler
E-Mail: Vera.Bamler@tu-dresden.de

Prof. Dr. Nicola Döring
Technische Universität Ilmenau, Institut für Medien und Kommunikationswissenschaft IfMK, Ernst Abbe Zentrum für Forschung und Transfer (EAZ), Ehrenbergstr. 29, D-98693 Ilmenau. E-Mail: nicola.doering@tu-ilmenau.de

PD Dr. Christiane Eichenberg
Universität zu Köln, Klinische Psychologie und Psychologische Diagnostik, Höninger Weg 115, D-50969 Köln. E-Mail: christiane@rz-online.de

Frank Engel
Institut für Beratungsforschung und -weiterbildung, Breite Straße 37, D-33602 Bielefeld. E-Mail: frank.w.engel@t-online.de

Prof. Dr. Colin Feltham
E-Mail: colinfeltham@btinternet.com

Prof. Dr. Rainer Göckler
Duale Hochschule Baden-Württemberg, Fakultät Sozialwesen, Herdweg 29–31, D-70174 Stuttgart. E-Mail: goeckler@dhbw-stuttgart.de

Ph.D. Colin Goldner
c/o Forum Kritische Psychologie e. V., Forstweg 11, D-93358 Train/St. Johann. E-Mail: info@rageandreason.de

Prof. Dr. Ruth Großmaß
Alice-Salomon-Fachhochschule Berlin, Alice-Salomon-Platz 5, D-12627 Berlin. E-Mail: grossmass@ash-berlin.eu

Mag. Gerhard Hintenberger
Donau-Universität Krems, Department für Psychotherapie und Biopsychosoziale Gesundheit, Dr.-Karl-Dorrek-Str. 30, A-3500 Krems an der Donau. E-Mail: gerhard.hintenberger@donau-uni.ac.at

Dr. Nicole Keller
Pädagogische Hochschule Bern, Institut Sekundarstufe II, Muesmattstr. 27a, CH-3012 Bern. E-Mail: nicole.keller@phbern.ch

Prof. Dr. Heiner Keupp
Ringhofferstr. 34, D-85716 Unterschleißheim. E-Mail: heinerkeupp@psy.lmu.de

Prof. Dr. Maria Knab
Evangelische Hochschule Ludwigsburg, Hochschule für Soziale Arbeit, Diakonie und Religionspädagogik, Paulusweg 6, D-71638 Ludwigsburg. E-Mail: m.knab@eh-ludwigsburg.de

Univ.-Prof. Dr. Ilse Kryspin-Exner
Universität Wien, Institut für Klinische, Biologische und Differentielle Psychologie/Fakultät für Psychologie der Universität Wien, Liebiggasse 5, A-1010 Wien. E-Mail: ilse.kryspin-exner@univie.ac.at

Stefan Kühne
wienXtra-institut für freizeitpädagogik, wienXtra-jugendinfo, Albertgasse 35/II, A-1080 Wien. E-Mail: stefan.kuehne@wienXtra.at

Annett Kupfer
Technische Universität Dresden, Fakultät Erziehungswissenschaften, Institut für Sozialpädagogik, Sozialarbeit und Wohlfahrtswissenschaften, D-01062 Dresden. E-Mail: Annett.Kupfer@tu-dresden.de

Prof. Dr. John McLeod
School of Social and Health Sciences, University of Abertay, Dundee DD1 1HG, Scotland. E-Mail: j.mcleod@abertay.ac.uk

Prof. Dr. phil. Hans-Peter Michels
Brandenburgische Technische Universität Cottbus-Senftenberg, Studiengang Soziale Arbeit, Lipezker Str. 47, 03048 Cottbus

Prof. Dr. Frank Nestmann
Technische Universität Dresden, Fakultät Erziehungswissenschaften, Institut für Sozialpädagogik, Sozialarbeit und Wohlfahrtswissenschaften, D-01062 Dresden. E-Mail: Frank.Nestmann@tu-dresden.de

Dr. Franz Oberlehner
Feldgasse 3/18, A-1080 Wien. E-Mail:franz.oberlehner@univie.ac.at

Prof. Dr. Melanie Plößer
Fachhochschule Bielefeld, Fachbereich Sozialwesen, Kurt-Schumacher-Str. 6, D-33615 Bielefeld. E-Mail: melanie.ploesser@fh-bielefeld.de

Prof. Dr. Aloys Prinz
Westfälische Wilhelms-Universität Münster, Institut für Finanzwissenschaft II, Wilmergasse 6-8, D-48143 Münster. E-Mail: 13alpr@wiwi.uni-muenster.de

Priv.-Doz. Dr. habil. Wolfgang Schrödter
Evangelisches Zentrum für Beratung Höchst, Leverkuser Str. 7, D-65929 Frankfurt a. M. E-Mail: lebensberatung-hoechst@erv-fb1.de

Prof. Dr. Franz-Christian Schubert
Heinz-Ditgens-Str. 10, D-41063 Mönchengladbach. E-Mail: fc.schubert@t-online.de

Prof. Dr. Hans-Jürgen Seel
Wilhelm-Beyer-Weg 9, D-90429 Nürnberg. E-Mail: Hans-Juergen.Seel@ohm-hochschule.de

Ursel Sickendiek
Universität Bielefeld, ZSB-Zentrale Studienberatung, Universitätsstr. 25, D-33501 Bielefeld. E-Mail: ursel.sickendiek@uni-bielefeld.de

Romy Simon
Fakultät Erziehungswissenschaften, Institut für Sozialpädagogik, Sozialarbeit und Wohlfahrtswissenschaften, Technische Universität Dresden, D-01062 Dresden. E-Mail: Romy.Simon@tu-dresden.de

Prof. em. Dr. Dres. h.c. Dr. Hans Thiersch
Universität Tübingen, Wirtschafts- und Sozialwissenschaftliche Fakultät, Institut für Erziehungswissenschaft, Münzgasse 22, D-72070 Tübingen. E-Mail: hans.thiersch@gmx.de

Dr. Kathy Weinhold
Technische Universität Dresden, Fakultät Erziehungswissenschaften, Institut für Sozialpädagogik, Sozialarbeit und Wohlfahrtswissenschaften, D-01062 Dresden. E-Mail: Kathy.Weinhold@tu-dresden.de

Dr. Jillian Werner
Technische Universität Dresden, Fakultät Erziehungswissenschaften, Institut für Sozialpädagogik, Sozialarbeit und Wohlfahrtswissenschaften, D-01062 Dresden. E-Mail: Jillian.Werner@tu-dresden.de

Zweite Frankfurter Erklärung zur Beratung

Das Forum Beratung in der DGVT hat vor zehn Jahren in seiner ersten FRANKFURTER ERKLÄRUNG (http://www.forum-beratung-dgvt.de/) die Frage nach der Zukunftsfähigkeit von Beratung gestellt und zu einem Neuen Diskurs über Beratung aufgerufen. Eine Dekade später ziehen wir im Forum Beratung Bilanz und werfen den Blick auf aktuelle Beratungsfragen, die weiterhin zu beantworten bleiben. Ziel ist es erneut die Diskussion über Beratung unter PraktikerInnen wie WissenschaftlerInnen anzuregen. Wir wünschen uns eine Debatte auch kontroverser Art und: Wir positionieren uns.

Eine Welt im Wandel braucht Beratung, aber eine Beratung, die diesem Wandel Rechnung trägt!

Dieses Leitmotto der ersten FRANKFURTER ERKLÄRUNG gilt uneingeschränkt auch heute. Die gesellschaftlich-kulturellen Bedingungen professioneller Beratung haben sich in den letzten zehn Jahren nicht grundlegend verändert. Beratung ist allerdings eigenständiger geworden und erhält mittlerweile größere öffentliche Aufmerksamkeit: Der fachliche Diskurs ist um eine Vielzahl einschlägiger Publikationen bereichert worden, Beratung wird mehr und mehr an Hochschulen gelehrt und beratungspolitische Positionen haben in neuen Beratungsverbänden einen Ort gefunden.

Auch in Onlinemedien hat sich in den letzten zehn Jahren Beratung zu einem festen Angebot entwickelt. Hier entstand ein eigenständiger Beratungs- und Informationsbereich, den es in dieser Form zuvor nicht gab und der mit seinen Neuentwicklungen Beratung – online wie offline – auch zukünftig beeinflussen wird.

Aber auch unsere Alltage bleiben weiterhin von Beratungsangeboten durchzogen: guten wie schlechten – und das zu Fragen, auf die wir alle immer wieder zufriedenstellende und zumindest vorübergehend handlungsanleitende Antworten finden müssen. Dabei ist auch Beratung Veränderungen unterworfen, Angebotsformen, Inhalte, institutionelle Einbindungen sowie gesellschaftliche Anforderungen und Aufgaben verändern sich. Jeder Beratungsprozess ist in das strukturelle Spannungsverhältnis von Entscheidungsoptionen und Entscheidungszwängen eingebunden. So „produziert" die Informations- und Wissensakzentuierung unserer Gesellschaft auf ihrer Rückseite weiterhin Nichtwissen, Unsicherheit, Infragestellungen bis hin zur Orientierungslosigkeit. Dies hat Folgen für die Beratung. Oft verspricht man sich von einfachen Ratschlägen schnelle Lösungen oder suggeriert Entscheidungssicherheit dort, wo ein Innehalten, Reflektieren und Abwägen angebracht wäre. Oft wird Beratung als forcierte Entscheidungsfindung, als Expertise, als schnelle Lösung ins Spiel gebracht, ohne dass Folgen und Nebenfolgen durchdacht würden. Beratung, die sich als kommerzielles Produkt zur Lösung von Orientierungs-, Entscheidungs- und Planungsfragen anbietet, unterliegt der Gefahr, sich von ihrer helfenden, problemlösenden Orientierung zu verabschieden.

Unser erstes Fazit lautet also:

Beratung war in unseren Alltagen sowie wissenschaftlich und verbandspolitisch noch nie so gegenwärtig und vielfältig wie heute – aber auch noch nie so gefährdet, profillos zu werden.

Ein ausdifferenziertes Beratungsangebot hat ohne Zweifel große Vorteile für uns alle, aber es gibt auch nicht zu übersehende Schattenseiten. Die Gefahr ist groß, dass Beratung in der Vervielfältigung ihr Profil verliert und zu einer inhaltsleeren Bezeichnung für sehr Unterschiedliches wird. *Beratung*, die in diesem Sinne ihren *„Kern"* verliert, wäre eine Gefahr für sämtliche professionelle Beratungsangebote (auch onlinebasierte), die mit hohem Qualitätsstandard in sozialen, psychosozialen, pädagogischen, bildungsorientierten und gesundheitsbezogenen Handlungsfeldern etabliert worden sind.

Andererseits liegt in der z. Z. stattfindenden Öffnung und Erweiterung der Anwendungsfelder von Beratung auch eine Chance zur Veränderung, Neuentwicklung und zeitgemäßer Anpassung. So müssen wir uns auch fragen, ob unsere „alten" Konzepte und Sichtweisen noch tragfähig sind, ob sie für alle Felder, in denen Beratung praktiziert wird, in gleicher Weise gelten, ob wir an manchen Stellen nicht mit Begrifflichkeiten arbeiten, die vielleicht ihre Bedeutung verloren haben oder heute inhaltlich neu gefasst oder präzisiert werden müssen.

Wo besteht die Gefahr, dass Beratung ihre (gut begründete) Bedeutung verliert und wo gilt es neue Kriterien und Konzepte zu entwickeln?

Es lassen sich aus unserer Perspektive neun Bereiche benennen, die aktuell und zukünftig kritischer Aufmerksamkeit bedürfen.

1. Beratung braucht die Freiheit der Wahl

Gerade der Erfolg, den die Interventionsform Beratung in den vergangenen 30 Jahren erlebt hat, führt dazu, dass sie heute auch in solchen Bereichen des Sozial-, Erziehungs-, Bildungs- und Gesundheitswesens anzutreffen ist, die über ein hohes Maß an administrativer Macht verfügen und in denen häufig ein nahezu übergangsloser Wechsel von Kommunikationen mit sanktionierendem Charakter zu „Beratung" stattfindet. Einer der im Fachdiskurs immer wieder hervorgehobenen grundlegenden Standards, die „Freiwilligkeit" von Beratung, steht damit in Frage, sind doch Sanktionen zu erwarten, wenn gesellschaftlich unerwünschte oder vom Organisations- oder Trägerinteresse abweichende Entscheidungen getroffen werden. Das Beratungsgespräch unterliegt damit Zwängen, die für diejenigen, die hier beraten werden, von existenzieller Bedeutung sein können.

Direkt als „Zwangsberatung" bezeichnet werden inzwischen solche Beratungsgespräche, die zwar allen Kriterien eines Beratungsprozesses entsprechen sollen – Ergebnisoffenheit, Einbeziehung der emotional-affektiven Anteile, Lebensweltorientierung –, aber wie in der Schwangerschaftskonfliktberatung, der Studienberatung zur Sicherung der Regelstudienzeit oder bei Beratungen nach dem ALG II durch gesetzlichen Zwang zustande kommen. Die damit verbundene Problematik bleibt heute allerdings nicht auf diese institutionellen Kontexte beschränkt, solche „Zwangsberatungen" kommen mehr oder weniger explizit auch in anderen Bereichen vor.

Hält man am definierten Ziel von Beratungskommunikation fest, nämlich ein psychosozial, kommunikativ und in der Sache angemessenes Angebot zu sein, das den Klienten und Klientinnen eine Neuorientierung bei persönlichen Konflikten, Irritationen und Entwicklungswünschen bietet, dann sind Zwangskontexte Hindernisse für das Beraten. Nur unter der Voraussetzung, dass Beratung ergebnisoffen den Orientierungsbedürfnissen und den Entscheidungsanstrengungen der Ratsuchenden folgt und ohne Sanktionsdruck auskommt, kann eine vertrauensvolle Beratungsbeziehung entstehen, die auf Seiten der Beratenden Einfühlung und Verstehen und auf Seiten der Klientinnen und Klienten Offenheit für Anregungen, Informationen, Konfrontation und emotionale Berührbarkeit freisetzt.

Die komplexer gewordenen Fragen hinsichtlich der Bedeutung innerer und äußerer Zwänge sind mit dem Kriterium „Freiwilligkeit" zwar nach wie vor gemeint, nicht aber ausreichend bestimmt oder geklärt. Ein Beratungslabel, was hier fälschlicherweise Wahlmöglichkeiten signalisiert, enthebt TheoretikerInnen und PraktikerInnen nicht, andere angemessene Unterstützungsformen für Menschen in Zwangskontexten zu entwickeln. Es gilt daher die Rahmenbedingungen für Beratung mit Blick auf alte wie neue Zwangskontexte zu diskutieren und die methodisch-fachlichen Spezifika von Beratung unter negativem wie positivem Sanktionsdruck herauszuarbeiten. Gespräche allerdings, die als Beratung auftreten, aber verdeckte Lenkung sind, sind explizit zu kritisieren und – orientiert an den Standards fachlicher Beratung – deutlich zurückzuweisen. Herauszuarbeiten, welche Bedingungen kein gutes Terrain für Beratung sind, heißt deshalb nicht, dass in Zwangskontexten gar nicht gehandelt werden soll. Es wird damit vielmehr die Frage aufgeworfen, welche qualifizierte Form der Intervention erfolgen kann und sollte, wenn die Voraussetzungen für Beratung nicht gegeben sind. Für Beratung aber bleiben Wahlfreiheit und Freiwilligkeit methodisches Postulat, auch wenn sie kein empirisches Faktum sind.

2. Beratung ist keine Ware

Die Privatisierung öffentlich finanzierter sozialer Dienste schreitet voran. Private Anbieter erobern damit auch Beratungsmärkte. Unter konzeptionellen Gesichtspunkten muss das nicht grundlegend zu einer Verschlechterung von Beratungsangeboten führen, solange fachliche wie ethische Standards eingehalten werden. Problematisch wird es jedoch, wenn unter privatisierten Bedingungen Beratung nicht nur per Honorar abgerechnet, sondern warenförmig als Produkt angeboten wird, das gewinnorientiert angepriesen wird und als etwas passiv zu Konsumierendes erscheint. 'Commodification' beschreibt die mit der Vermarktung eines Produkts einhergehenden Veränderungen, die auch in der Beratung beobachtbar sind. Beratung ist bereits an vielen Stellen zu einer Ware geworden, die in Konkurrenz zu anderen Anbietern und

Produkten angeboten und von Beratungs-„kunden" konsumiert werden soll. Nicht nur die Unternehmensberatung, auch andere Beratungen werden beworben, Kunden werden akquiriert, Berater und Beraterinnen inszenieren sich als kompetente Serviceleister, Erfolgsversprechen werden gegeben, Beratungsqualität wird durch effektheischende Fassaden ersetzt. Kritische Perspektiven werden ausgeblendet, sollten sie potentiell geschäftsschädigend sein.

Für Beratung als fachlich hochwertiges und wissenschaftseingebundenes Angebot in öffentlicher und freier Trägerschaft, entstanden aus einer Vielzahl auch gesellschafts- und konsumkritischer Bewegungen sowie aus humanistisch gemeinwohlorientierten Hilfeperspektiven, besteht mit dem Übergang in privatwirtschaftliche gewinnorientierte Angebote die Gefahr, in der inhaltlich-fachlichen Ausrichtung oberflächenattraktiv zu verflachen.

Steht Beratung nur noch als marktgängiges und gewinnorientiertes Produkt im Vordergrund, spielen Klienten und Klientinnen in ihren pluralen Lebenswelten nur noch eine „Abnehmer"-rolle und Berater und Beraterinnen werden zu VerkäuferInnen. Beispiele derartiger Entwicklungen lassen sich in unterschiedlichen Bereichen vom Finanzsektor über das Bildungswesen bis in das Gesundheitswesen finden. Beratung muss sich hier widerständig zeigen. Sie folgt den Interessen der Ratsuchenden, bleibt im Rahmen ihrer Fachlichkeit grundlegend klientel-, subjekt- sowie empowermentorientiert, ob in privater oder öffentlicher Trägerschaft, und ist kein reduziertes Billigprodukt in ausschließlich betriebswirtschaftlicher Logik. Letztlich sind Beratungs- wie Bildungsangebote ein gesellschaftlich-kulturelles Gut.

3. Beratung wird zur Navigation durch ein unüberschaubares Angebot an Informationen, Auskünften und Ratschlägen

Nahezu jegliche Information ist dank des Internets nun jederzeit, von jedem Ort und für jeden und jede abrufbar. Die Generation der Smartphones ermöglicht es den BenutzerInnen mit nur ein paar Fingertipps Artikel zu einzelnen Themen aufzurufen oder sogar ganze Bücher herunterzuladen. Die einfache Erreichbarkeit von und die Fülle an Informationen führt aber nicht immer zu einer präziseren Information und zu besserer Informiertheit. Klienten, Klientinnen und Berater wie Beraterinnen sind dieser Informationsflut ausgesetzt und nicht immer in der Lage, wichtige Angaben herauszufiltern und das, was ihnen begegnet, zuverlässig zu bewerten. Verbesserter Informationszugang führt nicht unbedingt zu verbesserter Informiertheit.

Ratsuchende kommen heute oft vorinformiert zur Beratung, mit dem Wunsch nach Hilfe beim Umgang mit vieldeutigen oder ihnen fraglich erscheinenden Auskünften. Beratung wird verstärkt zur Informationsarbeit mit dem Ziel, die (nicht nur im Internet) ort- und kontextlosen Informationen in lebensweltnahes und handlungsrelevantes Wissen zu transformieren.

Es geht nicht nur um die Frage nach dem Was – welche Information lässt sich nutzen und welche nicht. Ebenso wichtig ist die Reflexion über das Wie, das Wann und das Wieviel. Es gilt aufmerksam dafür zu sein, wie sicher eine Information erscheint. Hat sie den Status einer Vermutung oder wird eine Tatsache mitgeteilt? Wird sie als eine Option unter vielen oder als einzig relevante präsentiert? KlientInnenzentrierung im Umgang mit Informationen heißt auch zu prüfen, ob gerade jetzt der richtige Moment ist, um Informationen weiterzugeben. Können noch weitere Informationen verkraftet werden, ist der Klient oder die Klientin am Rande ihrer Aufnahmefähigkeit? Steht vielleicht eher eine eigenständige Suche bzw. die Vermittlung von Recherchekompetenz an? Vertrauen in Beratung fordert einen reflexiven Umgang mit Information und einen sensiblen Umgang mit Informationsverarbeitung.

4. Beratung verfügt im Internet über neue Settings

Die Beratungsangebote im Internet sind in den vergangen Jahren zu einem eigenständigen und selbstverständlichen Teil der aktuellen Beratungslandschaft geworden. Vom datenbezogenen Informieren über das soziale Vernetzen bis hin zu professionellen medialen Beratungssettings lässt sich an allem teilnehmen – sei es mit Informations- oder Beratungsabsicht, oder mit dem Wunsch nach Unterhaltung.

Beratung ist längst vollständig im Internet angekommen: Im „web1.0" hat sie als professionelle Form ihren festen, verlässlichen und vielfach institutionsangebundenen Ort gefunden und im „web2.0" sind im Sinne einer „Beratung 2.0" alltagsnahe Beratungsformen welcher Ausprägung auch immer denkbar (sei es als: Beratungsblogs, Beratungswikis, Beratungsnetzwerke etc.). Nicht nur die professionelle Beratung, auch die Alltagsberatung hat eine neue mediale Form gefunden.

Die Onlineberatung hat innerhalb kurzer Zeit neben der fachlichen Praxis einen eigenständigen wissenschaftlich-interdisziplinären Diskurs hervorgebracht. Beratung wird dadurch vielfältiger, mobiler und flexibler; sie wird aber auch in Form und Inhalt missbräuchlich verwendbar. Es scheint eine besondere Qualität deutschsprachiger Online-Angebote zu sein, dass sie von der Qualität eines umfangreichen Angebotes institutionalisierter Beratungsanbieter in öffentlicher und freier Trägerschaft profitieren können. Diese haben ihre traditionellen Beratungsangebote häufig um Online-Varianten erweitert und damit für ein verlässliches und qualitativ ausgewiesenes Angebot gesorgt. Transparenz, Vertraulichkeit, Sicherheit und fachliche Kompetenz sind hier weiterhin die Grundlage für ein Beratungsangebot, dem Nutzerinnen und Nutzer vertrauen können. Dies gilt jedoch nicht für alles, was im Internet als Beratung auftritt. In medialen sozialen Netzwerken ohne eine solche institutionelle Anbindung findet nicht nur Alltagsberatung in medialer Form statt, häufig werden verdeckt kommerzielle Zwecke verfolgt und es finden subtile Formen des informationellen Missbrauchs statt.

5. Beratung lässt sich nicht mehr in der Selbstverständlichkeit „alter" Beratungsschulen fassen

Mit schnellen und radikalen gesellschaftlichen Veränderungen und oft vieldeutigen Informationen, die wir alle zu verarbeiten haben, wachsen auch die Schwierigkeiten der Orientierung, der Vorhersage und des Planens; über mehr Informationen zu verfügen erleichtert Entscheidungen nicht unbedingt. Gleichzeitig delegieren die öffentlichen Systeme und Instanzen zunehmend viele riskante Orientierungs-, Planungs- und Entscheidungsaufgaben an die Individuen und ziehen sich aus ihrer sozialen Sicherungsverantwortung zurück. Beratungsangebote sollen den und die Einzelne dann in allen Lebensbereichen flankieren und bei diesen Aufgaben unterstützen. Wo Ratsuchende sich verstärkt in ambivalenten und paradoxen Anforderungen wiederfinden und wo ihre Prognosefähigkeit, wenn überhaupt vorhanden, dann nur noch auf kurze Sicht gewährleistet ist, geraten manche der herkömmlichen Beratungskonzepte an ihre Grenzen. Insbesondere individuenzentrierte, rationalistische Beratungsmodelle in offenbar „sachlichen" Feldern (wie beruflicher Beratung, Patientenberatung, Organisationsberatung etc.), die auf stringente, nüchterne und autonome Entscheidungs- und Planungskompetenz setzen, bedürfen einer grundlegenden Revision. Beratung hat immer und überall eine Integration von Intuition und Kreativität in Entscheidungs-, Planungs- und Handlungshilfen zu gewährleisten und immer und überall die Einbindung dieser individuellen Prozesse in persönliche Beziehungen und soziale Netzwerke zu reflektieren.

Die Beratungswissenschaft ist damit aufgefordert, neue und alternative Theorien und Praxen zu entwickeln: Benötigt werden Konzepte, die zum einen Identität in sozialer Integration sichern helfen sowie persönliche und soziale Empowermentprozesse unterstützen und die zum anderen einen positiven Umgang mit Ungewissheit und Nichtsicherheit fördern. Beratung kann und muss Intuition und Emotion neben Rationalität aufgreifen und Kohärenzsinn wie Bewältigungsoptimismus auch in ambivalenten und widersprüchlichen Anforderungen stärken. Sozialkonstruktionistische Ansätze und Beratungsmodelle der „positiven Nichtsicherheit", des „geplanten Zufallereignisses" und eines „erfahrungsgeleiteten Spürsinns" bieten hier neue theoretische und praktische Perspektiven. Ratsuchende werden als „selbstwirksame" Konstrukteure ihrer Welt dabei unterstützt, persönliche Identitäten in sozialer Gemeinschaft zu entwickeln und zu (Mit-)Gestaltern und selbstbewussten Akteuren ihrer Lebensgeschichte und Zukunft zu werden.

6. Beratung lässt sich nicht nach dem Muster des Psychotherapeutengesetzes professionalisieren

Das Psychotherapeutengesetz ist kein Vorbild für eine weitere formale und justiziable Regelung der Ausübung von Beratung. Zum einen wird Beratung weder in nur einem gesellschaftlichen Feld ausgeübt, noch lässt sich eine einheitliche Zielkategorie angeben – anders als „Heilen" hat „Orientieren" unterschiedliche Themenfelder/Lebensbereiche zum Gegenstand. Zum anderen haben sich mit dem Psychotherapeutengesetz ambivalente inhaltliche, professionelle und ökonomische Folgen ergeben, die für den Bereich der Beratung nicht wiederholt werden sollten (enge Beschränkung auf nur wenige Zugangsdisziplinen und Verfahren, Verhaftung im medizinischen Modell der Behandlung und Heilung, Etablierung von immer mehr Einzelpraxen bei gleichzeitig steigenden Wartezeiten, geringe Einbindung in Prävention, Kooperation und Krisenhilfe etc.). Solche Bemühungen zu einer strengeren formalen oder standespolitischen

Eingrenzung der Beratung tragen außerdem nicht unbedingt zu einer Qualitätsverbesserung bei, wenn damit primär Domänen und Claims für Verbände und Ausbildungsanbieter abgesteckt werden. Sie erleichtern auch nicht den Zugang zu und die Verfügbarkeit von Beratungsangeboten gerade für besonders unterstützungsbedürftige oder benachteiligte Bevölkerungsgruppen. Obendrein entwerten sie die vielfachen informellen und semiprofessionellen Beratungsangebote, die in den unterschiedlichsten Alltagssettings von hoher Bedeutung sind.

Beratungsqualität und -kompetenz entsteht weniger durch formalisierte Regulierungen und Zertifizierungen, wer, wen, wie und mit welcher Zusatzausbildung beraten darf. Wichtiger sind: Wissenschafts- und forschungsbasierte Bemühungen um eine qualifizierte Vermittlung von Beratungswissen und Beratungskompetenzen in einschlägigen Studiengängen und Weiterbildungen, eine stärkere Lebenswelt- und Ressourcenorientierung bestehender Beratungsangebote, eine stärkere Vernetzung von Beratung mit alltäglicher und organisierter Hilfe und Selbsthilfe sowie bürgerschaftlichem Engagement. Hierzu gehört es auch, Beratung in gering und nicht formalisierten Alltagssettings zu würdigen und auszubauen.

7. Beratung muss sich in jedem Arbeitsfeld kontinuierlich mit Fragen von Diversity auseinandersetzen

Obwohl Beratung als professionelle Interventionsform grundsätzlich ergebnisoffen, klientenzentriert und lebensweltbezogen konzipiert ist, führen regionale Bedingungen sowie die Notwendigkeit in den Einrichtungen und den Ausbildungsgängen Strukturen zu schaffen doch immer wieder zu Verengung der Perspektive. Ein bestimmtes Spektrum von Anliegen wird zum zentralen Thema, Diagnosen und Fallverstehen konstruieren Typen von KlientInnen. Der Diversität von Themen, Problemlagen und Beratungsanliegen, die durch gesellschaftliche Ausdifferenzierung und Entwicklungen entstehen, wird man damit nicht gerecht. In welchen Sprachen sollte man ein Beratungsangebot bekannt machen und praktizieren? Welche Informationspools sind vorzuhalten? Sollten neue Arbeitsformen erprobt werden bzw. Angebote für bestimmte Klientelgruppen gemacht werden? Muss die Niederschwelligkeit der Beratung neu durchdacht werden? Ist das Beratungsangebot in der jetzigen Form wirklich offen für MigrantInnen, Schwule, Lesben, Transgender, Junge und Alte, Menschen mit illegalem Aufenthalt oder/und in besonderen Armutslagen …? Fragen wie diese sind nicht konzeptionelle Fragen für Spezialeinrichtungen, sondern kontinuierliche Begleitung jeder professionellen Beratungspraxis.

8. Beratung lässt sich nicht eindimensional nach Effizienzkriterien evaluieren

Die Ressourcenknappheit der öffentlich finanzierten sozialen Dienste und Privatisierungstendenzen bei den entsprechenden „Dienstleistungen“ haben zu einer neuen Schärfe in der Frage der Erfolgskontrolle von Beratung geführt. Die positive Wirkung von Beratung in Erziehung, Bildung, psychosozialer Arbeit und Gesundheitswesen soll – so die Forderung vieler Träger – nachgewiesen werden. Sorgfalt im Umgang mit öffentlichen Ressourcen und den Nachweis ihrer erfolgreichen Verwendung zu fordern, ist keineswegs unbillig. Ein schlichter fallbezogener Erfolgsnachweis jedoch ist für die zumeist komplexen Beratungsprozesse nicht möglich. Die Bedeutung der Hilfeform Beratung liegt (in Abgrenzung von Information, Anleitung oder Unterricht) gerade im Sich-Einlassen auf die individuellen Ziele, Werthaltungen und emotionalen Verarbeitungsformen ihrer jeweiligen Klienten und Klientinnen. Offenheit von Beratung ist dabei eine Voraussetzung dafür, dass Ziele wie das Erschließen persönlicher Ressourcen und das Erweitern individueller Handlungsspielräume erreicht werden können – eine operationalisierte Messung von vorgegebenen zu erreichenden Zielen zu fixen Zeitpunkten ist deshalb inadäquat. Die für Beratung grundlegende Zusicherung der Vertraulichkeit aller mitgeteilten Inhalte macht diese Evaluationsform zusätzlich problematisch. Gerade gegenüber Arbeits-, Sozial- und Gesundheitsverwaltung sowie gegenüber Trägern mit übergreifendem Leistungsprofil (die an dem Effizienznachweis in erster Linie interessiert sind) ist die Gewährleistung des Vertrauensschutzes besonders wichtig.

Wir sind der Meinung, dass Beratung angemessene Verfahren der Wirksamkeitsprüfung und Evaluation erfordert: Tätigkeitsberichte (Fallzahlen und exemplarische Fallskizzen) belegen Arbeitsweise und -umfang der einzelnen Einrichtung. Beratungsspezifische Qualitätssicherungsmaßnahmen (Fallkonferenzen, Fortbildung und Supervision) sorgen für deren Entwicklungsfähigkeit. Fachkundig begleitete Evaluationsverfahren prüfen Wahrnehmung, Akzeptanz und Bewertung von Beratungsprozessen und gewährleisten NutzerInnenpartizipation. Unabhängige Wirkungsforschung analysiert Rahmenbedingungen, Konzepte, Methoden von Beratung sowie Merkmale von BeraterInnenverhalten und kontextbezogene Studien erheben den Einfluss von Beratungsangeboten auf umgebende Kulturen und Milieus und decken auch nichtintendierte Effekte oder „Beratungsschäden“ auf.

9. Beratungsqualität wird auch durch Beratungsforschung garantiert

Beratungsforschung ist Beratungsforschung – keine Therapieforschung. Es gilt, sie als eigenständige Forschungsrichtung weiterzuentwickeln – jenseits eines Alleinvertretungsanspruches des experimentell-statistischen Paradigmas und nicht fokussiert auf eine Liste modularisierter Interventionen. Methoden der Beratung sind keine Medikamente und Beratung ist keine Medikamentenvergabe.

Forschung im Feld der Beratung geht davon aus, dass quantitative und qualitative Forschungsanlagen und -verfahren, rekonstruktive und narrative Ansätze, Praxisevaluationen und Feldstudien zentrale Forschungsdesiderate sind. Nicht allein Hypothesentestung steht im Mittelpunkt, sondern explorative Studien und eine empirische Fundierung der Theoriebildung sind unverzichtbar. Zentral ist, dass das Verhältnis von Forschung zu Praxis nicht als ein anleitendes oder vorschreibendes zu begreifen ist, vielmehr die Forschung die Praxis anregt und mit ihr in einen Dialog tritt (z. B. in Handlungsforschungsprojekten).

Die Potentiale zur Förderung von Ressourcen und Gesundheit liegen im Mittelpunkt des Interesses, stärker als die Reduzierung von Defiziten und Störungen. Multiperspektivität, Interdisziplinarität und Multiprofessionalität, Freiwilligkeit und Ergebnisoffenheit, Vertraulichkeit und Kostenfreiheit sind wesentliche Merkmale von Beratung. Diese Kontexte sowie diese Beratungsdimensionen sind auch für die Beratungsforschung zentral. Partizipative Forschung als Berücksichtigung unterschiedlicher Perspektiven und Relevanzen aller beteiligten AkteurInnen muss Eingang in den Forschungsalltag finden. Diversity wird nicht als Störungsvariable in Untersuchungen behandelt, sondern als ein Wert in sich und eines der wichtigsten aktuellen Forschungsanliegen. Outcome-Kriterium wird nicht allein die höhere „Effizienz" von Beratungsangeboten im Sinne eines „In-Schach-Haltens" sozialer Probleme sein, sondern primär Bedeutungen und Nutzen für Klienten und Klientinnen. Forschung zur Legitimation ist nicht die Zukunft von Beratungsforschung.

Wie können Sie an der weiteren beratungspolitischen Diskussion teilhaben?

Wir verstehen auch diese ZWEITE FRANKFURTER ERKLÄRUNG als einen Impuls zur Anregung von Diskussionen im Kreis von Kolleginnen und Kollegen. Wir haben die für uns aktuell bedeutsamen Eckpunkte formuliert, vielleicht sehen Sie vieles ähnlich oder aber auch ganz anders. Lassen Sie uns darüber diskutieren und damit weiterhin die Qualität von Beratung sichern und verbessern.

Sie finden uns auf unserer Internetseite: http://www.forum-beratung-dgvt.de/ oder besuchen Sie unsere Veranstaltungen im Rahmen des DGVT-Kongresses!

Für das Forum Beratung in der DGVT, Frankfurt, im Januar 2012:
Vera Bamler, Frank Engel, Ruth Großmaß, Albert Lenz, Frank Nestmann, Ingeborg Schürmann, Ursel Sickendiek, Jillian Werner, Daniel Wilhelm